Andrea Diekhof
Jugendliche als Zielgruppe

D1867646

Andrea Diekhof

Jugendliche als Zielgruppe

Bedeutung jugendlicher Kunden für das Marketing

Mit einem Geleitwort von
Prof. Dr. Dr. h. c. Karl Alewell

Deutscher Universitäts-Verlag

Die Deutsche Bibliothek – CIP-Einheitsaufnahme

Diekhof, Andrea:
Jugendliche als Zielgruppe : Bedeutung jugendlicher Kunden für das Marketing / Andrea Diekhof. Mit einem Geleitw. von Karl Alewell. –
Wiesbaden : DUV, Dt. Univ.-Verl., 1999
(DUV : Wirtschaftswissenschaft)
Zugl.: Gießen, Univ., Diss., 1999
ISBN 3-8244-0472-9

...rie- und Handelskammer
für München und Oberbayern
N7 947 / 590

Alle Rechte vorbehalten
© Deutscher Universitäts-Verlag GmbH, Wiesbaden, 1999

Lektorat: Ute Wrasmann / Monika Mülhausen

Der Deutsche Universitäts-Verlag ist ein Unternehmen der Bertelsmann Fachinformation GmbH.

Das Werk einschließlich aller seiner Teile ist urheberrechtlich geschützt. Jede Verwertung außerhalb der engen Grenzen des Urheberrechtsgesetzes ist ohne Zustimmung des Verlages unzulässig und strafbar. Das gilt insbesondere für Vervielfältigungen, Übersetzungen, Mikroverfilmungen und die Einspeicherung und Verarbeitung in elektronischen Systemen.

http://www.duv.de

Höchste inhaltliche und technische Qualität unserer Produkte ist unser Ziel. Bei der Produktion und Verbreitung unserer Bücher wollen wir die Umwelt schonen. Dieses Buch ist deshalb auf säurefreiem und chlorfrei gebleichtem Papier gedruckt. Die Einschweißfolie besteht aus Polyäthylen und damit aus organischen Grundstoffen, die weder bei der Herstellung noch bei der Verbrennung Schadstoffe freisetzen.

Die Wiedergabe von Gebrauchsnamen, Handelsnamen, Warenbezeichnungen usw. in diesem Werk berechtigt auch ohne besondere Kennzeichnung nicht zu der Annahme, daß solche Namen im Sinne der Warenzeichen- und Markenschutz-Gesetzgebung als frei zu betrachten wären und daher von jedermann benutzt werden dürften.

Druck und Buchbinder: Rosch-Buch, Scheßlitz
Printed in Germany

ISBN 3-8244-0472-9

Geleitwort

Angesichts des Wandels der Umfeld- und Marktbedingungen werden im Marketing zunehmend Marktsegmentierungsstrategien verfolgt. In Zeiten wachsenden Konkurrenzdrucks rücken jugendliche Zielgruppen zunehmend in den Fokus der Marketingpraxis. Im Jugendmarkt bieten sich einem Unternehmen hohe Umsatzpotentiale, die noch relativ oft unbeachtet bleiben und die teilweise nur schwer quantifizierbar sind. Gerade in jüngerer Vergangenheit werden Chancen und Risiken des Jugendmarketing in der Unternehmenspraxis daher verstärkt diskutiert. Um so mehr erstaunt, daß dieses Thema von wissenschaftlicher Seite bisher nur punktuell aufbereitet worden ist.

Die vorliegende Dissertation trägt zur Schließung der Lücke zwischen dem Handlungsdruck auf Seiten der Praxis und der bislang geringen Beachtung jugendlicher Zielgruppen in der Marketingwissenschaft bei. Sie leistet einen innovativen Beitrag zum Jugendmarketing, indem sie eine systematische und inhaltlich kompetente Analyse der Bedeutung jugendlicher Kunden für das Marketing aus theoretischer und empirischer Sicht vornimmt.

Ziel der Arbeit ist es, die ökonomische Bedeutung jugendlicher Kunden hinsichtlich der verschiedenen Umsatzpotentiale zu analysieren, die sich einem Unternehmen im Jugendmarkt bieten, und auf dieser Basis marketingstrategische Handlungsoptionen zur Ausschöpfung dieser Potentiale abzuleiten. Die Autorin entwickelt dazu eine fundierte, konzeptionell geschlossene Gesamtschau der verschiedenartigen Potentiale des Jugendmarktes und führt die Erkenntnisse aus verschiedenen Forschungsdisziplinen (Konsumentenforschung, Jugendforschung und Entwicklungspsychologie) in einer sehr guten theoretischen Aufbereitung des Wissensgebietes zusammen. Darüber hinaus leitet sie strategische Handlungsoptionen des Jugendmarketing ab und arbeitet die Notwendigkeit der Integration des Jugendmarketing in ein Gesamtkonzept heraus. Dabei zeigt sie auf, welche Faktoren bei der Entscheidung über die Bearbeitung des Jugendmarktes zu bedenken sind und welche Eignungsbedingungen die verschiedenen Handlungsoptionen aufweisen. Die vorliegende Arbeit führt damit zu interessanten neuen Ergebnissen und könnte und sollte zugleich als Grundlage für weitere Analysen in diesem Bereich dienen.

em. Prof. Dr. Dr. h.c. Karl Alewell

Vorwort

Die vorliegende Arbeit entstand während meiner Zeit als wissenschaftliche Mitarbeiterin am Lehrstuhl für Marketing an der Justus-Liebig-Universität Gießen sowie während eines Stipendiums des Landes Hessen. Sie wurde im Februar 1999 vom Fachbereich Wirtschaftswissenschaften als Dissertation angenommen.

Eine wissenschaftliche Arbeit ist zu einem großen Teil auch das Produkt des Umfeldes, in dem sie entsteht. Es ist mir daher ein aufrichtiges Anliegen, all denen zu danken, die mich bei der Anfertigung der vorliegenden Arbeit unterstützt und begleitet haben.

Allen voran gebührt mein herzlicher Dank meinem Doktorvater und akademischen Lehrer Herrn em. Professor Dr. Dr. h.c. Karl Alewell, ohne dessen ausgezeichnete Betreuung diese Dissertation nicht zustande gekommen wäre. Besonderer Dank gebührt auch Herrn Professor Dr. Franz-Rudolf Esch für die freundliche Übernahme des Korreferats.

An dieser Stelle möchte ich auch dem Land Hessen danken für die finanzielle Förderung der Arbeit (Landesgraduiertenförderung). Bei den Marketingpraktikern bedanke ich mich für die Bereitstellung zahlreicher Informationen und empirischen Materials. Zu nennen sind hier vor allem das Institut für Jugendforschung sowie Iconkids & Youth.

Mein Dank gilt ferner allen Freunden und Kollegen, die mich bei der Anfertigung der vorliegenden Arbeit unterstützt haben. Danken möchte ich insbesondere Herrn Dr. Holger Schwesig, der mich über den gesamten Zeitraum mit anregenden und kritischen Diskussionen begleitet hat sowie Herrn Dipl.-Kfm. Tobias Langner und Herrn Dipl.-Kfm. Lothar Kiesche für die fruchtbaren Auseinandersetzungen über Fragen des Konsumentenverhaltens.

Besonderen Dank schulde ich schließlich meiner Familie, vor allem meinen Eltern sowie meinem Partner Herrn Dipl.-Vw. Thomas Steger, ohne deren unermüdliche Unterstützung und Fürsorge die Arbeit in dem gesteckten Zeitrahmen sicher nicht hätte fertiggestellt werden können. Ihnen sei diese Arbeit daher gewidmet.

Andrea Diekhof

Inhaltsverzeichnis

Abbildungsverzeichnis

Tabellenverzeichnis

Abkürzungsverzeichnis

Abb.	Abbildung
Abs.	Absatz
AG	Aktiengesellschaft
aktualis.	aktualisierte
ALM	Arbeitsgemeinschaft der Landesmedienanstalten
ArbGG	Arbeitsgerichtsgesetz
ARD	Arbeitsgemeinschaft der öffentlich-rechtlichen Rundfunkanstalten der BRD
Aufl.	Auflage
AWA	Allensbacher Werbeträgeranalyse
BAföG	Bundesausbildungsförderungsgesetz
BBG	Bundesbeamtengesetz
Bd.	Band
bearb.	bearbeitete
BGB	Bürgerliches Gesetzbuch
BKGG	Bundeskindergeldgesetz
BO	Basisoption
BRRG	Beamtenrechtsrahmengesetz
bspw.	beispielsweise
bzgl.	bezüglich
bzw.	beziehungsweise
ca.	circa
CD	Compact Disc
CLTV	Customer Lifetime Value
d.h.	das heißt
DBW	Die Betriebswirtschaft
ders.	derselbe
dies.	dieselben
Diss.	Dissertation
DJ	Disc Jockey
DLM	Direktorenkonferenz der Landesmedienanstalten
DM	Deutsche Mark
durchgef. v.	durchgeführt von
durchges.	durchgesehene
DVO	Durchführungsverordnung
e.V.	eingetragener Verein
ebd.	ebenda
EdT	Eau de Toilette
EG	Europäische Gemeinschaft
EheG	Ehegesetz
erg.	ergänzte
erw.	erweiterte
et al.	et alia (und andere)
etc.	et cetera
evtl.	eventuell
exkl.	exklusive

f.	folgende
ff.	fortfolgende
FN	Fußnote
GB	Gesamtbetrachtung
GfK	Gesellschaft für Konsumforschung
GIM	Gesellschaft für innovative Marktforschung
GjS	Gesetz über die Verbreitung jugendgefährdender Schriften
GmbH	Gesellschaft mit beschränkter Haftung
GVG	Gerichtsverfassungsgesetz
H.	Heft
Habil.-Schr.	Habilitationsschrift
HeilprG	Heilpraktikergesetz
HessLWG	Hessisches Landtagswahlgesetz
HessSchulG	Hessisches Schulgesetz
HGO	Hessische Gemeindeordnung
HiFi	High Fidelity
HKO	Hessische Landkreisverordnung
Hrsg.	Herausgeber
hrsg. v.	herausgegeben von
HWG	Gesetz über die Werbung auf dem Gebiet des Heilwesens
i.a.	im allgemeinen
i.d.R.	in der Regel
i.e.S.	im engeren Sinne
i.S.v.	im Sinne von
i.w.S.	im weiteren Sinne
IFM	Institut für qualitative Markt- und Wirkungsanalysen
IJF	Institut für Jugendforschung
inkl.	inklusive
insbes.	insbesondere
JArbSchG	Jugend-Arbeitsschutzgesetz
JdAV	Jahrbuch der Absatz- und Verbrauchsforschung
Jg.	Jahrgang
JGG	Jugendgerichtsgesetz
JoAR	Journal of Advertising Research
JoCR	Journal of Consumer Research
JoM	Journal of Marketing
JoMR	Journal of Marketing Research
JÖSchG	Gesetz zum Schutz der Jugend in der Öffentlichkeit
KVA	KidsVerbraucheranalyse
LMBG	Lebensmittelbedarfsgesetz
m.E.	meines Erachtens
MA	Media-Analyse
mind.	mindestens
Mio.	Millionen
Mrd.	Milliarden
No.	Number
Nr.	Nummer
NRW	Nordrhein-Westfalen
o.	oder

o.J.	ohne Jahr
o.S.	ohne Seite
o.V.	ohne Verfasser
PC	Personal Computer
PersAuswG	Personalausweisgesetz
PR	Public Relations
RelKErzG	Gesetz über die religiöse Kindererziehung
resp.	respektive
RfStV	Rundfunkstaatsvertrag
S.	Seite
s.a.	siehe auch
SGG	Sozialgerichtsgesetz
sog.	sogenannte
Sp.	Spalte
Std.	Stunde(n)
StGB	Strafgesetzbuch
StPO	Strafprozeßordnung
StVZO	Straßenverkehrszulassungsverordnung
Tab.	Tabelle
TdWI	Typologie der Wünsche
Tsd.	Tausend
TV	Television
u.	und
u.ä.	und ähnliche
u.a.	unter anderem
u.U.	unter Umständen
überarb.	überarbeitete
übers.	übersetzt
Univ.	Universität
unveränd.	unveränderte
USA	United States of America
usw.	und so weiter
v.	von
VA	Verbraucheranalyse
veränd.	veränderte
verbess.	verbesserte
vgl.	vergleiche
Vol.	Volume
vollst.	vollständig
vs.	versus
WPflG	Wehrpflichtgesetz
z.B.	zum Beispiel
z.T.	zum Teil
ZDF	Zweites deutsches Fernsehen
ZfbF	Zeitschrift für betriebswirtschaftliche Forschung
Ziff.	Ziffer
zit.	zitiert
ZPO	Zivilprozeßordnung
zugl.	zugleich

Anmerkungen zur Zitierweise

In der Arbeit wird eine Kurzzitierweise verwendet, bei der anstelle eines vollständigen Quellennachweises nur der Name des Verfassers, das Jahr, in dem die Veröffentlichung erfolgte, sowie die betreffenden Seitenzahlen angeführt werden. Bei Titeln mit drei und mehr Verfassern wird nur der Name des ersten Verfassers angegeben und mit dem Zusatz et al. versehen.

Die ausführlichen Quellenangaben sind aus dem alphabetisch nach Autoren geordneten Literaturverzeichnis zu ersehen, das sich an den Anlagenteil anschließt. Die in den Fußnoten zur Charakterisierung verwendeten Jahreszahlen sind dort der detaillierten Quellenangabe jeweils vorangestellt.

1 Einleitung

1.1 Problemstellung

Angesichts zunehmender Sättigungserscheinungen und zunehmenden Wettbewerbsdrucks auf zahlreichen Konsumgütermärkten gewinnen Strategien der Marktsegmentierung an Bedeutung. Markenprofilierung und Unternehmenswachstum sind vielfach nur noch über die gezielte differenzierte Ansprache einzelner Kundensegmente erreichbar. Segmentierung heißt daher auch eine Zauberformel der Unternehmenspraxis.[1]
Im Zusammenhang mit diesem generellen „Segmentierungstrend“ tritt auch das Jugendsegment als ein in vielen Branchen noch vergleichsweise wenig bearbeiteter Teilmarkt ins Blickfeld anbietender Unternehmen. Angesichts ihrer beträchtlichen Kaufkraft werden Jugendliche in einer Vielzahl von Branchen zu interessanten Kunden. Daneben verfügen Jugendliche aufgrund ihrer Einflüsse auf die Kaufentscheidungen in Familien zusätzlich über eine „indirekte Kaufkraft“. Ferner stellen sie für fast alle Unternehmen Nachwuchskunden dar, mit deren Gewinnung und frühzeitiger Bindung zur Sicherung der zukünftigen Unternehmensumsätze beigetragen werden kann.

Bisher werden Jugendliche von Seiten anbietender Unternehmen allerdings überwiegend in ihrer Bedeutung als aktuelle Käufer gesehen und behandelt. Die aktuelle Kaufkraft der Jugendlichen ist leicht zu erfassen und mehr oder weniger exakt quantifizierbar. Ihre Bedeutung als Beeinflusser und als zukünftige Kunden wird hingegen oft vernachlässigt. Gerade diese beiden Dimensionen der Bedeutung jugendlicher Kunden sind jedoch in einer Vielzahl von Produktbereichen in hohem Maße entscheidungsrelevant. Dies gilt sowohl im Hinblick auf die Bewertung und Auswahl dieses Zielsegments als auch im Hinblick auf die Gestaltung des Marketinginstrumentariums. Bei einer Nichtberücksichtigung dieser Bedeutungsdimensionen und der sich ergebenden indirekten und zukünftigen Umsatzpotentiale besteht daher die Gefahr der Unterschätzung und Vernachlässigung einer möglicherweise strategisch wichtigen Kundengruppe.

Gründe für eine zurückhaltende Einstellung vieler Unternehmen gegenüber einem intensiveren Engagement im Jugendmarkt sind u.a. darin zu sehen, daß die indirekten und zukünftigen Umsatzpotentiale jugendlicher Kunden äußerst komplex und kaum zu quantifizieren sind und daher hinsichtlich deren Relevanz sowie der Möglichkeiten zu deren Ausschöpfung eine hohe Unsicherheit besteht. Erschwerend kommt hinzu, daß Jugendliche von vielen Unternehmen als problematische Zielgruppe angesehen werden, die sich sehr unberechenbar verhält und mit

---

[1] Vgl. auch F.-R. Esch/ T. Levermann (1995), S. 8.

der zudem wenige Erfahrungen vorliegen, so daß vielfach Zweifel bestehen, ob ein Unternehmensengagement im Jugendmarkt erfolgversprechend sein kann.

Von wissenschaftlicher Seite erhalten Unternehmen bislang wenig Unterstützung hinsichtlich der Einschätzung der Potentiale sowie der Alternativen einer Bearbeitung des Jugendmarktes. Weder die marketingtheoretische noch die sozialwissenschaftliche Literatur setzt sich bisher in ausreichendem Maße mit den Besonderheiten des Konsumverhaltens von Jugendlichen auseinander. Insbesondere die zukünftigen und die indirekten Umsatzpotentiale jugendlicher Kunden sind wenig erforscht. Die Bedeutung der Jugendphase für den Aufbau langfristiger Markentreue wird sowohl in der Marketingliteratur als auch in der sozialwissenschaftlichen Literatur kaum thematisiert. Auch zu den Einflüssen von Jugendlichen auf Kaufentscheidungen in Familien existieren auf wissenschaftlicher Seite lediglich einzelne Studien, die sich zudem meist auf Teilaspekte konzentrieren.[2] Darüber hinaus stehen bei Einflußanalysen meist jüngere Kinder im Vordergrund. Gerade die langfristigen und indirekten Wirkungen einer Bearbeitung des Jugendmarktes sind es jedoch, die den Jugendmarkt für viele Unternehmen so bedeutsam machen können.

An diesen Forschungslücken knüpft die vorliegende Arbeit an. Ziel der vorliegenden Arbeit ist es, die Bedeutung jugendlicher Kunden hinsichtlich der verschiedenen Dimensionen näher zu analysieren und auf dieser Basis grundlegende Handlungsalternativen zur Ausschöpfung der Potentiale durch anbietende Unternehmen abzuleiten. Dabei soll eine systematische Gesamtschau der verschiedenen Potentiale jugendlicher Kunden aus der Sicht anbietender Unternehmen entwickelt werden. Der Schwerpunkt wird dabei auf die beiden vergleichsweise wenig erforschten Rollen von Jugendlichen als Beeinflusser von Kaufentscheidungen sowie als zukünftige Kunden gelegt. Auch wenn sich bei einer Einschätzung der Bedeutung jugendlicher Kunden quantitative und qualitative Kriterien ergänzen müssen, steht eine qualifizierende Analyse der Einflüsse der Jugendlichen auf das Kaufverhalten ihrer Eltern sowie der Bedeutung der Jugendphase für die Ausbildung langfristiger Markentreue im Vordergrund der vorliegenden Arbeit. Die dabei gewonnenen tiefergehenden Einsichten in die Entstehung und die Determinanten der verschiedenen Umsatzpotentiale jugendlicher Kunden sind letztlich Voraussetzung für eine gesamthafte Einschätzung der Bedeutung dieser Kundengruppe sowie für die Ableitung von Handlungsempfehlungen hinsichtlich der Zielgruppenbewertung und -auswahl sowie der Gestaltung des Marketinginstrumentariums.

---

2 Eine umfassendere Analyse findet sich lediglich in der Studie von K. M. Ekström (1995). Auch in der sozialwissenschaftlichen Literatur werden Phänomene der retroaktiven Sozialisation, der „umgekehrten“ Einflüsse von Jugendlichen auf Einstellungen und Verhalten ihrer Eltern vergleichsweise selten thematisiert; im Vordergrund stehen die Einflußmöglichkeiten von Eltern und Lehrern auf die Jugendlichen.

1.2 Einordnung der Themenstellung

Die Fragestellung nach der Bedeutung jugendlicher Kunden für anbietende Unternehmen bewegt sich im Überschneidungsbereich von strategischer Marketingplanung und Konsumentenforschung.

Im Prozeß der **strategischen Marketingplanung** werden potentielle Zielmärkte und Kundengruppen planmäßig und systematisch auf ihr gegenwärtiges und zukünftiges Marktpotential hin analysiert und bewertet.[3] Die Kunden- bzw. Marktanalyse stellt neben anderen Analysefeldern einen Teilbereich der strategischen Marketinganalyse dar.[4] Die im Rahmen der Marktanalyse gewonnenen Informationen fließen in die Bewertung und Auswahl der zu bearbeitenden Zielmärkte, in die Zielformulierung und in die Konzeption der Marktbearbeitungsstrategien ein. Sie bilden gemeinsam mit den Ergebnissen aus den anderen Analysefeldern die Basis für die Auswahl der zu bearbeitenden Marktsegmente und die Wahl der grundlegenden Marktbearbeitungsstrategien. Daneben bildet die Marktanalyse auch die informatorische Basis für die Entscheidungen in den weiteren Phasen des Planungsprozesses, wie bspw. die Entscheidungen über den Einsatz der Marketinginstrumente im Rahmen der operativen Marketingplanung. Eine Übersicht über die genannten Phasen und Bausteine der Marketingplanung sowie deren Vernetzung liefert die **Abb. 1-1** im Anhang.

Ein wichtiges Ziel der Marktanalyse ist die Ermittlung von Anhaltspunkten zur Beurteilung der künftigen Absatzchancen eines Unternehmens.[5] Der Markt stellt dabei kein abstraktes Gebilde dar, denn letztlich sind es die Kaufentscheidungen der Konsumenten, die über Größe und Entwicklung eines Marktes entscheiden. Aus diesen Gründen sollte sich eine Marktanalyse nicht auf quantitative Marktdaten beschränken. Vielmehr ist die Erfassung eher qualitativer Aspekte – wie z.B. die Bedürfnisstruktur der Abnehmer, die Frage, wie Kaufentscheidungen zustandekommen, welche Faktoren sie beeinflussen und welche Informationsquellen in welchem Maße in Kaufentscheidungen eingehen – von hoher Bedeutung für den strategischen Planungsprozeß.[6] Einsichten in das Verhalten der Konsumenten sind notwendig, um ein Verständnis für die Struktur und Entwicklung von Märkten zu gewinnen und um die unternehmerischen Entscheidungen über den Einsatz der Unternehmensressourcen und die

---

3 Vgl. H. Hörschgen et al. (1993), S. 19. Vgl. auch **Abb. 1-1** im Anhang.

4 Diese wird auch als Situationsanalyse bezeichnet und in die Bereiche einer (unternehmensexternen) Umfeldanalyse und einer (unternehmensinternen) Unternehmensanalyse unterteilt. Zu einer ausführlichen Kennzeichnung der strategischen Marketingplanung und der Stellung der Markt- bzw. Kundenanalyse im Prozeß der Marketingplanung vgl. E. Kreilkamp (1987), S. 60-166; R. Köhler (1993), S. 3-19; H. Hörschgen et al. (1993), S. 18 ff.; P. W. Meyer/ R. Mattmüller (1993), S. 15-23; P. Kotler/ F. Bliemel (1995), S. 131-146.

5 Vgl. R. Köhler (1993), S. 9.

6 Vgl. dazu E. Kreilkamp (1987), S. 110-113; W. Hill/ I. Rieser (1993), S. 65.

Ausrichtung des Marketinginstrumentariums zu fundieren. Erst wenn es gelingt, generelle Aussagen über die Bestimmungsfaktoren des Kaufverhaltens der Abnehmer zu gewinnen, wird auch eine Voraussage ihres künftigen Verhaltens möglich.[7] Derartige Erklärungen und Voraussagen des Konsumentenverhaltens gestatten es nicht nur, entstehende Bedürfnisse früher zu erkennen und den Wirkungsgrad der Marketinginstrumente zu erhöhen, sondern sie ermöglichen vielfach erst eine Prognose der quantitativen Marktgrößen (wie z.B. des Marktpotentials oder des Marktwachstums). Erst wenn die Bestimmungsfaktoren des Entscheidungsverhaltens der potentiellen Abnehmer bekannt sind und deren Verhaltensreaktionen prognostiziert werden können, können letztlich optimale Entscheidungen über den Einsatz der Marketinginstrumente getroffen werden.[8] Damit wird deutlich, daß die Marketingplanung einer Ergänzung um differenzierte Erkenntnisse zum Konsumentenverhalten bedarf. Die Analyse des Konsumentenverhaltens legt die Basis zu einem besseren Verständnis der Kaufentscheidungen von Konsumenten und ist daher ein wichtiger Schritt im Prozeß der Entwicklung erfolgreicher Marketingstrategien und -maßnahmen.[9]

Das besondere Interesse der Marketingtheorie galt aus diesen Gründen schon immer den Bestimmungsfaktoren des Käuferverhaltens.[10] Einige Autoren sehen in dem verhaltenswissenschaftlichen Ansatz des Marketing, der sich mit der Analyse der Bestimmungsfaktoren des Konsumentenverhaltens auseinandersetzt, sogar das „Kernstück des Marketing".[11] Ziel der **Konsumentenforschung** ist es, das Konsumentenverhalten zu erklären und darauf aufbauend Handlungsempfehlungen für die Gestaltung des unternehmerischen Marketing abzuleiten.[12] Verhaltenswissenschaftliche Erklärungsmodelle sollen nicht nur Einsichten in Kaufentscheidungsprozesse vermitteln, sondern auch Anhaltspunkte für die Wirkung von Marketinginstrumenten und sonstigen Umfeldfaktoren auf das Verhalten aufzeigen.[13] Zur Erklärung des Konsumentenverhaltens wird dabei auf Erkenntnisse und Methoden der Individualpsychologie, der Sozialpsychologie und der Soziologie und in begrenztem Maße auch der Anthropologie zurückgegriffen. Aufgrund seines interdisziplinären Charakters und des starken Einbezugs sozialwissenschaftlicher Methoden und Erkenntnisse wird dem verhaltenswissenschaftlichen Ansatz zwar von einigen Wirtschaftswissenschaftlern eine Flucht der Marketinglehre vor der Wirtschaftstheorie und ein Wildern auf fremdem Terrain vorgeworfen.[14] Überall dort, wo

---

7 Vgl. W. Hill/ I. Rieser (1993), S. 65.
8 Vgl. H. Meffert (1986), S. 133.
9 Vgl. E. Kreilkamp (1987), S. 130.
10 Vgl. H. Meffert (1998), S. 93; E. Kreilkamp (1987), S. 110.
11 Vgl. z.B. P. Weinberg (1991), S. 186.
12 Zu einer umfassenden Darstellung der Grundlagen der Konsumentenforschung vgl. W. Kroeber-Riel/ P. Weinberg (1996), S. 3-46.
13 Vgl. H. Meffert (1998), S. 21.
14 Vgl. D. Schneider (1983), S. 223; H. Albach (1991), S. 271.

der Erfolg des unternehmerischen Handelns jedoch von dem Verhalten der beteiligten Personen abhängt (wie z.B. auch im Bereich der Organisation und der Personalwirtschaft), sind solche verhaltenswissenschaftlichen Grundlagen von zentraler Bedeutung für die Betriebswirtschaftslehre, deren erklärtes Ziel es ist, Empfehlungen für das unternehmerische Handeln zu geben. Die für die Betriebswirtschaftslehre typischen quantifizierenden Betrachtungsweisen bedürfen daher einer Ergänzung um qualifizierende Analysen des Konsumentenverhaltens.[15]

Auch die Fragestellung der vorliegenden Arbeit nach der Bedeutung jugendlicher Kunden aus der Sicht anbietender Unternehmen setzt eine Analyse der Bestimmungsfaktoren des Verhaltens von jugendlichen Konsumenten voraus, und zwar sowohl der Bestimmungsfaktoren ihrer Kaufentscheidungen und deren Entwicklung im Zeitablauf als auch der Bestimmungsfaktoren ihres Einflusses auf die Kaufentscheidungen in Familien. Wichtige Erkenntnisfortschritte lassen sich dabei durch eine Integration der Erkenntnisse sozialwissenschaftlicher Disziplinen zu den Besonderheiten des Verhaltens von Jugendlichen – wie z.B. der Entwicklungspsychologie sowie der soziologischen Jugendforschung – erzielen. Die durch die qualifizierenden Analysen vermittelten Einsichten in Kaufentscheidungsprozesse werden zu einer Einschätzung der ökonomischen Bedeutung jugendlicher Kunden sowie deren zukünftiger Entwicklung herangezogen. Ferner liefern sie Anhaltspunkte für die Wirkung von Marketinginstrumenten und sonstigen Umweltfaktoren auf das Kaufverhalten und bilden insofern die Basis der Empfehlungen für die Bearbeitung des Jugendsegments.

1.3 Gang der Arbeit

In der Grundlegung in **Kapitel 2** wird zunächst eine Abgrenzung jugendlicher Kunden von anderen Kundengruppen (Kindern und Erwachsenen) vorgenommen und die zentralen Erkenntnisse sozialwissenschaftlicher Disziplinen zu den typischen Besonderheiten von Jugendlichen herausgearbeitet. Im Anschluß daran wird eine Systematik der Bedeutungsdimensionen jugendlicher Kunden und der korrespondierenden Umsatzpotentiale abgeleitet und der Untersuchungsgegenstand der Arbeit näher eingegrenzt.

Die **Kapitel 3 bis 5** widmen sich der vertiefenden Analyse der drei Bedeutungsdimensionen jugendlicher Kunden, wobei der Schwerpunkt auf der Bedeutung von Jugendlichen als Beeinflusser sowie als zukünftige Kunden liegt.

---

15 So besitzt die verhaltenswissenschaftliche Ausrichtung mit dem verbraucherorientierten Ansatz der „Nürnberger Schule“ – vgl. z.B. W. Vershofen (1940) – bereits gewisse Tradition und Verankerung in der klassischen Absatztheorie. Zu einer Auseinandersetzung mit den verschiedenen Kritikpunkten an der sowie dem Wert der verhaltenswissenschaftlichen Forschung vgl. S. Müller (1995), S. 193-196.

In **Kapitel 3** wird zunächst die Bedeutung jugendlicher Kunden als aktuelle Käufer untersucht. Anhand der Analyse quantitativer Daten sowie zentraler Besonderheiten des Kaufverhaltens jugendlicher Kunden wird eine Einschätzung der gegenwärtigen und zukünftigen Bedeutung von Jugendlichen als aktuelle Käufer vorgenommen.

Gegenstand von **Kapitel 4** ist die Analyse der Bedeutung jugendlicher Kunden aufgrund ihres Einflusses auf die Einkommensverwendung ihrer Eltern. Dabei werden quantitative und qualitative Analysen kombiniert. Den Kern des Kapitels bildet eine theoretische Analyse der Formen und Bestimmungsfaktoren eines Einflusses der Jugendlichen auf die Verwendung der Kaufkraft ihrer Eltern. Die dabei gewonnenen Einsichten in die Einflußentstehung liefern Hinweise auf bevorzugte Einflußbereiche sowie die zukünftige Entwicklung des Einflusses von Jugendlichen auf das Kaufverhalten ihrer Eltern. Empirische Befunde (Sekundärmaterial) zu Ausmaß und Determinanten des Einflusses von Jugendlichen liefern konkrete Hinweise auf Produkte und Familientypen, die in besonderem Maße einem Einfluß von Jugendlichen unterliegen.

Kapitel 5 bezieht sich auf die zeitliche Dimension der Bedeutung jugendlicher Kunden. Im Zentrum dieses Kapitels stehen theoretische Überlegungen zur Bedeutung der Jugendphase für die Entstehung langfristiger Markentreue. Es wird untersucht, inwieweit und unter welchen Bedingungen die Kaufentscheidungen eines erwachsenen Konsumenten von seinen Erfahrungen aus der Jugendphase bestimmt werden. Ergänzt werden diese Überlegungen von einigen empirischen Befunden zur Bedeutung der Jugendphase für die Entstehung einer langfristigen Markentreue.

Zu Beginn von **Kapitel 6** wird zunächst eine zusammenfassende Gesamtschau der verschiedenen, in den vorangegangenen Kapiteln analysierten Umsatzpotentiale jugendlicher Kunden vorgenommen, welche eine gesamthafte Einschätzung der Bedeutung jugendlicher Kunden aus Unternehmensperspektive ermöglicht. Auf den im Rahmen der Analyse gewonnenen Erkenntnissen aufbauend, werden in einem weiteren Schritt grundlegende Handlungsoptionen eines unternehmerischen Jugendmarketing abgeleitet und hinsichtlich ihrer Eignung zur Ausschöpfung der verschiedenen Umsatzpotentiale jugendlicher Kunden beurteilt.

Den Abschluß der Arbeit bildet eine kritische Auseinandersetzung mit den Grenzen des Jugendmarketing.

2 Grundlegung

2.1 Begriff der jugendlichen Kunden und des Jugendmarktes

Als **Kunde** wird in einer engen Begriffsfassung jeder tatsächliche Abnehmer von unternehmerischen Leistungen bezeichnet (Kunde i.e.S.).[16] In einer weiteren Fassung, die auch in der vorliegenden Arbeit zugrundegelegt wird, wird auch jeder potentielle Nachfrager in den Kundenbegriff einbezogen (Kunde i.w.S.).[17]
Jugendliche Kunden sind solche Kunden, die der Gruppe der Jugend angehören.

Der in der vorliegenden Arbeit verwendete Begriff des Jugendmarktes basiert auf der Definition von Kotler/ Bliemel; nach ihnen besteht ein **Markt** „aus allen potentiellen Kunden mit einem bestimmten Bedürfnis oder Wunsch, die willens und fähig sind, durch einen Austauschprozeß das Bedürfnis oder den Wunsch zu befriedigen".[18] Der **Jugendmarkt** besteht dann aus dem Teil der potentiellen Kunden, der der Gruppe der Jugend angehört.

Der Begriff der **Jugend** wird im allgemeinen Sprachgebrauch wie auch in der Fachliteratur in verschiedenen Bedeutungen verwendet:

1. Jugend als Entwicklungsstadium im individuellen Lebenslauf (Lebensphase),
2. Jugend als Gruppe innerhalb der Gesamtbevölkerung einer Gesellschaft (gesellschaftliche Gruppe),
3. Jugend als Ideal bzw. Idol der Jugendlichkeit (Leitbild und Wertbegriff).[19]

Jugend als Entwicklungsstadium im individuellen Lebenslauf (Lebensphase) bezeichnet eine Phase im Lebenszyklus eines Menschen, die auf die Kindheit folgt und in die Erwachsenheit mündet.[20] Um Verwechslungen mit anderen Bedeutungsinhalten des Jugendbegriffes zu vermeiden, wird in der vorliegenden Arbeit von der **Jugendphase** gesprochen, wenn Jugend i.S.v. individueller Lebensphase gemeint ist.[21] Ein Individuum, das sich in der Jugendphase befindet, wird als **Jugendlicher** bezeichnet.

---

16 Vgl. H. Diller (1992), S. 583. Von einigen Autoren wird der Kundenbegriff in Abgrenzung vom Begriff des Käufers noch enger gefaßt, indem nur regelmäßige Käufer als Kunden bezeichnet werden; vgl. R. Nötzel (1979), S. 392.
17 Vgl. H. Diller (1992), S. 583.
18 P. Kotler/ F. Bliemel (1995), S. 3.
19 Vgl. E. Weber (1987), S. 21-25.
20 Der Lebenszyklus des Menschen wird in verschiedene Lebensphasen unterteilt: das vorgeburtliche Stadium, das Säuglings- oder Kleinkindalter, die Kindheit, das Jugendalter, das Erwachsenenalter, das Seniorenalter; vgl. R. Oerter/ E. Dreher (1995), S. 326; H. M. Trautner (1992), S. 26.
21 Synonym findet sich in der psychologischen Literatur auch der Begriff des Jugendalters.

Jugend als gesellschaftliche Gruppe meint „die Teilmenge der etwa gleichaltrigen Jugendlichen, die durch empirisch gehäufte, ähnliche Einstellungen und Verhaltensweisen (...) charakterisierbar ist und sich dadurch von den biographisch benachbarten (...) Gruppen der Kinder und Erwachsenen unterscheidet".[22] Mit dem Begriff der **Jugend** wird im folgenden dieser Bedeutungsinhalt verbunden.

In seiner Bedeutung als **Ideal bzw. Leitbild der Jugendlichkeit** stellt der Jugendbegriff auf die Jugendlichkeit als mögliche oder anzustrebende Eigenschaft für Personen jeden Alters ab.[23] Sie umfaßt das positiv erlebte Lebensgefühl des Jungseins mit Merkmalen wie Vitalität, Dynamik, Agilität, Flexibilität, Kraft, Fitneß, Schönheit, Sexualität, Spontaneität, Unkonventionalität, Zukunftsorientierung, Innovationsbereitschaft.[24] Mit Jugendlichkeit werden des weiteren Lebensfreude, Genuß, Sportlichkeit und Weltoffenheit assoziiert.[25] In der vorliegenden Arbeit wird in diesem Zusammenhang der Begriff der **Jugendlichkeit** verwendet.

In **Abb. 2-1** sind die möglichen Bedeutungsinhalte des Jugendbegriffs (linke Spalte) und die in der Arbeit verwendeten Begriffe (rechte Spalte) zusammenfassend dargestellt.

Abb. 2-1: Bedeutungsinhalte des Jugendbegriffs

Bedeutungsinhalte des Jugendbegriffs: Jugend als...		**in der vorliegenden Arbeit verwendete Bezeichnung:**
- individuelle Lebensphase	⇨	Jugendphase
- gesellschaftliche Gruppe	⇨	Jugend
- Leitbild	⇨	Jugendlichkeit

Jugendliche Kunden sind demnach Kunden, die sich in ihrer Jugendphase befinden und somit der Gruppe der Jugend angehören.

22 E. Weber (1987), S. 23. Jugend als gesellschaftliche Gruppe steht hier also neben den Gruppen der Kinder und der Erwachsenen als Untergruppen der Gesamtgesellschaft.
23 Ein Verwendungsbeispiel lautet: „Er/ Sie hat sich seine Jugend bewahrt."
24 Vgl. E. Weber (1987), S. 24.
25 Vgl. H. Bertram (1990), S. 209.

2.2 Abgrenzung der Jugendlichen von Kindern und Erwachsenen

In diesem Abschnitt ist zu klären, anhand welcher allgemeinen Merkmale Jugendliche von Kindern und Erwachsenen unterschieden werden können, d.h. anhand welcher Kriterien die Jugendphase von anderen Lebensphasen bzw. die Jugend von anderen gesellschaftlichen Gruppen abzugrenzen ist. Daraus ergibt sich dann, anhand welcher Kriterien ein Kunde der Gruppe der jugendlichen Kunden zugeordnet und von anderen Kundengruppen unterschieden werden kann. Dabei wird an dieser Stelle zunächst auf allgemeine, nicht unbedingt marketingspezifische Kriterien zurückgegriffen und eine vorläufige Eingrenzung des Untersuchungsgegenstandes der Arbeit vorgenommen; die Kennzeichnung und Analyse der marketingrelevanten Besonderheiten von Jugendlichen erfolgt im Hauptteil der Arbeit.

Bei der Abgrenzung der Jugendphase stellt sich das Problem, daß der Jugendbegriff nicht eindeutig und allgemein verbindlich definiert ist.[26] In der Marketingliteratur werden häufig rein altersbezogene Abgrenzungen der Gruppe der Jugend vorgenommen.[27] Hinter diesen kalendarischen Abgrenzungen stehen jedoch inhaltliche Kriterien, die sich verschiedenen Dimensionen der Lebensphasen bzw. des Lebensalters zuordnen lassen und die für das Marketing und das Konsumentenverhalten von Bedeutung sind.[28] Diese Dimensionen sind – neben der kalendarischen bzw. chronologischen – die biologische, die psychologische und die soziale Dimension.[29] Diesen Lebensphasendimensionen entsprechen die verschiedenen Fachgebiete (Biologie, Psychologie, Soziologie), die sich mit der menschlichen Entwicklung im Lebenszyklus und den verschiedenen Lebensphasen – hier mit der Jugendphase – und ihren jeweiligen Besonderheiten beschäftigen.[30] Im folgenden werden die verschiedenen Abgrenzungsmöglichkeiten vorgestellt, bevor die in der vorliegenden Arbeit verwendete Abgrenzung der Jugendphase entwickelt wird. Den oben genannten Abgrenzungsmöglichkeiten ist dabei noch eine weitere, v.a. in Bezug auf die Bedeutung von Jugendlichen als Kunden relevante Dimension hinzuzufügen: die juristische oder rechtswissenschaftliche, da sich hier die rechtlichen Normierungen dieser Lebensphase niederschlagen, die auch das Marketing zu berücksichtigen hat.[31]

---

26 Vgl. H. Reimann/ H. Reimann (1987), S. 18.

27 Vgl. z.B. C. Lakaschus (1992), S. 492; B. van Eimeren/ B. Meier-Lesch (1997), S. 590.

28 Lebensphasen sind voneinander nicht nur durch das chronologische Alter, sondern auch durch andere Kriterien abgegrenzt, die auch als Dimensionen des Lebensalters aufgefaßt werden.

29 Vgl. B. Barak/ L. G. Schiffman (1981), S. 602 f.; J. Eckhardt/ I. Horn (1988), S. 11; S. Schorsch (1992), S. 7; G. P. Moschis (1994), S. 195-200.

30 So legt die Psychologie den Schwerpunkt der Betrachtung auf die psychologische Dimension und die Soziologie auf die soziale Dimension; vgl. S. Schorsch (1992), S. 101. Eine eigenständige Juventologie – analog der Gerontologie – die die Erkenntnisse der verschiedenen Disziplinen verbindet, existiert nicht.

31 Vgl. dazu auch H. Remschmidt (1992), S. 3. Da diese Normierungen letztlich die gesellschaftlichen Vorstellungen explizieren und diese Abgrenzung somit eng mit der Abgrenzung nach sozialen Kriterien zusammenhängt, wird sie im Anschluß an die soziologische Abgrenzung behandelt.

2.2.1 Kalendarische Abgrenzung

Die Jugendphase wird sowohl in der wissenschaftlichen Literatur als auch im allgemeinen Sprachgebrauch häufig als eine an das Lebensalter gebundene Phase im Lebenszyklus jedes Individuums angesehen.[32] Die Abgrenzung der Jugend von den angrenzenden gesellschaftlichen Gruppen der Kinder und der Erwachsenen erfolgt dann über das kalendarische bzw. chronologische Alter, welches die in Jahren bemessene Zeit der Existenz des betreffenden Individuums bezeichnet.[33]

Das Alter als unabhängige Variable bietet sich zwar an zur Beschreibung der Verteilung inhaltlicher Kriterien auf Altersgruppen sowie zum Datenvergleich zwischen Jugendlichen verschiedener Gesellschaften oder Großgruppen.[34] Das chronologische Alter selbst hat als physikalische Größe jedoch keinen Erklärungswert, da es keine Bestimmungen über die in der betreffenden Zeitspanne abgelaufenen Prozesse und deren Bedingungen enthält.[35] Insbesondere Verhaltensunterschiede lassen sich nicht ursächlich auf den zeitlichen Abstand von der Geburt zurückführen; die eigentlichen Bedingungen des Zustandekommens von Veränderungen sind in der Einwirkung anderer Faktoren zu suchen.[36] Damit verliert das Alter seinen Status als unabhängige Variable. Es ist nicht mehr als eine handliche Abkürzung für die Summe aller Faktoren, die bisher im Medium Zeit gewirkt haben.[37]

Zur Abgrenzung der Jugendphase ist die Altersvariable streng genommen nur dann einsetzbar, wenn:

- relevante Veränderungen an fest vorprogrammierte Reifungsprozesse gebunden sind bzw. von verschiedenen Umweltbedingungen weitgehend unbeeinflußt bei fast allen Individuen ähnlich verlaufen oder wenn
- relevante Veränderungen stark mit dem Alter korrelieren, was allerdings nur bedeutet, daß andere Einflußfaktoren (bspw. Reifungsvorgänge, soziale Erwartungen) in einer engen

---

32 Vgl. z.B. B. Schäfers (1994), S. 29; K. Hurrelmann (1993), S. 253.

33 Vgl. U.-W. Borngräber (1989), S. 74. Als physikalische Größe bezeichnet das kalendarische Alter den zeitlichen Abstand von der Geburt; vgl. S. Schorsch (1992), S. 14; H. M. Trautner (1992), S. 28.

34 Um z.B. festzustellen, inwieweit über die Zeit Veränderungen im Verhalten und Erleben eintreten, müssen an verschiedenen Punkten des Zeitkontinuums Beobachtungen und Messungen durchgeführt werden. Hier bietet es sich an, das Lebensalter als Einteilungsmaßstab zu verwenden; vgl. H. M. Trautner (1992), S. 26.

35 Vgl. H. M. Trautner (1992), S. 28 f.

36 Mögliche inhaltliche Bestimmungen sind z.B. die bis zu einem Zeitpunkt eingetretenen anatomischen und physiologischen Veränderungen, die bis dahin entwickelten Kenntnisse, Fertigkeiten, Verhaltensgewohnheiten, aber auch die bis dahin wirksamen Umwelteinflüsse sowie die Änderungen des sozialen Status und die damit verbundenen veränderten Anforderungen und Erwartungen an das Individuum; vgl. H. M. Trautner (1992), S. 28.

37 Vgl. H. M. Trautner (1992), S. 28 f.

Beziehung zum Alter stehen; dann kann das Alter als handliche Abkürzung anderer qualitativer Einflußfaktoren dienen.[38]

Bei der Verwendung des Alters als Abkürzung anderer Einflußfaktoren oder Veränderungen ergeben sich jedoch Probleme, wenn intraindividuelle[39] oder interindividuelle[40] Unterschiede in der Korrelation des Alters mit diesen Einflußfaktoren bestehen. Weiterhin ist bei der Verwendung von Altersgrenzen einschränkend zu berücksichtigen, daß interkulturelle[41], intertemporale[42] und/ oder interdisziplinäre[43] Unterschiede bestehen können.

Diese Überlegungen verdeutlichen die Problematik einer rein altersbezogenen Abgrenzung der Jugendphase. Die genannten Probleme führen zu einer parallelen Existenz ganz unterschiedlicher Altersabgrenzungen der Jugendphase verschiedener Autoren innerhalb von und zwischen verschiedenen Disziplinen: Die Angaben für den Beginn der Jugendphase schwanken zwischen einem Alter von 10 bis 15 Jahren, die für das Ende schwanken zwischen einem Alter von 18 bis 25, in Einzelfällen sogar 30 Jahren (vgl. dazu **Abb. 2-2** im Anhang).

Das chronologische Alter als Abgrenzungskriterium bringt zwar den Vorteil einer leichten und kostengünstigen Erhebung, der Möglichkeit der Verwendung von Sekundärstatistiken sowie einer gewissen zeitlichen Stabilität mit sich.[44] Das Alter selbst ist aber – wie oben dargelegt – nicht kausal für Unterschiede im (Kauf-)Verhalten; es kann lediglich eine gute Bündelung darstellen für andere Einflußfaktoren, die diese Unterschiede herbeiführen.

---

38 Vgl. H. M. Trautner (1992), S. 30 und 34. Die Tatsache der Korrelation der Einflußgrößen mit dem Alter ließ die Altersvariable zur klassischen unabhängigen Variablen werden.

39 Wenn mehrere Veränderungen relevant sind und diese zwar mit dem Alter korrelieren, aber in unterschiedlichem Alter eintreten, stellt sich die Frage, welches Alter als Grenze gewählt werden soll (Extremwerte oder Durchschnittswerte). Damit sind verbindliche Altersgliederungen nur noch in beschränkten Teilbereichen möglich, vgl. H. M. Trautner (1992), S. 25 f.

40 Relevante Veränderungen bzw. Einflußfaktoren korrelieren zwar mit dem Alter, es gibt aber starke Unterschiede zwischen verschiedenen Individuen (sowohl in den Zeitpunkten des Eintritts als auch in der Reihenfolge). Dies gilt umso mehr, je weniger eng der Zusammenhang zwischen dem Alter und den jeweiligen Entwicklungsfaktoren ist, vgl. H. M. Trautner (1992), S. 29.

41 Relevante Einflußfaktoren korrelieren zwar mit dem Alter, es bestehen aber in verschiedenen Gesellschaften Unterschiede; so setzt z.B. die Pubertät in verschiedenen Ländern in unterschiedlichem Alter ein.

42 Relevante Einflußfaktoren korrelieren zwar mit dem Alter, der Zusammenhang verändert sich aber im Zeitablauf (z.B. die Vorverlagerung der Pubertät in den letzten Jahrzehnten).

43 Die in den verschiedenen Disziplinen als relevant betrachteten Veränderungen variieren, so daß folglich auch die in verschiedenen Disziplinen angegebenen Altersgrenzen variieren.

44 Das Alter ist eine häufig erhobene Größe und es ist zeitlich insofern stabil, als es nur systematischen, vorhersehbaren Veränderungen unterliegt.

2.2.2 Biologische Abgrenzung

Die biologische Abgrenzung der Jugendphase erfolgt über die somatischen Veränderungen, die sich in der Jugendphase vollziehen, v.a. die sexuelle Reifung und das Längenwachstum.[45] Biologisch ist die Jugendphase eine „Zeit beschleunigter körperlicher und sexueller Reifung".[46] Hervorzuheben ist, daß es in dieser Phase im Vergleich zu anderen Lebensphasen zu beschleunigten, vielfältigen und sprunghaften Veränderungen kommt.[47] Erforscht werden diese Erscheinungsformen und Entwicklungsverläufe menschlicher Wachstums- und Reifungsprozesse von Medizin und biologischer Anthropologie.[48]

Der **Beginn der Jugendphase** wird einheitlich mit dem **Eintritt der Pubertät** festgelegt, da die körperlichen Reifungsvorgänge gewissermaßen den Anstoß für alle folgenden Wandlungen geben.[49] Die Veränderungen, die im Zusammenhang mit dem Eintritt in die Geschlechtsreife mit dem eigenen Körper vor sich gehen, greifen tief in die Seelenstruktur und das Verhalten der Jugendlichen ein, was zur Konsequenz hat, daß die Pubertät auch aus soziologischer und psychologischer Perspektive von Bedeutung ist.[50]
Am Beginn der Pubertät steht eine hormonelle Umstellung, die wiederum die Entwicklung primärer und sekundärer Geschlechtsmerkmale zur Folge hat, weiterhin die Veränderung anderer physiologischer Funktionen sowie körperlicher Merkmale wie Veränderungen in Größe und Gewicht (puberaler Wachsstumsschub), der Körperproportionen und damit zusammenhängende Veränderungen der Körperkraft, der Koordination und der Geschicklichkeit.[51] Das **Ende der Jugendphase** ist erreicht, wenn die starken körperlichen Veränderungen zum Stillstand kommen, wenn also das **Längen- und das Organwachstum und die hormonelle Umstellung weitgehend abgeschlossen** sind und die äußere Gestalt eines Erwachsenen (Maturitätsform) erlangt wurde.[52]

Werden diese biologischen Grenzen mit **Altersangaben** versehen, so liegen diese meist zwischen **12/14 und 18/21 Jahren**.[53] Da Mädchen die Entwicklungen im Durchschnitt ein bis zwei Jahre früher durchlaufen als Jungen und die Altersangaben für beide Geschlechter gelten,

---

45 Vgl. R. Knussmann (1996), S. 168 f.
46 D. P. Ausubel (1976), S. 55.
47 Vgl. z.B. W. Schurian (1989), S. 63.
48 Vgl. B. Schäfers (1994), S. 83.
49 Vgl. z.B. H. Remschmidt (1992), S. 2; B. Schäfers (1994), S. 84; R. Knussmann (1996), S. 169 u. 195 f.; D. P. Ausubel (1976), S. 89.
50 Vgl. B. Schäfers (1994), S. 83; vgl. dazu auch die **Abschnitte 2.2.3 und 2.2.4**.
51 Vgl. D. P. Ausubel (1976), S. 89 f. sowie H. Remschmidt (1992), S. 24-34.
52 Vgl. R. Knussmann (1996), S. 169 f.
53 Vgl. R. Knussmann (1996), S. 169, 184 u. 195 f.; H. Remschmidt (1992), S. 57 f.; R. Oerter/ E. Dreher (1995), S. 330.

werden meist zwei Werte für die Ober- und die Untergrenze angegeben. Dabei ist zu berücksichtigen, daß es sich um Durchschnittswerte handelt und daß unterschiedliche Kriterien zur Bestimmung des Beginns der Pubertät verwendet werden.[54]

Diese körperlichen Entwicklungen haben im Laufe der Jahrhunderte eine Beschleunigung und altersmäßige Vorverlegung erfahren, die als **säkulare Akzeleration** bezeichnet wird.[55] So hat sich z.B. von 1950 bis 1990 die Geschlechtsreife um ca. zwei Jahre vorverlegt, bei Mädchen ungefähr vom 15. Lebensjahr auf das 13. Lebensjahr.[56] Damit hat sich auch der **Beginn der Jugendphase nach biologischen Kriterien vorverlagert**.

2.2.3 Psychologische Abgrenzung

Die Eigenständigkeit der Jugendphase liegt aus psychologischer Sicht darin begründet, daß es zu bestimmten auffallenden, eigentümlichen und beschleunigten Veränderungen des Verhaltens und Erlebens kommt.[57] Das Entwicklungsgeschehen in dieser Lebensphase weist eine gewisse Gleichartigkeit auf; Jugendliche neigen zu charakteristischen Weisen des Denkens, Lernens, Fühlens und Handelns und haben gewisse Anpassungsprobleme gemein.[58]

Das Zustandekommen und die Inhalte dieser psychischen Veränderungen sind vielfältiger Art. Einige sind stark an das Lebensalter gekoppelt (z.B. die kognitive Entwicklung); andere entstehen erst durch einen komplexen Interaktionsprozeß zwischen den für diese Lebensphase charakteristischen biologischen (Eintritt in die Pubertät), kognitiven und sozialen (Reaktionen des Umfelds, gesellschaftliche Anforderungen und Zugeständnisse) Veränderungen.[59] Einige

---

[54] Gibt es große interindividuelle Unterschiede des Alters des Eintretens in die Pubertät und werden unterschiedliche Kriterien verwendet, können die Durchschnittswerte für die Altersgrenzen voneinander abweichen; vgl. D. P. Ausubel (1976), S. 104 f.; H. Fend (1990), S. 138-140; H. Remschmidt (1992), S. 2. So stellt H. Fend (1994), S. 137, fest, daß das gesamte zweite Lebensjahrzehnt einer „Kohorte" in Anspruch genommen wird, bis alle Mitglieder der Kohorte die Pubertät durchlaufen haben: vom 10. Lebensjahr der Frühentwickler bis zum 20. Lebensjahr der Spätentwickler. Die Altersspielräume variieren dabei interindividuell, nicht aber die Abfolge, d.h. die Reihenfolge, in der die physiologischen Teilveränderungen der Pubertät vor sich gehen; vgl. D. P. Ausubel (1976), S. 105.

[55] Indikatoren sind ein früheres Einsetzen der Menarche, eine frühere Reife, ein verstärktes Längenwachstum; vgl. z.B. K. D. Mörike et al. (1989), S. 18-52; R. Knussmann (1996), S. 205 f.

[56] Vgl. H. Fend (1990), S. 138.

[57] Vgl. z.B. E. Olbrich (1983), S. 89; E. Olbrich (1984), S. 2; D. P. Ausubel (1976), S. 24. Die Veränderungen weisen die folgenden Merkmale auf: die Geschwindigkeit, mit der sie eintreten, ist relativ groß; sie treten zum ersten Mal auf; Unterschiede zwischen Altersgruppen sind größer als innerhalb der Altersgruppe; es handelt sich entweder um eine auffällige quantitative Zunahme oder um einen Funktionswandel hin zu komplexerer Qualität; es gibt eine Auswirkung auf späteres Verhalten; das Zustandekommen ist unter theoretischem Aspekt bedeutsam; vgl. H. M. Trautner (1992), S. 24.

[58] Vgl. D. P. Ausubel (1976), S. 24 f.

[59] Vgl. dazu H. Fend (1990), S. 239; H. Fend (1994), S. 199; E. Olbrich (1983), S. 89 u. 93; D. P. Ausubel (1976), S. 24, 55; R. Oerter/ E. Dreher (1995), S. 310. Dabei sind die psychischen Entwicklungen nicht direktes Resultat der körperlichen Veränderungen; die physiologischen Veränderungen sind vielmehr notwendige,

Inhalte und Zusammenhänge der psychischen Veränderungen in der Jugendphase werden im folgenden beispielhaft dargestellt.

Mit den **biologischen Veränderungen** sind die in **Abschnitt 2.2.2** genannten körperlichen Veränderungen im Zuge der Pubertät angesprochen. Die teilweise abrupten anatomischen, physiologischen und hormonalen Veränderungen, in die der gesamte Körper einbezogen ist, machen umfassende Anpassungen auf körperlicher, seelischer und sozialer Ebene notwendig.[60] Eine der großen Aufgaben der Jugendphase ist die Bewältigung dieser Veränderungen und deren Integration in das Selbstkonzept.[61] Die starken körperlichen Veränderungen in der Pubertät führen zu einer verstärkten Hinwendung zum eigenen Körper und zum anderen Geschlecht, zu einer verstärkten Selbstbeobachtung und dem Vergleich mit Gleichaltrigen und konstruierten Idealen.[62] Bei vielen Jugendlichen ergeben sich in dieser Phase des Umbruchs Verunsicherungen und Beeinträchtigungen des Selbstwertgefühls.[63] Im Selbstbild schlagen sich auch die Reaktionen des Umfelds des Jugendlichen auf dessen körperliche Veränderungen (soziale Veränderungen) nieder.[64]

Im Bereich der **psychischen Funktionen** vollziehen sich in den kognitiven Strukturen fundamentale Veränderungen. Im Alter von 11 bis 12 Jahren setzt die letzte Stufe der **kognitiven Entwicklung** ein: die Stufe der formalen Operationen (des hypothetisch-logischen Denkens).[65] Es entsteht die Fähigkeit zum abstrakten Denken und zur Bildung von Hypothesen.[66] Der Jugendliche entwickelt neue, differenziertere Formen der Informationsverarbeitung, des Problemlösens und des Infragestellens. Diese formalen Qualitäten sind die Basis für eine Vielzahl deutlicher qualitativer Veränderungen des Selbsterlebens und des Erlebens der sozialen Umwelt.[67] So eröffnen sich jetzt erstmals die Möglichkeiten zur Selbstreflexion bzw. Introspektion, zum Denken über das eigene Denken, Fühlen und Handeln.[68] Im Zuge verstärkter und veränderter Selbstwahrnehmung tritt die Frage nach der eigenen Identität in den Vordergrund, die das zentrale Thema der Jugendphase bildet.[69] Erst die Fähigkeit zur Selbstreflexion setzt das Ringen um Identität in Gang; sie bringt aber auch eine erhöhte Sensibilität

---

aber nicht hinreichende Bedingung der psychologischen und psychosozialen Veränderungen; vgl. H. Remschmidt (1992), S. 76 f.

60 Vgl. K. Hurrelmann et al. (1995), S. 31 f.
61 Vgl. H. Remschmidt (1992), S. 87.
62 Vgl. H. Remschmidt (1992), S. 86 und 121; H. Fend (1994), S. 143 u. 199.
63 Vgl. H. Remschmidt (1992), S. 88; H. Fend (1994), S. 143.
64 Vgl. H. Fend (1990), S. 141 f.
65 Vgl. J. Piaget/ B. Inhelder (1973), S. 22; F. G. Wetzel (1980), S. 242 f.; G. Mietzel (1992), S. 122; H. Fend (1994), S. 197.
66 Vgl. W. Schurian (1989), S. 87 f.
67 Vgl. O. Ewert (1983), S. 115-117.
68 Vgl. W. Schurian (1989), S. 88-90; H. Remschmidt (1992), S. 97; K. Hurrelmann et al. (1995), S. 34.
69 Vgl. R. Oerter/ E. Dreher (1995), S. 348.

für Defizite und Unstimmigkeiten mit sich, für die ein Ausgleich gesucht wird.[70] Infolge des Zusammenspiels dieser kognitiven Veränderungen mit den gleichzeitig ablaufenden körperlichen Reifungsprozessen und den Reaktionen des Umfelds darauf wird die Selbstbeobachtung verstärkt auf die physischen Veränderungen gelenkt und werden Aussehen, Gestalt und Eindruck auf andere Menschen besonders wichtig.[71]
Ferner entsteht auf dieser Stufe der kognitiven Entwicklung die Fähigkeit zur Konstruktion von Idealen, zum Denken in längeren Zeiträumen, zur Vorstellung von alternativen Zuständen und Entwicklungen und damit zur zukünftigen Lebensplanung.[72] Auch die moralische Entwicklung erhält mit dem formalen Denken eine neue Dimension, die darin besteht, daß überindividuelle Werte und Ideale (abstrakte Gebilde und konkrete Personen) an Bedeutung und Aktualität gewinnen,[73] so daß erst jetzt eigene politische Werthaltungen und ein differenzierteres Wertesystem entstehen können.[74]
Die neuen kognitiven Fähigkeiten prägen in vielfältiger Weise das Denken, Erleben und Handeln in dieser Lebensphase. Wichtige Folgewirkungen der körperlichen und kognitiven Veränderungen bestehen in der Veränderung des Selbstkonzeptes, des sozialen Verhaltens und der veränderten Stellung im sozialen Netzwerk, z.B. der größeren Distanz von den Eltern und der neuen Näheempfindungen zu Gleichaltrigen und zum anderen Geschlecht.[75]

Die **sozialen Veränderungen** umfassen die Reaktionen des Umfelds auf die körperlichen Veränderungen und die gesellschaftlichen Normvorstellungen, die an diese Lebensphase geknüpft sind, und die von Eltern, Schule und Medien an den Jugendlichen herangetragen werden (Selbständigkeit, eigenverantwortliches Handeln, Erfüllung von Leistungsanforderungen, Entwurf von Lebensplanungen hinsichtlich Beruf und Familie, Übernahme gesellschaftlicher Rollen) sowie die rechtlichen Normierungen dieser Vorstellungen.[76] In dieser Lebensphase verändern sich Pflichten und Verantwortlichkeiten, aber auch Vorrechte und Handlungsmöglichkeiten sowie die gesellschaftliche und wirtschaftliche Rolle in auffälliger Weise.[77] So

---

70 Für diese Zusammenhänge kann die Theorie der symbolischen Selbstergänzung eine Erklärung bieten; vgl. R. Oerter/ E. Dreher (1995), S. 357 f.

71 Vgl. H. Remschmidt (1992), S. 87 u. 97; H. Fend (1994), S. 199. Jugendliche sind den Veränderungen nicht passiv ausgeliefert; die Perspektive der Jugendlichen als Produzenten der eigenen Entwicklung gewinnt zunehmend an Bedeutung; vgl. R. Oerter/ E. Dreher (1995), S. 325; H. Fend (1994), S. 143. Sie versuchen, sich neu darzustellen, kaufen Kleider und gestalten ihren Körper, zeigen übertrieben frühes Erwachsensein, suchen Aufmerksamkeit und Zuwendung und beginnen somit, sich im sozialen Netzwerk neu zu plazieren; vgl. H. Fend (1994), S. 143.

72 Vgl. W. Schurian (1989), S. 88-90; H. Remschmidt (1992), S. 97.

73 Allerdings erfolgt häufig auch eine schnelle Abkehr von gewählten Vorbildern, da kaum eine reale Person den idealen Anforderungen gerecht werden kann; vgl. H. Remschmidt (1992), S. 98.

74 Vgl. H. Remschmidt (1992), S. 98; R. Krieger (1990), S. 298; O. Ewert (1983), S. 117.

75 Vgl. H. Fend (1994), S. 143.

76 Vgl. E. Olbrich (1983), S. 93; P. Noack (1990), S. 10. Zu den rechtlichen Normierungen der Jugendphase vgl. auch **Abschnitt 2.2.5**.

77 Vgl. D. P. Ausubel (1976), S. 39; P. Noack (1990), S. 10.

erhalten die psychischen Verarbeitungsprozesse den Charakter des Experimentierens, des Probierhandelns, da den Jugendlichen die Möglichkeit gegeben wird, mit verschiedenen Erwachsenenrollen zu experimentieren, ohne die Konsequenzen der vollen Verantwortlichkeit tragen zu müssen.[78]

Erst durch das Zusammenwirken der genannten Faktoren in der Jugendphase werden die vielfältigen Lern- und Veränderungsprozesse angestoßen, die für diese Lebensphase charakteristisch sind und die deren gesonderte Behandlung aus psychologischer Sicht rechtfertigen.[79] Diese Lern- und Veränderungsprozesse sind in dem Konzept der Entwicklungsaufgaben des Jugendalters als Anforderungen formuliert zusammengefaßt.[80] Im Jugendalter müssen Verhaltensformen und Privilegien der Kindheit aufgegeben werden; es gilt, sich zu orientieren und die notwendigen Einstellungen und Fähigkeiten anzueignen, die Aufgaben, Rollen und Status des Erwachsenen begründen und zur konstruktiven und zufriedenstellenden Bewältigung des Lebens in einer Gesellschaft notwendig sind.[81] Als das zentrale Thema der Jugendphase gilt die Verselbständigung und Identitätsfindung.[82] Als weitere wichtige Entwicklungsaufgaben werden genannt: die Reorganisation der sozialen Beziehungen (Ablösung von den Eltern und Aufbau eines selbständigen sozialen Verhaltens, von sozialen Kontakten zu Gleichaltrigen und von partnerschaftlichen Beziehungen), der Aufbau eines eigenen Werte- und Normensystems, der Erwerb schulischer und berufsvorbereitender Qualifikationen, die Entwicklung einer auf die Zukunft ausgerichteten Lebensplanung sowie die Entwicklung eigener Handlungsmuster für die Nutzung des Konsumgüter- und Freizeitmarktes.[83]

Die für die Jugendphase typischen Entwicklungen sind nicht mit dem Ende der Jugendphase abgeschlossen, aber es wird eine gewisse Konsolidierung erreicht – einige Aufgaben sind auch

---

78 Vgl. E. Olbrich (1984), S. 5; B. Schäfers (1994), S. 95; W. Schurian (1989), S. 110 f.; D. Baacke/ W. Ferchhoff (1993), S. 429.

79 Vgl. H. Fend (1990), S. 239.

80 Vgl. R. Oerter/ E. Dreher (1995), S. 326-330. Diese lebensphasenspezifischen Entwicklungsaufgaben werden als Resultat des Zusammenspiels der gesellschaftlichen Erwartungen, der Prozesse der körperlichen Reifung und der individuellen Zielsetzungen gesehen; vgl. P. Noack (1990), S. 10; R. Oerter/ E. Dreher (1995), S. 326; K. G. Tismer (1995), S. 70.

81 Vgl. R. Oerter/ E. Dreher (1995), S. 310 u. 326; P. Noack (1990), S. 9.

82 Vgl. R. Oerter/ E. Dreher (1995), S. 348; E. Olbrich (1983), S. 94. Die Bewältigung körperlicher und psychischer Entwicklungen und der gesellschaftlichen Erwartungen stellen hohe Anforderungen an den Jugendlichen. Angesichts derartig vielfältiger Aufgaben und Veränderungen wird das Finden der eigenen Mitte als Übereinstimmung zwischen Selbsterleben, Fremderleben und Anpassung an soziale Normen erschwert, so daß diese eine gewisse Labilisierung und Beunruhigung mit sich bringen; vgl. B. Schäfers (1994), S. 95.

83 Vgl. H. Fend (1994), S. 25 f.; K. Hurrelmann (1993), S. 253 f.; K. Hurrelmann et al. (1995), S. 33 f. Zu den Entwicklungsaufgaben im einzelnen vgl. H. Remschmidt (1992), S. 139 f.; R. Oerter/ E. Dreher (1995), S. 328 f.; H. Fend (1994), S. 179.

in späteren Lebensphasen noch aktuell, allerdings nicht mehr in der Intensität wie in der Jugendphase.[84]

Problematisch ist, daß sich die psychischen Veränderungen des Verhaltens und Erlebens eher kontinuierlich vollziehen und deshalb als **Kriterien zur Abgrenzung der Jugendphase** wenig geeignet sind.[85] Aus diesem Grund wird zur Abgrenzung der Jugendphase auch in der psychologischen Literatur i.d.R. auf biologische und soziale Kriterien zurückgegriffen. Da die körperlichen Entwicklungen den Anstoß zu den psychischen Veränderungen geben, wird der **Beginn der Pubertät** weitgehend einheitlich als **Beginn der Jugendphase** angenommen.[86] Biologische und psychologische Abgrenzung fallen hier also zusammen.
Schwieriger und unschärfer ist die Bestimmung des **Endes der Jugendphase**. Das Problem liegt darin, festzulegen, wie sich volle psychosoziale Reife darstellt.[87] Wird die Strukturierung der inneren Welt, das Finden eines inneren Halts und eines produktiven Gleichgewichts zur Welt als maßgeblich angesehen,[88] so würde dieses Kriterium von den wenigsten Menschen erfüllt werden.[89] Es wird nun angeführt, daß im Laufe der Entwicklung vom Kind zum Erwachsenen die Bedeutung ontogenetischer Faktoren ab-, hingegen die Bedeutung sozialer Faktoren zunimmt.[90] Die Definition des Erwachsenen unterliegt v.a. gesellschaftlichen Vorstellungen und erfolgt somit fast ausschließlich über **soziale Normierungen**.[91] Deshalb wird zur Abgrenzung der Jugendphase oft auf soziale Kriterien wie Volljährigkeit, Berufstätigkeit, Familienstand zurückgegriffen, welche allerdings wenig relevant für den Entwicklungsstand einer Person sein können.[92]
Eine an Pubertät und sozialen Kriterien orientierte Unterteilung von Ewert wählt junge Menschen vom 10. bis zum 25. Lebensjahr als Ausgangsbasis für weitere Unterteilungen des Jugendalters, die deshalb notwendig sind, da „eine Zeitspanne von 15 Jahren offensichtlich zu weit ist, um eine entwicklungstypische Altersgestalt zu bezeichnen".[93] Das Jugendalter i.e.S. erstreckt sich bei ihm vom 11. bis zum 17. Lebensjahr; vom 18. bis zum 21. Lebensjahr wird von später Adoleszenz gesprochen, vom 21. bis zum 25. Lebensjahr von jungen Erwachsenen.[94]

---

84 Vgl. D. P. Ausubel (1976), S. 24.
85 Vgl. D. P. Ausubel (1976), S. 24
86 Vgl. O. Ewert (1983), S. 12; E. Olbrich (1984), S. 3; K. Hurrelmann et al. (1995), S. 31. Teilweise wird noch eine vorpubertäre Phase in das Jugendalter einbezogen; vgl. O. Ewert (1983), S. 13; R. Oerter/ E. Dreher (1995), S. 312.
87 Vgl. E. Olbrich (1984), S. 4.
88 Vgl. H. Roth (1971), S. 435.
89 Vgl. E. Olbrich (1984), S. 4.
90 Vgl. A. Stiksrud (1992), S. 333.
91 Vgl. O. Ewert (1983), S. 12.
92 Vgl. E. Olbrich (1984), S. 4; vgl. auch O. Ewert (1983), S. 16.
93 O. Ewert (1983), S. 14.
94 Vgl. O. Ewert (1983), S. 13.

Eine weitere Abgrenzungsmöglichkeit ist die nach dem subjektiven Selbsterleben des Einzelnen, nach dem **subjektiv wahrgenommenen Alter**.[95] Teil des Selbstkonzepts ist das „Alters-Selbst“, das das Selbstbild des eigenen Altersstatus umfaßt.[96] Dieses „Alters-Selbst“ nimmt Einfluß auf das Handeln einer Person, und es wird geprägt von verschiedenen Orientierungsmomenten (z.B. dem kalendarischen Alter, dem biologischen Entwicklungsstand, den sozialen Rollenzuschreibungen).[97]

Eine Befragung von 13- bis 29jährigen von 1996 zeigt, daß sich sowohl in Bezug auf die subjektive Selbsteinschätzung als Jugendlicher bzw. Erwachsener als auch in Bezug auf die allgemeine Norm, bis zu welchem Alter Menschen als Jugendliche zu betrachten sind, die Obergrenze der Lebensphase Jugend etwa mit dem 23./ 24. Lebensjahr angeben läßt.[98] Neben dem kalendarischen Alter wurden die Selbsteinschätzungen der Befragten dabei v.a. bestimmt von Lebenslaufereignissen, die auch in soziologischer Hinsicht zur Abgrenzung der Jugendphase verwendet werden, und zwar offenbar v.a. von solchen Ereignissen, die sich auf den Aufbau gegengeschlechtlicher Beziehungen und die Ablösung von der Herkunftsfamilie beziehen („erste sexuelle Erfahrungen“, „heiraten“, „mit einem festen Partner zusammenleben“ und „Selbstbestimmung über Weggehen und Heimkommen“), während berufsbiographische Übergänge („erste Ausbildung abschließen“ und „genug Geld verdienen, um für sich selbst sorgen zu können“) eine eher untergeordnete Rolle spielten.[99]

---

95 Vgl. L. Stecher (1997), S. 145 f.; vgl. auch B. Barak/ L. G. Schiffman (1981), S. 603; O. Ewert (1983), S. 16; E. Olbrich (1984), S. 6; H. Merkens (1996), S. 22 f.

96 Das Selbstkonzept bezeichnet jenen Teil der Persönlichkeit, der sich auf das Bild des einzelnen von sich selbst bezieht und sämtliche Eigenschaften, Vorstellungen und Einstellungen des Individuums umfaßt, die zum unverwechselbaren Kern seines Selbst gehören; es setzt sich aus einzelnen themen- und bereichsspezifischen Wissensbeständen, den Selbstschemata, zusammen; vgl. M. Sader/ H. Weber (1996), S. 155.

97 Vgl. L. Stecher (1997), S. 146 f. Zum Einfluß des Selbstkonzepts auf die Handlungen einer Person vgl. auch G. Wiswede (1995), S. 96-98. Es wird diskutiert, ob dabei das Ideal-Selbst stärker das Verhalten bestimmt als das Real-Selbst; vgl. G. Wiswede (1995), S. 98.

98 Vgl. L. Stecher (1997), S. 150. Bis zu diesem Alter sehen sich (kumuliert) drei Viertel der Befragten als Erwachsene. Die 50%-Grenze liegt im Alter von 20/ 21 Jahren; vgl. L. Stecher (1997), S. 148 f. Für die allgemeine Norm, nach der ebenfalls gefragt wurde, gilt: Menschen, die jünger sind als 18 Jahre, werden übereinstimmend als Jugendliche angesehen; jene, die älter als 24 Jahre sind, werden weitgehend übereinstimmend nicht mehr als Jugendliche angesehen; Unterschiede treten zwischen dem 19. und dem 25. Lebensjahr auf; vgl. L. Stecher (1997), S. 150. Für die Untergrenze ist nur eine Studie von 1991 bekannt: Hier ordneten sich in den Klassen 7-8 (Alter ca. 12-14 Jahre) die Mädchen zwar mehrheitlich den Jugendlichen zu, die Jungen empfanden sich überwiegend noch als ältere Schulkinder; erst in den Klassen 9-10 empfanden sich auch die Jungen als Jugendliche; vgl. S. Schorsch (1992), S. 173 f.

99 Vgl. L. Stecher (1997), S. 153. Diese Zusammenhänge bedürfen aber einer genaueren Analyse; so geht bspw. Hurrelmann von einer hohen Bedeutung des Berufseintritts für Persönlichkeits- und Verhaltensveränderungen aus; vgl. K. Hurrelmann (1993), S. 148. Auch die Analyse von H. Schröder (1995), S. 145-152, zeigt, daß die Selbstverortung zwischen Kindheit und Erwachsenheit von familien- und berufsbiographischen Merkmalen bestimmt wird.

2.2.4 Soziologische Abgrenzung

In gesellschaftlicher Hinsicht sind die Lebensphasen – und somit auch die Jugendphase – an der Übernahme bestimmter sozialer Rollen und Aktivitäten festgemacht. [100] Dabei wird die Jugendphase häufig negativ abgegrenzt: Die Jugendphase ist die „Verhaltensphase des Menschen, in der er nicht mehr die Rolle des Kindes (dessen Leben sozial wesentlich innerhalb der Familie wurzelt oder von Institutionen gehalten wird, die – wie Heime, Kindergarten, Elementarschule, Spielplatz usw. – primär Familienersatz oder institutionell ausgeweiteter Familienraum sind) und in der er noch nicht die Rolle des Erwachsenen als vollgültigen Trägers der sozialen Institutionen, also z.B. der Familie, der Öffentlichkeit und politischen Ordnung, der Rechts- und Wirtschaftsordnung usw., übernommen hat“.[101] Da sich dieser Prozeß der schrittweisen Lösung von der Rolle des Kindes und des Hineinwachsens in die des Erwachsenen in der heutigen Gesellschaft zeitlich sehr stark ausgedehnt hat, kann nicht mehr von einer kurzen Übergangsphase gesprochen werden, sondern die Jugendphase wird als eigenständige Lebensphase, als spezifische soziale Situation mit eigenem sozialen Status und einer gewissen Subkultur gekennzeichnet.[102]

Positiv formuliert, ist die Jugendphase eine Phase des Lernens, der sozialen und geistigen Experimente und der Vorbereitung auf die sozial relevanten Rollen und Aufgaben des Erwachsenseins, mit deren faktischer Übernahme die Jugendphase endet.[103] Es handelt sich um eine Phase, „in der in verschiedenen Bereichen der Eintritt in die berufliche, rechtliche, politische, kulturelle, religiöse, familiäre, partnerschaftliche und sexuelle Selbständigkeit erreicht wird“.[104] Der Übergang von der kindlichen Abhängigkeit, Unselbständigkeit und Nichtverantwortlichkeit hin zur erwachsenen Selbständigkeit und Eigenverantwortlichkeit vollzieht sich als Verselbständigungsprozeß über eine schrittweise Zunahme von Selbständigkeiten und Eigenverantwortlichkeit in den verschiedenen gesellschaftlichen Teilbereichen.[105] Diese schrittweise Zunahme ergibt sich zum einen aus der Rechtsordnung, die an klare Alters-

---

[100] Vgl. H.-P. Blossfeld/ R. Nuthmann (1988), S. 3; K. Hurrelmann et al. (1995), S. 38. Welche Rollen dies jeweils sind, wird bestimmt durch die Normen der Gesellschaft, vgl. S. Schorsch (1992), S. 17.

[101] H. Schelsky (1957), S. 16.

[102] Vgl. H. Reimann/ H. Reimann (1987), S. 18 sowie R. Münchmeier (1992), S. 286. Dies ist vor dem Wandel der zunehmenden Verschulung der Jugendphase in Folge der Bildungsreform in den 60er und 70er Jahren zu sehen. Historisch betrachtet war Jugend für die Mehrheit der jungen Generation eine relativ kurze Übergangsphase zwischen Beendigung der (Pflicht-)Schulzeit und der Einmündung ins Erwerbsleben; vgl. R. Münchmeier (1992), S. 286; W. Ferchhoff (1991), S. 103.

[103] Vgl. R. Münchmeier (1992), S. 286; G. Wurzbacher (1987), S. 31; H.-H. Krüger (1992), S. 15; T. Olk (1989), S. 35; W. Hornstein (1988), S. 29; E. Weber (1987), S. 21; L. Rosenmayr (1975), S. 412. Die Länge dieses Lernprozesses und damit der Jugendphase ist auch abhängig von der Komplexität der Erwachsenenrolle.

[104] K. Hurrelmann (1993), S. 254.

[105] Vgl. I. Behnken/ J. Zinnecker (1992), S. 129; B. Schäfers (1994), S. 31; K. Hurrelmann et al. (1994), S. 39.

normen anknüpft (vgl. **Abschnitt 2.2.5**),[106] zum anderen aus diffuseren gesellschaftlichen (Alters-)Normvorstellungen, die sich z.B. in der zunehmenden Übertragung von Rechten und Pflichten durch die Eltern äußert (Selbstbestimmung der Kleidung, größere Geldbeträge zur eigenen Verfügung, zunehmende Pflichten im Haushalt etc.), aber auch durch die Forderungen der Jugendlichen selbst.[107]
Dem Jugendlichen eröffnen sich im Laufe der Jugendphase zunehmend die für die Erfüllung der Entwicklungsaufgaben erforderlichen Entscheidungs- und Handlungsmöglichkeiten (die Wege sind weniger vorgezeichnet als in der Kindheit). Es entstehen aber – gerade angesichts der gegenwärtig zunehmenden Auflösung institutioneller Fixierungen und vorgefertigter Lösungen, die die Optionenvielfalt vergrößert – auch Wahlprobleme, Entscheidungszwänge und Verunsicherungen.[108] Die Jugendphase ist eine Phase der Selbsterprobung und der Erprobung unterschiedlicher Lebensformen; in dieser Phase der Statusunsicherheit hat der Jugendliche Gelegenheit, verschiedene Alternativen auszuprobieren und sich Gewißheit über Neigungen und Interessen zu verschaffen.[109]

Nach dieser inhaltlichen Kennzeichnung sind die **Kriterien zur Abgrenzung der Jugendphase** näher zu beleuchten. Problematisch ist, daß die die Jugendphase kennzeichnende Verselbständigung in verschiedenen Teilbereichen einen Prozeß darstellt, dessen Beginn und Ende insofern unscharf sind, als sie nicht an einem bestimmten Ereignis festzumachen sind, sondern sich erst aus der strukturellen Bündelung, aus der Häufung verschiedener Übergänge bzw. Statuspassagen ergeben.[110] Hinzu kommt, daß sich die Verselbständigung in heutigen westlichen Industriegesellschaften in verschiedenen Teilbereichen zu unterschiedlichen

---

[106] Der Erwachsenenstatus wird in verschiedenen Bereichen nach und nach erlangt; es wird auch von Teilreifen oder Teilmündigkeiten gesprochen; vgl. H. Reimann/ H. Reimann (1987), S. 20 sowie B. Schäfers (1994), S. 33.

[107] Jugendliche fechten mit ihren Eltern häufig intensive Diskussionen darüber aus, in welchem Alter der Jugendliche etwas kann oder darf, in welchem Alter die relative Verantwortungslosigkeit des Kindes aufgegeben werden soll und ab wann Erwachsenenrechte zustehen; vgl. W. Fuchs (1986), S. 15.

[108] Vgl. R. Münchmeier (1992), S. 288; E. Liebau (1990), S. 112; H.-H. Krüger (1992), S. 18; H. Buba (1997), S. 350. In diesem Zusammenhang wird auch von der Individualisierung bzw. Pluralisierung der Jugendphase gesprochen; vgl. W. Heitmeyer/ H. Olk (1990b), S. 11 ff.; W. Hornstein (1988), S. 24 f.; R. Münchmeier (1992), S. 288. Die sich im fortschreitenden gesellschaftlichen Individualisierungsprozeß auflösenden institutionellen Fixierungen erweitern zwar die Spannweite individueller Optionen, erlegen dem Einzelnen aber auch die Bewältigung der Risiken und Brüche gesellschaftlicher Entwicklungen auf; vgl. U. Beck (1986). Angesichts der gestiegenen Orientierungsprobleme kann das Wählen-Können zum Wählen-Müssen werden; vgl. R. Münchmeier (1992), S. 288. In einer solchen Situation kann es sowohl zur Hinauszögerung von Entscheidungen und zur Wahl weniger verbindlicher Entscheidungsformen als auch zur Rückwendung zu der Stabilität traditioneller Lebens- und Beziehungsformen kommen; vgl. H. Buba (1997), S. 350.

[109] Vgl. Y. Schütze (1992), S. 335; W. Hornstein (1988), S. 29. Gerade die jugendkulturellen Gruppierungen geben den Jugendlichen Gelegenheit, ihre Möglichkeiten zu erproben und expressiv zu verwirklichen; vgl. R. Münchmeier (1992), S. 288.

[110] Vgl. dazu I. Behnken/ J. Zinnecker (1992), S. 128; K. Hurrelmann et al. (1995), S. 39. Als Übergänge oder Statuspassagen werden solche Ereignisse bezeichnet, die in einem Lebenslauf erstmalig auftreten; vgl. I. Behnken/ J. Zinnecker (1992), S. 128; vgl. F. Wiesner/ K. Silbereisen (1997), S. 185.

Zeitpunkten vollzieht: Schon zu Beginn des zweiten Lebensjahrzehnts wird z.B. ein von den Eltern unabhängiger Lebensstil, v.a. im Freizeit- und Konsumbereich, erreicht, während die materielle Abhängigkeit vielfach noch bis ins dritte Lebensjahrzehnt andauert.[111]

Die **untere Grenze der Jugendphase** wird in der soziologischen Literatur an unterschiedlichen Kriterien festgemacht. Als ein mögliches Kriterium für die Abgrenzung von Kindheit und Jugendphase wird das Ende der (Pflicht-)Schulzeit und der Beginn der Lehre mit ca. **15 bis 16 Jahren** angegeben.[112] Da sich der Charakter der Jugendphase mittlerweile dahingehend geändert hat, daß die Mehrzahl der Jugendlichen sich noch über das neunte Schuljahr hinaus in Bildungsinstitutionen bewegt und die Jugendphase zur Bildungsphase bzw. zum Bildungsmoratorium wird, wird dieses Kriterium fraglich.[113] Alternativ wird in einem Teil der Literatur der **Beginn der Pubertät (12/13 Jahre)** und damit ein biologisches Kriterium zur Abgrenzung verwendet.[114] Mit Beginn der Pubertät setzen nach und nach die zunehmende Selbständigkeit und Eigenverantwortlichkeit in verschiedenen Teilbereichen und damit verschiedene Übergänge von der Kindheit in die Jugendphase ein.[115] Beispielhaft zeigt die **Tab. 2-1** das Medianalter bei einigen dieser Übergänge für die Gruppe der im Jahr 1996 13- bis 19jährigen.

---

[111] Vgl. K. Hurrelmann (1993), S. 254. In diesem Zusammenhang sind auch die noch andauernden Entwicklungen zu sehen, nach denen einige Übergänge, die früher das Ende der Jugendphase markierten, heute sehr viel weiter vorverlagert sind, während ein anderer Teil von Übergängen weiter hinausgezögert wird; vgl. dazu die Ausführungen auf **S. 26**.

[112] Vgl. z.B. H. Reimann/ H. Reimann (1987), S. 19 sowie B. Biervert (1987), S. 98. In den 50er/ 60er Jahren war Jugend eine kurze Übergangsphase, die für die meisten nach dem Ende der Pflichtschulzeit begann und mit dem endgültigen Eintritt ins Erwerbsleben endete; Jugend war die Zeit des Einfädelns in den Arbeitsprozeß und der Partnersuche; vgl. J. Zinnecker/ L. Stecher (1997), S. 165.

[113] Vgl. J. Zinnecker/ L. Stecher (1997), S. 165 f. So verdienten 1970 44% der 15- bis 19jährigen ihren Lebensunterhalt durch eigene Erwerbstätigkeit, 1982 dagegen waren 72% dieser Altersjahrgänge noch in Schul- und Hochschuleinrichtungen und nur 5,6% waren erwerbstätig; vgl. R. Münchmeier (1992), S. 287. In der Gegenwart beginnt Jugend mitten in den Schuljahren und endet, frühestens, mit dem Abschluß längerer Bildungs- und Ausbildungszeiten; vgl. J. Zinnecker/ L. Stecher (1997), S. 165.

[114] Vgl. z.B. B. Schäfers (1994), S. 29; E. Weber (1987), S. 21; G. Wurzbacher (1987), S. 29; L. Rosenmayr (1975), S. 412; K.-H. Hillmann (1994), S. 396; W. Ferchhoff (1991), S. 108.

[115] Wie schon in **Abschnitt 2.2.3** erwähnt, geht mit dem Gestaltwandel in der Pubertät auch ein verändertes Verhalten der Umwelt gegenüber dem Jugendlichen einher. Gerade diffuse gesellschaftliche Normvorstellungen könnten an diesem äußerlich sichtbaren Gestaltwandel orientiert sein.

Tab. 2-1: Geschätzte Medianalter für verschiedene Übergänge von der Kindheit in die Jugendphase bei den 13- bis 19jährigen im Jahr 1996

Teilbereich	Kriterien	Alter in Jahren			
		männlich		weiblich	
		West	Ost	West	Ost
Ablösung von der Herkunftsfamilie:	Haushaltspflichten übernehmen	12,9	10,5	11,8	10,3
	selbst Essen machen	13,7	12,9	12,5	12,4
	Aussehen selbst bestimmen	14	14,1	13,1	13,8
Hineinwachsen in Liebesbeziehung:	erstmals verliebt sein	15,2	14,8	14,3	14,4
	erster Diskobesuch	15,7	14,9	15,4	14,6
	erster fester Freund/-in	16,8	16,6	16,1	16,3
	erste sexuelle Erfahrungen	16,7	16,6	16,5	16,4
Hineinwachsen in Politik und Erwerbstätigkeit:	Beruf wissen	16	15,5	15,9	15,5
	über Politik reden	16,6	16,1	17,3	16,6

Quelle: in Anlehnung an F. Wiesner/ K. Silbereisen (1997), S. 188 f.

Die **obere Grenze der Jugendphase** ist schwieriger zu bestimmen.[116] In komplexen Gesellschaften hat die körperliche Reife, die in einfach strukturierten Gesellschaften den Eintritt in den Erwachsenenstatus bestimmt, zugunsten einer differenzierten sozialen Reife an Bedeutung verloren.[117] Die Jugendphase endet mit der Übernahme der sozial relevanten Rollen eines Erwachsenen und damit verbunden der Autonomie in bedeutsamen Lebensbereichen (beruflich-ökonomische, partnerschaftlich-familiäre, politisch-rechtliche und sozio-kulturelle Autonomie), d.h. mit der Vollmitgliedschaft in der Gesellschaft der Erwachsenen.[118]

Bei den Kriterien, die für den Übergang von der Jugendphase in die Erwachsenenphase in westlichen Industrienationen als bedeutsam angesehen werden, handelt es sich weniger um starre Kriterien, sondern eher um diffuse normative Erwartungen:

- Aufnahme der Erwerbstätigkeit und Erlangen der finanziellen Unabhängigkeit von den Eltern (ökonomische Selbständigkeit),
- Ablösung von der Herkunfts- und Gründung einer eigenen Zeugungsfamilie (familiäre Selbständigkeit), bestehend aus den folgenden Kriterien:
  * Auszug aus der elterlichen Wohnung und Führen eines eigenen Haushaltes,
  * Heirat oder Bilden einer eheähnlichen Gemeinschaft und
  * z. T. auch Geburt des ersten Kindes.[119]

[116] Vgl. K.-H. Hillmann (1994), S. 396; H. Merkens (1996), S. 21.
[117] Vgl. H. Reimann/ H. Reimann (1987), S. 18.
[118] Vgl. G. Hartfiel/ K.-H. Hillmann (1982), S. 360; H. Reimann/ H. Reimann (1987), S. 19; K.-H. Hillmann (1994), S. 396; E. Weber (1987), S. 21; K. Hurrelmann et al. (1995), S. 42 u. 46.
[119] Vgl. H.-P. Blossfeld/ R. Nuthmann (1988), S. 4.; H.-H. Krüger (1992), S. 16; I. Behnken/ J. Zinnecker (1992), S. 129; H. Reimann/ H. Reimann (1987), S. 19; F. Wiesner/ K. Silbereisen (1997), S. 185;

Die Vorstellungen von einem Jugendlichen und von einem Erwachsenen haben idealtypischen Charakter. Ein typischer Erwachsener erfüllt alle diese Kriterien; ein typischer Jugendlicher hingegen erfüllt alle diese Kriterien noch nicht.[120] Vollzieht sich der Übergang bei den verschiedenen Kriterien in relativ kurzem zeitlichen Abstand, so ist die Grenze zwischen Jugend- und Erwachsenenphase relativ eindeutig.

Bei der Abgrenzung in der Realität entstehen jedoch einige **Probleme**, da:

1. der Übergang sich nicht bei allen Kriterien gleichzeitig vollzieht, sondern nacheinander, in mehr oder weniger großem Abstand,[121]
2. nicht bei allen Individuen alle Kriterien erfüllt werden,[122]
3. die Reihenfolge der Erfüllung interindividuell variiert[123] und
4. einige Kriterien revidierbar sind.[124]

Eine eindeutige Zuordnung eines Merkmalsträgers zu einer der beiden Phasen ist dann nur schwer möglich.

Damit stellt sich die Frage, welche und wieviele Kriterien erfüllt sein müssen, um die Jugendphase als beendet anzusehen und den Erwachsenenstatus zu erhalten. Einige Autoren sehen den Eintritt in das Erwerbssystem als von zentraler Bedeutung für den Übergang in den Erwachsenenstatus an, da in modernen Gesellschaften der individuelle Lebenslauf sehr stark durch das Erwerbssystem bestimmt ist.[125] Mit dem vollständigen Eintritt in das Erwerbssystem, d.h. mit der ersten Vollerwerbstätigkeit gehen i.d.R. auch andere Kriterien einher wie die Beendigung der Ausbildung (als Voraussetzung) und die finanzielle Unabhängigkeit von den Eltern (als Folge). Verzögerungen in der Erlangung der ökonomischen Unabhängigkeit

---

W. Ferchhoff (1991), S. 108; K. Hurrelmann et al. (1995), S. 46-49. Während politisch-rechtliche und soziokulturelle Selbständigkeit bereits früher erreicht werden, sind es insbesondere die familiäre und ökonomische Selbständigkeit (die Gründung einer eigenen Zeugungsfamilie und die Aufnahme einer Erwerbsarbeit), die den aktuellen Entwicklungen zufolge in spätere Lebensjahre verschoben werden; vgl. dazu H.-H. Krüger (1992), S. 16; W. Hornstein (1988), S. 22; K. Hurrelmann (1993), S. 255.

[120] Der idealtypische Erwachsene unterhält einen eigenen Hausstand, besitzt eine abgeschlossene Ausbildung, ist berufstätig und damit finanziell von seinen Eltern unabhängig, ist verheiratet und hat Kinder. Der idealtypische Jugendliche wohnt bei seinen Eltern, befindet sich in der Ausbildung, ist finanziell von seinen Eltern abhängig, ledig und kinderlos.

[121] Vgl. T. Olk (1989), S. 37-41; H.-H. Krüger (1992), S. 15; vgl. dazu auch die Angaben zu den Übergangsaltern in **Tab. 2-2** und **Tab. 2-3**.

[122] Vgl. H.-P. Blossfeld/ R. Nuthmann (1988), S. 5. Insbesondere unterschiedlichen Biographien der Geschlechter wird bei einem solchen idealtypischen Übergang keine Rechnung getragen.

[123] Die Übergänge zwischen den beiden Lebensphasen laufen bei verschiedenen Individuen weder gleichzeitig noch synchron ab. Die Streuung des Eintritts bestimmter Lebensereignisse – insbesondere Abschluß der Ausbildung und Heirat – nimmt gegenüber früheren Jahren tendenziell zu; vgl. dazu H.-H. Krüger (1992), S. 16 sowie T. Olk (1989), S. 40.

[124] Vgl. H.-P. Blossfeld/ R. Nuthmann (1988), S. 5.

[125] Vgl. M. Mitterauer (1986), S. 27; H.-P. Blossfeld/ R. Nuthmann (1988), S. 5; K. Hurrelmann (1993), S. 148; K. Hurrelmann et al. (1995), S. 47 f.

führen häufig auch zu Verzögerungen in der Gründung einer eigenen Familie (Heirat, Kinder).[126] Ist das Kriterium des Eintritts in das Erwerbssystem und der finanziellen Unabhängigkeit nicht erfüllt, so fehlt ein entscheidender Teil der Selbständigkeit.[127] Gegen eine eindeutige Dominanz der ökonomischen Unabhängigkeit für das Ende der Jugendphase spricht allerdings der im vorangegangenen Abschnitt dargelegte Befund, nach dem sich die in der Studie verwendeten berufsbiographischen Kriterien („erste Ausbildung abschließen" und „genug Geld verdienen, um für sich selbst sorgen zu können") als von eher untergeordneter Bedeutung für die Selbsteinschätzung der Befragten als Jugendliche bzw. Erwachsene erwiesen.[128]

Ein zeitliches Auseinanderfallen der klassischen Übergänge von der Jugendphase in die Erwachsenenphase zeigt sich auch in den Durchschnitts- bzw. Medianaltern[129] bei der Erfüllung der verschiedenen Kriterien.[130]

Tab. 2-2: Durchschnittliches Alter bei Erfüllung verschiedener Kriterien für den Übergang in die familiäre Selbständigkeit

Kriterien	**männlich**	**weiblich**
Alter bei Auszug aus dem Elternhaus (1991)	23	21/22
Alter bei erster Heirat (1995)	29,7	27,3
Alter bei Geburt des ersten Kindes (1995)	-	28,07

Quelle: in Anlehnung an G. Hullen (1995), S. 141 u. S. 145; Statistisches Bundesamt (1997b), S. 98 u. S. 118.

[126] Vgl. H.-P. Blossfeld/ R. Nuthmann (1988), S. 6.

[127] Vgl. auch K. Hurrelmann (1993), S. 148 f. Häufig bewirkt dieser Einschnitt auch nachweisliche Veränderungen bei Persönlichkeitsmerkmalen und Verhaltensmustern; vgl. ebd.

[128] Vgl. L. Stecher (1997), S. 153. Diese Zusammenhänge bedürfen allerdings noch einer weiteren Analyse.

[129] Der Median, ein Lageparameter für eindimensionale Häufigkeitsverteilungen, ist das 50%-Perzentil, d.h. das Alter, bis zu dem 50% der Grundgesamtheit einen bestimmten Übergang vollzogen haben. Bei einer symmetrischen Verteilung entspricht er dem Mittelwert.

[130] Auf die Probleme einer Durchschnittsbildung weist allerdings eine Betrachtung des Kriteriums Eintritt in das Erwerbssystem hin. Wird die Pflichtschulzeit und die anschließende Lehrzeit absolviert, wird evtl. schon mit 18 Jahren in das Erwerbssystem eingetreten; wird an das Abitur noch eine Lehre und ein Studium angeschlossen, wird erst mit 25 Jahren oder später in das Erwerbssystem eingetreten. Ein Mittelwert hat hier relativ wenig Aussagekraft. Eine Differenzierung nach Ausbildungswegen könnte Abhilfe schaffen.

Tab. 2-3: Geschätzte Medianalter für die verschiedenen Übergänge von der Jugend- in die Erwachsenenphase bei den 20- bis 29jährigen im Jahr 1996

Teilbereich	Kriterien	Alter in Jahren			
		männlich		weiblich	
		West	Ost	West	Ost
Ökonomische Selbständigkeit:	Abschluß der ersten Ausbildung	21	19,6	21	19,5
	voll berufstätig sein	19,8	19,5	19,8	19,4
	genug Geld verdienen, um für sich selbst sorgen zu können	21,3	20,2	21	19,9
Familiäre Selbständigkeit:	aus dem Elternhaus ausziehen	22,6	21,7	21	20,3
	mit Partner zusammenleben	27,4	24,8	23,7	21,3
	heiraten	29+	29+	28,5	29+
	Vater/ Mutter werden	29+	29+	29+	25,6

- = Median liegt jenseits von 29,99 Jahren

Quelle: in Anlehnung an F. Wiesner/ K. Silbereisen (1997), S. 186 und S. 193.

In **Tab. 2-2** ist das Durchschnittsalter der Personen dargestellt, die den jeweiligen Übergang in den Kalenderjahren 1995 bzw. 1991 vollzogen haben; zum Alter bei Eintritt in die (Voll-)Erwerbstätigkeit liegen keine Angaben zum Durchschnittsalter vor. **Tab. 2-3** zeigt verschiedene Übergangsalter für die Kohorte der 1967 bis 1976 Geborenen, wobei hier keine Durchschnittswerte angegeben werden, sondern das Alter, in dem 50% der Kohorte die verschiedenen Kriterien der sozialen Reife erstmals erfüllen (Median).[131]

Die Abbildungen zeigen, wie weit die Durchschnitts- bzw. Medianalter bei Erfüllung der verschiedenen Kriterien für soziale Reife auseinander liegen. Sie erstrecken sich vom Alter von 20/21 Jahren bis zum Alter von 29 Jahren (und mehr). Ökonomische Selbständigkeit wird insgesamt früher erreicht als die familiäre Selbständigkeit. Im Alter von 20 Jahren sind zwischen 55% und 60% der Befragten bereits einmal voll berufstätig gewesen, während in diesem Alter erst zwischen 30% und 50% ihre erste Ausbildung abgeschlossen haben.[132] Finanzielle Unabhängigkeit dergestalt, daß der einzelne genug Geld verdient, um für sich selbst sorgen zu können, wird erst später erreicht (erst mit 20/21 Jahren sieht sich die Hälfte der Befragten

[131] Da eine Vielzahl von Jugendlichen die entsprechenden Übergänge noch nicht vollzogen hat, ist eine Berechnung von Durchschnittswerten nicht möglich. Würden nur die Jugendlichen einbezogen, die diese Übergänge bereits vollzogen haben, würde sich eine beträchtliche Verzerrung des Durchschnittsalters ergeben; vgl. F. Wiesner/ K. Silbereisen (1997), S. 186 f.

[132] Vgl. H. Buba (1997), S. 253 f. Es besteht ein starker Trend zur zunehmenden Durchmischung der Bildungs- und Ausbildungsphasen mit Elementen von Arbeitstätigkeit, vgl. J. Zinnecker/ L. Stecher (1997), S. 181.

hierzu in der Lage).[133] Der Auszug aus dem Elternhaus wird von der Hälfte der betrachteten Kohorte bis zu einem Alter von 20/21 Jahren bzw. 23 Jahren vollzogen. 50% der jungen Frauen in Ostdeutschland sind bereits bis zu einem Alter von 21 Jahren mit ihrem Partner zusammengezogen, bei den westdeutschen jungen Männern wird die 50%-Grenze erst im Alter von 27 Jahren überschritten. Am weitesten hinausgeschoben werden Heirat und Zeugung.

Dabei zeigen die Entwicklungen in der Vergangenheit, daß es bei den Kriterien, die den Übergang von der Jugendphase in die Erwachsenenphase kennzeichnen, nicht wie bei der Pubertät sowie bei einigen Übergängen von der Kindheit in die Jugendphase zu einer Vorverlagerung (säkulare Akzeleration), sondern im Gegenteil zu einer **Verlängerung der Jugendphase** kommt. Eine Ausnahme bildet lediglich das **Auszugsalter**, das bei jüngeren Kohorten wieder leicht abnehmende Tendenzen zeigt.[134] In der Vergangenheit hat sich eine Entwicklung dahingehend vollzogen, daß den jungen Menschen zwar in einigen Teilbereichen (Erwachsenen-)Rechte früher erteilt werden und daß sich ein Teil der klassischen Übergangsereignisse vorverlagert hat wie z.B. die sozio-kulturelle Partizipation, die Teilhabe an den Bereichen von Freizeit, Medien, Konsum und Sexualität und somit in diesen Bereichen der Erwachsenenstatus früher erreicht wird, daß aber in anderen Teilbereichen die Übergangsereignisse nach hinten verlagert und Erwachsenenrollen später übernommen werden als früher (insbesondere späterer Eintritt in das Berufsleben aufgrund verlängerter Ausbildungszeiten und aufgeschobene Familiengründung).[135] In diesem Zusammenhang wird auch von dem (zunehmenden) Phänomen der **Postadoleszenz** gesprochen: sozio-kulturelle Selbständigkeit ohne ökonomische Grundlage und damit andauernde finanzielle Abhängigkeit von den Eltern.[136] So sind das **Heiratsalter** und das **Alter der Mutter bei Geburt des ersten Kindes** in

---

133 Auch Ergebnisse des Mikrozensus ergeben, daß im Alter von 20/21 Jahren ca. 50% der jungen Menschen zu den Erwerbstätigen (exkl. Auszubildenden) zählen; dabei sind allerdings auch geringfügig Beschäftigte enthalten; vgl. Statistisches Bundesamt (1997e), o.S.

134 Vgl. G. Hullen (1995), S. 144; vgl. auch H. Buba (1997), S. 363, für die alten Bundesländer. Dabei ist allerdings zu berücksichtigen, daß auch dieser Übergang zur Selbständigkeit sich über Zwischenformen vollzieht. So verfügen viele junge Menschen, v.a. im Alter zwischen 18/20 und 24 Jahren, zusätzlich zu einer eigenen Wohnung auch noch über ein Zimmer in der elterlichen Wohnung und pendeln zwischen diesen beiden Wohnformen, so daß sich die Ablösung auch bei diesem Kriterium nur schrittweise vollzieht und mit der Gründung des ersten eigenen Hausstands oft noch keine vollständige Ablösung vom Elternhaus erfolgt; vgl. H. Buba (1997), S. 355; H. Buba et al. (1995), S. 122.

135 Vgl. B. Schäfers (1994), S. 31; H.-H. Krüger (1992), S. 16; K. Hurrelmann (1993), S. 254; W. Ferchhoff (1991), S. 108; H. Merkens (1996), S. 21. Im Zuge der Ausdehnung und Entkoppelung von Übergangsereignissen kommt es zu einer zunehmenden De- bzw. Entstrukturierung der Jugendphase, in deren Folge die scharfen Unterschiede zwischen den Lebensphasen verwischen; vgl. z. B. T. Olk (1989), S. 37-41; W. Ferchhoff (1991), S. 108; H.-H. Krüger (1992), S. 15 f. Zu einer vertiefenden Analyse vgl. W. Heitmeyer/ T. Olk (1990a); P. Alheit (1992), S. 6-12; H. Schröder (1995).

136 Vgl. R. Münchmeier (1992), S. 287; B. Schäfers (1994), S. 31; J. Gillis (1980), S. 266-268; M. Baethge (1989), S. 157. Mit den Postadoleszenten „ist eine wachsende Gruppe von Menschen gemeint, die kulturell, politisch sowie in der Gestaltung ihrer Lebensformen und der Wahl ihrer Stile weitgehend autonom sind,(...) während sie beruflich und ökonomisch weiterhin vom Elternhaus bzw. von sozialpolitischen Alimentierungen abhängig und damit auch im Rahmen der Durchsetzung ihrer Lebensplanungen unselbständig sind“;

den letzten Jahren und Jahrzehnten kontinuierlich angestiegen; allein von 1991 bis 1995 ist eine Erhöhung des Durchschnittsalters um jeweils gut ein Jahr zu beobachten.[137] Auch das Erreichen der **wirtschaftlichen Selbständigkeit** hat sich in den letzten Jahrzehnten immer weiter nach hinten verschoben. Während 1965 nur 22,9% aller 15- bis 20jährigen noch Schüler waren und nur etwa die Hälfte der in Arbeit stehenden Jugendlichen noch eine Ausbildung absolvierte, besuchten Mitte der 80er Jahre bereits noch 50% der 15- bis 20jährigen die Schule und ca. 80% der in Arbeit stehenden Jugendlichen absolvierten noch eine Ausbildung.[138] Heute wird vielfach der volle Eintritt in das Erwerbssystem bis in das dritte Lebensjahrzehnt hinausgeschoben.[139]
Infolge dieser zeitlichen Ausdehnungen erstreckt sich die empirische Jugendforschung heute häufig auf das Alter von 12/13 bis 29/30 Jahren, um auch die Übergänge dieser Lebensphase zu erfassen[140] die für die Jugendphase angegebene **Altersobergrenze** reicht bei den meisten Autoren bis zum Alter von **24/25 Jahren**.[141]

2.2.5 Juristische Abgrenzung

Jugendliche sind nach dem Gesetz über Alterskriterien definiert. So definiert das Jugendarbeitsschutzgesetz: „Jugendlicher ist, wer das 14. Lebensjahr, aber noch nicht das 18. Lebensjahr vollendet hat" (§ 2 JArbSchG). Nach dem Jugendgerichtsgesetz gilt: „Jugendlicher ist, wer zur Zeit der Tat 14, aber noch nicht 18, Heranwachsender ist, wer zur Zeit der Tat 18, aber noch nicht 21 Jahre alt ist" (§1 Abs. 2 JGG).

Die zivilrechtliche Stellung des Jugendlichen ist dadurch gekennzeichnet, daß er gegenüber dem Kind zwar über vermehrte, aber noch nicht über volle rechtliche Handlungsfähigkeit

---

W. Ferchhoff (1991), S. 108. Jugendtypische Verhaltensweisen und Lebensstile bleiben in der Postadolszenz häufig weiter erhalten; vgl. R. Münchmeier (1992), S. 287. Die Jugendphase kann dann weiter unterteilt werden in eine Jugendphase i.e.S. und eine Phase der Postadoleszenz; vgl. K.-H. Hillmann (1994), S. 396; J. Zinnecker/ L. Stecher (1997), S. 166; B. Schäfers (1994), S. 30 f.

137 Vgl. Statistisches Bundesamt (1997b), S. 98 und 118; C. Höhn/ H. Wendt (1991), S. 96 und 101. Ähnliche Entwicklungen zeigen sich auch in anderen europäischen Ländern; vgl. Eurostat (1997), S. XI. Dabei ist allerdings zu berücksichtigen, daß in den meisten westlichen Ländern in den letzten zwei Jahrzehnten die Anzahl der nicht-ehelichen Lebensgemeinschaften – insbesondere als neue Lebensform bei jüngeren Kohorten – zugenommen und an Bedeutung gewonnen hat; vgl. F. Niemeyer/ H. Voit (1995), S. 439 f.; Eurostat (1997), S. XI.

138 Vgl. A. Nürnberger (1989), S. 6.

139 Vgl. J. Zinnecker/ L. Stecher (1997), S. 166; H. Buba (1997), S. 352-354. Der Übergang in das Erwerbssystem und die finanzielle Selbständigkeit vollzieht sich nicht mehr schlagartig, sondern schrittweise über eine Zunahme eigener Einkommensquellen mit zunehmendem Alter bei andauernder Unterstützung durch die Eltern; vgl. L. A. Vaskovics/ N. F. Schneider (1989), S. 404; L. A. Vaskovics et al. (1992), S. 399 f.

140 Vgl. F. Stimmer (1992), S. 359; vgl. auch I. Behnken/ J. Zinnecker (1992), S. 129; R. K. Silbereisen et al. (1997).

141 Vgl. B. Schäfers (1994), S. 29; B. Biervert (1987), S. 99 f.; G. Wurzbacher (1987), S. 29; F. Stimmer (1992), S. 359; H. Reimann/ H. Reimann (1987), S. 19; K. Hurrelmann et al. (1995), S. 50.

verfügt. Dabei bedeutet volle rechtliche Handlungsfähigkeit die Möglichkeit, durch eigenes verantwortliches Handeln Rechtswirkungen hervorzurufen, d.h. vor allem Rechte zu erwerben und Verpflichtungen zu begründen.[142] In der Jugendphase erfolgt eine schrittweise Zuschreibung von rechtlichen Kompetenzen und Teilmündigkeiten (siehe **Abb. 2-3** im Anhang).

Nach dem Gesetz beginnt die Jugendphase mit 14 Jahren. Vor diesem Alter besitzt ein Kind lediglich beschränkte Geschäfts- und bedingte Deliktsfähigkeit sowie beschränkte Religionsmündigkeit.[143] Mit Beginn des 15. Lebensjahres erweitern sich die Rechte und Verantwortlichkeiten (bedingte Strafmündigkeit[144], volle Religionsmündigkeit).
Eine zweite Stufe wird im Alter von 16 Jahren erreicht. Die Kompetenzen werden etwas weiter gefaßt (z.B. bedingte Ehemündigkeit, bedingte Fahrerlaubnis, Ende der Schulpflicht).
Mit 18 ist die Volljährigkeit nach dem Gesetz erreicht. Nun besteht volle Ehemündigkeit, volle Geschäftsfähigkeit, volle Strafmündigkeit (mit Einschränkungen), aktives und passives Wahlrecht. Die bereits bei biologischen und sozialen Kriterien angesprochenen Akzelerationstendenzen finden auch im Wahlrecht ihren Niederschlag: Diskutiert wird, das Wahlrecht schon ab 16 Jahren zu verleihen; bei den Kommunalwahlen 1996 in Niedersachsen und 1998 in Schleswig-Holstein durften erstmals auch 16- und 17jährige ihre Stimme abgeben.[145]
Die volle zivilrechtliche Mündigkeit resp. volle rechtliche Handlungsfähigkeit wird auch mit dem Erreichen der Volljährigkeit noch nicht erlangt. Auch nach dem 18. Lebensjahr bestehen noch Mündigkeitsbeschränkungen.[146]
Mit 21 Jahren endet die Möglichkeit, das Jugendstrafrecht anzuwenden (liegt im Ermessen des Richters), und erst mit 24 Jahren endet die Möglichkeit, Jugendstrafvollzug anzuwenden.
Erst mit 25 Jahren ist die Adoption eines Kindes möglich. Mit 27 Jahren endet die Möglichkeit, BaföG zu beziehen.

---

[142] Vgl. H.-P. Moritz (1989), S. 53.

[143] Beschränkt geschäftsfähige Personen können unter der Bedingung selbst rechtsgeschäftlich handeln, daß zum Abschluß eines Geschäfts die Zustimmung des gesetzlichen Vertreters vorliegt oder daß aus dem Geschäft ausschließlich rechtliche Vorteile erwachsen (§ 107 BGB). Weiterhin gilt der „Taschengeldparagraph“, welcher besagt, daß ein Vertrag dann Gültigkeit besitzt, wenn der Minderjährige die ihm obliegende Leistung mit Mitteln bewirkt, die ihm vom gesetzlichen Vertreter zu diesem Zweck oder zur freien Verfügung überlassen worden sind (§ 110 BGB).

[144] Die bedingte Strafmündigkeit bedeutet, daß die strafrechtliche Verantwortlichkeit der Jugendlichen davon abhängt, ob sie nach ihrer sittlichen und geistigen Entwicklung reif genug sind, das Unrecht der Tat einzusehen und nach dieser Einsicht zu handeln (§ 3 JGG).

[145] Vgl. o.V. (1998a), S. 1. Vgl. auch E. Grosskinsky (1996); C. Schlötzer-Scotland (1996), S. 5; M. Gerste/ H. Schueler (1996), S. 4. Auch in Hessen wurde 1998 das Wahlalter für Kommunalwahlen auf 16 Jahre gesenkt; vgl. o.V. (1998b), S. 1.

[146] Zwischen dem Erreichen der Volljährigkeit und dem Erreichen des Erwachsenenstatus (mit der vollen rechtlichen Handlungsfähigkeit) werden von einigen Autoren daher noch eine oder zwei Zwischenphasen (Heranwachsende und junge Erwachsene) angesiedelt, die unter dem Begriff der Jugend i.w.S. subsumiert werden; vgl. A. Kreuzer (1993), S. 182; H. Tilch (1992), S. 586; H.-P. Moritz (1989), S. 48.

Hinter dieser schrittweisen Zuerkennung von Kompetenzen und Teilmündigkeiten steht die Vorstellung von einem gewissen Entwicklungsstand der sittlichen und geistigen Reife sowie der Einsichtsfähigkeit des Individuums.[147] Als Indikator für den Entwicklungsstand und damit als Kriterium für die Kompetenzzuschreibung dient dem Gesetzgeber das Lebensalter. An diesen Altersgrenzen wird allerdings kritisiert, daß diese keine empirisch-psychologisch begründeten Zäsuren darstellen, sondern überwiegend positiv-rechtlich festgesetzt sind und der Rechtsklarheit dienen.[148] Da dem Gesetzgeber bewußt ist, daß der Reifegrad eines Individuums nicht immer streng an das Lebensalter gekoppelt ist, werden an einigen Stellen im Gesetz die klaren altersmäßigen Grenzen aufgeweicht und im Einzelfall der Prüfung und Entscheidung des jeweiligen Richters unterworfen (z.B. Strafmündigkeit, Anwendung des Jugendstrafvollzugs).[149]

2.2.6 Abgrenzung der Jugendphase in der vorliegenden Arbeit

Die vorangegangenen Ausführungen haben gezeigt, daß Soziologen und Psychologen darin übereinstimmen, daß die Jugendphase diejenige Lebensphase darstellt, die zwischen dem Beginn der Pubertät und der Vollmitgliedschaft in der Gesellschaft der Erwachsenen liegt.[150] Mit dem Beginn der Pubertät setzen meist auch die bedeutsamen psychischen und sozialen Veränderungen ein (vgl. die Ausführungen in **Abschnitt 2.2.3 und 2.2.4**), so daß dieses biologische Kriterium als Marker für den Beginn der Jugendphase verwendet werden kann.[151] Auch in der vorliegenden Arbeit wird davon ausgegangen, daß die Jugendphase **nach unten** durch ein biologisches Kriterium, nämlich den **Beginn der Pubertät** abgegrenzt wird.
Nach oben wird die Jugendphase durch **soziale Kriterien** (Kriterien der ökonomischen und familiären Selbständigkeit) begrenzt (vgl. **Abschnitt 2.2.4**). In diesem Abschnitt wurden auch die Probleme der Unschärfe einer solchen Abgrenzung diskutiert; trotzdem handelt es sich bei diesen Kriterien um die für den Übergang in die Erwachsenenphase bedeutsamen. Sie sind im Sinne einer typologischen Abgrenzung mit klaren Idealtypen, aber unscharfen Rändern aufzufassen. Als Ergänzung dieser objektiven sozialen Kriterien kann die **subjektive Selbsteinschätzung** des Einzelnen herangezogen werden, da das Selbstbild eine hohe Relevanz für das

---

147 Vgl. dazu E. Klunzinger (1993), S. 32 sowie H.-P. Moritz (1989), S. 53.
148 Vgl. M. Walter (1993), S. 198.
149 So gilt für Jugendliche (zwischen 14 und 18 Jahren) nur bedingte Strafmündigkeit: Im Einzelfall ist zu prüfen, ob sie nach ihrer sittlichen und geistigen Entwicklung reif genug sind, das Unrecht der Tat einzusehen und nach dieser Einsicht zu handeln (§ 3 JGG). Für Heranwachsende werden noch die Vorschriften des Jugendstrafrechts angewandt, wenn der Täter zur Zeit der Tat nach seiner sittlichen und geistigen Entwicklung noch einem Jugendlichen gleichstand (§ 105 I JGG). Nach Vollendung des 24. Lebensjahres soll eine Jugendstrafe allerdings nach den Vorschriften des Strafvollzugs für Erwachsene vollzogen werden (Soll-Vorschrift; § 92 II 3 JGG).
150 Vgl. O. Ewert (1983), S. 12.
151 Vgl. auch H. Remschmidt (1992), S. 2.

eigene Verhalten – auch das Kaufverhalten – besitzt.[152] Bei den Kriterien der sozialen Reife scheinen aus der Sicht des Marketing v.a. die ökonomische Unabhängigkeit (Selbstbestimmung, Einkommenssituation/ Ausgabenpotential) sowie die Wohnsituation von Bedeutung zu sein (Bedarfe). Da aber die Selbstwahrnehmung als Jugendlicher resp. Erwachsener auch von einigen familiären Kriterien (wie z.B. „Zusammenleben mit einem festen Partner“) beeinflußt wird und diese als kritische Lebensereignisse Anstoß zu Verhaltensveränderungen bieten können, sind grundsätzlich auch diese Kriterien in eine Abgrenzung der Jugendphase einzubeziehen.[153] Das Ende der Jugendphase ist dann erreicht, wenn das Individuum sich selbst als autonom und erwachsen definiert und ihm diese Eigenschaft auch sozial zugesprochen werden kann.[154]

Um mit sekundärstatistischem Material arbeiten zu können, müssen – trotz aller damit verbundenen Probleme – Altersgrenzen für die Jugendphase angegeben werden. Die Ergebnisse zu den Altersangaben bei den erwähnten Kriterien legen eine Dreiteilung nahe, die auch von anderen Autoren in ähnlicher Weise vollzogen wird. Die Jugendphase i.e.S. beginnt mit ca. **12/14 Jahren** und reicht bis zu einem Alter von **20/21 Jahren.**[155] In diesem Alter sind die beruflich-ökonomischen Übergänge sowie der Auszug aus dem Elternhaus (bei Frauen) anzusiedeln (vgl. **Tab. 2-2 und Tab. 2-3 auf S. 24 f.**). Ferner halten sich in diesem Alter nach einer 1996 durchgeführten Befragung ca. 50% der Altersgruppe selbst für erwachsen und ca. 60% der 13- bis 29jährigen geben dieses Alter als allgemeine Obergrenze der Jugendphase an.[156] Eine zweite Gruppe von Übergängen ergibt sich im Alter von **23/24 Jahren.**[157] Das Zusammenziehen mit einem Partner ist hier angesiedelt (vgl. **Tab. 2-3 auf S. 25**). In der Befragung von 1996 hielten sich drei Viertel dieser Altersgruppe selbst für erwachsen, und

---

[152] Eine Relevanz des realen oder idealen Selbstbildes für das Kaufverhalten wird u.a. damit erklärt, daß Individuen dazu tendieren, Produkte zu verwenden, die ihrem Selbstbild entsprechen, um dadurch ihr Selbstbild zum Ausdruck zu bringen oder es zu verbessern; vgl. dazu H. W. Berkman/ C. C. Gilson (1986), S. 101; B. Schlenker (1980), S. 42; H. D. Mummendey/ H.-G. Bolten (1985), S. 57; M. J. Sirgy (1982), S. 289 f.; B. R. Schlenker (1980), S. 105-107; T. R. Graeff (1997), S. 49 f. u. 55. Vgl. dazu auch die Ausführungen auf S. 18. Da diskutiert wird, daß das Ideal-Selbst einen höheren Einfluß auf das Verhalten ausübt als das Real-Selbst, wären diese Zusammenhänge auch in Bezug auf die Jugendphase einer näheren Betrachtung zu unterziehen.

[153] Vgl. L. Stecher (1997), S. 153. So ist sowohl in Verbindung mit der Familiengründung als auch mit dem Wechsel in das Berufsleben häufig auch ein Wechsel der Gruppenzugehörigkeit sowohl hinsichtlich größerer jugendkultureller Gruppierungen als auch hinsichtlich persönlicher Bezugsgruppen zu beobachten; vgl. I. Barlovic (1996), o.S. Zu Verhaltensveränderungen bei Berufseintritt vgl. auch K. Hurrelmann (1993), S. 148.

[154] Vgl. auch E. Olbrich (1984), S. 6 zu einer solchen Abgrenzung.

[155] Die Grenze von 20/21 Jahren findet sich auch bei O. Ewert (1983), S. 13; R. Oerter/ E. Dreher (1995), S. 312; K. Hurrelmann (1993), S. 253.

[156] Vgl. L. Stecher (1997), S. 148 f. Gefragt wurden 13- bis 29jährige nach der Selbstzuordnung der eigenen Person und nach der allgemeinen Einschätzung, bis zu welchem Alter man einen Menschen zur Jugend rechnet.

[157] Die Grenze von 23/24 Jahren findet sich auch bei O. Ewert (1983), S. 13; R. Oerter/ E. Dreher (1995), S. 312; B. Schäfers (1994), S. 30; K. Hurrelmann (1993), S. 253.

Personen, die älter als 24 Jahre alt sind, werden von gut 90% der Befragten nicht mehr als Jugendliche eingestuft.[158] Eine dritte Gruppe von Übergängen ergibt sich im Alter von **29/30 Jahren**: Heirat und Geburt von Kindern werden von jungen Kohorten weit hinausgeschoben (vgl. **Tab. 2-3 auf S. 25**). Da aber über 24jährige von 90% der Befragten nicht mehr als Jugendliche eingestuft werden und auch sich selbst nur noch zu geringen Teilen als Jugendliche einstufen und auch die Heirat in zunehmendem Maße durch unverbindliche Formen der Partnerschaft (eheähnliche Gemeinschaft) ersetzt wird,[159] wird die Relevanz dieser Kriterien für eine Vollmitgliedschaft in der Erwachsenenwelt und das Erreichen des Erwachsenenstatus zunehmend fraglich. Verheiratet zu sein und Kinder zu haben wird offenbar immer weniger als Voraussetzung für den Erwachsenenstatus angesehen.

Aus diesem Grund wird die Jugendphase in der vorliegenden Arbeit – sofern mit Altersgrenzen gearbeitet wird – auf **12 bis 24 Jahre** begrenzt.

2.3 Umsatzpotentiale jugendlicher Kunden als Kriterien zur Beurteilung ihrer Bedeutung aus Unternehmenssicht

2.3.1 Begriff der ökonomischen Bedeutung von Kunden

Die ökonomische Bedeutung eines Kunden bzw. einer Kundengruppe für ein Unternehmen ergibt sich aus der Gesamtheit der direkten und indirekten positiven Wirkungen auf die Unternehmensziele, die aus der Schaffung von Präferenzen bei diesem Kunden bzw. dieser Kundengruppe für die von dem Unternehmen angebotenen Produkte resultieren können.[160] Bei diesem Begriff der Bedeutung von Kunden wird lediglich auf die positiven Zielwirkungen abgestellt. Die Kosten, die eine Präferenzschaffung bei diesen Kunden verursacht, die Verfügung der dafür erforderlichen Ressourcen durch das anbietende Unternehmen und auch die Konkurrenzsituation bleiben bei einer Bedeutungsanalyse zunächst außer Betracht.[161]

Welche Kriterien zur Beurteilung der ökonomischen Bedeutung eines Kunden herangezogen werden, hängt damit von den Unternehmenszielen ab.

---

158 Vgl. L. Stecher (1997), S. 149 f.

159 Vgl. F. Niemeyer/ H. Voit (1995), S. 439 f.; Eurostat (1997), S. XI.

160 Diese Definition erfolgt in Anlehnung an W. Plinke (1995), Sp. 1329 f.; vgl. auch J. Cornelsen (1996), S. 6. Plinke sieht den Kunden gemäß der Theorie der Unternehmung als einen Koalitionsteilnehmer, der dem Anbieter Beiträge zur Erreichung seiner Ziele ermöglicht (Ressourcen, die der Kunde dem Anbieter zur Verfügung stellt), wenn der Anbieter ihn zur Koalitionsteilnahme motivieren kann. Die Motivation zur Koalitionsteilnahme ist in der in der vorliegenden Arbeit gewählten Definition konkretisiert als eine Schaffung von Präferenzen für die angebotenen Produkte. Die Beiträge des Kunden zur Zielerreichung sind in den direkten und indirekten Zielwirkungen zu sehen.

161 Vgl. dazu auch das Vorgehen bei W. Plinke (1995), Sp. 1329 u. 1336-1339.

2.3.2 Ziele eines Konsumgüterunternehmens bei der Bearbeitung des Jugendmarktes

Als oberstes Unternehmensziel gilt die langfristige Erhaltung und erfolgreiche Weiterentwicklung des Unternehmens.[162] Die grundlegenden Unternehmensziele lassen sich in Wert-, Sach- und Sozialziele einteilen.[163] Eine zentrale Stellung für die langfristige Erhaltung des Unternehmens nimmt das Wertziel der dauerhaften Gewinnerzielung ein.[164] Wird zunächst von den Kosten der Leistungserstellung und -vermarktung abstrahiert, so ergeben sich bei einer wertorientierten Betrachtung Umsatzziele als grundlegende monetäre Unternehmens- und Marketingziele.[165]

Es sind nun verschiedene Arten von Umsatzzielen zu unterscheiden, die ein Unternehmen letztlich mit einer Bearbeitung des Jugendmarktes anstreben kann. Mit einer Schaffung von Markenpräferenzen bei Jugendlichen, als eine zentrale, den monetären Zielgrößen vorgelagerte nicht-monetäre Zielgröße der Marktbearbeitung, kann ein Unternehmen nicht nur Umsätze mit den Jugendlichen selbst anstreben (direkte Umsatzziele), sondern auch Umsätze mit den von ihnen beeinflußten Kunden (indirekte Umsatzziele).[166] Ziel einer Bearbeitung des Jugendmarktes sind darüber hinaus nicht nur gegenwärtige Umsätze, sondern auch Umsätze, die in der Zukunft liegen, zu deren Sicherung aber schon aktuell beigetragen werden kann (zukünftige Umsatzziele).

Für die erfolgreiche Weiterentwicklung von Unternehmen sind – als eine besondere Art der angebotenen Leistung – Innovationen von höchster Bedeutung, da sie in besonderem Maße zur Sicherung zukünftigen Wachstums beitragen. Ziel des Marketing ist es, Innovationen erfolgreich am Markt zu plazieren und für deren schnelle Durchsetzung zu sorgen.[167]

---

[162] Vgl. D. Hahn (1997), S. 4; W. Plinke (1995), Sp. 1328. Die Unternehmung wird dabei als ein Instrument interpretiert, das der Erfüllung der Ziele der an ihr interessierten Gruppen in der Gesellschaft dient; vgl. D. Hahn (1996), S. 10 f.; R. B. Schmidt (1977), S. 48 ff.; H. Ulrich (1978), S. 99 ff.

[163] Vgl. D. Hahn (1997), S. 3-7.

[164] Vgl. D. Hahn (1997), S. 6; G. Wöhe (1996), S. 124.

[165] Von der Kostenseite wird bei einer Bedeutungsanalyse abgesehen. Im Vordergrund der Arbeit steht die Frage nach den positiven Wirkungen einer Präferenzschaffung bei Jugendlichen auf die Unternehmensziele. Zur Stellung von Umsatzzielen im Marketing vgl. H. Steffenhagen (1994), S. 68-77.

[166] Vgl. auch J. Cornelsen (1996), S. 2, zu der Unterscheidung direkter und indirekter Umsatzziele. Markenpräferenzen, als nicht unmittelbar beobachtbare Merkmale der Verwender, können nach verhaltenswissenschaftlicher Auffassung als eine zielrelevante Vorstufe offenen Verhaltens der Verwender (Kauf der Marke) angesehen werden. Die Schaffung von Markenpräferenzen bei den potentiellen Kunden ist damit als ein den monetären Zielgrößen vorgelagertes qualitatives Marketingziel anzusehen. Die Präferenzschaffung dient letztlich der Erreichung monetärer Marketingziele (Umsatzziele), die wiederum zur Erreichung des gesamtunternehmensbezogenen Ziels der langfristigen Erhaltung und erfolgreichen Weiterentwicklung des Unternehmens beitragen. Zu einer Differenzierung und Systematisierung der Marketingziele in Gewinn- bzw. Umsatzziele sowie Zielgrößen, die sich auf beobachtbare Verhaltensweisen (z.B. Kauf, Kaufhäufigkeit) und vorgelagerte, nicht-beobachtbare Verhaltensweisen der Verwender (z.B. Markenbekanntheit und Einstellungen) beziehen; vgl. H. Steffenhagen (1994), S. 68-78.

[167] Zur besonderen Bedeutung neuer Produkte vgl. H. Assael (1995), S. 671-673.

Einen Überblick über die möglichen monetären Zielgrößen einer Bearbeitung des Jugendmarktes und der Schaffung von Markenpräferenzen bei jugendlichen Kunden gibt die **Abb. 2-4**; die einzelnen Umsatzziele werden im folgenden ausführlicher dargestellt.

Abb. 2-4: Grundlegende Ziele einer Bearbeitung des Jugendmarktes

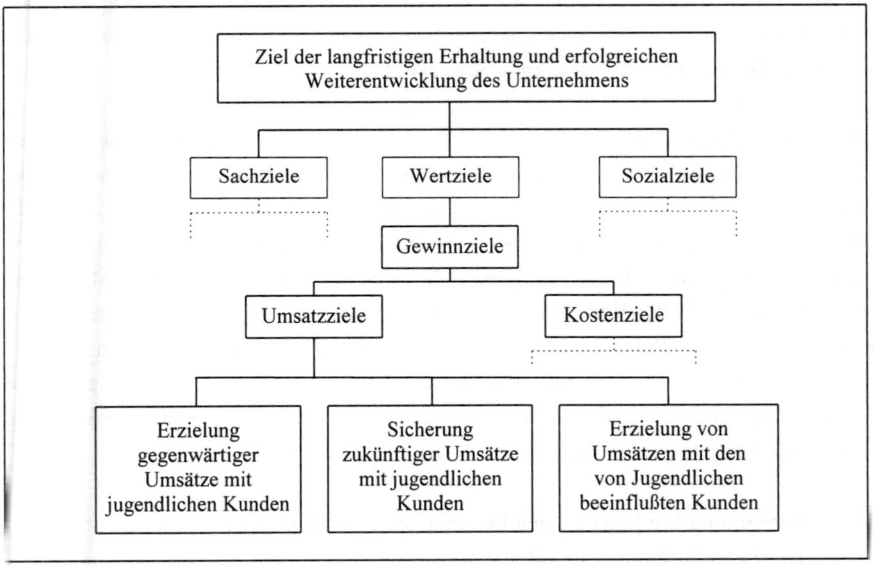

2.3.2.1 Gewinnung von gegenwärtigen jugendlichen Käufern: Erzielung unmittelbarer Umsätze mit jugendlichen Kunden

Jugendliche verfügen über eigene finanzielle Mittel, über deren Verwendung sie mehr oder weniger frei entscheiden können und treten in einer Reihe von Produktbereichen als **gegenwärtige Käufer** auf.[168] Demnach können Unternehmen mit einer Bearbeitung des Jugendmarktes und der Schaffung von Präferenzen für die eigenen Marken bei jugendlichen Kunden zunächst direkte gegenwärtige Umsätze mit den jugendlichen Kunden selbst anstreben (**direkte gegenwärtige Umsatzziele**). Diese Ziele beziehen sich auf die eigene Kaufkraft von Jugendlichen.

[168] Vgl. z.B. die Ergebnisse der KidsVerbraucheranalyse; vgl. Bastei-Verlag G. H. Lübbe GmbH & Co. et al. (1997), o.S. Vgl. auch o.V. (1998c), S. 24; J. U. McNeal (1992), S. 22 ff.

Aus der Sicht eines Unternehmens, das – als eine besondere Art der anzubietenden Leistung – eine Innovation oder eine neue Marke im Markt plazieren möchte, wäre dabei zu prüfen, ob jugendliche Kunden als **Innovatoren**[169] **und frühe Übernehmer** eine besondere Rolle spielen können. Die Adoption neuer Produkte stellt eine kritische Frage für das Marketing dar; ungefähr 80% der Neueinführungen werden vom Markt nicht akzeptiert.[170] Stellen Jugendliche eine Kundengruppe dar, die gegenüber neuen Produkten besonders aufgeschlossen und verhältnismäßig leicht zu deren Übernahme zu bewegen ist, so könnten im Jugendmarkt besondere Absatzchancen für neue Produkte bestehen.[171]

Ein Nebeneffekt einer Bearbeitung des Jugendmarktes kann darin bestehen, daß die auf den Jugendmarkt ausgerichteten Marketingmaßnahmen – unabhängig von ihrer Wirkung auf die Präferenzen von Jugendlichen – auch auf den Gesamtmarkt abstrahlen und sich auch auf die Umsätze mit nicht-jugendlichen Kunden auswirken, indem sie z.B. zur Verbesserung des Markenimages bei diesen Kunden beitragen. Mit einer Bearbeitung des Jugendmarktes können daher auch Ziele der Verbesserung des Markenimages bei anderen Kunden verbunden sein. Diese Wirkungen sind zwar ebenfalls von Bedeutung für die Entscheidung eines Unternehmens, den Jugendmarkt zu bearbeiten, allerdings sollen sie, sofern sie unabhängig von der Präferenzschaffung bei jugendlichen Kunden sind, im Rahmen der vorliegenden Arbeit keiner näheren Analyse unterzogen werden.[172]

2.3.2.2 Gewinnung von jugendlichen Beeinflussern: Erzielung von Umsätzen mit den von Jugendlichen beeinflußten Kundengruppen

Jugendliche sind nicht nur selbst aktuelle Käufer, sie beeinflussen offensichtlich auch – als Teil der näheren oder weiteren sozialen Umwelt anderer Kunden – die Kaufentscheidungen anderer Kunden.[173] So ist z.B. davon auszugehen, daß Jugendliche in einigen Produkt-

---

169 Der Begriff der Innovatoren wird hier nur in der Bedeutung als erste Käufer bzw. erste Übernehmer einer Innovation im Diffusionsprozeß aufgefaßt; mit dem Begriff des Innovators ist nicht zwingend die Eigenschaft eines hohen Einflusses auf spätere Käufer verbunden, auch wenn in der Realität häufig die Eigenschaft des ersten Übernehmers mit der eines Meinungsführers einhergeht; vgl. K.-P. Kaas (1973), S. 20-22 u. S. 24 f.

170 Vgl. H. Assael (1995), S. 671.

171 Hinzu kommt, daß die Einflüsse von Jugendlichen auf andere Kundengruppen zu einer erfolgreichen Weiterverbreitung von Innovationen in diesen Kundengruppen beitragen können, wenn erst die jugendlichen Kunden gewonnen sind. Voraussetzung dafür sind allerdings starke Einflüsse auf das Kaufverhalten anderer Kundengruppen, die in **Abschnitt 2.3.2.2** gesondert thematisiert werden.

172 Die Fragestellung der Arbeit konzentriert sich auf die Bedeutung jugendlicher Kunden, bei der die positiven Zielwirkungen einer Präferenzschaffung bei den jugendlichen Kunden im Vordergrund stehen, so daß die von der Präferenzschaffung bei den jugendlichen Kunden unabhängigen Effekte einer Bearbeitung des Jugendmarktes auf andere Kundengruppen nicht näher analysiert werden.

173 Zu sozialen Einflüssen von Meinungsführern, Modellpersonen und Bezugsgruppen auf Kaufentscheidungen vgl. z.B. W. Kroeber-Riel/ P. Weinberg (1996), S. 429 ff.; A. Bänsch (1993), S. 96 ff.; O. W. Haseloff

bereichen über einen erheblichen Einfluß auf die Verwendung der finanziellen Mittel ihrer Eltern verfügen und daß ihre Präferenzen das Ergebnis von Kaufentscheidungen in Familien z.T. maßgeblich mitbestimmen.[174]
Ferner ist denkbar, daß das Kaufverhalten von Jugendlichen auf das Kaufverhalten anderer Kunden ausstrahlt, wenn diese sich an jugendlichen Konsumstilen orientieren. Sowohl für Kinder als auch für Erwachsene kann das Verwendungsverhalten von Jugendlichen Orientierungsfunktion haben; die Jugendkultur bzw. einzelne jugendliche Subkulturen können sich z.B. im Bereich der Mode impulsgebend und innovierend auf die „Gesamtkultur“ auswirken.[175]

Wenn Jugendliche durch ihr Verhalten indirekt auch die Umsätze von Unternehmen mit anderen Kundengruppen – z.B. den Eltern oder anderen Erwachsenen – beeinflussen, leisten sie auch indirekte Beiträge zum Umsatzziel von Unternehmen.[176] Aus Unternehmenssicht wäre dann im Einzelfall zu überlegen, diese Einflüsse von Jugendlichen auf andere Kundengruppen zu berücksichtigen, zu nutzen oder zu stimulieren.

Gelingt es einem Unternehmen, bei Jugendlichen Präferenzen für die eigenen Marken zu schaffen, so kann es dadurch nicht nur die Kaufkraft der Jugendlichen selbst auf sich ziehen, sondern auch die Kaufkraft der von den Jugendlichen beeinflußten Kundengruppen.

Berücksichtigt ein Unternehmen Jugendliche aus diesen Gründen in seiner Marketingplanung, so verfolgt es damit **indirekte Umsatzziele**. Indirekt sind diese Umsatzziele insofern, als mit der Schaffung von Markenpräferenzen bei Jugendlichen nicht direkte Umsätze mit den jugendlichen Kunden selbst angestrebt werden, sondern Umsätze mit anderen Kundengruppen. Indirekte Umsatzziele beziehen sich also auf die von Jugendlichen beeinflußte Kaufkraft anderer Kunden. Je stärker die Einflüsse der Jugendlichen auf die Kaufentscheidungen anderer Kundengruppen und je leichter die Beeinflussung von Jugendlichen im Vergleich zu einer direkten Beeinflussung dieser Kunden, desto eher können Jugendliche eine Schlüsselgruppe für den Markenerfolg darstellen.

(1986b), Sp. 1245 ff.; G. Brüne (1989); M. Kumpf (1983), S. 282 ff. Zu einer Systematisierung verschiedener Einflüsse von Jugendlichen auf die Kaufentscheidungen anderer Kunden vgl. **Abschnitt 2.3.4**.

174 Vgl. z.B. L. Thomas (1983); Institut für Jugendforschung (1986); B. Melzer-Lena (1995), S. 4; K. M. Ekström (1995); J. U. McNeal (1992), S. 62 ff.

175 Vgl. K.-H. Benz (1972), S. 249.

176 Der direkte Beitrag kann als Einfluß bezeichnet werden.

Grundsätzlich ist denkbar, daß die indirekten Umsatzziele einer Bearbeitung des Jugendmarktes kombiniert mit den in **Abschnitt 2.3.2.1** beschriebenen direkten Umsatzzielen verfolgt werden. Die **indirekten Umsatzziele** sind dann **als zusätzliche Ziele** einer Berücksichtigung von Jugendlichen im Marketing anzusehen.
Jugendliche müssen aber nicht unbedingt auch selbst Käufer der entsprechenden Unternehmensleistung sein, um Einfluß auf die Käufe anderer auszuüben. Ein Einfluß ist z.B. dann denkbar, wenn Käufer und Verwender einer zu erwerbenden Leistung nicht identisch sind.[177] In Familien liegen solche Konstellationen häufig vor; der Jugendliche als (Mit-)Verwender kann dann die Entscheidung über den Kauf einer Leistung beeinflussen, ohne selbst auch aktueller Käufer zu sein. Beeinflusser, zu denen selbst keine direkte Käuferbeziehung besteht, die aber einen starken Einfluß auf die Kaufentscheidungen anderer Kunden ausüben, können bzw. müssen aus Unternehmenssicht dennoch als Kunden berücksichtigt werden, da sich ihre Präferenzen auf die Unternehmensumsätze auswirken.[178] Je stärker ihr Einfluß auf die Kaufentscheidung ist, desto wichtiger ist auch ihre Berücksichtigung bei der Planung der Marketingaktivitäten des anbietenden Unternehmens. Sollten Jugendliche nur als Beeinflusser der Käufe anderer Kundengruppen, nicht aber selbst als gegenwärtige Käufer in Erscheinung treten, können mit einer Präferenzschaffung bei Jugendlichen auch **ausschließlich indirekte Umsatzziele** verfolgt werden. Daraus könnte sich die Notwendigkeit der Berücksichtigung von jugendlichen Kunden auch für solche Unternehmen ergeben, die keine reinen Jugendprodukte anbieten und die Jugendliche aufgrund mangelnder eigener Kaufkraft nicht als ihre Kunden ansehen.

2.3.2.3 Gewinnung von jugendlichen Nachwuchskunden: Sicherung zukünftiger Umsätze

Jugendliche sind nicht nur aktuelle Käufer; sie werden irgendwann erwachsen, verfügen über ein eigenes Einkommen und kommen dann als selbständige Käufer auch solcher Produkte in Frage, die der Bedürfnisbefriedigung eines Erwachsenen dienen. Sie sind für die meisten Unternehmen also potentielle **zukünftige Kunden**.[179] Jugendliche Kunden können damit nicht nur aktuell (als Jugendliche), sondern auch in Zukunft (als Erwachsene) Beiträge zum Umsatzziel von Unternehmen leisten. Hinzu kommt also eine zeitliche, lebensphasenüber-

---

177 Vgl. hierzu S. A. Rieker (1995), S. 60.

178 Rieker spricht in diesem Zusammenhang von einem Einflußpotential; vgl. S.A. Rieker (1995), S. 60 f. Dieses grenzt er von dem Ausstrahlungspotential von Kunden ab, das die Ausstrahlungswirkungen eines aktuellen Käufers auf die Käufe anderer Kunden aufgrund von Nachahmungseffekten umfaßt; vgl. S. A. Rieker (1995), S. 58 f. Zu solchen Einfluß- bzw. Ausstrahlungspotentialen von Kunden vgl. auch J. Cornelsen (1996), S. 14 f. sowie W. Plinke (1995), Sp. 1332.

179 Vgl. K.-H. Benz (1972), S. 248; J. U. McNeal (1992), S. 89 ff.; P. Rützler (1994), S. 85 f.; P. Zollo (1995), S. 25.

greifende Dimension der mit jugendlichen Kunden – im Laufe ihres Lebens – zu erzielenden Umsätze.[180]

Auf diese zukünftigen Beiträge zielend können Unternehmen mit einer gegenwärtigen Berücksichtigung von Jugendlichen in der Marketingplanung **zukünftige Umsatzziele** verfolgen.

Mit der Schaffung von dauerhaften Präferenzen für die angebotenen Produkte bei Jugendlichen sollen dann zukünftige Umsätze des Unternehmens gesichert werden.

So werden heute schon Erwachsenenmarken zunehmend auch gegenüber Jugendlichen aktiv vermarktet. Zugrundeliegendes Ziel ist der Aufbau einer dauerhaften Beziehung zu jugendlichen Kunden, die sich häufig erst dann auszahlt, wenn diese in die Erwachsenenphase eintreten.[181] Markenbewußtsein und -präferenzen sollen bereits in der Jugendphase kultiviert werden.[182] Die Einstellungen zu Unternehmensnamen und Marken sollen so beeinflußt werden, daß im relevanten Alter in Kaufentscheidungen eher die Produkte des eigenen Unternehmens als die des Konkurrenten gewählt werden.[183] Die frühzeitige Kundenbindung und die **Sicherung der zukünftigen Umsätze** stehen hier als strategische Unternehmensziele im Vordergrund. Diese Ziele beziehen sich auf die zukünftige Kaufkraft der Jugendlichen, wenn sie erwachsen sind.

Auch zukünftige Umsatzziele können in Kombination mit anderen Zielen, z.B. direkten Umsatzzielen verfolgt werden.[184] Neben aktuellen Umsätzen mit den jugendlichen Kunden kann **zusätzlich** auch die Sicherung zukünftiger Umsätze angestrebt werden.
Ein Unternehmen kann aber prinzipiell auch **ausschließlich** zukünftige Umsatzziele verfolgen. Sind die Marketinginvestitionen in der Jugendphase für die Markenpräferenzen und die Kaufhäufigkeit des Kunden in der Erwachsenenphase von Bedeutung, so kann eine Bearbeitung des Jugendmarktes aus Unternehmenssicht ausschließlich für die Sicherung zukünftiger Umsätze sinnvoll und notwendig sein – auch wenn diese sich nicht direkt auszahlt.[185]

---

180 Zu einer solchen langfristigen Betrachtungsweise einer Kundenbeziehung vgl. z.B. F. F. Reichheld/ W. E. Sasser (1990), S. 106 ff.; H. Diller (1995), S. 57-61; D. B. Wackman/ T. S. Salmon/ C. C. Salmon (1987), S. 21-28.
181 Vgl. P. Zollo (1995), S. 25.
182 Vgl. J. U. McNeal (1991), S. 13.
183 Vgl. J. U. McNeal (1991), S. 14.
184 Vgl. J. U. McNeal (1991), S. 14.
185 Den aktuellen Marketinginvestitionen stehen dann keine oder nur geringe gegenwärtige Umsätze, sondern nur unsichere zukünftige Umsätze gegenüber. Gewinne können mit diesen Kunden erst in späteren Perioden erzielt werden.

2.3.3 Kennzeichnung der korrespondierenden Umsatzpotentiale jugendlicher Kunden

Den dargestellten Zielen der Bearbeitung des Jugendmarktes korrespondieren die verschiedenen **Umsatzpotentiale jugendlicher Kunden**. In ihnen kommt das **potentielle Ausmaß der Erreichung dieser Ziele** infolge einer Präferenzschaffung bei jugendlichen Kunden zum Ausdruck. Zur Abschätzung der ökonomischen Bedeutung jugendlicher Kunden für ein Unternehmen können dann die verschiedenen Umsatzpotentiale dieser Kunden herangezogen werden.

Einen Überblick über mögliche Unternehmensziele im Jugendmarkt und die korrespondierenden Umsatzpotentiale jugendlicher Kunden gibt die folgende Abbildung.

Abb. 2-5: Umsatzziele von Unternehmen im Jugendmarkt und korrespondierende Umsatzpotentiale jugendlicher Kunden

<table>
<tr><th></th><th>direkte Umsatzziele</th><th>indirekte Umsatzziele</th></tr>
<tr><td>gegenwärtige Umsatzziele</td><td>direkte gegenwärtige Umsatzpotentiale:
Jugendliche als aktuelle Käufer</td><td rowspan="2">indirekte Umsatzpotentiale:
Jugendliche als Beeinflusser</td></tr>
<tr><td>zukünftige Umsatzziele</td><td>(bedingte) zukünftige Umsatzpotentiale:
Jugendliche als zukünftige Kunden</td></tr>
</table>

Die verschiedenen Umsatzpotentiale jugendlicher Kunden sind dabei nicht als ausschließlich anzusehen, sondern sie können – genauso wie die verschiedenen Ziele einer Bearbeitung des Jugendmarktes parallel verfolgt werden können – gleichzeitig nebeneinander bestehen. Die ökonomische Gesamtbedeutung jugendlicher Kunden ergibt sich aus der Gesamtheit der verschiedenen Umsatzpotentiale. Mit der Bearbeitung des Jugendmarktes kann ein Unternehmen die Ausschöpfung dieser verschiedenen Umsatzpotentiale gleichzeitig anstreben.

Den **direkten gegenwärtigen Umsatzzielen** entspricht das **(direkte) gegenwärtige Umsatzpotential jugendlicher Kunden.** Es umfaßt die gegenwärtig mit jugendlichen Kunden selbst erzielbaren Umsätze.[186] Gegenwärtig ist dabei so weit gefaßt, daß es die nahe Zukunft miteinschließt; als direkt und gegenwärtig werden alle Umsätze bezeichnet, die mit den jugendlichen Kunden selbst erzielt werden, solange sie sich noch in der Jugendphase befinden. Je größer das potentielle Ausmaß der direkten, gegenwärtigen Umsätze, desto höher ist die Bedeutung jugendlicher Kunden und desto eher lohnt sich bei sonst gleichbleibenden Bedingungen die Bearbeitung des Jugendmarktes aufgrund direkter gegenwärtiger Umsatzziele.[187] In eine Analyse der Bedeutung jugendlicher Kunden ist daher das Ausmaß dieser direkten gegenwärtigen Umsatzpotentiale sowie deren zukünftige Entwicklung einzubeziehen.

Den **indirekten Umsatzzielen** entspricht das **indirekte Umsatzpotential jugendlicher Kunden.** Es umfaßt die indirekt mit jugendlichen Kunden erzielbaren Umsätze; d.h. Umsätze, die zwar mit anderen Kunden getätigt werden, die aber auf den Einfluß der Jugendlichen zurückgehen.[188] Diese können sowohl in der Gegenwart als auch in der Zukunft liegen. Da auch der Einfluß der Jugendlichen auf andere Kunden – ähnlich den Präferenzen aus der Jugendphase – zeitlich fortwirken kann, erstreckt sich auch die Bedeutung jugendlicher Kunden als Beeinflusser auf die zukünftigen Umsatzziele des Unternehmens.[189]
Je stärker die Einflüsse von Jugendlichen auf die Käufe anderer wichtiger Zielgruppen des Unternehmens, desto größer ist auch ihre Bedeutung aus Unternehmenssicht und desto wichtiger ist ihre Berücksichtigung in der Marketingplanung. In eine Analyse der Bedeutung jugendlicher Kunden aus der Sicht eines anbietenden Unternehmens sind auch das Ausmaß und die zukünftige Entwicklung dieser indirekten Umsatzpotentiale einzubeziehen. Die Entscheidung über die Bearbeitung des Jugendmarktes hängt dann auch von diesen indirekten Auswirkungen einer Präferenzschaffung bei Jugendlichen auf die Unternehmensumsätze ab.

Den zukünftigen Umsatzzielen eines Unternehmens entspricht das **(direkte) zukünftige Umsatzpotential jugendlicher Kunden**. Es umfaßt alle in der ferneren Zukunft, in seiner

---

186 Vgl. auch J. Cornelsen (1996), S. 7 f., zum Begriff des Umsatzpotentials von Kunden; dabei können sowohl zukunfts- als auch vergangenheitsorientierte Betrachtungen angestellt werden (ex ante- und ex post-Bewertung der Bedeutung von Kunden).

187 In die Entscheidung über die Bearbeitung eines Marktes bzw. einer Kundengruppe gehen zwar neben den Umsatzpotentialen jugendlicher Kunden noch weitere Faktoren wie die Kosten der Bearbeitung und Präferenzschaffung, die verfügbaren Unternehmensressourcen sowie die Konkurrenzbedingungen ein. Die Bedeutung jugendlicher Kunden, die nur auf die möglichen positiven Zielbeiträge, die Umsätze, infolge einer Präferenzschaffung bei jugendlichen Kunden abstellt, stellt aber ein wesentliches Entscheidungskriterium dar.

188 Als formales Kriterium zur Unterscheidung der direkten Umsätze und der indirekten, beeinflußten Umsätze kann die formale Verfügungsgewalt über die zugrundeliegende Kaufkraft verwendet werden.

189 Diese Perspektive der zeitlichen Fortwirkung wird bei der Analyse indirekter Umsatzpotentiale jugendlicher Kunden in **Kapitel 4** mitberücksichtigt.

Erwachsenenphase mit dem Kunden selbst erzielbaren Umsätze (**zukünftige Umsatzziele**). Dieses Umsatzpotential ist bei Jugendlichen allein aufgrund der längeren Lebenserwartung höher als bei Erwachsenen. Für die Frage, ob sich eine Ausrichtung der Marketinginstrumente auf jugendliche Kunden lohnt, ist aber nicht nur die Höhe der zukünftig zu erzielenden Umsätze, sondern v.a. der Zusammenhang zwischen den in der Jugendphase geschaffenen Markenpräferenzen und den zukünftig mit diesem Kunden in seiner Erwachsenenphase zu erzielenden Umsätzen von Bedeutung. Dieser Zusammenhang wird vereinfachend in **Abb. 2-6** veranschaulicht.

Abb. 2-6: In der Jugendphase erworbene Markenpräferenzen als Einflußfaktoren der Käufe eines erwachsenen Kunden

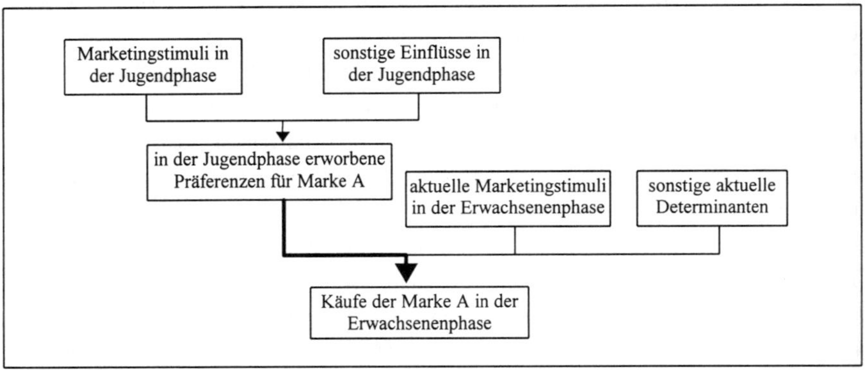

Ein hohes zukünftiges Umsatzpotential alleine rechtfertigt noch keine gegenwärtigen Bemühungen um den jugendlichen Kunden. Gibt es nur einen schwachen Zusammenhang zwischen den in der Jugendphase erworbenen Markenpräferenzen und den zukünftigen Umsätzen in der Erwachsenenphase, so wird ein Unternehmen zur Erzielung von Umsätzen mit dem Erwachsenen (zukünftiger Umsatzziele) sinnvollerweise erst dann mit den Bemühungen um Präferenzschaffung bei diesem Kunden beginnen, wenn dieser erwachsen ist. Je stärker jedoch der Zusammenhang zwischen gegenwärtigen Markenpräferenzen des Jugendlichen und den zukünftigen Umsätzen mit dem dann erwachsenen Kunden, desto wichtiger ist es für die **Sicherung zukünftiger Umsätze**, daß ein Unternehmen bereits in der Jugendphase mit dem frühzeitigen Aufbau von Markenpräferenzen beginnt. Dieser Zusammenhang kommt in dem Begriff des bedingten zukünftigen Umsatzpotentials zum Ausdruck: Das **(direkte) bedingte zukünftige Umsatzpotential jugendlicher Kunden** bezeichnet den Teil der in der fernen Zukunft mit dem dann erwachsenen Kunden selbst erzielbaren Umsätze, die auf die in der

Jugendphase geschaffenen Präferenzen zurückgehen (Bedingung der Präferenzschaffung in der Jugendphase). Besteht eine hohes bedingtes zukünftiges Umsatzpotential jugendlicher Kunden, so bedeutet dies, daß die Umsätze mit einem erwachsenen Kunden zu einem großen Teil von den bereits in seiner Jugendphase geschaffenen Präferenzen und somit auch von den zeitlich weiter zurückliegenden Marketingmaßnahmen in dessen Jugendphase bestimmt sind. Eine frühzeitige Präferenzschaffung in der Jugendphase kann dann eine langfristige Kundenbeziehung und den Aufbau von Barrieren gegenüber späteren Bemühungen von Konkurrenten (Wettbewerbsvorteile) begründen. Umgekehrt können sich aus einem Unterlassen einer frühzeitigen Ansprache – je nach Konkurrenzmaßnahmen – Wettbewerbsnachteile ergeben.
Die ökonomische Bedeutung jugendlicher Kunden für Konsumgüterunternehmen hängt damit auch von der Höhe der bedingten zukünftigen Umsatzpotentiale ab. Ausschlaggebend für die Beurteilung, ob sich die Berücksichtigung jugendlicher Kunden im Marketing aufgrund des Ziels der Sicherung zukünftiger Umsätze lohnt, ist nicht nur die Höhe der zukünftig zu erzielenden Umsätze, sondern v.a. deren Abhängigkeit von den bereits in der Jugendphase geschaffenen Präferenzen. In eine Analyse der Bedeutung jugendlicher Kunden ist daher auch das Ausmaß der bedingten zukünftigen Umsatzpotentiale einzubeziehen.

2.3.4 Eingrenzung der in der Arbeit zu analysierenden Umsatzpotentiale jugendlicher Kunden

Die Bedeutung jugendlicher Kunden für ein Konsumgüterunternehmen ergibt sich aus dem Ausmaß und der zukünftigen Entwicklung der verschiedenen Umsatzpotentiale jugendlicher Kunden. Die in der vorliegenden Arbeit durchzuführende Analyse der Bedeutung jugendlicher Kunden orientiert sich deshalb an den verschiedenen Umsatzpotentialen.[190] Dabei werden Entstehung, Ausmaß und voraussichtliche Entwicklung der verschiedenen Umsatzpotentiale thematisiert. Für die Abschätzung des Ausmaßes und der zukünftigen Entwicklung der Potentiale sind Kenntnisse über deren Entstehung erforderlich.[191] Ziel der Arbeit ist die Beschreibung und Erklärung der Umsatzpotentiale und mithin der ökonomischen Bedeutung jugendlicher Kunden. Dabei wird der Schwerpunkt der Analyse auf die indirekten und zukünftigen Umsatzpotentiale und dort v.a. auf die meist nur qualitativ faßbaren Determinanten (Einfluß von Jugendlichen und Auswirkung der in der Jugendphase ausgebildeten Präferenzen) gelegt, die das Ausmaß der Potentiale maßgeblich bestimmen. Soweit vorhanden werden empirische

---

[190] Nicht in die Analyse im Hauptteil der Arbeit einbezogen werden unmittelbare Auswirkungen, die auf den Jugendmarkt ausgerichtete Marketinginstrumente auch auf das Image einer Marke bei anderen Kundengruppen haben. Bei einer Entscheidung über die Bearbeitung des Jugendmarktes sind derartige Wirkungen jedoch ebenfalls einzubeziehen.

[191] Im Hauptteil der Arbeit werden deshalb theoretische Überlegungen zur Entstehung der Umsatzpotentiale angestellt. Auf dieser Basis können Hypothesen über das Ausmaß der Umsatzpotentiale in verschiedenen Produktbereichen sowie deren zukünftige Entwicklung abgeleitet werden.

Befunde zur Ausprägung dieser Determinanten (Ausmaß des Einflusses von Jugendlichen und der Auswirkung von in der Jugendphase ausgebildeten Präferenzen) in verschiedenen Produktbereichen herangezogen.

Eine umfassende Analyse sämtlicher Umsatzpotentiale jugendlicher Kunden würde den Rahmen der vorliegenden Arbeit sprengen. Aus diesem Grund sind einige Eingrenzungen der in der Arbeit zu analysierenden Umsatzpotentiale jugendlicher Kunden vorzunehmen, die im folgenden erläutert werden.

Eine erste grundlegende Eingrenzung besteht darin, daß im Rahmen dieser Arbeit die jugendlichen Kunden als eine Gruppe von potentiellen Kunden betrachtet werden, die aufgrund der Zugehörigkeit zu einer Lebensphase gewisse Gemeinsamkeiten aufweisen (vgl. **Abschnitt 2.2**). Von Einflußbeziehungen und weiteren Differenzierungen innerhalb dieser Gruppe wird weitgehend abstrahiert und lediglich die gemeinsamen Besonderheiten thematisiert, die sich aus der Zugehörigkeit zu dieser nach lebensphasenspezifischen Kriterien abgegrenzten Gruppe ergeben.[192]

Ferner sollen – wie im Titel der Arbeit hervorgehoben – indirekte und zukünftige Umsatzpotentiale eine besondere Berücksichtigung erfahren. **Direkte gegenwärtige Umsatzpotentiale** jugendlicher Kunden fallen bei der Überlegung, welche Bedeutung jugendlichen Kunden aus der Sicht eines anbietenden Unternehmens zukommt und ob sich die Bearbeitung des Jugendmarktes lohnt, als erstes ins Auge. Bei den direkt und gegenwärtig mit den Jugendlichen erzielbaren Umsätzen handelt es sich um das bekannteste und bei der Bewertung des Jugendmarktes am stärksten verbreitete Kriterium.[193] Für die Beurteilung der Bedeutung jugendlicher Kunden aufgrund ihrer direkten gegenwärtigen Umsatzpotentiale ist das Ausmaß dieser Potentiale sowie deren zukünftige Entwicklung von zentraler Relevanz. Werden dabei nicht einzelne jugendliche Kunden, sondern die Gesamtheit jugendlicher Kunden, d.h. der Jugendmarkt, betrachtet, so ist auch die Anzahl der potentiellen Kunden sowie deren zukünftige Entwicklung heranzuziehen.[194] Ausmaß und Entwicklung der direkten gegenwärtigen Umsatzpotentiale im Jugendmarkt werden in **Kapitel 3** der vorliegenden Arbeit näher betrachtet,

---

[192] Auch eine hervorgehobene Bedeutung einzelner Jugendlicher aufgrund individueller Besonderheiten bleibt damit außer Betracht.

[193] Vgl. z.B. W. Steinhaus (1997). Vgl. bereits J. Heinig (1962); D.-L. Scharmann (1965). In der Literatur zu jugendlichen Zielgruppen findet sich die Perspektive der aktuellen Käufer bei fast jedem Autor, während nähere Betrachtungen der Einflüsse auf die Eltern sowie der Perspektive der Sicherung von zukünftigen Kunden seltener angestellt werden.

[194] Diese Überlegungen sind auch Gegenstand einer quantitativen Marktanalyse, vgl. W. Hill/ I. Rieser (1993), S. 111. „Bei der quantitativen Marktanalyse geht es um die Erfassung der mengen- und wertmäßigen Größe des Marktes sowie um die Prognose seiner Entwicklung in der Zukunft"; ebd.

besonderes Gewicht liegt allerdings auf der Analyse indirekter und zukünftiger Umsatzpotentiale in den **Kapiteln 4 und 5**.

Bei den zukünftigen Umsatzpotentialen, die Gegenstand des **fünften Kapitels** sind, steht aus den bereits dargelegten Gründen bei der Analyse der Bedeutung jugendlicher Kunden das **bedingte zukünftige Umsatzpotential** der jugendlichen Kunden im Vordergrund. Thematisiert werden die **Auswirkungen der in der Jugendphase erworbenen Markenpräferenzen auf die Unternehmensumsätze im Erwachsenenmarkt in zeitlicher (intrapersoneller, aber intertemporaler) Hinsicht**. Vereinfachend wird in Kapitel 5 von dem zukünftigen Umsatzpotential gesprochen; der Zusatz „bedingt“ wird nicht jedesmal erwähnt. Da nicht alle nur möglichen Vorprägungen des späteren Konsumverhaltens in der Jugendphase betrachtet werden können, beschränkt sich die in Kapitel 5 vorgenommene Analyse der Entstehung, des Ausmaßes und der zukünftigen Entwicklung des bedingten zukünftigen Umsatzpotentials auf das Phänomen langfristiger, in der Jugendphase entstandener Markentreue.

In **Kapitel 4** wird eine nähere Analyse von Entstehung und Ausmaß sowie zukünftiger Entwicklung der **indirekten Umsatzpotentiale** jugendlicher Kunden vorgenommen. Auch dabei können nicht alle Arten von Einflüssen, die von Jugendlichen auf das Kaufverhalten anderer Kunden ausgehen, einbezogen werden. Stellvertretend werden indirekte Umsatzpotentiale jugendlicher Kunden anhand des **persönlichen Einflusses von Jugendlichen auf die Einkommensverwendung ihrer Eltern** näher betrachtet. Am Beispiel der Einflüsse von Jugendlichen auf die Eltern werden die **Auswirkungen einer Präferenzschaffung bei Jugendlichen auf die Unternehmensumsätze im Erwachsenenmarkt in interpersoneller Hinsicht** einer näheren Betrachtung unterzogen. Im Einzelfall ist allerdings zu berücksichtigen, daß auch die Einflüsse der Jugendlichen auf andere Kunden(gruppen) auf ihre Relevanz zu prüfen sind. Aus diesem Grund werden die vielfältigen Einflüsse, die von Jugendlichen auf das Kaufverhalten anderer Kunden ausgehen können, im folgenden kurz gekennzeichnet und die in der vorliegenden Arbeit getroffene Auswahl begründet.

In den indirekten Umsatzpotentialen kommt zum Ausdruck, daß Kaufentscheidungen von Konsumenten nicht in sozialer Isolation getroffen werden, sondern daß das Verhalten eines Konsumenten von der engeren sozialen Umwelt (Personen und Gruppen, zu denen der Konsument im regelmäßigem persönlichen Kontakt steht wie Familie, Freundeskreis usw.) und der weiteren sozialen Umwelt (Personen und soziale Gruppierungen, zu denen der Konsument keine regelmäßigen persönlichen Beziehungen unterhält) in vielfältiger Hinsicht beeinflußt wird (vgl. dazu die Darstellung in **Abb. 2-7**).[195]

Abb. 2-7: Das System der sozialen Variablen

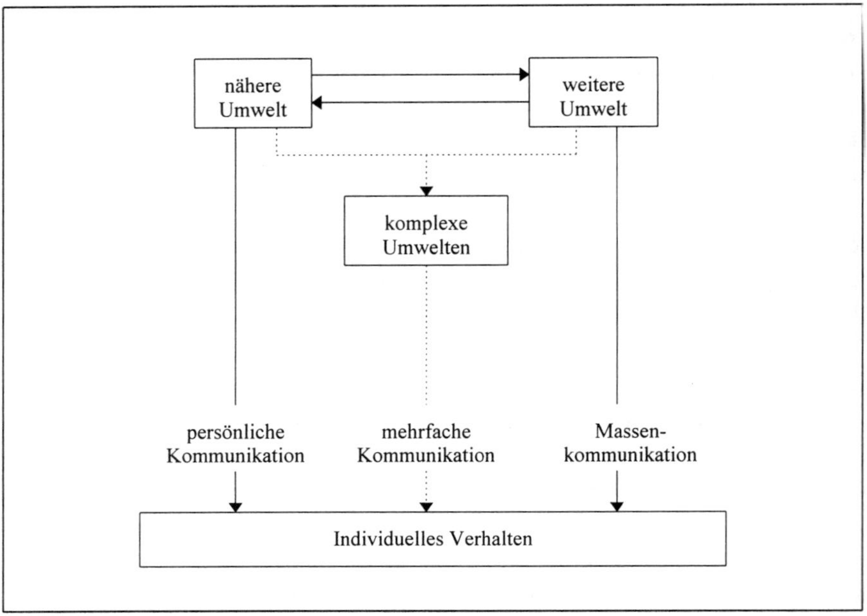

Quelle: W. Kroeber-Riel (1992), S. 445.

In der nahen sozialen Umwelt wird sozialer Einfluß v.a. über direkte Kommunikation von Person zu Person vermittelt, die auch als persönliche Kommunikation bezeichnet wird.[196] Einflüsse der weiteren Umwelt werden zum Großteil indirekt durch die Massenkommunikation vermittelt, eine Form der unpersönlichen Kommunikation mit Hilfe von (technischen) Medien.[197] Eine dritte, üblicherweise nicht zur Kommunikation zählende Interaktionsform ist

[195] Vgl. A. Bänsch (1993), S. 96; W. Kroeber-Riel/ P. Weinberg (1996), S. 429 f. Zur weiteren sozialen Umwelt des Konsumenten zählen soziale Gruppierungen (z.B. Subkulturen), große soziale Organisationen (wie Gewerkschaften, Kirchen), aber auch einzelne Personen (wie Politiker und Schauspieler), die als Leitbilder das Kaufverhalten beeinflussen können; vgl. W. Kroeber-Riel/ P. Weinberg (1996), S. 430.

[196] Vgl. W. Kroeber-Riel/ P. Weinberg (1996), S. 431 u. 491 f. Entsprechend wird deshalb auch von persönlichem Einfluß – als Einfluß, der im Zuge persönlicher Kommunikation stattfindet – gesprochen; vgl. K.-P. Kaas (1973), S. 36.

[197] Vgl. W. Kroeber-Riel/ P. Weinberg (1996), S. 409 f. u. 430 f., zur Dominanz der indirekten Informations- und Einflußvermittlung über Massenmedien in der weiteren sozialen Umwelt des Konsumenten gegenüber der direkten eigenen Erfahrung, die in der näheren sozialen Umwelt dominiert.

die der Beobachtung (und Imitation) eines Verhaltens, ohne daß eine spezielle Kommunikation stattgefunden hat,[198] die sowohl in der näheren als auch in der weiteren sozialen Umwelt von Bedeutung sein kann. Nähere und weitere soziale Umwelt wirken dabei nicht getrennt und alternativ auf das Konsumentenverhalten ein, sondern sind zu einem komplexen sozialen Umweltsystem verknüpft, in dem persönliche und Massenkommunikation auf vielfältige Art und Weise ineinandergreifen.[199]

Auch Jugendliche beeinflussen als Teil der engeren oder weiteren sozialen Umwelt anderer Kunden deren Kaufentscheidungen. Zum einen können Jugendliche als Mitglieder von Primärgruppen[200] in der **näheren sozialen Umwelt** einen persönlichen Einfluß auf die individuellen Kaufentscheidungen der Mitglieder dieser Gruppe oder auf gemeinsame Kaufentscheidungen[201] ausüben. Jugendliche können bspw. innerhalb ihrer **Familie** einen persönlichen Einfluß auf die Einkommensverwendung der Eltern, der Geschwister, der Großeltern oder anderer Familienmitglieder ausüben. Ferner können sie auch außerhalb der Familie als Meinungsführer oder Bezugsgruppen aus der näheren sozialen Umwelt von Kindern, anderen Jugendlichen oder Erwachsenen agieren.[202] Einzelne Jugendliche können bspw. im Rahmen von **Peer-Gruppen** Einfluß auf das Kaufverhalten von anderen Jugendlichen ausüben.[203] Als Peer-Gruppe wird die Gruppe der Gleichaltrigen und Gleichgesinnten bezeichnet, die grundsätzlich auf drei Ebenen besteht und wirkt: als Freundschaft mit spezifischen Bindungserfahrungen, als informelle Gruppe, der ein Jugendlicher angehört oder angehören möchte und als große Gemeinschaft mit gleichen Interessen, Vorlieben und Werthaltungen.[204]

---

198 Vgl. dazu z.B. K.-P. Kaas (1973), S. 37 f. Auch die bloße Beobachtung eines neuen Verhaltens bei Jugendlichen kann zu Verhaltensveränderungen bei anderen Personen führen.

199 Vgl. W. Kroeber-Riel/ P. Weinberg (1996), S. 430. Sie verdeutlichen dies an folgendem Beispiel: Wenn in einem islamischen Land jemand keinen Alkohol trinkt, sind daran sowohl staatliche und rechtliche Regelungen (als Einflüsse der weiteren Umwelt) als auch Eltern und Lehrer (als Teile der näheren Umwelt) beteiligt. Zu dem Zusammenwirken von persönlicher und Massenkommunikation vgl. W. Kroeber-Riel (1992), S. 446.

200 Primärgruppen sind durch geringe Größe, engen persönlichen Kontakt, ein ausgeprägtes Wir-Gefühl und intensive emotionale Bindungen gekennzeichnet und sind v.a. in der näheren sozialen Umwelt des Konsumenten angesiedelt; vgl. W. Kroeber-Riel/ P. Weinberg (1996), S. 434.

201 Kaufentscheidungen können in (eventuell sozial beeinflusste) individuelle und kollektive, gemeinsame Kaufentscheidungen unterschieden werden; vgl. A. Bänsch (1993), S. 113; vgl. auch W. Hubel (1986), S. 35-41

202 Zur besonderen Bedeutung der Wirkungen der Familie und der Bezugsgruppen vgl. W. Kroeber-Riel/ P. Weinberg (1996), S. 429. Bezugsgruppen oder Referenzgruppen sind Gruppen oder einzelne Personen, nach denen sich das Individuum richtet, ungeachtet dessen, ob es ihnen angehört oder nicht. Entsprechend werden bei den Bezugsgruppen Fremd- und Mitgliedschaftsgruppen unterschieden. Während Mitgliedschaftsgruppen auch in der näheren sozialen Umwelt zu suchen sind, befinden sich Fremdgruppen meist außerhalb der näheren Umwelt des Konsumenten; vgl. W. Kroeber-Riel/ P. Weinberg (1996), S. 434 f.; H. Assael (1995), S. 528-531.

203 Einzelne Jugendliche können z.B. eine Meinungsführerposition innerhalb ihrer Clique einnehmen. D.h im Einzelfall kann es einzelne Jugendliche geben, die aufgrund ihres hohen Einflusses auf andere Jugendliche für Unternehmen von besonderem Interesse sind.

204 Vgl. R. Oerter/ L. Montada (1987), S. 316; H. Schröder (1995), S. 111. Zum Begriff der Peer-Gruppe vgl. auch B. Feger (1987), S. 476; R. Oerter/ E. Dreher (1995), S. 369 u. 373 f.

Zum anderen können von Jugendlichen bzw. der Jugend als soziale Gruppierung aus der weiteren sozialen Umwelt von anderen Konsumenten eher unpersönliche, oft indirekt vermittelte Einflüsse auf die Kaufentscheidungen anderer Konsumenten ausgehen. Dabei ist v.a. an solche Einflüsse zu denken, die von den mit der Jugendkultur bzw. einzelnen Subkulturen verbundenen Konsummustern ausgehen, an denen sich sowohl einzelne Jugendliche selbst als auch Kinder und Erwachsene orientieren können. Einzelne Jugendliche unterliegen bspw. dem Einfluß der jugendlichen Subkultur, der sie angehören oder mit der sie sympathisieren. Jugendliche werden aber auch mehr oder weniger stark von jugendlichen Leitfiguren, die ihnen als Bezugspersonen dienen, beeinflußt (z.B. bekannte DJs oder Musiker). Auch Kinder orientieren sich teilweise stark an jugendlichen Konsumverhaltensmustern: Da Kinder häufig gerne älter sein und wirken wollen und nicht mehr zu den Kleinen gezählt werden wollen,[205] besitzen nächsthöhere Altersgruppen Vorbildfunktion für sie.[206] Für Erwachsene hingegen wird das Älterwerden häufig zum Altern und damit negativ belegt; das als ideal empfundene Alter liegt häufig unterhalb des gegenwärtigen Alters.[207] Wollen Erwachsene gerne jünger oder jugendlich wirken, so liegt eine Orientierung an den Konsumverhaltensweisen der Jugendlichen, z.B. in den Bereichen Mode, Freizeit, Medien nahe; Modeentwicklungen, verändertes Verwendungsverhalten oder technologische Neuerungen können so von den Jugendlichen mit in Gang gesetzt werden.[208]

Die Ausführungen der vorliegenden Arbeit konzentrieren sich auf die persönlichen Einflüsse von einzelnen Jugendlichen auf die Einkommensverwendung ihrer Eltern. Damit erfolgt eine Einschränkung der Analyse indirekter Umsatzpotentiale in zweierlei Hinsicht: Eine **erste Einschränkung** besteht darin, daß **nur persönliche Einflüsse von Jugendlichen in der näheren sozialen Umwelt** betrachtet werden. Indirekte Umsatzpotentiale, die sich daraus ergeben, daß sich einzelne Jugendliche oder andere nicht-jugendliche Kunden (Kinder und Erwachsene) an den von der Jugend bzw. von einer auffälligen Teilgruppe der Jugend vorgelebten Konsummustern orientieren, werden im Rahmen der vorliegenden Arbeit nicht weiter vertieft. Diese Einflüsse von Jugendlichen bzw. der Jugend(konsum)kultur als Elemente der weiteren sozialen Umwelt anderer Konsumenten sind wie alle Einflüsse aus der weiteren sozialen Umwelt äußerst komplex, wirken meist indirekt und sind dem einzelnen oft nicht bewußt.[209] Sie sind

205 Vgl. S. Schorsch (1992), S. 145 u. 197-201. Schorsch stellt in einer Studie zu den Lebensalterspräferenzen von Kindern und Jugendlichen fest, daß gerade jüngere Kinder eine starke Tendenz aufweisen, spätere Altersabschnitte, insbesondere die Jugendphase, zu präferieren; vgl. ebd. S. 197.

206 Mit einer Vorbildwirkung von Jugendlichen für jüngere Kinder rechnet bspw. auch Sony bei der geplanten Durchsetzung der Playstation auch in jüngeren Zielgruppen; vgl. R. S. Lakos (1998), S. 24.

207 Die Tendenz, das eigene und das nah zukünftige Lebensalter zu präferieren, kippt irgendwann in der Erwachsenenphase um und es werden wieder frühere Altersstufen präferiert; vgl. S. Schorsch (1992), S. 145 u. 160. Zum Leitbild der Jugendlichkeit vgl. auch G. Liesenfeld (1987), S. 39 f.; E. Weber (1987), S. 24; C. M. Sommer/ T. Wind (1991), S. 129; GIM (1997), S. 8.

208 Vgl. auch K.-H. Benz (1972), S. 249; D. Baacke (1993), S. 44.

209 Vgl. dazu auch W. Kroeber-Riel/ P. Weinberg (1996), S. 430.

daher nur schwer zu identifizieren.[210] Aus diesen Gründen sind Einflüsse aus der weiteren Umwelt der Konsumenten und auch solche, die von der Jugendkultur ausgehen, bislang wenig erforscht.[211] Die häufig konstatierte hohe Bedeutung der Jugendlichkeit als Leitbild menschlichen Verhaltens auch im Bereich des Konsums deutet zwar darauf hin, daß sich hier ein interessantes Forschungsfeld eröffnet; dessen Bearbeitung würde allerdings den Rahmen der vorliegenden Arbeit sprengen.

Eine **zweite Einschränkung** besteht darin, daß auch innerhalb der näheren sozialen Umwelt nur die Einflüsse von Jugendlichen auf ihre Eltern betrachtet werden. Diese läßt sich wie folgt begründen. Die **Familie**[212] zählt zu den wichtigsten Primärgruppen des engeren sozialen Umfelds, denen Jugendliche angehören und innerhalb derer sie Einfluß auf individuelle und gemeinsame Kaufentscheidungen ausüben können.[213] Zwar bilden auch die Peer-Gruppen, die Gleichaltrigengruppen, eine wichtige Primärgruppe von Jugendlichen. Von den internen Einflußbeziehungen innerhalb der Gruppe der Jugend wird in der vorliegenden Arbeit jedoch weitgehend abstrahiert; die Analyse der Bedeutung jugendlicher Kunden konzentriert sich auf die gemeinsamen Eigenschaften von Jugendlichen und stellt statt dessen deren Einflüsse auf andere, nicht-jugendliche Kunden, d.h. die vom Jugendmarkt ausgehenden Einflüsse auf andere Märkte in den Vordergrund. Die typischen Merkmale von Familien – wie die häufige und intensive Interaktion, enge persönliche Bindungen, gegenseitige Abhängigkeiten und starkes Zusammengehörigkeitsgefühl sowie die gemeinsame Nutzung von Produkten bei Zusammenleben in einem Haushalt und nicht zuletzt die finanzielle Abhängigkeit der Jugendlichen von den Eltern – bilden besondere Bedingungen für einen persönlichen Einfluß des einzelnen Jugendlichen auf die Verwendung des Einkommens seiner **Eltern**.[214] In Deutschland leben Kinder meist nur mit ihren Eltern, nicht auch mit anderen Verwandten zusammen; der Typus der

---

[210] Da Verhaltensmuster meist nicht in identischer Form, sondern in mehr oder weniger stark abgewandelter Form übernommen werden und da die bei anderen Kundengruppen bewirkten Verhaltensveränderungen aus einem komplexen Zusammenwirken verschiedener Einflüsse resultieren, sind die Einflüsse, die den Jugendlichen zurechenbar sind, nur schwer zu isolieren.

[211] Vgl. auch W. Kroeber-Riel/ P. Weinberg (1996), S. 430.

[212] „Das zentrale Kennzeichen von Familien ist die Zusammengehörigkeit von zwei (oder mehreren) aufeinander bezogenen Generationen, die zueinander in einer Eltern-Kind-Beziehung stehen"; L. Böhnisch/ K. Lenz (1997), S. 28.

[213] Die Familie gilt i.a. als wichtigste Primärgruppe von Konsumenten; vgl. A. Bänsch (1993), S. 99; W. Kroeber-Riel/ P. Weinberg (1996), S. 429. Einflußprozesse in Familien sind als wechselseitig anzusehen, auch die Eltern beeinflussen das Kaufverhalten von Jugendlichen; vgl. dazu auch W. Hubel (1986), S. 35-37. D.h. auch die Umsätze des Unternehmens mit den Jugendlichen (vgl. **Abschnitt 2.3.2.1**) unterliegen teilweise dem Einfluß der Eltern und auch andere Personen aus dem nahen und weiten sozialen Umfeld üben Einflüsse aus. Diese Einflüsse, die von anderen Kundengruppen auf Jugendliche ausgehen, werden allerdings nicht in der Breite diskutiert wie die Einflüsse, die von Jugendlichen auf andere Kundengruppen ausgehen.

[214] Vgl. zu diesen Mermalen K. M. Ekström (1995), S. 23; L. Thomas (1983), S. 121; L. A. Vaskovics et al. (1992), S. 395.

Kernfamilie[215] dominiert in Deutschland wie in den meisten Industrieländern.[216] In der Hälfte der Familienhaushalte mit Kindern lebt zudem nur ein Kind.[217] Aus diesen Gründen kommt dem Einfluß auf die Eltern die größte praktische Relevanz zu; ferner ist aufgrund des größeren Kaufkraftpotentials, also aus rein quantitativen Überlegungen, der Einfluß auf Erwachsene bzw. Eltern von größerer praktischer Bedeutung als bspw. der auf jüngere Geschwister. Der Einfluß von Jugendlichen auf Geschwister und Großeltern sowie andere Familienmitglieder wird somit in der Arbeit nicht weiter vertieft, ist aber im Einzelfall ebenfalls zu berücksichtigen.[218]

Die folgende Abbildung veranschaulicht zusammenfassend die möglichen vom Jugendmarkt ausgehenden Einflüsse sowie die in der Arbeit herausgegriffenen Einflüsse, die in der Abbildung durch Fettdruck hervorgehoben sind. Im Vordergrund der Analyse der vorliegenden Arbeit stehen die potentiellen Auswirkungen einer Schaffung von Markenpräferenzen bei jugendlichen Kunden auf die Unternehmensumsätze im Erwachsenenmarkt in interpersoneller (**Kapitel 4**) und in intertemporaler Hinsicht (**Kapitel 5**).

---

215 Die Kernfamilie wird dabei aufgefaßt als zwei oder mehr Personen, die durch Abstammung, Heirat oder Adoption miteinander verbunden sind und gemeinsam in einem Haushalt leben und die sich zusammensetzt aus Vater, Mutter und Kind(ern) bzw. einem Elternteil und Kind(ern) (eingeschränkte Kernfamilie), die gemeinsam in einem Haushalt leben; vgl. S.-H. Kang (1989), S. 261; R. Bauereiß et al. (1997), S. 17; B. Hamann (1988), S. 19 f. Bei letzteren werden auch Ehepaare ohne Kinder in den Begriff der Kernfamilie eingeschlossen. In dem Begriff der Kernfamilie werden soziale Einheit (Familie) und Wohneinheit (Haushalt) verbunden; zu verschiedenen Familienbegriffen und der Abgrenzung von Familie und Haushalt vgl. auch B. Fegebank (1997), S. 167 ff.

216 Vgl. z.B. E. Kirner/ J. Schwarze (1996), S. 192. Die Mehrzahl der Kinder unter 16 Jahre wächst in Deutschland in Zwei-Generationen-Haushalten auf; vgl. ebd. Haushalte, die drei und mehr Generationen umfassen (Mehr-Generationen-Haushalte), stellten 1994 nur einen Anteil von 1,1% der privaten Haushalte; vgl. R. Bauereiß et al. (1997), S. 14. Vgl. auch L. Böhnisch/ K. Lenz (1997), S. 28, zur Dominanz der Kernfamilie.

217 In 50,3% der Familien mit Kindern unter 18 Jahren lebte 1995 in der BRD nur ein Kind; in 37,8% der Familien lebten zwei Kinder und in 11,8% der Familien lebten drei und mehr Kinder; vgl. Statistisches Bundesamt (1997c), S. 100. Wird im folgenden von Familien gesprochen, so sind Kernfamilien gemeint.

218 Die theoretischen Überlegungen, die in der Arbeit für den Einfluß von Jugendlichen innerhalb persönlicher Beziehungen auf die Eltern vorgestellt werden, sind grundsätzlich auch auf andere Erwachsene, sowie auf jüngere Geschwister und andere Kinder übertragbar.

Abb. 2-8: Übersicht über die vom Jugendmarkt ausgehenden Einflüsse in interpersoneller und intertemporaler Hinsicht

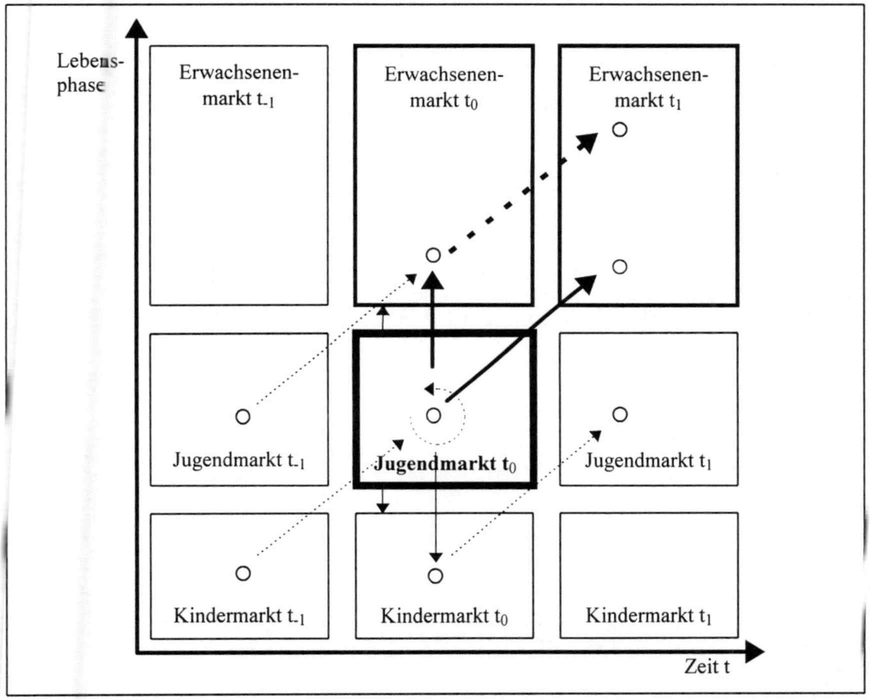

3 Direkte Umsatzpotentiale im Jugendmarkt: Jugendliche als aktuelle Käufer

Wie in **Abschnitt 2.3** dargelegt, kann ein Unternehmen mit der Bearbeitung des Jugendmarktes zunächst gegenwärtige direkte Umsatzziele verfolgen: Es strebt dann die Gewinnung von Jugendlichen als aktuelle Käufer und die Erzielung gegenwärtiger Umsätze mit den Jugendlichen selbst an. Im folgenden werden Ausmaß und Zusammensetzung der direkten Umsatzpotentiale jugendlicher Kunden sowie deren Determinanten einer näheren Analyse unterzogen, um zu einer Einschätzung der Bedeutung von Jugendlichen als aktuelle Käufer zu gelangen. Dabei steht nicht der einzelne jugendliche Kunde im Vordergrund, sondern es wird die Gruppe der Jugendlichen, der Jugendmarkt insgesamt, betrachtet.[219] Ferner werden zunächst nur die grundsätzlich bestehenden Umsatzmöglichkeiten anbietender Unternehmen im Jugendmarkt betrachtet, nicht jedoch die Maßnahmen und Aufwendungen, die ein Unternehmen vornehmen muß, um die Kaufkraft der Jugendlichen auf die von ihm angebotenen Produkte zu lenken.[220]

3.1 Determinanten des gegenwärtigen direkten Umsatzpotentials

Das **gegenwärtige direkte Umsatzpotential** jugendlicher Kunden **umfaßt die potentiellen Umsätze, die ein Unternehmen mit den jugendlichen Kunden selbst erzielen kann.**[221] Diesem Umsatzpotential liegen die finanziellen Mittel zugrunde, über die die Jugendlichen selbst verfügen und über deren Verwendung sie weitgehend unabhängig von ihren Eltern entscheiden können. Nicht im direkten Umsatzpotential enthalten sind Umsätze, die darauf zurückgehen, daß Jugendliche im Auftrag ihrer Eltern Einkäufe lediglich ausführen,[222] sowie Umsätze, die auf unmittelbar aus den Mitteln der Eltern finanzierte Käufe zurückgehen.[223]

---

219 Wie in **Abschnitt 2.2.6** ausgeführt, wird die Gruppe der jugendlichen Kunden nach abstrakten lebensphasenspezifischen Kriterien von anderen Kundengruppen abgegrenzt. Sobald ein einzelner Kunde diese Kriterien nicht mehr erfüllt, wird er nicht mehr zur Gruppe der jugendlichen Kunden gezählt. Im folgenden wird zur Verwendung von empirischem Sekundärmaterial auf die ersatzweise Abgrenzung der Jugend nach dem kalendarischen Alter (12 bis 24 Jahre) zurückgegriffen, so daß sich die ausgewiesenen Zahlen nicht vollständig mit dem Jugendbegriff der vorliegenden Arbeit decken.

220 Die Handlungsoptionen des unternehmerischen Jugendmarketing werden in **Kapitel 6** vertieft.

221 Der Zusatz „gegenwärtig" bezieht sich auf periodenbezogene Umsätze, die mit einem Kunden getätigt werden, solange er sich noch in der Jugendphase befindet. Aspekte der periodenübergreifenden Kundenbindung, auch über die Jugendphase hinaus, werden in diesem Umsatzpotential nicht berücksichtigt, sondern gehen in das zukünftige Umsatzpotential jugendlicher Kunden ein, das Gegenstand von **Kapitel 5** ist. Im folgenden wird verkürzend der Begriff des direkten Umsatzpotentials verwendet.

222 Ein Beispiel sind Umsätze eines Unternehmens, die darauf zurückgehen, daß ein Jugendlicher mit einem detaillierten Einkaufszettel und Geld ausgestattet wird, um Lebensmitteleinkäufe für die Familie zu tätigen.

223 Die Trennung zwischen dem Einkommen der Eltern und dem der Jugendlichen wird anhand der Verfügungsgewalt über die Mittel vollzogen: Das Taschengeld der Jugendlichen stammt zwar letztlich auch aus dem Einkommen der Eltern; da sie jedoch die Verfügungsgewalt über die betreffenden Mittel an die Jugendlichen abtreten, werden sie zum Einkommen der Jugendlichen gezählt. Käufe, die unmittelbar von den Mitteln der

Ob sich die Verfolgung direkter Umsatzziele im Jugendmarkt aus Unternehmenssicht lohnt, hängt entscheidend von dem Ausmaß des gegenwärtigen direkten Umsatzpotentials ab.[224] Dieses wird bestimmt von verschiedenen Determinanten. Zunächst bestimmt die **Kaufkraft** von Jugendlichen deren Konsummöglichkeiten und damit auch die generellen Umsatzmöglichkeiten von Unternehmen im Jugendmarkt. Diese setzt sich wiederum zusammen aus der Summe der Einkommen der Jugendlichen, näherungsweise ermittelbar als Produkt aus der Anzahl der Jugendlichen und ihrem durchschnittlichen Einkommen. Um zu einer Einschätzung des Ausmaßes des gegenwärtigen direkten Umsatzpotentials zu gelangen, sind also zunächst Anzahl und Einkommen von Jugendlichen heranzuziehen.[225]

Für das anbietende Unternehmen stellt sich jedoch die Frage, für welche Kaufobjekte die Einkommen der Jugendlichen ausgegeben werden, wie hoch also die produktspezifischen Umsatzpotentiale sind. Maßgebliche Determinante der produktbezogenen Umsatzmöglichkeiten sind die **Kaufbedürfnisse** von Jugendlichen, die ihre Ausgaben auf bestimmte Kaufobjekte lenken.[226] Voraussetzung dafür, daß bei den Ausgaben der Jugendlichen die Kaufbedürfnisse der Jugendlichen zum Tragen kommen, ist allerdings, daß sie über die Verwendung ihres Einkommens selbst bestimmen können. Die Kaufbedürfnisse können sich auf verschiedene Eigenschaften eines Produktes beziehen, wie z.B. die Zugehörigkeit zu einem bestimmten Produktbereich, den Neuigkeitsgrad oder die Markierung. Aus den Kaufbedürfnissen können also Einschätzungen der Umsatzmöglichkeiten im Jugendmarkt für bestimmte Produktarten, für Innovationen und für markierte Produkte abgeleitet werden.

Eine andere Möglichkeit der Einschätzung der produktspezifischen Umsatzpotentiale im Jugendmarkt besteht darin, die **Struktur der bisherigen Ausgaben** der Jugendlichen sowie die **Struktur ihres Konsumgüterbesitzes**, in dem sich die bisherigen Ausgaben für langlebige Gebrauchsgüter niederschlagen, heranzuziehen.[227]

Eltern getätigt werden, zählen hingegen nicht zum direkten, sondern zum indirekten Umsatzpotential, das Gegenstand des **vierten Kapitels** ist.

224 Von den Kosten der Bearbeitung sowie den Unternehmensressourcen und Konkurrenzbedingungen als weitere Determinanten der Entscheidung über die Bearbeitung eines Marktes wird zunächst abstrahiert.

225 Ähnlich dem Marktpotential als maximale Aufnahmefähigkeit eines Marktes für eine bestimmte Güterart in einer Periode, wenn alle denkbaren Käufer über das erforderliche Einkommen verfügen würden und ein Kaufbedürfnis entwickelt hätten – vgl. dazu W. Hill/ I. Rieser (1993), S. 113; H. Meffert (1998), S. 165 – kann auf der Aggregationsebene aller Güter des privaten Verbrauchs das Potential des Jugendmarktes durch die Summe der Einkommen der Jugendlichen geschätzt werden.

226 Die Motivation zum Kauf eines Produktes kommt dadurch zustande, daß das Produkt als geeignetes Mittel wahrgenommen wird, um angenehme Gefühle zu verwirklichen und bestimmte Bedürfnisse zu befriedigen; zugrundegelegt wird dabei eine kognitive Sicht der Motivation, die im wesentlichen dem Einstellungsbegriff der „means-end-analysis“ entspricht; vgl. auch W. Kroeber-Riel/ P. Weinberg (1996), S. 144.

227 Dabei ist allerdings zu berücksichtigen, daß sich im Gebrauchsgüterbesitz der Jugendlichen auch die Ausgaben der Eltern oder anderer Verwandter für den Bedarf der Jugendlichen niederschlagen.

Diese Determinanten und Indikatoren werden im folgenden einer näheren Betrachtung unterzogen, um zu einer Einschätzung der Bedeutung jugendlicher Kunden aufgrund gegenwärtiger direkter Umsatzpotentiale zu gelangen.

3.2 Kaufkraft von Jugendlichen und ihre Determinanten: Stand und Entwicklungstendenzen

Die aggregierte Kaufkraft von Jugendlichen – näherungsweise ermittelbar aus der Anzahl der Jugendlichen und ihrem durchschnittlichen Einkommen – stellt ein Maß für die produktunspezifischen Umsatzmöglichkeiten aller anbietenden Unternehmen im Jugendmarkt dar.

3.2.1 Anzahl der potentiellen jugendlichen Käufer

Einen ersten Anhaltspunkt bei der Bestimmung der Bedeutung einer Kundengruppe bietet die Anzahl der potentiellen Kunden. Die **Anzahl der Jugendlichen** (12- bis 24jährige) beläuft sich in Deutschland **Ende 1996** im gesamten Bundesgebiet auf **11,8 Mio**. Die 12- bis 24jährigen stellen damit einen Anteil von **14,3%** an der Gesamtbevölkerung.[228]

Abb. 3-1: Bisherige und prognostizierte* Entwicklung der Anzahl der 12- bis 24jährigen in der Bundesrepublik Deutschland seit 1955*****

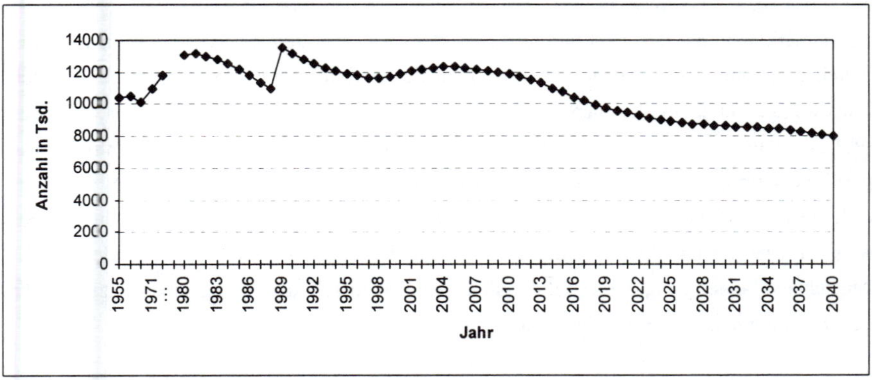

* Zahlen ab dem Jahr 1997 nach der Modellrechnung zur Bevölkerungsentwicklung in der BRD; Basis 01.01.1994; Variante I A.

** Zahlen beziehen sich bis 1989 auf das alte Bundesgebiet, ab 1989 beinhalten sie das alte und das neue Bundesgebiet.

*** Stand bis 1996 jeweils Jahresende; ab 1997 jeweils Jahresbeginn; dabei ist zu berücksichtigen, daß die Angaben vor 1980 in 5-Jahres-Schritten und die Angaben nach 1980 in 1-Jahres-Schritten gemacht sind.

Quelle: in Anlehnung an Statistisches Bundesamt (1957, 1962, 1967, 1973, 1977, 1982-1998).

[228] Vgl. dazu **Tab. 3-1 im Anhang**.

Abb. 3-2: Bisherige und prognostizierte* Entwicklung des Anteils der 12- bis 24jährigen an der Gesamtbevölkerung in der Bundesrepublik Deutschland seit 1955*****

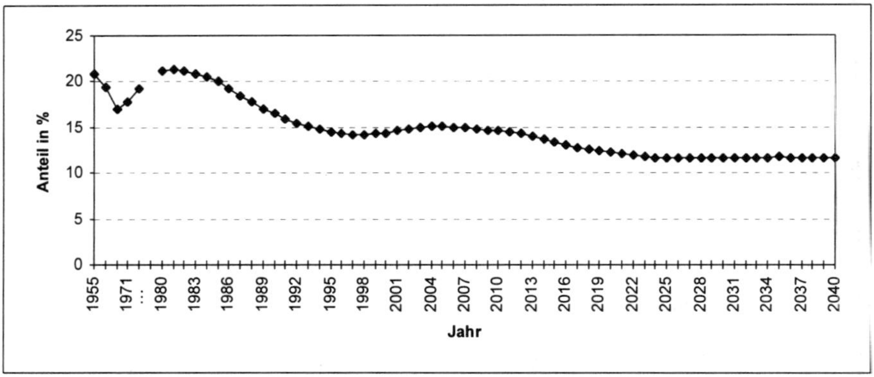

* Zahlen ab dem Jahr 1997 nach der Modellrechnung zur Bevölkerungsentwicklung in der BRD; Basis 01.01.1994; Variante I A.

** Zahlen beziehen sich bis 1989 auf das alte Bundesgebiet, ab 1989 beinhalten sie das alte und das neue Bundesgebiet.

*** Stand bis 1996 jeweils Jahresende; ab 1997 jeweils Jahresbeginn; dabei ist zu berücksichtigen, daß die Angaben vor 1980 in 5-Jahres-Schritten und die Angaben nach 1980 in 1-Jahres-Schritten gemacht sind.

Quelle: in Anlehnung an Statistisches Bundesamt (1957, 1962, 1967, 1973, 1977, 1982-1998).

Wie aus **Tab. 3-1 im Anhang** und **Abb. 3-1** ersichtlich wird, hat die zahlenmäßige Größe des Jugendmarktes **von 1965 bis 1980 zunächst stetig zu-** aber **seit den 80er Jahren kontinuierlich abgenommen**. Zwar hat auch die Zahl der Gesamtbevölkerung abgenommen, allerdings weniger stark, so daß auch der Anteil der Jugendlichen an der Gesamtbevölkerung seit 1981 stetig abgenommen hat (vgl. **Abb. 3-2**). Der **sprunghafte Anstieg der Anzahl der Jugendlichen im Jahr 1989** ist auf die **deutsche Vereinigung** zurückzuführen: Ab 1989 sind auch die Jugendlichen in den neuen Bundesländern in den Angaben enthalten.[229] Diese haben zwar zu einem einmaligen Anstieg der Anzahl der Jugendlichen in der Bundesrepublik Deutschland beigetragen; der Trend der abnehmenden Anzahl der Jugendlichen setzt sich nun jedoch lediglich auf höherem Niveau fort.

Wird zur **Prognose** der Größe des Jugendmarktes die – derzeit als am wahrscheinlichsten angesehene – Variante I A[230] der 1995 unter dem Vorsitz des Bundesministeriums des Inneren

[229] Werden nur die alten Bundesländer berücksichtigt, so zeigt sich eine kontinuierliche Abnahme der Anzahl der Jugendlichen, vgl. Statistisches Bundesamt (1991-1997).

[230] Bei Bevölkerungsprognosen wird i.d.R. nach der Komponentenmethode vorgegangen; vgl. dazu P. Pflaumer (1988), S. 35. Dabei werden zunächst Annahmen über die Entwicklungen der einzelnen Komponenten der Bevölkerungsentwicklung (Geburtenhäufigkeit, Sterblichkeit und Wanderungsbewegungen) getroffen. Ausgehend von einer Basisbevölkerung wird dann der Bevölkerungsstand anhand dieser Annahmen über die

erarbeiteten und vom Statistischen Bundesamt durchgeführten Modellrechnung zur Bevölkerungsentwicklung in der BRD bis zum Jahr 2040 herangezogen, so wird zwischen 1998 und 2005 mit einem Anstieg sowohl der Anzahl als auch des Anteils der 12- bis 24jährigen gerechnet. Nach dem Jahr 2005 setzt sich dann allerdings der langfristige Trend der sinkenden Anzahl und des sinkenden Anteils von Jugendlichen weiter fort.[231] Die langfristig sinkende Anzahl ist dabei im wesentlichen auf rückläufige Geburtenzahlen zurückzuführen, die bei konstanten Geburtenhäufigkeiten durch die schwächere Besetzung der Elterngenerationen bedingt sind.[232] Zwar sinkt auch die Gesamtzahl der Bevölkerung – je nach Annahmen über die Zuwanderung ab den Jahren 2000 bis 2005 – allerdings weniger stark als die Anzahl der Jugendlichen, so daß voraussichtlich auch der Anteil der Jugendlichen an der Gesamtbevölkerung weiter sinkt. So nehmen Gesamtzahl und Anteil der Jugendlichen nach 2005 deutlich ab; die Anzahl bzw. der Anteil der 12- bis 24jährigen sinkt von 11,8 Mio. bzw. 14,6% im Jahr 2010 bis auf 8 Mio. bzw. 11,6% im Jahr 2040.[233]

Betrachtet man nur die Anzahl der potentiellen Käufer, handelt es sich bei dem **Jugendmarkt** in Deutschland demnach um einen **bis zum Jahr 2005 zunächst wachsenden**, danach aber **langfristig schrumpfenden Markt**.

Dabei handelt es sich um eine langfristig rückläufige Tendenz, die **auch in anderen europäischen Ländern** erwartet wird. Die prognostizierte Entwicklung der Anzahl der 15- bis 24jährigen in einigen größeren europäischen Ländern zeigt die folgende **Abb. 3-3**. In den Niederlanden und Frankreich wird die Entwicklung der Anzahl der 15- bis 24jährigen von 1996 bis zum Jahre 2020 als relativ stabil prognostiziert mit leichten Rückgangstendenzen in Frankreich. In Großbritannien zeichnet sich ähnlich wie in Deutschland zunächst eine Zunahme der Anzahl der Jugendlichen im ersten Jahrzehnt des neuen Jahrtausends mit einem

---

Komponenten von Jahr zu Jahr fortgeschrieben. Bei der Prognose des Bundesinnenministeriums werden verschiedene Varianten für die Geburtenhäufigkeiten und Wanderungsbewegungen durchgespielt: Die Variante I geht bspw. davon aus, daß die Geburtenhäufigkeit im früheren Bundesgebiet auf dem bisherigen Niveau stagniert (Nettoreproduktionsziffer von 0,62), während sie in den neuen Ländern und Berlin-Ost vom Ausgangswert von 0,39 bis 2005 ansteigt und dann ebenfalls stagniert und sich damit an die Verhältnisse im früheren Bundesgebiet annähert. Die Variante A unterstellt einen jährlichen Wanderungsgewinn von 100 000; vgl. Statistisches Bundesamt (1995b), o.S.

231 Vgl. dazu **Tab. 3-1 im Anhang** sowie zur graphischen Veranschaulichung die **Abb. 3-1** und **Abb. 3-2**.

232 Vgl. B. Sommer (1994), S. 500.

233 Vgl. **Tab. 3-1 im Anhang**. Zu sehr ähnlichen Ergebnissen kommt auch die achte koordinierte Bevölkerungsvorausschätzung des Statistischen Bundesamtes auf der Basis vom 31.12.1992: So nehmen in der Variante 1, die eine jährliche Abnahme der Wanderungssalden auf 100 000 unterstellt, Anzahl und Anteil der 10- bis 24jährigen ab den Jahren 2000/2005 kontinuierlich ab (von gut 14 Mio. bzw. 17% im Jahre 2005 bis auf gut 9 Mio. bzw. 13,7% im Jahre 2040); vgl. Statistisches Bundesamt (1994b) sowie B. Sommer (1994), S. 497 ff. Langfristig wird in allen Varianten der achten Bevölkerungsvorausberechnung, die von konstanten Geburtenhäufigkeiten ausgeht, die Zahl der unter 20jährigen ständig abnehmen, während bei den Senioren bis zum Jahr 2031 stets Zunahmen und erst danach Abnahmen zu verzeichnen sind, so daß die Senioren im Jahr 2040 etwa doppelt so stark vertreten sein werden; vgl. B. Sommer (1994), S. 500.

anschließenden Rückgang – allerdings schwächer als in Deutschland – ab. Die Anzahl der Jugendlichen in Spanien und Italien weist sogar deutliche, kontinuierliche Rückgangstendenzen auf.

Abb. 3-3: Anzahl der 15- bis 24jährigen in verschiedenen europäischen Ländern*

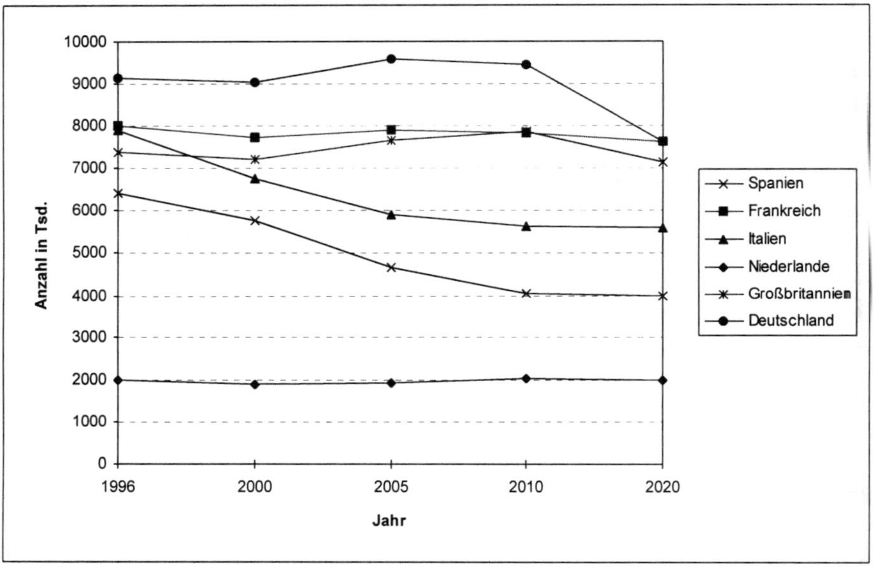

* Stand jeweils zu Beginn des Jahres; nationale Prognosen

Quelle: in Anlehnung an Eurostat (1997), S. 28 f. u. 210-213.

3.2.2 Einkommen von Jugendlichen

Die direkten Umsatzmöglichkeiten von Unternehmen im Jugendmarkt werden maßgeblich bestimmt von den finanziellen Mitteln, über die die Jugendlichen selbst verfügen und die ihre eigenständigen Konsummöglichkeiten begrenzen. Drei Entwicklungen haben dazu beigetragen, daß das direkte Umsatzpotential im Jugendmarkt in der Vergangenheit gestiegen ist und Jugendliche als eigenständige Käufergruppe zunehmend in das Interesse von Unternehmen gerückt sind. Erstens verfügen Jugendliche bereits in jungem Alter über zunehmend höhere Beträge. Zweitens wird über die Verwendung dieser höheren Beträge auch zunehmend selbst von den Jugendlichen entschieden, so daß die Bedürfnisse und Präferenzen der Jugendlichen die Verwendung ihrer finanziellen Mittel bestimmen (dieser Aspekt wird in **Abschnitt 3.3.1** vertieft). Drittens hat sich die Jugendphase aufgrund von Akzelerations- und Ausbildungsverlängerungstendenzen zeitlich ausgedehnt, so daß sie eine weitere Altersspanne umfaßt.[234] Innerhalb relativ kurzer Zeit haben sich Jugendliche deshalb aufgrund ihres zunehmenden Umsatzpotentials von einer relativ unbedeutenden zu einer zunehmend interessanten Kundengruppe entwickelt.

In eine Abschätzung der Umsatzmöglichkeiten im Jugendmarkt sind verschiedene Arten von finanziellen Mitteln einzubeziehen. Eine erste wichtige Größe stellen die **laufenden monatlichen oder jährlichen Einkommen** von Jugendlichen dar. Es ergibt sich die Kaufkraft als die Summe der laufenden finanziellen Mittel, die den Jugendlichen je Zeiteinheit zur Verfügung stehen. Eine zweite wichtige Größe stellt das **verfügbare Einkommen** von Jugendlichen dar. Aus der Sicht anbietender Unternehmen interessiert v.a. der Teil des Einkommens, der frei verfügbar ist und über dessen Verwendung die Jugendlichen frei nach ihren jeweiligen Bedürfnissen entscheiden können, während die Verwendung der Einkommensteile, die in festen Ausgaben gebunden sind, nur unwesentlich beeinflußt werden kann. In einer erweiterten Betrachtung können zusätzlich zu den laufenden Einkommen die **kumulierten Ersparnisse** als Bestandsgröße einbezogen werden. Insbesondere für die Abschätzung von Umsatzpotentialen für Hersteller von höherwertigen Gebrauchsgütern kann die Höhe der Ersparnisse von Jugendlichen von Bedeutung sein. Im folgenden wird die Höhe dieser drei Einkommens- bzw. Vermögensgrößen bei Jugendlichen näher betrachtet, wobei die laufenden jährlichen Einkommen von Jugendlichen im Vordergrund stehen.

Bei einer Ermittlung der **laufenden monatlichen bzw. jährlichen Einkommen** von Jugendlichen sind **verschiedene Einkommensquellen** zu berücksichtigen. Wichtige Einkommensquellen sind das regelmäßige Taschengeld und zusätzliche unregelmäßige Geldzuwendungen und -geschenke von Eltern, Großeltern sowie weiteren Verwandten oder von außerhalb der Familie, die eigene Erwerbstätigkeit (z.B. auch Aushilfstätigkeiten, Ferienjobs) sowie finanzielle Unterstützung durch den Staat (z.B. Bafög, Stipendien, Arbeitslosengeld, Sozialhilfe).[235] Es ist für Jugendliche – egal welchen Alters – typisch, ihr Geld nicht nur aus einer Einkommensquelle, sondern aus verschiedenen Einkommensquellen gleichzeitig zu beziehen.[236] Bereits jüngere Jugendliche beziehen ihr Einkommen nicht nur aus ihrer Haupteinkommensquelle, i.d.R. dem regelmäßigen Taschengeld, sondern erhalten auch Geldgeschenke

---

[234] Vgl. dazu die Ausführungen in **Abschnitt 2.2**.
[235] Vgl. L. A. Vaskovics/ N. F. Schneider (1989), S. 403 f.; E. Lange (1991), S. 38; Gruner & Jahr (1983), S. 3. Vgl. auch Institut für Jugendforschung (1986), S. 57 f.; IP Multimedia (1995), S. 7 f.
[236] Vgl. E. Lange (1991), S. 38; L. A. Vaskovics et al. (1992), S. 397; A. Fischer (1992), S. 213; L. A. Vaskovics/ N. F. Schneider (1989), S. 404.

und Geldzuwendungen[237] und verdienen sich bereits selbst etwas durch kleinere Nebentätigkeiten[238] oder Ferienjobs dazu; und auch ältere Jugendliche beziehen ihre Einkommen nicht nur aus ihrer überwiegenden Haupteinkommensquelle, der eigenen Erwerbstätigkeit, sondern werden häufig ebenfalls noch von den Eltern unterstützt.[239] Ferner besteht auch für Jugendliche die Möglichkeit, Kredite aufzunehmen; nach einer 1996 durchgeführten Erhebung von Lange gaben 17% der 15- bis 20jährigen an, Schulden zu haben.[240] Bei Kaufkraftermittlungen ist demnach Sorge zu tragen, daß die Einkommen aus allen diesen Quellen erfaßt sind; reine Taschengeldbetrachtungen können die finanzielle Situation selbst der jüngeren Jugendlichen nicht adäquat widerspiegeln.[241]

Nach einer Erhebung und Hochrechnung des Instituts für Jugendforschung (IJF) von Ende **November 1995** beläuft sich die **aggregierte Kaufkraft als Summe der laufenden jährlichen Einkommen[242] von 12- bis 24jährigen** in der Bundesrepublik Deutschland auf **108,6 Mrd. DM** (vgl. **Tab. 3-2 im Anhang**).[243] Betrachtet man nur die 12- bis 20jährigen, so beläuft sich die Summe der jährlichen Einkommen lediglich auf 37,1 Mrd. DM; in der Gruppe der 15- bis 20jährigen beläuft sie sich auf 34,3 Mrd. DM.[244] Hier zeigt sich, wie stark die Summe der jährlichen Einkommen von der einbezogenen Altersgruppe abhängt, da die individuellen Einkommen stark positiv mit dem Alter der Jugendlichen korrelieren.[245]

Betrachtet man die **frei verfügbaren Einkommen** der Jugendlichen – dies sind die sog. diskretionären Einkommensanteile, die nach Abzug fester finanzieller Verpflichtungen bzw. von Ausgaben für die Befriedigung von Grundbedürfnissen, d.h. für Wohnung, Nahrungsmittel und z.T. für Kleidung verbleiben –[246] so ist festzustellen, daß v.a. die jüngeren Jugendlichen,

---

237 Gerade bei jüngeren Jugendlichen fallen zusätzliche Geldzuwendungen und unregelmäßige Geldgeschenke stark ins Gewicht, vgl. Institut für Jugendforschung (1986), S. 59; Institut für Jugendforschung (1995a), o.S.

238 In allen Altersstufen ergänzen die Jugendlichen ihr Taschengeld durch eigene Erwerbstätigkeit; vgl. J. Zinnecker/ A. Fischer (1992), S. 254; E. Lange (1991), S. 38 und E. Lange (1997), S. 52.

239 Ungefähr bis zum Alter von 17 bzw. 18 Jahren sind für den Großteil der Jugendlichen die Zuwendungen der Eltern als die wichtigste Einkommensquelle anzusehen, während bei dem Großteil der über 18jährigen eigenen Einkommensquellen die höchste Bedeutung zukommt; vgl. L. A. Vaskovics et al. (1992), S. 397 sowie J. Zinnecker/ A. Fischer (1992), S. 252 f. Aber auch bei den über 18jährigen werden die Zuwendungen der Eltern gleich an zweiter Stelle genannt; vgl. L. A. Vaskovics et al. (1992), S. 397.

240 Vgl. E. Lange (1997), S. 59.

241 Dieser Sachverhalt wird oft vernachlässigt; vgl. L. A. Vaskovics/ N. F. Schneider (1989), S. 404.

242 Die aggregierte Kaufkraft als Summe der jährlichen Einkommen läßt sich näherungsweise berechnen, indem die durchschnittlichen monatlichen Einkommen der Jugendlichen in verschiedenen Altersgruppen mit der Anzahl der Jugendlichen in der jeweiligen Altersgruppe multipliziert und auf das Jahr hochgerechnet werden; vgl. E. Lange (1997), S. 50 f.

243 Vgl. Institut für Jugendforschung (1995a), o.S.

244 Eine Erhebung von Lange aus dem Jahr 1996 kommt für die Summe der jährlichen Einkommen der 15- bis 20jährigen mit 23,6 Mrd. DM zu einem vergleichbaren Ergebnis; vgl. E. Lange (1997), S. 51.

245 Vgl. auch E. Lange (1997), S. 48; Institut für Jugendforschung (1986), S. 59.

246 Vgl. D. L. Loudon/ A. J. Della Bitta (1993), S. 150; E. Lange (1997), S. 49. Lange stellt in seiner Studie auf den Abzug der Ausgaben für Nahrung, Kleidung und Wohnung ab. Andere Autoren wie z.B. Loudon/ Della

die i.d.R. noch bei ihren Eltern wohnen, nur geringe feste finanzielle Verpflichtungen wie z.B. Miet- und Versicherungszahlungen und Lebensmittelkäufe haben[247] und ihnen deshalb ein hoher Anteil ihres Einkommens zur freien Verfügung steht.[248] Nach der Studie des IJF ergibt sich für die 12- bis 24jährigen eine Summe von 36,8 Mrd. DM, die ihnen für Freizeit und Hobbys jährlich zur freien Verfügung steht (vgl. **Tab. 3-2 im Anhang**).[249]

Sollen nicht nur die laufenden jährlichen Einkommen, sondern die gesamten, den Jugendlichen zu einem bestimmten Zeitpunkt zur Verfügung stehenden finanziellen Mittel abgeschätzt werden, so sind auch die (in der Vergangenheit kumulierten) **Ersparnisse der Jugendlichen** einzubeziehen.[250] Die Erhebungen des IJF weisen darauf hin, daß Jugendliche z.T. über erhebliche kumulierte Ersparnisse verfügen und daß sich gegenüber früheren Jahren die Beträge deutlich erhöht haben (14,9 Mrd. bei den 12- bis 20jährigen im Jahr 1990 gegenüber 6,2 Mrd. DM bei den 12- bis 21jährigen im Jahr 1986).[251] Ein Drittel aller Jugendlichen spart allerdings – auch nach der Erhebung von Lange im Jahr 1996 – überhaupt nichts, sondern gibt das laufende Einkommen voll für Konsumzwecke aus.[252] Im Durchschnitt werden 18% des Einkommens gespart; die Sparquote der 15- bis 20jährigen liegt damit leicht über der der Bevölkerung insgesamt.[253]

Ein Blick in die **Vergangenheit** zeigt, daß nicht nur die Ersparnisse, sondern auch die **monatlichen bzw. jährlichen Durchschnittseinkommen** der Jugendlichen in einzelnen

---

Bitta sprechen nur von (festen) finanziellen Verpflichtungen wie z.B. Mieten und Versicherungen. Die stark modeabhängigen Kleidungskäufe der Jugendlichen sind zu einem Großteil nicht mehr als Grundbedürfnisse anzusehen. Steuer- und Sozialversicherungsbeitragszahlungen sind bei Nettoeinkommen bzw. verfügbaren Einkommen bereits abgezogen; vgl. Statistisches Bundesamt (1997c), S. 13 f.; E. Kirner/ J. Schwarze (1996), S. 194.

247 Vgl. D. L. Loudon/ A. J. Della Bitta (1993), S. 150; BBE Unternehmensberatung GmbH (1994), S. 14; M. Körner (1987a), S 431. Ein kleiner Teil der Jugendlichen steuert einen Teil des selbstverdienten Einkommens zum Haushaltsgeld (Beteiligung an Miet- und Nahrungsmittelausgaben) bei; vgl. A. Fischer (1992), S. 214.

248 Die Untersuchung von Lange für das Jahr 1996 zeigt, daß bei den 15jährigen knapp 90% ihres Einkommens frei verfügbar sind, während dies bei den 20jährigen schon nur noch für gut die Hälfte ihres Einkommens gilt; vgl. E. Lange (1997), S. 50. Dabei wurde auch Kleidung zu den Grundbedürfnissen gezählt und die Ausgaben für Kleidung vom frei verfügbaren Einkommen abgezogen.

249 Gefragt wurde nach dem Geld, das den Jugendlichen für Freizeit und Hobbys frei zur Verfügung steht. Bei den 12- bis 14jährigen wurde davon ausgegangen, daß die Ausgaben für Grundbedürfnisse von den Eltern abgedeckt werden, so daß ihnen ihr Einkommen voll zur freien Verfügung steht.

250 Sofern bei Jugendlichen das Zwecksparen für größere Anschaffungen dominiert, können die in der Vergangenheit kumulierten Ersparnisse zur jährlichen Kaufkraft hinzugerechnet werden; vgl. B. Melzer-Lena (1995), S. 7. Bei dem laufenden monatlichen oder jährlichen Einkommen handelt es sich um eine Stromgröße. Dieses Einkommen kann für Konsumzwecke verausgabt oder aber gespart werden (Einkommensverwendung). Die Verwendung des laufenden Einkommen gerinnt somit z.T. in Bestandsgrößen: in den Ersparnissen und – die Verausgabung für langlebige Gebrauchsgüter – in dem Güterbesitz.

251 Vgl. **Tab. 3-2** und **Tab. 3-3 im Anhang**.

252 Vgl. E. Lange (1997), S. 55.

253 Vgl. E. Lange (1997), S. 55.

Statusgruppen (Schüler, Student, Auszubildender) sowie in einzelnen Altersgruppen im Zeitablauf gestiegen sind.[254] Aufgrund der rückläufigen Anzahl der Jugendlichen sowie aufgrund von Veränderungen in der Verteilung der Jugendlichen auf die verschiedenen Status- und Altersgruppen kann sich allerdings trotz dieses Anstiegs der durchschnittlichen Einkommen eine Stagnation oder gar ein Rückgang der **aggregierten Kaufkraft** der Jugendlichen ergeben. So zeigen zwar die Erhebungen des IJF im Vergleich der Jahre 1995 und 1986 einen Anstieg der **laufenden Einkommen** der Jugendlichen sowohl im Durchschnitt als auch in der Summe: Verfügten die 12- bis 21jährigen im Jahr 1986 nur über ein aggregiertes jährliches Gesamteinkommen von 24,4 Mrd. DM, so verfügen im Jahr 1995 bereits die 12- bis 20jährigen über ein Einkommen von 37,1 Mrd. DM (vgl. **Tab. 3-2** und **Tab. 3-3 im Anhang**).[255] Im Vergleich der Jahre 1996 und 1990 zeigt sich jedoch nach der Erhebung von Lange – trotz eines Anstiegs der durchschnittlichen Pro-Kopf-Einkommen sowohl in verschiedenen Altersgruppen als auch in verschiedenen Statusgruppen (Schüler, Student, Auszubildender) – ein Rückgang der aggregierten Kaufkraft der Jugendlichen.[256] Dieser wird auf die rückläufige Anzahl der Jugendlichen sowie die Veränderung der Zusammensetzung der Jugendlichen hinsichtlich ihres Status zurückgeführt.[257]

Die vorangegangenen Ausführungen haben bereits darauf hingewiesen, daß die Jugendlichen zwischen 12 und 24 Jahren bezüglich ihres Einkommens nicht als eine homogene Gruppe anzusehen sind, sondern daß es sinnvoll ist, die Höhe des durchschnittlichen Einkommens nach verschiedenen Merkmalen der Jugendlichen **differenziert** zu betrachten: So steigt das durchschnittliche Einkommen von Jugendlichen z.B. mit zunehmendem **Alter**,[258] und es ist maßgeblich auch vom **Status** des Jugendlichen (Schüler, Student, Auszubildender) abhängig.[259] Unterschiede in den Durchschnittseinkommen bestanden auch zwischen **West- und Ostdeutschland**,[260] allerdings erfolgte hier in der Vergangenheit offenbar eine schnelle An-

---

[254] Vgl. Institut für Jugendforschung (1986; 1995a); E. Lange (1997), S. 48.

[255] Trotz der Probleme der Vergleichbarkeit bei den einbezogenen Altersgruppen (Obergrenze von 20 Jahren in der Erhebung von 1995 bzw. 21 Jahren in der Erhebung von 1986) und den einbezogenen Einkommensquellen weisen die Ergebnisse auf einen starken Anstieg der Einkommen der Jugendlichen von 1995 gegenüber 1986 hin. Bei derartigen Vergleichen ist allerdings auch die Inflationsentwicklung zu berücksichtigen.

[256] Vgl. E. Lange (1997), S. 48-51. Nach vergleichbaren Erhebungen von Lange ergab sich für das Jahr 1990 in der Bundesrepublik Deutschland eine Summe der jährlichen Einkommen der 15- bis 20jährigen von 37,4 Mrd. DM, für das Jahr 1996 ergab sich eine Summe von 32,6 Mrd. DM; vgl. E. Lange (1997), S. 50 f.

[257] Vgl. E. Lange (1997), S. 51.

[258] Institut für Jugendforschung (1995a), o.S.; Institut für Jugendforschung (1986), S. 58 f.; L. A. Vaskovics et al. (1992), S. 401; A. Fischer (1992), S. 215.

[259] Vgl. E. Lange (1991), S. 36; E. Lange (1997), S. 48.

[260] Vgl. L. A. Vaskovics et al. (1992), S. 398 f. So bestanden 1992 z.B. sehr starke Unterschiede zwischen west- und ostdeutschen Jugendlichen: Die durchschnittlichen monatlichen Beträge je Altersgruppe lagen in den alten Bundesländern um 50% bis 80% höher als in den neuen Bundesländern. Vgl. auch J. Zinnecker/ A. Fischer (1992), S. 255 f.

gleichung.[261] Aufgrund der starken Streuung der individuellen Einkommen sind Einkommensdurchschnittswerte für die Gesamtheit der Jugendlichen und auch für einzelne Altersgruppen nur begrenzt aussagekräftig bzw. unter Berücksichtigung diverser Streuungsparameter zu interpretieren. Die Streuung der durchschnittlichen monatlichen Einkommen von 13- bis 24jährigen insgesamt und unterteilt in drei Altersgruppen zeigt die **Abb. 3-4**. Die Höhe der Summen, über die Jugendliche zwischen 13 und 24 Jahren monatlich verfügen, streute 1992 zwischen einem Bagatellbetrag von 5,- DM bis über 3000,- DM.[262] Aber auch innerhalb der Altersgruppen streuen die verfügbaren Einkommen immer noch sehr stark.

Abb. 3-4: Verteilung der 13- bis 24jährigen insgesamt sowie einzelner Altersgruppen auf Einkommensgrößenklassen im Jahr 1992

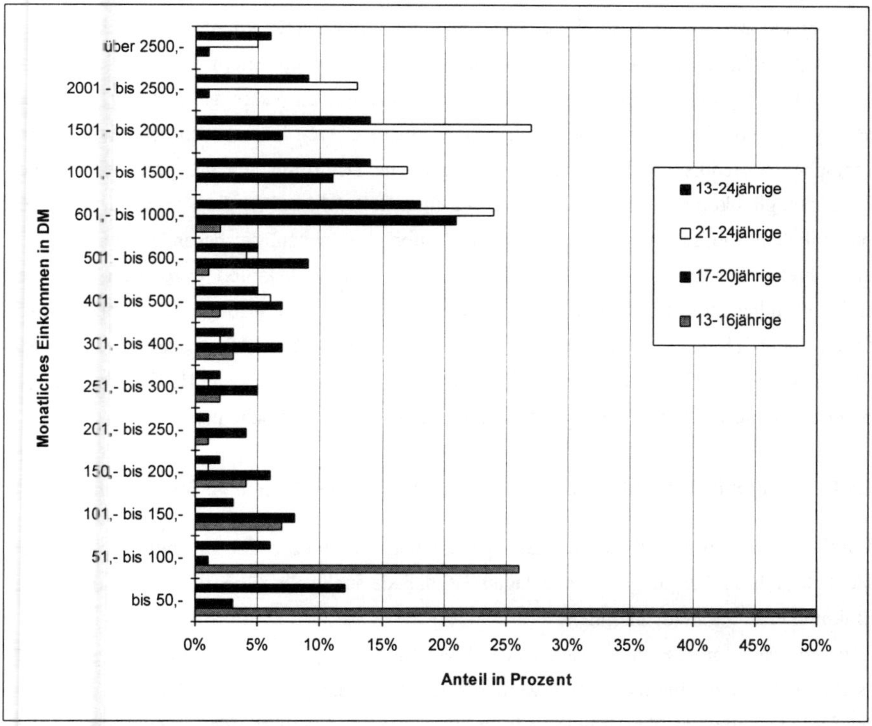

Quelle: in Anlehnung an A. Fischer (1992), S. 215.

261 Vgl. E. Lange (1997), S. 47f.; E. Lange (1991), S. 41 f.: Während 1990 die Durchschnittseinkommen der 15- bis 20jährigen in den neuen Bundesländern nur halb so hoch waren wie in den alten Bundesländern, hatte sich 1996 bereits eine Angleichung der Durchschnittseinkommen in Ost- und Westdeutschland vollzogen.

262 Vgl. L. A. Vaskovics et al. (1992), S. 398. Vgl. auch E. Lange (1991), S. 36 für das Jahr 1990.

Für die **zukünftige Entwicklung** der aggregierten Kaufkraft der Jugendlichen stellt sich die Frage, ob aufgrund der gesamtwirtschaftlichen Lage die Durchschnittseinkommen der Jugendlichen sinken und ob ein eventuelles Absinken durch den Anstieg der Anzahl der Jugendlichen kompensiert werden kann. Langfristig wird aufgrund des starken Absinkens der Anzahl der Jugendlichen in Deutschland nach dem Jahr 2005 mit einem Rückgang ihrer aggregierten Kaufkraft zu rechnen sein.

3.3 Kaufbedürfnisse von Jugendlichen als Determinanten der produktspezifischen Umsatzpotentiale

Aus der Sicht eines einzelnen Anbieters interessiert i.d.R. nicht nur die gesamte Kaufkraft der Jugendlichen, sondern für ihn ist der Teil ihres Einkommens ausschlaggebend, der für solche Kaufobjekte ausgegeben wird, die er selbst anbietet oder anbieten könnte (produktspezifische Umsatzpotentiale). Da Jugendliche, sofern sie noch bei ihren Eltern wohnen, kaum feste finanzielle Verpflichtungen haben und Grundbedürfnisse nach Nahrung, Kleidung, Wohnung häufig noch von den Eltern gedeckt werden, können sie ihren Konsum vornehmlich auf ihre persönlichen Bedürfnisse ausrichten.[263] Maßgebliche Determinanten der produktbezogenen Umsatzmöglichkeiten sind damit – neben den finanziellen Mitteln – die Kaufbedürfnisse von Jugendlichen, die ihre Ausgaben auf solche Kaufobjekte lenken, die besonders zur Befriedigung ihrer persönlichen Bedürfnisse geeignet erscheinen.[264] Diskutiert werden im folgenden einige grundlegende Bedürfnisse jugendlicher Konsumenten, die insofern als charakteristisch für die Jugendphase anzusehen sind, als sie in der Jugendphase entstehen oder eine besondere Akzentuierung erfahren. Zu prüfen ist dann, welche Produkte zur Befriedigung dieser Bedürfnisse aus der Sicht von Jugendlichen besonders geeignet erscheinen.

3.3.1 Autonomie der Einkommensverwendung von Jugendlichen als Voraussetzung

Voraussetzung dafür, daß sich die Bedürfnisse und Präferenzen der Jugendlichen auch tatsächlich in ihren Ausgaben niederschlagen, ist, daß sie auch selbst über die Verwendung ihres Einkommens entscheiden können.

Generelle Autonomisierungstendenzen der Jugendlichen zeigen sich auch im Konsumbereich, „sichtbar am Geld, über das verfügt werden kann und an der Selbstverständlichkeit, mit der es geschieht, sichtbar an den frühen selbständigen großen Anschaffungen, dem Selbstbestimmungsausmaß der Mode, in der Verfügbarkeit des Autos und der Selbstverständlichkeit des

[263] Vgl. M. Körner (1987a), S. 430 f.; D. L. Loudon/ A. J. Della Bitta (1993), S. 150; W. Kroeber-Riel/ P. Weinberg (1996), S. 442.

[264] Die zunehmende Verfügung der Jugendlichen über entsprechende finanzielle Mittel ermöglicht es ihnen, die Befriedigung ihrer persönlichen Bedürfnisse im Konsumbereich zu suchen und zu realisieren.

Unraubmachens".[265] Der Konsumbereich zählt zu den Bereichen, in denen Jugendliche heute relativ früh Selbständigkeit erlangen.[266] Über ihr Taschengeld können bereits die jüngeren Jugendlichen in hohem Maße frei verfügen; nur zu einem geringen Teil behalten sich die Eltern Mitspracherechte bei der Verwendung des Taschengeldes vor. So dürfen – den Ergebnissen der KVA 97 zufolge – bereits 87% der 12- bis 13jährigen ihr Taschengeld immer bzw. oft ganz selbständig ausgeben.[267] Kleidungskäufe dürfen hingegen nur 34% der 12- bis 13jährigen immer bzw. oft ohne ihre Eltern tätigen; allerdings dürfen sich 83% der 12- bis 13jährigen immer bzw. oft so kleiden, wie es ihnen gefällt.[268] Dies deutet darauf hin, daß die Eltern bei Kleidungskäufen zwar noch die Kontrolle behalten, daß aber trotzdem die jugendlichen Kinder in hohem Maße selbst über den Stil der für sie gekauften Kleidung bestimmen. Bei größeren Anschaffungen über 100 DM sind nur 10% der 12- bis 13jährigen immer bzw. oft ganz selbständig.[269] Mit zunehmendem Alter steigt die Selbständigkeit: so dürfen bereits 95% der 16- bis 17jährigen ihr Taschengeld immer bzw. oft ganz selbständig ausgeben, 83% der 16- bis 17jährigen dürfen immer bzw. oft alleine Kleidung einkaufen und auch bei Anschaffungen, die teurer sind als 100 DM, sind 58% der 16- bis 17jährigen immer bzw. oft ganz selbständig.[270] Dies hängt vermutlich auch damit zusammen, daß nur die älteren Jugendlichen finanziell so unabhängig sind, daß sie selbst auch über die für Kleidungskäufe und größere Anschaffungen notwendige Kaufkraft verfügen, während bei jüngeren Jugendlichen verstärkt noch die Eltern diese Käufe finanzieren.[271] Jugendliche können demnach in relativ hohem Maße selbst über die Verwendung ihres eigenen Einkommens verfügen und selbständig Produkte erwerben, die ihren persönlichen Bedürfnissen und Präferenzen entsprechen. Dies bedeutet nicht, daß ihre Kaufentscheidungen unbeeinflußt vom sozialen Umfeld vollzogen werden. Auch das Kaufverhalten von Jugendlichen wird von ihrem sozialen Umfeld, z.B. von den Eltern und v.a. von den Peer-Gruppen[272] beeinflußt. So üben Eltern z.B. auf den Kauf von Kleidung sowie von höherwertigen Gebrauchsgütern durch die Jugendlichen einen Einfluß aus; Gleichaltrige beeinflussen bspw. ebenfalls die Kleidungskäufe sowie Tonträgerkäufe von Jugendlichen.[273] Derartige potentielle soziale Einflüsse sind zwar im Einzelfall zu

---

265 A. Amann et al. (1989), S. 14. Zu den generellen Autonomisierungstendenzen und den zeitlich vorverlegten Selbständigkeiten von Jugendlichen in verschiedenen gesellschaftlichen Teilbereichen vgl. auch K.-H. Reuband (1997), S. 144 sowie die Ausführungen in **Abschnitt 2.2.4**.

266 Vgl. J. Mansel/ A. Klocke (1996), S. 7; A. Legnaro (1992), S. 24.

267 Vgl. Bastei-Verlag G. H. Lübbe GmbH & Co. et al. (1997) (Hrsg.), o.S. Über die persönlichen Geldausgaben dürfen bereits die 10jährigen zu 81% allein entscheiden, vgl. O. Hansen (1996a), S. 19.

268 Vgl. Bastei-Verlag G. H. Lübbe GmbH & Co. et al. (1997) (Hrsg.), o.S.

269 Vgl. Bastei-Verlag G. H. Lübbe GmbH & Co. et al. (1997) (Hrsg.), o.S.

270 Vgl. Bastei-Verlag G. H. Lübbe GmbH & Co. et al. (1997) (Hrsg.), o.S.

271 Derartige Käufe sind dann nicht dem direkten Umsatzpotential zuzurechnen, sondern dem indirekten Umsatzpotential; vgl. dazu **Kapitel 4**.

272 Zum Begriff der Peer-Gruppe vgl. **Abschnitt 2.3.4**, S. 46.

273 Vgl. O. A. J. Mascarenhas/ M. A. Highby (1993), S. 54 f.; J. Swanson (1990), S. 26.

berücksichtigen, werden aber bei den folgenden grundlegenden Überlegungen zu den Kaufbedürfnissen von Jugendlichen nicht weiter vertieft.[274]

3.3.2 Akzentuierung besonderer Bedürfnisse in der Jugendphase

In der Jugendphase entstehen viele Bedürfnisse zum ersten Mal oder in verwandelter Form.[275] Aufgrund der in **Abschnitt 2.2** beschriebenen, mit Beginn der Jugendphase einsetzenden körperlichen, kognitiven und sozialen Veränderungen werden besondere Bedürfnisse akzentuiert. In Anlehnung an Maslows[276] Klassifikation von Bedürfnissen sowie an Garrison und Garrison[277] beschreibt Remschmidt besondere Ausprägungen von Bedürfnissen in der Adoleszenz.[278]

1. *Physiologische Bedürfnisse:*
   Aus dem Zusammenspiel von biologischen Voraussetzungen und Auslösewirkungen von Umwelteinflüssen entstehen die Bedürfnisse nach körperlicher und sexueller Betätigung sowie das Bedürfnis, hinsichtlich der eigenen Körperlichkeit anerkannt zu werden.[279]
2. *Sicherheitsbedürfnis:*
   Die zahlreichen körperlichen, psychischen und sozialen Veränderungen in der Jugendphase, die zu Labilität, Stimmungsschwankungen und Unsicherheiten führen,[280] akzentuieren den Wunsch nach Sicherheit; diese wird in der Jugendphase verstärkt innerhalb der Gleichaltrigengruppe gesucht.[281] Dabei handelt es sich gewissermaßen um ein Streben nach sozialer Sicherheit; andererseits sind gerade jüngere Jugendliche sehr risikofreudig und erlebnishungrig und neigen dazu, ihre eigenen Fähigkeiten zu überschätzen.[282]
3. *Unabhängigkeitsbedürfnis:*
   Die für die Jugendphase typischen Reifungsabläufe und kognitiven Veränderungen sowie gesellschaftliche Erwartungen lösen einen starken Drang nach Unabhängigkeit und Erwachsenseinwollen aus.[283] Selbstdarstellungstendenzen (z.B. sich erwachsen und unabhängig präsentieren) kennzeichnen insbesondere den Beginn der Jugendphase.[284] Es kommt

---

274 Zu den Einflüssen von Peer-Gruppen und Eltern vgl. auch **Abschnitt 5.2.3.2**.
275 Vgl. H. Remschmidt (1992), S. 100.
276 Vgl. A. H. Maslow (1954).
277 Vgl. K. C. Garrison/ K. C. Garrison Jr. (1975).
278 Vgl. H. Remschmidt (1992), S. 101; Adoleszenz erstreckt sich dabei altersmäßig vom 12./13. bis zum 20./24. Lebensjahr; vgl. H. Remschmidt (1992), S. 3.
279 Vgl. H. Remschmidt (1992), S. 101.
280 Vgl. auch D. Baacke et al. (1990), S. 19; H. Fend (1994), S. 202.
281 Vgl. H. Remschmidt (1992), S. 101.
282 Vgl. P. Rützler (1994), S. 51; H. Fend (1990), S. 57.
283 Vgl. H. Remschmidt (1992), S. 102; H. Fend (1990), S. 61. So trägt z.B. das größere Erkenntnisvermögen zu einer stärkeren Unabhängigkeit des Willens und selbständigeren Entscheidungen bei; vgl. D. P. Ausubel (1976), S. 281; B. Schäfers (1994), S. 95.
284 Vgl. H. Fend (1990), S. 60 f.

zu vermehrten Konflikten mit den Eltern, von denen eine Ablösung angestrebt wird; der Entwurf eigener idealer Vorstellungen, der Widerstand gegen alles Herkömmliche, gegen Autoritäten sowie das Infragestellen von Normen und Gewohnheiten wird begünstigt.[285]

4. *Bedürfnis nach Zugehörigkeit:*
Der Unabhängigkeitsdrang hat auch eine Kehrseite: Er führt vielfach zu einer starken Isolierung der Jugendlichen, die sich einsam und nicht verstanden fühlen. Dies mobilisiert – verstärkt noch durch Bedürfnisse nach sexueller Betätigung und Zärtlichkeit – wiederum ein Bedürfnis nach Zugehörigkeit und Zuneigung.[286] Wiswede spricht hier von einem Anschluß- oder Affiliationsmotiv, das die expressiven Formen des Konsumverhaltens von Kindern und Jugendlichen bestimmt.[287] Zur Befriedigung dieser Bedürfnisse sind v.a. die Gleichaltrigen(gruppen) von hoher Bedeutung: Der Anschluß an eine Gleichaltrigengruppe erleichtert die Ablösung von den Eltern.[288] Ein wichtiger Beitrag von Gleichaltrigengruppen und weiter gefaßten Jugendkulturen ist die Schaffung eines kollektiven Identitätsgefühls.[289] Jugendkulturelle Gruppenstile können Objekte der Identifikation, aber auch der symbolischen Distinktion sein.[290]

5. *Bedürfnis nach Anerkennung und Wertschätzung:*
Die Verunsicherungen und Selbstzweifel, die aus den vielfältigen Veränderungen in der Jugendphase resultieren,[291] und die für die Rolle des Jugendlichen typischen Statusunsicherheiten (nicht mehr Kind, noch nicht Erwachsener) begünstigen das Streben nach Anerkennung und Wertschätzung durch andere.[292] Jugendliche sind aufgrund starker Verunsicherungen in dieser Lebensphase sehr auf Bestätigung angewiesen und suchen nach Rückmeldungen über die Außenwirkung ihres Verhaltens, so daß sozialen Vergleichsprozessen in dieser Lebensphase ein hoher Stellenwert zukommt.[293] Dem Bedürfnis nach Unabhängigkeit und Abgrenzung von anderen (Abhebungstendenzen) stehen also die Bedürfnisse nach Zugehörigkeit zu und Anerkennung durch andere(n) (Angleichungs-

---

285 Vgl. H. Remschmidt (1992), S. 102 u. 104; E. Olbrich (1983), S. 94. So hat ein Teil der Rebellion gegenüber der Erwachsenenwelt in den neuen kognitiven Fähigkeiten der Jugendlichen zum Entwurf idealistischer Vorstellungen ihren Ursprung; vgl. H. Remschmidt (1992), S. 97. Der Widerspruch zwischen Selbständigkeitsdrang und Konfrontation mit Reglementierungen hinterläßt dabei einen Konflikt, der zu sehr impulsiven und schwer vorhersehbaren Emotionen führen kann; vgl. H. Remschmidt (1992), S. 104.

286 Vgl. H. Remschmidt (1992), S. 102.

287 Vgl. G. Wiswede (1995), S. 301.

288 Vgl. U. Roderer (1986), S. 111; B. Melzer (1983), S. 65.

289 Vgl. D. Baacke/ W. Ferchhoff (1993), S. 427.

290 Vgl. C. Strzoda et al. (1997), S. 60.

291 Zu den Beeinträchtigungen des Selbstwertgefühls von Jugendlichen aufgrund der körperlichen Veränderungen vgl. z.B. H. Remschmidt (1992), S. 88; H. Fend (1990), S. 62.

292 Auch die Leistungsmotivation hat ihre Ursache in dem Wunsch nach Erlangung von Achtung und Wertschätzung und dem Wunsch, das andere Geschlecht zu beeindrucken; vgl. H. Remschmidt (1992), S. 102.

293 Vgl. H. Fend (1994), S. 206. Gerade die Wahlmöglichkeiten, denen der Mensch heute gegenüber früheren Zeiten gegenübersteht, können zu einer Identitätskrise, zu einer starken Verunsicherung führen, die das Gemeinschaftsstreben verstärkt; vgl. R. Oerter/ E. Dreher (1995), S. 350.

tendenzen) gegenüber.[294] Das Streben von Jugendlichen nach Ablösung von den Eltern trägt dazu bei, daß diese Vergleichsprozesse und Akzeptanz- und Zugehörigkeitsbestrebungen sich nun stark auf die Gleichaltrigen richten.[295] Bei der Befriedigung nicht nur der Bedürfnisse nach Zugehörigkeit (vgl. Punkt 4.), sondern auch nach Anerkennung und Wertschätzung nehmen die Gleichaltrigengruppen eine wichtige Funktion ein.[296]

6. *Bedürfnis nach Ich[297]-Entwicklung und Selbstverwirklichung:*
   Aus dem Zusammenspiel von kognitiven Möglichkeiten, körperlichen Veränderungen und sozialen Anforderungen und Reaktionen verstärken sich die kritische Selbstbeobachtung und -reflexion sowie Selbstzweifel; eigenes Aussehen, Gestalt und Wirkung auf andere Menschen werden besonders wichtig.[298] Auch das Bedürfnis nach Entwicklung der eigenen Persönlichkeit, nach Selbsterprobung und Weiterentwicklung der eigenen Fähigkeiten, das in Zusammenhang mit dem Bedürfnis nach Anerkennung steht, erfährt in der Jugendphase eine besondere Aktualisierung.[299] Das Eigenwertstreben erwacht und ruft den Willen zur Selbstgestaltung und Selbstvervollkommnung auf den Plan.[300] Der Aufbau einer eigenen Identität, die sich innerhalb sozialer Beziehungen vollzieht, wird zum Kernthema der Jugendphase.[301] Kritische Selbstreflexionen und bewußte, experimentelle Selbstgestaltungen werden in der Jugendphase zu typischen Merkmalen individuellen Verhaltens.[302] Es

---

294 Zu den widersprüchlichen Orientierungen von Jugendlichen vgl. auch B. Schäfers (1994), S. 110. Die Ambivalenz der beiden Motive (individuelle Abhebung und Selbstdarstellung einerseits und Konformität andererseits) läßt sich vor dem Hintergrund der Theorie der sozialen Identität von H. Tajfel (1978) deuten: Zur Wahrung seiner sozialen Identität aktiviert das Individuum im Rahmen seiner Bezugsgruppe Angleichungstendenzen, während es nach außen Abhebungstendenzen fordert; vgl. G. Wiswede (1995), S. 278. Vgl. auch C. M. Sommer (1989), S. 75 ff.

295 Vgl. B. Schäfers (1994), S. 183.

296 Vgl. W. Ferchhoff/ G. Neubauer (1996), S. 51; R. Oerter/ E. Dreher (1995), S. 370; U. Roderer (1986), S. 112; B. Melzer (1983), S. 65.

297 Das „Ich“ bezeichnet „ein organisiertes System von Haltungen, Einstellungen und Motiven, das den Kernbereich der Persönlichkeit repräsentiert und ihr Einmaligkeit, Gleichheit und Unverwechselbarkeit verleiht“; H. Remschmidt (1992), S. 111.

298 Vgl. H. Remschmidt (1992), S. 97; H. Fend (1990), S. 59 u. 62. Jugendliche setzen sich in dieser Phase sehr stark mit dem eigenen Körper und der eigenen Wirkung auf andere, insbesondere auf das andere Geschlecht auseinander; vgl. H. Remschmidt (1992), S. 86 und H. Fend (1994), S. 98 f. u. 204. In diesem Zusammenhang wird auch von einem passageren Egozentrismus der Jugendlichen gesprochen; vgl. z.B. E. Olbrich (1984), S. 94.

299 Vgl. H. Remschmidt (1992), S. 102.

300 Vgl. H. Fend (1990), S. 60.

301 Vgl. H. Fend (1994), S. 21; H. Remschmidt (1992), S. 113 f.; U. Roderer (1986), S. 120; R. Oerter/ E. Dreher (1995), S. 349. Die Identität umschreibt das „persönliche Bewußtsein der Gleichheit, der zeitlichen Kontinuität und der damit verbundenen Wahrnehmung, daß andere diese anerkennen“; H. Remschmidt (1992), S. 11. Da sie die Übereinstimmung zwischen Selbsterleben, Fremderleben und Anpassung an soziale Normen beinhaltet, vollzieht sich die Identitätsfindung über die Rückkoppelungen aus dem sozialen Umfeld.

302 Vgl. H. Fend (1994), S. 21; R. Oerter/ E. Dreher (1995), S. 357 f. Reflexionen über das Selbst, bewußte Selbstkonstruktionen und -darstellungen und die Verwertung von Rückmeldungen aus dem Umfeld werden aufgrund der kognitiven Entwicklung erst möglich und setzen das Ringen um Identität in Gang; vgl. H. Fend (1994), S. 202; R. Oerter/ E. Dreher (1995), S. 357; H. Remschmidt (1992), S. 94 u. 97. Sie erfahren durch die körperlichen Veränderungen in der Pubertät eine besondere Aktualität und Verstärkung; vgl. H. Fend (1994), S. 199.

kommt zu regelrechten Inszenierungen der eigenen Person, zu einer bewußten Gestaltung der Selbstpräsentationen, auch als Eindrucksmanagement bezeichnet, deren Rezeption durch andere genau beobachtet wird.[303] Wichtige Felder dieser experimentellen Selbstpräsentation sind u.a. die Gestaltung der eigenen Erscheinung, die Sprache, Bewegungen und Musik.[304] Die eigene Identität entwickelt sich dabei v.a. in den Kontakten und Beziehungen innerhalb der Peer-Gruppe, mit der auch der Großteil der Freizeit verbracht wird.[305] Die Bedeutung von Peer-Gruppen für Jugendliche hat gegenüber früheren Jahren noch zugenommen.[306]

Es ist einschränkend zu berücksichtigen, daß nicht alle Bedürfnisse in der gesamten Zeitspanne der Jugendphase gleichermaßen bedeutsam sind.[307] Die Bedürfnisakzentuierungen setzen mit den Veränderungen am Beginn der Jugendphase ein und schwächen sich teilweise zum Ende der Jugendphase wieder ab bzw. verlagern sich. Gruppenorientierung und Konformitätsdruck sind v.a. in der frühen Jugendphase stark vorhanden, während in der späten Jugendphase ein stärkeres Streben nach Individualität und Selbstverwirklichung einsetzt.[308] Außerdem sind geschlechtsspezifische Unterschiede zu berücksichtigen.[309]

---

303 Vgl. H. D. Mummendey/ H.-G. Bolten (1985), S. 57 f.; H. Fend (1994), S. 203 f. Nach der Theorie der symbolischen Selbstergänzung von R. A. Wicklund/ P. M. Gollwitzer (1985) verwendet ein Individuum Symbole für die eigene Identität, durch die die (ideale) Selbstdefinition der Umwelt vermittelt werden kann. Aufgrund der im Zuge der beginnenden Selbstreflexion erhöhten Sensibilität von Jugendlichen gegenüber Defiziten und Unstimmigkeiten von Real- und Ideal-Selbst erlangen diese kompensatorischen Bemühungen in der Jugendphase eine hohe Bedeutung; vgl. R. Oerter/ E. Dreher (1995), S. 357 f.

304 Vgl. H. Fend (1994), S. 204. Selbstdefinitionen von Jugendlichen vermittelnde Symbole sind v.a. Kleidung, Accessoires, Haartracht, Sprache und Musik; vgl. R. Oerter/ E. Dreher (1995), S. 358.

305 Vgl. B. Schäfers (1994), S. 110; R. Oerter/ E. Dreher (1995), S. 369; H. Fend (1994), S. 26; R. Oerter (1978), S. 254. In der Jugendphase erhalten Gleichaltrige eine enorme Bedeutung für die Fremddefinition des Selbst; vgl. H. Fend (1994), S. 202. Auch die weiter gefaßten Jugendkulturen können zur Erhöhung des persönlichen Identitätsgefühls beitragen; vgl. D. Baacke/ W. Ferchhoff (1993), S. 427.

306 Während 1964 nur 16% angaben, einer Clique anzugehören, waren dies 1984 schon 60%, vgl. H. Oswald (1992), S. 320.

307 Vgl. H. Remschmidt (1992), S. 104. Ferner gelten auch für diese Auflistung die generellen Probleme einer Kategorisierung von Bedürfnisarten nach den Inhalten, insbesondere das Problem der mangelnden Vollständigkeit; vgl. dazu G. Wiswede (1995), S. 62-63 u. S. 300 f.; W. Kroeber-Riel/ P. Weinberg (1996), S. 124 f. u. 147.

308 Vgl. H. Remschmidt (1992), S. 103. Darauf deutet auch hin, daß jüngere Jugendliche (12-14 Jahre) sich am stärksten mit jugendlichen Gruppenstilen identifizieren, die 22- bis 24jährigen hingegen am wenigsten; vgl Y. Fritzsche (1997), S. 369.

309 So konstatiert Remschmidt bspw. ein höheres Sicherheitsbedürfnis von Mädchen und eine höhere Gruppenorientierung von Jungen; vgl. H. Remschmidt (1992), S. 103.

3.3.3 Besondere Eignung bestimmter Produktbereiche zur Befriedigung der akzentuierten Bedürfnisse

In den folgenden drei Abschnitten werden verschiedene Arten von Produkten thematisiert, die für die Befriedigung der in der Jugendphase akzentuierten Bedürfnisse besonders geeignet erscheinen und daher für Jugendliche besondere Bedeutung erlangen können.[310] Produktarten können nach verschiedenen Kriterien unterschieden werden: nach ihrer Zugehörigkeit zu bestimmten Produktbereichen (Verwendungszweck), nach ihrem Neuigkeitsgrad, nach ihrer Markierung. In diesem Abschnitt werden einige Produktbereiche (Mode, dekorative und pflegende Kosmetik, Musik und Medien, Sport, freizeitbezogene Dienstleistungen) thematisiert, die für die Befriedigung der akzentuierten Bedürfnisse von Jugendlichen besonders geeignet erscheinen. Die Eignung von Innovationen und markierten Produkten zur Befriedigung der Bedürfnisse von Jugendlichen ist Gegenstand der beiden folgenden Abschnitte.

Mode:[311]

Viele **Produkte aus dem Bereich der Mode** verfügen über eine hohe Symbolwirkung: Sie können als Symbole der Identität, als Mittel des Ausdrucks der eigenen Einzigartigkeit und individuellen Abgrenzung (personale Identität) oder aber als Mittel der Symbolisierung von Gruppenzugehörigkeiten (soziale Identität) verwendet werden.[312] Mode kann auch den Jugendlichen zum einen zur Darstellung von Aspekten der jugendlichen Identität dienen, wie z.B. der ambivalenten Haltung hinsichtlich vorhandener Bezugssysteme und der relativ offenen flexiblen Persönlichkeitsstruktur;[313] auf der anderen Seite bietet sie Möglichkeiten für Abgrenzungs- und Zugehörigkeitsbekundungen.[314]

Mode als Chance der **Selbstdarstellung, des Ausdrucks der eigenen Identität und der Abgrenzung von anderen** wird v.a. in der Jugendphase evident: Angesichts der den Jugendlichen zugestandenen Freiräume bietet ihnen das weite Spektrum der Mode die Möglichkeit, sich nach außen erkenntlich von tradierten Vorstellungen der Eltern abzugrenzen und eigene

---

310 Es handelt sich dann um Produkte, bei denen ein hohes Involvement von Jugendlichen besteht. Unter Involvement wird dabei „a person's perceived relevance of the object based on inherent needs, values and interests“ verstanden; J. L. Zaichkowsky (1985), S. 341. Das Konsumverhalten von Jugendlichen weist einen hohen Grad an Ego-Involvement auf; die von Jugendlichen konsumierten Produkte haben häufig eine ausgeprägte Ich-Nähe; vgl. O. Haseloff (1986a), S. 12, zit. nach M. Körner (1987a), S. 431. Zum Zusammenhang von Bedürfnissen und Interessen bzw. Wichtigkeit vgl. auch B. Kölzer (1995a), S. 153.

311 Der Begriff der Mode beinhaltet textile Kleidung, Schuhe sowie Accessoires.

312 Vgl. C. M. Sommer (1989), S. 21 u. 23; G. Wiswede (1991), S. 99-102. Die beiden grundsätzlichen Funktionen von Mode sind die der Selbstdarstellung/ individuellen Abhebung und die der Demonstration von Gruppenzugehörigkeit; vgl. U. Roderer (1986), S. 32 f. Das Bedürfnis nach Individualisierung ist dabei um so größer, je pluralistischer und komplexer eine Gesellschaft ist; vgl. ebd.

313 Die eigene Selbstdefinition kann durch Symbole vermittelt werden; vgl. R. Oerter/ E. Dreher (1995), S. 358.

314 Vgl. U. Roderer (1986), S. 114.

Vorstellungen einzubringen; der Ablösungsprozeß und die Unabhängigkeit kann durch ausgefallene Kleidungsstücke und Accessoires eindrucksvoll zum Ausdruck gebracht werden.[315] Auch Flexibilität und Offenheit von Jugendlichen lassen sich durch die Akzeptanz extremer Moderichtungen demonstrieren; Aspekte der Suche und Unsicherheit, der instabilen Selbstbilder können durch einen expressiven, experimentierfreudigen Kleidungsstil symbolisiert werden.[316] Dem Streben nach Individualität und Einzigartigkeit, nach Eigenständigkeit und nach Abgrenzung von anderen kann durch normabweichende, originelle Kleidung und Accessoires entsprochen werden.[317] Das Outfit gilt daher unter Jugendlichen als wichtiges Mittel zur Gestaltung der eigenen Erscheinung, zur Selbstdarstellung und Abgrenzung von anderen, d.h. als wesentliches Element des Eindrucksmanagements.[318] Den Jugendlichen eröffnet der Modebereich dabei insofern besondere Differenzierungs- und Abhebungsmöglichkeiten, als gerade ihnen große Freiräume zum Ausprobieren selbst der außergewöhnlichsten Varianten zugestanden werden, die in späteren Lebensphasen nicht mehr bestehen.[319] Die Mode bietet damit ein weites Feld der Profilierung im gesellschaftlich gebilligten Rahmen; sie bietet die Möglichkeit der Darstellung „persönlicher Hervorgehobenheit", die auf anderen Gebieten versagt wird.[320] Die Bedeutung dieser Selbstdarstellungsmöglichkeiten ist für die Jugendlichen um so größer, als ihnen insgesamt nur wenig gesellschaftlicher Einfluß zugestanden wird, sie also ansonsten über wenig Selbstdarstellungs- und Profilierungsmöglichkeiten verfügen.[321]

Durch die Auswahl bestimmter Kleidungsstile kann auch **Gruppenzugehörigkeit** demonstriert werden.[322] Die Verwendung bestimmter Produkte hat dann den Zweck, Gruppenidentitäten zu dokumentieren und gegenüber anderen sozialen Einheiten abgrenzend zu wirken.[323] Gerade Bekleidung und Accessoires können den Jugendlichen als Mittel dienen, sich selbst als Mitglieder eines größeren Bezugssystems erkenntlich zu machen und abgrenzend gegenüber jüngeren und älteren Altersgruppen ihre spezifische Identität zu formulieren.[324] So wird

---

315 Vgl. U. Roderer (1986), S. 115; R. Oerter (1978), S. 241.
316 Vgl. U. Roderer (1986), S. 115; C. M. Sommer/ T. Wind (1991), S. 130.
317 Vgl. R. Dollase (1988), S. 125 f.; vgl. auch C. M. Sommer/ T. Wind (1991), S. 47.
318 Vgl. Institut für Jugendforschung (1993), S. 41 f. Vgl. R. Oerter (1978), S. 241; C. M. Sommer/ T. Wind (1991), S. 47, 130 u. 147 f. Vgl. zum Zusammenhang von Kleidung und Eindrucksmanagement auch R. Dollase (1988), S. 124; F. W. Nerdinger/ L. von Rosenstiel (1991), S. 72-74.
319 Vgl. U. Roderer (1986), S. 115.
320 Vgl. G. Simmel (1923), S. 37.
321 Vgl. C. M. Sommer/ T. Wind (1991), S. 130. Da Jugendliche noch nicht über berufliche oder soziale Distinktionsmerkmale verfügen und mit ihrem realen Sein kaum jemanden beeindrucken können, wird das Eindrucksmanagement auf den Konsumbereich, z.B. auf die vestimentäre Kommunikation (d.h. auf die Kommunikation durch die Kleidung) verlagert; vgl. D. Hebdige (1985), S. 202; R. Dollase (1988), S. 99 f. u. 127; A. Rucktäschl (1996), S. 119. Mode wird so zur Möglichkeit, Statusunsicherheiten zu kompensieren.
322 Vgl. U. Roderer (1986), S. 116.
323 Zu diesem Distinktionsmotiv des Konsums vgl. H.-W. Schuster (1994a), S. 113 f.; S. Kircher (1998), S. 180.
324 Vgl. U. Roderer (1986), S. 116; R. Oerter (1978), S. 241; B. Holzhauer (1994), S. 22.

beobachtet, daß sich die Abgrenzungsbestrebungen von Jugendlichen gegenüber der etablierten Erwachsenenwelt sowie gegenüber anderen Jugendlichen heute zunehmend auf eine expressiv-symbolische Ebene verlagern und sich v.a. über stilbezogene Äußerlichkeiten vollziehen.[325] Dies zeigt sich u.a. darin, daß öffentlich wirksame, expressive Gruppenstile unter den jugendkulturellen Gruppierungen stark zunehmen, während Protestkulturen und Weltveränderungsgedanken dagegen vielfach in den Hintergrund treten.[326] In Zusammenhang mit diesen neueren symbolisch-expressiven Ausdrucksformen von Jugendkulturen gewinnen auch Konsumgüter, insbesondere die Kleidung, aufgrund ihres Symbolcharakters an Bedeutung. In Jugendkulturen schaffen sich die Jugendlichen eigene Symbole (Kleidung, Haartracht, Musik, Medien, Gruppencodes, Sprache), über die Gruppenzugehörigkeiten definiert werden.[327] Am Stil, der in der Kleidung, im Tanz und der Musik, in Frisuren und Sprachformen, in der Vorliebe für bestimmte Körperhaltungen und -gesten, im gesamten „Styling" angeboten wird, entscheiden sich Zugehörigkeit und Akzeptanz.[328] Der Kleidungsstil bzw. die Mode bildet daher bei vielen jugendkulturellen Gruppierungen ein zentrales Element.[329] Kleidung ist dabei auch Statussymbol: Elemente des modischen Outfits können in den Gleichaltrigengruppen als Statussymbole gelten,[330] über die **Anerkennung** erfolgt.[331] Die Suche nach Prestige – insbesondere innerhalb der Peer-Gruppe – gilt denn auch als ein wichtiges Motiv beim Kleidungskauf von Jugendlichen.[332]

---

325 Vgl. z.B. C. Strzoda et al. (1997), S. 57-60. Diese Tendenz zeigt auch die Studie des Instituts für qualitative Markt- und Wirkungsanalysen; vgl. IFM (1996), S. 30; 47-49; 58. So vollzieht sich die Abgrenzung von Jugendlichen gegenüber der Erwachsenenkultur weniger durch explizite Gegenentwürfe zu den Auffassungen der Erwachsenen, sondern v.a. durch eine Verfremdung und Verballhornung traditioneller Werte und Muster (z.B. alter Lieder, alter Tanzstile, aber auch traditionsbeladener Marken); vgl. ebd.

326 So stellt z.B. R. Vollbrecht (1997), S. 23, fest, daß die früheren milieubezogenen jugendlichen Protestkulturen heute zunehmend durch um Äußerlichkeiten kreisende, expressive jugendkulturelle Stilformen (sog. Freizeitszenen) ersetzt werden. Zu einer Diskussion dieser Entwicklung vgl. auch D. Hebdige (1985), S. 195 f. u. 202; B. Richard (1995), S. 320 f.

327 Vgl. D. Baacke/ W. Ferchhoff (1993), S. 411 f.; R. Oerter (1978), S. 241-244. So hat z.B. die Techno-Szene nicht nur ihre eigene Musik, sondern auch eine eigene Ästhetik entwickelt; vgl. W. Schwarz (1995), S. H 4.

328 Vgl. R. Lindner (1985), S. 209-211; D. Baacke/ W. Ferchhoff (1993), S. 417 u. 430; B. Schäfers (1994), S. 184; K. Janke/ S. Niehues (1995), S. 65; W. Ferchhoff/ G. Neubauer (1997), S. 99. Jugendstile stellen damit eine eher oberflächliche Praxis dar, vgl. R. Oerter/ E. Dreher (1995), S. 373.

329 Vgl. D. Baacke/ W. Ferchhoff (1993), S. 411. Integrale Objekte von Jugendkulturen, auf die später noch eingegangen wird, sind häufig Musik, Sport oder Computer; homologe, ergänzende Objekte sind Kleidung, Haartracht usw., die der Zusammengehörigkeit und Abgrenzung dienen; vgl. P. Willis (1981), S. 17-25; R. Oerter/ E. Dreher (1995), S. 373 f.

330 Vgl. K. Janke/ S. Niehues (1995), S. 66; R. Stubenvoll (1993), S. 2. Auch die Details, wie z.B. Accessoires sind dabei von Bedeutung; weitere wichtige Kennzeichen sind, welche Hobbys man hat und wie man seine Freizeit verbringt, in welche Kneipen, Restaurants und Diskos man geht und welche Musik man mag; vgl. Institut für Jugendforschung (1993), S. 34 f.

331 Um zu einer Peer-Gruppe dazuzugehören und um innerhalb der Gruppe von anderen angesehen zu sein, sind Statussymbole besonders wichtig; vgl. Institut für Jugendforschung (1993), S. 33 f.

332 Vgl. T. Horowitz (1982), S. 635.

Auch empirischen Befunden zufolge zeigt sich nach Meinung jugendlicher Opinionleader eine hohe Bedeutung von Kleidung für die eigene Altersgruppe, die zudem im Zeitvergleich zugenommen hat.[333] Nach Aussagen von Jugendlichen ist Kleidung v.a. als Mittel zum Ausdruck der eigenen Persönlichkeit und zur Demonstration von Gruppenzugehörigkeit und sozialem Status von hoher Bedeutung.[334] Die hohe Bedeutung von Kleidung drückt sich auch in dem hohen Modebewußtsein von Jugendlichen aus:[335] In der Jugendphase zeigt sich ein ausgeprägtes Modebewußtsein, das sich durch sofortiges Aufgreifen ausgefallener Kleidungsstücke darstellen läßt.[336] Im Zeitvergleich hat dabei der Anteil der 14- bis 29jährigen, die Wert auf modische Freizeitkleidung legen, kontinuierlich zugenommen.[337] Dabei sind es v.a. die weiblichen Jugendlichen, die sich besonders modebewußt zeigen, aber die männlichen Jugendlichen holen deutlich auf.[338]

Im Modekonsum suchen Jugendliche demnach v.a. das Jugendkulturelle: Gleichaltrigenbeziehungen, Geselligkeit, Originalität, Stilisierung, Authentizität, Selbständigkeit und Anerkennung vor sich selbst und vor anderen.[339] Mit Kleidungsstilen und Marken wird Individualität demonstriert und Abgrenzung realisiert, aber auch Anerkennung und Zugehörigkeit erzeugt.[340] Je geeigneter einzelne Produkte bzw. einzelne Marken aus dem Modebereich zur Befriedigung dieser in der Jugendphase aktualisierten Bedürfnisse sind[341] und je wichtiger diese Bedürfnisse für einzelne Jugendliche sind, desto höher ist vermutlich auch ihr Wille zur Selbstbestimmung und ihre Ausgabebereitschaft in diesen Bereichen. Kleidung ist dementsprechend der erste wichtige Bereich, für den Jugendliche Einkaufsverantwortung über-

---

333 Vgl. IP Multimedia (1995), S. 32 f.

334 Nach eigenen Aussagen von Jugendlichen liegen die Hauptfunktionen von Kleidung in diesen Bereichen; vgl. Institut für Jugendforschung (1993), S. 41-43.

335 Auf den engen Zusammenhang der Bedeutung von symbolischen und expressiven Bedürfnissen und dem Modebewußtsein weist Horowitz hin. Bei Jugendlichen ist beides hoch ausgeprägt, was dazu führt, daß sie v.a. für Kleidung hohe Ausgaben tätigen; vgl. T. Horowitz (1982), S. 627.

336 Vgl. U. Roderer (1986), S. 114. Das Modebewußtsein und das Interesse an modischer Kleidung ist bei den Altersgruppen der 14- bis 19jährigen sowie der 20- bis 29jährigen insgesamt stärker ausgeprägt als bei anderen Altersgruppen. So stimmten nach der VA 97 60% der 14- bis 24jährigen – gegenüber 40% der Grundgesamtheit – dem Statement „Ich kleide mich gerne nach der neuesten Mode“ zu; vgl. Axel Springer Verlag AG/ Verlagsgruppe Bauer (1997) (Hrsg.), o.S. Nach der AWA ’97 stimmten knapp ein Fünftel der 14- bis 24jährigen – im Vergleich zu 7,8% in der Grundgesamtheit – dem Statement „Ich mache neue Moden sofort mit“ zu, und 32,3% der 14- bis 24jährigen – im Vergleich zu 16,2% in der Grundgesamtheit – interessieren sich sehr für Mode und Modetrends; vgl. Institut für Demoskopie Allensbach (1997), o.S. Nach der TdWI 1997/98 interessieren sich 39,9% der noch in Ausbildung befindlichen 14- bis 29jährigen – im Vergleich zu 26,3% in der Gesamtbevölkerung – sehr für Freizeitbekleidung; vgl. TdWI Intermedia GmbH (1998) (Hrsg.), o.S. Zum höheren Interesse von Jugendlichen an Kleidung vgl. auch R. Dollase (1988), S. 97 f.

337 Vgl. R. Stubenvoll (1993), S. 2.

338 Vgl. IP Multimedia (1995), S. 31.

339 Vgl. W. Ferchhoff/ G. Neubauer (1996), S. 51.

340 Vgl. W. Ferchhoff/ G. Neubauer (1996), S. 52; W. Schurian (1989), S. 130.

341 Innerhalb des Mode- bzw. Kleidungsbereichs gibt es verschiedene Produkte, die mehr (z.B. Jacken) oder weniger (z.B. Strümpfe) geeignet sind, die genannten Bedürfnisse zu befriedigen.

nehmen.[342] Die Deckung des Grundbedarfs der Jugendlichen an Kleidung wird i.d.R. von den Eltern finanziert, aber gerade Kleidung, die extrem modisch ist und für die kein „echter" Bedarf vorliegt, wird häufig von den Jugendlichen selbst gekauft.[343]

Dekorative und pflegende Kosmetik:

Für den Kosmetikbereich ist das im Zuge der Pubertät gesteigerte Körperbewußtsein von Jugendlichen relevant. Das gesteigerte Körpergefühl von Jugendlichen läßt den Wunsch erwachen, den Körper zu zeigen, ihn durch Kleidung, Schmuck oder Make-up zu betonen und ihn zu pflegen.[344] Die in dieser Phase einsetzende gezielte und freiwillige Pflege des eigenen Körpers ist auch mit einer Variierung von eigenen Körpergerüchen mit Hilfe von künstlichen Duftstoffen verbunden.[345] Jungen steigen in den Bereich der Rasierprodukte ein. Mädchen beginnen sich zu schminken.[346] Kosmetikprodukte, insbesondere solche der dekorativen Kosmetik, können ähnlich wie Kleidung zur Gestaltung (Verschönerung, Veränderung) des eigenen Körpers eingesetzt werden und damit mittelbar dem Ausdruck der eigenen Persönlichkeit, der Selbstdarstellung und Abgrenzung von anderen, aber auch der Darstellung von Gruppenzugehörigkeiten dienen. Auch die eigene Attraktivität für das andere Geschlecht kann gezielt manipuliert werden.[347] In Peer-Gruppen und Jugendkulturen werden Zugehörigkeiten nicht nur über Kleidung, sondern über das gesamte „Styling", zu dem dann auch Make-up, Frisur, Nagellack u.ä. zählen, hergestellt.[348] Spezifische Produkte können das individuelle oder gruppenkonforme Styling unterstützen (Lidschatten, Nagellacke etc. in spezifischen Farben, Haarlack, -gel, -wachs). Die Überlegungen gelten insbesondere für Mädchen, die ihr Augenmerk in der Jugendphase verstärkt auf Gesicht, Figur und Haut richten, während für Jungen auch aufgrund gesellschaftlicher Einschätzungen eher körperliche Kraft und muskulöse Figur von Bedeutung sind.[349]

Empirische Erhebungen weisen entsprechend hohe Interessen von Jugendlichen im Bereich der Kosmetik- und Körperpflegeprodukte aus. Insbesondere weibliche Jugendliche verfügen über ein hohes Interesse an Kosmetikprodukten.[350] Allerdings ist auch hier innerhalb des

---

[342] Vgl. J. F. Peters (1989), S. 576.

[343] Vgl. BBE Unternehmensberatung GmbH (1994), S. 54.

[344] Es kommt zu einer verstärkten Hinwendung zum eigenen Körper; das Körper- und Körperpflegebewußtsein nimmt stark zu; vgl. W. Schurian (1989), S. 55; H. Remschmidt (1992), S. 86 u. 121; J. Heinig (1962), S. 21.

[345] Vgl. W. Schurian (1989), S. 55.

[346] Vgl. Institut für Jugendforschung (1997a), S. 118: Das Durchschnittsalter, in dem 14- bis 19jährige Mädchen ihre ersten Schminkerfahrungen machen, liegt insgesamt bei 14 Jahren; die 14- bis 15jährigen geben ein Alter von 13 Jahren an.

[347] Vgl. Institut für Jugendforschung (1997a), S. 17.

[348] Vgl. D. Baacke/ W. Ferchhoff (1993), S. 417 u. 430.

[349] Vgl. dazu auch H. Remschmidt (1992), S. 89.

[350] Nach der TdWI 1997/98 sowie der AWA '97 sind ungefähr die Hälfte der noch in Ausbildung befindlichen 14- bis 29jährigen Frauen an Haar- und Körperpflege, Parfüms und dekorativer Kosmetik sehr interessiert; die Unterschiede zu den entsprechenden Anteilen in der Gesamtbevölkerung sind allerdings weniger deutlich

Kosmetikbereichs zwischen verschiedenen Produkten zu differenzieren: Im Vergleich zu Erwachsenen besteht ein höheres Interesse bei Parfüms, Haarkosmetik und dekorativer Kosmetik.[351] In letzter Zeit steigt aber offenbar auch das Interesse männlicher Jugendlicher an Kosmetikartikeln.[352]

Ein hoher Stellenwert dieser Produkte für Jugendliche bedeutet allerdings nicht automatisch, daß sie diese auch selbst kaufen und exklusiv nutzen. So werden bspw. Zahncreme, Handcremes und Seifen gerade von jüngeren Jugendlichen gemeinsam mit anderen Familienmitgliedern genutzt und selten selbst gekauft.[353] Bei Produkten, die eine hohe Außenwirkung haben (z.B. Deodorant, Eau de Toilette, Produkte der dekorativen Kosmetik) oder auf den individuellen Hauttyp abgestimmt sein müssen (z.B. Gesichtscremes), wird jedoch größerer Wert auf eine individuelle Nutzung gelegt; diese Produkte werden auch verstärkt von den Jugendlichen selbst gekauft.[354] Da es sich hier um vergleichsweise niedrigpreisige Verbrauchsgüter handelt, stehen den Konsumbedürfnissen i.d.R. kaum finanzielle Restriktionen entgegen, die einen Selbstkauf durch die Jugendlichen verhindern könnten.

Musik und Medien:

Musik und Medien gewinnen in der Jugendphase einen sehr hohen Stellenwert. Das Musikhören stellt eine der wichtigsten Freizeitbeschäftigung von Jugendlichen dar.[355] Der Musikkonsum erfolgt bei einer Vielzahl von Gelegenheiten: z.B. zu Hause vor der Stereoanlage oder dem Fernseher (MTV, VIVA), auf Partys, in der Disko oder Kneipe oder in Konzerten.

Mit dem Musikkonsum sind einerseits Motive des Selbsterlebens, der emotionalen Stimulierung verbunden (abschalten, vergessen, Rauscherlebnisse).[356] Andererseits stehen außenorientierte, soziale Motive im Vordergrund.[357] Mit dem Musikkonsum wird ähnlich dem

---

als im Modebereich; vgl. TdWI Intermedia GmbH (1998) (Hrsg.), o.S.; vgl. Institut für Demoskopie Allensbach (1997) (Hrsg.), o.S.

351 Dies zeigen bspw. die Ergebnisse der TdWI 1997/98 sowie der AWA '97; vgl. TdWI Intermedia GmbH (1998) (Hrsg.), o.S.; Institut für Demoskopie Allensbach (1997) (Hrsg.), o.S.

352 Vgl. auch N. T. Kate (1995), S. 15. Auch männliche Jugendliche weisen im Vergleich zu Erwachsenen ein höheres Interesse an Haarpflege auf und bestimmte Produkte (wie z.B. Hairstyling-Produkte) werden überwiegend von Jugendlichen verwendet; vgl. Verlagsgruppe J. Marquardt (1994), S. 44 f.

353 Vgl. Institut für Jugendforschung (1997a), S. 25 u. 113 für junge Mädchen zwischen 14 und 19 Jahren.

354 Vgl. Institut für Jugendforschung (1997a), S. 25, 113, 122 u. 128 für junge Mädchen zwischen 14 und 19 Jahren. Ab dem Alter von 12/13 Jahren werden z.B. Deodorants zu High Interest-Produkten; der Anteil der Jugendlichen, die Deodorants selbst kaufen, steigt sprunghaft an von 3% bei den 10/11jährigen auf 40% bei den 14/15jährigen; vgl. Institut für Jugendforschung (1996b), S. 41.

355 Vgl. IP Multimedia (1995), S. 24; GESOMED/ PSB (1995), S. 10; A. Fischer (1992), S. 125-127. Die liebsten Freizeitaktivitäten spiegeln die Interessenbereiche von Jugendlichen wieder. Zu ihnen zählen neben dem Musikhören noch Fernsehsendungen sehen, Sport treiben und Zeitschriften lesen, vgl. IP Multimedia (1995), S. 24. Spaß und Unterhaltung sind dabei dominierende Motive; vgl. H. W. Opaschowski/ C. Duncker (1996), S. 23. Daher entfällt auch ein großer Teil der Ausgaben von Jugendlichen auf den Unterhaltungsbereich, vgl. P. Zollo (1995), S. 26.

356 Vgl. GESOMED/ PSB (1995), S. 9.

357 Vgl. GESOMED/ PSB (1995), S. 9.

Modekonsum Jugendkulturelles verbunden. Auch der Musikstil, den Jugendliche bevorzugen, dient als wesentliches Mittel zur Selbstdarstellung und Abgrenzung von anderen und zur Herstellung von Gruppenzugehörigkeiten.[358] Sowohl auf der Ebene der Peer-Gruppen als auch auf der Ebene der Jugendkulturen bildet die Musik ein zentrales Stilelement.[359] Damit erlangen die Musik und Produkte, die für den Musikkonsum erforderlich sind (z.B. Tonträger und Abspielgeräte), eine hohe Bedeutung für Jugendliche.

In Zusammenhang mit den Abspielmedien (Plattenspieler, CD-Player, Kassettenrecorder) ist auch auf die generelle Bedeutung von **Medien** in der Jugendphase einzugehen. Auch mit anderen Medien als den Musik-Abspielgeräten erfolgt eine intensive Beschäftigung der Jugendlichen in der Freizeit (z.B. Fernseher, Video, Radio, Computer, Zeitschriften und Bücher), und zwar einerseits im Vergleich zu anderen Beschäftigungen, andererseits im Vergleich zu anderen Altersgruppen.[360] Medien befriedigen vielfältige Erwartungen und Bedürfnisse von Jugendlichen, v.a. bezüglich Unterhaltung (Abenteuer, Spannung und Action), Entspannung (Sorgen vergessen) sowie Informationen (Neues erfahren).[361] Sie können Hilfen bei der Meinungs- und Identitätsbildung der Jugendlichen liefern und der Herstellung sozialen Prestiges durch „Bescheidwissen", durch Kennerschaft dienen.[362]

Produkte, die mit dem Musik- und Medienkonsum verbunden bzw. für ihn erforderlich sind, sind zunächst die Bild- und Tonträger selbst (CDs, Schallplatten, Videokassetten, Disketten), aber auch die entsprechenden Handels- und Dienstleistungen, die damit in Verbindung stehen (z.B. Musikmärkte, Diskotheken, Konzerte, Videoverleih). So stellen Jugendliche z.B. die Hauptkunden von Plattenläden[363] und Diskotheken dar. Zudem sind die erforderlichen (Abspiel-)Geräte (HiFi-Stereoanlagen, Radiorecorder, CD-Player, Fernseher, Videorecorder u.ä.) für den Musik- und Medienkonsum Voraussetzung. Das in der Jugendphase erwachende

---

[358] Vgl. B. Schäfers (1994), S. 184 sowie D. Baacke/ R. Vollbrecht (1996), S. 65; C. M. Sommer/ T. Wind (1991), S. 161; GESOMED/ PSB (1995), S. 10 f.

[359] Vgl. Institut für Jugendforschung (1993), S. 34 f.; D. Baacke/ W. Ferchhoff (1993), S. 417 u. 430; C. M. Sommer/ T. Wind (1991), S. 161.

[360] Vgl. H. W. Opaschowski/ C. Duncker (1996), S. 41. Jugendliche zeichnen sich durch eine intensive und vielfältige Mediennutzung aus; aufgrund ihres selbstverständlichen Umgangs mit Medien werden sie als Vertreter einer Multimediageneration charakterisiert; vgl. U. Saxer (1989), S. 651f.; D. Baacke et al. (1990), S. 9; H. H. Krüger/ W. Thole (1992), S. 459 f.; H. Niesyto (1993), S. 42 f. Die Mediennutzung aller Art (Fernsehen, Videos sehen, Radio hören, Zeitungs- und Bücherlesen, CD/ Cassetten hören, Kino besuchen) ist die häufigste Freizeitbeschäftigung von Jugendlichen; vgl. D. Baacke/ R. Vollbrecht (1996), S. 61. Dabei ist zu berücksichtigen, daß die Beschäftigung mit dem Computer nur bei einem Teil der Jugendlichen (36%) zu den Lieblingsbeschäftigungen zählt; vgl. IP Multimedia (1995), S. 24; vgl. auch S. Feierabend/ W. Klingler (1997), S. 605 f. Gegenüber Erwachsenen zeigt sich jedoch eine häufigere Nutzung des Computers; vgl. H. W. Opaschowski/ C. Duncker (1996), S. 41. Überblicke über die Mediennutzung von Jugendlichen geben S. Feierabend/ W. Klingler (1997); B. van Eimeren/ B. Maier-Lesch (1997); B. van Eimeren/ W. Klingler (1995).

[361] Vgl. D. Baacke/ R. Vollbrecht (1996), S. 61.

[362] Vgl. D. Baacke et al. (1990), S. 16. Die Vielfalt der Motive für die Mediennutzung läßt sich durch Bedürfnistypologien jedoch nicht erfassen; vgl. ebd.

[363] Vgl. S. Hentz (1996), S. 51.

Streben nach Unabhängigkeit von den Eltern begünstigt den Wunsch nach eigener Ausstattung mit den entsprechenden Geräten. Die eigene Verfügung über entsprechende Geräte ist Voraussetzung für den unabhängigen Medienkonsum: Durch ein eigenes Zimmer und eigene Stereoanlage und Fernseher schaffen Jugendliche sich ihre eigene Sphäre.[364] Hinzu kommt, daß der Besitz dieser Geräte bzw. bestimmter Markenprodukte in vielen Fällen ein wichtiges Kriterium für die Akzeptanz in der Peer-Gruppe ist.[365]

Auf eine hohe Bedeutung der eigenen Medienausstattung deutet auch das gegenüber Erwachsenen sehr viel höhere Interesse von Jugendlichen an Tonträgern und Geräten der Unterhaltungselektronik hin.[366] Auch hier gilt allerdings, daß eine hohe Eignung dieser Produkte zur Bedürfnisbefriedigung nicht zwingend auch zum Kauf durch die Jugendlichen selbst führt. Verfügen sie selbst nicht über ausreichend finanzielle Mittel, einen eigenen Kauf zu tätigen, können sie versuchen, Eltern oder Großeltern zum Kauf entsprechender Produkte zu bewegen.[367] Angesichts steigender Einkommen von Jugendlichen ist allerdings zu vermuten, daß Jugendliche auch langlebige und hochpreisige Produkte zunehmend selbst kaufen.

Sport:

Die aktive sportliche Betätigung hat bei Jugendlichen einen hohen Stellenwert.[368] Sport ist emotional besonders positiv besetzt und aktiviert Jugendliche sehr stark.[369] Beim Sport als einer der wichtigsten Freizeitbeschäftigungen von Jugendlichen[370] können die eigenen Fähigkeiten erprobt und mit anderen verglichen werden, und über die sportlichen Leistungen kann Profilierung und Anerkennung erreicht werden. Der Sportbereich gewinnt zudem für die Möglichkeiten von Jugendlichen zur Selbstdarstellung und zum Ausdruck von Gruppenzugehörigkeiten insofern an Bedeutung, als Sportarten zunehmend Elemente von jugendkulturellen Gruppierungen werden. Jugendkulturelle Szenen und Stile formieren sich z.T. um sportliche

---

364 Vgl. B. Schäfers (1994), S. 183.

365 Vgl. BBE Unternehmensberatung GmbH (1994), S. 64.

366 Nach der TdWI 1997/98 verfügen 62,7% der noch in der Ausbildung befindlichen 14- bis 29jährigen – im Vergleich zu 25,7% in der Gesamtbevölkerung – über ein sehr hohes Produktinteresse an Tonträgern und 52,3% – im Vergleich zu 21,3% – über ein sehr hohes Produktinteresse an Stereo- und HiFi-Anlagen; vgl. TdWI Intermedia GmbH (1998) (Hrsg.), o.S. Nach der AWA '97 weisen 32,5% der 14- bis 24jährigen – im Vergleich zu 11,8% in der Gesamtbevölkerung – ein sehr hohes Interesse für HiFi-Geräte und -Technik auf; bei Computern sind es 26,6% gegenüber 14,3% in der Gesamtbevölkerung und bei Videogeräten und -technik sind es 17,6% der Jugendlichen gegenüber 8,4% in der Gesamtbevölkerung; vgl. Institut für Demoskopie Allensbach (1997) (Hrsg.), o.S.

367 Vgl. dazu die Ausführungen im **vierten Kapitel**.

368 Vgl. Institut für Jugendforschung (1994), S. 10 f. Zu einer ausführlichen Analyse der Sportkultur bei deutschen und amerikanischen Jugendlichen vgl. W.-D. Brettschneider/ H. P. Brandl-Bredenbeck (1997); zur hohen Wichtigkeit des Sports im Vergleich zu anderen Freizeitaktivitäten vgl. insbes. S. 108.

369 Vgl. H. Fend (1994), S. 27.

370 Vgl. D. Baacke/ R. Vollbrecht (1996), S. 61; A. Fischer (1992), S. 123-127. Werden auch Fahrradfahren, Inline-Skating u.ä. als Sportarten gezählt, üben Jugendliche im Durchschnitt mehr als fünf Sportarten aus; vgl. Institut für Jugendforschung (1994), S. 7.

Aktivitäten, wie z.B. Snowboarding, Skating, Streetball.[371] In diesen Fällen dienen die Ausübung des Sports und die entsprechenden Sportgeräte und -kleidung verstärkt auch zur Selbststilisierung und Abgrenzung sowie zur Herstellung von Gruppenzugehörigkeiten.
Mit diesen Funktionen ist ein hohes Interesse vieler Jugendlicher an Sportgeräten und -kleidung verbunden.[372] Entsprechende Bekleidung wird zunehmend auch in der Freizeit getragen.[373] Sportbedarf umfaßt dann nicht mehr nur funktionelles Schuhwerk und Ausrüstung, sondern betrifft das gesamte Outfit und spielt auch in andere Lebens- und Freizeitbereiche hinein.[374] Wie auch bei Kleidung muß hier allerdings kein Selbstkauf durch die Jugendlichen erfolgen. Da es sich bei Sportkleidung und -ausrüstung um höherpreisige Produkte handelt, ist zu vermuten, daß ein Teil der Käufe im Sportbereich von den Eltern finanziert, d.h. nicht von den Einkommen der Jugendlichen bestritten wird.

Freizeitbezogene Dienstleistungen:
Neben den bisher vorwiegend diskutierten realtechnischen Gütern ist der Dienstleistungsbereich, insbesondere der der freizeitbezogenen Dienstleistungen, nicht zu vergessen. Jugendliche verfügen über ein vergleichsweise hohes Maß an Freizeit, das ihnen die Ausübung vielfältiger Freizeitaktivitäten ermöglicht.[375] Jugendliche streben die Ablösung von ihrer Herkunftsfamilie an, die Peer-Gruppen werden in Zusammenhang mit den akzentuierten Bedürfnissen nach Unabhängigkeit, Zugehörigkeit und Ich-Entwicklung zu wichtigen Bezugsgruppen, und die Freizeit wird am liebsten mit den Gleichaltrigen und vermehrt außer Haus verbracht.[376] In diesem Zusammenhang können Orte, die das außerhäusige verabredete oder spontane Zusammensein mit Gleichaltrigen ermöglichen, hohe Bedeutung für Jugendliche erlangen. Freizeitbezogene Dienstleistungsunternehmen, die dies ermöglichen, sind z.B. Eisdielen, (Fast-Food-)Restaurants, (Internet-)Cafés, Kneipen, Kinos, Diskotheken, Musikveranstaltungen, Schwimmbäder, Freizeitparks, Sportplätze. Diese schaffen Foren, auf denen Jugendliche unabhängig und unbeobachtet von den Eltern mit Gleichaltrigen zusammentreffen und ihre verschiedenen Bedürfnisse nach Unabhängigkeit, Zugehörigkeit und Ich-Entwicklung befriedigen können. Häufig ermöglichen diese Freizeitorte den Jugendlichen außerdem die sportliche Betätigung oder aber den Konsum von Musik oder die Nutzung sonstiger Medien (Computer in Internet-Cafés, Kino).

---

371 Vgl. dazu auch S. Wenzel (1997), S.183 f.
372 Nach der TdWI 1997/98 sind 40,8% der noch in Ausbildung befindlichen 14- bis 29jährigen – im Vergleich zu 18,6% in der Gesamtbevölkerung – an Sportbekleidung sehr interessiert und 36,3% der Jugendlichen – im Vergleich zu 14% in der Gesamtbevölkerung – sind an Sportgeräten sehr interessiert; vgl. TdWI Intermedia GmbH (1998) (Hrsg.), o.S.
373 Vgl. IP Multimedia (1995), S. 37; vgl. auch BBE Unternehmensberatung GmbH (1994), S. 61.
374 Vgl. Institut für Jugendforschung (1994), S. 80.
375 „Freizeit ist ein Verhaltensraum, in dem sich jugendliche Lebensstile und Alltagserfahrungen deutlich artikulieren können sollten"; Y. Fritzsche (1997), S. 343.
376 Vgl. Y. Fritzsche (1997), S. 344 f.

Produkte aus den Bereichen Mode und Kosmetik, Musik, Sport und Freizeit sind demnach von besonderem Interesse für Jugendliche. Mode, Musik und Sport sind die drei Hauptpfeiler der Referenzwelten von Jugendlichen, die meist in kombinierter Form eine Stilrichtung widerspiegeln.[377] Das Konsumverhalten wird in diesen Bereichen zu einem Akt der Unabhängigkeit und des Ausdrucks der eigenen Persönlichkeit oder aber zu einem Akt der Gruppenkonformität und der Suche nach Anerkennung in der Peer-Gruppe.[378] „What teens buy reflects what they think of themselves and how they wish others to perceive them".[379]

3.3.4 Eignung von Innovationen zur Befriedigung der Bedürfnisse von Jugendlichen

Produkte unterscheiden sich auch hinsichtlich ihres Neuartigkeitsgrades. Der Innovationscharakter kann auf technischen Eigenschaften, auf einzelnen Attributen oder auf dem Verwendungszweck eines Produktes beruhen.[380] Wichtig ist dabei, daß das Objekt vom Rezipienten als neuartig wahrgenommen wird.[381] Im folgenden wird untersucht, inwiefern Innovationen zur Befriedigung der in der Jugendphase akzentuierten Bedürfnisse geeignet sind und demnach im Jugendmarkt besondere Umsatzchancen für neue Produkte bestehen.

Jugendliche haben unabhängig von ihrer individuellen Situation eine gemeinsame Perspektive: Sie befinden sich in einer **Phase des Suchens und Ausprobierens**.[382] Dies steht in engem Zusammenhang mit dem Kernthema der Jugendphase, der **Identitätsfindung**. Wesentliche Aufgaben der Jugendphase bestehen darin, eigene Lebensentwürfe, Lebensstile, Wertesysteme und ästhetische Urteile zu entwickeln, was ein Probierverhalten von den Jugendlichen geradezu verlangt. Eine außerordentliche Sensibilität und Offenheit der Jugendlichen für alles, was sie umgibt, ist die Voraussetzung für ein prüfendes Sich-Einlassen auf die Umwelt.[383] Das Experimentieren ist daher eines der hervorstechendsten Merkmale der Jugendphase.[384] Vor dem Hintergrund vergleichsweise geringer bisheriger Erfahrungen erscheinen für Jugendliche

---

377 Vgl. Grey Strategic Planning (1997), o.S.; vgl. auch S. Wenzel (1997), S. 184-186; B. Melzer-Lena/ I. Barlovic (1997a), S. 27.

378 Vgl. P. Zollo (1995), S. 25.

379 P. Zollo (1995), S. 25.

380 Eine Innovation kann ein Produkt, ein Produktattribut oder ein Verwendungszweck sein; damit können auch modische Innovationen einbezogen werden; vgl. G. Wiswede (1995), S. 273 f. Esch spricht hier von sozialtechnischen Innovationen, die sich im wesentlichen auf die als Randeigenschaften bezeichneten Produkteigenschaften, wie z.B. das Produktdesign, beziehen; vgl. F.-R. Esch (1998c), S. 367 f. Assael unterscheidet technische und symbolische Innovationen; symbolische Innovationen geben einer Produktkategorie neue soziale Bedeutungen (z.B. Designer Jeans geben der Jeans aus Konsumentensicht eine neue modebezogene Bedeutung); vgl. H. Assael (1995), S. 673-676.

381 Vgl. G. Wiswede (1995), S. 273 f. Dies wird zwar bei diskontinuierlichen Innovationen eher der Fall sein als bei kontinuierlichen, aber es kann durchaus vorkommen, daß objektive Neuerungen vom Konsumenten keineswegs als neu empfunden werden und umgekehrt; vgl. G. Wiswede (1995), S. 274.

382 Vgl. W. Schurian (1989), S. 110.

383 Vgl. B. Schäfers (1994), S. 110; W. Schurian (1989), S. 111.

384 Vgl. W. Schurian (1989), S. 104; K. Hurrelmann et al. (1995), S. 51.

ohnehin viele Dinge gleichermaßen als neu, der (innere) Widerstand von bereits Gelerntem und Gewohntem ist geringer als bei Erwachsenen.[385] Dabei werden den Jugendlichen auch gesellschaftlich die erforderlichen Freiräume zum Ausprobieren verschiedener Entwürfe zugestanden; sie haben bei einem Abweichen von bestehenden Konventionen weniger Sanktionen zu befürchten als andere Gesellschaftsgruppen.[386] Dies begünstigt ebenfalls eine starke Neigung, neue Dinge auszuprobieren.

Die Jugendphase als Phase des Suchens und Ausprobierens impliziert noch relativ ambivalente, indifferente Haltungen hinsichtlich vorhandener Bezugssysteme sowie dem Selbstbild, woraus eine relativ offene, flexible Persönlichkeitsstruktur resultiert.[387] „Jugendliche sind in ihren Gefühlen weitgehend offen, extrem, grenzgängerisch, experimentell – und provokativ".[388] Für das jugendliche Selbstverständnis bedeuten Neugier und Aufgeschlossenheit für das Neue daher wichtige Eigenschaften.[389] Durch neue, unkonventionelle Moden und Produkte kann das eigene Selbstbild, die eigene soziale und psychische Situation der Suche und Unsicherheit der Jugendlichen zum Ausdruck gebracht werden.[390]
Jugendliche befinden sich ferner in einer Phase der kritischen Auseinandersetzung mit bestehenden Traditionen.[391] Unabhängigkeitsdrang und Idealismus von Jugendlichen begünstigen die Ablehnung alles Herkömmlichen, das Infragestellen von Normen und Gewohnheiten, insbesondere von denen der Eltern.[392] Auch die eigene Unabhängigkeit kann durch die Verwendung unkonventioneller Produkte symbolisiert werden. Neuartige und unkonventionelle Produkte, z.B. aus dem Kleidungsbereich, bieten den Jugendlichen die Möglichkeit, sich bewußt und nach außen erkennbar von tradierten Vorstellungen der Eltern abzusetzen.[393] So können Innovationen **als Ausdruck der eigenen Identität und Unabhängigkeit** Bedeutung erlangen.[394]

---

385 Vgl. J. Klewes (1983), S. 99.
386 Vgl. D. Baacke/ W. Ferchhoff (1993), S. 429; vgl. R. Dollase (1988), S. 128. Vgl. U. Roderer (1986), S. 108 f.; C. M. Sommer (1989), S. 141; C. M. Sommer/ T. Wind (1991), S. 129. Neuerungen werden von der Jugend geradezu erwartet; vgl. J. Klewes (1983), S. 100.
387 Vgl. U. Roderer (1986), S. 114.
388 W. Schurian (1989), S. 111. Darin unterscheiden sie sich wesentlich von Erwachsenen; vgl. ebd.
389 Vgl. D. Baacke et al. (1990), S. 19.
390 Vgl. U. Roderer (1986), S. 115. Innovationen gelten aufgrund ihrer symbolischen Qualitäten als geeignet, psychologische Bedürfnisse zu befriedigen; vgl. D. J. Burns (1993), S. 200; H.-W. Schuster (1994a), S. 112.
391 Vgl. J. Klewes (1983), S. 99.
392 Vgl. H. Remschmidt (1992), S. 102 u. 104.
393 Vgl. U. Roderer (1986), S. 115. Die Abgrenzung von der Erwachsenenwelt wird zunehmend schwieriger, da diese wenig klare Orientierungen bietet („anything goes") und viele Protestformen von vorangegangenen Jugendgenerationen bereits ausgelebt wurden, vgl. A. Legnaro (1992), S. 24. Äußerlichkeiten wie z.B. Kleidung, Frisuren, Accessoires bieten daher zumindest symbolische Protest- und Abgrenzungsmöglichkeiten.
394 Eine Studie von D. J. Burns/ R. F. Krampf (1991) ergab, daß Konsumenten mit einem höheren Bedürfnis nach Einzigartigkeit auch eine höhere Bereitschaft zur Adoption neuer Produkte aufweisen. In einer Studie von D. J. Burns (1993) ergab sich ein signifikanter Zusammenhang nur zum Interesse an Innovationen, nicht aber zu deren Übernahme.

Aber nicht nur gegenüber den Erwachsenen, auch innerhalb der Peer-Gruppen kommt das Streben nach **Abhebung**, aber auch nach **Anerkennung** zum Tragen. Nicht zuletzt gilt es unter Jugendlichen häufig als prestigeträchtig, etwas Neues zu kennen oder zu besitzen.[395] Auch für die soziale Anerkennung scheint der Originalitäts- und Sichtbarkeitszwang daher enorm zu sein.[396]

Die Eignung neuer Produkte zur Demonstration der eigenen Unabhängigkeit und Individualität hält allerdings nur solange an, wie das neue Produkt oder der neue Stil noch nicht weit verbreitet ist. Sobald diese eine zu starke Verbreitung erfahren und ihren Neuartigkeitscharakter verlieren, muß wieder etwas Neues gesucht werden, um sich von anderen symbolisch zu differenzieren.[397] Dieser Zusammenhang besteht nicht nur auf individueller Ebene, sondern auch auf der Ebene der Gruppenstile. So wird z.B. mit zunehmender Verbreitung von modischen Stilelementen außerhalb der jugendkulturellen Szenen deren Symbolik zerstört.[398] Sie eignen sich dann nicht mehr zur Darstellung einer eigenen Identität und Abgrenzung von anderen Personen oder Gruppen; es müssen wieder neue Symbole gesucht werden.[399] Auf die zunehmende Verbreitung jugendkultureller Identitätssymbole auch in anderen Konsumentengruppen reagieren Jugendkulturen auf zwei unterschiedliche Weisen: zum einen durch die Aufwertung von marginal erscheinenden Produktdetails und zum anderen durch den immer schnelleren Wechsel der jeweils gültigen Distinktionssymbole.[400] Letzteres führt dann zu einer enormen Schnellebigkeit jugendkultureller Stilbildungen.[401] In Jugendkulturen wird daher häufig das Prinzip flexibler, auf Verschleiß angelegter Variation evident: Oberflächenstilisierungen veralten und müssen stets durch aktuellere, zeitauthentischere ersetzt werden.[402] So besteht v.a. im Bereich der Jugendmode eine enorme Dynamik von „in“ und „out“, die

---

395 Selbstdarstellung und Profilierung erfolgen unter Jugendlichen häufig über neue „In“-Produkte, mit denen man sein „Up-to-Date-Sein“ signalisiert; vgl. Institut für Jugendforschung (1993), S. 35. Es gilt als erstrebenswert, besonders „fashionable“ zu sein; vgl. G. Wiswede (1991), S. 97 f.

396 Vgl. W. Ferchhoff/ G. Neubauer (1996), S. 48.

397 Zu einem zeitlich nur begrenzten Symbolwert neuer Produkte vgl. auch H.-W. Schuster (1994a), S. 112. Der beschriebene Mechanismus kann auch zur Erklärung von Modezyklen herangezogen werden, vgl. U. Roderer (1986), S. 27. Um Exklusivitätsbedürfnisse auch langfristig befriedigen zu können, arbeiten einige Hersteller, wie z.B. Stüssy oder Burton, mit einer gezielten Angebotsverknappung in Form von limitierten Stückzahlen; vgl. M. Meier (1996), o.S.; M. van Doren (1995), S. 254. Zu einer ausführlichen Darstellung alternativer Handlungsmöglichkeiten des Marketing bei prestigegeleitetem Konsumverhalten vgl. H.-W. Schuster (1994b), S. 221-229.

398 Vgl. I. Volkmer (1988), S. 72; H.-W. Schuster (1994a), S. 113 f. Zur Abnutzung des Symbolcharakters von Produkten vgl. auch G. Schulze (1996), S. 40.

399 Vgl. I. Volkmer (1988), S. 72.

400 Vgl. M. Horx (1989), S. 33 f.

401 Vgl. D. Baacke/ W. Ferchhoff (1993), S. 429; vgl. W. Ferchhoff/ G. Neubauer (1996), S. 48.

402 Vgl. D. Baacke/ W. Ferchhoff (1993), S. 434.

nicht zuletzt auf die immer schnellere Rezeption jugendkultureller Stile durch die Modeindustrie und deren beschleunigte Verbreitung in der „Massenmode“ zurückzuführen ist.[403]

Zusammenfassend läßt sich feststellen, daß Jugendliche über eine hohe Erkundungsfreudigkeit und Neugier verfügen.[404] Die Suche nach eigener Identität und Anerkennung motiviert sie zu einer starken Offenheit gegenüber technischen und modischen Neuerungen, der i.d.R. kaum traditionale Verhaltensweisen entgegenstehen.[405] Die vielfältigen Möglichkeiten von neuen Produkten zur Befriedigung der Bedürfnisse von Jugendlichen begünstigen eine hohe Aufgeschlossenheit von Jugendlichen gegenüber Innovationen in den für sie zentralen Produktbereichen[406] und dort insbesondere gegenüber Innovationen mit symbolisch-expressiven Qualitäten.[407]

Empirische Studien und Praxiserfahrungen zeigen, daß Jugendliche ein hohes Interesse und eine große Aufgeschlossenheit für Innovationen aufweisen und gerne neue Produkte ausprobieren.[408] Befragungsergebnisse deuten darauf hin, daß die Bedeutung von Moden, Trends und neuen medialen Technologien für Jugendliche hoch ist und in den letzten Jahren noch zugenommen hat: In den für Jugendliche zentralen Produktbereichen sind neue Produkte offenbar von besonderem Interesse für sie.[409] Eine im Zeitvergleich zunehmende Bedeutung

---

403 Vgl. W. Ferchhoff/ G. Neubauer (1996), S. 50 f.; I. Volkmer (1988), S. 72. Die Verbreitung von Ideen, Stilen und Symbolen erfährt eine Veränderung durch die elektronische Kommunikation: Früher verfügten Jugendkulturen über eine zeitliche Sicherheitszone, die es ihnen erlaubte, sich zu etablieren, bevor sie von den Medien wahrgenommen wurden; heute fließen Informationen nicht zuletzt dank des Internet in Echtzeit; vgl. D. Hebdige (1997), S. 15.

404 Vgl. R. Dollase (1988), S. 128.

405 Vgl. B. Biervert (1989), S. 107; D. Baacke/ W. Ferchhoff (1993), S. 429. Vgl. auch F. W. Nerdinger/ L. von Rosenstiel (1991), S. 70, zur Bedeutung des Individualitätsmotivs bei Trendsettern im Modebereich.

406 Es ist zu berücksichtigen, daß Innovativität meist eine produktabhängige Eigenschaft ist; d.h. ein Innovator in einem Produktbereich ist nicht auch Innovator in anderen nicht-verwandten Produktbereichen; es ist anzunehmen, daß v.a. hoch involvierte Intensivkäufer als Innovatoren in Erscheinung treten; vgl. H. Assael (1995), S. 700. Insofern ist damit zu rechnen, daß Jugendliche v.a. in solchen Produktbereichen als Innovatoren in Frage kommen, die für sie von hoher persönlicher Wichtigkeit sind.

407 Vgl. auch H. Assael (1995), S. 675 f.

408 Vgl. B. Melzer-Lena (1990), S. 19; C. Lakaschus (1992), S. 495; R. Stubenvoll (1993), S. 2; R. Wagner (1997), o. S. Beispiele für eine hohe Bereitschaft von Jugendlichen zur Übernahme von Innovationen finden sich bei Kleidung und Accessoires (Plateauschuhe, Piercing, Rucksäcke und Uhren als modische Accessoires), im Sport (Inline-Skating, Snowboarding), bei Kosmetika (Haarwachs, Styling Gel), bei der Musik (Techno), bei neuen Medien (PCs, CD-Player) sowie bei Nahrungsmitteln und Getränken (Energydrinks). Zur frühen Übernahme von technischen Innovationen durch Jugendliche vgl. R. Sackmann/ A. Weymann (1994), S. 33-39.

409 Vgl. P. Zollo (1995), S. 26. Zum hohen Interesse von Jugendlichen an modischen Neuerungen vgl. auch die in FN 336 auf S. 71 dargestellten Ergebnisse. Mit zunehmendem Alter nimmt das Interesse an modischen Neuheiten i.d.R. ab; vgl. U. Roderer (1986), S. 45. Für neue Schminkideen und neue Sachen zum Schminken interessieren sich 60% der 14- bis 19jährigen Mädchen sehr oder ziemlich; vgl. Institut für Jugendforschung (1997a), S. 129. Auch gegenüber neuen medialen Technologien weisen Jugendliche wenig Vorbehalte und hohes Interesse auf; vgl. D. Baacke/ R. Vollbrecht (1996), S. 56; S. Vandermerwe (1990), S. 34; D. Baacke/ R. Vollbrecht (1996), S. 61.

von Modetrends und neuen Technologien für Jugendliche deutet sich darin an, daß gegenüber 51% im Jahr 1986 bereits 68% der 14- bis 29jährigen im Jahr 1993 meinten, daß es für sie wichtig sei, zu wissen, was „in“ ist.[410] Ebenso in einer 1994 in den USA durchgeführten Studie äußerten bereits 64% der 12- bis 19jährigen, daß es für sie sehr wichtig sei, als erstes etwas Neues zu probieren – gegenüber einem Anteil von gut 50% vier Jahre zuvor.[411] Bei den Beobachtungen zur Aufgeschlossenheit von Jugendlichen gegenüber Innovationen handelt es sich allerdings lediglich um generelle Tendenzen auf aggregierter Ebene; die Gruppe der Jugend ist im Einzelfall intern zu differenzieren:[412] So gibt es sehr trendbewußte, innovative Teilgruppen, aber auch Jugendliche, die als eher angepaßt anzusehen sind. Trends und Innovationen breiten sich daher auch innerhalb der Gruppe der Jugend mit unterschiedlicher Geschwindigkeit aus.[413]

Hohes Interesse an und hohe Bedeutung von Innovationen wirken sich auf zwei wichtige Elemente des Übernahmeprozesses aus: auf den Informationsstand und auf den Vollzug der Übernahmeentscheidung.[414] So sind Jugendliche über neue Marken und Produkte oft besser informiert als ihre Eltern.[415] Das deutliche Interesse von Jugendlichen an innovativen Produkten läßt eine wechselseitige Unterstützung von Angebot an und Nachfrage nach innovativen Produkten erwarten.[416] Das Interesse an Innovationen und deren Eignung zur Befriedigung zentraler Bedürfnisse muß allerdings nicht auch zum Kauf durch die Jugendlichen führen.[417] Es können z.B. finanzielle Restriktionen entgegenstehen. In diesem Fall können Jugendliche versuchen, ihre Eltern zum Kauf der Produkte zu bewegen (vgl. dazu **Kapitel 4**).

---

410 Vgl. H. W. Opaschowski/ C. Duncker (1996), S. 24.

411 Vgl. J. Brightman (1994), S. 22.

412 Dies zeigt sich z.B. am Computer, dessen Übernahme stark von Bildungshintergrund und Geschlecht der Jugendlichen abhängt; vgl. D. Baacke et al. (1990), S. 10 f. Ferner besteht eine Abhängigkeit von der Produktart: Die Jugendlichen, die gegenüber neuen Medien aufgeschlossen sind, werden nicht unbedingt auch Trendsetter im Modebereich sein.

413 So werden z.B. in einer qualitativen Studie von Grey drei verschiedene Typen von Jugendlichen ab 15 Jahren unterschieden: der „Sorglose“, der „Fun-Freak“ und der „Outlaw“. Während die „Sorglosen“ noch relativ eng an die Familie gebunden sind, haben sich „Fun-Freaks“ eine unabhängige Welt außerhalb der Familie geschaffen, sich aber nicht völlig von ihrer Familie abgekapselt, während die „Outlaws“ sich der Welt der Erwachsenen verweigern. Eine Trendsetter-Funktion wird v.a. den „Outlaws“ zugeschrieben, die ein hohes Trendbewußtsein aufweisen und ein starkes Abgrenzungsbedürfnis gegenüber der Erwachsenenwelt, aber auch ein starkes Zugehörigkeitsbedürfnis zu bestimmten Gruppen („Das schlimmste was passieren kann, ist, wenn alle so wären wie wir. Dann müßten wir uns schnell etwas Neues suchen.“). An den „Outlaws“ orientieren sich die „Fun-Freaks“, Trends werden von diesen Gruppen übernommen; Abgrenzungs- und Zugehörigkeitsbedürfnisse spielen ebenfalls eine starke Rolle. Die „Sorglosen“ können mit den „Outlaws“ und deren extremen Einstellungen wenig anfangen; die Abgrenzung gegenüber Eltern erfolgt nur in kleinem Rahmen, wird aber als wichtig angesehen. Diese Gruppe folgt eher dem Mainstream, gilt als trend-nachahmend und orientiert sich z.T. an den „Fun-Freaks“; vgl. Grey Strategic Planning (1997), o. S.

414 Zu den Elementen des Übernahmeprozesses vgl. H. Gierl (1995), Sp. 471.

415 Vgl. L. A. Vaskovics/ N. F. Schneider (1989), S. 415.

416 Vgl. D. Baacke et al. (1990), S. 247 für den Bereich der innovativen medialen Technologien.

417 Diese stellen vielmehr nur Stufen im Übernahmeprozeß dar; vgl. auch D. J. Burns (1993), S. 201.

3.3.5 Eignung von Marken zur Befriedigung der Bedürfnisse von Jugendlichen

Auch Marken verfügen – neben Orientierungs-, Risikominderungs- und Habitualisierungsfunktionen –[418] über symbolische, sozial-expressive Funktionen, die im Zusammenhang mit den in der Jugendphase akzentuierten Bedürfnissen nach Zugehörigkeit, Wertschätzung und Selbstgestaltung eine hohe Bedeutung erlangen können.[419] Als Schlüsselinformationen bündeln Marken bestimmte kognitive und emotionale Assoziationen der Konsumenten, die das Markenimage bilden. Marken können nun aus Konsumentensicht aufgrund der mit ihnen verbundenen Markenimages Demonstrations- sowie Anpassungs- und Abgrenzungsfunktionen haben.[420]

Mit der Verwendung von Marken können z.B. bestimmte Aspekte der Persönlichkeit bzw. des Selbstbildes symbolisiert werden; Marken werden dann aufgrund ihrer Images zu Mitteilungen an die Umwelt (Demonstrationsfunktion).[421] Auch Jugendliche können durch die Verwendung bestimmter Marken zum Ausdruck bringen, wie sie sich selbst sehen oder gerne sehen möchten (reales oder ideales Selbstbild).[422]

Jugendliche können durch die Verwendung von bestimmten Marken auch die Zugehörigkeit zu einer bestimmten Gruppe und die Abgrenzung von anderen Gruppen symbolisieren (Anpassungs- und Abgrenzungsfunktionen).[423] Zu dem Signalrepertoire von Jugendkulturen, d.h. zur äußerlichen Kennzeichnung von Lebensstilen und zur gruppentypischen Unterscheidung, gehören auch Marken.[424] Dort, wo (Kult-)Marken eine integrierende und differenzierende Rolle spielen, können sie demnach einen hohen Grad von persönlicher Wichtigkeit für Jugendliche erhalten.[425]

Als Identifikations- und Selbstdarstellungsangebote sind Marken also von großem Interesse für Jugendliche.[426] In Produktbereichen, die – z.B. aufgrund einer hohen sozialen Wahrnehmbarkeit der Produktverwendung oder einer hohen sozialen Auffälligkeit der Produkte – geeignet sind, sozial-expressive Bedürfnisse zu erfüllen, besteht daher häufig auch ein hohes

---

418 Vgl. zu diesen Funktionen z.B. J. Becker (1992), S. 98 ff.

419 Vgl. B. Melzer-Lena (1990), S. 19, zur hohen Bedeutung der – neben den funktionellen Nutzen bestehenden – psychologischen Nutzen von Marken. Vgl. R. Oerter/ E. Dreher (1995), S. 357 f., zur Verwendung von Symbolen für das Selbst und deren hoher Bedeutung in der Jugendphase als Phase der Identitätsfindung.

420 Zu diesen sozialen Funktionen von Markenimages vgl. auch A. Mayer/ R. U. Mayer (1987), S. 13-16; A. Ebeling (1994), S. 32 f.

421 Vgl. A. Mayer/ R. U. Mayer (1987), S. 15; M. Körner (1987b), S. 96.

422 Vgl. z.B. M. J. Sirgy (1982) zu einer Theorie, nach der die Produktkäufe eines Konsumenten von seinem realen oder idealen Selbstbild bestimmt werden (Streben nach Konsistenz von Produktimage und realem Selbst oder nach Erhöhung des Selbst durch den Konsum eines Produktes, das dem idealen Selbstimage entspricht). Vgl. auch H. W. Berkman/ C. C. Gilson (1986), S. 101.

423 Vgl. A. Ebeling (1994), S. 33; Grey Strategic Planning (1997), o. S.

424 Vgl. C. Lakaschus (1992), S. 494; C. M. Sommer/ T. Wind (1991), S. 63.

425 Vgl. C. Lakaschus (1992), S. 495.

426 Vgl. McCann Erikson GmbH (1988), S. 124.

Markenbewußtsein von Jugendlichen.[427] Als Produktbereiche, die für Demonstrationsfunktionen von Markenimages prädestiniert sind, gelten z.B. Kleidung, Sportgeräte und Technik.[428] In diesen Produktbereichen ergeben sich dann höhere Umsatzchancen für Marken, die über ein Image verfügen, das dem Selbstbild von Jugendlichen entspricht.[429] Allerdings besteht auch die Gefahr, daß aufgrund der noch inkonsistenten und wandelbaren Selbstbilder eine Markenbevorzugung zu einem späteren Zeitpunkt in Ablehnung umschlägt.[430]

Nach einer Studie des IJF aus dem Jahr 1995 weisen 14- bis 27jährige bei Kleidung, Musikanlagen, Freizeitschuhen, Sportkleidung und Autos ein hohes Markenbewußtsein[431] auf (vgl. **Abb. 3-5**).[432] Dabei ist zu berücksichtigen, daß innerhalb der einzelnen Bereiche Marken nicht bei allen Produkten gleichermaßen wichtig sind, sondern z.B. im Kleidungsbereich v.a. bei Jeans und Turnschuhen sowie, in abgeschwächter Form, bei T-Shirts und Jacken.[433] Als Gründe für ein hohes Markenbewußtsein nennen Jugendliche v.a. Prestige, Anerkennung und Akzeptanz in der Gruppe und die Demonstration von Trendbewußtsein.[434] Bereits in der Vergangenheit war ein ungebrochen steigender Trend des Markenbewußtseins von Jugendlichen zu beobachten, und auch für die Zukunft erwarten Jugendliche selbst einen Anstieg des Markenbewußtseins über alle Konsumbereiche hinweg.[435]

Das hohe Markenbewußtsein bedeutet jedoch nicht gleichzeitig, daß Jugendliche nicht auch auf den **Preis** achten. Ihre hohen Informationsinteressen in den für sie zentralen Produktbereichen, die Zeit, die ihnen zum Einkaufen zur Verfügung steht sowie der intensive persönliche Austausch über Konsumfragen mit Gleichaltrigen begünstigen sehr gute Konsumkenntnisse, auch in Fragen des Preises.[436] Jugendliche sind also insofern als preisbewußt anzusehen, als

---

427 Vgl. C. Lakaschus (1992), S. 494; Institut für Jugendforschung (1993), S. 38. Je nach Produktkategorie ist das Markenbewußtsein von Jugendlichen und die Außenwirkung eines demonstrativen Konsumverhaltens unterschiedlich stark ausgeprägt; vgl. T. P. Schiele (1997), S. 186. Zu den Eignungsbedingungen für Distinktionskonsum vgl. auch H.-W. Schuster (1994a), S. 114 f.

428 Vgl. A. Ebeling (1994), S. 33.

429 Zur hohen Bedeutung von Markenimages bei Jugendlichen vgl. auch M. Körner (1987b), S. 97.

430 Vgl. auch A. Ebeling (1994), S. 72.

431 Das Markenbewußtsein wird dabei operationalisiert durch die Frage, wie wichtig es den Jugendlichen ist, welche Marke sie verwenden.

432 Vgl. Institut für Jugendforschung (1995b), S. 203. Ähnliche Ergebnisse zeigt eine spontane ungestützte Befragung von Jugendlichen nach den Bereichen, in denen ihnen Marken besonders wichtig sind. An erster Stelle wird Kleidung genannt, gefolgt von Unterhaltungselektronik, Elektrogeräten und Computern, Autos/ Motorisierung, Turnschuhen und Sportgeräten; vgl. B. Melzer-Lena (1997), S. 19.

433 Vgl. B. Holzhauer (1994), S. 23.

434 Vgl. B. Melzer-Lena (1997), S. 19.

435 Vgl. B. Melzer-Lena (1997), S. 19; Institut für Jugendforschung (1995b), S. 199.

436 Vgl. auch B. Melzer-Lena (1995), S. 14; B. Melzer-Lena (1997), S. 21.

sie Preisvergleiche für eine Marke zwischen verschiedenen Einkaufsstätten anstellen.[437] Sie sind allerdings insofern weniger preisbewußt, als sie für begehrte Marken im Vergleich zu nicht-markierten Produkten oder geringer geschätzten Marken häufig sehr hohe Preise zu zahlen bereit sind.[438] Im Kleidungsbereich wird der Preis von Jugendlichen z.B. als weniger wichtig angesehen als die Marke oder die Qualität.[439] Allerdings treten bei den Jugendlichen auch durchaus ambivalente Gefühle und kritische Einstellungen gegenüber Marken und Konsum auf: Sie fühlen sich zu stark von der Werbung beeinflußt,[440] fühlen sich durch Markenimages zu stark festgelegt,[441] haben häufig das Gefühl, in der Freizeit zuviel auszugeben[442] und fühlen sich einem Druck ausgesetzt, bestimmte Marken zu kaufen.[443]

Abb. 3-5: Markenbewußtsein von 14- bis 27jährigen im Jahr 1995

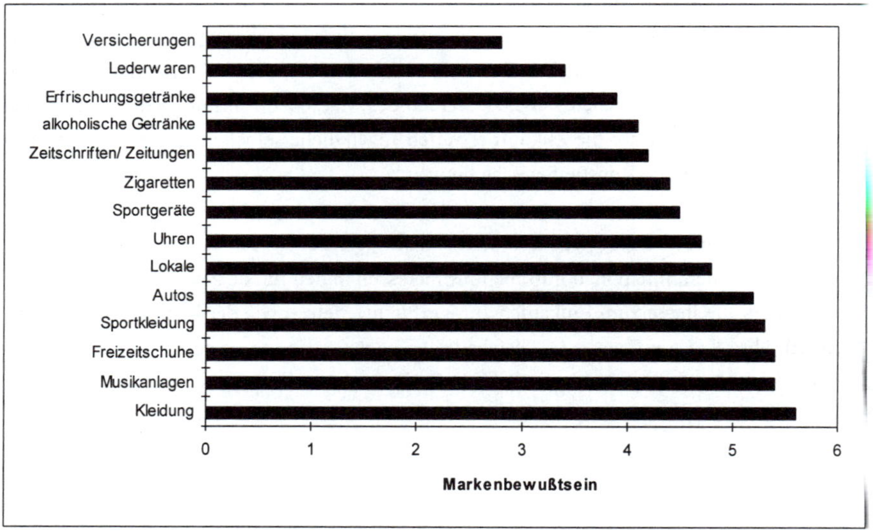

(1 = Marke ist ganz unwichtig; 7 = Marke ist sehr wichtig)

Quelle: in Anlehnung an Institut für Jugendforschung (1995b), S. 203.

---

437 Vgl. B. Melzer-Lena (1997), S. 21. Auch Praktikererfahrungen im Handelsbereich deuten darauf hin, daß Jugendliche gute Preiskenntnisse besitzen und eine Einkaufsstätte wenig Chancen hat, wenn sie eine Marke zu einem höheren Preis anbietet als andere Einkaufsstätten; vgl. W. Behrens (1997), o.S.

438 Bei Kleidung, aber auch bei anderen Produktarten, ist es sogar so, daß ein gewisses Preisniveau Voraussetzung dafür ist, daß eine Marke zur „In"-Marke unter Jugendlichen wird; vgl. B. Melzer-Lena (1995), S. 11.

439 Vgl. B. Melzer-Lena (1995), S. 9 u. 14.

440 So gaben 1997 72,9% der 13- bis 20jährigen an, daß Jugendliche zu stark von Werbung beeinflußt werden; vgl. Youngcom (1997), S. 81.

441 Vgl. A. Rucktäschl (1996), S. 119.

442 Diese Aussage bezieht sich allerdings auf die 18- bis 29jährigen: Von ihnen hatten 1996 56% öfters das Gefühl, daß sie in der Freizeit zuviel Geld ausgeben; vgl. H. W. Opaschowski/ C. Duncker (1996), S. 25.

443 Zum Markendruck vgl. B. Melzer (1983), S. 64; P. Hammann/ R. Palupski/ K. Bofinger (1997), S. 178.

3.4 Ausgabenstruktur und Besitz von Jugendlichen

In diesem Abschnitt wird die tatsächliche Einkommensverwendung der Jugendlichen näher beleuchtet. In den Verbrauchsgüterausgaben und dem Gebrauchsgüterbesitz von Jugendlichen kommen ihre bisherigen Konsummöglichkeiten (Einkommen) und Konsumbedürfnisse zum Ausdruck. Nur wenn das zur Befriedigung von Kaufbedürfnissen erforderliche Einkommen zur Verfügung steht, können die entsprechenden Käufe getätigt werden, und nur bei ausreichend hoher Intensität der Konsumbedürfnisse wird das Geld konsumtiven Zwecken zugeführt. Eine alternative Möglichkeit der Verwendung des laufenden Einkommens besteht darin, es zu sparen: Ein Teil des Einkommens von Jugendlichen wird zwar auch gespart, aber der Großteil des laufenden Einkommens von Jugendlichen wird direkt für Konsumzwecke verausgabt.[444] Auch unter den Sparmotiven von Jugendlichen dominieren konkrete konsumorientierte Sparziele (z.B. Urlaub, Auto, Stereoanlage); das Vorsorgemotiv spielt eine geringere Rolle.[445] Aufgrund ihrer Sozialisation in einer Wohlstands-, Konsum- und Mediengesellschaft gelten Jugendliche als konsumfreudig.[446] Materielle Zukunftsängste waren für die in eine Wohlstandsgesellschaft hineingeborenen westdeutschen Jugendlichen eher untypisch; gegenwärtig werden Zukunftseinschätzungen allerdings durch die zunehmende Arbeitslosigkeit getrübt.[447] Nach wie vor stimmen aber – nach der VA 97 – 14- bis 19jährige im Vergleich zur Gesamtbevölkerung (GB) konsum- und genußorientierten Statements fast durchgängig zu einem größeren Teil zu:[448] 57,5% stimmen voll oder weitgehend zu, daß man sich mit seinem Geld lieber ein schönes Leben machen sollte als es zu sparen (GB: 45,6%) und 57,3% stimmen voll oder weitgehend zu, daß sie lieber manche Dinge auf Kredit kaufen, als daß sie lange darauf verzichten (GB: 45,7%). 34,4% der 14- bis 19jährigen stimmen voll oder weitgehend zu, daß sie häufig Dinge, die eigentlich nicht notwendig sind, kaufen, nur um sich eine Freude zu machen (GB: 28,1%), und 52,1% bezeichnen sich als Feinschmecker (GB: 60,1%).

---

444 Vgl. auch die Ausführungen auf S. 59.

445 Vgl. M. Körner (1987a), S. 432; B. Melzer-Lena (1995), S. 7. Bei jungen Menschen spielt die Präferenz für Vorsorge noch eine vergleichsweise geringe Rolle; vgl. E. Kirner/ J. Schwarze (1996), S. 203.

446 Vgl. J. Meixner (1992), S. 64; vgl. auch D. L. Loudon/ A. J. Della Bitta (1993), S. 150.

447 Vgl. M. Körner (1987a), S. 432. Die Feststellung der 9. Shell-Jugendstudie von 1981 und auch der YoYo-Studie von Lintas Hamburg GmbH (1994), daß 16- bis 18jährige zwar gesamtgesellschaftlichen Problemen eher skeptisch gegenüberstehen, die eigene Zukunft jedoch eher optimistisch einschätzen, trifft nach der 12. Shell-Jugendstudie für die Mehrheit der Jugendlichen 1997 nicht mehr zu; vgl. R. Münchmeier (1997a), S. 290. 1997 sind die Einschätzungen der gesellschaftlichen Zukunft ambivalent, was sich auch in einer gemischten Einschätzung der persönlichen Zukunft widerspiegelt. Vor allem die steigende Arbeitslosigkeit, die in der Öffentlichkeit stark diskutiert und im persönlichen Bekannten- und Verwandtenkreis erfahren wird beeinträchtigt offenbar auch die Einschätzung der persönlichen Zukunft; vgl. R. Münchmeier (1997a) S. 291-294.

448 Vgl. Axel Springer Verlag AG/ Verlagsgruppe Bauer (1997) (Hrsg.), o.S.

3.4.1 Struktur der monatlichen Verbrauchsgüterausgaben von Jugendlichen

Die bisherigen monatlichen oder jährlichen Ausgaben von Jugendlichen in verschiedenen Produktbereichen lassen – gleichbleibende Bedingungen vorausgesetzt – auf zukünftige Umsatzmöglichkeiten in diesen Bereichen schließen. Ausgabenstrukturen von Jugendlichen liefern Hinweise auf Kaufbedürfnisse und damit Umsatzpotentiale bei verschiedenen Verbrauchsgütern und Dienstleistungen.

Abb. 3-6 zeigt, wofür 16- bis 25jährige – laut einer unveröffentlichten Studie des Icon-Instituts aus dem Jahr 1996 – ihr frei verfügbares monatliches Einkommen, das sich auf ca. 600,- DM beläuft, ausgeben.[449] Zu berücksichtigen ist, daß die 12- bis 15jährigen nicht in die Erhebung einbezogen sind, die Altersabgrenzung also von der in der vorliegenden Arbeit vorgenommenen abweicht.

Abb. 3-6: Struktur der monatlichen Ausgaben der 16- bis 25jährigen

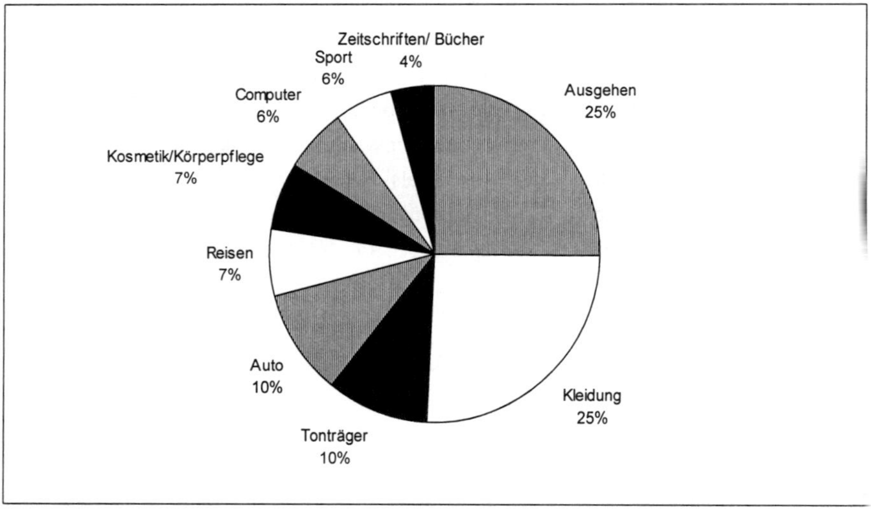

Quelle: in Anlehnung an Iconkids & Youth (1996), o.S.; gerundete Angaben.

[449] Vgl. Iconkids & Youth (1996), o.S. Da Ausgaben für Grundbedürfnisse wie Miete, Versicherungen, Nahrungsmittel vom frei verfügbaren Einkommen bereits abgezogen sind, sind diese Ausgaben hier nicht berücksichtigt. Über das Ausmaß, in dem Jugendliche bspw. Mietzahlungen und Lebensmittelkäufe tätigen, geben die Zahlen keinen Aufschluß. Unklar ist ferner, ob in den folgenden Angaben die Ausgaben für den Grundbedarf an Kleidung enthalten sind.

Die Bedürfnisse von Jugendlichen spiegeln sich in ihren Ausgaben wider. Dem Ausgehen kommt hierbei gemessen am Ausgabenanteil gemeinsam mit dem Bereich der Kleidung mit 25% die höchste Bedeutung für die Jugendlichen zu.[450] Bei den Ausgabenanteilen für Tonträger, Computer, Zeitschriften und Bücher ist zu berücksichtigen, daß in den monatlichen Ausgaben vermutlich nicht die Ausgaben für die Anschaffung der Geräte selbst enthalten sind; gleiches gilt für die Sportausgaben. Auch Kosmetik/ Körperpflege und Sport spiegeln mit 6% bzw. 7% Ausgabenanteil die hohe Bedeutung dieser Produktbereiche für Jugendliche wider. Gemessen an dem im Vergleich zu Kleidung geringeren Preisniveau von Kosmetik- und Körperpflegeprodukten nehmen die Ausgaben für diese Produkte einen großen Anteil an den gesamten Ausgaben ein. Die Bereiche Auto und Reisen, auf die mit 10% und 7% ebenfalls hohe Ausgabenanteile entfallen, wurden bisher noch nicht erwähnt: auch für diese Produktbereiche spielt das Unabhängigkeitsbedürfnis von Jugendlichen eine große Rolle. In der Jugendphase werden gemeinsam mit Gleichaltrigen bereits selbständige, d.h. von den Eltern unabhängige Reisen unternommen. Auch das eigene Auto schafft Unabhängigkeit und Mobilität. Beide Ausgabenbereiche sind aber vermutlich stark altersabhängig; die Anteile bei den unter 18jährigen dürften entsprechend gering ausfallen.

Auf alters-, geschlechts- und bildungsbedingte Unterschiede in den Ausgabenstrukturen von Jugendlichen weist die 1996 durchgeführte Erhebung von Lange bei 15- bis 20jährigen hin.[451] Die Ausgaben für Autos und Reisen, für den Besuch von Gaststätten und Theatervorstellungen sowie für Bücher steigen mit zunehmendem Alter, während die für Süßigkeiten sinken. Auch geschlechtsbedingte Unterschiede in den Ausgabenstrukturen sind zu berücksichtigen: Mädchen weisen deutlich höhere Ausgaben für Kleidung und Kosmetik auf, während Jungen mehr für Alkohol ausgeben. Jungen geben deutlich mehr für Fahrzeuge aus, Mädchen hingegen etwas mehr für Reisen, was darauf hinweist, daß es sinnvoll ist, die Kategorie Mobilität/ Reisen weiter zu differenzieren. Ferner geht auch vom Bildungsniveau der Jugendlichen ein Einfluß auf die Struktur des Konsums der Jugendlichen aus: Mit zunehmendem Bildungsniveau steigen z.B. die Ausgaben für kulturelle Güter sowie für Reisen und Gaststättenbesuche.

Kritisch anzumerken ist, daß die angeführten Studien – aufgrund der Zusammenfassung in noch recht grobe Kategorien – nur vage Anhaltspunkte für die Ausgaben von Jugendlichen für einzelne Produktarten innerhalb der Kategorien liefern, so daß im Einzelfall weitergehende

---

450 Das Ausgehen umfaßt außer Haus verbrachte Aktivitäten der Jugendlichen und die dabei getätigten Ausgaben, wie z.B. den Besuch von Kinos, Diskotheken, Konzerten, Schwimmbädern, Restaurants, Cafés, Kneipen sowie die hierbei konsumierten Nahrungsmittel und Getränke.

451 Vgl. E. Lange (1997), S. 62-64.

Differenzierungen des jeweiligen Produktbereichs vorzunehmen sind.[452] Um Hinweise auf die relative Bedeutung jugendlicher Kunden zu erhalten, können ferner Vergleiche der Ausgaben und Verwendungsstrukturen von Jugendlichen mit anderen Altersgruppen sinnvoll sein. So werden z.B. Haarschaum, -gel und -lack sowie Lidschatten überproportional stark von jungen Frauen zwischen 14 und 24 verwendet.[453] In einigen Produktbereichen sind Jugendliche eine der größten Verbrauchergruppen bzw. die Hauptumsatzträger, so z.B. bei Tonträgern[454] oder Diskotheken und Kinos.[455] Weiterhin können Differenzierungen der Jugendlichen nach dem Alter oder der Zugehörigkeit zu einer bestimmten jugendkulturellen Gruppierung vorgenommen werden, um aus Umsatzgründen interessante Teilgruppen herauszufiltern. So ist z.B. für die Jugendlichen, die der „Raving Society“[456] angehören, Mobilität sehr wichtig, was zu höheren Ausgabenanteilen in dieser Kategorie führt.

3.4.2 Besitz von Gebrauchsgütern bei Jugendlichen

Bei einer Betrachtung der monatlichen Ausgaben von Jugendlichen werden i.a. nur regelmäßig erworbene Verbrauchsgüter und Dienstleistungen adäquat erfaßt. Konsumausgaben für langlebige Gebrauchsgüter werden definitionsgemäß nicht regelmäßig getätigt und sind daher über (monatliche) Ausgabenstrukturen schlecht zu erfassen. Um zu einer Einschätzung zu gelangen, inwieweit Jugendliche Käufe auch im Gebrauchsgüterbereich tätigen, können Bestandsgrößen, nämlich der Gebrauchsgüterbesitz von Jugendlichen, herangezogen werden.[457] Mögliche Indikatoren für direkte Umsatzpotentiale im Jugendmarkt für Gebrauchsgüter sind demnach Besitzdaten und Kaufwünsche von Jugendlichen. Die Besitzdaten geben Auskunft über die zurückliegenden Käufe; die Kaufwünsche können als Indikatoren für zukünftige Käufe gelten. Allerdings ist bei der Interpretation der Besitzdaten von Jugendlichen Vorsicht geboten, da der Besitz noch keine Auskunft darüber gibt, wer die Ausgaben dafür getätigt hat. Die Gebrauchsgüter, über die ein Jugendlicher verfügt oder die er sich

---

452 So weisen 14- bis 19jährige zwar bei Eau de Toilette/ Parfum und Deodorant hohe Verwendungsintensitäten und Selbstkaufraten auf; während Nagellackentferner und Körperpuder selten verwendet und kaum selbst gekauft werden; vgl. Institut für Jugendforschung (1997a), S. 19 u. 113.

453 Vgl. Verlagsgruppe J. Marquard (1994), S. 12. Dabei ist allerdings ebenfalls zu berücksichtigen, daß die Verwendung nicht mit dem Selbstkauf, d.h. den eigenen Ausgaben, identisch ist.

454 44% des Tonträgerumsatzes wird mit Kunden zwischen 10 und 29 Jahren gemacht; vgl. o.V. (1997c), S. 8; vgl. auch S. Hentz (1996), S. 51.

455 Vgl. D. Baacke/ R. Vollbrecht (1996), S. 58; P. Schrott (1994), S. 105. Mit 50% der verkauften Kinokarten stellen die 10- bis 24jährigen die größte Besuchergruppe der Kinos dar; vgl. G. Neckermann (1997), S. 126.

456 Raves sind die Tanzveranstaltungen der Anhänger der Techno-Musik, bei denen häufig ein ganzes Wochenende durchgetanzt wird. Um zu diesen, an wechselnden Orten stattfindenden Raves zu gelangen, nehmen Techno-Fans weite Fahrtstrecken in Kauf.

457 Ein analoges Vorgehen wird bei Marktpotentialschätzungen gewählt: Normalerweise werden Marktpotential und -volumen als jährliche Kaufmengen berechnet. Bei langlebigen Gebrauchsgütern wird jedoch das Marktpotential zunächst als denkbare Bestandsgröße geschätzt; vgl. W. Hill/ I. Rieser (1993), S. 114-116.

wünscht, können auch geschenkt oder von den Eltern gekauft worden sein.[458] Diese von den Eltern getätigten Käufe werden – soweit sie von den Jugendlichen beeinflußt sind – im indirekten Umsatzpotential jugendlicher Kunden, d.h. in **Kapitel 4** berücksichtigt. Ein Ergebnis der steigenden Einkommen von Jugendlichen ist allerdings auch darin zu sehen, daß Jugendliche verstärkt auch dauerhafte und hochpreisige Güter kaufen.[459]

Einen Überblick über den Besitz verschiedener Arten von Gebrauchsgütern bei 15- bis 20jährigen gibt die Erhebung von Lange aus dem Jahre 1996 (vgl. **Tab. 3-4**). Zwei Aspekte sind bei der Interpretation der Ergebnisse zu berücksichtigen: Erstens weicht die Altersabgrenzung (15 bis 20 Jahre) von der in der vorliegenden Arbeit gewählten (12 bis 24 Jahre) ab; zweitens wurde nur die Tatsache des Besitzes erfaßt, nicht aber Mengen und Wert der Geräte.

Tab. 3-4: Besitz von Gebrauchsgütern bei 15- bis 20jährigen in Prozent im Jahr 1996

Gebrauchsgüter	insgesamt	Jungen	Mädchen
Radio	93	92	95
Musikanlage	93	94	92
Fahrrad	85	83	88
Walkman	71	75	67
Fernseher	71	77	65
Fotoapparat	62	52	71
Schmuck	50	28	71
Musikinstrument	44	43	46
Computer	36	51	22
Videogerät	35	39	31
Auto	22	24	20
Mofa/ Moped/ Motorrad	10	17	4

Quelle: E. Lange (1997), S. 71.

Die **Tab. 3-4** zeigt einen recht umfangreichen Besitz an Gebrauchsgütern bei den 15- bis 20jährigen. Dabei stehen audiovisuelle Medien an der Spitze: Radio und Musikanlage besitzen 93% der 15- bis 20jährigen; 71% verfügen über Walkman und Fernseher und 36% bzw. 35% über einen Computer bzw. ein Videogerät. Geschlechtsunterschiede zeigen sich z.B. bei Computern (höhere Anteile bei den Jungen) und bei Geräten zur künstlerischen Betätigung (Musikinstrumente, Fotoapparat) sowie bei Schmuck (höhere Anteile bei Mädchen). In seiner Erhebung konnte Lange nur wenige Altersunterschiede feststellen: Einen deutlichen Effekt hat

458 Vgl. auch E. Lange (1997), S. 70. Denkbar sind ferner auch Mischfinanzierungen, bei denen sowohl die Jugendlichen als auch die Eltern einen Teil zur Finanzierung des Kaufs beitragen.

459 Vgl. D. L. Loudon/ A. J. Della Bitta (1993), S. 150.

das Alter notwendigerweise auf die Verfügung über ein eigenes Auto, und bei den audiovisuellen Geräten ist zu beobachten, daß der Besitz einfacher Geräte mit zunehmendem Alter sinkt, während der Besitz höherwertiger Geräte steigt.[460] Regionale Unterschiede im Konsumgüterbesitz der 15- bis 20jährigen zwischen Ost- und Westdeutschland bestehen nach Langes Erhebung kaum noch; allerdings wurde nur die Tatsache des Besitzes, nicht aber Qualität oder Wert der Güter berücksichtigt.[461]

Der Gebrauchsgüterbesitz in den beiden in **Abschnitt 3.3.3** hervorgehobenen Produktbereichen des Sports und der Unterhaltungselektronik soll im folgenden noch näher betrachtet werden.
Eine vom IJF im Oktober 1994 durchgeführte Erhebung zeigt, daß sich das hohe Interesse von Jugendlichen an sportlicher Betätigung auch in einem hohen Besitzstand an **Sportgeräten** niederschlägt.[462] **Tab. 3-5** gibt nicht nur Auskünfte über die Tatsache des Besitzes, sondern auch über den Wert der Sportausrüstung der 12- bis 21jährigen.[463]

Tab. 3-5: Besitz und Wert von Sportausrüstungen der 12- bis 21jährigen im Jahr 1994

	Besitzer in %	durchschnittlicher Wert pro Person in DM				Hochrechnung des Wertes des Besitzstandes in der Grundgesamtheit der 12- bis 21jährigen
		gesamt	12- bis 14jährige	15- bis 17jährige	18- bis 21jährige	
Sportschuhe	88	328,-	280,-	327,-	359,-	2,4 Mrd.
Sportkleidung	91	333,-	245,-	360,-	373,-	2,5 Mrd.
Sportgeräte	79	799,-	716,-	760,-	876,-	5,3 Mrd.
Summe		1.460,-	1.242,-	1.447,-	1608,-	10,2 Mrd.

Quelle: Institut für Jugendforschung (1994), S. 84.

Der Wert der Sportausrüstung steigt mit zunehmendem Alter der Jugendlichen. Allein aufgrund des noch nicht abgeschlossenen Körperwachstums der Jugendlichen bis 18 Jahre ist mit einem ständigen Ersatzbedarf an Sportausstattung zu rechnen. Hochgerechnet auf die Grundgesamtheit beläuft sich der Besitzstand an Sportausstattung der 12- bis 21jährigen im Jahr 1994 auf 10,2 Mrd. DM.

460 Vgl. E. Lange (1997), S. 72.
461 Vgl. E. Lange (1997), S. 72.
462 Vgl. IP Multimedia (1995), S. 37.
463 Sportschuhe und -bekleidung sind der Vollständigkeit halber mit aufgeführt.

Die **Geräte der Unterhaltungselektronik** stehen hinsichtlich des Gebrauchsgüterbesitzes von Jugendlichen an der Spitze. Eine Übersicht über die Ausstattung und die Besitzwünsche von 12- bis 17jährigen bei Geräten der Unterhaltungselektronik – nach den Ergebnissen der KVA 97 – liefern die folgenden **Tab. 3-6** und **Tab. 3-7**.[464]

Hinsichtlich der **Ausstattung** der Jugendlichen stehen die auditiven Medien (Walkman, CD-Player, HiFi-Anlage, Discman, tragbare HiFi-Stereo-Rundfunkgeräte) an erster Stelle. Hinzu kommt das Radio als ein weiteres auditives Medium der Unterhaltungselektronik, das zwar in der dargestellten Erhebung nicht enthalten ist, über das aber ebenfalls der überwiegende Teil von Jugendlichen verfügt.[465] Ebenso zeigt sich bei den audiovisuellen Medien eine gute Ausstattung der 12- bis 17jährigen: Über einen eigenen Fernseher verfügt bereits gut die Hälfte der 12- bis 17jährigen, und 21% verfügen über einen eigenen Videorecorder. Am wenigsten stark verbreitet sind PCs und v.a. deren Ausstattung mit Internet-Anschlüssen und CD-ROM-Laufwerken.

Tab. 3-6: Besitz der 12- bis 17jährigen von Geräten der Unterhaltungselektronik 1997

Besitz in %	**gesamt**	**Jungen**	**Mädchen**	**12/13-jährige**	**14/15-jährige**	**16/17-jährige**
Fernseher	50,6	56,9	44,0	36,3	51,7	64,4
Videorecorder	21,0	25,2	16,5	12,8	19,6	30,9
CD-Player (Standgerät)	44,1	45,9	42,2	35,6	44,1	53,1
Discman	17,1	18,3	15,7	18,4	16,4	16,3
HiFi-Anlage	43,5	46,5	40,3	33,5	36,5	61,6
Tragbares HiFi-/ Stero-Rundfunkgerät/ Ghetto-Blaster	22,5	25,1	19,7	18,9	24,9	23,6
Walkman	71,9	75,2	68,3	68,2	74,6	72,8
PC/ Homecomputer	25,0	34,6	14,9	20,5	26,2	28,5
CD-ROM-Laufwerk	15,1	21,7	8,1	9,8	15,9	19,8
Modem	7,0	10,1	3,8	4,8	8,8	7,5
Internet-/ Online-Anschluß	3,5	5,3	1,7	2,7	4,6	3,4

Quelle: in Anlehnung an Bastei-Verlag G. H. Lübbe GmbH & Co. et al. (1997) (Hrsg.), o.S.

---

464 Vgl. Bastei-Verlag G. H. Lübbe GmbH & Co. et al. (1997) (Hrsg.). Die Reihenfolge der Konsumgüter ist an den Medienbereichen (audiovisuell, auditiv, PC) orientiert. Einige einfache auditive Medien (z.B. Radio, Kassettenrecorder) sind in der Erhebung nicht enthalten.

465 Andere Erhebungen zeigen, daß der überwiegende Teil der Jugendlichen über ein eigenes Radio verfügt. Nach B. van Eimeren/ B. Maier-Lesch (1997), S. 594, verfügen 88% der 12- bis 19jährigen über ein eigenes Radio. Nach der KVA 94 verfügten 84% der 12- bis 17jährigen über ein eigenes Radio bzw. Radiorecorder; vgl. Bastei-Verlag G. H. Lübbe GmbH & Co. et al. (1994) (Hrsg.), S. 80.

Tab. 3-7: Wunsch der 12- bis 17jährigen bei Geräten der Unterhaltungselektronik 1997

Wunsch in %	gesamt	Jungen	Mädchen	12/13-jährige	14/15-jährige	16/17-jährige
Fernseher	34,4	32,3	36,5	47,6	34,0	20,8
Videorecorder	43,9	45,7	42,0	47,6	47,4	36,6
CD-Player (Standgerät)	20,2	20,2	20,1	27,1	19,9	13,1
Discman	20,1	19,1	21,1	22,2	21,4	16,1
HiFi-Anlage	25,1	23,4	26,8	26,0	28,7	20,3
Tragbares HiFi-/ Stero-Rundfunkgerät/ Ghetto-Blaster	10,9	9,7	12,2	12,8	13,7	6,0
Walkman	11,3	9,7	12,9	16,1	11,5	5,9
PC/ Homecomputer	35,6	42,0	28,8	40,1	37,5	28,8
CD-ROM-Laufwerk	27,0	34,1	19,5	30,3	27,7	22,6
Modem	24,5	32,7	15,8	20,9	28,8	23,7
Internet-/ Online-Anschluß	24,5	32,2	16,5	23,2	26,0	24,3

Quelle: in Anlehnung an Bastei-Verlag G. H. Lübbe GmbH & Co. et al. (1997) (Hrsg.), o.S.

Kaufwünsche der 12- bis 17jährigen beziehen sich v.a. auf Videorecorder (43,9%), Fernsehapparate und PCs sowie innovative PC-Ausstattung (CD-ROM-Laufwerk, Modem, Online-Zugang) (vgl. **Tab. 3-7**). Dabei kann nicht unterschieden werden, ob es sich um Erst- oder um Ersatz- bzw. Erweiterungsbedarfe handelt.[466] Um Erstbedarfe handelt es sich vermutlich bei den relativ neuen Medien; dort übersteigen die Anteile der Wünschenden die der Besitzenden, d.h. die Ausstattung der Jugendlichen mit innovativen Technologien steht zwar auf der Wunschliste relativ weit oben, ist aber noch nicht Realität.[467] Kaufwünsche von Jugendlichen im Bereich der Unterhaltungselektronik beziehen sich allerdings häufig lediglich auf eine qualitativ verbesserte Version eines Produktes, das sie bereits besitzen (z.B. bei Fernsehern, Radios und Musikanlagen).[468] Bereits in der Kindheit beginnt die Ausstattung der Kinder mit einer Vielzahl einfacher auditiver Medien (Radio, Kassettenrecorder, Walkman);[469] in der

[466] So ist z.B. bei PCs aufgrund der hohen Obsoleszenzgeschwindigkeit mit hohen Ersatzbedarfen zu rechnen.

[467] Bei Videorecordern und im PC-Bereich ist die Anzahl der Wünschenden größer als die der Besitzenden, was darauf hindeutet, daß hier die Erstaustattung in der Jugendphase oder später erfolgt. Entsprechend der noch geringen Ausstattung mit Modem und Online-Zugang sind die 14- bis 19jährigen Jugendlichen auch unter den Online-Nutzern nicht überrepräsentiert; vgl. B. van Eimeren/ B. Maier-Lesch (1997), S. 594 f.

[468] Vgl. D. Baacke et al. (1990), S. 247. Vgl. P. Zollo (1995), S. 26 für die Situation in den USA. Aus diesem Grund dürfen Besitz- und Wunschanteile auch nicht addiert werden, um auf den zukünftigen Gesamtanteil von Besitzern einer Produktart zu schließen.

[469] Zu einer Darstellung der Medienausstattung bei 6- bis 13jährigen Kindern vgl. auch S. Weiler (1997). So verfügen bereits 83% der 12/13jährigen über ein eigenes Radio; vgl. ebd., S. 45.

Jugendphase werden dann einfache audiovisuelle Geräte zunehmend durch hochwertigere Geräte ersetzt.[470]

Diese Entwicklung der Ausstattung spiegelt sich auch in den **nach Altersgruppen** differenzierten Angaben wider. Höhere Altersgruppen sind mit Geräten der Unterhaltungselektronik, insbesondere mit höherwertigen Geräten, fast durchweg besser ausgestattet.[471] Bei den Kaufwünschen bestehen hingegen größtenteils negative Zusammenhänge zum Alter. So ist z.B. bei Fernsehern, CD-Playern und HiFi-Anlagen der Besitz in der höchsten Altersgruppe höher, die Kaufwünsche sind geringer als in der jüngsten Altersgruppe, was auf eine mit dem Alter zunehmende Bedürfnissättigung hindeutet.[472] Dabei handelt es sich zugleich um die Geräte, die in der Altersgruppe der 16/17jährigen eine insgesamt starke Verbreitung besitzen; sie scheinen zur „Grundausstattung" der Mehrheit der Jugendlichen zu gehören. Die zwar abnehmenden, aber auch bei den 16/17jährigen noch vergleichsweise stark verbreiteten Kaufwünsche bei Videorecordern und PCs deuten darauf hin, daß hier die Erstausstattung vergleichsweise spät erfolgt und noch mit einer verstärkten Ausstattung im weiteren Verlauf der Jugendphase zu rechnen ist. Bei Modem und Online-Anschlüssen handelt es sich um innovative Produkte, die Kaufwünsche liegen in allen Altersgruppen weit über den noch geringen Besitzanteilen, was eine zunehmende Ausstattung zu einem späteren Zeitpunkt vermuten läßt. Die diskutierten Zusammenhänge von Besitz und Kaufwünschen einerseits mit dem Alter andererseits deuten auf Interessenschwerpunkte einzelner Altersgruppen sowie auf Alter der Erstausstattung mit entsprechenden Geräten hin. Dies ist ein Indiz für unterschiedlich große Umsatzpotentiale in verschiedenen Altersgruppen. Um entsprechende Aussagen treffen zu können, bedarf es allerdings detaillierterer Analysen in den jeweiligen Produktbereichen.

Bei Medienbesitz und -wünschen sind ferner auch **Geschlechtsunterschiede** zu berücksichtigen: Jungen verfügen insgesamt in höherem Maße über Medien als Mädchen und erweisen sich häufig als Trendsetter im Besitz neuer Medien wie Computer oder Video.[473]

Zum Abschluß soll noch kurz auf die Entwicklung der **Gebrauchsgüterausstattung** von Jugendlichen im **Zeitvergleich** eingegangen werden. Soweit entsprechendes Zahlenmaterial

---

470 Erst ab dem zehnten Lebensjahr kommt es zu einer zunehmenden Verbreitung hochwertiger elektronischer Geräte; vgl. S. Weiler (1997), S. 45.

471 Vgl. zu derartigen Beobachtungen auch E. Lange (1997), S. 72.

472 In der jüngsten Altersgruppe sind die Angaben zum Besitz häufig geringer als die Angaben zu den Kaufwünschen; in höheren Altersgruppen kehrt sich dieses Verhältnis um bzw. strebt weiter auseinander, was auf eine tendenzielle Bedürfnissättigung in den höheren Altersgruppen schließen läßt. Allerdings bleiben dabei Periodeneffekte unberücksichtigt.

473 Vgl. D. Baacke et al. (1990), S. 246; E. Lange (1997), S. 71. Vgl. auch B. van Eimeren/ B. Maier-Lesch (1997), S. 594: 24% der 12- bis 19jährigen Jungen, aber nur 9% der 12- bis 19jährigen Mädchen verfügen z.B. über einen eigenen PC. Allerdings deutet sich diesbezüglich in der Kindheit ein Wandel an: Während sich unter den 6- bis 13jährigen noch 1993 fast dreimal so viele Jungen (21%) wie Mädchen (8%) als Computerbesitzer auswiesen, existierte 1995 kaum noch ein Unterschied beim Besitz von PCs: Je 11% der Jungen und Mädchen geben an, einen eigenen Computer zu besitzen; vgl. S. Weiler (1997), S. 44 f.

vorhanden ist, ist eine Vorverlagerung des Zeitpunktes der Erstausstattung festzustellen. Jugendliche und auch Kinder verfügen selbst immer früher über eine Vielzahl von Gebrauchsgütern. Lange (1997) stellt fest, daß sich 1996 gegenüber 1990 die Ausstattung der Jugendlichen mit Konsumgütern, v.a. mit Computern und Videorecordern deutlich verbessert hat.[474] Es zeigt sich, daß gerade die neuen Medien-Ensembles in immer stärkerem Maße in den Besitz von Jugendlichen übergehen.[475] Bei der Ausstattung mit einem eigenen Auto ist zu beobachten, daß 1990 bereits 41% der 18- bis 20jährigen über ein eigenes Auto verfügten, während dies 1971 nur 20% waren.[476] Hier zeigt sich eine Akzeleration nicht nur hinsichtlich der körperlichen und psychischen Entwicklung, sondern auch hinsichtlich der Teilnahme am Konsumsektor und des Besitzes von Konsumgütern.

3.5 Fragmentierung des Jugendmarktes durch Gruppenstile

In den vorangegangenen Abschnitten wurde bereits deutlich, daß Jugendliche hinsichtlich ihrer kaufverhaltensrelevanten Merkmale nicht immer eine homogene Gruppe darstellen, sondern daß innerhalb der Gruppe der Jugendlichen häufig interne Differenzierungsmuster existieren, die bei der Abschätzung der Umsatzpotentiale jugendlicher Kunden im konkreten Fall zu berücksichtigen sind. In den bisherigen Ausführungen wurde v.a. auf Unterschiede der Determinanten und Indikatoren des gegenwärtigen direkten Umsatzpotentials im Jugendmarkt in Abhängigkeit vom Alter, dem Geschlecht, dem Status bzw. dem Bildungsniveau der Jugendlichen hingewiesen. So stellen z.B. ältere männliche Jugendliche aufgrund ihres höheren Einkommens und ihrer Bedürfnisse eine besonders interessante Kundengruppe im Computerbereich dar. Hingegen geben Mädchen mit eher niedrigem Bildungsniveau mehr Geld für Kleidung aus,[477] so daß diese Gruppe für einen Kleidungsanbieter von besonderem Interesse ist. Auch hinsichtlich ihrer Produktanforderungen sind die Jugendlichen nicht immer als homogene Gruppe anzusehen, so daß eine Ausschöpfung der Umsatzpotentiale im Jugendmarkt vielfach nicht mit einem einzigen Angebot möglich ist, sondern vielmehr eine spezifische Bearbeitung verschiedener Gruppen von Jugendlichen erforderlich wird.[478]
Einem anbietenden Unternehmen stellt sich also die Möglichkeit und teilweise auch die Notwendigkeit, den Jugendmarkt – d.h. die Gesamtheit der jugendlichen Kunden – in verschiedene Marktsegmente – d.h. nach bestimmten Kriterien abgegrenzte Kundengruppen – zu zerlegen und sein Angebot nicht auf den Gesamtmarkt, sondern nur auf einzelne, besonders

[474] Vgl. E. Lange (1997), S. 73.
[475] Vgl. D. Baacke/ R. Vollbrecht (1996), S. 58.
[476] Vgl. Institut für Jugendforschung (1992a), S. 32.
[477] Vgl. E. Lange (1997), S. 62 u. 64.
[478] Vgl. B. Melzer-Lena/ I. Barlovic (1997a), S. 24 u. 26 f. Zur Altersstimmigkeit von Produkten und zur Stimmigkeit zu Peer-Gruppen und Lebensstilen als kaufentscheidungsrelevante Kriterien für Jugendliche vgl. B. Melzer-Lena (1997), S. 23 f.

attraktiv erscheinende Segmente, im Extremfall sogar auf einzelne jugendliche Kunden (z.B. Trendsetter), auszurichten.[479] Umsatzpotentialschätzungen sind dann für die einzelnen Segmente getrennt vorzunehmen.

Bei den bisher genannten Merkmalen von Jugendlichen (Alter, Geschlecht, Einkommen, Status, Bildungsniveau) handelt es sich um sozio-demographische Kriterien. Bei der Segmentierung von Märkten werden neben diesen sozio-demographischen Kriterien auch psychographische Merkmale wie z.B. produktspezifische Einstellungen oder der Lebensstil der Käufer zur Segmentbildung herangezogen.[480] Bei den jugendlichen Konsumenten sind v.a. (lebens-)stilbezogene Kriterien wie z.B. die Zugehörigkeit zu bestimmten **stilbezogenen jugendkulturellen Gruppierungen** als Unterscheidungsmerkmale von hoher Bedeutung für die anbietenden Unternehmen, da diese das Konsumverhalten von Jugendlichen in einer Vielzahl von Produktbereichen beeinflussen.[481] In der Jugendphase, in der die Gleichaltrigen zu wichtigen Bezugsgruppen werden, werden auch die größeren jugendkulturellen Gruppierungen zu wichtigen Elementen im Identitätsbildungsprozeß und in hohem Maße verhaltensbestimmend.[482] Wie bereits in **Abschnitt 3.3.3** thematisiert, spielen die öffentlichen Gruppenstile gerade im Zusammenhang mit den im Zuge der Identitätsbildung akzentuierten Selbstdarstellungs- und Abgrenzungsbedürfnissen sowie Zugehörigkeitsbedürfnissen in der Jugendphase eine bedeutende Rolle.[483] Zwischen 50% und 90% der Jugendlichen identifizieren sich mit einem jugendkulturellen Gruppenstil.[484] Die Teilnahme an Gruppenstilen ist dabei bei jüngeren Jugendlichen, bei männlichen Jugendlichen sowie bei Jugendlichen mit niedrigem Bildungsniveau stärker ausgeprägt.[485] Zur Symbolisierung dieser Gruppenstile und zur alltagskulturellen Distinktion von der Erwachsenenwelt werden von den Jugendlichen auch Konsumgüter eingesetzt. Gerade die neueren symbolisch-expressiven Ausdrucksformen von Jugendkulturen hängen eng mit der Konsumwelt und dem Symbolcharakter von Produkten zusammen; wichtige Symbole der Gruppenstile von Jugendlichen sind neben Sprache und

[479] Zur Marktsegmentierung bzw. -parzellierung und den alternativen Marktbearbeitungsstrategien vgl. H. Freter (1983), S. 111; H. Freter (1992), S. 733 ff.; J. Becker (1998), S. 237 ff.

[480] Vgl. H. Freter (1983), S. 44 u. 46.

[481] Vgl. B. Melzer-Lena/ I. Barlovic (1997a), S. 26.

[482] Vgl. D. Baacke/ W. Ferchhoff (1993), S. 416 f.; W. Ferchhoff (1991), S. 107. Sie ermöglichen die Erprobung verschiedener Verhaltensweisen und Lebensentwürfe, geben Rückmeldungen über das Verhalten des Jugendlichen und liefern Identifikationsangebote. Mit einer eigenen Mode, eigener Musik und eigenen Umgangsformen ermöglichen sie die Erprobung eines Stücks Selbstgestaltung; vgl. D. Baacke (1993), S. 284.

[483] Vgl. dazu die Ausführungen auf S. 70 f. Vgl. dazu auch C. Strzoda et al. (1997), S. 60; Y. Fritzsche (1997), S. 363 f.; D. Baacke/ W. Ferchhoff (1993), S. 416 f.; W. Ferchhoff (1991), S. 107.

[484] Vgl. C. Strzoda et al. (1997), S. 66.

[485] Vgl. Y. Fritzsche (1997), S. 368 f.; vgl. auch C. Strzoda et al. (1997), S. 66 f. Ältere Jugendliche (22- bis 24jährige) sind weniger häufig, aber immer noch zu 50% bis 77% mit Gruppenstilen identifiziert.

Bewegungen z.B. Musik, Kleidung, Accessoires und Frisuren.[486] Aber auch Getränke, Nahrungsmittel und Einrichtungsgegenstände werden zur Sichtbarmachung des eigenen Stils verwendet.[487]

In Produktbereichen, in denen v.a. Abgrenzungs- und Zugehörigkeitsbedürfnisse die Grundlage für die Kaufmotivation von Jugendlichen bilden und derartige Gruppenstile von hoher Relevanz sind, ist eine Bearbeitung des gesamten Jugendmarktes mit einem einheitlichen Angebot erschwert. Unter diesen Bedingungen erscheint es aus Unternehmenssicht sinnvoller, einzelne stilbezogene Segmente herauszugreifen und mit jeweils spezifischen Marketingkonzepten gezielt zu bearbeiten. In diesem Fall sind Umsatzpotentialschätzungen nach der Zugehörigkeit der Jugendlichen zu bestimmten jugendkulturellen Stilen zu differenzieren. Nicht das Umsatzpotential der gesamten Gruppe der Jugend ist dann entscheidungsrelevant, sondern die in einzelnen Untergruppen bestehenden Umsatzpotentiale.[488]
Die folgende **Abb. 3-7** faßt die diskutierten Differenzierungsstrukturen des gegenwärtigen direkten Umsatzpotentials im Jugendmarkt zusammen.

Abb. 3-7: Differenzierungsstrukturen des gegenwärtigen direkten Umsatzpotentials

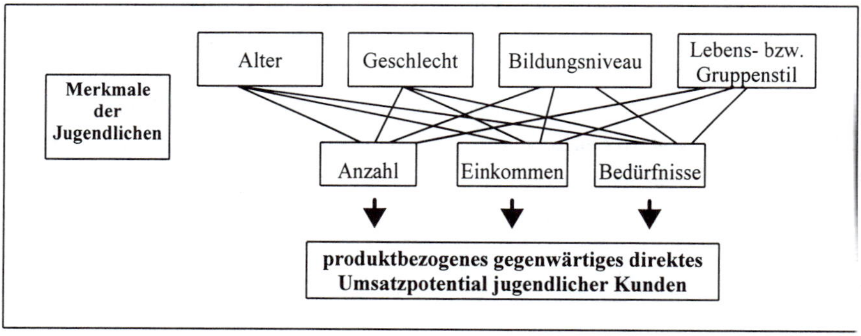

Im **Zeitvergleich** ist eine zunehmende Differenzierung der jugendkulturellen Gruppenstile zu beobachten: Es existieren nicht mehr wie früher nur wenige alternative Gruppierungen neben-

486 Vgl. z.B. D. Baacke/ W. Ferchhoff (1993), S. 411 u. 413; Y. Fritzsche (1997), S. 363; D. Hebdige (1985), S. 195 f.; C. Strzoda et al. (1997), S. 58. Vgl. auch die Ausführungen auf S. 70 f.

487 Vgl. GIM (1995).

488 Auch hier ist dann zu prüfen, ob nicht einzelne Stilgruppen aufgrund ihrer Größe, ihres Einkommens, ihrer Bedürfnisintensität oder sonstiger Merkmale eine besonders interessante Kundengruppe darstellen. So bestehen in den überregionalen, eher normalen und sozial unauffälligen Teenagerkulturen, die häufig stark über Popkultur und Medien beeinflußt sind, größere Umsatzpotentiale als in lokalen jugendlichen Protestkulturen, wie z.B. der Berliner Hausbesetzerszene.

einander, sondern eine beinahe unübersichtliche Vielfalt von verschiedenen Gruppenstilen.[489] Zunehmende Autonomisierungstendenzen im Konsum- und Freizeitbereich kombiniert mit Unabhängigkeits-, Abgrenzungs- und Individualisierungsbedürfnissen führen dazu, daß Jugendliche verstärkt differenzierte Vorlieben ausbilden, die sich nicht nur von denen der Erwachsenen, sondern auch von denen anderer Jugendlicher unterscheiden. Einen Eindruck von der Vielfalt jugendkultureller Stile gibt die **Abb. 3-8 im Anhang**, die auf den in der Shell-Jugendstudie von 1997 unterschiedenen Stilen basiert.[490] Sie zeigt auch, daß diese jugendkulturellen Gruppenstile z.T. sehr stark polarisieren.[491]

Diese Entwicklungen weisen auf eine zunehmende Pluralisierung und Zersplitterung des Jugendmarktes in eine Vielzahl kleinerer Segmente hin, welche eine undifferenzierte Bearbeitung des gesamten Jugendmarktes mit einheitlichen Produkten erschweren. Die beschriebenen Bedürfnisse von Jugendlichen nach Abgrenzung von allem Kindlichen aber auch von Eltern und Traditionen, sowie ihre Tendenz, Konsumgüter für die alltagskulturelle Distinktion z.B. gegenüber der etablierten Erwachsenengesellschaft einzusetzen,[492] erschweren ohnehin in vielen, insbesondere in ich-nahen Produktbereichen eine einheitliche Bearbeitung von Kinder-, Jugend- und Erwachsenenmarkt. Angesichts der zunehmenden Pluralisierung und Ausdifferenzierung der jugendlichen Konsum- und Lebensstile sowie der teilweise starken Polarisierung wird in vielen Bereichen auch eine einheitliche Bearbeitung des Jugendmarktes zunehmend erschwert.

Neuere Untersuchungen zu den jugendkulturellen Gruppenstilen zeigen ein weiteres Phänomen, das die Segmentbildung und Bearbeitung des Jugendmarktes zusätzlich beeinträchtigt. So schließen sich Sympathien für verschiedene Stile nicht mehr aus, was darauf hindeutet, daß bei einer Person wechselnde Vorlieben möglich sind und mit verschiedenen Stilen gleichzeitig experimentiert wird.[493] Die feste, dauerhafte Zugehörigkeit eines Jugendlichen zu einer ein-

---

[489] Zu der explodierenden Vielfalt der meist modisch-stilbezogenen Jugendkulturen vgl. T. Polhemus (1994); Y. Fritzsche (1997), S. 363; C. Strzoda et al. (1997), S. 59; B. van Eimeren/ B. Maier-Lesch (1997), S. 59 f.; D. Baacke/ W. Ferchhoff (1993), S. 405; W. Ferchhoff/ G. Neubauer (1997), S. 8. Zur zunehmenden Vielfalt bei Musikstilen; vgl. GESOMED/ PSB (1995), S. 6. Diese wird in engem Zusammenhang gesehen mit der zeitlichen Ausdehnung der Jugendphase bei einer früheren Selbständigkeit der Jugendlichen im Konsum- und Freizeitbereich; aufgrund der frühzeitigen Verselbständigung und der zunehmenden Wahlmöglichkeiten kommt es zu einer Pluralisierung und Individualisierung der jugendlichen Lebensstile, so daß auch von einer „Jugend im Plural“ gesprochen wird, die einheitliche Generationsgestalten fragwürdig werden läßt; vgl. W. Ferchhoff (1991), S. 108; H.-H. Krüger (1992), S. 16-18.

[490] Vgl. C. Strzoda et al. (1997), S. 61.

[491] Vgl. Y. Fritzsche (1997), S. 365 f.; C. Strzoda et al. (1997), S. 64; W. Ferchhoff (1991), S. 107. So wurde z.B. in einer Befragung von 1995 beobachtet, daß es keinen Musikstil gibt, der nicht von mind. 15% der 14- bis 26jährigen Befragten abgelehnt wurde; vgl. GESOMED/ PSB (1995), S. 10.

[492] Vgl. J. Zinnecker (1987); C. Strzoda et al. (1997), S. 58.

[493] Vgl. GESOMED/ PSB (1995), S. 10 f.

zigen Gruppierung wird zunehmend durch unverbindliche Mehrfachzugehörigkeiten ersetzt, die einen spielerischen, flexiblen Wechsel verschiedener Stile ermöglichen.[494] In diesem Zusammenhang wird häufig auch von Jugendszenen gesprochen, um diesen wechselhaften Charakter einer unverbindlichen Zugehörigkeit zum Ausdruck zu bringen.[495] Diese Wechselmöglichkeiten und Mehrfachzugehörigkeiten einzelner Jugendlicher sind dann auch bei der Segmentbildung zu berücksichtigen. Dabei ist ein Hauptproblem der Segmentierung und differenzierten Bearbeitung des Jugendmarktes in der Schnelligkeit des Wechsels von Stilen und Stilelementen zu sehen: Bis in der Marktforschung bestimmte Strukturen und Stile herauskristallisiert und darauf basierende Marketingkonzepte entwickelt werden, sind diese häufig schon wieder als überholt anzusehen.[496] Gerade in Produktbereichen, in denen Distinktionsmotive als Konsummotive von Bedeutung sind, ist solch eine erhöhte Schnellebigkeit zu beobachten.[497]

3.6 Zusammenfassende Beurteilung der Bedeutung jugendlicher Kunden im Hinblick auf ihre direkten Umsatzpotentiale

Die Analyse hat gezeigt, wie stark sich Akzelerationstendenzen auch im Konsumbereich bemerkbar machen. Jugendliche verfügen mittlerweile über eine enorme **Kaufkraft (1995: 108,6 Mrd. DM aggregierte Kaufkraft bei den 12- bis 24jährigen; 37,1 Mrd. DM bei den 12- bis 20jährigen)** und können über deren Verwendung in weiten Teilen selbst bestimmen. Ferner zeichnen sich Jugendliche durch eine hohe Konsumfreudigkeit aus: Ihr Einkommen wird zu großen Teilen für Konsumzwecke verwendet und auch der Teil, der gespart wird, ist häufig für Konsumzwecke bestimmt (Zwecksparen). Aus Unternehmenssicht stellen jugendliche Kunden daher, allein aufgrund der direkt mit den Jugendlichen selbst erzielbaren Umsätze, eine interessante, ernstzunehmende Zielgruppe dar. Aufgrund der bis zum Jahr 2005 zunächst zunehmenden Zahl der Jugendlichen ist zudem – sofern die individuellen Einkom-

---

494 1996 identifizierten sich 54% der 12- bis 24jährigen mit mehr als einem Gruppenstil; vgl. Y. Fritzsche (1997), S. 374. Ungefähr Ende der achtziger Jahre „begannen sich viele Jugendliche zeitgleich über subkulturelle Klassifizierungen hinwegzusetzen in eine schnellebige Welt der Stile, wo keine Uniform mehr zur Zwangsjacke würde, wo alles ge-sampled und ge-mixed wird, die ideologischen wie die ästhetischen Differenzen"; Y. Fritzsche (1997), S. 364; vgl. auch D. Baacke/ W. Ferchhoff (1993), S. 405 u. 415; W. Ferchhoff (1991), S. 107. W. Ferchhoff/ G. Neubauer (1997), S. 8, sprechen in diesem Zusammenhang auch von „Patchwork-Persönlichkeiten": Verschiedene Bausteine werden individuell so zusammengestellt, daß sie etwas Eigenes ergeben.

495 In dem Begriff der Jugendszenen kommen die freie Wählbarkeit und Unverbindlichkeit der Zugehörigkeit, die weitgehende Offenheit und Unstrukturiertheit dieser Gruppierungen zum Ausdruck; vgl. zu diesen Merkmalen auch C. Strzoda et al. (1997), S. 57-59; W. Vogelgesang (1994), S. 468; G. Schulze (1989), S. 556 f.

496 Vgl. W. Ferchhoff/ G. Neubauer (1997), S. 148. Zur Anforderung der zeitlichen Stabilität von Segmentierungskriterien vgl. H. Freter (1983), S. 43 f.

497 Vgl. dazu auch die Ausführungen auf S. 79 f.

men nicht sinken – mit einer weiteren Zunahme der aggregierten Kaufkraft von Jugendlichen zu rechnen; langfristig werden Anzahl und Anteil der Jugendlichen jedoch sinken.

Die Kaufkraft von Jugendlichen wird schwerpunktmäßig in den Produktbereichen **Kleidung, Accessoires und Kosmetik, Musik und Medien, Autos und Reisen, Sport und Freizeit** verausgabt. Bei einigen Produkten gelten die Jugendlichen dabei als Hauptverwender (Diskotheken, Kino). Auch die Ausstattung der Jugendlichen mit höherwertigen Gebrauchsgütern wie z.B. mit PCs, Fernsehern, HiFi-/ Stereoanlagen und Videorecordern erfolgt in hohem Maße in der Jugendphase.[498] Insgesamt gesehen bestehen **in einer Vielzahl von Produktbereichen hohe Umsatzpotentiale bei jugendlichen Kunden**, so daß es aus der Sicht anbietender Unternehmen grundsätzlich aussichtsreich ist, die Bedürfnisse jugendlicher Kunden (auch mit jugendspezifischen Produkten) zu bedienen.

Zu den bisher genannten, weitgehend quantitativen Argumenten kommt hinzu, daß Jugendliche in Produktbereichen, die ihre zentralen Bedürfnisse berühren, oft sehr **markenbewußt** sind und sie daher bereit sind, für eine begehrte Marke auch einen hohen Preis zu zahlen.

Von besonderem Interesse ist aus Unternehmenssicht ferner das Innovationspotential von Jugendlichen. Ihre besondere **Aufgeschlossenheit gegenüber Innovationen** in den für Jugendliche zentralen Produktbereichen führt dazu, daß sich neue Produkte und Marken im Jugendmarkt vergleichsweise leicht durchsetzen lassen. Es bieten sich daher hohe Umsatzpotentiale für innovative Produkte, die von Unternehmen gezielt ausgeschöpft werden können. Gerade wenn die Einführung von Innovationen aus Unternehmenssicht einen Engpaßfaktor[499] darstellt, gewinnt diese Eigenschaft von Jugendlichen eine hohe Bedeutung für das Unternehmen.

Bei einer Bewertung der Attraktivität jugendlicher Zielgruppen sind jedoch auch einige **Problemfelder** zu berücksichtigen, die mit einer Bearbeitung des Jugendmarktes verbunden sind und die – trotz hoher Umsatzpotentiale – vielfach zu einer abwartenden Haltung anbietender Unternehmen führen.[500] Sie sind zwar nicht in allen Produktbereichen gleichermaßen bedeutsam, bergen jedoch potentielle Risiken, die von jedem Anbieter, der in diesem Markt tätig ist oder tätig werden möchte, antizipiert werden sollten.

---

498 Allerdings kann von den Besitzdaten nicht unmittelbar auf hohe direkte Umsatzpotentiale der Jugendlichen geschlossen werden. Denkbar ist z.B. auch, daß die Produkte von Eltern oder Verwandten geschenkt wurden.

499 Vgl. H. Gierl (1995), Sp. 476; K. A. Disch (1985), S. 40. Bei Innovationen besteht die Gefahr, daß bei einer abwartenden Haltung der Konsumenten die Lager gefüllt bleiben; vgl. G. Wiswede (1995), S. 277.

500 Vgl. dazu auch **Abschnitt 3.5**. Zu den Grenzen der Jugendmarktbearbeitung vgl. auch **Kapitel 7**.

Eine der großen Gefahren einer Bearbeitung des Jugendmarktes besteht in seiner **Schnellebigkeit**. Die Probierfreude von Jugendlichen und ihre Aufgeschlossenheit gegenüber Neuem hat aus Unternehmenssicht auch eine Kehrseite. Es besteht die Gefahr, daß ein Produkt bzw. eine Marke auch sehr schnell wieder in Vergessenheit geraten oder starke Ablehnung erfahren kann. Insbesondere jüngere Jugendliche, die sich in der Kernphase der Identitätssuche befinden, zeigen starke gefühlsmäßige Schwankungen: Gefühle der Überhöhung und Idealisierung werden häufig von radikaler Ablehnung abgelöst.[501] Gerade Produkte, bei denen Distinktionsmotive als Konsummotive von Bedeutung sind, unterliegen der Gefahr einer zeitlich eng begrenzten Bevorzugung durch die Jugendlichen, da die Eignung der Produkte zur Hervorhebung der eigenen Besonderheit und der Abgrenzung von anderen nur solange besteht, wie diese noch keine weite Verbreitung erfahren haben.[502] Die absatzwirtschaftliche Ansprache des Jugendmarktes wird durch diese Wechselhaftigkeit erschwert. Um eine längerfristige Kundenbindung zu erreichen, wird eine laufende Beobachtung der Veränderungen im Verbraucherverhalten sowie laufende Anpassungen im Marketing, wie z.B. häufige Kollektionswechsel, erforderlich, was erhöhte Aufwendungen mit sich bringt.[503]

Ein zweites Problemfeld besteht in der tendenziell zunehmenden **Pluralisierung und Aufspaltung der Jugend** in verschiedene stilbezogene Teilgruppen. Sie bewirkt, daß mit einem Angebot nicht alle Jugendlichen, sondern jeweils nur einzelne Teilgruppen erreicht werden können. Unter diesen Bedingungen bietet es sich an bzw. wird es vielfach erforderlich, den Jugendmarkt in verschiedene Segmente zu unterteilen und eine gezielte Bearbeitung einzelner Segmente des Jugendmarktes vorzunehmen. Bei zunehmender Pluralisierung und abnehmender Segmentgröße besteht dann allerdings die Gefahr, daß den Kosten der Bearbeitung zu geringe Umsätze gegenüberstehen.

---

501 Vgl. H. Fend (1990), S. 62.
502 Vgl. dazu auch **Abschnitt 3.3.4**.
503 Vgl. dazu auch H.-W. Schuster (1994a), S. 114; ders. (1994b), S. 220 u. 228 f.

4 Analyse des indirekten Umsatzpotentials: Jugendliche als Beeinflusser der Unternehmensumsätze mit ihren Eltern

Eine Ausrichtung der Marketinginstrumente eines Unternehmens auf Jugendliche kann auch den Umsatz des Unternehmens mit anderen, von Jugendlichen beeinflußten Kunden, hier den Eltern, erhöhen (Erzielung indirekter Umsätze). Um die Bedeutung, die jugendlichen Kunden aufgrund ihrer Einflüsse auf die Umsätze eines Unternehmens mit ihren Eltern zukommt, einschätzen zu können, wird im folgenden eine nähere Analyse der diesen Einflüssen zugrundeliegenden Kaufkraft der Eltern sowie des Ausmaßes der Einflüsse der Jugendlichen auf deren Verwendung vorgenommen.

4.1 Zusammensetzung des indirekten Umsatzpotentials

Das indirekte Umsatzpotential jugendlicher Kunden umfaßt jenen Teil der Umsätze eines Unternehmens mit den elterlichen Kunden, die auf den Einfluß ihrer jugendlichen Kinder zurückzuführen sind. Diesen Umsätzen liegen die finanziellen Mittel der Eltern zugrunde, über die grundsätzlich die Eltern entscheiden, deren konsumtive Verwendung jedoch von den Jugendlichen beeinflußt wird. Die Obergrenze des indirekten Umsatzpotentials bilden damit die den Eltern mit jugendlichen Kindern in einer bestimmten Periode für Konsumzwecke zur Verfügung stehenden finanziellen Mittel.
Die Käufe (bzw. Ausgaben), die von den finanziellen Mitteln der Eltern getätigt werden, werden im folgenden als Käufe (bzw. Ausgaben) der Eltern bezeichnet. Dabei ist unerheblich, wer die Einkaufstätigkeit übernimmt: Sie umfassen Käufe, die von den Eltern getätigt werden (die aber von den Jugendlichen beeinflußt werden können), gemeinsam getätigte Käufe, aber auch Käufe, die die Jugendlichen im Auftrag der Eltern tätigen.[504] Dabei kann es sich sowohl um Käufe für den Bedarf der Eltern, den gemeinsamen Bedarf oder aber den individuellen Bedarf der Jugendlichen handeln.

In Abgrenzung dazu liegen dem in **Kapitel 3** thematisierten direkten Umsatzpotential jugendlicher Kunden die finanziellen Mittel der Jugendlichen zugrunde, über deren Verwendung die Jugendlichen weitgehend selbständig entscheiden.[505] Die finanziellen Mittel in Familien teilen sich also auf in die finanziellen Mittel der Eltern und die finanziellen Mittel der Jugendlichen. Als Abgrenzungskriterium wird die Verfügungsgewalt über die jeweiligen finanziellen Mittel

---

504 Vgl. dazu auch P. Zollo (1995), S. 24. Entscheidend ist nicht, ob die Eltern auch selbst die Einkaufstätigkeit durchführen, sondern ob sie grundsätzlich die Verfügungsgewalt über die Verwendung der finanziellen Mittel besitzen.

505 Vgl. dazu auch **Abschnitt 3.3.1**. Die entsprechenden Käufe (bzw. Ausgaben) wurden als Käufe (bzw. Ausgaben) der Jugendlichen bezeichnet.

angesehen.[506] Zu den finanziellen Mitteln der Jugendlichen zählen daher auch die Taschengelder sowie sonstige Geldgeschenke, die die Eltern an die Jugendlichen zahlen; die Verfügungsgewalt über diese Mittel wird von den Eltern auf die Jugendlichen übertragen.

In der Realität ist die Abgrenzung zwischen dem direkten und dem indirekten Umsatzpotential nur schwer zu vollziehen; es ist mit unscharfen Grenzbereichen zu rechnen. Probleme der Zurechnung ergeben sich nicht zuletzt daraus, daß bei einigen Käufen, z.B. bei Kleidung oder Gebrauchsgütern für den Bedarf der Jugendlichen, ein Teil der Finanzierung von den Eltern und ein Teil von den Jugendlichen übernommen wird. Eine grundsätzliche Unterscheidung ist jedoch notwendig, um bei einer Einschätzung der Umsatzpotentiale jugendlicher Kunden nicht der Gefahr einer doppelten Berücksichtigung der finanziellen Mittel der Jugendlichen zu unterliegen.

4.2 Probleme der Quantifizierung des indirekten Umsatzpotentials

In formaler Hinsicht besteht eine Möglichkeit der Quantifizierung des (aggregierten) jährlichen indirekten Umsatzpotentials von Jugendlichen darin, die durchschnittlichen monatlichen Ausgaben der Eltern mit jugendlichen Kindern für den privaten Verbrauch auf das Jahr hochzurechnen und mit einem Einflußfaktor zu multiplizieren, der das Ausmaß – d.h. Umfang und Stärke – des Einflusses der Jugendlichen auf die Konsumausgaben der Eltern ausdrückt.[507]

Leider kranken derartige Berechnungen daran, daß die erforderlichen Einzelgrößen zum Teil nicht bekannt bzw. mit großen Ungenauigkeiten behaftet sind. Unbekannt sind zum einen die durchschnittlichen Ausgaben der Eltern mit jugendlichen Kindern für den privaten Verbrauch.[508] Die größten Probleme bereitet jedoch die Ermittlung eines Einflußfaktors, der angibt, welcher Teil der Ausgaben der Eltern auf den Einfluß der Jugendlichen zurückgeht. Da „Einfluß" ein sehr komplexes, vielschichtiges und graduell abgestuftes Phänomen ist, bereitet selbst dessen Erfassung auf Intervallskalen Probleme. Eine weitergehende Zurechnung und Quantifizierung der durch die Jugendlichen bewirkten Veränderungen in den Ausgaben der Eltern in DM-Beträgen erscheint äußerst problematisch. Informiert ein Jugendlicher beispielsweise seine Eltern über ein neues Produkt und regt damit einen Kaufentscheidungs-

---

506 Vgl. auch **Abschnitt 2.3.3**.

507 In das Ausmaß des Einflusses gehen Informationen darüber ein, wieviele Eltern und Produkt- bzw. Ausgabenbereiche überhaupt einem Einfluß unterliegen (Umfang des Einflusses) und wie stark der Einfluß der Jugendlichen auf die Ausgaben bei verschiedenen Produkten ist (Einflußstärke).

508 Das Statistische Bundesamt ermöglicht lediglich eine Übersicht über die durchschnittlichen Verbrauchsausgaben zweier genau abgegrenzter Haushaltstypen mit Kindern, nämlich von Ehepaaren mit zwei Kindern (mind. eines unter 15 Jahren alt) mit mittlerem bzw. höherem Einkommen; vgl. Statistisches Bundesamt (1997d), S. 6 f. Zudem besteht das Problem der Trennung der Ausgaben der Jugendlichen und der Ausgaben der Eltern.

prozeß bei den Eltern an, und entscheiden sich die Eltern dann nach eigenen Erwägungen tatsächlich zum Kauf des Produktes, hat der Jugendliche auf die Einkommensverwendung der Eltern eingewirkt und sie verändert. Ohne seine Anregung hätten sie das Produkt möglicherweise nicht gekauft. Es stellt sich nun die Frage, als wie stark der Einfluß des Jugendlichen auf diesen Kauf anzusehen ist und welcher Teil des Unternehmensumsatzes dem Einfluß des Jugendlichen zugerechnet werden sollte.
Da eine Bemessung des indirekten Umsatzpotentials jugendlicher Kunden bzw. deren indirekten Kaufkraft in DM-Beträgen letztlich nicht möglich ist, liegt der Schwerpunkt der folgenden Ausführungen auf einer qualifizierenden Analyse der Art und des Ausmaßes des Einflusses der Jugendlichen auf die Verwendung der finanziellen Mittel der Eltern. Derartige qualifizierende Überlegungen zu den indirekten Umsatzpotentialen sind aus Unternehmenssicht in hohem Maße entscheidungsrelevant, da sie wertvolle Hinweise auf die Bedeutung dieser Zielgruppe und die Ausrichtung des Marketinginstrumentariums liefern.[509]

Im folgenden werden aber zunächst einige Angaben zu Anzahl, Kaufkraft und Ausgaben von Familien mit jugendlichen Kindern dargelegt, um zumindest eine ungefähre Einschätzung der quantitativen Dimensionen der potentiell von den Jugendlichen beeinflußbaren Ausgaben zu ermöglichen.

4.3 Kaufkraft und Struktur der Ausgaben von Familien mit jugendlichen Kindern

Hinsichtlich der Kaufkraft bzw. der Ausgaben der Eltern, die von ihren Kindern beeinflußt werden, kursieren in Praktikerkreisen die verschiedensten Schätzungen und Faustregeln. Schätzungen der Ausgaben der Eltern, die von den Kindern beeinflußt werden, beliefen sich im Jahr 1993 in Deutschland z.B. für die 7- bis 15jährigen auf 23 Mrd. DM, wobei eine Faustformel angewendet wird, die besagt, daß die Kinder noch einmal eine doppelt so große Summe beeinflussen wie sie selbst ausgeben.[510] Vom Institut für Jugendforschung (IJF) in München wird angenommen, daß der Wert der Einkäufe der Eltern, die die 15- bis 24jährigen beeinflussen, in Deutschland mittlerweile ungefähr das 2,5-fache ihrer eigenen Einkommen beträgt, während als Faustformel für die 6- bis 14jährigen angegeben wird, daß sie ungefähr das 3- bis 5fache ihrer eigenen Einkommen beeinflussen.[511] Für die 12- bis 24jährigen ergibt sich daraus eine indirekte Kaufkraft von gut 270 Mrd. DM für das Jahr 1995.[512] Bei der

---

509 Zur Relevanz qualitativer Kriterien der Kundenbedeutung vgl. auch S. A. Rieker (1995), S. 57.
510 Vgl. Ehapa Verlag GmbH (1994a), S. ZI 7.
511 Vgl. o.V. (1997d), S. 16 sowie A. Falser (1997), o.S.
512 Angewendet auf die vom Institut für Jugendforschung ermittelten, in **Tab. 3-2 im Anhang** dargestellten Beträge beläuft sich die von den 15- bis 24jährigen beeinflußte indirekte Kaufkraft der Eltern nach dieser Faustformel auf 264,5 Mrd. DM, die von den 12- bis 14jährigen beeinflußte indirekte Kaufkraft auf 8,4 Mrd. DM bis 14 Mrd. DM pro Jahr.

Anwendung solcher Faustformeln ist zu berücksichtigen, daß das Ergebnis in hohem Maße von der oberen Altersgrenze der einbezogenen Jugendlichen abhängt, da die aggregierte Kaufkraft bei älteren Jugendlichen mit dem Alter sehr stark steigt.[513] Zudem ist unklar, worauf diese Schätzungen beruhen und welche Einkommens- bzw. Ausgabenteile in die Beträge einbezogen sind. Einige der kursierenden Schätzungen zu der von Jugendlichen beeinflußten Kaufkraft der Eltern basieren bspw. nur auf den Käufen, die die Jugendlichen im Auftrag der Eltern erledigen.[514] „Einfluß“ kann jedoch nicht mit „Einkaufstätigkeit“ gleichgesetzt werden. Auch die Käufe, die von den Eltern getätigt werden, können von den Jugendlichen beeinflußt werden, und umgekehrt können die Käufe, die die Jugendlichen im Auftrag der Eltern tätigen, im Extremfall vollständig von den Eltern bestimmt sein, indem den Jugendlichen ein detaillierter Einkaufszettel mitgegeben wird. Aus diesen Gründen ist die Brauchbarkeit dieser Angaben begrenzt.

Um einen Eindruck von den quantitativen Dimensionen zu vermitteln, die dem indirekten Umsatzpotential zugrunde liegen, werden im folgenden Anzahl, Kaufkraft und Ausgabenstrukturen von Familien mit jugendlichen Kindern – d.h. von Ehepaaren und Alleinerziehenden, die mit ihren ledigen Kindern gemeinsam in einem Haushalt leben –dargelegt.[515] Dabei wird zunächst auf die gesamte für Konsumzwecke zur Verfügung stehende Kaufkraft von Familien mit jugendlichen Kindern abgestellt, die sich – näherungsweise – aus der Anzahl und dem Einkommen von Familien mit jugendlichen Kindern ermitteln läßt und deren Verausgabung grundsätzlich einem Einfluß der Jugendlichen unterliegen kann. Die jeweiligen Angaben basieren dabei auf den Ergebnissen des vom Statistischen Bundesamt durchgeführten Mikrozensus vom April 1996. Es ist zu berücksichtigen, daß die folgenden Angaben nur die Jugendlichen, die noch bei ihren Eltern leben bzw. deren Familien enthalten; Jugendliche,

513 Würde die Faustformel (2,5 * eigene Einkommen) lediglich auf die 15- bis 20jährigen angewendet, so ergibt sich ein indirektes Umsatzpotential von nur 85,75 Mrd. DM. Insbesondere ist fraglich, ob die Differenz, die sich durch den Einbezug der 21- bis 24jährigen ergibt, die Realität widerspiegelt. Zwar steigt der Einfluß der Jugendlichen mit zunehmendem Alter, aber umgekehrt lebt ein kleinerer Anteil der 21- bis 24jährigen noch im elterlichen Haushalt, was das aggregierte indirekte Umsatzpotential dieser Altersgruppe vermindert, da sich weniger Einflußgelegenheiten und -notwendigkeiten ergeben. So lebten 1996 in den alten Bundesländern nur noch 35% der 21- bis 23jährigen bei den Eltern, in den neuen Bundesländern sogar nur 27%; weiterhin haben 22% bzw. 18% der 21- bis 23jährigen zwar eine eigene Wohnung, behalten aber ihr Zimmer im Elternhaus und pendeln zwischen beiden Wohnformen; vgl. H. Buba (1997), S. 355 f.

514 So wird z.B. für die USA angegeben, daß mehr als die Hälfte der Mädchen zwischen 12 und 19 Jahren und mehr als ein Drittel der Jungen wöchentliche Lebensmitteleinkäufe für die Familie erledigten und sich daraus ein indirektes Ausgabenvolumen von $ 36 Mrd. für 1994 ergibt; vgl. P. Zollo (1995), S. 24.

515 Als Familien im Sinne der amtlichen Statistik werden Ehepaare ohne Kinder und Ehepaare mit Kindern sowie alleinerziehende ledige, verheiratet getrennt lebende, geschiedene und verwitwete Väter und Mütter, die mit ihren Kindern im gleichen Haushalt zusammenleben, bezeichnet; vgl. Statistisches Bundesamt (1997c), S. [illegible] Als Alleinerziehende zählen ledige, verheiratet getrennt lebende, geschiedene und verwitwete Väter und Mütter, die mit ihren minder- oder volljährigen ledigen Kindern zusammenleben. Dabei ist es unerheblich, ob noch weitere Personen in dem Haushalt leben (wie z.B. der Partner in einer nicht-ehelichen Lebensgemeinschaft); vgl. ebd.

die bereits einen eigenen Hausstand gegründet haben, bzw. deren Eltern werden nicht einbezogen.[516] Ferner enthalten die Familieneinkommen sowohl die Einkommen der Eltern als auch die Einkommen der Jugendlichen.

Familien mit Kindern stellten im April 1996 einen Anteil von rund 35% aller Privathaushalte in Deutschland (vgl. **Abb. 4-1**). Ihre Anzahl belief sich auf rund 13 Mio. Die **Familien mit Kindern im Alter von 10 bis 26 Jahren** stellten einen Anteil von rund **21% der Privathaushalte**.[517] Ihre Anzahl belief sich auf knapp 8 Mio.[518]

Gegenüber früheren Jahren hat sich damit zwar die Gesamtzahl der Familien mit Kindern erhöht, ihr Anteil an der Zahl der Gesamthaushalte ist jedoch rückläufig.[519] In anderen europäischen Ländern kommt Familien mit Kindern im Vergleich zu anderen Haushalten aufgrund ihres höheren Anteils eine höhere Bedeutung zu als in Deutschland; so lag der Anteil der Familien mit Kindern an der Gesamtzahl der Haushalte 1990/91 mit 64% in Spanien, 45% in Frankreich, 55% in Italien und 42% in Großbritannien höher als in Deutschland (37%).[520]

---

516 Eine solche Einschränkung ist insofern sinnvoll, als der Einfluß der bereits aus dem elterlichen Haushalt ausgezogenen Jugendlichen aufgrund der wesentlich geringeren Interaktionshäufigkeit mit den Eltern sowie des wesentlich geringeren gemeinsamen Bedarfs ebenfalls deutlich geringer sein dürfte.

517 Ein gesonderter Ausweis für den Anteil der Familien mit Kindern im Alter von 12 bis 24 Jahren an der Gesamtzahl der Haushalte liegt leider nicht vor; näherungsweise wird hier auf Familien mit Kindern im Alter von 10 bis 26 Jahren zurückgegriffen.

518 Vgl. zu diesen Angaben Statistisches Bundesamt (1998a), o.S.; Statistisches Bundesamt (1998c), S. 73 u. 114 sowie H. Engstler (1997), S. 48 f.

519 Im Juni 1985 belief sich die Anzahl der Familien mit Kindern auf gut 10 Mio. und ihr Anteil an der Gesamtzahl der Haushalte auf gut 39%; vgl. Statistisches Bundesamt (1987), S. 54 u. 99.

520 Vgl. Eurostat (1995), S. 202.

Abb. 4-1: Anteil der Familienhaushalte mit Kindern an der Gesamtzahl der Privathaushalte, Stand April 1996

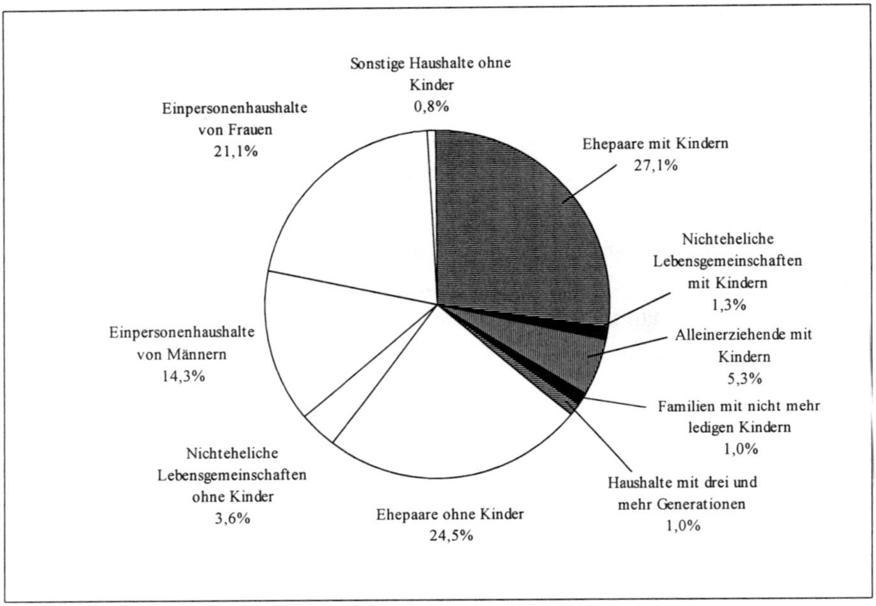

Quelle: H. Engstler (1997), S. 48.

Vergleicht man die relative Einkommenssituation der Familien mit Kindern im Alter von 18 bis 26 Jahren mit derjenigen von Familien mit jüngeren Kindern sowie von Ehepaaren ohne Kinder anhand des **monatlichen Familiennettoeinkommens**, welches die Einkommen der Familienmitglieder aus allen Einkommensarten abzüglich Einkommens- und Vermögenssteuern sowie der Beiträge zur Sozialversicherung umfaßt,[521] so zeigt sich, daß die Familien mit jugendlichen Kindern in höheren Einkommensklassen weitaus stärker vertreten sind (vgl. **Abb. 4-2** sowie **Tab. 4-1** im Anhang).[522] Darin kommt u.a. zum Ausdruck, daß mit zunehmendem Alter der Kinder häufig auch das Einkommen der Eltern steigt, da Väter älterer Kinder i.d.R. mehr verdienen und auch die Mütter zunehmend in den Beruf zurückkehren.[523]

---

[521] Vgl. Statistisches Bundesamt (1997c), S. 13 f.

[522] Einpersonenhaushalte, nicht-eheliche Lebensgemeinschaften ohne Kinder sowie sonstige Haushalte ohne Kinder werden in diesen Vergleich nicht miteinbezogen. Es ist zu beachten, daß es sich bei den Familieneinkommen nicht um Pro-Kopf-Einkommen, sondern um die Summe der Einkommen der Eltern(teile) und der Kinder handelt. Unterschiedliche Haushaltsgrößen bleiben unberücksichtigt.

[523] Vgl. E. Kirner/ J. Schwarze (1996), S. 194. Daneben steigen aber auch die von außerhalb der Familie bezogenen eigenen Einkommen der Jugendlichen; vgl. dazu auch **Abschnitt 3.2.2**.

Abb. 4-2: Familien* im April 1996 nach monatlichem Familiennettoeinkommen

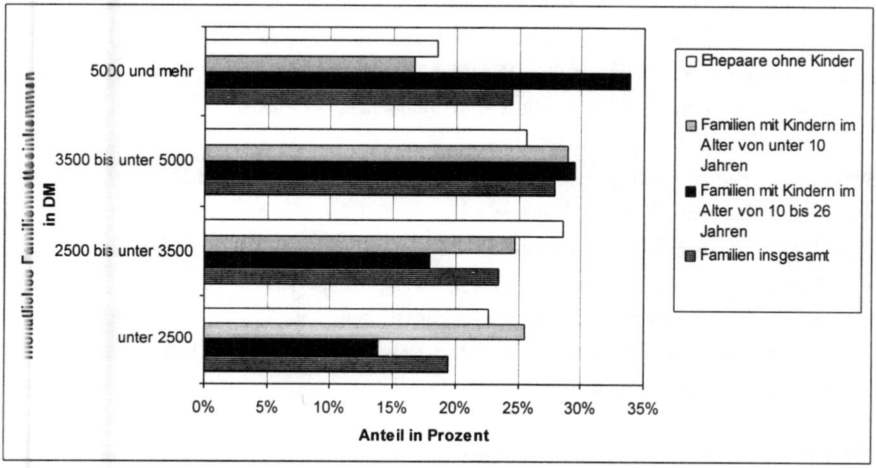

* nicht gesondert ausgewiesen sind die Familien mit Kindern im Alter von über 27 Jahren

Quelle: in Anlehnung an Statistisches Bundesamt (1998a), o.S.

Es schließt sich die Frage an, wie groß die Höhe der absoluten Kaufkraft ist, über die Familien mit jugendlichen Kindern verfügen und deren Verwendung prinzipiell von den Jugendlichen beeinflußt werden kann.

Nach den Ergebnissen des Mikrozensus vom April 1996 ergibt sich für die knapp 8 Mio. **Familien mit Kindern im Alter zwischen 10 und 26 Jahren** in Deutschland **näherungsweise** eine **Summe der Familiennettoeinkommen** von **jährlich rund 404 Mrd. DM.**[524]

Aus der Perspektive anbietender Unternehmen, für die v.a. der Betrag von Interesse ist, der den Familien für den privaten Verbrauch zur freien Verfügung steht, sind bei diesem Betrag folgende Einschränkungen zu berücksichtigen. Erstens wird das Familiennettoeinkommen nicht voll für Konsumzwecke verausgabt, sondern es wird auch ein Teil gespart. So belief sich bspw. die Konsumquote als Anteil der Aufwendungen für Konsumausgaben am verfügbaren Haushaltseinkommen im Jahr 1994 bei Ehepaaren mit Kindern zwischen 13 und 15 Jahren auf

[524] Diese Summe wurde näherungsweise als Totalwert ermittelt: Die Anzahl der Familien mit Kindern im Alter zwischen 10 und 26 Jahren in den verschiedenen Einkommensklassen (vgl. **Tab. 4-1** im Anhang) wird dabei multipliziert mit der jeweiligen Einkommensklassenmitte; anschließend wird die Summe über alle Einkommensklassen gebildet. Bei der obersten Einkommensklasse (7500,- DM und mehr) wurde der untere Wert (7500,- DM) zugrunde gelegt.

90,2% und bei Alleinerziehenden mit 13- bis 15jährigen Kindern auf 96,3%.[525] Sie weisen damit eine überdurchschnittlich hohe Konsumquote auf.[526]
Zweitens sind bei einer Ermittlung der für Konsumzwecke frei zur Verfügung stehenden Einkommensteile die festen finanziellen Verpflichtungen für Mieten, freiwillige Versicherungszahlungen und andere feste finanzielle Verpflichtungen abzuziehen.[527]

Nach den Wirtschaftsrechnungen des Statistischen Bundesamtes belief sich bei westdeutschen Privathaushalten vom Typ 2 – Ehepaare mit zwei Kindern und mittlerem Einkommen – der Anteil der Ausgaben vom Haushaltsnettoeinkommen für den privaten Verbrauch (exklusive der Miet- und Energiezahlungen)[528] im Jahr 1996 auf 53% für Arbeiter und auf 55% für Angestelltenhaushalte;[529] bei westdeutschen Privathaushalten vom Typ 3 – Ehepaare mit zwei Kindern und höherem Einkommen – belief er sich auf 55% für Beamtenhaushalte und auf 51% für Angestelltenhaushalte.[530]

Würden die Familien mit Kindern zwischen 10 und 26 Jahren im Durchschnitt einen Anteil von 54% des Familiennettoeinkommens für den privaten Verbrauch (exklusive der Miet- und Energiezahlungen) ausgeben, verbliebe von der Summe der Familiennettoeinkommen von rund 404 Mrd. DM eine Summe von **rund 218 Mrd. DM im Jahr, die den Familien mit Kindern zwischen 10 und 26 Jahren für Konsumausgaben zur Verfügung steht** (für Deutschland im April 1996). Dieser Wert darf allerdings, nicht zuletzt aufgrund der Unsicherheit darüber, ob die getroffenen Annahmen auch den tatsächlichen Werten entsprechen, nur als **sehr grobe Näherung** gesehen werden.[531]

---

525 Vgl. E. Kirner/ J. Schwarze (1996), S. 205. Familien mit älteren Kindern wurden in der Auswertung nicht berücksichtigt.

526 Im Durchschnitt aller Haushalte liegt die Konsumquote bei 89,6%; vgl. E. Kirner/ J. Schwarze (1996), S. 205.

527 Vgl. dazu auch **Abschnitt 3.2.2**.

528 Die Ausgaben für freiwillige Versicherungen und Steuern (ohne Einkommens- und Vermögenssteuern) sind nicht in den Ausgaben für den privaten Verbrauch enthalten.

529 Das Haushaltsnettoeinkommen umfaßt dabei die Einkommen sämtlicher Haushaltsmitglieder aus allen Einkunftsarten abzüglich der Einkommens- und Vermögenssteuern und der Beiträge zur Sozialversicherung sowie hier auch zuzüglich der sonstigen Einnahmen; vgl. Statistisches Bundesamt (1998b), S. 18.

530 Vgl. Statistisches Bundesamt (1998b), S. 18-21. Bei dem Haushaltstyp 2 handelt es sich um einen 4-Personen-Haushalt von Arbeitern und Angestellten mit mittlerem Einkommen (Ehepaare mit 2 Kindern, von denen eines unter 15 Jahren alt ist), wobei nur ein Ehepartner alleiniger Einkommensbezieher ist, und das Bruttoeinkommen aus hauptberuflicher Arbeit 1996 zwischen 3 800 DM und 5 800 DM im Monat liegt. Der Haushaltstyp 3 umfaßt 4-Personen-Haushalte von Angestellten und Beamten mit höherem Einkommen (Ehepaare mit 2 Kindern, von denen eines unter 15 Jahren alt ist), wobei ein Ehepartner als Hauptverdiener tätig ist, und das Bruttoeinkommen aus hauptberuflicher, nichtselbständiger Arbeit dieses Ehepartners zwischen 6 600 DM und 8 950 DM im Monat liegt; vgl. Statistisches Bundesamt (1998b), S. 6 f.

531 Die entsprechenden Werte für die Familien mit Kindern zwischen 10 und 26 Jahren werden nicht ausgewiesen. Die Wirtschaftsrechnungen des Statistischen Bundesamtes werden gesondert erstellt; sie basieren nicht auf den Daten des Mikrozensus, sondern auf einer gesonderten Erhebung, in die nur bestimmte Haushaltstypen einbezogen werden. Inwieweit der zur Näherung verwendete Anteil von 54% dem tatsächlichen Anteil entspricht, ist nicht bekannt.

Wie sich die Ausgaben für den privaten Verbrauch auf verschiedene Ausgabenbereiche aufteilen, zeigt – am Beispiel von Familien (Ehepaaren) mit zwei Kindern – die **Abb. 4-3.**[532] Dabei wird die Familie als Ganzes betrachtet, d.h. auch die – bereits in **Kapitel 3** betrachteten – Ausgaben der Kinder von ihrem eigenen Einkommen sind in dieser Aufstellung enthalten. Aus dieser Übersicht kann ersehen werden, in welchen Produktbereichen Familienhaushalte ihr Einkommen schwerpunktmäßig verausgaben. An erster Stelle stehen – nach den Miet- und Energiezahlungen – die Ausgaben für Nahrungs- und Genußmittel, gefolgt von dem Ausgabenblock für Verkehr und Nachrichtenübermittlung, der v.a. von den Ausgaben für Kraftfahrzeuge dominiert wird.

Abb. 4-3: Struktur der monatlichen Ausgaben des Haushaltstyps 2* für den privaten Verbrauch 1996 im früheren Bundesgebiet

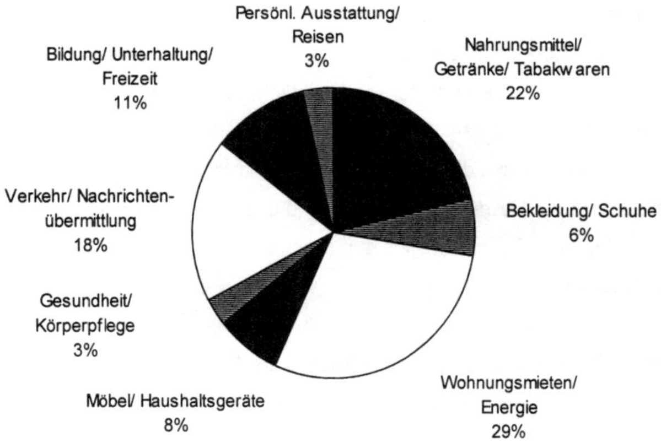

* Arbeitnehmerhaushalt mit mittlerem Einkommen: Eltern mit 2 Kindern, von denen eines unter 15 Jahren alt ist

Quelle: in Anlehnung an Statistisches Bundesamt (1998b), S. 20

Bei den dargelegten Angaben zur Kaufkraft und den Ausgabenstrukturen von Familien sind in Zusammenhang mit der Analyse des indirekten Umsatzpotentials **Einschränkungen** zu berücksichtigen. So kann die näherungsweise ermittelte Familienkaufkraft von rund 218 Mrd. DM pro Jahr v.a. aus zwei Gründen nicht mit dem indirekten Umsatzpotential der Jugendlichen gleichgesetzt werden.

---

532 Dabei wird auf den Haushaltstyp 2, Arbeitnehmerhaushalt mit mittlerem Einkommen, zurückgegriffen, die Ausgabenanteile für den Haushaltstyp 3, Angestelltenhaushalt mit höherem Einkommen, weichen aber auf dieser stark aggregierten Ebene kaum davon ab.

Erstens enthält das Familieneinkommen auch die eigenen Einkommen der Jugendlichen, die bereits in das direkte Umsatzpotential eingegangen sind. Sie an dieser Stelle nochmals einzubeziehen, würde eine unzulässige Doppelzählung bedeuten. Aus diesem Grund sind für eine Abschätzung der Höhe des indirekten Umsatzpotentials die eigenen finanziellen Mittel der Jugendlichen herauszurechnen. Ein einfacher Abzug der finanziellen Mittel der Jugendlichen ist nicht möglich, da diese nicht gesondert ausgewiesen werden.[533]
Zweitens unterliegen nicht alle Ausgaben in gleichem Maße einem Einfluß der Jugendlichen. Um die Höhe des indirekten Umsatzpotentials zu ermitteln, das nur die Teile der Ausgaben der Eltern enthält, die auf einen Einfluß der Jugendlichen zurückgehen, müßte bekannt sein, in welchem Ausmaß die Jugendlichen die Ausgaben in den verschiedenen Ausgabenbereichen beeinflussen.

Trotz dieser Einschränkungen zeigt das angeführte Zahlenmaterial, daß Familien mit jugendlichen Kindern angesichts ihrer Anzahl und Kaufkraft eine bedeutsame Kundengruppe darstellen. Aus der Sicht anbietender Unternehmen, die daran interessiert sind, die Kaufkraft dieser Gruppe auf sich zu ziehen, stellt sich daher die entscheidende Frage, in welchem Ausmaß die jugendlichen Kinder die Konsumausgaben ihrer Eltern in den verschiedenen Produktbereichen beeinflussen und inwieweit sie daher bei der Gestaltung der Marketingmaßnahmen zu berücksichtigen sind. Um sich einer Beantwortung dieser Frage zu nähern, wird im folgenden eine differenzierte Analyse des Einflusses der Jugendlichen auf die konsumtive Einkommensverwendung der Eltern vorgenommen.

4.4 Theoretische Überlegungen zu Entstehung und Ausmaß des Einflusses von Jugendlichen auf die Einkommensverwendung ihrer Eltern

Bevor in **Abschnitt 4.5** konkrete empirische Befunde zu Ausmaß und Determinanten des Einflusses von Jugendlichen auf die Einkommensverwendung ihrer Eltern in einzelnen Produktbereichen dargelegt werden, werden in diesem Abschnitt zunächst einige grundsätzliche Überlegungen zur Entstehung dieses Einflusses angestellt. Auf der Basis potentieller Einflußgrundlagen lassen sich generelle Aussagen zu Ausmaß und Determinanten des Einflusses von Jugendlichen sowie dessen zukünftiger Entwicklung ableiten. Aus Unternehmenssicht interessieren dabei v.a. solche Determinanten, die Hinweise auf die Ausprägung ihres Einflusses in einzelnen Produktbereichen (Einflußbereiche) liefern. Die nähere Analyse der Einflußgrundlagen setzt zunächst eine Abgrenzung des Einflußbegriffs voraus.

---

[533] Auch die in **Abschnitt 3.2.2** dargelegten Beträge (vgl. **Tab. 3-2** im Anhang) können nicht einfach herangezogen werden, da die Grundgesamtheiten nicht übereinstimmen. So differieren zum einen die Altersabgrenzungen, zum anderen wurden in **Kapitel 3** alle Jugendlichen einbezogen, während hier nur die Jugendlichen, die noch bei ihren Eltern leben, betrachtet wurden.

4.4.1 Einflußbegriff und -arten

Der **Einfluß eines Jugendlichen auf die konsumtive Einkommensverwendung seiner Eltern** als eine Form des sozialen Einflusses bezeichnet die **Veränderung der Verwendung des Einkommens der Eltern infolge des Einwirkens des Jugendlichen.**[534] D.h. ein Einfluß des Jugendlichen auf die Verwendung des Einkommens seiner Eltern für Konsumzwecke liegt vor, wenn infolge seines Einwirkens etwas gekauft wird, was ohne sein Einwirken nicht gekauft worden wäre, oder etwas anderes gekauft wird, als ohne sein Einwirken gekauft worden wäre,[535] wenn sich also infolge seines Einwirkens das beobachtbare Kaufverhalten seiner Eltern verändert. Wesentliche Elemente der Definition von sozialem Einfluß sind die bewirkte Verhaltensänderung bei dem beeinflußten Individuum (hier: den Eltern) sowie deren kausale Verursachung durch das Einwirken anderer, beeinflussender Individuen (hier: den Jugendlichen).[536] Es wird ferner unterstellt, daß eine soziale Interaktion gegeben sein muß.[537] Diese muß jedoch nicht aktuell stattfinden, sondern kann von den Beeinflußten, den Eltern, auch antizipiert oder subjektiv erwartet werden.[538]

Der Einfluß von Jugendlichen auf die Verwendung des Einkommens ihrer Eltern für Konsumzwecke kann **nach dem Ergebnis der Einwirkung** der Jugendlichen differenziert

---

[534] Über die Einkommensverwendung für Konsumzwecke wird im Rahmen von Kaufentscheidungen entschieden; insofern handelt es sich um einen Einfluß der Jugendlichen auf die Kaufentscheidungen, in deren Rahmen über die Verwendung dieser Mittel entschieden wird. Zum Einfluß von Familienmitgliedern auf Kaufentscheidungen in Familien vgl. R. E. Ruhfus (1976); H.-D. Dahlhoff (1980); L. Thomas (1983); E. Kirchler (1989) und K. M. Ekström (1995).

[535] Dieser Fall umschließt auch, daß – z.B. aus Umweltschutzargumenten, die der Jugendliche in die Kaufentscheidung einbringt – ein Produkt nicht gekauft wird, das ohne den Einfluß des Jugendlichen gekauft worden wäre.

[536] Diese Elemente finden sich in allgemeinen sozialpsychologischen Definitionen von sozialem Einfluß; vgl. z.B. E. van Avermaet (1996), S. 504; E. Lange (1994), S. 158; J. R. P. French/ B. Raven (1959), S. 151, B. H. Raven/ A. W. Kruglansky (1970), S. 72; D. L. Loudon/ A. J. Della Bitta (1993), S. 261. Sie finden sich auch in marketingspezifischen Definitionen zum Entscheidungseinfluß; vgl. z.B. K. M. Ekström (1995), S. 24 f.; W. Hubel (1986), S. 113 f.; L. Thomas (1983), S. 128-132. Wird trotz gezielter Einwirkung keine Veränderung bewirkt, so liegt lediglich ein Einflußversuch vor; vgl. auch K. M. Ekström (1995), S. 24 f.

[537] Vgl. z.B. D. L. Loudon/ A. J. Della Bitta (1993); K. M. Ekström (1995), S. 24; W. Hubel (1986), S. 113. Es ist zwar grundsätzlich zu berücksichtigen, daß Kinder allein durch ihr Vorhandensein auch die Höhe der Konsumausgaben der Eltern verändern, da diese dann auch die Konsumbedürfnisse der Kinder befriedigen müssen und daher gegenüber einer Situation ohne Kinder insgesamt höhere Konsumausgaben tätigen. Solche Veränderungen, die lediglich auf dem Vorhandensein von Kindern gründen, sind aber zu unterscheiden von den Einflüssen, die auf dem spezifischen Einwirken eines Kindes im Rahmen von sozialen Interaktionen zwischen Eltern und Kindern basieren; vgl. dazu auch W. Kroeber-Riel (1992), S. 474. Die folgenden Ausführungen konzentrieren sich auf die zuletzt genannten Einflüsse. Zur Veränderung der Ausgabenstruktur der Haushalte in verschiedenen Phasen des Familienlebenszyklus vgl. auch R. E. Wilkes (1995); R. A. Douthitt/ J. M. Fedyk (1988).

[538] Vgl. G. W. Allport (1985), S. 3; J. R. P. French/ B. Raven (1959), S. 152; L. Thomas (1983), S. 131; W. Hubel (1986), S. 46 f. So kann die Mutter aufgrund ihrer Erfahrungen aus vergangenen Interaktionen die Konsumverweigerung des Jugendlichen bei Erwerb des „falschen Produktes" antizipieren und das Produkt kaufen, das seinen Wünschen entspricht, auch ohne daß eine aktuelle Interaktion zwischen Mutter und Kind stattfindet.

werden. Infolge des Einwirkens des Jugendlichen kann erstens nur eine Anpassung des beobachtbaren Kaufverhaltens bewirkt werden, ohne daß sich auch die zugrundeliegenden individuellen Präferenzen[539] der Eltern verändern (**Einwilligung**); zweitens können sich infolge seines Einwirkens auch die zugrundeliegenden Präferenzen der Eltern verändern (**Präferenzänderung und Änderung des beobachtbaren Kaufverhaltens**) oder es können sich drittens nur die Präferenzen der Eltern verändern, ohne sich jedoch sofort in ein entsprechendes beobachtbares Kaufverhalten umzusetzen (**reine Präferenzänderung**).[540] Darüber, ob auch der letztgenannte Fall als Einfluß zu bezeichnen ist, bestehen unterschiedliche Ansichten bei verschiedenen Autoren.[541] Zwischen einer Präferenzänderung und deren Umsetzung in ein beobachtbares Verhalten kann ein gewisser Zeitraum liegen, wenn situative Faktoren wie z.B. finanzielle Restriktionen oder Verfügbarkeit eine sofortige Entscheidungsdurchführung verhindern können.[542] Der Einfluß auf die Einkommensverwendung bzw. die Kaufentscheidung entsteht dann aber nicht erst bei der tatsächlichen Umsetzung einer Entscheidung, sondern beginnt bereits mit der zugrundeliegenden kognitiven Veränderung, auch wenn diese sich erst später in beobachtbarem Verhalten manifestiert.

Ein Einfluß auf die Einkommensverwendung der Eltern muß nicht von den Jugendlichen beabsichtigt sein (**absichtlicher Einfluß**), sondern die Veränderung der Einkommensverwendung der Eltern kann auch durch ein **unabsichtliches Einwirken** der Jugendlichen zustande kommen.[543] Ein Einfluß auf die Einkommensverwendung der Eltern kann auch ohne gezielte Einflußaktivitäten von Jugendlichen entstehen, indem die Eltern z.B. die nicht geäußerten Wünsche der Jugendlichen von sich aus berücksichtigen.[544] Eine Einwirkung der Jugendlichen kann bspw. auch in der Beobachtung des Verhaltens der Jugendlichen durch die Eltern bestehen, so daß ebenfalls keine Intention der Jugendlichen vorliegen muß, um eine Verhaltens-

---

539 Präferenzen als Urteile über die Vorziehenswürdigkeit eines Objektes stellen innerpsychische Variablen dar.

540 Vgl. zu dieser Unterscheidung J. Büschken (1994), S. 62; K. P. Corfman (1987), S. 233; K. M. Ekström (1995), S. 24 u. 378. Zu der allgemeinen Unterscheidung zwischen oberflächlichen Veränderungen des beobachtbaren Verhaltens bei Beibehaltung der ursprünglichen Überzeugung (sog. Konformität oder auch normativer Einfluß) und tieferen Veränderungen der persönlichen Einstellungen (Überzeugung); vgl. auch E. van Avermaet (1996), S. 509 f.; H. C. Kelman (1961), S. 62-66; J. R. P. French/ B. Raven (1959), S. 153.

541 Vgl. z.B. J. Büschken (1994), S. 62 sowie K. P. Corfman (1987), S. 233, die nur die ersten beiden Fälle einbeziehen. Vgl. z.B. K. M. Ekström (1995), S. 24 u. 378, die auf die individuellen Prädispositionen abstellt und alle drei Fälle einbezieht.

542 Vgl. auch W. Hubel (1986), S. 23 f.

543 Vgl. z.B. K. P. Corfman/ D. R. Lehmann (1987), S. 2; K. M. Ekström (1995), S. 372 f.; siehe auch J. Klewes (1983), S. 62. Vgl. auch J. R. P. French/ B. Raven (1959), S. 152. Die Initiative zur Einflußnahme muß nicht von den Jugendlichen ausgehen: sie können zwar einerseits Wünsche äußern und gezielt versuchen, Einfluß zu nehmen; es ist jedoch auch denkbar, daß die Eltern von sich aus die Wünsche der Kinder berücksichtigen oder sie um Rat fragen.

544 Im englischen wird dieser Einfluß auch als „passive dictation" bezeichnet; vgl. W. D. Wells (1965). Vgl. auch J. R. Rossiter (1979), S. 425; G. E. Belch et al. (1985), S. 165. So können bspw. die Eltern die Wünsche ihrer jugendlichen Kinder antizipieren und entsprechende Käufe tätigen, ohne daß dafür aktuelle gezielte Einflußnahmeaktivitäten der Jugendlichen notwendig sind; vgl. K. M. Ekström (1995), S. 373.

änderung bei den Eltern zu bewirken.[545] Hierin liegt ein wesentlicher Unterschied zwischen dem Einflußbegriff und dem Machtbegriff mittlerer Reichweite: Bei letzterem wird i.d.R. eine Absicht des Machtausübenden angenommen.[546] Ein weiterer Unterschied der beiden Konzepte liegt darin, daß **Macht** lediglich die „Möglichkeit von Personen(-gruppen), auf das (die) Handlungsfeld(-er) anderer Personen(-gruppen) einzuwirken"[547], bezeichnet; während **Einfluß** nach der obigen Definition eine infolge eines Einwirkens **tatsächlich bewirkte Veränderung** bezeichnet.[548]
In engem Zusammenhang dazu steht auch die Unterscheidung von Einflußarten nach der Bewußtheit des Einflusses. Wenn Einfluß nicht beabsichtigt sein muß, kann er auch **unbewußt** stattfinden: Der Jugendliche ist sich möglicherweise gar nicht **bewußt**, daß er einen Einfluß auf das Kaufverhalten seiner Eltern ausübt.[549] Auch der Beeinflußte muß sich des Einflusses nicht immer bewußt sein.[550]

Über die Verwendung des frei verfügbaren Einkommens der Eltern für Konsumzwecke wird im Rahmen von Kaufentscheidungen[551] bestimmt. Eine weitere Unterscheidungsmöglichkeit besteht darin, Einflüsse **nach der Phase im Kaufentscheidungsprozeß** zu differenzieren, in der eine Einwirkung der Jugendlichen erfolgt. Der Kaufentscheidungsprozeß setzt sich aus mehreren Phasen zusammen und es können in jeder Phase einzelne oder mehrere und auch unterschiedliche Personen in unterschiedlichem Maße beteiligt sein.[552] Der Kaufentscheidungsprozeß i.e.S. umfaßt die Entscheidungsfindung, d.h. die Phasen der Problem- bzw. Bedarfserkennung, der Informationssuche (Informationen über Kaufalternativen), der Alter-

---

545 Vgl. K. M. Ekström (1995), S. 372; H. W. Crott (1987), S. 232; S. Mehrotra/ S. Torges (1977), S. 56.

546 Vgl. z.B. R. A. Dahl (1957); auch der Verweis auf den eigenen Willen in der Definition von M. Weber (1956), S. 38, deutet auf eine Intentionalität des Machtgebrauchs hin. J. R. P. French/ B. Raven (1959), S. 152, stellen dagegen auf einen umfassenden Machtbegriff ab, der auch unabsichtliche Einwirkungsmöglichkeiten umfaßt.

547 W. Krüger (1974), S. 5.

548 Macht ist dann potentieller Einfluß; vgl. zu dieser Unterscheidung auch J. R. P. French/ B. Raven (1959), S. 151 f.; B. H. Raven/ A. W. Kruglansky (1970), S. 72.

549 Diese Unbewußtheit verursacht allerdings erhebliche Probleme bei der Messung von Einfluß.

550 Vgl. zu dieser Unterscheidung K. M. Ekström (1995), S. 372 f.; siehe auch J. Klewes (1983), S. 62.

551 Dabei sollen die folgenden Überlegungen nicht nur auf solche kollektiven Kaufentscheidungen von Jugendlichen und Eltern eingeengt werden, die dadurch gekennzeichnet sind, daß mehrere Entscheidungsträger beteiligt sind und daß – im Unterschied zu einer sozial beeinflußten individuellen Kaufentscheidung – eine wechselseitige Beeinflussung der Entscheidungsbeteiligten stattfindet; vgl. W. Hubel (1986), S. 42. Auch lediglich einseitig von den Jugendlichen beeinflußte Kaufentscheidungen der Eltern werden berücksichtigt, um eine umfassende Berücksichtigung der Einflüsse von Jugendlichen auf die Einkommensverwendung der Eltern zu ermöglichen; vgl. dazu auch K. M. Ekström (1995), S. 26-28.

552 Das Ausmaß gemeinsamer und getrennter Aktivitäten und das Ausmaß der Beteiligung der Familienmitglieder und auch des Jugendlichen kann im Laufe des Prozesses und bei verschiedenen Produkten variieren; vgl. H. Meffert/ H.-D. Dahlhoff (1980a), S. 220; E. M. Kirchler/ E. Kirchler (1990), S. 49, 51; G. E. Belch et al. (1985), S. 166. Jeder der Phasen entsprechen bestimmte Aktivitäten wie die des Kaufinitiators, des Informationsträgers, des Markenbewerters, des Entscheiders, des Einkäufers/ Kaufagenten, des Verwenders; vgl. z.B. H. Assael (1995), S. 562 f.; K. M. Ekström (1995), S. 29.

nativenbeurteilung und der Entscheidung über die zu erwerbende Alternative sowie die Entscheidungsdurchführung (Kauf). In einer erweiterten Betrachtung kann der Kaufentscheidungsprozeß zusätzliche Phasen umfassen, die nach der Durchführung der Entscheidung durchlaufen werden, wie die der Verwendung der erworbenen Leistung sowie der Nachkaufbeurteilung und der Entsorgung.[553]

Die Entscheidung über die Mittelverwendung obliegt zwar grundsätzlich den Eltern als Eigentümer der finanziellen Mittel. Sie können die Entscheidungskompetenz bzw. Mitbestimmungsrechte jedoch im Einzelfall teilweise oder komplett auf den Jugendlichen übertragen; so z.B. wenn der Jugendliche die Familieneinkäufe tätigt und dafür gewisse Entscheidungsspielräume zugestanden bekommt.[554] Ein Einfluß entsteht jedoch nicht nur durch formale Mitbestimmungsrechte in der Entscheidungsphase; auch ohne diese formalen Entscheidungsrechte können Jugendliche einen Einfluß auf die Mittelverwendung der Eltern ausüben, indem sie auf die vorhergehenden Prozeßphasen einwirken. Im folgenden werden Beispiele für mögliche Einwirkungen von Jugendlichen in den verschiedenen Phasen des Entscheidungsprozesses angeführt:[555]

- *Einwirkung in der Bedarfserkennungsphase*: Jugendliche können den Beginn eines Entscheidungsprozesses anregen (Initiatoren von Kaufentscheidungen), indem sie z.B. Produktwünsche äußern und Informationen über neue Produkte in die Familie tragen oder den Konsum neuartiger Produkte vorleben und dadurch die Präferenzen der Eltern verändern. Damit können sie den Anstoß dafür geben, daß ein bestimmtes Produkt gekauft wird.[556]
- *Einwirkung in der Alternativensuch- und -beurteilungsphase*: Jugendliche können über relevante Produktinformationen[557] verfügen, die sie in den Entscheidungsprozeß einbringen und dadurch die Präferenzen ihrer Eltern verändern (Jugendliche als Informanten und Berater). So können sie z.B. die Wahrnehmung von Produktalternativen und -eigenschaften durch die Eltern oder die Bewertungsmuster der Eltern verändern.[558]

---

553 In der Literatur finden sich unterschiedliche Einteilungen der Phasen des Kaufentscheidungsprozesses; zu einer allgemeinen Phaseneinteilung des Entscheidungsprozesses vgl. D. Hahn (1996), S. 38 u. 46. Zu den Phasen des Kaufentscheidungsprozesses vgl. z.B. J. F. Engel et al. (1993), S. 40-53; F. M. Nicosia (1966), S. 172 ff.; W. Hubel (1986), S. 24; R. E. Ruhfus (1976), S. 142.

554 Überlassen die Eltern dem Jugendlichen die Entscheidung, so kann dies insofern als Einfluß des Jugendlichen interpretiert werden, als im Falle des Vorliegens von Präferenzunterschieden eine Veränderung der Einkommensverwendung zugunsten der Präferenzen des Jugendlichen stattfindet. Innerhalb des Entscheidungsspielraumes kann der Jugendliche nach seinen persönlichen Präferenzen entscheiden; eine implizite Einwilligung der Eltern liegt vor.

555 Vgl. dazu auch L. Thomas (1983), S. 53-54.

556 Vgl. J. U. McNeal (1991), S. 13.

557 Dies können Informationen über Produktmerkmale, aber auch über Produktbewertungen z.B. durch das soziale Umfeld sein.

558 Vgl. W. Hubel (1986), S. 114.

- *Einwirkung in der Entscheidungsphase*: Dem Jugendlichen werden von den Eltern Entscheidungs- oder Mitbestimmungsrechte zugestanden, so daß er – auch ohne eine Präferenzänderung bei den Eltern zu bewirken – auf das beobachtbare Kaufverhalten einwirken kann (Jugendliche als (Mit-)Entscheider).
- *Einwirkung in der (Entscheidungs- und) Durchführungsphase*: Jugendliche tätigen z.T. Einkäufe für die Familie (Kaufagenten[559] für die Familie) und bekommen dabei Entscheidungsspielräume zugebilligt, die es ihnen ermöglichen, ihren eigenen Präferenzen entsprechende Käufe zu tätigen (beobachtbares Kaufverhalten). Weiterhin begleiten sie ihre Eltern beim Einkauf und versuchen aktiv auf die gekaufte Produktart und Marke oder auf die Wahl der Geschäftsstätte Einfluß zu nehmen.
- *Einwirkung in der Nachkaufphase*: Jugendliche können auch als Kritiker von Kaufentscheidungen agieren (Nachkaufbeurteilung) und dabei die Präferenzen der Eltern im Nachhinein verändern.[560]

Weiterhin können Einflüsse noch **nach den verschiedenen Teilentscheidungen** differenziert werden, auf die eingewirkt werden kann. Einflüsse auf expressive Teilentscheidungen (Marke, Design, Stil, Farbe, Form) können von Einflüssen auf instrumentelle Teilentscheidungen (Preis, Menge, Zeitpunkt, Einkaufsort) unterschieden werden.[561] So können Jugendliche bspw. bewirken, daß eine bestimmte Marke gekauft wird.[562]

Die Erörterungen zeigen, daß ein Einfluß von Jugendlichen auf die Kaufentscheidungen bzw. Einkommensverwendung der Eltern nicht nur als Entscheidungsbeteiligung und erst recht nicht nur als Entscheidungsdominanz, d.h. Übergewicht eines Beteiligten in der Entscheidungsphase, aufgefaßt werden kann. Vielmehr sind verschiedene Abstufungen von Mitbestimmungsrechten der Jugendlichen in der Entscheidungsphase, aber auch ihre verschiedenen Einwirkungsmöglichkeiten in den der eigentlichen Entscheidung vorgelagerten Phasen sowie auf verschiedene Teilentscheidungen zu berücksichtigen.[563] Soll das Ausmaß festgestellt

559 Allerdings ist der wahrgenommene Vollzug einer Entscheidung durch ein Familienmitglied nicht ohne weiteres mit dem Einfluß dieses Familienmitgliedes gleichzusetzen; vgl. W. Kroeber-Riel (1992), S. 480. Der Kaufagent kann auch keinerlei Entscheidungsspielraum haben, sondern lediglich eine bereits von anderen getroffene Entscheidung ausführen.

560 Vgl. auch L. Thomas (1983), S. 54.

561 Vgl. K. M. Ekström (1995), S. 31. Meffert/ Dahlhoff bezeichnen diese auch als Aufgaben der Produktauswahl (Marke, Modell, Farbe) vs. Aufgaben der Planung (Kaufsumme, Kaufplanung); vgl. H. Meffert/ H.-D. Dahlhoff (1980a), S. 219.

562 Vgl. J. U. McNeal (1991), S. 13.

563 Vgl. dazu auch K. M. Ekström (1995), S. 25 f. Insbesondere in älteren empirischen Studien zum Einfluß der Ehepartner wurde implizit von einer Definition von Einfluß i.S.v. Entscheidungsdominanz bzw. Gleichberechtigung ohne weitere graduelle Abstufungen ausgegangen. Die Alternativen waren bspw.: Mann entscheidet, Frau entscheidet, Mann und Frau entscheiden gemeinsam; vgl. z.B. H. L. Davis (1976), S. 249 sowie H. Meffert/ H. D. Dahlhoff (1980b), S. 122 ff. Zu diesem Vorgehen bei Studien zum Einfluß von Kindern

werden, in dem die Ausgaben der Eltern von den Jugendlichen beeinflußt werden, ist zu berücksichtigen, daß die Entscheidungen der Eltern über die Verwendung ihres Einkommens für Konsumzwecke auf vielfältige Weise von den Jugendlichen beeinflußt werden können.

4.4.2 Einflußgrundlagen als zentrales Merkmal von Einflußbeziehungen

Integrierte theoretische Erklärungen des Einflusses von Jugendlichen auf die Einkommensverwendung ihrer Eltern fehlen weitgehend.[564] Es „besteht weder Einigkeit darüber, welche Faktoren bei der Entstehung von Einfluß die wesentliche Rolle spielen, noch wie sie zusammenwirken."[565] Da es sich bei dem Phänomen des Einflusses um ein sehr komplexes Phänomen handelt, könnten zahlreiche Theorien herangezogen werden, deren Darstellung den Rahmen der vorliegenden Arbeit sprengen würde.[566] Statt dessen konzentrieren sich die folgenden Ausführungen auf eine der zentralen Fragen der inhaltlichen Analyse von Macht- bzw. Einflußbeziehungen, nämlich die nach den Grundlagen der Macht bzw. des Einflusses: Worauf ist der mögliche Einfluß der Jugendlichen auf die Einkommensverwendung der Eltern zurückzuführen und auf welchen strukturellen Komponenten basiert er?[567] Die Ausprägungen der Einflußgrundlagen kennzeichnen die Struktur der Einflußbeziehung zwischen Jugendlichen und Eltern; in den jeweiligen Interaktionen (Einflußprozessen) kommen diese zum Tragen.[568] Die im folgenden vorgenommene Unterscheidung verschiedener Einflußgrundlagen orientiert sich an einer Unterteilung von Einfluß- bzw. Machtgrundlagen nach French und Raven und

und Jugendlichen vgl. C. Atkin (1978); L. A. Berey/ R. W. Pollay (1968); S. Ward/ D. B. Wackman (1972); E. M. Kirchler/ E. Kirchler (1990), S. 54. Diese Maße erscheinen jedoch als zu stark vereinfacht, so daß in neueren Studien differenziertere Einflußmaße verwendet wurden; vgl. z.B. E. R. Foxman et al. (1989a); G. E. Belch et al. (1985); W. K. Darley/ J.-S. Lim (1986).

564 Vgl. T. F. Mangleburg (1990), S. 813 u. 818; L. Thomas (1983), S. 59; J. Büschken (1994), S. 3 f.

565 W. Hubel (1986), S. 107.

566 Erklärungsmöglichkeiten liefern soziologische Theorien wie die Rollentheorie sowie sozialpsychologische Theorien wie die Austausch- und Ressourcenbeitragstheorien sowie die Theorie sozialer Macht. Zur Rollentheorie vgl. z.B. R. Dahrendorf (1967), S. 26-28, zu einer Übertragung auf Familienkaufentscheidungen vgl. z.B. R. E. Ruhfus (1976), S. 59-86; L. Thomas (1983), S. 143-168. Zu Austauschtheorien vgl. G. C. Homans (1961); P. M. Blau (1964); J. W. Thibaut/ H. H. Kelley (1967); G. Mikula (1985); R. M. Emerson (1990); zu einer Übertragung auf Familienkaufentscheidungen vgl. z.B. W. Hubel (1986), S. 62-65. Speziell für den Einfluß in Familien entwickelt wurden Ressourcenbeitragstheorien; vgl. R. O. Blood/ D. M. Wolfe (1960); D. M. Heer (1963). Zur Theorie sozialer Macht vgl. J. R. P. French/ B. Raven (1959); R. A. Dahl (1957); E. H. Witte (1985). Zu den Zusammenhängen von Ressourcenbeitrags-, Austausch- und Machttheorien vgl. auch G. Mikula (1985); B. Nauck (1989), S. 45 ff.; W. Hubel (1986), S. 69; L. Thomas (1983), S. 169-171.

567 Zu diesen Überlegungen in Bezug auf Machtbeziehungen vgl. W. Krüger (1974), S. 11, der sich allerdings auf die Möglichkeiten eines Akteurs zur (gezielten) Einflußnahme beschränkt. Die Überlegungen können jedoch auch auf unabsichtliche Einflüsse übertragen werden. Zur zentralen Bedeutung der Macht- bzw. Einflußgrundlagen für Kaufentscheidungen vgl. auch R. E. Ruhfus (1976), S. 102 f.; L. Thomas (1983), S. 129 f.; F. Böcker/ L. Thomas (1983), S. 249 f.; W. Hubel (1986), S. 76, 111 u. 116 f.; C. Kim et al. (1991), S. 37 f.

568 Zur Unterscheidung von Machtbeziehungen und -prozessen vgl. auch W. Krüger (1974), S. 10. Auch in dem Modell von K. P. Corfman/ D. R. Lehmann (1987) zum Einfluß einer Person A auf Familienkaufentscheidungen lassen sich aktive und passive Ressourcen der Person A (strukturelle Komponenten) und die jeweiligen Entscheidungen über den Einsatz der aktiven Ressourcen zur Beeinflussung einer Kaufentscheidung im Einzelfall (Interaktions-/ Einflußprozeß) unterscheiden.

einer Weiterentwicklung nach Raven/ Kruglansky.[569] French/ Raven und Raven/ Kruglansky unterscheiden fünf bzw. sechs Einfluß- bzw. Machtgrundlagen und darauf basierend fünf Einfluß- bzw. Machtformen: Informationen des Beeinflussers (Informationseinfluß/ -macht), Identifikation des Beeinflußten mit dem Beeinflusser (Identifikationseinfluß/ -macht), vom Beeinflußten wahrgenommene überlegene Kenntnisse und Fähigkeiten des Beeinflussers (Experteneinfluß/ -macht), vom Beeinflußten wahrgenommenes Recht des Beeinflussers zur Einflußnahme (Legitimationseinfluß/ -macht) und die Verfügung des Beeinflussers über Sanktionsmöglichkeiten (Sanktionseinfluß/ -macht).[570]

Diese Einflußgrundlagen lassen sich danach unterscheiden, wer über sie verfügen kann bzw. auf wessen Seite sie bestehen.[571] Einfluß entsteht aus dem Einwirken des Beeinflussers (des Jugendlichen) und der Verhaltensveränderung des Beeinflußten (des Elternteils); ohne die Verhaltensveränderung liegt kein Einfluß vor. Da Einfluß demnach ein zweiseitiges Phänomen ist,[572] das zudem nicht nur absichtliche Einwirkungen umfaßt,[573] sind die Grundlagen eines Einflusses der Jugendlichen auf die Einkommensverwendung ihrer Eltern auf zwei Seiten zu suchen: auf der Seite des jugendlichen Beeinflussers (Grundlagen eines Einwirkens des Jugendlichen) und auf der Seite der beeinflußten Eltern (Grundlagen der Veränderungs- bzw. Anpassungsbereitschaft der Eltern). In Einflußprozessen kommen diese strukturellen Grundlagen der Einflußbeziehung zum Tragen.[574] Grundlagen eines Einwirkens des Jugendlichen sind die Sanktionsmöglichkeiten sowie die Informationen, über die er verfügt. Dabei handelt es sich um Ressourcen, die er gezielt zur Beeinflussung der Eltern einsetzen kann. Hingegen

[569] Vgl. J. R. P. French/ B. Raven (1959), S. 155-164; B. H. Raven/ A. W. Kruglansky (1970), S. 73-77. Diese gehen von einer sehr weiten Machtdefinition aus, die auch unabsichtliche Einwirkungen beinhaltet; vgl. J. R. P. French/ B. Raven (1959), S. 151 f.; insofern besteht eine Übereinstimmung zum Einflußbegriff der vorliegenden Arbeit. Der Unterschied besteht darin, daß Macht als potentieller Einfluß aufgefaßt wird; d.h. Macht lediglich die Möglichkeit eines Einflusses darstellt; vgl. ebd. S. 152.

[570] Vgl. B. H. Raven/ A. W. Kruglansky (1970), S. 72-77; bei J. R. P. French/ B. Raven (1959), S. 163 f. werden Informationen und Expertentum noch zusammengefaßt behandelt. Wird die Sanktionsmacht, vgl. W. Krüger (1974), S. 12, in Belohnungs- und Bestrafungsmacht unterteilt, so können sechs Machtformen unterschieden werden vgl. J. R. P. French/ B. Raven (1959), S. 156 f.; B. H. Raven/ A. W. Kruglansky (1970), S. 76.

[571] Vgl. dazu W. Krüger (1974), S. 12-16, der nur zwei der von French/ Raven (1959) und Raven/ Kruglansky (1970) unterschiedenen Macht- bzw. Einflußformen (Sanktions- und Informationsmacht) auch als eigenständige Machtbasen bezeichnet, da nur bei diesen der Machtausübende auch tatsächlich selbst die Kontrolle über die Grundlagen besitzt, während die anderen Machtbasen (Identifikation, Legitimation) keine autonom verfügbaren Ressourcen des Machtausübenden sind.

[572] Es gibt einen Beeinflusser (den Jugendlichen), dessen Einwirken eine Veränderung bei den Beeinflußten (den Eltern) hervorruft; und es gibt einen Beeinflußten (ein Elternteil), der sein Verhalten infolge der Einwirkung verändert. Dies bedeutet allerdings nicht, daß immer nur eine Person Einfluß ausübt und die andere Person nur beeinflußt wird. Diese Rollen können durchaus wechseln. I.d.R. ist in sozialen Beziehungen von wechselseitigen Einflüssen auszugehen. Im folgenden werden allerdings nur die Einflüsse in einer Richtung (vom Jugendlichen zu den Eltern) betrachtet.

[573] Ziel ist nicht nur, zu erklären, worauf die Möglichkeiten der Jugendlichen beruhen, ihre Eltern gezielt zu beeinflussen, sondern auch, worauf die Möglichkeiten einer unabsichtlich bewirkten Veränderung des Kaufverhaltens der Eltern beruhen.

[574] Vgl. auch K. P. Corfman/ D. R. Lehmann (1987), S. 2-4.

handelt es sich bei der Einstellung der Eltern zu den Kenntnissen und Fähigkeiten (Kompetenz) der Jugendlichen, bei der Identifikation der Eltern mit den Jugendlichen sowie bei der Einstellung der Eltern zu den Einflußrechten der Jugendlichen (Legitimation) nicht um Ressourcen, die in der Verfügungsgewalt der Jugendlichen liegen, sondern um Merkmale der Eltern, deren Vorhandensein sich aber auf das Ausmaß ihres Einflusses auswirkt (vgl. zusammenfassend **Abb. 4-4**).[575]

Im folgenden werden diese Einflußgrundlagen näher gekennzeichnet. Dabei werden Überlegungen angestellt,

- wie auf der Basis dieser Einflußgrundlagen ein Einfluß der Jugendlichen entstehen kann,
- welche Einflußgrundlagen in der Beziehung von Jugendlichen und ihren Eltern bestehen und
- in welchen Einflußbereichen (Produktbereichen) die jeweiligen Grundlagen zum Tragen kommen können.

Abb. 4-4: Übersicht über Einflußgrundlagen und Interaktionsergebnisse

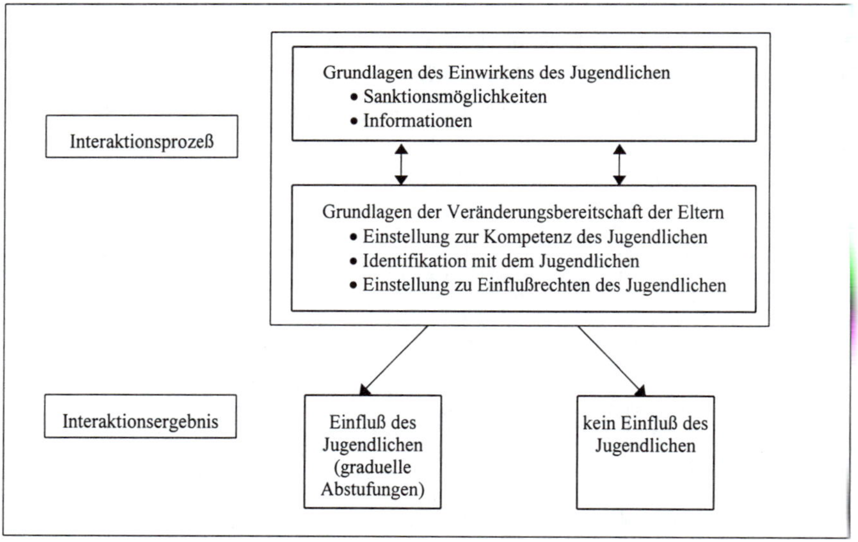

[575] Zur Interpretation der Legitimation und Identifikation als Komponenten der Einstellung des Beinflußten vgl. auch W. Krüger (1974), S. 15.

4.4.3 Sanktionsmöglichkeiten von Jugendlichen als Einflußgrundlage

4.4.3.1 Einflußentstehung

Die Einflußmöglichkeiten beruhen bei der Sanktionsmacht darauf, daß ein Jugendlicher Belohnungen oder Bestrafungen zur Durchsetzung seiner Präferenzen und Kaufwünsche einsetzen kann.[576] Sanktionsmöglichkeiten liegen vor, wenn der Jugendliche Ressourcen kontrolliert, die positiv (Belohnungen) oder negativ (Bestrafungen) auf die Bedürfnisbefriedigung der Eltern wirken und die die Eltern entweder zu erlangen (Belohnungen) oder zu vermeiden (Bestrafungen) trachten.[577] Um in den Besitz von Belohnungen zu gelangen bzw. negative Sanktionen zu vermeiden, können Eltern geneigt sein, den Kaufwünschen der Jugendlichen zu entsprechen. Je größer das Ausmaß der sanktionierenden Ressourcen, über die der Jugendliche in der Beziehung zu seinen Eltern verfügt,[578] und je größer die subjektive Bedeutung, die die Eltern diesen Ressourcen zumessen, desto größer sind auch seine Einflußmöglichkeiten auf deren Einkommensverwendung.[579]

Insgesamt gesehen kann zwar davon ausgegangen werden, daß die Eltern in der Eltern-Kind-Beziehung über mehr Macht verfügen als das jugendliche Kind und daß dieses – v.a. aus ökonomischen Gründen – abhängiger von den Eltern ist als die Eltern von ihm.[580] Dieses Verhältnis ist jedoch differenzierter zu betrachten, da die Rollen des Beeinflussers und des Beeinflußten wechseln können.[581] Nicht das Machtverhältnis insgesamt ist ausschlaggebend,

---

576 Zu Belohnungs- und Bestrafungsmöglichkeiten als Grundlage von Sanktionsmacht (bzw. Belohnungs- und Bestrafungsmacht) vgl. J. R. P. French/ B. Raven (1959); S. 156 f.; B. H. Raven/ A. W. Kruglansky (1970), S. 76 f.

577 Vgl. W. Krüger (1974), S. 12. Hier bestehen enge Zusammenhänge zwischen Macht-, Ressourcen- und Austauschtheorien. Auch die Ressourcentheorie geht davon aus, daß die familiären Machtstrukturen von der Verfügung der Familienmitglieder über – auf die Bedürfnisbefriedigung wirkende – Ressourcen bestimmt werden; vgl. D. M. Wolfe (1959), S. 100 f.

578 E. R. Foxman et al. (1989a), S. 161 u. 165 f. sowie S. E. Beatty/ S. Talpade (1994), S. 333 u. 336, stellen die Hypothese auf, daß der Einfluß der Jugendlichen auf Familienkaufentscheidungen positiv mit den (finanziellen) Ressourcen der Jugendlichen zusammenhängt. Eine teilweise Bestätigung dieser Hypothese ergibt sich in der Studie von Foxman et al., nicht jedoch bei Beatty/ Talpade. Die Bedeutung der Ressourcen aus der Sicht der Eltern wird allerdings vernachlässigt und es wird nicht der Zusammenhang zu den Einflußmöglichkeiten, sondern zum tatsächlichen Einfluß untersucht.

579 Vgl. J. R. P. French/ B. Raven (1959), S. 156. Zur Bedeutung von Ressourcen und der aus einer hohen Bedeutung resultierenden Abhängigkeit vgl. auch R. M. Emerson (1962), S. 32. Dabei ist die Wahrnehmung der Eltern entscheidend; die Reaktionen der Eltern werden von den subjektiv wahrgenommenen Sanktionsmöglichkeiten des Jugendlichen bestimmt; vgl. auch W. Hubel (1986), S. 68; vgl. auch R. M. Emerson (1990), S. 41 f.

580 Eine solche Verrechnung der Ressourcenrelationen/ Sanktionsmöglichkeiten wird im Rahmen der Ressourcenbeitragstheorie von Wolfe vorgenommen, um die Machtrelation in familiären Beziehungen zu erklären; vgl. D. M. Wolfe (1959), S. 100 f. Die Macht des A ist um so größer, je mehr der von B wahrgenommene Wert der Ressourcen des A den von A wahrgenommenen Wert der Ressourcen des B übersteigt; vgl. R. O. Blood/ D. M. Wolfe (1960), S. 30-34; D. M. Heer (1963), S. 137.

581 Vgl. auch D. M. Wolfe (1959), S. 99 f.; S. Moscovici (1979), S. 83; W. Hubel (1986), S. 117.

sondern die Möglichkeit, in einzelnen Situationen und Interaktionen Einfluß auszuüben. Es ist davon auszugehen, daß in Eltern-Kind-Beziehungen wechselseitige Abhängigkeiten vorliegen und daß auf der Basis von gegenseitigen Belohnungen und Bestrafungen kontinuierlich abwechselnde Einflüsse zwischen den Familienmitgliedern stattfinden.
Unter den verschiedenen Arten von Ressourcen, die im Rahmen von Ressourcentheorien unterschieden werden, scheinen dabei für die Einflußmöglichkeiten der Jugendlichen v.a. ihre symbolischen und immateriellen Ressourcen (emotionale Ressourcen, Statusressourcen, Dienstleistungen) von Bedeutung zu sein, während materielle Ressourcen (Geld und Güter) verstärkt im Besitz der Eltern sind.[582]

Die in der Beziehung zu den Eltern wohl wichtigsten Ressourcen, über die Jugendliche in gleichem Maße verfügen wie die Eltern und die für die Eltern zudem von hoher Bedeutung sind, sind **emotionale Ressourcen**.[583] Gerade in der Jugendphase, in der die emotionale Ablösung von den Eltern und die Hinwendung zu Gleichaltrigen erfolgt, verringert sich darüber hinaus die emotionale Abhängigkeit der Jugendlichen von ihren Eltern.[584] Umgekehrt besteht eine emotionale Abhängigkeit vieler Eltern, insbesondere von Alleinerziehenden und Eltern von Einzelkindern[585], von ihren jugendlichen Kindern. Ihnen fällt die Ablösung häufig sehr viel schwerer als den Jugendlichen.[586] Insgesamt ist von einer wechselseitigen emotionalen Abhängigkeit von Eltern und Jugendlichen und eher ausgeglichenen Machtrelationen aufgrund emotionaler Ressourcen auszugehen.[587]

Auch **Statusressourcen** der Jugendlichen können hohe Bedeutung für die Eltern erlangen. Zum einen ist an die direkte Anerkennung und Wertschätzung zu denken, die der Jugendliche selbst den Eltern entgegenbringt. Um die Anerkennung des Jugendlichen zu erhalten, können Eltern geneigt sein, ein seinen Konsumnormen entsprechendes Konsumverhalten zu zeigen.[588]

---

582 Mit verschiedenen Arten familiärer Ressourcen beschäftigt sich die Ressourcen(beitrags)theorie. Über eine Systematik von Ressourcen herrscht aber noch Uneinigkeit. Eine auch empirisch fundierte Systematik von Ressourcen stammt von Foa et al. Sie unterscheiden in Geld, Güter, Dienstleistungen, Liebe, Information und Status, wobei sich auch bei dieser Systematik einzelne Formen von Belohnungen bzw. Verhalten nicht eindeutig einer Kategorie zuordnen lassen; vgl. U. G. Foa et al. (1993), S. 2 f. u. 6.

583 Zum Zusammenhang von Liebe bzw. emotionalen Ressourcen und Macht vgl. auch E. Kirchler (1989), S. 10 f. Zur hohen Bedeutung emotionaler Ressourcen aufgrund der hohen Personengebundenheit der Befriedigung emotionaler Bedürfnisse (Bedürfnisse nach Liebe und Zuneigung) vgl. U. G. Foa (1993), S. 15 f.

584 Die gefühlsmäßige Beziehung der Jugendlichen zu ihren Eltern wird dabei nicht aufgehoben, sondern nur überlagert von anderen Bindungen; vgl. W. Schurian (1989), S. 117.

585 Die Konzentration bei der Befriedigung emotionaler Bedürfnisse auf das Kind wird begünstigt. Insbesondere Alleinerziehende heben das Kind oft in den Rang von Freund(inn)en oder Quasi-Partnern; vgl. J. Zinnecker (1987), S. 336 ff. Auch bei Einzelkindern wird die Abhängigkeit der Eltern von der Zuneigung des Kindes höher sein; vgl. L. Thomas (1983), S. 181 f.; K. M. Ekström (1995), S. 35 f.; R. Nave-Herz (1994), S. 67.

586 Vgl. Y. Schütze (1988), S. 111; Vgl. J. Zinnecker (1987), S. 336 ff.

587 Vgl. L. Stecher et al. (1993), S. 11.

588 So berichtet ein Vater, daß er sich für die engere Jeans entschied, da seine Tochter feststellte, daß er mit der Hose, die er ursprünglich kaufen wollte, doch nicht rumlaufen könne; vgl. J. Klewes (1983), S. 65.

Zum anderen können die Jugendlichen den Eltern bei Dritten Status vermitteln (indirekte Anerkennung). Werden Aussehen und Verhalten der Jugendlichen von den Eltern als wichtig für ihr eigenes Ansehen bei Dritten eingeschätzt, so ist den Jugendlichen damit, sofern sie sich dessen bewußt sind, ein nicht zu unterschätzendes Sanktionsmittel an die Hand gegeben, das sie bei Bedarf einsetzen können, um ihre Interessen durchzusetzen.[589]

Dienstleistungsressourcen von Jugendlichen erlangen bei bestimmten Familienformen erhöhte Bedeutung. In Familien, in denen beide Elternteile berufstätig sind oder ein Elternteil alleinerziehend ist, kann z.B. die Mithilfe der Jugendlichen im Haushalt für eine erhebliche Entlastung der Eltern sorgen und wird eventuell unabdingbar.[590] Stellen die Jugendlichen in erhöhtem Maße körperliche und zeitliche Ressourcen zur Verfügung, verschiebt sich das Ressourcengleichgewicht zugunsten der Jugendlichen, und ihre Einflußmöglichkeiten erhöhen sich.[591]

An Ressourcen- und Austauschtheorien wird kritisiert, daß sie nur belohnend wirkende Ressourcen berücksichtigen und daß negative Sanktionen nur durch Nichterteilung von Belohnungen modelliert werden können.[592] Die Möglichkeiten der Jugendlichen, ihren Eltern bspw. durch ihr Verhalten (z.B. durch **„Nörgeln" oder „Motzen"**) negative Gefühle zu bereiten, dürfen jedoch nicht unterschätzt werden.[593] Entspricht das von den Eltern gekaufte Produkt oder die Marke nicht ihren Vorstellungen, so können sie auch den **Konsum der für sie gekauften Produkte verweigern**. Eltern wollen i.d.R. vermeiden, daß die gekauften Produkte unbenutzt in den Müll wandern,[594] und beugen sich dann lieber den Wünschen des Jugendlichen, bevor sie dieses Risiko eingehen oder in mühsame Auseinandersetzungen eintreten.

---

589 Nach O. Hansen werden Kinder in immer stärkerem Maße dazu benutzt, das Sozialprestige der Familie nach außen zu demonstrieren. So bekunden US-amerikanische Mütter, daß es dem Ansehen der ganzen Familie schadet, wenn die Kinder nicht „die richtigen Sachen" besitzen. Bei der Information über das, was Status verschafft, verlassen sich die Eltern wiederum oft auf die Jugendlichen, vgl. O. Hansen (1996 a), S. 20.

590 Vgl. K. M. Ekström (1995), S. 35 f.; J. Swanson (1990), S. 24; S. Vandermerwe (1990), S. 33. Alleinerziehende sind häufig darauf angewiesen, den eigenen Lebensunterhalt durch Erwerbstätigkeit zu bestreiten; vgl. E. Kirner/ J. Schwarze (1996), S. 169. In Doppelverdienerfamilien übernehmen Jugendliche, wie in den USA zu beobachten, offenbar vermehrt die Lebensmitteleinkäufe; vgl. o.V. (1987), S. 5; G. Hauser (1986), S. 38; H. Stipp (1993), S. 25. In dieser Situation entwickeln sich dann häufig Schuldgefühle bei den Eltern, so daß sie möglicherweise eher geneigt sind, den Wünschen ihrer Kinder nachzugeben; vgl. P. Sellers (1989), S. 91; S. E. Beatty/ S. Talpade (1994), S. 334.

591 Höhere Einflüsse von Jugendlichen in Ein-Eltern-Familien und Doppelverdienerfamilien ergaben die Studien von S. E. Beatty/ S. Talpade (1994), S. 337; M. J. Bates/ W. Gentry (1994), S. 33; W. Darley/ J. S. Lim (1986), S. 371.

592 Vgl. z.B. G. Mikula (1985), S. 297; H. W. Bierhoff (1987), S. 136; L. D. Molm (1988), S. 108.

593 So wird z.B. bei Kleidung das Insistieren (nörgeln, quengeln, nerven) von 19% der Mütter als Instrument der Kinder zur Durchsetzung ihrer Kaufwünsche angegeben, vgl. Institut für Jugendforschung (1996a), S. 34. Zu negativen Emotionen (Haß, Mißbilligung, Abneigung) als Bestrafungsmöglichkeiten vgl. auch B. H. Raven/ A. W. Kruglansky (1970), S. 76.

594 Vgl. P. Zollo (1995), S. 28.

Die skizzierten Sanktionsmöglichkeiten von Jugendlichen können nun auf verschiedene Weisen wirken: Sie können von den Jugendlichen zur gezielten, absichtlichen Einflußnahme auf die Käufe der Eltern eingesetzt werden.[595] Dann hängt es maßgeblich von der Reaktion der Eltern auf die Einflußversuche der Jugendlichen ab, ob ein Einfluß zustande kommt. Nur bei einer Einwilligung der Eltern kommt es zu einem Einfluß; widersetzen sich die Eltern dem Einflußversuch, so liegt kein Einfluß vor.[596] Eine zweite Wirkungsmöglichkeit besteht darin, daß die Eltern auch ohne daß eine konkrete Einflußhandlung der Jugendlichen vorliegt, deren Wünsche und mögliche Sanktionen antizipieren und dementsprechend handeln.[597] Aufgrund vergangener Interaktionen können Eltern die Wünsche und Reaktionen ihrer Kinder oft recht gut einschätzen.[598] Auf der Grundlage von Sanktionen erfolgt allerdings nicht notwendigerweise auch eine Präferenzänderung bei den Eltern: Sobald die Sanktionen entfallen (z.B. weil sich die Präferenzen der Jugendlichen ändern oder weil das jugendliche Kind auszieht), werden die Eltern dann wieder Produkte kaufen, die ihren eigenen Präferenzen entsprechen.

4.4.3.2 Einflußbereiche

Es stellt sich nun die Frage, ob und in welchen Produktbereichen mit einem Sanktionseinfluß von Jugendlichen zu rechnen ist. Da Sanktionsmöglichkeiten weitgehend unabhängig vom Einflußgegenstand sind, können sie von den Jugendlichen prinzipiell bei beliebigen Produktkäufen eingesetzt werden. Vor allem motivationale Faktoren bestimmen dann, ob und wofür sie ihre Sanktionsmöglichkeiten einsetzen.[599] Dabei wird auch die von den Jugendlichen erwartete Reaktion der Eltern auf einen Einflußversuch über dessen Durchführung bestimmen: Je geringer die Jugendlichen die Chancen auf eine erfolgreiche Durchsetzung der eigenen Präferenzen einschätzen, desto eher wird ein Einflußversuch unterbleiben.[600]

---

595 Zum Einsatz verschiedener Ressourcenarten zur Beeinflussung der Eltern sowie deren Bündelung zu verschiedenen Typen von Einflußstrategien der Jugendlichen (wie Aushandeln, Überreden, Emotionen, Fragen) vgl. K. M. Palan/ R. E. Wilkes (1997), S. 159-169.

596 Vgl. auch K. M. Ekström (1995), S. 24 f.

597 Vgl. auch W. Hubel (1986), S. 118; K. P. Corfman/ D. R. Lehmann (1987), S. 3. In einigen Fällen reicht es aus, bestimmte Ressourcen nur zu besitzen, um einen Einfluß auszuüben. Eltern können bspw. von sich aus die Wünsche der Jugendlichen berücksichtigen, um mit ihrer Freude belohnt zu werden.

598 Vgl. L. Thomas (1983), S. 124 u. 131; W. Hubel (1986), S. 118. So zeigt eine Studie von E. S. Moore-Shay/ R. J. Lutz (1988), S. 464, daß Mütter die Markenpräferenzen ihrer Töchter recht gut vorhersagen können.

599 Vgl. auch S. E. Beatty/ S. Talpade (1994), S. 333 u. 338, die betonen, daß Fähigkeit und Motivation vorliegen müssen, damit persönliche Kräfte ausgeübt werden. Auf die Bedeutung motivationaler Faktoren weist auch H. L. Davis (1976), S. 251 f., hin.

600 Vgl. dazu auch K. P. Corfman/ D. R. Lehmann (1987), S. 2 f.; K. M. Ekström (1995), S. 381 f.; C. Kim et al. (1991), S. 38. In diesem Zusammenhang kann die Erwartungs-Valenz-Theorie, die zur Erklärung der Arbeitsmotivation verwendet wird, auch auf Einflußhandlungen angewendet werden. Die Einflußhandlungen werden dann bestimmt von dem Glauben des Jugendlichen daran, daß er seine Eltern beeinflussen kann und daß seine Einflußanstrengungen daher die Mühe wert sind sowie von den Valenzen der erwarteten Ergebnisse seiner Einflußhandlungen; vgl. K. M. Ekström (1995), S. 381 f.

In welchem Maße Jugendliche versuchen, gezielt auf die Einkommensverwendung der Eltern Einfluß zu nehmen, hängt zunächst davon ab, inwieweit sie von den finanziellen Ressourcen und der Einwilligung der Eltern abhängig sind, um ihre persönlichen Konsumbedürfnisse zu befriedigen. Aufgrund der finanziellen Abhängigkeit von Jugendlichen und dem Zusammenleben in einem Haushalt bestehen in Familien Interdependenzen bei Kauf und Verwendung von Leistungen. Die Jugendlichen sind bei vielen Käufen für ihren eigenen Bedarf auf die Einwilligung der Eltern angewiesen, da sie noch nicht selbst über die erforderlichen finanziellen Mittel verfügen. Ferner werden viele Produkte und Dienstleistungen von den Familienmitgliedern gemeinsam verwendet, so daß bei deren Kauf eine Einigung erforderlich ist. Um ihre Wünsche hinsichtlich des Kaufs bestimmter Produkte erfüllt zu bekommen, können die Jugendlichen dann versuchen, aktiv auf die Eltern Einfluß zu nehmen.[601] In dem Maße wie sie jedoch finanziell von den Eltern unabhängig werden und sich ihre Kaufwünsche aus eigenen Mitteln selbst erfüllen können, sind sie nicht mehr auf eine Einflußnahme angewiesen. Es ist daher zu vermuten, daß mit zunehmendem Alter und zunehmender finanzieller Unabhängigkeit der Jugendlichen auch ihre Motivation zur Einflußnahme nachläßt.

Sofern die Jugendlichen jedoch von ihren Eltern finanziell abhängig sind, ist anzunehmen, daß sie ihre Einflußmöglichkeiten bewußt oder unbewußt verstärkt bei solchen Kaufentscheidungen einsetzen, die mit einem hohen **Involvement der Jugendlichen** verbunden sind, welches sie zu einem größeren Engagement im Entscheidungsprozeß motiviert.[602] Das Involvement bzw. die Ich-Beteiligung bezeichnet das „innere Engagement (...), mit dem sich jemand einem Gegenstand oder einer Aktivität zuwendet".[603] Es handelt sich dabei um ein komplexes Konstrukt, das von verschiedenen Faktoren bestimmt wird, wie den persönlichen Motiven und Einstellungen, für die sich das Individuum einsetzt und die seine Neigungen bestimmen (persönliches Involvement), dem Interesse, das jemand einem Produkt entgegenbringt (Produktinvolvement), sowie von situativen Faktoren wie z.B. dem Zeitdruck oder der Entscheidungssituation, in der sich der Konsument befindet (situatives Involvement).[604]
Es ist anzunehmen, daß das **andauernde Interesse von Jugendlichen an einer Produktkategorie (Produktinvolvement)** in hohem Maße darüber bestimmt, bei welchen Produkten sie ihre Einflußmöglichkeiten einsetzen.[605] Produkte, die für viele Jugendliche von hohem

601 Vgl. J. U. McNeal (1991), S. 13.
602 Vgl. dazu auch K. M. Ekström (1995), S. 124 f. Eine Prioritätensetzung der Jugendlichen bzgl. der Einflußobjekte kann dabei bewußt oder unbewußt erfolgen.
603 W. Kroeber-Riel (1992), S. 375.
604 Zu Komponenten und Determinanten des Involvement vgl. W. Kroeber-Riel (1992), S. 375 f.
605 Vgl. E. R. Foxman et al. (1989a), S. 161 f.; S. E. Beatty/ S. Talpade (1994), S. 333 f.; K. M. Ekström (1995), S. 124. Die Bedeutung dieser oder ähnlicher produktbezogener Einflußdeterminanten wird von verschiedenen Autoren betont (z.B. Produktinteresse, Produktwichtigkeit, Produktinvolvement, Ego-Involvement); vgl. D. M. Heer (1963), S. 139; L. Thomas (1983), S. 126 u. 129; T. F. Mangleburg (1990), S. 813; K. P. Corfman (1987), S. 240.

Interesse sind, wurden bereits in **Kapitel 3** thematisiert. Sie stammen z.B. aus den Bereichen Kleidung/ Accessoires, Körperpflege, Unterhaltungselektronik, Sport und Freizeit. Allerdings wurde dort auch gezeigt, daß Jugendliche in diesen Produktbereichen bereits in hohem Maße eigene Käufe tätigen und somit von ihren Eltern zumindest teilweise unabhängig sind. Daneben können aber auch Produkte, die in Familien von Jugendlichen und Eltern gemeinsam verwendet werden (wie z.B. Autos), von hohem Interesse für die Jugendlichen sein.

Des weiteren wird auch der **Anteil der Jugendlichen an der Verwendung des Produktes** sein Involvement und damit seine Motivation zur Einflußnahme bestimmen.[606] Je größer der Anteil an der Verwendung eines Produktes, desto stärker wird sich der einzelne von der Entscheidung betroffen fühlen und desto eher wird er versuchen, Einfluß zu nehmen.[607] So wird bspw. der Kauf einer Jeans für den Bedarf des Jugendlichen den Jugendlichen grundsätzlich stärker involvieren als der Kauf einer Jeans für den Vater.
Demnach ist mit den stärksten Versuchen zur Einflußnahme von Jugendlichen bei Produkten zu rechnen, die für seinen eigenen Bedarf gedacht sind. Ferner ist auch bei Käufen für den gemeinsamen Bedarf von Einflußversuchen der Jugendlichen auszugehen; und zwar um so mehr, je stärker und direkter sie selbst an der Verwendung beteiligt und daher von der Entscheidung betroffen sind. Grundsätzlich können sich die Jugendlichen aber auch von Käufen für den alleinigen Bedarf der Eltern betroffen fühlen, wenn Kauf bzw. Verwendung dieser Produkte auf die Bedürfnisbefriedigung der Jugendlichen zurückwirken. Beispielsweise kann ein Interesse der Jugendlichen daran bestehen, daß die Eltern modern gekleidet sind, da die Kleidung und das Auftreten der Eltern auch auf das Ansehen der Jugendlichen bei Freunden zurückwirkt.[608] Auch bei Produkten, die für den Bedarf der Eltern bestimmt sind, kann daher mit Einflußversuchen der Jugendlichen gerechnet werden.[609]

Auch auf Seiten der Eltern wird das Involvement von Relevanz dafür sein, in welchem Maße sie bereit sind, sich entgegen der eigenen Vorstellungen an die Wünsche der Jugendlichen anzupassen (Einwilligung): Es ist anzunehmen, daß Eltern den Einflußversuchen der Jugendlichen um so eher nachgeben, je geringer ihr eigenes Involvement ist. Eine Determinante des tatsächlichen Einflusses von Jugendlichen, die vergleichsweise selten Erwähnung findet, ist demnach in dem **Involvement der Eltern** zu sehen.[610]

---

606 Vgl. S. E. Beatty/ S. Talpade (1994), S. 334. Zum Zusammenhang zwischen Verwendungsanteil und tatsächlichem Einfluß vgl. auch T. F. Mangleburg (1990), S. 813; K. M. Ekström (1995), S. 100 f.

607 Vgl. S. E. Beatty/ S. Talpade (1994), S. 333 f.

608 Vgl. auch K. M. Ekström (1995), S. 101 f.

609 In diese Richtung weisen z.B. die Aussagen der Eltern in der Studie von K. M. Ekström (1995), S. 232 f.

610 Vgl. K. M. Ekström (1995), S. 131. Ein Verweis auf die relative Bedeutung des Entscheidungsgegenstandes findet sich bei D. M. Heer (1963), S. 139 und bei R. E. Ruhfus (1976), S. 71.

Auch das Involvement der Eltern wird von verschiedenen Faktoren wie z.B. dem **Produktinteresse** und dem **Verwendungsanteil** der Eltern bestimmt. Es ist anzunehmen, daß die Eltern bei Käufen, bei denen ein hohes eigenes Produktinteresse und/ oder ein hoher eigener Verwendungsanteil besteht, wie z.B. bei eigener Kleidung oder einem Auto, kaum geneigt sein werden, allein aufgrund von möglichen Sanktionen in die Wünsche der Jugendlichen einzuwilligen, wenn diese sich nicht mit den eigenen Vorstellungen decken.[611]

Daneben kann auch der **Preis** eines zu erwerbenden Produktes das Involvement und die Bereitschaft zur Einwilligung beeinflussen. Je teurer das betreffende Produkt, desto empfindlicher trifft der Kauf den Geldbeutel der Eltern und desto weniger werden sie geneigt sein, allein aufgrund von Sanktionen nachzugeben.[612] Einigungsschwierigkeiten korrelieren somit auch mit dem Preis des zu erwerbenden Produktes.[613]

Grundsätzlich ist zu berücksichtigen, daß **situative Faktoren** (wie z.B. der Zeitdruck beim Einkauf) oft stärker auf das Involvement durchschlagen als das Produktinteresse.[614] So können in einer konkreten Kaufsituation der Zeitdruck beim Einkauf oder die Tatsache, daß andere Personen eine Auseinandersetzung zwischen Eltern und Jugendlichen beobachten, zu einer hohen Anpassungsbereitschaft der Eltern führen, auch wenn ein grundsätzlich hohes Produktinvolvement der Eltern besteht.[615]

In den folgenden Abschnitten werden weitere Faktoren behandelt, die – neben den bereits genannten Faktoren – die Bereitschaft der Eltern bestimmen, den Einflußversuchen der Jugendlichen nachzugeben.

4.4.4 Informationen der Jugendlichen als Einflußgrundlage

Verfügen Jugendliche über besondere Produktinformationen, so können sie durch die Übermittlung dieser Informationen an die Eltern deren Präferenzen und beobachtbares Kaufverhalten verändern. Der Einfluß entsteht dabei durch Art und Inhalt der übermittelten Informationen: Die kommunizierten Informationen und die Logik der Argumentation werden verstanden und in das kognitive Programm des Beeinflußten integriert.[616] Infolge der Informations-

---

61 Vgl. K. P. Corfman (1987), S. 242, zur Bedeutung des Interesses des Beeinflußten für die Einwilligungsbereitschaft. Vgl. auch E. Kirchler (1989), S. 104.

61 Zum Preis als Bestimmungsgröße des Involvement vgl. auch G. Laurent/ J.-N. Kapferer (1985), S. 42. In einer Studie zum Kaufentscheidungseinfluß von Kindern zeigte sich eine höhere Einflußakzeptanz der Mütter bei niedrigpreisigen Produkten wie Cerealien und Süßigkeiten gegenüber höherpreisigen Produkten wie Spielzeug und Sportartikel; vgl. L. Isler et al. (1987), S. 35.

61 Vgl. Institut für Jugendforschung (1996a), S. 41.

61 Zur Dominanz des situativen Involvement vgl. W. Kroeber-Riel (1993a), S. 99; G. Jeck-Schlottmann (1987a), S. 216; S. E. Beatty et al. (1988), S. 153.

61 Vgl. dazu auch K. M. Ekström (1995), S. 131.

61 Vgl. zu einem solchen informationellen Einfluß auch J. R. P. French/ B. Raven (1959), S. 163 f. Dieser wird auch als Informationsmacht bzw. -einfluß bezeichnet; vgl. B. H. Raven/ A. W. Kruglanski (1970), S. 73.

übermittlung kommt es demnach nicht nur zu einer Verhaltensanpassung, sondern auch zu einer Überzeugung und Präferenzänderung bei den Eltern.[617] Es besteht also - anders als bei den Sanktionsmöglichkeiten – ein direkter Zusammenhang zwischen dem Inhalt der Informationen (z.B. Vorteile eines Produktes X) und dem Verhalten (Kauf des Produktes X), auf das Einfluß genommen wird.[618] Da nicht nur das beobachtbare Verhalten, sondern auch die zugrundeliegenden Präferenzen verändert werden, kann der Einfluß der Jugendlichen langfristig fortwirken.[619]

Informationsvorsprünge können von Jugendlichen gezielt genutzt werden, um ihre Eltern zum Kauf eines von ihnen präferierten Produktes bzw. Marke oder zum Besuch einer präferierten Einkaufsstätte zu bewegen.[620] Sie können die Eltern von deren Existenz in Kenntnis setzen und argumentativ von deren Vorteilen zu überzeugen versuchen. Voraussetzung dafür ist, daß sie über besondere Produktkenntnisse und Argumente verfügen, die für die Eltern neu und relevant sind.[621] Besondere Einflußmöglichkeiten kommen den Jugendlichen zu, wenn der Wahrheitsgehalt oder die Relevanz ihrer Informationen nicht ohne weiteres durch die Eltern zu überprüfen ist, weil ihnen der notwendige Sachverstand fehlt und eine anderweitige Informationsbeschaffung nicht ohne weiteres möglich ist oder nicht lohnenswert erscheint. Dann sind gezielte Manipulationen, Selektionen und Verfälschungen der Informationen durch die Jugendlichen möglich.[622] Informationen der Jugendlichen können aber auch – ohne daß eine gezielte Einflußabsicht der Jugendlichen zugrundeliegt – quasi beiläufig von den Eltern aufgenommen oder von ihnen erfragt werden.[623] Damit sind die Möglichkeiten der retroaktiven

---

617 Dabei muß es im Ergebnis nicht zu einer vollständigen Übereinstimmung der Präferenzen von Jugendlichen und Eltern kommen. Für das Vorliegen eines Einflusses reicht es aus, daß die Präferenzen verändert werden.

618 Aus diesem Grund werden die Informationen (obwohl sie auch Ressourcen darstellen) als gesonderte Einflußgrundlage behandelt, da sich Einsatz und Wirkungsweise grundlegend von der der Sanktionsmöglichkeiten unterscheiden; vgl. dazu auch W. Krüger (1974), S. 13. Informationen können zwar ebenfalls belohnend oder bestrafend eingesetzt werden, doch hier besteht die Wirkungsweise des Einsatzes von Informationen in einer inhaltlichen Überzeugung des Beeinflußten.

619 Vgl. auch H. C. Kelman (1961), S. 65 f., der derartige Prozesse der Meinungs- bzw. Präferenzänderung als Internalisierung bezeichnet. Die Verhaltenswirkung dauert auch ohne weitere Folgeinteraktionen und ohne Kontrolle an.

620 Zum Argumentieren (dem Verwenden praktischer, logischer Argumente) als häufige und effektive Einflußstrategie von Jugendlichen zur Beeinflussung ihrer Eltern vgl. auch K. M. Palan/ R. E. Wilkes (1997), S. 161 f. u. 166 f.

621 Gestützt wird die Fähigkeit zu überzeugen noch durch individuelle Faktoren wie z.B. die Argumentationsfähigkeit.

622 Vgl. dazu W. Krüger (1974), S. 13 f.

623 Zu einer Erfragung von Informationen durch die Eltern vgl. auch S. E. Beatty/ S. Talpade (1994), S. 333. Zu einem beiläufigen, unabsichtlichen Lernen der Eltern von den Kindern vgl. auch K. M. Ekström (1995), S. 7 f. u. 83 f. Die Informationen müssen dabei nicht verbal übermittelt werden. Bspw. kann auch die von den Eltern lediglich beobachtete Verwendung eines neuen Produktes durch den Jugendlichen eine Präferenz- und Verhaltensänderung bei den Eltern bewirken (Lernen durch Beobachtung).

Sozialisation, der Sozialisation der Eltern durch die Jugendlichen und des Lernens der Eltern von den Jugendlichen, angesprochen.[624]

Es ergibt sich die Annahme, daß die Einflußmöglichkeiten der Jugendlichen um so höher sind, je mehr sie über kaufentscheidungsrelevante Informationen verfügen, die für ihre Eltern neu sind (relativer Informationsstand).[625]

Eltern verfügen zwar grundsätzlich über mehr Kenntnisse und Erfahrungen im Konsumbereich als Jugendliche. Der schnelle Wandel in einigen Konsumbereichen führt jedoch zu einem Veralten der Wissensbestände und Erfahrungen der Eltern, so daß die Eltern in diesen Konsumbereichen nicht notwendigerweise mehr Kenntnisse besitzen.[626] Durch frühe mediale und reale Zugänge zum Konsumbereich können Jugendliche bereits in jungen Jahren eigene Käuferfahrungen und Kenntnisse sammeln und eine frühe Eigenständigkeit in Bezug auf Geschmacksurteile, Stile und Konsumkompetenzen entwickeln.[627] Jugendliche beziehen ihre Informationen und Meinungen nicht nur von ihren Eltern, sondern v.a. von Peer-Gruppen[628], aus den Medien[629] und aus den Einkaufsstätten. Weiterhin verfügen sie über ein hohes Maß an Freizeit,[630] die sie zur Informationsbeschaffung nutzen können. Sie lernen zudem schneller, besitzen eine höhere Aufnahmefähigkeit[631] und Aufgeschlossenheit gegenüber Innovatio-

---

624 D. Riesman/ H. Roseborough (1955) prägten den Begriff der retroaktiven Sozialisation für die umgekehrte Richtung des Lernens und des Einflusses. Vgl. dazu auch M. W. Riley et al. (1969), S. 961; V. L. Bengtson/ L. Troll (1978); J. Klewes (1983); G. P. Moschis (1987), S. 94-96; K. M. Ekström (1995), S. 7f., 72 f. u. 83. Die Studie von K. M. Ekström zeigt, daß Eltern durchaus von ihren Kindern lernen: Die Kenntnisse der Kinder ersetzten z.B. teilweise die externe Informationssuche; vgl. K. M. Ekström (1995), S. 362.

625 Vgl. zu einer allgemeinen Formulierung J. R. P. French/ B. Raven (1959), S. 163. Als Bewertungsmaßstab bietet sich das Wissen des Beeinflußten, also hier der Eltern an. L. Thomas (1983), S. 179 f., stellt den Bezug zum Kaufverhalten her, stellt aber nur auf den absoluten Informationsstand der Kinder ab. Vgl. zu einer solchen Hypothese auch E. R. Foxman et al. (1989a), S. 162; S. E. Beatty/ S. Talpade (1994), S. 333. Empirische Befunde werden in **Abschnitt 4.5.3.3** dargestellt.

626 Zum Zusammenhang von Wandel und Veralterung von Wissensbeständen vgl. Y. Schütze (1992), S. 343 f.

627 Vgl. auch J. Zinnecker (1987), S. 336 ff.; H. H. Krüger/ W. Thole (1992), S. 465 f. Zu den frühen Zugängen zum Konsumbereich vgl. die Ausführungen in **Kapitel 3**.

628 Vgl. R. Roth (1983), S. 250-252. In den Peer-Gruppen verbreiten sich aufgrund der hohen Intensität der sozialen Kontakte Produkt- und Markeninformationen sehr viel schneller als bei Erwachsenen; vgl. Institut für Jugendforschung (1993), S. 37. Zum stärkeren Einfluß der Gleichaltrigengruppen in der Jugendphase vgl. z.B. G. P. Moschis (1987), S. 104 f.

629 Über die Medien besteht für Jugendliche eine frühe informatorische Zugänglichkeit zu allen Bereichen der Erwachsenenwelt; vgl. W. Hornstein (1970), S. 168; M. Baethge (1985), S. 113. Diese Möglichkeiten zur Mediennutzung werden in hohem Maße von den Jugendlichen in Anspruch genommen: Jugendliche zeichnen sich durch eine hohe Kontaktfreudigkeit mit werbungtreibenden Medien (Fernsehen, Kino, Zeitschriften, Internet, jugendkulturelle Veranstaltungen und Events) aus, so daß sie als Vertreter einer Multimediageneration charakterisiert werden können; vgl. B. Biervert (1987), S. 107; U. Saxer (1989), S. 651 f.; H. H. Krüger/ W. Thole (1992), S. 459 f. Zur Bedeutung der Massenmedien als Konsumentensozialisationsagenten der Jugendlichen aufgrund ihrer intensiven Mediennutzung; vgl. G. P. Moschis (1987), S. 129-133; W. Kroeber-Riel/ R. Möcks (1980), S. 579.

630 Vgl. H. H. Krüger/ W. Thole (1992), S. 449 f.

631 Vgl. B. Melzer-Lena/ I. Barlovic (1997b), S. 103, zur höheren Werbeerinnerung bei 8- bis 14jährigen.

nen.[632] Außerdem verfügen sie in einigen Produktbereichen über ein hohes Interesse, das sie zur verstärkten Informationssuche motiviert.[633] Im Ergebnis können Jugendliche deshalb in einigen Produktbereichen über bessere bzw. andere Kenntnisse verfügen als ihre Eltern.

Aufgrund des direkten Zusammenhangs zwischen dem Inhalt der Informationen und dem Verhalten, auf das Einfluß genommen wird, sind Informationen bzw. Informationsvorsprünge der Jugendlichen nicht universell zur Beeinflussung der Eltern einsetzbar, sondern beschränkt auf die **Produktbereiche**, in denen die Informationsvorsprünge bestehen. Nach den obigen Überlegungen sind dies insbesondere Produktbereiche schnellen Wandels (innovative Konsumbereiche) und Bereiche hohen relativen Interesses von Jugendlichen.
Der gezielte Einsatz der Einflußmöglichkeiten von Jugendlichen wird vermutlich auch hier von motivationalen Faktoren wie z.B. dem Interesse an einem Produkt bestimmt.[634] Weisen Jugendliche z.B. ein hohes Interesse an innovativen Produkten auf, so lassen sich sowohl verstärkte Einflußmöglichkeiten als auch Einflußversuche auf einen Kauf dieser Produkte vermuten. Insbesondere bei diskontinuierlichen Innovationen, die neue Konsumverhaltensmuster erfordern (z.B. Computertechnologie), ist zu vermuten, daß die Eltern diesen weniger stark ausgesetzt sind als ihre Kinder und die Kinder deshalb eine wichtige Rolle dabei spielen, ihnen diese nahezubringen.[635] Indem sie auf neue Produkte und Marken hinweisen und den Dialog darüber eröffnen oder indem sie den Konsum neuer Produkte vorleben, können Jugendliche einen Informationsdruck und eine Innovationsdynamik in der Familie erzeugen und so auch Verwendungsgewohnheiten der Eltern verändern.[636] Es ist daher zu vermuten, daß der Erstkonsum neuer Marken und Produkte in Familien häufig durch Jugendliche initiiert wird.[637] Dies ist zum einen im Bereich der Gebrauchsgüter der Unterhaltungselektronik denkbar, aber auch im Bereich der Mode, Kosmetika, Nahrungsmittel oder der Freizeitaktivitäten, da Jugendliche in allen diesen Bereichen auch selbst als aktuelle Käufer auftreten und diese Bereiche für sie oft von hohem Interesse sind.[638]

---

[632] Vgl. dazu die Ausführungen in **Abschnitt 3.3.4**.

[633] Vgl. auch B. Melzer-Lena/ I. Barlovic (1997b), S. 104. Zum allgemeinen Zusammenhang von Informationssuche und Produktinvolvement bzw. -interesse vgl. W. Kroeber-Riel/ P. Weinberg (1996), S. 248. Dabei sind geschlechtsspezifische Unterschiede zu berücksichtigen: So sind Mädchen eher an Informationen über Körperpflege, Ernährung und Mode interessiert, während Jungen sich eher für Informationen über Autos, Computer und HiFi-Geräte interessieren; vgl. V. Schütz (1997), S. 4.

[634] Ferner ist zu vermuten, daß die subjektiv wahrgenommenen Kenntnisse und das darauf beruhende Vertrauen in die eigenen Fähigkeiten sich positiv auf die aktiven Einflußversuche auswirken, vgl. S. E. Beatty/ S. Talpade (1994), S. 333.

[635] Vgl. K. M. Ekström (1995), S. 106.

[636] Vgl. Institut für Jugendforschung (1996a), S. 5 u. 13; K. M. Ekström (1995), S. 380.

[637] Vgl. L. A. Vaskovics/ N. F. Schneider (1989), S. 415 f.

[638] Vgl. dazu die Ausführungen in **Abschnitt 3.3.3 und 3.4**.

4.4.5 Einstellungen der Eltern zur Kompetenz der Jugendlichen als Einflußgrundlage

In engem Zusammenhang mit dem im vorangegangenen Abschnitt beschriebenen Kenntnisstand der Jugendlichen steht eine weitere Einflußgrundlage, die darin besteht, daß die Jugendlichen von den Eltern als kompetente Experten mit überlegenen Kenntnissen und Problemlösungsfähigkeiten und hoher Glaubwürdigkeit wahrgenommen werden.[639] Ausschlaggebend für die Akzeptanz des Einflusses der Jugendlichen durch die Eltern ist weniger der objektive, sondern vielmehr der von den Eltern wahrgenommene Kenntnisstand der Jugendlichen. Die Einstellung der Eltern zum Kenntnisstand der Jugendlichen gewinnt v.a. in solchen Situationen an Bedeutung, in denen sie den Wahrheitsgehalt der von den Jugendlichen gelieferten Informationen und Argumente nicht einschätzen können. Dann überzeugen – in Abgrenzung zum Informationseinfluß – weniger die Informationen oder die Logik der Argumentation selbst, sondern die Eltern verlassen sich – angesichts der eigenen Urteilsunsicherheit – auf die Erfahrungen der Jugendlichen und vertrauen deren Urteil.[640]
Je mehr die Eltern die intellektuellen Fähigkeiten und Fertigkeiten der Jugendlichen schätzen und der Überzeugung sind, daß diese hinsichtlich eines Kaufobjektes über ein kritisches, auf eigenen Erfahrungen beruhendes Urteilsvermögen verfügen,[641] desto eher werden die Eltern den gezielten Einflußversuchen der Jugendlichen nachgeben und desto eher werden sie auch von sich aus das Urteil der Jugendlichen einholen.[642] Voraussetzung ist allerdings, daß die Eltern den Jugendlichen vertrauen und nicht befürchten, daß diese versuchen, sie zu ihrem eigenen Vorteil zu manipulieren (Glaubwürdigkeit der Jugendlichen).[643]

Die Wirkung der wahrgenommenen Produktkompetenz der Jugendlichen als Einflußgrundlage kommt v.a. in den **Produktbereichen** zum Tragen, in denen ein überlegenes Wissen der Jugendlichen wahrgenommen wird.[644] Anerkanntes Expertentum der Jugendlichen wird am ehesten in solchen Produktbereichen vorliegen, in denen die Jugendlichen über sehr gute Kenntnisse und eigene Kauf- und Verwendungserfahrungen, die Eltern jedoch über weniger

---

639 B. H. Raven/ A. W. Kruglansky (1970), S. 75 f., bezeichnen dies als eigene Einfluß- bzw. Machtform, als Expertenmacht bzw. -einfluß.

640 Vgl. zu dieser Unterscheidung auch B. H. Raven/ A. W. Kruglansky (1970), S. 73 und 75 f.; J. R. P. French/ B. Raven (1959), S. 163 f.

641 Dabei wird deutlich, daß eine positive Einstellung der Eltern sich nicht nur auf spezifische produktbezogene Kenntnisse (Produktkompetenz) der Jugendlichen, sondern auch auf die generellen konsumbezogenen Kompetenzen der Jugendlichen beziehen kann.

642 Vgl. auch L. Thomas (1983), S. 179 f.

643 Wird eine Kompatibilität der Ziele wahrgenommen und bezieht sich der Konflikt nur auf die Mittel zur Erreichung dieser Ziele, so ist ein solches Vertrauen wahrscheinlicher; vgl. dazu auch B. H. Raven/ A. W. Kruglansky (1970), S. 75 f.

644 Vgl. zu der Begrenztheit auf spezifische Gebiete J. R. P. French/ B. Raven (1959), S. 164.

gute Kenntnisse und Erfahrungen verfügen.[645] Ausschlaggebend ist der wahrgenommene relative Kenntnis- und Erfahrungsstand.[646] Produktbereiche, in denen mit überlegenen Kenntnissen von Jugendlichen zu rechnen ist, wurden bereits im vorangegangenen Abschnitt diskutiert. Von zentraler Bedeutung sind das Ausmaß der eigenen Kauf- und Verwendungserfahrungen sowie das relative Produktinteresse der Jugendlichen.

Es ist anzunehmen, daß Jugendliche aufgrund ihrer intensiven Auseinandersetzung mit Produkten sowie aufgrund ihrer eigenen Kauf- und Verwendungserfahrungen in einigen jugendnahen Produktbereichen von den Eltern als kenntnisreiche Experten wahrgenommen werden (z.B. bei Stereoanlagen, Fahrrädern, PCs, Mode, Kosmetika, Hairstyling).[647] Mit Technik und technischen Innovationen im Konsumgüterbereich wird der Jugend von allen Generationen eine besondere Vertrautheit unterstellt;[648] dies sagt zwar noch nichts über die Einstellung von Eltern zu der Kompetenz des eigenen Kindes aus, zeigt jedoch, daß der jungen Generation prinzipiell überlegene Kenntnisse zugetraut werden. Höchste Kompetenz aller Familienmitglieder wird Jugendlichen dabei offenbar bei Geräten der Unterhaltungselektronik zugeschrieben.[649]

Steht ein Kauf solcher Produkte an, werden die Eltern sich um so eher auf die Informationen der Jugendlichen verlassen, je weniger sie selbst motiviert bzw. in der Lage sind, eigene Ressourcen (Zeit, Mühe) zur Informationsbeschaffung einzusetzen.[650] Je geringer das Involvement der Eltern, desto eher werden sie sich auf periphere Hinweise, wie z.B. die Glaubwürdigkeit der Informationsquelle verlassen.[651]

---

[645] Es ist anzunehmen, daß sich die Einstellungen der Eltern zur Produkt- und Konsumkompetenz mit zunehmenden Kauferfahrungen der Jugendlichen und damit auch mit zunehmendem Alter und Einkommen der Jugendlichen verändern. S. E. Beatty/ S. Talpade (1994), S. 333, gehen – auf der Ebene der generellen Konsumkompetenz – davon aus, daß die Eltern Jugendliche um so eher als reife, verantwortliche Familienmitglieder ansehen werden, je höher das Einkommen der Jugendlichen ist. Zu einem positiven Zusammenhang zwischen dem Einkommen der Jugendlichen (Konsummöglichkeiten) und der Einstellung der Eltern zu ihren Fähigkeiten vgl. E. R. Foxman et al. (1989a), S. 166.

[646] Vgl. auch B. H. Raven/ A. W. Kruglansky (1970), S. 75, zum Informations- bzw. Kenntnisvorsprung des Beeinflussenden.

[647] Zu einer hohen Orientierung von Müttern an ihren Töchtern bei der Wahl von Kosmetikgeschäften; vgl. E. Tissier-Desbordes (1984), S. 28 u. 30.

[648] Vgl. R. Sackmann/ A. Weymann (1994), S. 46-51.

[649] Vgl. W. Hubel (1986), S. 194. Insbesondere Jungen wird viel Einfluß eingeräumt, da sie sich in diesem Bereich sehr gut auskennen, vgl. o.V. (1997d), S. 16.

[650] Vgl. L. Thomas (1983), S. 180 f.

[651] Vgl. dazu die Zwei-Prozeß-Modelle der Einstellungsänderung, z.B. das Modell der Elaborationswahrscheinlichkeit von A. H. Eagly/ S. Chaiken (1993) sowie das heuristisch-systematische Modell von R. E. Petty/ J. T. Cacioppo (1983), (1986); zu einem Überblick vgl. W. Stroebe/ K. Jonas (1996), S. 187.

4.4.6 Identifikation der Eltern mit dem Jugendlichen als Einflußgrundlage

Bei der Identifikation werden Elemente des Verhaltens der jugendlichen Kinder von den Eltern übernommen, weil dieses mit einer identitätsstiftenden Rollenbeziehung der Eltern zu den Kindern verbunden ist.[652] Es soll eine angestrebte Beziehung zu den jugendlichen Kindern aufgebaut oder aufrechterhalten werden.[653]

Dabei kann es sich um eine **Identifikation mit der Person** handeln: Aus dem Bestreben heraus, so zu denken, zu fühlen und zu handeln wie ihr jugendliches Kind, wird dessen Verhalten in bestimmten Bereichen von den Eltern übernommen.[654] Liegt eine gegenseitige Rollenbeziehung vor, in der die Rollen in Bezugnahme auf den jeweils anderen definiert sind, kann eine **Identifikation mit der eigenen Rolle und den Rollenerwartungen** des anderen vorliegen.[655] Diese Art der Rollenbeziehung liegt typischerweise in Familien vor: Vater-, Mutter- und Kindrolle sind gegenseitig aufeinander bezogen. Wird eine solche Rollenbeziehung als zufriedenstellend empfunden, wird das Individuum sich so verhalten, wie es den Rollenerwartungen des anderen entspricht.[656] Die Eltern versuchen, eine „gute Mutter" bzw. ein „guter Vater" zu sein, d.h. die Elternrolle gut zu erfüllen und dabei auch die Erwartungen des Kindes zu integrieren.[657] Im Ergebnis werden Ziele, Bedürfnisse, Meinungen oder beobachtbares Verhalten des Jugendlichen von den Eltern übernommen und ein entsprechendes Verhalten gezeigt.[658] Diese Verhaltensanpassung wird als intrinsisch belohnend empfunden und ist damit unabhängig von externer Kontrolle.[659]

Auf Kaufentscheidungen übertragen führt die Identifikation der Eltern mit dem jugendlichen Kind bzw. mit der Elternrolle zu einer freiwilligen Berücksichtigung der Bedürfnisse und Präferenzen des Jugendlichen bei Kaufentscheidungen für seinen Bedarf und für den Familienbedarf, ohne daß irgendwelche Machtmittel des Jugendlichen eingesetzt werden müssen.[660] Eltern kaufen, was sich ihre jugendlichen Kinder wünschen bzw. was sie meinen, was sie sich wünschen, weil sie wollen, daß ihre Kinder glücklich sind.[661] Die Eltern verhalten sich

---

652 Vgl. H. C. Kelman (1961), S. 63.

653 Vgl. H. C. Kelman (1961), S. 63; J. R. P. French/ B. Raven (1959), S. 162; B. H. Raven/ A. W. Kruglansky (1970), S. 74.

654 Vgl. J. R. P. French/ B. Raven (1959), S. 161 f; B. H. Raven/ A. W. Kruglansky (1970), S. 74.

655 Vgl. H. C. Kelman (1961), S. 63 f.

656 Vgl. H. C. Kelman (1961), S. 64.

657 Vgl. J. F. Peters (1985), S. 925; G. P. Moschis (1987), S. 95.

658 Vgl. z. B. J. C. Turner (1991), S. 118; E. Kirchler (1989), S. 101; H. W. Crott (1987), S. 232.

659 Vgl. J. R. P. French/ B. Raven (1959), S. 162; vgl. auch C. Kelman (1961), S. 64.

660 Vgl. zu einer Beobachtung eines solchen Verhaltens der Eltern auch Institut für Jugendforschung (1996a), S. 36. In diese Richtung geht auch die Operationalisierung von Identifikations- bzw. Referenzmacht bei C. Kim et al. (1990), S. 27: „My opinions should be given a great deal of importance when it comes to making decisions about ...", wobei mit der Ichform der Jugendliche gemeint ist, dessen Meinung von den Eltern berücksichtigt wird.

661 Vgl. auch P. Zollo (1995), S. 28.

dann altruistisch; bereits in die individuelle Präferenzbildung der Eltern gehen die Präferenzen der Jugendlichen ein.[662]
Sofern eine Identifikation der Eltern mit den Jugendlichen besteht, kann diese von den Jugendlichen auch bei ihren aktiven Einflußversuchen genutzt werden, indem sie an dieses Gefühl der Einheit apellieren.[663] Insofern wirkt die Identifikation auch bei solchen Käufen (mit), bei denen Jugendliche aktive Einflußversuche starten.

Basis der Identifikation sind die Wertschätzung und Zuneigung, die der Beeinflußte dem Beeinflusser entgegenbringt und die Attraktivität, die er dem Beeinflusser und der Beziehung zu ihm zumißt.[664] Dabei ist mit Attraktivität der Besitz von Qualitäten gemeint, die der Beeinflußte schätzt und die diese Beziehung für ihn erstrebenswert machen.[665] Je größer die Zuneigung und Wertschätzung, die die Eltern dem Jugendlichen entgegenbringen und je wichtiger ihnen die Aufrechterhaltung einer guten Eltern-Kind-Beziehung ist, desto größer ist demnach der potentielle Einfluß des Jugendlichen.[666]

Mit einem Einfluß aufgrund der Identifikation der Eltern mit ihrem jugendlichen Kind wird am ehesten bei **Produkten** für den Bedarf der Jugendlichen oder für den gemeinsamen Bedarf zu rechnen sein. Insbesondere bei Produkten, die für die Jugendlichen von hoher, für die Eltern aber von geringer Bedeutung sind, ist anzunehmen, daß die Präferenzen der Jugendlichen bei einem Präferenzkonflikt stärker ins Gewicht fallen und die Eltern sich den Wünschen der Jugendlichen anpassen.[667]

Da in Eltern-Kind-Beziehungen meist ein hohes Maß an gegenseitiger Zuneigung und Wertschätzung besteht,[668] ist eine bedeutende Rolle der „Identifikation“ für den Einfluß von Jugendlichen auf Kaufentscheidungen in Familien anzunehmen.[669]

---

662 Vgl. G. S. Becker (1987), S. 282 f.; vgl. auch E. Kirchler (1989), S. 116 f. u. 123 zur altruistischen Orientierung in intimen Beziehungen. Über den Mechanismus der Identifikation kann demnach auch altruistisches Verhalten der Eltern bei Kaufentscheidungen erklärt werden. In den individuellen Präferenzen der Eltern spiegeln sich dann egoistische und altruistische Ziele der Eltern wieder.

663 Vgl. B. H. Raven/ A. W. Kruglansky (1970), S. 74, zu einer gezielten Nutzung der Identifikation einer Person zur Beeinflussung derselben.

664 Vgl. J. R. P. French/ B. Raven (1959), S. 162 f.; E. Kirchler (1989), S. 101; H. W. Crott (1987), S. 232.

665 Vgl. H. C. Kelman (1961), S. 68.

666 Derartige affektive Bindungen des Beeinflußten an den Beeinflusser als Grundlage eines Einflusses auf Familienkaufentscheidungen werden bisher weitgehend ignoriert; vgl. dazu auch J. Park et al. (1995), S. 723 f.

667 Bei hoher Bedeutung für den Jugendlichen und geringer Bedeutung für die Eltern ist der Nutzengewinn des Jugendlichen bei Einwilligung der Eltern vermutlich größer als der Nutzenentgang der Eltern. Wird der gemeinsame Nutzen maximiert, so erfolgt die Verteilung der Ressourcen stärker nach den Bedürfnissen der einzelnen; vgl. E. Kirchler (1989), S. 116.

668 Vgl. E. Kirchler (1989), S. 101 f. Vgl. auch die Ausführungen zu den emotionalen und den Statusressourcen von Jugendlichen auf S. 120 f.

669 Auf eine hohe Bedeutung altruistischer Motive für die Berücksichtigung der Wünsche der Jugendlichen weist auch eine Studie des Instituts für Jugendforschung hin: So gaben 90% der Mütter an, daß sie mit ihren Kin-

Eine **weitere Form der Identifikation** kann darin bestehen, daß die Eltern sich an dem Verhalten ihrer jugendlichen Kinder orientieren, weil sie der Eigenschaft der Jugendlichkeit eine hohe Attraktivität beimessen und selbst gerne jung bleiben und wirken wollen. In diesem Zusammenhang wird auch von dem **Ideal der Jugendlichkeit**, von der „mentalen Jugend“ oder der „Meta-Jugend“ gesprochen, die in westlichen Industriegesellschaften in zunehmendem Maße zum Leitbild von Menschen gleich welchen Alters wird.[670] Dieses – relativ diffuse – Leitbild läßt sich z.B. durch Merkmale wie Flexibilität, Unbeschwertheit, Vitalität, Dynamik, Schönheit und Modernsein charakterisieren.[671] Eine zunehmende Orientierung am Leitbild der Jugendlichkeit schlägt sich darin nieder, daß Erwachsene und Eltern heute – im Vergleich zu früheren Jahren – häufig weniger ablehnende Überzeugungen gegenüber Jugendlichen als vielmehr eine gewisse Neugier sowie ein grundlegendes Interesse für die aktuellen Entwicklungen der Jugendkultur aufweisen.[672] Um den Anschluß an das Neue, den Fortschritt nicht zu verpassen und modern und zeitgemäß zu bleiben und zu wirken, orientieren sich viele Erwachsene an dem Verhalten von Jugendlichen.[673]
Je stärker das Bestreben von Eltern ist, selbst „mental jung“ zu bleiben oder zu wirken, desto größer wird die – bewußte oder unbewußte – Bereitschaft sein, Verhaltensweisen, die sie bei ihren jugendlichen Kindern beobachten, zu übernehmen, bzw. die Meinungen ihrer Kinder zu berücksichtigen. Bewußt oder unbewußt übernehmen die Eltern dann Konsumverhaltensweisen von den Jugendlichen, auch ohne daß diese gezielt versuchen, Einfluß zu nehmen. Ferner werden auch aktive Einflußversuche der Jugendlichen („Mit so einer Jeans kannst du doch nicht rumlaufen!“ „Wir müssen auch endlich einen PC kaufen; wie kann man nur so rückständig sein!“) auf der Grundlage einer starken Identifikation der Eltern mit dem Leitbild der Jugendlichkeit eher von den Eltern akzeptiert werden.

Wie die Beispiele zeigen, ist anzunehmen, daß diese Form der Identifikation als Einflußgrundlage interessanterweise v.a. bei **Produkten** für den eigenen Bedarf der Eltern sowie für den gemeinsamen Bedarf von Bedeutung ist. Je stärker die Eltern danach streben, selbst mental jung zu bleiben oder zu wirken, desto eher können sie auch bei ihren persönlichen Käufen von

---

dern darüber reden, was gekauft wird, „weil die Produkte allen in der Familie gefallen sollen“; Institut für Jugendforschung (1996a), S. 11.

670 Vgl. GIM (1997), S. 8; G. Liesenfeld (1987), S. 51 f.; H. W. Opaschowski (1971), S. 9 f. Auf gesellschaftlicher Ebene wird diese Entwicklung mit Schlagworten wie „Puerilismus der Gesamtkultur“, „Juvenilisierung der Gesellschaft“ oder „Jugendkult“ belegt; vgl. F. Tenbruck (1962), S. 62; W. Loch (1970), S. 243; H. W. Opaschowski (1971), S. 25; U. Roderer (1986), S. 15. Dies bedeutet nicht, daß die betreffenden Personen tatsächlich wieder Jugendliche sein wollen, sondern vielmehr, daß sie bestimmte Attribute von Jugendlichen wie jung, modern, unkonventionell sein, positiv erleben und diese auch für die eigene Person als erstrebenswerte Eigenschaften ansehen.

671 Vgl. G. Liesenfeld (1987), S. 39 f.; E. Weber (1987), S. 24.

672 Vgl. IFM (1996), S. 40.

673 Vgl. D. Baacke (1993), S. 44; J. Mansel/ A. Klocke (1996), S. 7-9. Dabei handelt es sich um eine gesellschaftliche Tendenz, die auf einzelne Eltern in unterschiedlichem Maße zutreffen kann.

ihren Kindern beeinflußt werden. Wird Jugendlichkeit zu einem zentralen Motiv der Eltern, so kann selbst bei Produkten, bei denen ein hohes Involvement der Eltern besteht, eine hohe Einflußakzeptanz bestehen. So ist z.B. denkbar, daß sich die Eltern bei ihren Kleidungskäufen von ihren Kindern beraten lassen. In einem bewußten oder unbewußten Streben der Eltern nach Jugendlichkeit liegt daher eine entscheidende Grundlage für einen Einfluß der Jugendlichen auf das Kaufverhalten ihrer Eltern im Hinblick auf ihren persönlichen Bedarf. Dabei ist allerdings zu berücksichtigen, daß das Motiv der Jugendlichkeit nicht in allen Produktbereichen gleichermaßen von Relevanz sein wird. Während im Freizeitbereich, z.B. bei Freizeitkleidung oder im Sport (sowohl Kleidung als auch sportliche Aktivitäten), eine eher hohe Bedeutung zu vermuten ist, wird im beruflichen Bereich eine weitaus geringere Bedeutung bestehen.[674] So vermutet auch Zinnecker, daß eine Orientierung von Erwachsenen an Jugendlichen, sozusagen eine Umkehrung des Erziehungsverhältnisses (eine sog. retroaktive Sozialisation), v.a. im Bereich der Mode und des Sports von Bedeutung ist.[675]

4.4.7 Einstellung der Eltern zu den Einflußrechten der Jugendlichen als Einflußgrundlage

Als Eigentümer des Einkommens verfügen die Eltern zwar grundsätzlich über das Verfügungsrecht über dieses Einkommen, je positiver jedoch ihre Einstellung zu dem Recht ihrer Kinder auf eine Einflußnahme auf die Käufe ist, die von diesem Einkommen getätigt werden, desto eher werden sie ihnen entsprechende Entscheidungs- bzw. Mitbestimmungsrechte einräumen. Die Eltern üben dann ihr formales Entscheidungsrecht über die Verwendung ihres Einkommens nicht selbst aus, sondern übertragen die Verfügungsrechte ganz oder teilweise auf die Jugendlichen (zugestandene Einflußrechte und Autonomiebereiche).[676] Der Einfluß der Jugendlichen basiert dabei auf der Überzeugung der Eltern, daß die Jugendlichen ein Recht besitzen, Einfluß auf die Verwendung ihres Einkommens zu nehmen. Er hängt somit maßgeblich von den internalisierten sozialen Normvorstellungen der Eltern ab.[677] In diesem

674 Je nach Verwendungskontext bzw. Rolle (z.B. Vater, Freizeitsportler, Arbeitnehmer) können unterschiedliche Eigenschaften, so auch die Jugendlichkeit, Teil des idealen Selbstbildes sein; vgl. dazu auch B. R. Schlenker (1980), S. 70; T. R. Graeff (1997), S. 50 u. 67.

675 Vgl. J. Zinnecker (1989), S. 159; vgl. auch W. Ferchhoff/ G. Neubauer (1997), S. 95 f.

676 Zur Bedeutung von Eigentum als Machtbasis und zur Übertragung der Verfügungsrechte darüber vgl. auch W. Krüger (1974), S. 16 f. Die Macht (i.S.v. Ressourcenkontrolle), über die die Eltern verfügen und die sie nutzen könnten, um ihren eigenen Willen gegen den der Kinder durchzusetzen, muß nicht ausgeübt werden; Machtbesitz und -ausübung können auseinanderfallen; vgl. auch L. Thomas (1983), S. 178. Zu verschiedenen Aggregatzuständen der Macht, vgl. W. Krüger (1974), S. 7.

677 Vgl. J. R. P. French/ B. Raven (1959), S. 158 f.; B. H. Raven/ A. W. Kruglansky (1970), S. 74 f. Hier zeigen sich Parallelen zur Austauschtheorie, die Austausch- bzw. Gerechtigkeitsregeln diskutiert, die ebenfalls als soziale Erwartungen an oder Normvorstellungen von einem fairen Ressourcenaustausch aufgefaßt werden können, wie z.B. das Prinzip der Rollenreziprozität, das Prinzip der Verteilungsgerechtigkeit und der Statuskongruenz; vgl. z.B. G. C. Homans (1961), S. 64-65, 209-211; vgl. dazu auch E. Kirchler (1989), S. 116; G. Wiswede (1995), S. 102.

Zusammenhang kann auch von einem Legitimationseinfluß bzw. einer Legitimationsmacht der Jugendlichen gesprochen werden.[678]

Eine von den Eltern wahrgenommene hohe Legitimation der Jugendlichen zur Einflußnahme kann dahingehend wirken, daß die Eltern von sich aus die Jugendlichen auffordern, ihre Wünsche bei Kaufentscheidungen zu äußern oder selbst auszuwählen.[679] Sie erleichtert aber auch die gezielte Einflußnahme durch die Jugendlichen.

Die Einstellungen der Eltern zu den Selbst- und Mitbestimmungsrechten ihren Kinder kommen in ihrem Erziehungsstil zum Ausdruck. Es ist daher anzunehmen, daß liberale Erziehungsvorstellungen der Eltern auch mit einem größeren Einfluß von Jugendlichen einhergehen.[680]
Hinsichtlich des Erziehungsstils ist nun in Deutschland eine deutliche Tendenz hin zu liberalen Erziehungsvorstellungen von Eltern zu beobachten.[681] Im Zuge dieser Entwicklung, die weg von autoritären hin zu eher demokratischen, partnerschaftlichen Eltern-Kind-Beziehungen führt, räumen Eltern ihren Kindern im Vergleich zu früheren Zeiten, auch im Konsumbereich, zunehmend mehr Selbst- und Mitbestimmungsrechte ein.[682] So gestehen viele Eltern, um die Selbständigkeit und die Eigenverantwortlichkeit ihrer Kindern zu fördern, ihren Kindern entsprechende Handlungsspielräume zu, die ihnen die Erprobung und Entwicklung dieser Fähigkeiten ermöglichen.[683] Nicht mehr Unterordnungs- und Gehorsamsvorstellungen dominieren dann das Verhältnis von Eltern und Kindern, sondern die Kinder werden zunehmend als autonome Wesen mit einem Recht auf Selbstbestimmung angesehen, auf deren individuelle Wünsche und Bedürfnisse Rücksicht zu nehmen ist.[684] Das intergenerative Konflikt-

---

678 Vgl. J. R. P. French/ B. Raven (1959), S. 159; B. H. Raven/ A. W. Kruglansky (1970), S. 74 f. Über diese Grundlage verfügt der Jugendliche nicht selbst, sondern sie unterliegt der Kontrolle der Eltern; vgl. dazu W. Krüger (1974), S. 15.

679 Vgl. C. K. Atkin (1978), S. 42 f. Entstehen im Laufe der Interaktionen nicht nur fallweise Regelungen sondern ständige Einfluß- bzw. Entscheidungsrechte, kann auch von Rollenmustern gesprochen werden: Gemeinsame, internalisierte Normen, die das Interaktionsgeschehen dauerhaft regulieren und Rechte und Pflichten begründen, verdichten sich zu Rollenmustern; vgl. E. Kirchler (1989), S. 99.

680 Vgl. K. M. Ekström (1995), S. 114.

681 Vgl. z.B. L. Thomas (1983), S. 148 f.; M. Baethge (1985), S. 113; C. Papanestefaou (1997), S. 44.

682 Vgl. H. Fend (1988), S. 131; C. Preissing et al. (1990), S. 11; K. Hurrelmann (1993), S. 259; H. Schröder (1995), S. 220. Das nach individuellem Geschmack eingerichtete Jugendzimmer mit eigener HiFi-Anlage und TV-Gerät, das Durchsetzen persönlicher Modewünsche kennzeichnet die Familiensituation der 90er Jahre; vgl. Institut für Jugendforschung (1992a), S. 39. Zu den zunehmenden Selbstbestimmungsrechten im Konsumbereich vgl. auch die Ausführungen in **Abschnitt 3.3.1.**

683 Vgl. H. Fend (1988), S. 113 f.; R. Nave-Herz (1994), S. 62; vgl. auch L. Thomas (1983), S. 153; C. Preissing et al. (1990), S. 10.

684 Vgl. R. Nave-Herz (1994), S. 61 f.; M. Charlton/ K. Neumann-Braun (1995), S. 268; C. Preissing et al. (1990), S. 11; H. Fend (1988), S. 130 f. Zum Wandel der Erziehungsstile und einer Zunahme der Erziehungsziele „Selbständigkeit und freier Wille“ sowie einer gleichzeitigen Abnahme der Erziehungsziele „Gehorsam und Unterordnung“ vgl. H. Schröder (1995), S. 56-59.

modell der Familienbeziehungen ist weitgehend abgelöst worden durch ein Modell, das durch komplementäre und von wechselseitiger Anerkennung getragene Kommunikationsstrukturen gekennzeichnet ist.[685] Dementsprechend sind heute viele Eltern bemüht, Verständnis für ihre jugendlichen Kinder aufzubringen, ein freundschaftliches Verhältnis aufzubauen, Entscheidungen gemeinsam zu treffen und Kompromisse auszuhandeln.[686] Diese Tendenz tritt noch verstärkt bei Alleinerziehenden auf; die Jugendlichen werden dort häufig als gleichberechtigte Partner angesehen.[687]

Aufgrund dieser Entwicklungen ist daher mit einem insgesamt hohen, gegenüber früheren Zeiten gestiegenen Einfluß von Jugendlichen auf die Einkommensverwendung ihrer Eltern zu rechnen.
Es ist aber davon auszugehen, daß sich das Ausmaß des Einflusses der Jugendlichen in Abhängigkeit vom Erziehungsstil der Eltern (eher liberal oder eher autoritär) zwischen verschiedenen Familien systematisch unterscheidet.[688] Ferner ist zu berücksichtigen, daß sich soziale Normen zu Selbstbestimmungsrechten und Eigenverantwortlichkeit sehr stark am Alter orientieren, so daß älteren Kindern mehr Selbst- und Mitbestimmungsrechte eingeräumt werden als jüngeren Kindern und daher das Ausmaß des Einflusses auch mit dem Alter der Jugendlichen variiert.[689]

Hinsichtlich der **Einflußbereiche** ist anzunehmen, daß der **Anteil des Jugendlichen an der Verwendung des Produktes** und damit das Ausmaß, in dem er von der Kaufentscheidung betroffen ist, maßgeblich über die ihm zugestandenen Einflußrechte bestimmen. Die Legitimation der Jugendlichen zur Einflußnahme wird bei Produkten für den Bedarf der Eltern geringer sein als bei Produkten für den eigenen Bedarf der Jugendlichen. Bei Produkten für den eigenen Bedarf der Jugendlichen ist demnach mit einem hohen Einfluß, wenn nicht sogar mit alleinigen Entscheidungen der Jugendlichen zu rechnen (hohes wahrgenommenes Recht auf Selbstbestimmung). Bei Produkten, die von den Jugendlichen und den Eltern gleichermaßen verwendet werden, ist auf der Grundlage von Mitbestimmungsrechten mit mittleren Einflüssen von Jugendlichen zu rechnen. Bei Produkten, die nur von den Eltern verwendet werden,

685 Vgl. H. Schröder (1995), S. 220.
686 Vgl. H. Fend (1990), S. 113 f.; Y. Schütze (1992), S. 345; H. Remschmidt (1992), S. 135; L. Thomas (1983), S. 149 f. Kinder berichten, daß sie z.B. bezüglich des Essens oder ihrer Kleidung von ihren Eltern nach ihren Wünschen gefragt werden und die Eltern offenbar bereit sind, sich nach den Neigungen und Vorstellungen ihrer Kinder zu richten; vgl. B. Melzer-Lena (1990), S. 20.
687 Vgl. J. Zinnecker (1987), S. 336 f.
688 So finden sich liberalere Erziehungsvorstellungen meist bei jüngeren Eltern sowie in höheren sozialen Schichten; vgl. H. Schröder (1995), S. 59 u. 220.
689 Vgl. W. Fuchs (1986), S. 15.

ist hingegen nicht mit einem Einfluß der Jugendlichen auf der Basis einer wahrgenommenen Legitimation der Jugendlichen zur Einflußnahme zu rechnen.
Eine Voraussetzung für die Übertragung von Entscheidungskompetenzen ist ferner darin zu sehen, daß der Jugendliche von den Eltern als urteils- und entscheidungsfähig angesehen wird. Die Eltern müssen der Ansicht sein, daß der Jugendliche aufgrund seiner Kenntnisse und Fähigkeiten in der Lage ist, eine bestimmte Aufgabe zu übernehmen. Damit ergibt sich ein Zusammenhang zu einer anderen Einflußgrundlage, der Einstellung der Eltern zu Kenntnissen und Fähigkeiten des Jugendlichen: Je **komplexer die Entscheidung**, desto größer muß das Vertrauen der Eltern in Wissen und Fähigkeiten des Jugendlichen sein, damit sie ihm eigene Entscheidungen und kompetente Urteilsfindung zutrauen und ihm die Entscheidung auch tatsächlich übertragen.

4.4.8 Zusammenfassende Übersicht der Arten, Grundlagen und zentralen Determinanten des Einflusses von Jugendlichen

Die vorangegangenen Überlegungen zeigen, daß die Einflüsse von Jugendlichen auf die Einkommensverwendung ihrer Eltern vielfältiger Art sein können und daß in der Beziehung von Jugendlichen zu ihren Eltern grundsätzlich eine Vielzahl von Einflußgrundlagen bestehen, auf deren Basis Jugendliche die Kaufentscheidungen ihrer Eltern beeinflussen können. Um Einfluß auf die Kaufentscheidungen ihrer Eltern zu nehmen, können Jugendliche auf ihre Sanktionsmöglichkeiten sowie auf ihre Kenntnisse zurückgreifen. Daneben erhöhen positive Einstellungen der Eltern zur Kompetenz der Jugendlichen, zu ihren Einflußrechten sowie die Identifikation der Eltern mit den Jugendlichen die Bereitschaft der Eltern, eine Einflußnahme der Jugendlichen zuzulassen. Im Einzelfall werden die Ausprägungen dieser Einflußgrundlagen allerdings interindividuell stark variieren.

Auf der Basis der verschiedenen Einflußgrundlagen können Jugendliche gezielt versuchen, auf einzelne Kaufentscheidungen ihrer Eltern Einfluß zu nehmen. Dabei ist anzunehmen, daß das Involvement der Jugendlichen eine zentrale Determinante der Einflußversuche der Jugendlichen darstellt. Je höher das Involvement der Jugendlichen, desto eher ist mit gezielten Einflußversuchen der Jugendlichen zu rechnen. So ist zu vermuten, daß sie ihre Einflußmöglichkeiten v.a. bei Produkten einsetzen, für die sie ein hohes Interesse aufweisen und an deren Verwendung sie selbst in hohem Maße beteiligt sind. Hingegen ist bei geringem Involvement nur in geringerem Maße mit gezielten Einflußversuchen der Jugendlichen zu rechnen. Allerdings werden hier situative Faktoren von Bedeutung sein, wie z.B. ob der Jugendliche die Einkaufstätigkeit übernimmt oder ob er beim Einkauf anwesend ist.

Hinsichtlich der Einflußakzeptanz der Eltern ist zu vermuten, daß diese von dem Involvement der Eltern (also z.B. von ihrem Produktinteresse, ihrem Anteil an der Produktverwendung sowie situativen Faktoren) abhängig ist. So werden die Eltern bei geringem Involvement eher zum Nachgeben bereit sein. Umgekehrt werden sie bei hohem Involvement weniger geneigt sein, sich bei einem Kauf gegen die eigenen Vorstellungen von den Wünschen der Jugendlichen leiten zu lassen. Unter diesen Umständen spielen dann die jeweiligen Ausprägungen der Einflußgrundlagen eine entscheidende Rolle für die Einflußakzeptanz. Neben den Sanktionsmöglichkeiten der Jugendlichen und ihren Möglichkeiten, die Eltern auf der Basis von Produktinformationen zu überzeugen, sind v.a. die Einstellungen der Eltern zu den Einflußrechten der Jugendlichen und zu ihrer Kompetenz sowie die Identifikation der Eltern mit den Jugendlichen von Bedeutung. Insbesondere in Situationen, in denen Eltern und Jugendliche ein hohes Involvement aufweisen, ist damit zu rechnen, daß die Ausprägungen dieser Einflußgrundlagen darüber bestimmen, ob und in welchem Maße die von den Jugendlichen zum Ausdruck gebrachten Wünsche berücksichtigt werden. Auch der Verwendungsanteil der Jugendlichen wird unter diesen Umständen von Bedeutung sein. Diese Zusammenhänge werden in **Abb. 4-5** dargestellt.[690]

Abb. 4-5: Einfluß der Jugendlichen in Abhängigkeit von der Höhe des Involvement von Jugendlichen und Eltern

		Jugendlicher	
		hohes Involvement	**geringes Involvement**
Eltern	**hohes Involvement**	Einfluß des Jugendlichen stark abhängig von der Ausprägung der Einflußgrundlagen (z.B. Kleidung für den Jugendlichen)	tendenziell geringer Einfluß des Jugendlichen (z.B. persönliches Hobby der Eltern)
	geringes Involvement	tendenziell hoher Einfluß des Jugendlichen (z.B. Schallplatte/ CD für den Jugendlichen)	tendenziell geringer Einfluß des Jugendlichen; stark abhängig von situativen Faktoren (z.B. Kaugummi, Zahnpasta)

Hinsichtlich dieser stark vereinfachenden Betrachtungsweise sind aber einige Einschränkungen und Besonderheiten zu berücksichtigen, die v.a. damit zusammenhängen, daß nicht nur

[690] Dabei ist zu berücksichtigen, daß bei dem Involvement nur extreme Ausprägungen (hoch, gering) unterschieden werden, in der Regel aber verschiedene Abstufungen existieren.

Konfliktsituationen und gezielte Einflußversuche der Jugendlichen zur Durchsetzung der eigenen Wünsche gegen den Willen der Eltern in eine Analyse des Einflusses von Jugendlichen auf die Einkommensverwendung der Eltern einzubeziehen sind.

Gezielte Einflußversuche der Jugendlichen stehen bei Einflußanalysen zwar meist implizit oder explizit im Vordergrund. Es ist aber zu berücksichtigen, daß die Einflußgrundlagen, die auf Seiten der Eltern bestehen, auch darüber bestimmen, inwieweit die Eltern von sich aus die Jugendlichen anläßlich eines Kaufs auffordern, selbst zu wählen bzw. ihre Wünsche und Meinungen zu äußern. Stark positive Einstellungen der Eltern zu den Einflußrechten der Jugendlichen, zu ihrer Kompetenz sowie eine hohe Identifikation mit den Jugendlichen können dann dazu führen, daß auch bei geringem Involvement der Jugendlichen die Käufe für ihren eigenen oder den gemeinsamen Bedarf in hohem Maße von den Jugendlichen (mit-)bestimmt werden. Selbst wenn die Eltern ein hohes Involvement aufweisen, können sie – bspw. aufgrund einer hohen Identifikation der Eltern mit dem Kind – von sich aus darauf bedacht sein, die Wünsche der Jugendlichen zu erfüllen, so daß der jeweilige Kauf (auch ohne gezielte Einflußversuche) stark von den Jugendlichen bestimmt wird.[691] Ferner kann, wie die Überlegungen zur Identifikation in **Abschnitt 4.4.6** gezeigt haben, eine hohe Orientierung der Eltern am Leitbild der Jugendlichkeit dazu führen, daß die Eltern großen Wert auf Meinung und Akzeptanz ihrer jugendlichen Kinder legen und sie sich daher, auch wenn sie selbst hoch involviert sind, bei ihren eigenen Käufen (z.B. bei eigenen Kleidungskäufen) oder bei Käufen für den gemeinsamen Bedarf von ihren Kindern beraten lassen.

Des weiteren dürfen solche Einflüsse der Jugendlichen nicht übersehen werden, die nicht auf einer aktuellen Interaktion anläßlich eines Kaufs beruhen, sondern die sozusagen beiläufig und ohne gezielte Einflußabsicht in der alltäglichen Interaktion zwischen Eltern und Jugendlichen stattfinden und die sich erst zu einem späteren Zeitpunkt – u.U. auch unbewußt – in einem konkreten Kauf niederschlagen. Durch die alltäglichen Beobachtungen des Verhaltens der Jugendlichen durch die Eltern sowie durch den alltäglichen, oft beiläufigen Austausch über Konsumthemen erfahren die Eltern von den Meinungen und Präferenzen der Jugendlichen, und sie erhalten Informationen über die von den Jugendlichen verwendeten Produkte, die für sie relevanten Beurteilungskriterien usw. Je mehr Interesse Eltern für ihre Kinder aufbringen und je häufiger sie sich mit ihnen austauschen, desto stärker dürften sie auch auf diesem Weg in ihrem Kaufverhalten von ihren Kindern beeinflußt werden. Wie die Überlegungen in **Abschnitt 4.4.7** gezeigt haben, ist angesichts vermehrt liberaler Erziehungsstile und partnerschaftlicher Eltern-Kind-Beziehungen auch ein Wandel hin zu Kommunikationsstruk-

691 So kann eine Mutter z.B. stark involviert sein, gerade weil sie es dem Jugendlichen Recht machen möchte. Da sie unbedingt möchte, daß das Produkt (auch) ihm gefällt, richtet sie sich nach seinen Vorstellungen.

turen zu beobachten, die von wechselseitiger Anerkennung getragen sind. Gerade bei Produkten, an denen sowohl Jugendliche als auch Eltern ein hohes Interesse aufweisen, ist mit einem häufigeren Informationsaustausch zu rechnen, der zu einem Einfluß der Jugendlichen auf die Produktkenntnisse und -einstellungen der Eltern führen kann. Ein solches Lernen der Eltern von ihren Kindern ist z.B. im Bereich von Mode und Kosmetik sowie im Bereich des Sports und der Unterhaltungselektronik denkbar. Auch wenn sich derartige Einflüsse, die sich in Form von langfristigen Sozialisationsprozessen vollziehen, erst zu einem späteren Zeitpunkt in konkreten Kaufhandlungen niederschlagen und möglicherweise weniger stark bewußt sind, sind sie bei einer Einflußanalyse dennoch nicht zu vernachlässigen.

Aus diesen Gründen ist anzunehmen, daß auch bei geringem Involvement der Jugendlichen und/ oder hohem Involvement der Eltern vielfältige Einflüsse von Jugendlichen möglich sind und daß gerade die Merkmale der Eltern und die Einflußgrundlagen, die auf Seiten der Eltern bestehen, für das Ausmaß des Einflusses von Jugendlichen von Bedeutung sind.

4.5 Empirische Befunde zu Ausmaß und Determinanten des Einflusses von Jugendlichen auf die Einkommensverwendung der Eltern

Die theoretischen Überlegungen haben bereits darauf hingewiesen, daß der Einfluß von Jugendlichen mit der Art der Produkte variiert. Im folgenden werden die Ergebnisse einiger ausgewählter empirischer Studien (Sekundärmaterial) zum Ausmaß des Einflusses von Jugendlichen auf Familienkaufentscheidungen in verschiedenen Produktbereichen dargestellt.[692] Im Anschluß daran werden Befunde zu einigen zentralen Einflußdeterminanten dargelegt.

4.5.1 Kritische Vorbemerkungen

In den in der vorliegenden Arbeit referierten Studien zum Einfluß von Jugendlichen auf Familienkaufentscheidungen wird i.d.R. die Erhebungsmethode der Befragung verwendet, bei der Personen zu individuellen Einflüssen der Familienmitglieder in der Vergangenheit befragt werden.[693] Einige zentrale Probleme dieser Erhebungsmethode sowie häufig geäußerte Kritikpunkte an den empirischen Studien sollten bei der Interpretation der dargestellten Befunde Berücksichtigung finden und werden deshalb im folgenden kurz dargestellt.

[692] Bei diesen Studien bleibt meist offen, wer die jeweiligen Käufe finanziert.

[693] Eine nur selten verwendete Alternative stellen experimentelle Konformitätsanalysen dar, in deren Rahmen aktuelle Kaufentscheidungsprozesse in der Familie manipuliert werden und individueller Entscheidungseinfluß auf der Grundlage einer zweimaligen Befragung statistisch ermittelt wird; vgl. z.B. die Analysen von W. Hubel (1986); L. Thomas (1983). Diese weisen aber das Problem einer geringen externen Validität auf vgl. W. Kroeber-Riel/ P. Weinberg (1996), S. 450. Ferner werden Beobachtungen und Tagebuchmethoden verwendet; vgl. z.B. die Studien von L. W. Rust (1993a), (1993b); L. Isler et al. (1987).

Die Gültigkeit der Befragungsergebnisse kann durch Antwortverzerrungen beeinträchtigt werden: Die Befragung setzt voraus, daß die Befragten das Ausmaß des Einflusses der Jugendlichen kennen, daß sie willens sind, diesen vor sich selbst und anderen einzugestehen und daß sie in der Lage sind, sich genau zu erinnern, wie hoch der Einfluß in der Vergangenheit war.[694] Probleme können sich bspw. daraus ergeben, daß der Einfluß zu einem großen Teil unbewußt bzw. gedanklich wenig kontrolliert abläuft.[695] Die Gültigkeit der Messungen kann durch systematische Fehler beeinträchtigt werden, falls nur eine Person befragt wird: Da sich gezeigt hat, daß Jugendliche und Eltern den Einfluß der Jugendlichen unterschiedlich hoch einschätzen, wird die Einbeziehung von Eltern und Jugendlichen empfohlen.[696] Unterschiede in den Einflußeinschätzungen durch Eltern und Jugendliche können auf Wahrnehmungsverzerrungen und Effekte der sozialen Erwünschtheit zurückzuführen sein.[697] Auch die Zuverlässigkeit der Messung kann durch unterschiedliche Bewußtheit des Einflusses bei den Befragten oder unterschiedliche Erinnerungsfähigkeit beeinträchtigt werden.[698] Aufgrund der vielfältigen Probleme bei Befragungen wird empfohlen, nicht nur Befragungen, sondern – insbesondere bei Prozeßanalysen – Beobachtungen oder die Tagebuchmethode zu verwenden.[699]

Eine häufig geäußerte Kritik an den Studien zum Einfluß von Jugendlichen auf Familienkaufentscheidungen bezieht sich auf die Definition und Operationalisierung von „Einfluß".[700] In vielen Studien bleibt unklar, welche Einflußarten erfaßt werden, was von Forschern und Befragten unter Einfluß verstanden wird und ob von unterschiedlichen Befragten verschiedene Dinge unter dem Einflußbegriff subsumiert werden.[701] Die in einigen Studien verwendeten,

---

[694] Vgl. W. F. Kenkel (1961), S. 159. Zu den hohen Anforderungen an die Befragten vgl. auch E. R. Foxman et al. (1989b), S. 483; E. R. Foxman/ P. S. Tansuhaj (1988), S. 449 f.; W. Hubel (1986), S. 102; J. Büschken (1994), S. 93.

[695] So gaben in einer Studie von K. M. Ekström (1995), S. 152 u. 154, viele Eltern an, daß sie – insbesondere bei Käufen für ihren eigenen Bedarf – noch nie daran gedacht haben, daß sie von ihren Kindern beeinflußt werden könnten.

[696] Dabei hat sich gezeigt, daß die Jugendlichen ihren Einfluß meist als systematisch höher wahrnehmen als die Eltern, wobei noch unklar ist, ob dies eine Überschätzung des eigenen Einflusses durch die Jugendlichen oder eine Unterschätzung des Einflusses der Jugendlichen durch die Eltern darstellt; vgl. G. E. Belch et al. (1985), S. 170 u. 175; E. R. Foxman/ P. S. Tansuhaj (1988), S. 451; E. R. Foxman et al. (1989b), S. 488 f.; S. E. Beatty/ S. Talpade (1994), S. 337.

[697] Vgl. E. R. Foxman et al. (1989b), S. 489; K. M. Ekström (1995), S. 145. Antworten von Vätern, Müttern und Kindern stimmen am ehesten bei Produkten überein, bei denen klare soziale Stereotypisierungen bestehen, was darauf hinweist, daß oftmals nicht die tatsächlichen Einflußmuster erfaßt werden, sondern vorgefaßte Meinungen oder sozial erwünschtes Verhalten; vgl. E. R. Foxman et al. (1989b), S. 483; Vgl. E. M. Kirchler/ E. Kirchler (1990), S. 53. Vgl. auch W. Hubel (1986), S. 103.; K. M. Ekström (1995), S. 155.

[698] Vgl. J. R. Rossiter (1979), S. 425; K. M. Ekström (1995), S. 154 f.; vgl. auch W. Hubel (1986), S. 103.

[699] Vgl. T. F. Mangleburg (1990), S. 818; vgl. K. M. Ekström (1995), S. 158. Vgl. E. M. Kirchler/ E. Kirchler (1990), S. 53.

[700] Vgl. L. Mangleburg (1990), S. 818; zu einer Kritik der verwendeten Einflußmaße vgl. K. M. Ekström (1995) S. 157-162; L. Thomas (1983), S. 56.

[701] Ist Einfluß nicht explizit definiert, so kann das Verständnis von Einfluß zwischen Forscher und Befragtem voneinander abweichen und ebenso das verschiedener Befragter. Es wird dann nicht das gemessen, was gemessen werden soll. Vgl. zu dieser Kritik auch J. R. Rossiter (1979), S. 425; T. F. Mangleburg (1990),

relativ undifferenzierten Maße erscheinen als wenig geeignet, den Einfluß der Jugendlichen in seiner Komplexität und graduellen Abstufung zu erfassen.[702] Werden bspw. nur die Antwortalternativen „Elternteil entscheidet“, „Jugendlicher entscheidet“, „alle entscheiden gemeinsam“ unterschieden,[703] können mittlere Einflußintensitäten der Jugendlichen (Entscheidungen, bei denen ihnen weniger Mitspracherechte zukommen als den Eltern, aber mehr als gar keine) nicht erfaßt werden. Hinzu kommt, daß sich die Einflußmaße z.T. implizit oder explizit nur auf die Beteiligung der Jugendlichen in der Entscheidungsphase beziehen[704] und daher nicht die Möglichkeiten der Jugendlichen erfassen können, bspw. Informationen über neue Produkte und Marken oder ein neues Verwendungsverhalten in die Familie zu tragen oder Kaufentscheidungen anzuregen. Gerade dies kann jedoch das Phänomen der retroaktiven Sozialisation, des Lernens der Eltern von den Jugendlichen, widerspiegeln. Aus diesem Grund wird in einigen Studien nach Entscheidungsprozeßphasen und Teilentscheidungen differenziert.[705] Der Befund dieser Studien, daß der Einfluß der Jugendlichen in der Initiationsphase am stärksten ist,[706] deutet darauf hin, daß Maße, die implizit oder explizit nur auf die Entscheidungsbeteiligung abstellen, den Einfluß der Jugendlichen auf die Einkommensverwendung der Eltern unterschätzen.

Ferner ist zu berücksichtigen, daß die Vergleichbarkeit verschiedener Studien aufgrund der Verwendung unterschiedlicher Einflußmaße[707] sowie aufgrund des Einbezugs unterschiedlicher bzw. einer nur begrenzten Anzahl von Produkten[708] und unterschiedlicher Alters-

S. 818; K. M. Ekström (1995), S. 157. So stellte z.B. R. L. Jenkins (1979), S. 413, in seiner Studie fest, daß das Verständnis der Befragten von Einfluß sehr stark variierte.

702 Vgl. L. Thomas (1983), S. 56.

703 Vgl. zu diesem Vorgehen E. M. Kirchler/ E. Kirchler (1990); sie verwendeten zudem nur grobe Produktkategorien (z.B. Nahrungsmittel) anstatt einzelner Produkte (z.B. Nuß-Nougat-Creme) und stellten entsprechend geringe Einflüsse von Jugendlichen fest.

704 Vgl. z.B. die von E. R. Foxman et al. (1989a), S. 163, verwendete Skala: 1 = a purchase decision made entirely by the adolescent, 2 = a decision in which the adolescent has more say than the parents, 3 = a decision in which parents and adolescent had equal say, 4 = a decision in which the parents have more say, 5 = a decision made entirely by the parents.

705 Vgl. G. E. Belch et al. (1985), S. 125-167; S. E. Beatty/ S. Talpade (1994), S. 334 f.; J. E. Nelson (1979), S. 419. W. R. Swinyard/ C. P. Sim (1987), S. 32, und K. M. Ekström (1995), S. 185, beziehen auch die Beteiligung der Jugendlichen an der Entscheidungsdurchführung ein.

706 Vgl. G. E. Belch et al. (1985), S. 167; vgl. S. E. Beatty/ S. Talpade (1994), S. 336 f., für Gebrauchsgüter; vgl. J. E. Nelson (1979), S. 420, für Restaurantbesuche; W. R. Swinyard/ C. P. Sim (1987), S. 32, für eine Vielzahl von Produkten; G. J. Szybillo/ A. Sosanie (1977), S. 47, für Fast Food Restaurants.

707 Vgl. T. F. Mangleburg (1990), S. 818.

708 Häufig kritisiert wird die mangelnde Generalisierbarkeit der Ergebnisse aufgrund der Eingrenzung des Untersuchungsgegenstandes infolge der Vorauswahl der einbezogenen Produkte: In vielen Studien werden nur wenige Produkte einbezogen, häufig werden nur höherwertige Gebrauchsgüter für den Familienbedarf untersucht; vgl. J. R. Rossiter (1979), S. 425 f.; E. R. Foxman et al. (1989a), S. 160; E. R. Foxman et al. (1989b), S. 482; E. R. Foxman/ P. S. Tansuhaj (1988), S. 449. Vgl. zu dieser Kritik auch T. F. Mangleburg (1990), S. 813 f.

gruppen[709] sowie aufgrund der Durchführung der Befragung in unterschiedlichen Ländern und Kulturen[710] begrenzt ist.

4.5.2 Empirische Befunde zum Ausmaß des Einflusses von Jugendlichen auf die Einkommensverwendung ihrer Eltern bei verschiedenen Produkten

Im folgenden werden zwei Studien vorgestellt, die geeignet erscheinen, einen Eindruck von dem Ausmaß des Einflusses von Jugendlichen auf die Einkommensverwendung ihrer Eltern bei einem weiten Spektrum von Produkten aus verschiedenen Kategorien (Verbrauchsgüter, Gebrauchsgüter, Dienstleistungen) zu vermitteln. Die erste Studie (von 1996) bezieht sich auf Deutschland und wurde von einem Marktforschungsinstitut konzipiert und durchgeführt. Sie umfaßt 57 Produkte. Die zweite Studie stammt aus Schweden und umfaßt 37 Produkte; sie wurde 1995 im Rahmen einer Dissertation erstellt.[711]

4.5.2.1 Ergebnisse der Studie des Instituts für Jugendforschung

In die 1996 durchgeführte Befragung wurden Jugendliche zwischen 8 bzw. 12 und 17 Jahren sowie ihre Mütter in 307 deutschen Familien einbezogen.[712] Jugendliche und ihre Mütter wurden zum Einfluß der Jugendlichen auf den Kauf verschiedener Nahrungsmittel, Kosmetikartikel und Gebrauchsgüter befragt. Erfragt wurde, welche Verbrauchsgüter (aus einer vorgegebenen Auswahl) die Jugendlichen selbst kaufen, bei welchen der Kauf allein nach ihren Wünschen erfolgt und bei welchen ihre Wünsche mitberücksichtigt werden bzw. bei welchen Gebrauchsgütern (ebenfalls aus einer vorgegebenen Auswahl) genau das gekauft wurde, was der Jugendliche vorgeschlagen hat, bei welchen der Jugendliche mitentschieden hat und bei welchen seine Meinung mitberücksichtigt wurde. Diese verschiedenen Einflußstärken werden dann ungewichtet zusammengefaßt, und es ergibt sich der Anteil der Familien, in denen Jugendliche auf den Kauf der jeweiligen Produkte Einfluß nehmen.[713] Die Ergebnisse zeigen die **Abb. 4-6**, **Abb. 4-7** und **Abb. 4-8**. Über unterschiedliche Einflußstärken bei verschiedenen Produkten lassen sich dabei keine Aussagen treffen. Ein Aspekt, der bei dieser Art der Einflußermittlung, die sich weitgehend auf die Mitbestimmung in der Entscheidungsphase

---

709 Da sich die Stärke des Einflusses der Jugendlichen mit ihrem Alter verändert – vgl. dazu W. K. Darley/ J.-S. Lim (1986), S. 371 f.; K. M. Ekström (1995), S. 338 f.; G. P. Moschis/ L. G. Mitchell (1986), S. 184; R. L. Jenkins (1979), S. 417; J. E. Nelson (1979), S. 421; J. Hall et al. (1995), S. 50 – wirkt sich die Altersabgrenzung auf die Einflußstärke aus.

710 Die Studien stammen aus dem deutschen, dem schwedischen und dem US-amerikanischen Raum; kulturelle Unterschiede z.B. in den Erziehungsvorstellungen oder den Altersnormen können zu systematischen Unterschieden in der Einflußstärke führen.

711 Vgl. Institut für Jugendforschung (1996a) sowie K. M. Ekström (1995).

712 Einbezogen wurden die 8- bis 17jährigen; hier wird jedoch nur auf die Ergebnisse für die Jugendlichen, die 12- bis 17jährigen eingegangen.

713 Vgl. Institut für Jugendforschung (1996a), S. 14 u. 18.

konzentriert, zu kurz kommt, ist der der Anregung von Käufen durch die Jugendlichen (Einfluß in der Initiationsphase). Nach einer gesonderten, allerdings produktunspezifischen Frage gaben 77% der Mütter und 74% der Kinder an, daß die Kinder die Eltern schon einmal auf neue Produkte hingewiesen haben.[714]

Abb. 4-6 zeigt einen beachtlichen Umfang des Einflusses der Jugendlichen bei einigen **Nahrungsmitteln**: Bei Schokolade/ -riegeln, Cornflakes, Joghurt, Cola-Getränken, Limonaden liegt der Anteil der Jugendlichen, die Einfluß auf die Käufe dieser Produkte nehmen, zwischen knapp 70% und gut 80% der befragten Jugendlichen. Allerdings gibt es auch Nahrungsmittel (wie z.B. Quark, Kaffee), auf deren Käufe nur sehr wenige Jugendliche Einfluß nehmen. **Abb. 4-7** zeigt, daß bei einem Drittel der **Kosmetika** in gut der Hälfte der befragten Familien die Jugendlichen Einfluß auf die Kaufentscheidung nehmen; bei den restlichen zwei Dritteln wird in mindestens einem Drittel der Familien Einfluß der Kinder ausgeübt.

Abb. 4-6: Einfluß* von 12- bis 17jährigen auf den Kauf von Nahrungsmitteln nach Auskünften der Jugendlichen und der Mütter

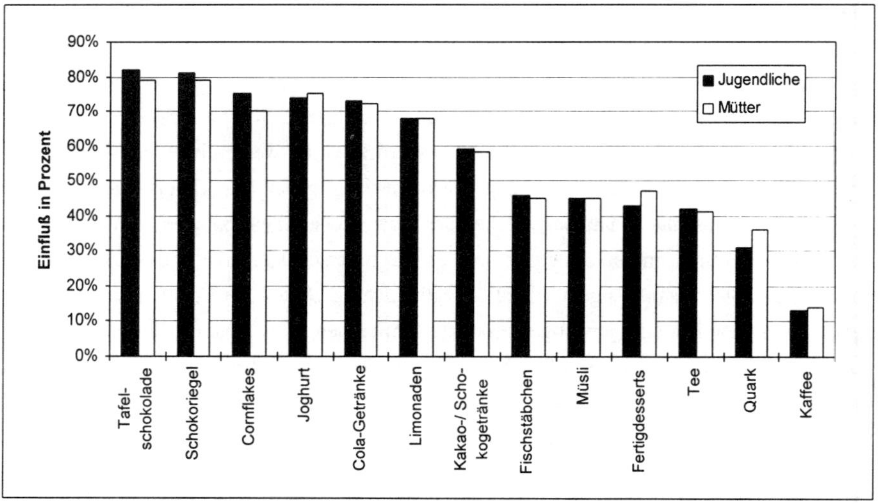

* Einfluß = „Selbstkauf durch den Jugendlichen" + „Kauf richtet sich nur nach den Wünschen des Jugendlichen" + „Wünsche des Jugendlichen werden mitberücksichtigt"

Quelle: in Anlehnung an Institut für Jugendforschung (1996a), S. 16.

[714] Diese Angaben beziehen sich auf die 8- bis 17jährigen; vgl. Institut für Jugendforschung (1996a), S. 24.

Abb. 4-7: Einfluß* von 12- bis 17jährigen auf den Kauf von Kosmetika nach Auskünften der Jugendlichen und der Mütter

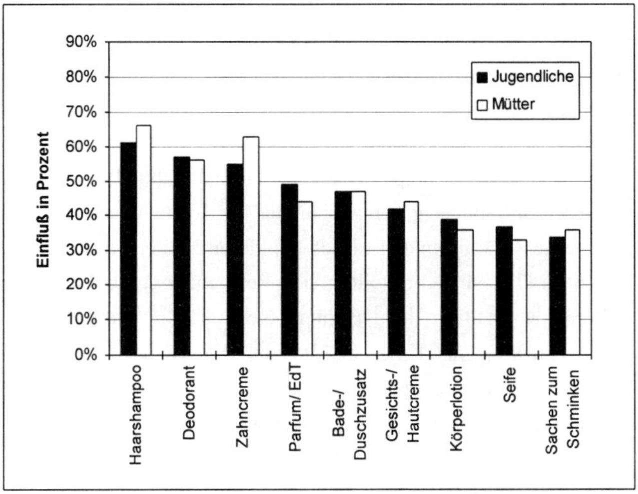

* Einfluß = „Selbstkauf durch den Jugendlichen" + „Kauf richtet sich nur nach den Wünschen des Jugendlichen" + „Wünsche des Jugendlichen werden mitberücksichtigt"

Quelle: in Anlehnung an Institut für Jugendforschung (1996a), S. 17.

Bei der Interpretation dieser Ergebnisse sind allerdings zwei Dinge in Rechnung zu stellen: Zum einen ist die Basis, auf die sich die Anteile beziehen, von Bedeutung: wenn 30% bis 35% der Jugendlichen die Käufe von Quark beeinflussen, bedeutet dies nicht, daß die restlichen 65% bis 70% keinen Einfluß auf diese Käufe ausüben, sondern sie setzen sich zusammen aus Familien, in denen kein Quark gekauft und verwendet wird und solchen, in denen er zwar gekauft und verwendet wird, in denen die Jugendlichen aber keinen Kaufeinfluß ausüben. Die relevante Basis für einen Vergleich des Ausmaßes des Einflusses von Jugendlichen wären die Familien, in denen die entsprechenden Produkte gekauft werden.

Zum anderen kann ein „Selbstkauf durch die Jugendlichen", der bei einigen Nahrungsmitteln offenbar recht hoch ist,[715] nicht als Einfluß der Jugendlichen auf die Einkommensverwendung der Eltern i.S.d. vorliegenden Arbeit gewertet werden, sofern es sich dabei um Käufe der Jugendlichen von ihren eigenen finanziellen Mitteln handelt. Diese Käufe wurden bereits bei der Analyse der Bedeutung von Jugendlichen als aktuelle Käufer berücksichtigt; ihr nochmaliger

715 Vgl. dazu die **Abb. 4-9** im Anhang, die sich allerdings auf die Grundgesamtheit 8- bis 17jährigen bezieht. Sie zeigt, daß bei einigen Produkten (Schokoriegel, Eis, Cola-Getränke) die Jugendlichen bereits in hohem Maße „Selbstkäufe" tätigen.

Einbezug an dieser Stelle bedeutet eine Überschätzung des Einflusses der Jugendlichen auf die Einkommensverwendung der Eltern.[716]

Bei **Gebrauchsgütern**, bei denen nur Familien einbezogen wurden, die das betreffende Produkt in den letzten zwei bis drei Jahren erworben hatten, zeigen sich deutliche produktspezifische Unterschiede im Einflußausmaß (vgl. **Abb. 4-8**). Bei Produkten, die die Jugendlichen in hohem Maße selbst besitzen (Stereoanlagen, Fernseher, Videorecorder, Walk-/ Diskman, Cassettenrecorder, Taschenrechner, Computer, Mofa/ Motorrad, Fahrrad),[717] wird auch von vielen Jugendlichen ein Kaufeinfluß angegeben, wobei die Anteile bei Taschenrechnern und Walk-/ Diskman bspw. um die 80% liegen. Ob es sich bei diesen Käufen um Produkte für den alleinigen Bedarf der Jugendlichen oder der Eltern oder den gemeinsamen Bedarf handelt und wer den Kauf der Produkte finanziert hat, bleibt in dieser Studie allerdings unberücksichtigt. Aufgrund des Einbezugs eigener Käufe der Jugendlichen ist mit einer Überschätzung des indirekten Umsatzpotentials bei einigen dieser Produkte zu rechnen. Bei anderen Produkten, die als typische Haushaltsgeräte für den gemeinsamen Bedarf anzusehen sind, die aber von den Jugendlichen allenfalls indirekt verwendet werden, liegen die Anteile der einflußnehmenden Jugendlichen nur zwischen 10% und 20%. Eine mittlere Position (Einfluß der Jugendlichen zwischen 35% und 50%) nehmen Fotoapparate, Video-/ Filmkameras und Autos ein.

---

[716] Andererseits können die „Selbstkäufer" nicht einfach als „Nicht-Beeinflusser" gewertet und herausgerechnet werden, da sich unter ihnen auch Jugendliche befinden können, die auch die Käufe des entsprechenden Produktes durch die Eltern beeinflussen. Einzelne Produkte (z.B. Schokoriegel) werden vermutlich sowohl von den Jugendlichen selbst, als auch von den Eltern gekauft; die Art der Antwortkategorien verlangte jedoch eine Entscheidung für einen der beiden Fälle: Zuerst wurden die Jugendlichen gebeten, aus einer vorgegebenen Auswahl von Produkten die Produkte auszuwählen, die sie selbst kaufen; nur aus den restlichen Produkten sollten diejenigen ausgewählt werden, die nach den Wünschen der Jugendlichen gekauft werden bzw. bei denen die Wünsche der Jugendlichen mitberücksichtigt werden; vgl. Institut für Jugendforschung (1996a).

[717] Vgl. dazu **Abschnitt 3.4.2**.

Abb. 4-8: Einfluß* von 12- bis 17jährigen auf den Kauf von Gebrauchsgütern nach Auskünften der Jugendlichen und der Mütter**

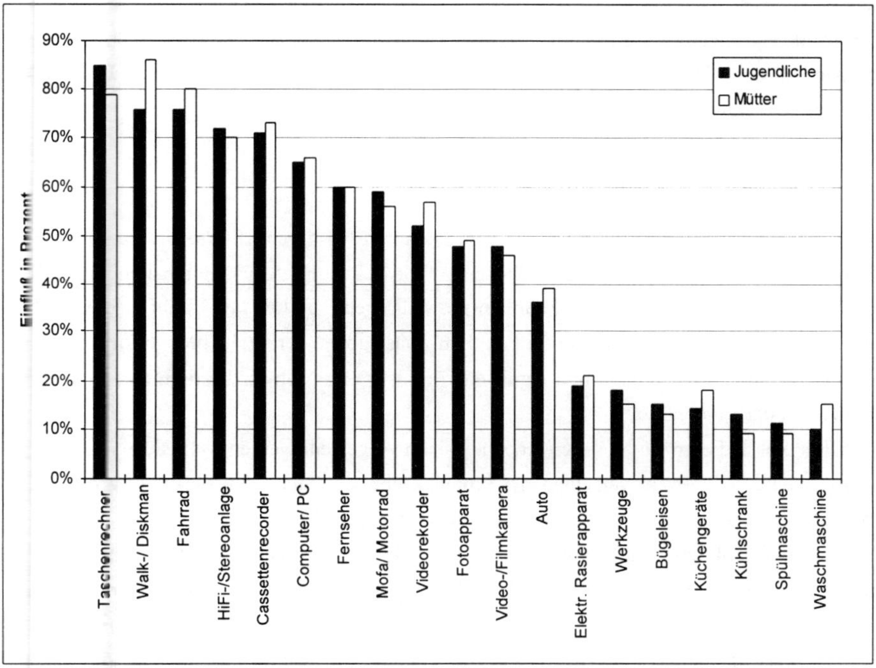

* Einfluß = „Es wurde genau das gekauft, was der Jugendliche vorgeschlagen hat" + „der Jugendliche hat mitentschieden" + „die Meinung des Jugendlichen wurde mitberücksichtigt"

** Basis: alle Familien, die die jeweiligen Produkte während der letzten 2 bis 3 Jahre gekauft haben

Quelle: in Anlehnung an Institut für Jugendforschung (1996a), S. 18.

Die Ergebnisse zeigen einen insgesamt durchaus beträchtlichen Einfluß der 12- bis 17jährigen Jugendlichen auf die Käufe der Familien bei einigen Produkten. Neben der bereits geäußerten Kritik an der mangelnden Trennbarkeit der Selbstkäufe der Jugendlichen und der Käufe der Eltern sowie an den Bezugsgrößen bei Nahrungsmitteln und Kosmetika ist allerdings bei allen Produktkategorien zu bemängeln, daß verschiedene Einflußintensitäten nicht getrennt ausgewiesen werden, so daß sich keine Aussagen über unterschiedliche Einflußintensitäten bei verschiedenen Produkten treffen lassen. **Abb. 4-9 im Anhang** zeigt am Beispiel der 8- bis 17jährigen,[718] daß sich die Einflußintensitäten bei verschiedenen Produkten durchaus unterscheiden können. So können hinter einem Einfluß von jeweils gut 70% bei Bonbons/ Pralinen

[718] Verschiedene Einflußintensitäten liegen nur für die Gruppe der 8- bis 17jährigen für Nahrungsmittel vor.

und Cornflakes unterschiedliche Einflußstärken stehen (bei Bonbons besteht ein hoher Anteil von Selbstkäufern; während bei Cornflakes ein schwächerer Einfluß in Form der Mitberücksichtigung der Wünsche der Jugendlichen überwiegt). Ferner erscheint die Abstufung der Antwortkategorien als zu grob, um verschiedene Einflußintensitäten adäquat zu erfassen, und es handelt sich nicht um eine geschlossene, quasi-stetige Skala, so daß keine Berechnung mittlerer Einflußstärken möglich ist.[719]

4.5.2.2 Ergebnisse der Studie von Ekström

Als eine zweite Studie soll die von Ekström im Jahr 1995 durchgeführte Untersuchung zum Einfluß von 13- bis 30jährigen Jugendlichen auf das Kauf- und Konsumverhalten ihrer Eltern bzw. Familien in 36 zufällig ausgewählten schwedischen Familien vorgestellt werden.[720] Dabei ist der Stichprobenumfang mit 36 Familien zwar äußerst gering; es besteht die Gefahr eines hohen Stichprobenfehlers und damit das Problem einer schwer bestimmbaren Generalisierbarkeit der Ergebnisse.[721]

Die Ergebnisse dieser Studie sollen jedoch deshalb vorgestellt werden, weil sie eine der wenigen ist, die eine Vielzahl verschiedener Produkte und v.a. auch Dienstleistungen, die in der vorangehend dargestellten Studie gar nicht vertreten waren, einbezieht.[722]

Ferner untersucht diese Studie nur den Einfluß der Jugendlichen auf die Käufe von Produkten für den gemeinsamen Bedarf und für den alleinigen Bedarf der Eltern, von denen angenommen werden kann, daß sie weitgehend von den Eltern finanziert werden; Käufe für den alleinigen Bedarf der Jugendlichen bleiben ausgeklammert.[723] Somit besteht bei dieser Studie keine Gefahr, daß auch die Käufe der Jugendlichen von ihren eigenen finanziellen Mitteln in die Einflußermittlung eingehen. Allerdings ergibt sich der Nachteil, daß der Einfluß der Jugendlichen auf die Käufe der Eltern für den alleinigen Bedarf der Jugendlichen nicht erfaßt wird.[724]

---

[719] Eine geschlossene Skala, die verschiedene Einflußstärken erfassen kann, reicht z.B. von einer alleinigen Bestimmung des Kaufes durch den Jugendlichen über verschiedene Zwischenstufen von Einflußintensitäten bis zu der Kategorie „kein Einfluß des Jugendlichen"; eine derartige differenziertere Skala mit fünf Abstufungen wird in einer neueren Studie des Instituts für Jugendforschung zum Kaufeinfluß von 6- bis 14jährigen verwendet; vgl. Institut für Jugendforschung (1997b), o.S.

[720] Vgl. K. M. Ekström (1995), S. 5, 146 f. u. 149. Dabei war es nicht zwingend, daß die Kinder noch mit ihren Eltern gemeinsam in einem Haushalt leben, sondern lediglich, daß sie in derselben Stadt leben wie die Eltern; vgl. K. M. Ekström (1995), S. 149.

[721] Zur Generalisierbarkeitsproblematik vgl. auch K. M. Ekström (1995), S. 161.

[722] Die einbezogenen Produkte umfassen ein weites Spektrum von Gebrauchs- und Verbrauchsgütern und einer Vielzahl von Dienstleistungen und spiegeln verschiedene Preishöhen, Kaufhäufigkeiten und unterschiedliche Grade des Involvement wider; vgl. K. M. Ekström (1995), S. 139.

[723] Vgl. K. M. Ekström (1995), S. 5, 139 sowie die Beschreibung der Einflußfälle auf S. 181 ff.

[724] Zu der Variation des Einflußausmaßes mit dem Verwendungsanteil vgl. **Abschnitt 4.5.3.2.**

Ein weiterer, wichtiger Vorteil liegt darin, daß es sich im Gegensatz zu der Studie des IJF um eine qualitative Studie handelt, die eine verstehende und beschreibende Analyse des Einflußphänomens sowie das Aufdecken gemeinsamer Muster anstrebt, die also interessante ergänzende Informationen über den Einfluß der Jugendlichen auf die Käufe der Eltern liefert.[725] Die verwendete Erhebungsmethode des Tiefeninterviews[726] hat gegenüber den üblicherweise durchgeführten standardisierten Befragungen den Vorteil der größeren Flexibilität und der geringeren Wahrscheinlichkeit von Mißverständnissen.[727] „Einfluß“ wird dabei aus einer entscheidungsorientierten Perspektive untersucht und sehr umfassend definiert.[728] Er wird anders als in anderen Studien nicht nur auf den Kauf von Produkten bezogen, sondern auch auf deren Verwendung (d.h. der Kaufentscheidung i.e.S. nachgelagerte Phasen).[729] Dies ist bei der Interpretation der Ergebnisse zu berücksichtigen.

In den Interviews zeigte sich, daß bei den einzelnen Produkten die Regelmäßigkeit des Einflusses zwischen den verschiedenen Familien variierte: In einigen Familien erwies sich der Einfluß der Jugendlichen bei einzelnen Produkten als eher gelegentlich, während die Jugendlichen in anderen Familien die Käufe ihrer Eltern regelmäßig beeinflußten; deshalb unterscheidet Ekström bei Verbrauchsgütern und Dienstleistungen zwischen dem gelegentlichen Einfluß und dem mehrmaligen, regelmäßigen Einfluß.[730] Bei den selten gekauften Gebrauchsgütern wird nach der Beteiligung der Jugendlichen an den verschiedenen Phasen des Entscheidungsprozesses differenziert.[731]

Eine Übersicht über den Einfluß der Jugendlichen auf die Käufe von **Gebrauchsgütern** geben **Abb. 4-10** und **Tab. 4-2 im Anhang**. Bei der Interpretation der Ergebnisse kritisch zu berücksichtigen sind allerdings die teilweise äußert geringen Fallzahlen.[732]

---

725 Vgl. K. M. Ekström (1995), S. 138, 142, 150 u. 162.

726 Dabei handelte es sich um ein teilstrukturiertes Interview mit einem Interviewleitfaden, aber flexiblen Frage- und offenen Antwortmöglichkeiten; vgl. K. M. Ekström (1995), S. 142 und zur näheren Beschreibung S. 150-152. Zu der Methode des Tiefeninterviews vgl. auch D. A. Aaker et al. (1995), S. 176 f.

727 Vgl. K. M. Ekström (1995), S. 142. Probleme der Erinnerungsfähigkeit und der sozialen Erwünschtheit von Antworten können jedoch auch hier eine Rolle gespielt haben; vgl. K. M. Ekström (1995), S. 155.

728 Vgl. dazu K. M. Ekström (1995), S. 15, 24 u. 158. Auch sie unterscheidet Einwilligung und Veränderungen innerpsychischer Faktoren als Dimensionen des Einflusses. Auch solche Einflüsse, die langfristige kognitive Veränderungen bei den Eltern beinhalten sowie solche, die durch Beobachtungen des Verhaltens der jugendlichen Kinder durch die Eltern entstanden sind, sollen trotz aller Schwierigkeiten der Messung erfaßt werden, vgl. K. M. Ekström (1995), S. 155; 158-160.

729 So wird es als Einfluß der Jugendlichen gewertet, daß sie ihren Eltern Bücher oder Kleidungsstücke ausleihen oder daß sie ihre Eltern bei der nach dem Kauf stattfindenden Verwendung beraten; vgl. K. M. Ekström (1995), S. 185 f., 234 u. 240.

730 Vgl. K. M. Ekström (1995), S. 163 u. 167.

731 Vgl. K. M. Ekström (1995), S. 163 f.

732 Diese sind darauf zurückzuführen, daß von den ohnehin nur 36 Familien nur diejenigen einbezogen wurden, die entsprechende Produkte innerhalb der letzten zehn Jahre gekauft hatten; vgl. K. M. Ekström (1995), S. 140.

Abb. 4-10: Einfluß von 13- bis 30jährigen auf Kaufentscheidungen bei Gebrauchsgütern für den Bedarf der Eltern und den gemeinsamen Bedarf

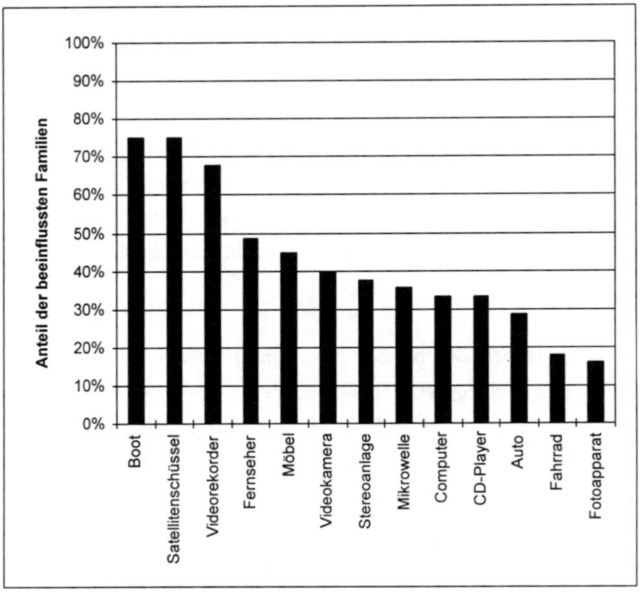

Quelle: in Anlehnung an K. M. Ekström (1995), S. 183.

Die im Vergleich zu der Studie des IJF insgesamt und bei einzelnen Produkten sehr viel geringeren Anteile der Familien, in denen ein Einfluß stattfindet, (wie z.B. bei Stereoanlagen, Computer, Fahrrad) kann – trotz der Generalisierungsprobleme – darauf zurückzuführen sein, daß den Jugendlichen bei Käufen der Eltern für den alleinigen Bedarf der Jugendlichen ein höherer Einfluß zukommt als bei den Käufen der Eltern für den gemeinsamen Bedarf oder den eigenen Bedarf der Eltern. Sie können aber auch durch hohe Anteile der Selbstkäufe der Jugendlichen von eigenen finanziellen Mitteln bedingt sein. Die Ergebnisse der Studie zeigen, daß die Gebrauchsgüterkäufe der Eltern für ihren eigenen bzw. den gemeinsamen Bedarf von den Jugendlichen beeinflußt werden, wobei der Anteil der Familien, in denen ein Einfluß der Jugendlichen stattfand, bei Produkten für den gemeinsamen Bedarf (z.B. Mikrowelle, Fernseher) höher ist als bei solchen, die eher als persönlicher Bedarf der Eltern zu klassifizieren sind (z.B. Fotoapparat, Fahrrad).[733] Die Jugendlichen übten dabei meist in mehr als einer Phase des Kaufentscheidungsprozesses einen Einfluß aus; am häufigsten waren sie an der Informations-

[733] Vgl. K. M. Ekström (1995), S. 183.

suche und der endgültigen Entscheidung beteiligt.[734] Dabei lassen die Ergebnisse allerdings keine Aussage über die Intensität der Mitwirkung in der Entscheidungsphase zu: Es wird nur die Tatsache der Mitwirkung erfaßt, nicht jedoch, ob die Jugendlichen die Entscheidung bspw. allein treffen, gleichberechtigt mitentscheiden oder ihre Wünsche nur zu einem kleinen Teil berücksichtigt werden.[735] Die Ergebnisse der Studie zeigen ferner, daß die Käufe relativ innovativer Gebrauchsgüter für den gemeinsamen Bedarf (Videorecorder, CD-Player, Mikrowellengeräte, Satellitenschüsseln) in der Mehrzahl der beeinflußten Familien durch die Jugendlichen (mit-)initiiert wurden.[736]

Abb. 4-11 und Tab. 4-3 im Anhang zeigen die Ergebnisse zum Einfluß der Jugendlichen auf den Kauf von **Verbrauchsgütern** (unterteilt in „Convenience goods" und „Shopping goods"[737]) und **Dienstleistungen**. Als Einfluß gilt dabei auch, wenn die Jugendlichen die Eltern auf eine bestimmte Marke oder ein Produkt aufmerksam machen oder die Konsummenge einer bestimmten Produktart beeinflussen.[738]
Kauf und Verwendung von Nudeln, Pizza, Gewürzen für den gemeinsamen Bedarf und Shampoo für die Eltern oder den gemeinsamen Bedarf („Convenience goods") werden in vielen Familien von den Jugendlichen beeinflußt, wobei gelegentliche und regelmäßige Einflüsse der Jugendlichen ungefähr gleichverteilt sind.[739] Dabei beeinflussen die Jugendlichen z.B. bei Nudeln die gekaufte Sorte und/ oder die Konsummenge, und in vielen Familien wurden neue Nudelsorten wie bspw. Tortellini von den Jugendlichen eingeführt.[740] Bei Shampoo wurde v.a. die Markenwahl, bei Pizza v.a. die Konsummenge beeinflußt.[741] Bei Waschmitteln und Weichspülern fand sich hingegen nur in wenigen Familien ein Einfluß der Jugendlichen.
Hinsichtlich des Kaufs und der Verwendung von „Shopping goods" wurden viele Eltern von ihren Kindern beeinflußt. Auffällig ist der hohe Anteil von Familien, in denen die Kleidungskäufe der Eltern von den Jugendlichen beeinflußt wurden: In fast allen Familien findet ein Einfluß statt, wobei der regelmäßige Einfluß dominiert. Dabei wurden sowohl direkte als auch indirekte Einflüsse der Jugendlichen einbezogen, d.h. sowohl solche Käufe, bei denen die

---

[734] Vgl. K. M. Ekström (1995), S. 181 u. 185.
[735] Vgl. dazu K. M. Ekström (1995), S. 167, sowie die angegebenen Beispiele für den Einfluß in der Entscheidungsphase auf den Seiten 188-191, 194.
[736] Vgl. K. M. Ekström (1995), S. 185 f. So fand bspw. in 13 der 17 Familien, in denen der Kauf eines Videorecorders von den Jugendlichen beeinflußt wurde, auch ein Einfluß in der Initiationsphase statt; vgl. K. M. Ekström (1995), S. 191 f.
[737] Convenience goods sind dadurch gekennzeichnet, daß sie häufig gekauft werden, wenig Vergleiche angestellt werden und die Produkte im allgemeinen leicht erhältlich sind. Shopping goods sind dadurch gekennzeichnet, daß sie mit größerem zeitlichen und gedanklichen Aufwand gekauft werden, da die Konsumenten sorgfältige Qualitäts-, Preis- und Stilvergleiche anstellen; vgl. R. Nieschlag et al. (1997), S. 154 f.
[738] Vgl. K. M. Ekström (1995), S. 217 f.
[739] Vgl. K. M. Ekström (1995), S. 217 u. 219.
[740] Vgl. K. M. Ekström (1995), S. 219.
[741] Vgl. K. M. Ekström (1995), S. 220 f.

Jugendlichen ihre Eltern beraten bzw. ihre Meinung zum Ausdruck bringen, was die Eltern tragen sollten und was nicht, aber auch solche Käufe, bei denen die Eltern von den Jugendlichen präferierte Kleidungsstücke oder Stile auswählen, auch ohne daß eine aktuelle Beratung durch die Jugendlichen stattfindet.[742] Die Käufe und Verwendung von Kosmetika und Büchern vieler Eltern wurden ebenfalls von den Kindern beeinflußt, wobei ein regelmäßiger Einfluß dominierte.[743] Ein Einfluß der Jugendlichen auf Zeitschriften- und Zeitungskäufe der Eltern findet sich nur in wenigen Familien.

Abb. 4-11: Einfluß von 13- bis 30jährigen auf Kaufentscheidungen bei Verbrauchsgütern und Dienstleistungen für den Bedarf der Eltern und den gemeinsamen Bedarf

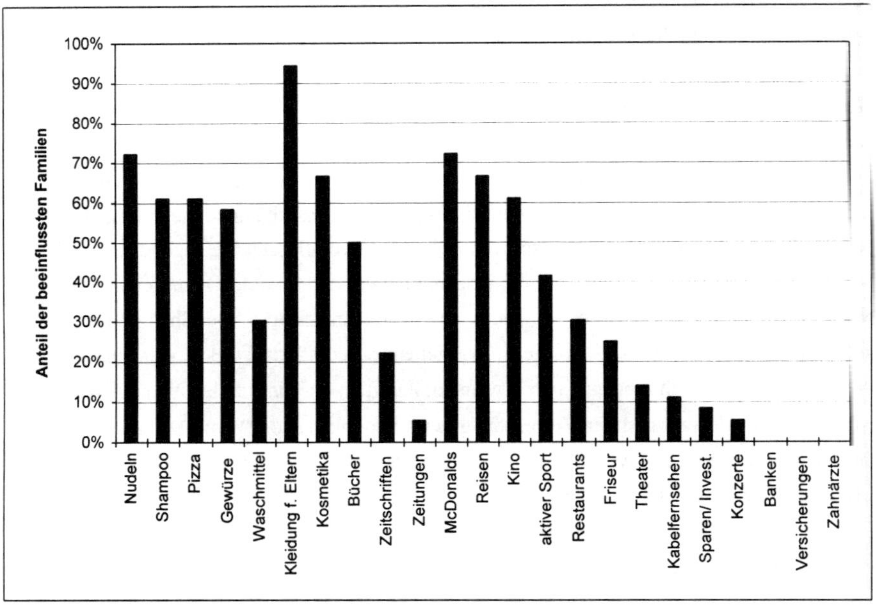

Quelle: in Anlehnung an K. M. Ekström (1995), S. 218, 232, 246, 253.

Im Bereich der Dienstleistungen findet sich in vielen Familien ein Einfluß der Kinder auf den Besuch von McDonalds-Restaurants und von Filmvorführungen sowie auf Reisen[744]. In eini-

[742] Vgl. zu dieser Differenzierung und dem Beispiel K. M. Ekström (1995), S. 233.

[743] In vielen Familien wurde z.B. der Kauf von Hairstylingprodukten und dekorativer Kosmetik für die Mütter v.a. von den Töchtern beeinflußt; vgl. K. M. Ekström (1995), S. 239. Bei Büchern ist relativierend zu berücksichtigen, daß der Einfluß v.a. durch ein Verleihen zustandekommt; vgl. K. M. Ekström (1995), S. 240.

[744] Dabei wurde v.a. über Reiseziele gemeinsam entschieden; vgl. K. M. Ekström (1995), S. 255.

gen Familien wurden die Eltern beeinflußt, eine bestimmte Sportart[745] auszuüben oder bestimmte von den Jugendlichen empfohlene Restaurants oder Friseure zu besuchen. Dabei handelt es sich überwiegend um gemeinsam mit den Jugendlichen unternommene Aktivitäten, weniger um alleinige Aktivitäten der Eltern.[746] Familien, in denen regelmäßige Einflüsse der Jugendlichen zu beobachten waren, nahmen die entsprechenden Dienstleistungen oft auch häufiger in Anspruch, während Familien, in denen kein Einfluß der Jugendlichen angegeben wurde, die entsprechenden Leistungen kaum in Anspruch nahmen.[747] Einflüsse der Jugendlichen auf Theater- und Konzertbesuche, die Anschaffung eines Kabelfernsehanschlusses sowie Spar- und Investitionsentscheidungen[748] finden sich nur in wenigen Familien, und in keiner der Familien wurden die Entscheidungen für Banken, Versicherungen und Zahnärzte von den Jugendlichen beeinflußt.[749]

Die Ergebnisse zeigen, daß bei einer Vielzahl von Produkten aus verschiedenen Produktkategorien regelmäßige Einflüsse der Jugendlichen in vielen Familien zu beobachten waren, während bei anderen Produkten in kaum einer der befragten Familien von Einflüssen der Jugendlichen berichtet wurde. Dies zeigt, daß Einflüsse von Jugendlichen differenziert auf der Ebene der einzelnen Produkte zu betrachten sind und daß die Höhe aggregierter Einflußmaße sehr stark von den einbezogenen Produkten abhängt.[750] Hervorzuheben sind zwei Ergebnisse dieser Untersuchung: Ekström stellte systematische Unterschiede in dem Einflußausmaß der Jugendlichen zwischen verschiedenen Familien fest, so daß sie zu dem Schluß kommt, daß es sehr stark von dem Familientyp – wie z.B. von den in **Abschnitt 4.4.7** genannten Faktoren – abhängt, wie stark und regelmäßig die von den Jugendlichen ausgeübten Einflüsse sind.[751] Es gibt demnach offenbar Familien, in denen der Einfluß der Jugendlichen als durchweg höher anzusehen ist als in anderen Familien. Ferner zeigten die Interviews, daß die Eltern häufig von den Jugendlichen auf neue Trends und Produkte aufmerksam gemacht wurden.[752]

---

745 In einigen Familien wurden die Eltern von den Jugendlichen an neue Sportarten herangeführt; vgl. K. M. Ekström (1995), S. 260. Dies war in Deutschland auch bei Inline-Skates zu beobachten; vgl. R. Wagner (1997), o.S.

746 Vgl. K. M. Ekström (1995), S. 246, 247, 254, 256 f., 258. Eine Ausnahme bildet lediglich der Besuch von Friseuren: hier wurde den Eltern der Besuch eines Friseurs empfohlen, den die Jugendlichen zuvor selbst aufgesucht hatten; vgl. K. M. Ekström (1995), S. 249.

747 Dabei ist denkbar, daß die Jugendlichen bei häufiger Inanspruchnahme auch mehr Gelegenheiten zur Einflußnahme hatten; es ist jedoch auch denkbar, daß die Jugendlichen die Häufigkeit der Inanspruchnahme (die „Konsummenge") steigerten; vgl. K. M. Ekström (1995), S. 248, 254, 256.

748 Vgl. K. M. Ekström (1995), S. 249 f.

749 Vgl. K. M. Ekström (1995), S. 249-251, 260 f.

750 Aggregierte Maße über verschiedene Produkte hinweg, wie sie in einigen Studien angegeben werden, wie z.B. bei E. R. Foxman/ P. S. Tansuhaj (1988), S. 450; E. M. Kirchler/ E. Kirchler (1990), S. 52, sind also mit Vorsicht zu interpretieren.

751 Vgl. K. M. Ekström (1995), S. 291 f. Auch in die von Ekström getroffene Differenzierung verschiedener Familientypen gehen Faktoren wie Eltern-Kind-Beziehung und Kommunikationsstrukturen ein; vgl. K. M. Ekström (1995), S. 301-322.

752 Vgl. K. M. Ekström (1995), S. 367.

Auch diese Studie trifft allerdings keine Aussagen über die Einflußstärke, sondern nur über die Anzahl der Familien, in denen ein mehr oder weniger starker Einfluß stattfand, sowie über die Regelmäßigkeit des Einflusses. Es lassen sich also nur Aussagen dahingehend ableiten, daß in einer bestimmten Zahl der Familien ein (un-)regelmäßiger Einfluß vorlag, nicht jedoch in welchem Maße die Jugendlichen bspw. zur Entscheidung beigetragen haben. Aus der Sicht anbietender Unternehmen sind jedoch auch Auskünfte über die Stärke des Einflusses erforderlich. Zukünftige Studien sollten daher auch Einflußmaße verwenden, die eine Abschätzung der Einflußstärke ermöglichen.

4.5.3 Empirische Befunde zur Abhängigkeit des Einflußausmaßes von zentralen Einflußdeterminanten

Nachdem die dargelegten Studien bereits darauf hinweisen, daß sich das Ausmaß des Einflusses der Jugendlichen bei verschiedenen Produkten und in verschiedenen Familien unterscheidet, wird an dieser Stelle auf die Befunde empirischer Studien zur Bedeutung einiger zentraler Einflußdeterminanten eingegangen. Dabei werden zunächst Einflußdeterminanten thematisiert, die Hinweise darauf liefern, in welchen Produktbereichen mit hohen Einflüssen und daher auch mit hohen indirekten Umsatzpotentialen der Jugendlichen zu rechnen ist. Im Anschluß daran werden Befunde betrachtet, die darauf hinweisen, daß die Ausmaße der Einflüsse der Jugendlichen und damit die indirekten Umsatzpotentiale auch interindividuell systematisch variieren.

4.5.3.1 Wichtigkeit des Produktes für die Jugendlichen

Eine in verschiedenen empirischen Studien untersuchte Determinante des Einflusses von Jugendlichen ist die Wichtigkeit eines Produktes (Product Importance) für die Jugendlichen. Sie wird als zentrale Komponente eines andauernden Interesses an einer Produktkategorie bezeichnet, welches wiederum in das Kaufinvolvement eingeht.[753] Es wird die Hypothese aufgestellt, daß der Einfluß der Jugendlichen um so größer ist, je wichtiger die Produktkategorie für ihn ist. Wie auch in **Abschnitt 4.4** dargelegt, kann vermutet werden, daß mit zunehmendem Produktinteresse auch die Motivation der Jugendlichen zur Einflußnahme steigt.[754]

---

753 Vgl. S. E. Beatty/ S. Talpade (1994), S. 333; G. Laurent/ J.-N. Kapferer (1985), S. 42 f.; S. E. Beatty/ L. R Kahle/ P. Homer (1988), S. 153 u. 161.

754 Vgl. E. R. Foxman et al. (1989a), S. 161 f.; S. E. Beatty/ S. Talpade (1994), S. 333 f.

Die Studien liefern widersprüchliche Befunde zum Zusammenhang zwischen der Stärke des Einflusses der Jugendlichen und der Wichtigkeit des Produktes für die Jugendlichen.[755] Erklärungen für diese Widersprüche stehen noch aus; eine weitere Erforschung der Bedingungen, unter denen die Produktwichtigkeit für die Jugendlichen bedeutsam ist, erscheint daher notwendig.[756]
Möglicherweise sind die unklaren Ergebnisse auch darauf zurückzuführen, daß als unabhängige Variable der tatsächliche Einfluß der Jugendlichen, nicht die aktiven Einflußversuche der Jugendlichen gewählt wurden.[757] Die Wirkung der Produktwichtigkeit für die Jugendlichen auf ihren tatsächlichen Einfluß kann aber von anderen Determinanten, insbesondere solchen, die die Reaktion der Eltern bestimmen, überlagert werden.[758] Daher ist z.B. auch die Einbeziehung der Produktwichtigkeit für die Eltern bzw. der relativen Produktwichtigkeit von Interesse.

Erweist sich die (relative) Produktwichtigkeit allerdings als Determinante des tatsächlichen Einflusses, so kann die Veränderung der Interessen mit dem Alter von Bedeutung sein: So stellte Ekström z.B. fest, daß Teenager (d.h. 13- bis 19jährige) den Shampookauf und -konsum ihrer Eltern häufiger beeinflussen als ältere Jugendliche (20- bis 30jährige), was sie auf das höhere Interesse an Körperpflege bei Teenagern sowie den in dieser Altersgruppe höheren Anteil gemeinsamer Verwendung von Shampoos zurückführt.[759] Ferner ist denkbar, daß der seltenere Einfluß älterer Jugendlicher auch darauf zurückzuführen ist, daß diese nur noch zu geringeren Teilen im elterlichen Haushalt leben und sich daher weniger Gelegenheiten zur Einflußnahme ergeben.[760] Beeinflussen Teenager die Shampookäufe der Eltern häufiger, würde sich bei Teenagern ein höheres indirektes Umsatzpotential bei Shampoo ergeben als bei

---

755 Bei E. R. Foxman/ P. S. Tansuhaj (1988), S. 451, ergab sich eine teilweise Bestätigung des Zusammenhangs. Bei E. R. Foxman et al. (1989a), S. 167, ergab sich nach den Auskünften der Eltern ein umgekehrter Zusammenhang mit einem höherem Einfluß der Jugendlichen bei Produkten, die für die Jugendlichen weniger bedeutsam waren, während die Jugendlichen ungefähr gleiche Einflußstärken für Produkte von hoher und geringer Wichtigkeit angaben. In einer Replikation dieser Studie von S. E. Beatty/ S. Talpade (1994), S. 336 f. wurde der Zusammenhang zwischen der subjektiven Produktwichtigkeit für den Jugendlichen und seinem wahrgenommenen relativen Einfluß auf die Kaufentscheidungen für einige Gebrauchsgüter (Fernseher, Stereoanlagen, Telefon, Möbel) sowohl für den eigenen Bedarf als auch für den Familienbedarf bestätigt.

756 Vgl. auch S. E. Beatty/ S. Talpade (1994), S. 338.

757 Einige Studien zum Einfluß von Kindern unterscheiden aktive Einflußversuche der Kinder und Einflußakzeptanz der Eltern; vgl. z.B. C. K. Atkin (1978), S. 42 u. 44; S. Ward/ D. B. Wackman (1972), S. 317 f.

758 Vgl. dazu auch die Überlegungen in **Abschnitt 4.4.8**.

759 Vgl. K. M. Ekström (1995), S. 220. Zu ähnlichen Überlegungen für Kakao vgl. auch Institut für Jugendforschung (1996a), S. 36. Auch bei Kindern sind Veränderungen der Schwerpunkte der aktiven Einflußversuche mit zunehmendem Alter zu beobachten (z.B. Rückgang bei Spielzeug und Süßigkeiten; Zunahme bei Kleidung und Sportausrüstung), die auf einen Produktbedeutungswandel zurückzuführen sein können; vgl. L. Isler et al. (1987), S. 33 f.; S. Ward/ D. B. Wackman (1972), S. 317 f. Aufgrund einer gleichzeitig zunehmenden Einflußakzeptanz der Eltern kann jedoch der tatsächliche Einfluß der Kinder gleichbleiben oder sogar steigen; vgl. C. K. Atkin (1978), S. 42 u. 44; S. Ward/ D. B. Wackman (1972), S. 317 f.

760 Bedingung in der Studie von Ekström war lediglich, daß die Kinder noch in derselben Stadt leben wie die Eltern; es war nicht zwingend, daß sie in einem Haushalt leben; vgl. K. M. Ekström (1995), S. 149.

älteren Jugendlichen, und sie wären deshalb, isoliert anhand des indirekten Umsatzpotentials betrachtet, eine aus Unternehmenssicht interessantere Zielgruppe.[761]

4.5.3.2 Verwendungsanteil der Jugendlichen

Die in **Abschnitt 4.4** angestellten Überlegungen lassen vermuten, daß Jugendliche tendenziell um so mehr Einfluß auf eine Kaufentscheidung ausüben, je höher ihr Anteil an der Verwendung des Produktes ist. Die eigene Verwendung motiviert zur Einflußnahme,[762] und auch die Einflußakzeptanz der Eltern (z.B. die produktspezifische Legitimation) ist vermutlich bei Produkten für den Bedarf der Jugendlichen höher.

In vielen empirischen Studien aus dem US-amerikanischen Raum wurde ein positiver Zusammenhang von Verwendungsanteil und Stärke des tatsächlichen Einflusses der Jugendlichen bestätigt: Die Jugendlichen wiesen einen höheren Einfluß auf Käufe von Produkten für ihren alleinigen Bedarf (wie z.B. Kleidung, Fernsehgeräte, Stereoanlagen für die Jugendlichen) auf als auf Käufe für den gemeinsamen Bedarf (wie z.B. gemeinsam verwendete Fernsehgeräte, Stereoanlagen, Nahrungsmittel).[763] Bei einigen **Produkten für den alleinigen Bedarf der Jugendlichen**, z.B. Cerealien, Kleidung, Zeitschriften und Langspielplatten, wiesen die Jugendlichen dabei einen höheren Einfluß auf die Kaufentscheidung auf als die Eltern.[764] Auch die Ergebnisse einer 1997 in Deutschland durchgeführten Befragung des IJF deuten darauf hin, daß 12- bis 14jährige Jugendliche stärker bei den Käufen mitbestimmen, wenn die Produkte von ihnen allein verwendet werden.[765] Dabei bleibt aber vielfach unklar, ob und inwieweit nicht auch selbständige Käufe der Jugendlichen von ihrem eigenen Geld in die Befragungen einbezogen wurden und zu einer Verstärkung des Zusammenhangs sowie zu einer Erhöhung der Einflußstärken beitragen.[766] Bei höherwertigeren Gebrauchsgütern für den

---

761 Zu einer mit zunehmendem Alter von weiblichen Jugendlichen ebenfalls zunehmenden Verwendung eigener Produkte sowie zunehmenden Selbstkäufen im Körperpflegebereich vgl. Bastei Verlag G. H. Lübbe GmbH & Co. et al. (1997), o.S.; Institut für Jugendforschung (1997a), S. 26-29 u. 113. Je älter die Jugendlichen, desto geringer die gemeinsame Verwendung von Körperpflegeprodukten (gemeinsamer Bedarf) und desto weniger werden diese Produkte durch die Eltern gekauft.

762 So wird z.B. in der Studie von Ekström deutlich, daß die Kinder, die den Kauf eines Mikrowellengerätes initiierten, oft die Idee im Kopf hatten, dieses auch selbst zu nutzen; vgl. K. M. Ekström (1995), S. 202.

763 Vgl. S. E. Beatty/ S. Talpade (1994), S. 336 f.; E. R. Foxman et al. (1989b), S. 489; E. R. Foxman/ P. S. Tansuhaj (1988), S. 451; E. R. Foxman et al. (1989a), S. 168; W. R. Swinyard/ C. P. Sim (1987), S. 30.

764 Vgl. G. E. Belch et al. (1985), S. 167 f.; J. Hall et al. (1995), S. 48 f.; E. R. Foxman et al. (1989b), S. 486; E. R. Foxman/ P. S. Tansuhaj (1988), S. 451; W. R. Swinyard/ C. P. Sim (1987), S. 31 f.

765 Vgl. Institut für Jugendforschung (1997b), o.S. Einbezogen wurden nur 6- bis 14jährige; d.h. aufgrund der in der Arbeit vorgenommenen Abgrenzung des Jugendbegriffes werden hier nur die 12- bis 14jährigen berücksichtigt. Auch nach dieser Studie bestimmen die Jugendlichen bei eigener Kleidung, Zeitschriften und einigen Nahrungsmitteln für ihren alleinigen Bedarf zum großen Teil selbst darüber, was gekauft wird.

766 So sind z.B. in die Studie des Instituts für Jugendforschung (1997b) auch Selbstkäufe der Jugendlichen einbezogen. Sofern nicht nur Käufe der Eltern, sondern auch Selbstkäufe der Jugendlichen berücksichtigt werden, ist denkbar, daß der Zusammenhang zwischen Verwendungsanteil und Einflußstärke v.a. durch vermehrte Selbstkäufe der Jugendlichen bei Produkten für den alleinigen Bedarf zustande kommt: Je größer der Verwendungsanteil, desto höher der Anteil an Selbstkäufen. Da bei Selbstkäufen stärkere Selbstbestimmung der

Bedarf der Jugendlichen (z.B. Stereoanlagen, Fernseher, Fahrräder) kommen Jugendlichen und Eltern dagegen tendenziell gleichberechtigte Mitspracherechte zu.[767] Bei vielen der untersuchten **Produkte für den gemeinsamen Bedarf** weisen Jugendliche einen tendenziell geringeren Einfluß auf als die Eltern (z.B. bei Stereoanlagen, Fernsehern, Möbeln, Computer, Zahnpasta, Auto).[768] Eine Ausnahme bilden einige Nahrungsmittel, wie z.B. Cola/ Limonaden, Cornflakes, Pizza und Süßigkeiten/ Snacks, deren Käufe etwa zur Hälfte von den Jugendlichen mitbestimmt werden.[769] Solche Produkte für den gemeinsamen Bedarf, an deren Verwendung die Jugendlichen direkt und unmittelbar beteiligt sind (z.B. Reisen, Körperpflegeprodukte oder direkt von den Jugendlichen selbst verwendete Nahrungsmittel wie z.B. Cornflakes) unterliegen dabei stärker ihrem Einfluß als solche, deren Verwendung durch die Jugendlichen eher indirekt und mittelbar erfolgt (wie z.B. Waschmittel/ Weichspüler, Versicherungen).[770] Der Einfluß von Jugendlichen auf **Produkte für den alleinigen Bedarf der Eltern** wurde – anhand des Beispiels von Kleidung für die Eltern – nur in wenigen Studien untersucht; in diesen Studien wurden die geringsten Einflußstärken von Jugendlichen bei den Produkten für den Bedarf der Eltern gefunden.[771]

Dies steht in einem gewissen Widerspruch zu den Ergebnissen von Ekström, die in Tiefeninterviews durchaus beachtliche Einflüsse der Jugendlichen auf die Kleidungskäufe der Eltern fand. Eine mögliche Ursache für diese Widersprüche kann in der Art der Erhebung und den unterschiedlichen Einflußmaßen gesehen werden. Bei einer Einstufung des Anteils der Jugendlichen und der Eltern an der Entscheidung über Kleidungskäufe für die Eltern auf einer Skala von 1 bis 5 werden Eltern aufgrund der Betonung der Beteiligung an der Entscheidungsphase eher einen geringen Einfluß der Jugendlichen angeben.[772] Dagegen können in

---

Jugendlichen zu vermuten ist, würde dies zudem zu einer Überschätzung des Einflusses der Jugendlichen auf die Käufe der Eltern führen.

767 Vgl. S. E. Beatty/ S. Talpade (1994), S. 336; E. R. Foxman et al. (1989b), S. 486; E. R. Foxman/ P. S. Tansuhaj (1988), S. 451. Für die 12- bis 14jährigen in Deutschland vgl. auch Institut für Jugendforschung (1997b), o.S.

768 Vgl. S. E. Beatty/ S. Talpade (1994), S. 336; E. R. Foxman et al. (1989b), S. 486; E. R. Foxman/ P. S. Tansuhaj (1988), S. 451. Dabei ist allerdings zu berücksichtigen, daß in vielen Studien nur die Beteiligung in der Entscheidungsphase einbezogen wird, nicht jedoch die in vorgelagerten Phasen. Bei S. E. Beatty/ S. Talpade (1994), S. 336, zeigt sich bspw. eine höhere Beteiligung der Jugendlichen in der Initiationsphase bei Stereoanlagen.

769 Vgl. Institut für Jugendforschung (1997b), o.S., für 12- bis 14jährige, die angaben, diese Nahrungsmittel gemeinsam mit anderen zu verwenden.

770 Die Studien von R. L. Jenkins (1979), S. 417, und G. E. Belch et al. (1985), S. 167, deuten auf einen höheren Einfluß der Jugendlichen für Produkte für den Familienbedarf hin, an deren Verwendung die Kinder direkt beteiligt waren. Solche Nahrungsmittel, an deren Verwendung Jugendliche meist nur mittelbar beteiligt sind, da diese beim Kochen in das Endgericht eingehen oder gar im „Kochprozeß untergehen", wie z.B. Mehl, Öl, Essig, werden in empirischen Erhebungen i.a. nicht einbezogen.

771 Vgl. E. R. Foxman/ P. S. Tansuhaj (1988), S. 451; E. R. Foxman et al. (1989a), S. 168, für Kleidung für die Eltern.

772 Eltern und Jugendliche stuften auf einer Skala von 1 bis 5 die Stärke des Einflusses der Jugendlichen ein, wobei 1 bedeutet: „parents made the whole decision", 2 bedeutet: „parents had more say"; 3 bedeutet: „a de-

Tiefeninterviews auch weniger stark bewußte und indirekte Einflüsse (Eltern orientieren sich an der Meinung ihrer Kinder, auch ohne daß eine unmittelbare Einflußhandlung der Jugendlichen vorliegt) sowie Einflüsse in vorangegangenen Phasen des Entscheidungsprozesses erfaßt werden. Hinsichtlich der Bedeutung der Einflüsse von Jugendlichen auf die persönlichen Käufe ihrer Eltern sind daher weitere Untersuchungen erforderlich, die diesen Problemen Rechnung tragen.

4.5.3.3 Produktkenntnisse der Jugendlichen

Empirische Studien, die den Zusammenhang von Produktkenntnissen von Jugendlichen und ihrem Einfluß auf Familienkaufentscheidungen untersuchen, fanden einen gewissen Zusammenhang: Bei Foxman et al. ergaben sich schwach signifikante Zusammenhänge und Beatty/ Talpade stellten einen signifikanten Zusammenhang für die Initiationsphase des Kaufentscheidungsprozesses fest; ein Zusammenhang auch in der Beurteilungs- und der Entscheidungsphase ergab sich nur bei einem Produkt (Stereoanlagen).[773] Allerdings ist einschränkend zu berücksichtigen, daß nur eine begrenzte Anzahl von Produkten[774] einbezogen wurde und daß nicht die von den Eltern wahrgenommenen relativen Kenntnisse der Jugendlichen im Vergleich zu den Eltern, sondern nur die von den Jugendlichen selbst wahrgenommenen Kenntnisse der Jugendlichen berücksichtigt wurden.[775] Ausschlaggebend für den Einfluß der Jugendlichen dürfte jedoch – v.a. bei Käufen für den gemeinsamen Bedarf oder den Bedarf der Eltern – der relative Kenntnisstand sein, wie auch ein Beispiel aus der qualitativen Studie von Ekström verdeutlicht: So verließen sich Eltern, die selbst sehr wenig technische Kenntnisse besaßen, bei dem Kauf einer Stereoanlage auf die Beratung ihrer Kinder.[776]

4.5.3.4 Alter und Geschlecht der Jugendlichen

Neben den bisher genannten Faktoren, die bewirken, daß der Einfluß eines Jugendlichen bei verschiedenen Produkten unterschiedlich hoch ist (intraindividuelle Unterschiede), gibt es weitere Faktoren, wie z.B. Alter und Geschlecht der Jugendlichen, die systematische Unter-

---

cision in which parents and adolescents had an equal say"; vgl. E. R. Foxman et al. (1989a), S. 163. Vgl. zu dieser Problematik auch die Ausführungen auf S. 142.

773 Vgl. S. E. Beatty/ S. Talpade (1994), S. 336 f.; E. R. Foxman et al. (1989a), S. 167 f. Ferner wurde in der Studie von Foxman et al. ein positiver Zusammenhang zwischen der von den Jugendlichen eingeschätzten generellen Meinung der Eltern von den Fähigkeiten der Jugendlichen und deren genereller Beteiligung an Kaufentscheidungsprozessen in Familien, nicht aber hinsichtlich ihres Einflusses auf spezifische Produktkäufe festgestellt; vgl. E. R. Foxman et al. (1989a), S. 164 u. 166.

774 Fernseher, Stereoanlagen, Telefon, Möbel bzw. Fahrrad, Computer, Kleidung.

775 Vgl. S. E. Beatty/ S. Talpade (1994), S. 333 u. 335.; E. R. Foxman et al. (1989a), S. 164.

776 Vgl. K. M. Ekström (1995), S. 199.

schiede in der Höhe des Einflusses zwischen verschiedenen Jugendlichen vermuten lassen (interindividuelle Unterschiede).

So spielt das **Alter** der Jugendlichen eine bedeutende Rolle für das Ausmaß ihres Einflusses auf die Einkommensverwendung ihrer Eltern. Da sich mit zunehmendem Alter die Einflußgrundlagen positiv verändern, erhöhen sich auch die Einflußmöglichkeiten der Jugendlichen.[777] Empirische Befunde bestätigen einen mit dem Alter der Jugendlichen zunehmenden Einfluß der Jugendlichen sowohl allgemein als auch auf der Ebene konkreter Produkte.[778]
Sofern sie noch im elterlichen Haushalt wohnen,[779] ist daher mit einem stärkeren Einfluß der älteren Jugendlichen auf die Käufe ihrer Eltern und, bei gleichbleibender Ausgabenstruktur, auch mit einem höheren indirekten Umsatzpotential zu rechnen. Ältere Jugendliche könnten demnach aufgrund ihres höheren indirekten Umsatzpotentials eine besonders interessante Zielgruppe darstellen. Hinzu kommt, daß das Einkommen der Eltern mit dem Alter der Kinder tendenziell zunimmt.[780] Allerdings ist zu berücksichtigen, daß bei einzelnen Produkten eine abnehmende Einflußmotivation der Jugendlichen, z.B. aufgrund eines abnehmenden Produktinteresses, trotz grundsätzlich erhöhter Einflußmöglichkeiten, auch zu einem schwächeren Einfluß der Jugendlichen bei diesen Produkten führen kann.[781]
Ein zweiter, noch wichtigerer Einwand bezieht sich darauf, daß sich auch die Ausgabenstruktur der Eltern mit zunehmendem Alter der Jugendlichen verändert. Wie sich das aggregierte indirekte Umsatzpotential jugendlicher Kunden mit zunehmendem Alter entwickelt, bedarf daher einer genaueren Untersuchung der Ausgaben der Eltern. Nehmen nämlich mit zunehmendem Alter der Jugendlichen die Ausgaben in einflußstärkeren Bedarfsbereichen zugunsten der Ausgaben in einflußschwächeren Bedarfsbereichen ab, so kann, trotz grundsätzlich zunehmender Einflußstärke, der Einfluß der Jugendlichen insgesamt gleichbleiben oder sogar abnehmen. So läßt sich in diesem Zusammenhang folgendes feststellen: Wie in **Abschnitt 4.5.3.2** dargelegt, hängt die Stärke des Einflusses von Jugendlichen positiv mit dem Verwen-

777 Theoretischen Überlegungen zufolge müßten sich die Einflußmöglichkeiten aufgrund zunehmender Einflußgrundlagen (v.a. Informationen, Einstellungen der Eltern zu Kenntnissen und Fähigkeiten, Legitimation) mit zunehmendem Alter erhöhen.

778 Vgl. dazu K. M. Ekström (1995), S. 338 f.; W. K. Darley/ J.-S. Lim (1986), S. 371; G. P. Moschis/ L. G. Mitchell (1986), S. 184; R. L. Jenkins (1979), S. 417; J. E. Nelson (1979), S. 421. Einbezogen wurden v.a. Produkte für den gemeinsamen Bedarf aber auch Produkte für den Bedarf der Eltern.

779 Nach dem Auszug aus dem Elternhaus nehmen die Interaktionshäufigkeit sowie die gemeinsam genutzten Produkte zwangsläufig ab, was auch zu insgesamt geringeren Einflüssen führt; vgl. auch K. M. Ekström (1995), S. 128 u. 338.

780 Vgl. E. Kirner/ J. Schwarze (1996), S. 194.

781 Zu Überlegungen eines sich mit dem Alter verändernden Produktinteresses vgl. auch **Abschnitt 4.5.3.1.** Hinsichtlich einer Veränderung des Markenbewußtseins zeigt eine Studie des Instituts für Jugendforschung, daß im Alter von 8/9 Jahren dem größten Anteil von Kindern bei Nuß-Nougat-Creme eine ganz bestimmte Marke wichtig ist. Bei älteren Kindern besteht eine geringere Bedeutung; vgl. Institut für Jugendforschung (1996a), S. 22. Dies läßt tendenziell abnehmende Einflußversuche der Jugendlichen auf die Markenwahl vermuten.

dungsanteil zusammen. Mit zunehmendem Alter der Jugendlichen nimmt der Anteil der mit den Eltern gemeinsam verwendeten Produkte (gemeinsamer Bedarf) zugunsten individuell verwendeter Produkte ab, und die Jugendlichen werden aufgrund ihres steigenden eigenen Einkommens in ihren Käufen zunehmend unabhängiger – die eigenen Bedarfe können mehr und mehr aus eigenen Mitteln gedeckt werden.[782] Daher ist anzunehmen, daß der Anteil der Ausgaben, die die Eltern für den alleinigen Bedarf der Jugendlichen sowie für den gemeinsamen Bedarf tätigen, an der Gesamtheit der Ausgaben der Eltern zurückgeht. Diese in **Abb. 4-12** veranschaulichten Tendenzen und Zusammenhänge sind dann bei einer Einschätzung der indirekten Umsatzpotentiale jugendlicher Kunden in verschiedenen Alters- und Produktgruppen zu berücksichtigen.

Abb. 4-12: Ausmaß des Einflusses der Jugendlichen und altersabhängige Entwicklung des Anteils der Ausgaben der Eltern in verschiedenen Bedarfsbereichen

	Ausgaben der Eltern für den ...		
	Bedarf der Jugendlichen	**gemeinsamen Bedarf**	**Bedarf der Eltern**
Ausmaß des Einflusses der Jugendlichen auf die Ausgaben der Eltern	hoch	mittel	gering
Entwicklung des Ausgabenanteils der Eltern mit zunehmendem Alter der Jugendlichen	⇩ abnehmend	⇩ abnehmend	⇧ steigend

Bei produktspezifischen Einschätzungen des indirekten Umsatzpotentials ist ferner das **Geschlecht** der Jugendlichen zu berücksichtigen. Es existieren zwar kaum empirische Befunde zur Geschlechtsabhängigkeit des Einflusses bei einzelnen Produkten, nach den in **Kapitel 3** dargelegten Ergebnissen zu den unterschiedlichen Interessenschwerpunkten, Ausgaben und Besitz von Mädchen und Jungen ist jedoch davon auszugehen, daß die produktspezifischen

[782] So zeigen sich z.B. im Körperpflegebereich mit dem Alter zunehmende individuelle Verwendung und zunehmender Selbstkauf der Jugendlichen; vgl. Bastei Verlag G. H. Lübbe GmbH & Co. et al. (1997), o.S.; Institut für Jugendforschung (1997a), S. 26-29 u. 113. Auch bei Freizeitaktivitäten und Reisen ist ein mit zunehmendem Alter der Jugendlichen abnehmender gemeinsamer Bedarf und zunehmende Selbstfinanzierung der Jugendlichen zu vermuten.

Einflüsse der Jugendlichen auch mit dem Geschlecht variieren (z.B. bei Unterhaltungselektronik, Kosmetik, Kleidung).[783]

4.5.3.5 Familienbezogene Merkmale

Bei einer Einschätzung des indirekten Umsatzpotentials jugendlicher Kunden ist ferner zu berücksichtigen, daß sich Umfang und Intensität des Einflusses der Jugendlichen auf die Ausgaben der Eltern auch zwischen verschiedenen **Familien** systematisch unterscheiden können. So deuten theoretische Überlegungen darauf hin und empirische Studien haben gezeigt, daß den Jugendlichen in manchen Familien, in Abhängigkeit von Merkmalen der Eltern bzw. der Familien, ein höherer Einfluß zukommt.[784] Empirischen Befunden zufolge variiert die Stärke des Einflusses der Jugendlichen mit den Kommunikationsmustern in Familien (Konzeptorientierung vs. Sozio-Orientierung)[785] sowie mit dem Erziehungsstil der Eltern (traditionell vs. modern).[786] So kommt den Jugendlichen bei traditionellen Erziehungsstilen sowie bei soziorientierten Kommunikationsmustern tendenziell ein geringerer Einfluß zu.[787] Jugendliche aus Familien, die den Jugendlichen einen systematisch höheren Einfluß einräumen, sind aufgrund ihres höheren Einflusses und damit höheren indirekten Umsatzpotentials von besonderem Interesse für anbietende Unternehmen.

---

783 Vgl. auch K. M. Ekström (1995), S. 130 f. Es existieren bspw. Annahmen, daß Töchter i.a. stärker in Kaufentscheidungen involviert sind; vgl. G. P. Moschis (1987), S. 221, und Befunde, daß Töchter eher mit ihren Eltern über Konsumthemen diskutieren; vgl. G. P. Moschis/ L. G. Mitchell (1986), S. 184. Geschlechtsbedingte Unterschiede des Einflusses von Jugendlichen bei einzelnen Produkten sind bislang jedoch kaum systematisch untersucht worden. Studien des Instituts für Jugendforschung lassen allerdings ein höheres Ausmaß des Einflusses von Jungen bei Stereoanlagen und Computern vermuten, während Mädchen offenbar stärkeren Einfluß auf Küchengeräte und Fotoapparate ausüben; vgl. Institut für Jugendforschung (1996a), S. 54.

784 Nach den theoretischen Überlegungen sind Merkmale der Eltern (Erziehungsstile, Einstellungen zur Eltern-Kind-Beziehung, affektive Bindung) von hoher Bedeutung für die Stärke des Einflusses der Jugendlichen K. M. Ekström (1995), S. 287-292 stellte in ihrer Studie systematische Unterschiede im Einflußausmaß zwischen verschiedenen Familien fest.

785 Vgl. K. M. Ekström (1995), S. 328 f.; E. R. Foxman et al. (1989a), S. 165; G. P. Moschis/ L. G. Mitchell (1986), S. 183; G. P. Moschis et al. (1986), S. 368. Eine Sozio-Orientierung beinhaltet, daß die Kommunikation darauf abzielt, harmonische und angenehme soziale Beziehungen herzustellen, so daß den Kindern beigebracht wird, Konflikte eher zu vermeiden und eigene Ansichten eher zu unterdrücken als in Auseinandersetzungen einzusteigen. Konzeptorientierung fokussiert darauf, dem Kind beizubringen, seine eigenen Anschauungen zu entwickeln.

786 Vgl. M. L. Roberts et al. (1981), S. 733.

787 Ergebnisse zur Abhängigkeit des Einflusses von Jugendlichen vom sozio-ökonomischen Status der Eltern bzw. der Familien (wie z.B. dem Einkommen oder dem Bildungsniveau) sind dagegen wenig eindeutig. Vgl. S. R. L. Jenkins (1979), S. 415; G. P. Moschis/ L. G. Mitchell (1986), S. 184; K. M. Ekström (1995), S. 325 f. Zu einer zusammenfassenden Diskussion vgl. auch T. F. Mangleburg (1990), S. 817; K. M. Ekström (1995), S. 107-110.

4.6 Entwicklungstendenzen des Einflusses von Jugendlichen

Aufgrund gesellschaftlicher Entwicklungen hat das Ausmaß des Einflusses der Jugendlichen auf die Einkommensverwendung ihrer Eltern in der Vergangenheit offenbar zugenommen, und diese Tendenz wird sich vermutlich auch in Zukunft noch weiter fortsetzen. So deutet bspw. der Vergleich der Studie des IJF von 1996 mit einer ähnlichen, im Jahr 1986 durchgeführten Studie auf eine Zunahme des Einflusses der 12- bis 17jährigen hin: Über alle untersuchten Produktbereiche hinweg ergab sich ein Anstieg des Anteils der Familien, in denen die Jugendlichen Einfluß auf die Kaufentscheidungen nehmen.[788] Über die Entwicklung der Einflußstärken ist allerdings keine Aussage möglich. Bei Nahrungsmitteln und Körperpflegeprodukten ergab sich ein deutlich erweiterter Einfluß der Jugendlichen.[789] Dabei ist allerdings nicht herauszufiltern, ob es sich evtl. nur um einen Anstieg der Selbstkäufe der Jugendlichen aufgrund der erhöhten eigenen Kaufkraft der Jugendlichen handelt; welche nach der in der vorliegenden Arbeit vorgenommenen Abgrenzung nicht zum indirekten Umsatzpotential, sondern zum direkten Umsatzpotential zu zählen wären.[790]

Bei den folgenden Überlegungen zu den Entwicklungstendenzen des Einflusses von Jugendlichen auf die Einkommensverwendung ihrer Eltern wird auf die in **Abschnitt 4.4** dargestellten Einflußgrundlagen und -determinanten und deren Veränderungen zurückgegriffen.

Die zu beobachtende Zunahme von Alleinerziehenden und Doppelverdienerfamilien sowie der Trend zur abnehmenden Kinderzahl[791] kann zu steigenden Einflüssen von Jugendlichen führen, da in diesen Familienformen die **emotionalen Ressourcen und die Dienstleistungsressourcen von Jugendlichen höhere Bedeutung** erlangen und somit c.p. die Einflußmöglichkeiten der Jugendlichen steigen.[792] Immer mehr Jugendliche werden bei alleinerziehenden Eltern groß.[793] Ferner hat seit den 50er Jahren die Zahl erwerbstätiger Mütter beständig

---

[788] Vgl. Institut für Jugendforschung (1996a), S. 14-19 und Institut für Jugendforschung (1986), S. 23 ff. Zu den Einschränkungen der Vergleichbarkeit vgl. Institut für Jugendforschung (1996a), S. 7. Andere zu unterschiedlichen Zeitpunkten durchgeführte Studien ermöglichen keine Aussagen zu Entwicklungstendenzen, da durch die unterschiedlichen verwendeten Einflußmaße und die unterschiedlichen einbezogenen Produkte ein Vergleich der Ergebnisse erschwert wird.

[789] Vgl. Institut für Jugendforschung (1996a), S. 16 f. sowie Institut für Jugendforschung (1986), S. 31-34.

[790] Die Einflußnahme wird bei Nahrungsmitteln und offenbar auch bei Körperpflegeprodukten durch die Anzahl der Familien gemessen, die angaben, daß sich die Jugendlichen das betreffende Produkt selbst kaufen, der Kauf nur nach ihren Wünschen erfolgt oder ihre Wünsche mitberücksichtigt werden. Eine Zunahme der Selbstkäufe im Zeitvergleich wird in diesen Studien also als Einflußzunahme gewertet. Der Selbstkauf spielt v.a. bei einigen Nahrungsmitteln eine große Rolle, vgl. Institut für Jugendforschung (1996a), S. 15; vgl. dazu auch **Abschnitt 4.5.2.1.**

[791] Vgl. R. Nave-Herz (1989), S. 217; R. Nave-Herz (1994), S. 20; R. Bauereiß et al. (1997), S. 20 f. Die größte Gruppe bilden nach wie vor die Ehepaare und Alleinerziehenden mit einem Kind; vgl. R. Bauereiß et al. (1997), S. 20.

[792] Vgl. **Abschnitt 4.4.3**.

[793] Vgl. R. Nave-Herz (1994), S. 11; R. Bauereiß et al. (1997), S. 18 u. 20. Die Alleinerziehenden stellten 1995 einen Anteil von 18,5% der Familien mit Kindern unter 28 Jahren; vgl. Statistisches Bundesamt (1997c), S. 100.

zugenommen: Schon 1981 hatte fast jeder zweite Jugendliche zwischen 15 und 18 Jahren eine erwerbstätige Mutter; 1991 haben bereits 60% und 1995 knapp 64% der unter 18jährigen eine erwerbstätige Mutter, wobei die Erwerbstätigenquote der Alleinerziehenden über der der Ehefrauen liegt.[794]

Im Zeitvergleich ist zudem eine **generelle Zunahme der Bedeutung emotionaler Ressourcen** der jugendlichen Kinder für die Eltern zu beobachten. Der Nutzen von Kindern besteht heute für viele Eltern darin, „emotionale Bedürfnisbefriedigung zu gewähren, Freude zu machen, Lebenssinn zu stiften".[795] Damit steigt für die Eltern auch die Bedeutung einer harmonischen Beziehung und der Liebe und Anerkennung durch das Kind, so daß sich die Einflußmöglichkeiten der Jugendlichen sowohl auf der Grundlage ihrer Sanktionsmöglichkeiten als auch auf der Grundlage der Identifikation der Eltern mit ihren Kindern erhöhen.

Hohe Bedeutung für das Einflußausmaß von Jugendlichen hat offenbar die Legitimation der Jugendlichen durch die Eltern. Parallel zu der zunehmenden Bedeutung emotionaler Ressourcen von Kindern ist in den letzten Jahrzehnten auch eine **Zunahme liberaler Erziehungsstile und partnerschaftlich-kooperativer Handlungsmuster im Eltern-Kind-Verhältnis** in westlichen Industrieländern zu beobachten.[796] Es gibt Hinweise, daß der Wandel von autoritären zu demokratischen Familienstrukturen auf der normativen Ebene weiter fortgeschritten ist als auf der faktischen Ebene,[797] so daß in Zukunft mit einer weiteren Zunahme der Legitimation und damit des Einflusses von Jugendlichen zu rechnen ist.

Eine weitere Entwicklung bezieht sich auf den **beschleunigten kulturellen und technologischen Wandel und die zunehmende Verbesserung der informatorischen Zugänglichkeit der Erwachsenenwelt für Jugendliche** (Medienentwicklung). Hinzu kommt die **Akzeleration** auf körperlicher, psychischer und sozialer Ebene: Jugendliche werden auf den verschiedenen Ebenen immer früher erwachsen, d.h. sie erlangen immer früher Erwachsenenmöglichkeiten, -rechte und -verantwortlichkeiten. Auch im Konsumbereich zeigen sich diese Entwicklungen: Jugendliche verfügen immer früher über eigenständige Geschmäcker, entwickeln ihre eigenen Stile und nehmen selbständig und eigenverantwortlich am Konsum teil.[798] Diese

794 Vgl. R. Nave-Herz (1994), S. 31; R. Bauereiß et al. (1997), S. 30-32; Statistisches Bundesamt (1997c), S. 153.

795 Y. Schütze (1988), S. 112; vgl. auch R. Nave-Herz (1988), S. 85. Emotionale oder psychologische Nutzen von Kindern haben gegenüber materiellen und sozial-normativen Nutzen an Bedeutung gewonnen; vgl. zu einer Übersicht R. Nave-Herz (1994), S. 22 f. Dieser Trend zur Emotionalisierung des Eltern-Kind-Verhältnisses erstreckt sich neuerdings auch auf die Vater-Kind-Beziehung; vgl. Y. Schütze (1988), S. 101.

796 Vgl. Y. Schütze (1992), S. 336 u. 344-346; Y. Schütze (1988), S. 96; H. Mayer/ W. Boor (1988), S. 122 f.; vgl. K. Hurrelmann (1993), S. 249; R. Münchmeier (1997b), S. 127 f.; K. H. Reuband (1997), S. 134. Vgl. auch R. Nave-Herz (1994), S. 61 f., die von einem Wandel vom Befehls- zum Verhandlungshaushalt spricht.

797 Vgl. R. Nave-Herz (1988), S. 82.

798 Zu diesen generellen und konsumbezogenen Akzelerationstendenzen vgl. die Ausführungen in **Abschnitt 2.2.2 und 2.2.4 sowie in Abschnitt 3.2.2, 3.3.1, 3.4 und 3.5**.

Akzelerationstendenzen wirken sich sowohl auf die Möglichkeiten von Jugendlichen aus, den **Kenntnis- und Erfahrungsstand** ihrer Eltern zu erreichen und sogar Kenntnisvorsprünge gegenüber ihren Eltern zu erwerben, als auch auf die generellen und produktspezifischen **Einstellungen der Eltern zu Wissen und Fähigkeiten der Jugendlichen**. Mead stellte schon 1971 fest, daß sich westliche Kulturen auf dem Weg zu sog. präfigurativen Kulturen befinden, die durch einen schnellen Wandel geprägt sind, in denen das Kommende vom Kind und nicht mehr von den Eltern oder Großeltern repräsentiert wird und in denen die Erwachsenengeneration zunehmend auch von der jüngeren Generation lernt.[799] Im Konsumbereich ist durchaus denkbar, daß Jugendliche in Produktbereichen, in denen sie selbst als Käufer auftreten, bereits in jungen Jahren gute Kenntnisse und evtl. sogar die Stellung eines Experten erlangen, der von den Eltern um Rat gefragt wird bzw. an dessen Urteil sie sich orientieren. Beispiele bieten die Bereiche der Mode und der Musik.[800] Einige Jugendliche werden zunehmend zu Experten und Trendsettern im Freizeitsport (Trendsportarten wie Snowboarding, Inlineskating). Auch im Medien- und Kommunikationsbereich können Jugendliche aufgrund ihres hohen Interesses und ihrer Aufgeschlossenheit gegenüber Innovationen eine Expertenstellung für neue Technologien erlangen (z.B. Computer, Internet, Pager).[801] Auf der Basis dieser Entwicklungen kann mit einer tendenziellen Zunahme des Einflusses von Jugendlichen auf der Grundlage von Informationen sowie positiver Einstellungen der Eltern zu Kenntnissen und Fähigkeiten der Jugendlichen gerechnet werden.

In diesem Kapitel wurde schwerpunktmäßig auf die Umsatzpotentiale jener Jugendlichen abgestellt, die noch bei ihren Eltern leben. Betrachtet man die Jugendlichen insgesamt, unabhängig davon, ob sie noch bei ihren Eltern leben oder nicht, so wirkt der Trend, daß Jugendliche heute wieder zunehmend früher aus dem Elternhaus ausziehen (**Vorverlagerung des Auszugsalters**),[802] **gegen eine Steigerung des Einflusses** von Jugendlichen auf die Einkommensverwendung ihrer Eltern. Durch eine Vorverlagerung des Auszugsalters verkürzt sich die Zeitspanne, in der die Jugendlichen gemeinsam mit ihren Eltern in einem Haushalt leben und damit auch die Zeitspanne, in der sie starken Einfluß auf die Eltern nehmen. Zwar wird mit dem Auszug der Einfluß der Jugendlichen auf die Einkommensverwendung der Eltern nicht

[799] Vgl. M. Mead (1971), S. 97-131, hier insbesondere S. 121.

[800] Vgl. auch G. P. Moschis (1987), S. 95.

[801] Vgl. R. Sackmann/ A. Weymann (1994), insbesondere S. 49 f., zu einer altersunabhängigen Gleichsetzung von Jungsein und Nähe zum technischem Fortschritt (jugendspezifische Techniknähe). Zu einer Zunahme des Interesses und der Orientierung von Erwachsenen an den Lebensweisen von Jugendlichen vgl. auch IFM (1996), S. 40.

[802] Nach einer Erhöhung des durchschnittlichen Auszugsalters seit den 80er Jahren in der Bundesrepublik Deutschland im Zuge der Verlängerung der Ausbildungszeiten deutet sich in jüngerer Zeiten zumindest für die alten Bundesländer eine leicht gegenteilige Tendenz an; vgl. G. Hullen (1995), S. 144 f.; H. Buba (1997), S. 363 f.; C. Papanestefaou (1997), S. 51.

auf Null absinken, aufgrund der geringeren Interaktionshäufigkeit[803] und geringerer Interdependenzen (deutlich weniger gemeinsam verwendete Leistungen) entstehen jedoch weitaus weniger Einflußgelegenheiten.

Der Trend, daß **Jugendliche immer früher über mehr eigene finanzielle Mittel verfügen**, über deren Verwendung sie selbständig entscheiden, reduziert die Notwendigkeit zur Einflußnahme der Jugendlichen auf die Eltern.[804] Können sie sich die gewünschten Produkte selbst kaufen, sind sie also nicht auf deren Kauf durch die Eltern angewiesen, ist daher davon auszugehen, daß sich auch die Einflußaktivitäten der Jugendlichen – zumindest bei Produkten für ihren eigenen Bedarf – vermindern. Bei Produkten für den gemeinsamen Bedarf bzw. den Bedarf der Eltern gelten diese Überlegungen jedoch nicht; dort kann es aufgrund der zunehmenden eigenen Kauferfahrungen der Jugendlichen infolge der erhöhten Selbständigkeit zu stärkeren Einflüssen v.a. auf der Basis von Informationen und positiven Einstellungen der Eltern kommen.

4.7 Zusammenfassende Beurteilung der Bedeutung jugendlicher Kunden im Hinblick auf ihre indirekten Umsatzpotentiale

Der Einfluß der Jugendlichen auf die Ausgaben ihrer Eltern und damit auch das indirekte Umsatzpotential scheint nach den bisherigen Ergebnissen beachtliche Ausmaße aufzuweisen, und für die Zukunft ist eher eine weitere Zunahme als eine Abnahme des Einflusses zu erwarten. Je früher die Jugendlichen von den Eltern Selbständigkeit im Konsumbereich zugestanden bekommen und als eigenständige Persönlichkeit mit individuellen vollwertigen Bedürfnissen anerkannt werden, je früher ihnen also ein Erwachsenenstatus im Konsumbereich zuerkannt wird, desto mehr bestimmen sie auch bei den Käufen der Eltern[805] mit.[806] So werden die Käufe eines Großteils der von den Jugendlichen individuell oder im gemeinsamen Haushalt (mit-) verwendeten Produkte (z.B. Nahrungsmittel und Getränke, Körperpflege, Unterhaltungselektronik, Auto, Reisen, Freizeitaktivitäten) sowie teilweise auch die Käufe von Produkten und Leistungen für den individuellen Bedarf der Eltern (z.B. Kleidung, Kosmetik, Sportaktivitäten) nicht zuletzt auch aufgrund zunehmender Konsumkenntnisse und -erfahrungen der Jugendlichen in steigendem Maße beeinflußt. Allerdings haben die Ausführungen auch

---

[803] Zur Bedeutung der Interaktionshäufigkeit für das Ausmaß eines Einflusses von Kindern auf ihre Eltern; vgl. L. Thomas (1983), S. 95 u. 125 f. Sie kann allerdings teilweise durch hohes Wissen der Eltern über die Präferenzen der Jugendlichen ersetzt werden. Zum nachlassenden Einfluß der Jugendlichen nach dem Auszug vgl. auch K. M. Ekström (1995), S. 128 u. 338.

[804] Vgl. dazu **Abschnitt 3.2.2 und 3.3.1**.

[805] Zum Begriff der Käufe der Eltern vgl. **Abschnitt 4.1.**

[806] Dabei ist allerdings zu berücksichtigen, daß mit zunehmender finanzieller Unabhängigkeit der Jugendlichen auch die Käufe der Eltern für den Bedarf der Jugendlichen zurückgehen, so daß zwar ein höherer Einfluß der Jugendlichen auf diese Käufe besteht, das Umsatzvolumen dieser Käufe aber sinkt.

gezeigt, daß sich das Ausmaß des Einflusses der Jugendlichen bei verschiedenen Produkten und auch innerhalb einer Produktkategorie sehr stark unterscheiden kann: Bei Produkten, die für die Jugendlichen von hohem Interesse (und für die Eltern von geringerem Interesse) sind, bei denen ein hoher Verwendungsanteil der Jugendlichen besteht und/ oder bei denen die Jugendlichen über gute (relative) Produktkenntnisse verfügen, ist mit hohen Einflüssen der Jugendlichen zu rechnen. Daneben gibt es aber durchaus auch Produkte, bei denen so gut wie kein Einfluß der Jugendlichen festgestellt wurde (z.B. Versicherungs- und Bankdienstleistungen oder einige Grundnahrungsmittel). Der einzelne Anbieter hat daher Art und Ausmaß des Einflusses der Jugendlichen bei der jeweiligen Produktart einer sorgfältigen Überprüfung zu unterziehen.[807]

Die Bearbeitung des Jugendmarktes zwecks Verfolgung indirekter Umsatzziele kann aus Unternehmenssicht also durchaus lohnend erscheinen. Auch wenn eine Quantifizierung des indirekten Umsatzpotentials aus verschiedenen Gründen als äußerst problematisch anzusehen ist (vgl. **Abschnitt 4.2**), haben die vorangegangenen Ausführungen deutlich gemacht, daß dieses erhebliche Ausmaße aufweist. Die Jugendlichen können als alleinige Entscheider bei den Käufen der Eltern für die eigenen Bedarfe der Jugendlichen und als Initiatoren, Informanten, Berater und Mitentscheider bei den Käufen der Eltern für den gemeinsamen Bedarf sowie für den individuellen Bedarf der Eltern agieren, so daß eine Ausrichtung der Marketinginstrumente auf die Jugendlichen zu einer Erhöhung der Unternehmensumsätze mit den Eltern führen kann. Ein **Anbieter von Produkten für den individuellen Bedarf der Jugendlichen** hat bei einer Marktpotentialschätzung nicht nur die eigene Kaufkraft der Jugendlichen zu berücksichtigen (direkte Umsatzpotentiale), sondern auch die von den Jugendlichen beeinflußte Kaufkraft der Eltern (indirekte Umsatzpotentiale). Bei sehr hohen Einflußstärken der Jugendlichen ist das Marketinginstrumentarium wie z.B. Produktdesign und Kommunikation nur auf die Jugendlichen auszurichten, bei lediglich mittleren Einflußstärken wird hingegen auch eine Berücksichtigung der Produktanforderungen der Eltern und eine kommunikative Ansprache der Eltern erforderlich.[808] Für einen **Anbieter von gemeinsam verwendeten Produkten oder auch von Produkten für den individuellen Bedarf der Eltern** kann es umsatzerhöhend wirken, wenn er Produktgestaltung und/ oder Kommunikation auch auf die Jugendlichen ausrichtet.[809] So kann bspw. eine Airline eine Abhebung des eigenen Angebotes von der Konkur-

[807] Dabei ist allerdings nicht nur auf die Entscheidungsbeteiligung der Jugendlichen abzustellen, sondern auch auf ihren Einfluß in vor- oder nachgelagerten Phasen (insbesondere Initiation, Information, Einkauf).
[808] Vgl. auch J. U. McNeal (1992), S. 85.
[809] Vgl. auch F. Böcker/ L. Thomas (1983), S. 250. Da einige Produkte prinzipiell sowohl gemeinsam als auch von Jugendlichen und Eltern individuell verwendet werden können (z.B. Körperpflegeprodukte wie Shampoo) und die Einflußstärken mit dem Verwendungsanteil variieren, erscheint es für Anbieter solcher Produkte von hohem Interesse, wie hoch die Anteile gemeinsam bzw. individuell verwendeter Produkte sind, da dies für die Ausrichtung von Produktgestaltung und Kommunikation maßgeblich ist: Sollen differenzierte Pro-

renz und eine Profilierung bei Eltern und Jugendlichen anstreben, indem sie spezielle Serviceangebote (z.B. spezielle Filme, Anschlußmöglichkeiten für Gameboys) für Jugendliche bereitstellt und deren Vorteile sowohl für die Eltern als auch für die Jugendlichen in der Kommunikation herausstellt. Für **Anbieter neuer Produkte** (z.B. American Pizza als Tiefkühlpizza mit neuartiger Rezeptur oder innovative Hairstylingprodukte) läßt die hohe Aufgeschlossenheit von Jugendlichen gegenüber Innovationen (vgl. **Abschnitt 3.3.4**) sowie die Tatsache, daß Jugendliche Informationen über neue Produkte und Marken in die Familien tragen und so entsprechende Käufe der Eltern anregen, die Jugendlichen als besonders interessante Zielgruppe erscheinen. Jugendliche haben sich nicht zuletzt aufgrund ihrer früheren Selbständigkeit im Konsumbereich offenbar in einigen Bereichen von Nachahmern elterlicher Konsummuster zu Trendsettern des Konsumverhaltens der Haushalte entwickelt.[810] Durch eine Ansprache und Präferenzschaffung bei Jugendlichen kann der Erwachsenenmarkt dann möglicherweise leichter erschlossen werden als durch eine direkte bzw. reine Ansprache der Eltern. So kann es bspw. sinnvoll sein, Nahrungsmittelinnovationen auch gegenüber Jugendlichen zu vermarkten, da eventuell vorhandene Gewohnheiten der Eltern unter dem Einfluß der Jugendlichen möglicherweise leichter aufgebrochen werden können.[811]

Bei einer Abschätzung der indirekten Umsatzpotentiale jugendlicher Kunden und der Auswahl der anzusprechenden Kundengruppen durch das anbietende Unternehmen ist zu berücksichtigen, daß Jugendliche auch hinsichtlich ihres indirekten Umsatzpotentials keine homogene Gruppe darstellen, sondern diese nach verschiedenen Merkmalen der Eltern bzw. Familien und der Jugendlichen zu differenzieren sind. So gibt es Familien, in denen die Jugendlichen durchweg höhere Einflüsse ausüben; Jugendliche aus diesen Familien können daher ein besonders interessantes Marktsegment darstellen. Auch nach dem Geschlecht der Jugendlichen ist je nach Produkt eine weitere Segmentierung sinnvoll: So unterscheiden sich Mädchen und Jungen in ihrem Einfluß auf die Käufe von Haushaltsgeräten, Kosmetik, Stereoanlagen und Computern. Ein Feld, das noch näherer Untersuchung bedarf, ist die Veränderung der Einflußstärke bei einzelnen Produkten mit dem Alter der Jugendlichen: Sofern bestimmte Altersgruppen bei einzelnen Produkten ein besonders hohes Produktinteresse aufweisen, ist denkbar, daß in diesem Alter eine besonders intensive Auseinandersetzung der Jugendlichen mit den Produkten erfolgt und sie in dieser Phase auch besonders intensiv auf die ent-

---

dukte für die individuelle Verwendung angeboten werden oder soll ein Produkt angeboten werden, das sich an Eltern und Jugendliche gemeinsam richtet?

810 Vgl. auch J. U. McNeal (1991), S. 12.

811 Die Anregungen der und Konflikte mit den Jugendlichen können bewirken, daß sich die Eltern mit ihrem eigenen, evtl. habitualisierten Verhalten kognitiv wieder stärker auseinandersetzen, es überdenken und aus Einsicht ändern; dies führt zu mehr Offenheit und Kreativität auch bei den Eltern; vgl. auch S. S. Brehm/ S. M. Kassin (1996), S. 345; E. van Avermaet (1996), S. 527 f.

sprechenden Käufe der Eltern Einfluß zu nehmen versuchen. Lassen dann Interesse an den Produkten und Interaktionen mit den Eltern ab einem gewissen Alter nach und haben sich bestimmte Präferenzen gefestigt und Gewohnheiten eingestellt, so kann mit einem Fortdauern der Einflüsse der Jugendlichen aus ihrer „aktiven Phase" auch in späteren Phasen gerechnet werden. Derartige produktspezifische „einflußaktive Phasen" innerhalb der Jugendphase würde bestimmte Altersgruppen als Zielgruppen besonders attraktiv erscheinen lassen, so daß diesem Aspekt in zukünftigen Untersuchungen stärkere Aufmerksamkeit zu widmen ist.

5 Analyse des zukünftigen Umsatzpotentials: Jugendliche als zukünftige Kunden

Gegenstand dieses Kapitels sind die langfristigen Auswirkungen einer Bearbeitung des Jugendmarktes auf die zukünftigen Unternehmensumsätze mit den in der Jugendphase gewonnenen Kunden in späteren Lebensphasen, insbesondere in der Erwachsenenphase. Es werden Überlegungen angestellt, welche langfristigen Auswirkungen sich aus den in der Jugendphase eines Konsumenten ausgebildeten Prädispositionen auf dessen späteres Kaufverhalten ergeben können und welche Determinanten in diesem Zusammenhang von Bedeutung sind. Werden in dieser Lebensphase die Grundlagen für das spätere Kaufverhalten von Erwachsenen gelegt, gewinnt die Ansprache und Gewinnung von Jugendlichen aus Unternehmenssicht an Bedeutung.

5.1 Überblick über Entstehung und Zusammensetzung des zukünftigen Umsatzpotentials

Die maximal möglichen zukünftigen Umsätze eines Unternehmens mit den gegenwärtig noch jugendlichen Kunden werden nach oben begrenzt von der zu erwartenden Anzahl und dem Einkommen sowie den Bedürfnissen der dann erwachsenen Kunden. Die Käufe der erwachsenen Kunden werden dabei nicht nur durch die aktuell auf sie wirkenden Einflüsse und die aktuelle Situation bestimmt, sondern auch von ihren in der Vergangenheit, z.B. in der Jugendphase entwickelten Prädispositionen.[812] Diese sind geprägt von Erfahrungen und Beobachtungen aus der Vergangenheit. So bilden sich im Laufe der Zeit bestimmte Markeneinstellungen und Verhaltensmuster von Konsumenten heraus, die ihr aktuelles Kaufverhalten beeinflussen. Konsumeinstellungen und Verhaltensmuster von erwachsenen Konsumenten sind also nicht nur das Ergebnis aktuell wirkender Einflüsse, sondern sie sind auch das Ergebnis komplexer Prägungs- und Lernprozesse in der Kindheit und der Jugendphase.[813] Ausschlaggebend für die Höhe des (bedingten) zukünftigen Umsatzpotentials[814] ist das Ausmaß der Auswirkungen der in der Jugendphase entwickelten Prädispositionen eines Konsumenten auf sein späteres Kaufverhalten in der Erwachsenenphase.

---

812 Erste Überlegungen zu einer besonderen Bedeutung der Jugendphase für die Ausbildung langfristiger Markenpräferenzen stammen von L. Guest (1944), S. 16 f.

813 Vgl. R. Roth (1983), S. 2; S. Ward (1974), S. 1; E. Kuhlmann (1983), S. 398.

814 Zum Begriff des (bedingten) zukünftigen Umsatzpotentials vgl. **Abschnitt 2.3.3**. Dieses umfaßt den Teil der in der fernen Zukunft mit dem dann erwachsenen Kunden erzielbaren Umsätze, die auf die in der Jugendphase geschaffenen Präferenzen zurückgehen. Verkürzend wird im folgenden vom zukünftigen Umsatzpotential gesprochen.

Fragen des Erwerbs und der Stabilisierung von Konsumverhaltensmustern in der Jugendphase sind auch Gegenstand der Konsumentensozialisationsforschung.[815] Ward definiert Konsumentensozialisation als : „processes by which young people acquire skills, knowledge, and attitudes relevant to their functioning as consumers in the marketplace".[816] Die dabei entstehenden Sozialisationswirkungen werden in grundlegenden und relativ dauerhaften Konsumverhaltensmustern und -dispositionen gesehen, die sich von der Kindheit über die Jugend bis zur Erwachsenenphase in verschiedenen sozialen Kontexten entwickeln.[817] Der Erwerb des Konsumentenverhaltens ist somit ein Lernprozeß; insofern bilden lerntheoretische Aussagen den Kern der Erklärung der Konsumentensozialisation.[818] Grundlage der Sozialisationsforschung bilden sozial-kognitive Lerntheorien, die kognitive und behavioristische Theorien integrieren.[819] Grundsätzlich lernen Individuen neues Verhalten durch unmittelbare eigene Erfahrung oder durch Beobachtung der Aktivitäten anderer.[820] Die Literatur zur Konsumentensozialisation stellt i.d.R. auf solche Lernprozesse ab, bei denen das Individuum ein spezifisches Verhalten von Sozialisationsagenten (z.B. Eltern, Medien, Gleichaltrige) im Rahmen sozialer Interaktionen erwirbt.[821] Das Lernen durch Beobachtung an den von Sozialisationsagenten gelieferten Verhaltensmodellen spielt zwar eine bedeutende Rolle gerade für Kinder und Jugendliche;[822] angesichts der Tatsache, daß Jugendliche in zunehmendem Maße bereits eigene Kauf- und Verwendungserfahrungen machen, gewinnt aber auch die Form des Lernens durch eigene unmittelbare Erfahrung an Bedeutung. Auf diese beiden wesentlichen Formen des Lernens wird deshalb in den folgenden Erklärungen dieses Kapitels zurückgegriffen.

Die Feststellung, daß das Konsumverhalten von Erwachsenen in hohem Maße das Ergebnis komplexer Lernprozesse in Kindheit und Jugend ist, bedeutet nicht, daß das Verhalten als vollkommen stabil und unveränderbar anzusehen ist.[823] Es ist zu berücksichtigen, daß Sozialisationsprozesse, die im wesentlichen Lernprozesse darstellen, nicht auf Kindheit und Jugend beschränkt sind, sondern vielmehr lebenslang stattfinden.[824] Gegenwärtige Einflüsse können

---

815 Vgl. S. Ward (1974), S. 4; R. Roth (1983), S. 2.

816 S. Ward (1974), S. 2.

817 Vgl. R. Roth (1983), S. 30.

818 Vgl. R. Roth (1983), S. 46 f.

819 Vgl. K. A. Schneewind/ R. Pekrun (1994), S. 15.

820 Vgl. A. Bandura (1979), S. 25; R. Roth (1983), S. 50; eine Modifikation des Verhaltens eines Individuums kann durch direkte Verstärkung (Belohnung) des von ihm gezeigten Verhaltens bewirkt werden (instrumentelles oder operantes Konditionieren) oder sie wird durch die Beobachtung eines Verhaltens anderer Personen, dem positive Konsequenzen folgen, bewirkt (indirekte, stellvertretende Verstärkung; Modelllernen); vgl. L. von Rosenstiel/ P. Neumann (1991), S. 115-118.

821 Vgl. G. P. Moschis (1987), S. 20 f.; R. Roth (1983), S. 8-12. Dies gilt auch für die Sozialisationsforschung im allgemeinen; vgl. D. M. Bush/ R. G. Simmons (1981), S. 134 f.

822 Vgl. A. Bandura (1979), S. 22 f. u. 31; R. Roth (1983), S. 50 f.

823 Vgl. auch R. Roth (1983), S. 30.

824 Vgl. z.B. G. P. Moschis/ R. L. Moore (1981), S. 201; R. Roth (1983), S. 11 f.; G. P. Moschis (1987), S. 177 und 190 ff.; R. Reichwein (1984), S. 43; K. Hurrelmann (1993), S. 151; D. M. Bush/ R. G. Simmons (1981),

Veränderungen der erworbenen Prädispositionen bewirken. Damit stellt sich die Frage, welche relative Bedeutung die Erfahrungen der Jugendphase für das Konsumverhalten eines Individuums in der Erwachsenenphase haben.[825] Grundsätzlich denkbar sind verschiedene Abstufungen, die von einer starken Festlegung des späteren Verhaltens durch frühe Erfahrungen (Prägungshypothese oder auch „persistence-beyond-childhood model") bis hin zu einer weitgehenden Unabhängigkeit des Verhaltens von früheren Erfahrungen („model of constant change") reichen.[826] Die beiden Extreme sind zwar wenig wahrscheinlich, die vergangenen Erfahrungen bilden jedoch den mehr oder weniger bedeutsamen Hintergrund für neue Erfahrungen.[827] Damit stellt sich die Frage nach den Determinanten eines Andauerns bzw. einer Veränderung der in der Jugendphase erworbenen Verhaltensdispositionen.

Die folgende **Abb. 5-1** faßt die vorangegangenen Überlegungen zusammen.

S. 143 f. Vgl. zu diesen Perspektiven einer lebenslangen Sozialisation bzw. Entwicklung auch die modernen Konzepte der Entwicklungspsychologie der Lebensspanne, die – zunächst als Gegenpol zur klassischen, auf Kindheit und Jugendphase konzentrierten Entwicklungspsychologie – ontogenetische Verhaltensveränderungen auch nach dem Ende der Jugendphase einbeziehen; vgl. dazu P. B. Baltes (1990) sowie die dort angegebene Literatur; vgl. auch D. M. Bush/ R. G. Simmons (1981), S. 150-155; R. Dollase (1985), S. 9.

825 Vgl. W. R. Darden et al. (1981), S. 658. Vgl. auch R. Dollase (1985), S. 136; W. Peiser (1996), S. 28.

826 Vgl. W. R. Darden et al. (1981), S. 658. Zu einer kurzen Darstellung möglicher verschiedener Auffassungen im Bereich der allgemeinen Sozialisationstheorie vgl. K. Hurrelmann (1993), S. 153 f.; vgl. auch H. Lüdtke (1981), S. 149; M. Kohli (1982), S. 299 ff.

827 Vgl. W. R. Darden et al. (1981), S. 658; E. Kuhlmann (1983), S. 398; G. P. Moschis (1987), S. 69. Vgl. auch K. Hurrelmann (1993), S. 154; M. Prenzel/ H. Schiefele (1993), S. 139. Unklarheit über die relative Bedeutung früher und später Erfahrungen besteht neben dem Konsumverhalten auch in Bezug auf andere Bereiche menschlichen Verhaltens und sowohl zwischen, als auch innerhalb verschiedener Wissenschaftsbereiche und Theorien (z.B. Sozialisationstheorie, entwicklungspsychologische Theorien, Generationentheorie). Ein Primat, eine dominante Wirkung früher Erfahrungen wird zwar, z.B. in der Entwicklungspsychologie, seit einiger Zeit in Frage gestellt; vgl. K. Hurrelmann (1993), S. 151; D. M. Bush/ R. G. Simmons (1981), S. 159 f. Bei vielen Autoren dominiert jedoch die Vorstellung früher sensibler Phasen (Kindheit, Jugend) in der menschlichen Entwicklung, denen grundlegende Bedeutung für Werte, Einstellungen und beobachtbares Verhalten im weiteren Leben zukommt; vgl. C. Attias-Donfut (1978), S. 362; W. Tokarski/ R. Schmitz-Scherzer (1985), S. 159; A. Lipman (1987), S. 384; S. E. Iso-Ahola/ R. C. Mannell (1985), S. 132 f.; C. v. Feilitzen (1991), S. 98 im Rahmen der Sozialisationstheorie; vgl. G. Mietzel (1993), S. 55 f.; M. Prenzel/ H. Schiefele (1993), S. 139; R. Dollase (1985), S. 136 f. im Rahmen der Entwicklungspsychologie. Zur Kristallisations- oder Prägungsthese bzw. These der „formative years" in der Generationentheorie vgl. M. Rintala (1979), S. 14 ff.; R. Inglehart (1989), S. 153 f. u. 167 f.; M. Zängle (1980), S. 52 f.; E. Weber (1987), S. 15; W. Peiser (1996), S. 26-28.

Abb. 5-1: In der Jugendphase erworbene Prädispositionen als Determinanten des Kaufverhaltens eines erwachsenen Konsumenten

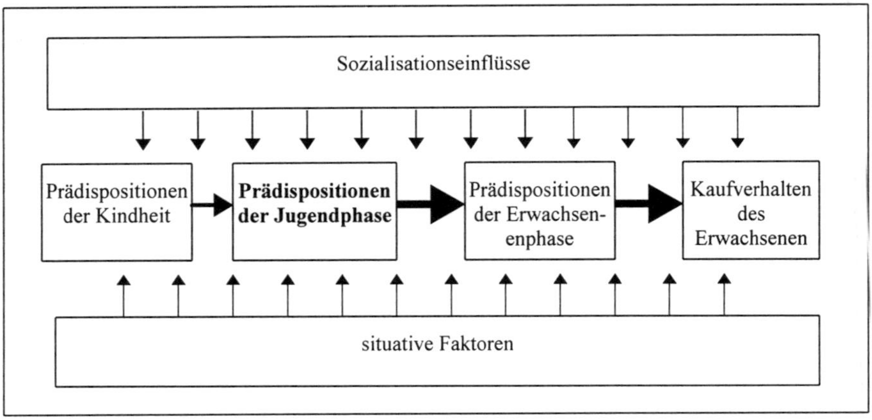

Die für die Beurteilung des Ausmaßes des zukünftigen Umsatzpotentials jugendlicher Kunden bedeutsame Frage ist nun, **wie** Vorprägungen des Kaufverhaltens von Erwachsenen in der Jugendphase entstehen und **in welchem Ausmaß** und **unter welchen Bedingungen** die in der Jugendphase entwickelten Prädispositionen eines Konsumenten Auswirkungen auf sein späteres Kaufverhalten in der Erwachsenenphase haben. Da markentreues Verhalten von Erwachsenen andauernde Dispositionen von der Jugend- zur Erwachsenenphase widerspiegeln kann und Vorprägungen der späteren Markenwahl aus Unternehmenssicht von hoher Bedeutung sind, werden diese Überlegungen im folgenden anhand der Entstehung von Markentreue in der Jugendphase und deren Andauern in der Erwachsenenphase vertieft. Analoge Überlegungen lassen sich auch hinsichtlich der – der Markenwahl streng genommen vorgelagerten – Entscheidungen über Kauf und Verwendung bestimmter Produktarten (Produktartwahl) anstellen. Aus Unternehmenssicht ist zunächst von Bedeutung, ob ein Konsument die von dem Unternehmen angebotene Produktart überhaupt und wenn ja, in welcher Menge konsumiert. Vieles deutet darauf hin, daß in der Jugendphase auch das spätere Konsumverhalten hinsichtlich der Produktartwahl vorgeprägt wird. So bilden sich in der Jugendphase offenbar die Grundmuster des späteren Ernährungsverhaltens (z.B. die Intensität der Verwendung bestimmter Arten von Nahrungsmitteln) aus.[828] Auch für das spätere Leseverhalten, z.B. für die

[828] Vgl. dazu C. E. A. Seaman/ D. Young (1996), S. 229 u. 233; C. E. Seaman et al. (1997), S. 260. Kohortenanalysen deuten darauf hin, daß die in jungen Jahren erworbenen Konsumgewohnheiten Auswirkungen auf Konsumhäufigkeit und -mengen von Softdrinks und Kaffee in der Erwachsenenphase haben; vgl. W. Peiser (1991), S. 175-192; J. O. Rentz/ F. D. Reynolds (1991); G. Meredith/ C. Schewe (1994).

Intensität der Nutzung von Tageszeitungen, wird dieser Phase eine hohe Bedeutung zugemessen.[829] Im Vordergrund der folgenden Überlegungen stehen allerdings die Vorprägungen der Markenwahl.

5.2 Theoretische Überlegungen zur Bedeutung der Jugendphase für die Entstehung von Markentreue des erwachsenen Kunden

In diesem Abschnitt werden theoretische Überlegungen angestellt, wie markentreues Verhalten eines erwachsenen Kunden in der Jugendphase seinen Ursprung nehmen kann und von welchen Determinanten dessen Entstehung und Andauern abhängen.

5.2.1 Markentreue als Folge von Entscheidungsvereinfachungen und einmaligen Umstellungskosten

Unter **Markentreue** wird in einem weiten Sinne der wiederholte Kauf einer Marke verstanden und somit auf das offen geäußerte Verhalten abgestellt.[830] Eine psychische Prädisposition i.S.v. „Treue empfinden" wird damit nicht als zwingende Voraussetzung für das Vorliegen von Markentreue gesehen; auch der gleichgültig, routinemäßig wiederholte Kauf einer Marke wird als Markentreue bezeichnet.[831] Ferner beinhaltet Markentreue nicht nur den wiederholten Kauf einer einzigen Marke, auch der wiederholte Kauf mehrerer Marken aus einem Set akzeptierter Marken (Evoked Set) durch einen Konsumenten wird als (Multi-)Markentreue aufgefaßt.[832]

Betrachtet man **Markentreue als Folge von Kaufentscheidungsprozessen**, wird das Entscheidungsverhalten zum Ausgangspunkt einer theoretischen Erklärung von Markentreue.[833]

---

829 Nach der Langzeitstudie „Massenkommunikation" ist die Nutzungsintensität von Tageszeitungen bei jüngeren Kohorten rückläufig und deren Distanz zur Tageszeitung bleibt offensichtlich auch mit dem Älterwerden bestehen; vgl. M.-L. Kiefer (1996), insbes. S. 593. Vgl. auch Verband der Lokalpresse (1995), S. 1 u. 13; I. Bauer (1996), S. 8 f. u. 13 f.; IFM (1996), S. 8.

830 Vgl. W. Kroeber-Riel/ P. Weinberg (1996), S. 393 f. Damit wird ein behavioristisches Konzept der Markentreue zugrundegelegt und auf die Kauffolgen und nicht auf die Kaufanteile einer Marke abgestellt; vgl. auch P. Weinberg (1977), S. 12; H. Nolte (1976), S. 17-22; P. Weinberg (1980b), S. 162 f.

831 Andere Konzepte der Markentreue stellen die Einstellung des Käufers, von der angenommen wird, daß sie die Markenwahl determiniert, in den Mittelpunkt (einstellungsorientierte Konzepte) oder sie bezeichnen nur einen solchen Wiederkauf einer Marke (geäußertes Verhalten), der auf affektiv-evaluativen Einstellungen beruht, als Markentreue (einstellungsgeprägte Verhaltenskonzepte); zu einer Übersicht über verschiedene Konzepte vgl. H. Nolte (1976), S. 16-104; M. Dieterich (1986), S. 109-116. Zu einer Gegenüberstellung behavioristischer und kognitiver Konzepte der Markentreue vgl. H. Assael (1995), S. 132-133.

832 Vgl. J. Jacoby (1971), S. 25 f.; D. Matthes (1967), S. 176-178; H. Gierl/ M. Marcks (1993), S. 104; W. Kroeber-Riel/ P. Weinberg (1996), S. 394. Das Evoked Set eines Konsumenten umfaßt den Teil der Marken aus einem größeren Angebot, den der Konsument akzeptiert und der bei seinen Kaufentscheidungen in die engere Wahl kommt; zum Konzept des Evoked Set vgl. C. L. Narayana/ R. J. Markin (1975).

833 Diese Sichtweise geht zurück auf P. Weinberg (1977).

In dieser Betrachtungsweise kommt zum Ausdruck, daß Markentreue sich selten durch einzelne Determinanten erklären läßt, sondern eher durch Ausprägungen und Verknüpfungen von psychischen Prozessen, die das Kaufverhalten steuern.[834] Markentreues Verhalten von Konsumenten wird dabei hauptsächlich im Zusammenhang mit zwei Typen von Kaufentscheidungen gesehen. Im folgenden werden verschiedene Typen von Kaufentscheidungen zuerst kurz gekennzeichnet, bevor auf deren Verbindungen zur Markentreue eingegangen wird.

Das Entscheidungsverhalten von Konsumenten kann zunächst danach differenziert werden, in welchem Maße es kognitiv gesteuert wird. Das Ausmaß der kognitiven Steuerung bewegt sich zwar auf einem Kontinuum.[835] Es lassen sich jedoch verschiedene Idealtypen von Kaufentscheidungen bilden, die sich bezüglich des Ausmaßes der kognitiven Steuerung unterscheiden: Stärkste kognitive Kontrolle liegt bei extensiven Kaufentscheidungen vor, bei limitierten Kaufentscheidungen ist sie bereits geringer und bei habitualisierten und impulsiven Kaufentscheidungen ist sie äußerst gering.[836] Berücksichtigt man das **Involvement** der Konsumenten als Bedingung, unter der die kognitive Steuerung des Kaufverhaltens gering oder stark ist, so ergeben sich die vier in **Abb. 5-2** dargestellten Typen von Kaufentscheidungen mit den jeweiligen Ausprägungen hinsichtlich des Involvement.[837] Das Involvement wird definiert als die Ich-Beteiligung, das innere Engagement, mit dem sich jemand einem Gegenstand oder einer Aktivität zuwendet und kennzeichnet einen Zustand der Aktivierung in einer Handlungssituation, durch den der Konsument dazu angeregt wird, sich gedanklich oder emotional mit dem Handlungsgegenstand auseinanderzusetzen.[838] Nach den ausgelösten Verhaltenswirkungen (kognitive und/ oder emotionale Aktivitäten) werden kognitives und emotionales Involvement differenziert.[839]

---

834 Vgl. P. Weinberg (1977), S. 12 u. 97. Auch die verschiedenen Typen von Kaufentscheidungen ergeben sich durch die jeweils charakteristischen Ausprägungen verschiedener psychischer Prozesse; vgl. P. Weinberg (1981), S. 16.

835 Vgl. H. Schulte-Frankenfeld (1985), S. 42; V. A. Kannacher (1982), S. 50; W. Kroeber-Riel (1992), S. 371; V. Trommsdorff (1993), S. 290 f.

836 Vgl. W. Kroeber-Riel/ P. Weinberg (1996), S. 359; P. Weinberg (1981), S. 13 f.; H. Assael (1995), S. 127 f.; J. F. Engel et al. (1993), S. 41-45.

837 Vgl. W. Kroeber-Riel/ P. Weinberg (1996), S. 359 f. Vgl. zur Unterscheidung dieser vier Typen auch P. Weinberg (1981), S. 12-16; V. A. Kannacher (1982), S. 20-24; G. Behrens (1988), S. 181-183; K. Moser (1990), S. 84; R. Berndt (1996), S. 38-40; vgl. – mit anderen Bezeichnungen – auch V. Trommsdorff (1993), S. 290-295; G. Wiswede (1995), S. 312 f. Die Typologie der Kaufentscheidungen geht ursprünglich auf G. Katona (1960) zurück. Sie wurde dann von J. A. Howard/ J. N. Sheth (1969) sowie J. F. Engel et al. (1973) und schließlich P. Weinberg (1981) weiterentwickelt.

838 Vgl. W. Kroeber-Riel (1992), S. 275. Zum Involvement als hypothetisches Konstrukt, von dem das gedankliche Entscheidungsengagement abhängt, vgl. auch C. L. Costley (1988); J. N. Kapferer/ G. Laurent (1985); G. Jeck-Schlottmann (1987b); R. L. Celsi/ J. C. Olson (1988); E. F. McQuarrie/ J. M. Munson (1992). Das Involvement ist eine mehrdimensionale Größe, die auf drei verschiedene Verursachungsgrößen (persönliche, reizabhängige und situative Bestimmungsgründe) zurückgeführt werden kann; vgl. dazu ausführlich W. Kroeber-Riel (1992), S. 375-377.

839 Zur Differenzierung von emotionalem und kognitivem Involvement vgl. C. W. Park/ S. M. Young (1983), S. 320; J. L. Zaichkowsky (1987), S. 32; P. Cushing/ M. Douglas-Tate (1985), S. 243.

Abb. 5-2: Entscheidungsverhalten und Involvement

Entscheidungsmerkmale	Involvement	
	kognitiv	emotional
extensiv	stärker	stark
limitiert	stark	schwach
habitualisiert	schwach	schwach
impulsiv	schwach	stark

Quelle: W. Kroeber-Riel/ P. Weinberg (1996), S. 362.

Die Typen von Kaufentscheidungen (extensive, limitierte, habitualisierte bzw. gewohnheitsmäßige und impulsive Kaufentscheidungen) zeichnen sich durch ein unterschiedliches kognitives und emotionales Involvement des Konsumenten, d.h. durch eine unterschiedlich starke Beteiligung kognitiver Aktivitäten (aktive Informationssuche und -verarbeitung) und emotionaler Aktivitäten (stärkere emotionale Reaktionen und Verhaltensweisen) aus. Diese Entscheidungstypen sind dabei in gradueller Ausprägung zu sehen; jeder Typ faßt verschiedene Intensitäten auf dem Kontinuum der kognitiven und emotionalen Steuerung zusammen.[840]

Kaufentscheidungen mit stärkerer kognitiver Kontrolle sind extensive und limitierte Kaufentscheidungen. Ein hohes Involvement geht hier mit einer stärkeren Beteiligung kognitiver Prozesse einher, die sich in aktiver Informationsaufnahme und -verarbeitung zeigen.[841] In diesen Fällen wird das Für und Wider einer Produktwahl überlegt und die Produktauswahl erfolgt bewußt.

Extensive Kaufentscheidungen sind durch ein hohes kognitives und emotionales Involvement gekennzeichnet. Dieser Entscheidungstyp basiert auf extensiven kognitiven Prozessen: Er ist durch einen hohen Informationsbedarf, ausgeprägte Informationssuchaktivitäten, ein ausführliches Abwägen der Produktalternativen sowie eine lange Entscheidungsdauer gekennzeichnet.[842] Insbesondere komplexe, innovative Entscheidungssituationen erfordern extensive Entscheidungen, da die vorhandenen Kenntnisse und Erfahrungen des Konsumenten noch gering sind und Beurteilungskriterien erst noch entwickelt werden müssen.[843] Derartige Entscheidungen werden auch als echte, innovative oder komplexe Entscheidungen bezeichnet.[844]

840 Vgl. W. Kroeber-Riel (1992), S. 371 f.; zum Problem der genauen Abgrenzung der Entscheidungstypen vgl. auch G. Behrens (1988), S. 185 f.; K. Moser (1990), S. 84.

841 Vgl. W. Kroeber-Riel (1992), S. 377.

842 Vgl. P. Weinberg (1981), S. 13; G. Behrens (1988), S. 181; J. F. Engel et al. (1993), S. 42; W. Kroeber-Riel/ P. Weinberg (1996), S. 372.

843 Vgl. P. Weinberg (1981), S. 13; V. A. Kannacher (1982), S. 21 f.; V. Trommsdorff (1993), S. 291.

844 Vgl. W. Kroeber-Riel/ P. Weinberg (1996), S. 371.

Bei **limitierten Kaufentscheidungen**, die v.a. durch kognitive Prozesse charakterisiert sind, ist der kognitive Problemlösungsaufwand bereits (mehr oder weniger stark) reduziert.[845] Limitierte Entscheidungen werden zwar geplant und überlegt gefällt; sie basieren jedoch auf vorhandenen Erfahrungen, die das Entscheidungsfeld vorstrukturieren.[846] Informationssuche und -verarbeitung können insbesondere dadurch begrenzt werden, daß in der aktuellen Entscheidungssituation bevorzugt interne, im Gedächtnis gespeicherte Informationen und bewährte Entscheidungsmuster (vereinfachende Regeln) herangezogen werden.[847] Informationssuch- und -verarbeitungsprozesse in der aktuellen Situation konzentrieren sich auf die im Evoked Set enthaltenen Marken und die Berücksichtigung bestimmter Schlüsselinformationen (Marke, Preis, Testurteile).[848]

Kaufentscheidungen mit geringer kognitiver Steuerung (Informationssuch- und -verarbeitungsprozesse) sind die impulsiven und die habitualisierten Kaufentscheidungen.
Bei **habitualisiertem Kaufverhalten** entscheidet der Konsument auf der Grundlage stark reduzierter kognitiver Prozesse; der Konsument folgt überwiegend aktiv verfestigten Verhaltensplänen, die sich infolge der positiven (eigenen oder symbolischen) Erfahrungen in der Vergangenheit herausgebildet haben, ohne sich Gedanken über das Für und Wider einer Wahl zu machen.[849] In der aktuellen Situation werden im Extremfall keine Produktvergleiche mehr durchgeführt; tritt ein Bedarf auf, wird ohne gedankliche Beteiligung, quasi automatisch und rein reaktiv eine bestimmte Marke oder bspw. die jeweils billigste Marke innerhalb des Evoked Set gekauft.[850] Die kognitive Steuerung ist also insgesamt gering. Auch die Beteiligung emotionaler Prozesse wird bei habitualisierten Kaufentscheidungen nach der in **Abb. 5-2** vorgenommenen Differenzierung als schwach angenommen.[851] Allerdings können kognitive Vereinfachungen auch bei hohem emotionalen Involvement bestehen: Entsprechend werden von manchen Autoren **zwei verschiedene Typen** von Gewohnheitskäufen unterschieden.[852]

---

845 Vgl. P. Weinberg (1981), S. 14-16 u. 89. H. Schulte-Frankenfeld (1985), S. 42 f., spricht von unterschiedlich stark vereinfachten Kaufentscheidungen.

846 Vgl. P. Weinberg (1981), S. 93.

847 Vgl. H. Schulte-Frankenfeld (1985), S. 43; W. Kroeber-Riel/ P. Weinberg (1996), S. 374.

848 Vgl. J. A. Howard/ J. N. Sheth (1969), S. 47; H. Schulte-Frankenfeld (1985), S. 43; J. F. Engel et al. (1993), S. 42; W. Kroeber-Riel/ P. Weinberg (1996), S. 374 f.

849 Vgl. P. Weinberg (1981), S. 119; W. Kroeber-Riel (1992), S. 371; G. Wiswede (1985), S. 552.

850 Vgl. V. A. Kannacher (1982), S. 22 f.; H. Strassburger (1991), S. 223 und 225; H. Assael (1995), S. 125 f.; G. Behrens (1988), S. 181. Nicht nur die Beteiligung kognitiver Prozesse nimmt ab, sondern es erfolgt auch eine Verlagerung hin zu reaktiven, sensomotorischen Prozessen, die von der kognitiven Informationsverarbeitung weitgehend abgekoppelt sind; vgl. G. Behrens (1988), S. 184.

851 Vgl. dazu W. Kroeber-Riel/ P. Weinberg (1996), S. 359 u. 362.

852 Vgl. W. Kroeber-Riel (1992), S. 377 f.; H. Assael (1995), S. 132-135 u. 139; J. F. Engel et al. (1993), S. 43 f. Vgl. auch P. Cushing/ M. Douglas-Tate (1985), S. 243 u. 247-249, die in einer empirischen Studie zwei Typen von markentreuen Käufern ermittelten: Beide Typen wiesen ein geringes kognitives Engagement auf, wobei der erste Typ ein hohes emotionales Involvement und starke emotionale Markenbindungen zeigte, während der zweite Typ auch ein geringes emotionales Involvement aufwies.

Bei den **Gewohnheitskäufen mit geringem emotionalen Involvement (Typ 1)** handelt es sich um Routinekäufe, die weitgehend gleichgültig ablaufen. Von diesen werden **Gewohnheitskäufe mit starker emotionaler Beteiligung (Typ 2)** unterschieden, die zwar ebenfalls mit geringen Informationssuch- und -verarbeitungsaktivitäten einhergehen, die sich aber durch eine hohe Beteiligung emotionaler Prozesse auszeichnen. Der Konsument verfügt über starke emotionale Bindungen zu einer Marke und kauft diese immer wieder, ohne jedoch gedankliche Aktivitäten bei der Auswahl zu entwickeln.[853]

Das reizgesteuerte, **impulsive Kaufverhalten** des Konsumenten ist schließlich durch die geringste kognitive Steuerung gekennzeichnet.[854] Impulskäufe sind ungeplant, werden gedanklich kaum kontrolliert, unterliegen einer starken Reizsituation und zeichnen sich meist durch eine emotionale Aufladung aus.[855] Im Gegensatz zu den Gewohnheitskaufentscheidungen besteht jedoch keine schematische Wiederholung eines Kaufes, sondern eine spontane Entscheidung.[856]

In der Literatur zum Konsumentenverhalten wird der wiederholte Kauf einer bestimmten Marke (**Markentreue**) v.a. als **Folge von kognitiv entlasteten Kaufentscheidungen, die limitiert oder habitualisiert vollzogen werden können**, angesehen.[857] Markentreue kann zwar auch die Folge von extensiven Kaufentscheidungen sein, je stärker die Kaufentscheidung jedoch vereinfacht ist, desto größer ist die Wahrscheinlichkeit der Markentreue.[858] Markentreue wird also überwiegend **als Folge von Entscheidungsvereinfachungen** gesehen. Habitualisierte Kaufentscheidungen kennzeichnen ebenso wie limitierte Kaufentscheidungen eine spezifische Form vereinfachten Entscheidungsverhaltens, deren Gemeinsamkeiten gegenüber der extensiven Entscheidung insbesondere in der (mehr oder weniger starken) kognitiven Entlastung der Entscheidung und der geringeren Entscheidungszeit liegen, wobei habituali-

853 Vgl. W. Kroeber-Riel (1992), S. 378; P. Cushing/ M. Douglas-Tate (1985), S. 247; H. Assael (1995), S. 135. Auch die Befunde von O. Hupp (1998), S. 68, deuten auf die Existenz eines Gewohnheitsverhaltens vom Typ 2 hin.

854 Vgl. W. Kroeber-Riel (1992), S. 371.

855 Vgl. P. Weinberg (1981), S. 14; V. A. Kannacher (1982), S. 23; G. Behrens (1988), S. 181.

856 Vgl. G. Behrens (1988), S. 181.

857 Zur Markentreue als Folge von habitualisierten bzw. gewohnheitsmäßigen Kaufentscheidungen vgl. P. Weinberg (1977), S. 115 f.; P. Weinberg (1980b), S. 166 f.; H. Assael (1995), S. 125-127; G. Wiswede (1995), S. 394; W. Kroeber-Riel/ P. Weinberg (1996), S. 394. Zur Markentreue als Folge von mehr oder weniger stark vereinfachten, aber noch nicht habitualisierten Kaufentscheidungen vgl. P. Weinberg (1977), S. 115, 118 f. u. 122 f.; P. Weinberg (1980b), S. 167 f.; M. Dieterich (1986), S. 107 f.; G. Wiswede (1995), S. 306 f.

858 Vgl. P. Weinberg (1977), S. 126 f.; H. Assael (1995), S. 127 f. In Ausnahmefällen kann markentreues Verhalten auch das Ergebnis extensiver Entscheidungsprozesse sein, vgl. P. Weinberg (1977), S. 126; M. Dieterich (1986), S. 107 f. Umgekehrt führt auch eine vereinfachte Entscheidung nicht immer zu markentreuem Verhalten. Zu den Parallelen und Unterschieden von habituellem und markentreuem Verhalten, vgl. M. Dieterich (1986), S. 114-116.

sierte Kaufentscheidungen stärker vereinfacht sind.[859] Die vorhandenen eigenen oder symbolischen Gebrauchserfahrungen, auf denen beide Kaufentscheidungstypen basieren, bilden auch die Basis eines markentreuen Verhaltens. Diese Gebrauchserfahrungen können auf zwei Wegen erworben werden: durch das Lernen **durch eigene Erfahrungen** oder durch das Lernen **durch übernommene Gebrauchserfahrungen**, welches auch als Lernen durch Beobachtung bezeichnet wird.[860] Im Laufe der Lernprozesse bauen sich subjektive psychische Determinanten wie z.B. Gewohnheiten, Markenzufriedenheit oder -vertrautheit auf, die Entscheidungsvereinfachungen sowie markentreues Verhalten ermöglichen und fördern.

Wie im folgenden erläutert wird, kann **Markentreue** nicht nur die Folge subjektiver psychischer Determinanten sein, sondern sie kann auch die **Folge objektiv vorhandener Umstellungskosten** sein, die einen Markenwechsel des Kunden behindern. Bei der verhaltenswissenschaftlichen Betrachtung von Markentreue als Folge von Entscheidungsvereinfachungen wird v.a. auf **subjektive, „weiche" Determinanten** des markentreuen Verhaltens (wie z.B. Zufriedenheit und Vertrautheit) abgestellt.[861] Diese sind insofern als subjektiv anzusehen, als sie nicht bei jedem Produktverwender gleichermaßen bestehen, sondern von seinen persönlichen Merkmalen und Produktanforderungen abhängen. Ferner sind sie dadurch gekennzeichnet, daß sie nicht sofort mit dem Erstkauf entstehen, sondern erst über einen längeren Zeitraum hinweg im Zuge von Lernprozessen aufgrund von Gebrauchserfahrungen aufgebaut werden.[862] Wiederholte positive Erfahrungen mit einer Marke oder einem Anbieter bewirken, daß der Konsument nicht zu einer anderen Marke oder einem anderen Anbieter wechseln will.[863]
Der Wiederkauf einer Marke bzw. die Treue zu einem Anbieter beruht jedoch nicht nur auf positiven Erfahrungen eines Kunden und einem wahrgenommenen Nettovorteil der Marke bzw. der Anbieterleistung, sondern er wird auch beeinflußt von **Faktoren, die einen Wechsel objektiv behindern, selbst wenn der Kunde wechseln will**: Im Gegensatz zu den subjektiven, „weichen" Bindungsdeterminanten, die bewirken, daß ein Kunde nicht wechseln will, bewirken Umstellungs- bzw. Wechselkosten daß ein Kunde nicht oder nur unter Inkaufnahme hoher Kosten abwandern kann.[864] Sie erschweren einen Wechsel, auch wenn der Konsument

---

[859] Vgl. W. Kroeber-Riel/ P. Weinberg (1996), S. 390. Entscheidungsvereinfachungen sind dadurch gekennzeichnet, daß der Konsument von der Vielzahl der von ihm als kaufrelevant erachteten Entscheidungsvariablen, nur wenige in einer konkreten Situation explizit berücksichtigt, und auf der Grundlage reduzierter kognitiver Programme, im Extremfall rein gewohnheitsmäßig, entscheidet; vgl. P. Weinberg (1980a), S. 87.

[860] Vgl. P. Weinberg (1981), S. 97 u. 136-146; P. Weinberg (1980a), S. 87.

[861] Vgl. zu dieser Charakterisierung von Zufriedenheit und Vertrauen als subjektive, „weiche" Determinanten der Bindung eines Kunden an einen Anbieter bzw. eine Marke auch T. Tomczak/ S. Dittrich (1997), S. 14.

[862] Vgl. P. Weinberg (1981), S. 97 u. 136-146, zur Bedeutung von Lernprozessen für limitierte und habitualisierte Entscheidungen. Zur sukzessiven Entwicklung psychischer Wechselbarrieren wie Zufriedenheit und Vertrauen aufgrund von Erfahrung vgl. auch S. I. Peter (1996), S. 120.

[863] Vgl. auch S. I. Peter (1996), S. 120 f.

[864] Zur Unterscheidung solcher Bindungsdeterminanten, die auf positiven Erfahrungen beruhen und dazu führen, daß ein Kunde nicht mehr wechseln will (Verbundenheit bzw. Freiwilligkeit) und solcher, die seinen

grundsätzlich wechselbereit ist.[865] Als solche **Umstellungs- bzw. Wechselkosten** werden im folgenden die dem Kunden entstehenden einmaligen Kosten bezeichnet, die objektiv mit dem Vollzug einer Entscheidung zum Marken- bzw. Anbieterwechsel verbunden sind und die den Wechsel eines Kunden behindern, auch wenn er wechseln will.[866] Umstellungskosten können bspw. in Gebühren bestehen, die bei einem Wechsel fällig werden, in entgangenen Treuerabatten oder in bei einem Wechsel wertlos werdenden anbieterspezifischen Investitionen.[867] Markentreue bzw. Kundenbindung[868] kann daher nicht nur das Ergebnis subjektiver, „weicher" Determinanten sein, sondern sie kann auch auf **objektiven, „harten" Bindungsfaktoren** beruhen.[869] Die Umstellungskosten unterscheiden sich von den subjektiven Determinanten auch darin, daß sie i.a. keinen längeren Prozeß des Aufbaus erfordern, sondern unmittelbar mit dem Erstkauf des Produktes entstehen (Soforteffekt),[870] und daß sie bei jedem Käufer des Produktes gleichermaßen entstehen und insofern als objektiv, i.S.v. intersubjektiv vergleichbar, anzusehen sind.[871] Da es sich zum großen Teil um monetäre bzw. monetarisierbare Kosten handelt, werden sie von einigen Autoren auch als ökonomische Wechselkosten bezeichnet.[872]

Umstellungskosten können nun ihrerseits wiederum zu Entscheidungsvereinfachungen (i.S.v. Vereinfachungen des Vergleichs der alternativen Angebote) beitragen. Denkbar ist, daß die

---

Wechsel behindern (Gebundenheit bzw. „Gefangenschaft") vgl. auch S. A. Rieker (1995), S. 13 f.; W. Bliemel/ A. Eggert (1998), S. 38 f. u. 41; S. I. Peter (1996), S. 118. Der Begriff der Wechselkosten bzw. Wechselbarrieren wird in der Kundenbindungsliteratur häufig so weit gefaßt, daß er sämtliche Bindungsfaktoren, also auch die subjektiven, „weichen" Bindungsfaktoren umfaßt; vgl. z.B. T. Tomczak/ S. Dittrich (1997), S. 13; S. A: Rieker (1995), S. 26 f.; S. I. Peter (1996), S. 117. Im Gegensatz dazu werden hier nur solche Faktoren als Wechsel- bzw. Umstellungskosten bezeichnet, die zu unfreiwilligen, faktischen Bindungen führen; vgl. zu einer solchen engeren Begriffsfassung auch W. Bliemel/ A. Eggert (1998), S. 38 f. u. 41; A. Söllner (1993), S. 131.

865 Vgl. S. I. Peter (1996), S. 118. Den Vorteilen einer alternativen Marke bei der laufenden Verwendung (höherer Nettonutzen der alternativen Marke aufgrund ihrer Eigenschaften) stehen dann diese einmaligen Aufwendungen für die Umstellung gegenüber und behindern einen Wechsel.

866 Umstellungskosten sind nicht solche Kosten, die mit der laufenden Produktverwendung verbunden sind, sondern einmalige Aufwendungen, die mit dem Vollzug der Entscheidung zum Markenwechsel anfallen.

867 Vgl. S. I. Peter (1996), S. 118 f.

868 Zur Parallelität von Kundentreue und Kundenbindung vgl. auch O. Streichert (1995), S. 3 ff. Verschiedene Autoren unterscheiden sich in der Auffassung darüber, ob auch Gewohnheiten bzw. Bequemlichkeit, die zu einem unbewußten, gleichgültigen Wiederkauf führen, als Bindungskräfte zu bezeichnen sind; während z.B. S. A. Rieker (1995), A. Meyer/ D. Oevermann (1995) und T. Tomczak/ S. Dittrich (1997) die Gewohnheit bzw. Bequemlichkeit als Bindungskräfte berücksichtigen, findet diese bei S. I. Peter (1996) und W. Bliemel/ A. Eggert (1998) keine explizite Berücksichtigung.

869 Zu dieser Unterscheidung von subjektiven, „weichen" und objektiven, „harten" Bindungsfaktoren vgl. T. Tomczak/ S. Dittrich (1997), S. 13 f. Sie bezeichnen letztere auch als faktische Bindungsdeterminanten.

870 Vgl. S. I. Peter (1996), S. 118 f., zur Entstehung sog. ökonomischer Wechselbarrieren mit dem Zustandekommen der ersten Transaktion.

871 Diese „Objektivität" bedeutet jedoch nicht, daß diese nicht von verschiedenen Kunden unterschiedlich beurteilt werden können; ausschlaggebend für die Bindung sind die vom Kunden subjektiv wahrgenommenen Kosten; vgl. auch S. A. Rieker (1995), S. 28; T. Tomczak/ S. Dittrich (1997), S. 13.

872 Vgl. z.B. S. I. Peter (1996), S. 118. So umfassen die Umstellungskosten z.B. auch Zeitverluste, die mit der Umstellung auf eine andere Marke bzw. einen anderen Anbieter verbunden sind; vgl. z.B. D. A. Aaker (1992), S. 58.

Wahrnehmung hoher Umstellungskosten durch den Konsumenten zur Vereinfachung seiner Kaufentscheidungen beiträgt, wenn er z.B. davon ausgeht, daß sich extensive Produktvergleiche nicht lohnen, da die hohen Umstellungskosten einen eventuellen Nettovorteil alternativer Marken vermutlich ohnehin übersteigen. Hohe Umstellungskosten würden somit eine Vereinfachung der (Wieder-)Kaufentscheidung begünstigen. Die Umstellungskosten stehen daher streng genommen mit den verschiedenen subjektiven psychischen Determinanten, die zu vereinfachten Entscheidungen beitragen, auf einer Ebene.
Aufgrund ihres besonderen Charakters werden die Umstellungskosten als Ursache von Markentreue jedoch gesondert behandelt. Da Entscheidungsvereinfachungen und die subjektiven, „weichen" Determinanten von markentreuem Verhalten i.d.R. erst im Zeitablauf, im Zuge von Lernprozessen entstehen, nimmt die Erörterung der komplexen Entstehungsprozesse in den entsprechenden Abschnitten großen Raum ein. Für die Umstellungskosten hingegen gilt i.d.R., daß – sofern mit einem Produktkauf Umstellungskosten verbunden sind – keine langfristigen Lernprozesse erforderlich sind, sondern daß sie direkt mit dem Erstkauf entstehen.

Im folgenden wird daher gesondert betrachtet, welche Bedeutung der Jugendphase für die Entstehung von dauerhaften Entscheidungsvereinfachungen (i.S.v. limitierten und habitualisierten Kaufentscheidungen) (**Abschnitt 5.2.2** und **5.2.3**) und von Umstellungskosten (**Abschnitt 5.2.4**) als Grundlagen eines markentreuen Verhaltens von erwachsenen Konsumenten zukommt. Bei der Diskussion der Entstehung von Entscheidungsvereinfachungen wird dabei – wie auch in der Literatur üblich – nur auf die positiven Gebrauchserfahrungen als Grundlage von Entscheidungsvereinfachungen und markentreuem Verhalten abgestellt. Da Entscheidungsvereinfachungen grundsätzlich sowohl auf eigenen Gebrauchserfahrungen als auch auf der Beobachtung und Übernahme von Gebrauchserfahrungen anderer basieren können, wird auch ihre Betrachtung in der vorliegenden Arbeit entsprechend untergliedert. Bei den Entscheidungsvereinfachungen wird demnach nur auf die Vorprägungen des späteren Kaufverhaltens des erwachsenen Kunden auf psychischer Ebene abgestellt, die auf den Beobachtungen und Erfahrungen in der Jugendphase basieren; bei den Umstellungskosten werden objektive, faktische Bindungen des erwachsenen Konsumenten, die aus den Kaufhandlungen in der Jugendphase resultieren, betrachtet. Ziel ist es, mögliche Entstehungsursachen von Vorprägungen der Markentreue in der Jugendphase zu beschreiben und Einflußfaktoren herauszuarbeiten, die über Ausmaß und Richtung derselben bestimmen.

Abb. 5-3 gibt einen Überblick über die beschriebenen Zusammenhänge und die Struktur der nachfolgenden Abschnitte.

Abb. 5-3: Markentreues Verhalten von erwachsenen Konsumenten als Folge von in der Jugendphase entstandenen Entscheidungsvereinfachungen und Umstellungskosten

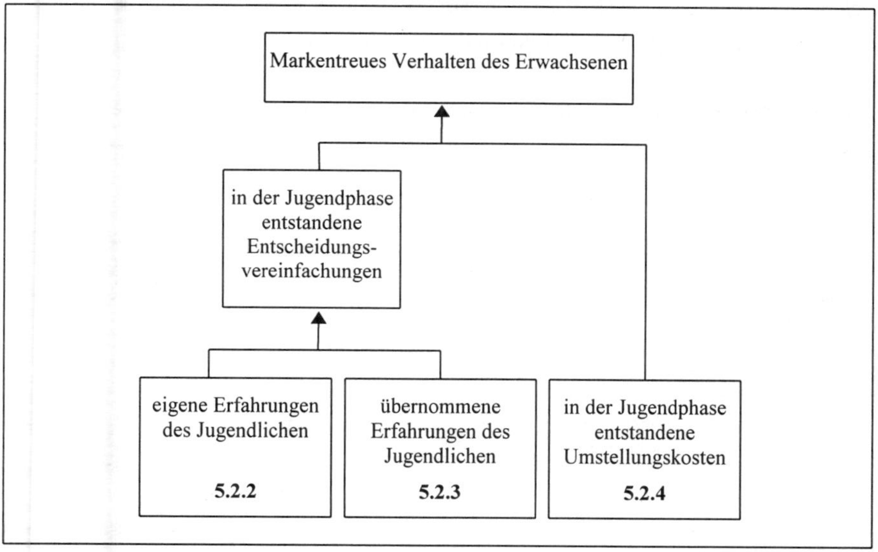

5.2.2 Entscheidungsvereinfachungen aufgrund erster eigener Kauf- und Gebrauchserfahrungen in der Jugendphase

Entscheidungsvereinfachungen und in der Folge markentreues Verhalten des erwachsenen Konsumenten können ihren Ursprung in der Jugendphase haben, wenn eigene Gebrauchserfahrungen mit einem Produkt bereits in der Jugendphase gemacht wurden. Denn Entscheidungsvereinfachungen beruhen maßgeblich auf eigenen Gebrauchserfahrungen, auf die ein Konsument in einer aktuellen Entscheidungssituation zurückgreifen kann.[873]

5.2.2.1 Grundlagen der Entstehung von Entscheidungsvereinfachungen aufgrund eigener Kauf- und Gebrauchserfahrungen

Bei der Entstehung von Entscheidungsvereinfachungen infolge eigener Gebrauchserfahrungen und im Ergebnis von markentreuem Kaufverhalten wird i.d.R. von einem Prozeß zunehmender Entscheidungsvereinfachung (Vereinfachungs- oder Habitualisierungsprozeß) ausge-

---

[873] Vgl. P. Weinberg (1981), S. 136.

gangen, der von einer Phase extensiver, über eine Phase limitierter bis schließlich im Extremfall zu einer Phase habitualisierter Kaufentscheidungen führt (vgl. **Abb. 5-4**).[874] Es handelt sich dabei um einen kontinuierlichen Lernprozeß, in dem der Konsument im Zuge zunehmender Gebrauchserfahrungen lernt, zunehmend vereinfacht einzukaufen.[875]

Abb. 5-4: Entscheidungsvereinfachung im Wiederkaufprozeß und Markentreue

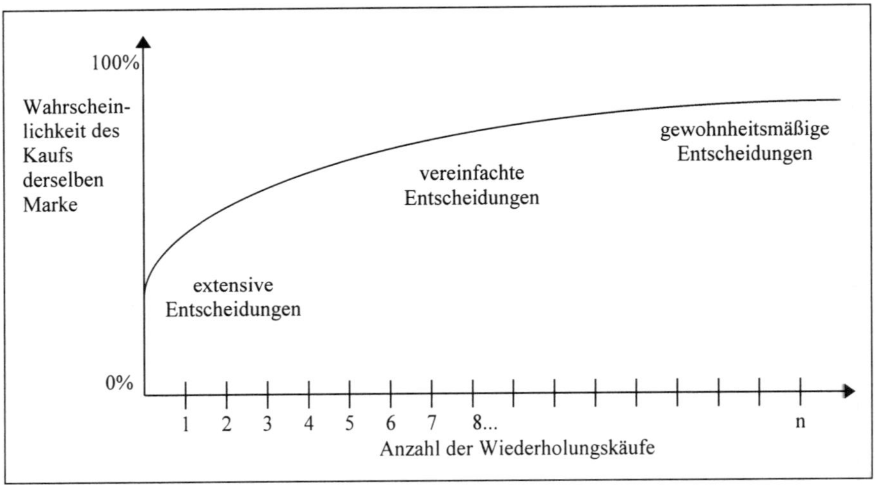

Quelle: in Anlehnung an H. Assael (1995), S. 128.

---

[874] Vgl. J. A. Howard (1977), S. 8-15; K.-P. Kaas/ M. Dieterich (1979), S. 16; P. Weinberg (1979), S. 566; P. Weinberg (1980a), S. 87; P. Weinberg (1981), S. 89-92 u. 136-138; M. Dieterich (1986), S. 185 f.; G. Behrens (1988), S. 182 f.; L. G. Schiffman/ L. L. Kanuk (1987), S. 636; J. F. Engel et al. (1993), S. 41-46; W. Kroeber-Riel/ P. Weinberg (1996), S. 392.

[875] Vgl. P. Weinberg (1980a), S. 87; P. Weinberg (1981), S. 136; K.-P. Kaas/ M. Dieterich (1979), S. 16 u. 18; M. Dieterich (1986), S. 176; H. Assael (1995), S. 125-128. Für das Lernen aufgrund eigener Erfahrungen ist das Verstärkungsprinzip von Bedeutung; vgl. P. Weinberg (1981), S. 136. Nach dem Verstärkungsprinzip verändert sich die Wahrscheinlichkeit eines Verhaltens mit den erfahrenen positiven bzw. negativen Konsequenzen des Verhaltens; Handlungen, die positive Konsequenzen aufweisen, die also verstärkt werden, besitzen eine höhere Wiederholungswahrscheinlichkeit; vgl. B. F. Skinner (1973), S. 76 u. 175. Zum Verstärkungsprinzip und dessen Beitrag zur Habitualisierung, vgl. ausführlich M. Dieterich (1986), S. 53-61. Dieses Lernen nach dem Verstärkungsprinzip (instrumentelles Lernen), das den Reiz-Reaktions-Theorien zuzuordnen ist, wird ergänzt durch kognitive Ansätze zur Erklärung des Entscheidungsverhaltens, die auf die (intervenierenden) Informationsaufnahme- und verarbeitungsprozesse abstellen; vgl. P. Weinberg (1981), S. 41 f.; M. Dieterich (1986), S. 61.

Modelle dieses schrittweisen Vereinfachungsprozesses gehen von einer Ursprungssituation aus, in der ein Konsument erstmals ein ihm bisher unbekanntes Produkt kauft.[876] Dies kann zum einen bei Produktinnovationen der Fall sein,[877] zum anderen bei subjektiv neuen Bedarfen (z.B. Babywindeln beim ersten Kind).[878] Zu Beginn dieses idealtypischen Prozesses bestehen wenig Produkt- und Markenkenntnisse und eine entsprechend hohe Unsicherheit. Vorstellungen von der Produktkategorie, den eigenen Produktanforderungen und den Kriterien zur Beurteilung der Alternativen müssen erst entwickelt werden, weshalb diese Phase auch als Phase der Konzeptbildung bezeichnet wird.[879] Diese Phase ist durch eine hohe Risikowahrnehmung, einen hohen Informationsbedarf und eine lange Entscheidungsdauer gekennzeichnet (**extensive Kaufentscheidung**).[880] Finden Wiederholungskäufe statt, bestehen bereits erste Produkterfahrungen und Vorstellungen von der Produktkategorie.[881]

In der zweiten Phase werden neue Marken dann anhand des gebildeten Bewertungsrasters beurteilt, das eventuell um neu hinzukommende Beurteilungskriterien erweitert werden muß (deshalb wird auch von der Phase der Konzeptausformung gesprochen).[882] Mit zunehmender Erfahrung kristallisieren sich Produktanforderungen und Urteile über alternative Marken heraus, und es bilden sich Sets akzeptierter, indifferenter und abgelehnter Marken (Evoked, Inert und Inept Sets).[883] Risikowahrnehmung, Informationsbedarf und Entscheidungszeit sinken (**Phase limitierter Kaufentscheidungen**).[884] Die Kaufentscheidungen können nun zunehmend vereinfacht werden, indem die Auswahl auf die Marken beschränkt wird, mit denen der Konsument wiederholt positive Erfahrungen gesammelt hat und indem er die Produkt-

---

876 Vgl. auch G. Behrens (1988), S. 182. Das Grundkonzept geht auf J. A. Howard (1977) zurück; es wurde von K.-P. Kaas/ M. Dieterich (1979) und M. Dieterich (1986) weiterentwickelt und empirisch getestet. Zu einer ausführlichen Beschreibung des Vereinfachungsprozesses vgl. J. A. Howard (1977), S. 8 ff., sowie K.-P Kaas/ M. Dieterich (1979), S. 16-18; K.-P. Kaas (1982), S. 4-7.

877 Dieser Fall wurde von J. A. Howard (1977), S. 8, unterstellt.

878 Es handelt sich dann um eine Neuheit für den Konsumenten, vgl. K.-P. Kaas/ M. Dieterich (1979), S. 17.

879 Vgl. J. A. Howard (1977), S. 10 f., der eine Verbindung herstellt zwischen dem Konzeptlernen nach C. E. Osgood (1963) und den Phasen des Entscheidungsprozesses. Vgl. auch K.-P. Kaas (1982), S. 4; G. Behrens (1988), S. 182 f. So hat ein Konsument bspw. zunächst keine Vorstellungen davon, wie eine Cola zu schmecken hat; erst im Laufe des eigenen Gebrauchs werden diese entwickelt; vgl. G. S. Carpenter/ K. Nakamoto (1994a), S. 166. Ein in diesem Zusammenhang interessantes Phänomen, das bei der Erforschung der Wettbewerbsvorteile von Marktpionieren beobachtet wurde, ist, daß die Marke, mit der Konsumenten erste Gebrauchserfahrungen gewinnen, unter bestimmten Bedingungen nachhaltig zur Spezifizierung der relevanten Produkteigenschaften und zur Formung der Idealvorstellungen der Konsumenten in einer Produktkategorie und mithin zur Präferenzbildung beitragen kann; die Reihenfolge der Erfahrungen mit verschiedenen Marken beeinflußt dann die Präferenzstruktur der Konsumenten; vgl. dazu G. S. Carpenter/ K. Nakamoto (1994a), S. 164-168; G. S. Carpenter/ K. Nakamoto (1989).

880 Vgl. J. A. Howard (1977), S. 9; K.-P. Kaas/ M. Dieterich (1979), S. 16; M. Dieterich (1986), S. 174.

881 Vgl. G. Behrens (1988), S. 183.

882 Vgl. J. A. Howard (1977), S. 11.

883 Vgl. J. A. Howard (1977), S. 32 f.; C. L. Narayana./ R. J. Markin (1975); vgl. auch M. Dieterich (1986), S. 174; K.-P. Kaas (1982), S. 5. Die Einstellungen des Konsumenten werden polarisierter; vgl. K.-P. Kaas/ M. Dieterich (1979), S. 16 u. 18.

884 Vgl. J. A. Howard (1977), S. 9; K.-P. Kaas/ M. Dieterich (1979), S. 16. Zur Veränderung der Informationsverarbeitung in den drei Phasen vgl. K.-P. Kaas (1982), S. 5 f.

beurteilung anhand der vorhandenen internen Informationen oder, sofern die gespeicherten Informationen nicht ausreichen, anhand von prägnanten Schlüsselinformationen vornimmt.[885] In der Phase der Konzeptanwendung bestehen schließlich Markenkonzepte für die verschiedenen Marken; präferiert werden ausschließlich die Marken innerhalb des Evoked Set.[886] Die Informationsverarbeitung konzentriert sich auf situative Informationen, z.B. über Sonderangebote.[887] Bei stabilen Angebotsbedingungen geht die Entscheidungsvereinfachung eventuell so weit, daß sich das in der Vergangenheit belohnte Verhalten verfestigt und der Konsument gewohnheitsmäßig, quasi-automatisch eine bestimmte Marke kauft.[888] Die Beteiligung kognitiver Prozesse ist dann sehr gering; es wird weitgehend reaktiv bei Auftreten eines Bedarfs die bewährte Marke gekauft (**habitualisierte Kaufentscheidung**).[889]

Diese idealtypische Modellvorstellung einer sukzessiven Entscheidungsvereinfachung bietet nun diverse **Kritikpunkte**.[890] Es wird davon ausgegangen, daß beim Erstkauf eine extensive Entscheidung getroffen wird, was nicht der Fall sein muß, da nicht immer von dem notwendigen hohen Involvement in der Ausgangssituation ausgegangen werden kann. Auch Impulskaufentscheidungen oder durch die Übernahme von Gebrauchserfahrungen vereinfachte Entscheidungen können dem Erstkauf zugrunde liegen.[891] Der Erstkauf eines neuen Produktes kann ferner vereinfacht werden, indem ein Konsument in der neuen Produktkategorie ohne größere Überlegungen auf eine Marke zurückgreift, mit der er zwar nicht in dieser, wohl aber in anderen Produktkategorien positive Erfahrungen gesammelt hat.[892] Dabei werden eigene Erfahrungen des Konsumenten mit einem Produkt generalisiert und die darauf basierende Qualitätswahrnehmung einer Marke auf neue, unbekannte Produkte, die unter demselben Markennamen angeboten werden, übertragen.[893] Das beschriebene Modell der Entscheidungsvereinfachung, das eine Differenzierung zwischen Produkt- und Markenerfahrungen nicht

---

885 Vgl. P. Weinberg (1981), S. 66 u. 94-96.; J. A. Howard/ J. N. Sheth (1969), S. 90. Nach der in **Abschnitt 5.2.1** vorgenommenen Abgrenzung handelt es sich dabei um limitierte Kaufentscheidungen.

886 Vgl. J. A. Howard (1977), S. 32.

887 Vgl. M. Dieterich (1986), S. 174.

888 Vgl. J. A. Howard (1977), S. 9; G. Wiswede (1985), S. 552.

889 Vgl. J. A. Howard (1977), S. 9; M. Dieterich (1986), S. 174; H. Assael (1995), S. 125 f.; G. Behrens (1988), S. 183. In dem Kauf kommt dann eine einmal ausgebildete positive Einstellung zum Ausdruck, die aber das aktuelle Verhalten nicht mehr berührt; „das Einstellungs-Verhaltens-System ist sozusagen `eingefroren´" W. Kroeber-Riel/ P. Weinberg (1996), S. 174. Im Gedächtnis des Konsumenten bestehen dann direkte assoziative Verbindungen zwischen Anwendungen und Produktalternativen, die einen Abgleich von Produktanforderungen und Produktkenntnissen erübrigen; vgl. K. G. Grunert (1990), S. 73-75.

890 Zu einer ausführlichen Kritik vgl. M. Dieterich (1986), S. 183-187.

891 Vgl. M. Dieterich (1986), S. 180. Vgl. dazu auch **Abschnitt 5.2.3.**

892 Vgl. G. Behrens (1988), S. 185.

893 Vgl. G. Behrens (1988), S. 185. Dabei handelt es sich um ein vereinfachtes Beurteilungsmuster, bei dem der Konsument von einem einzelnen Eindruck (dem Markennamen) eines unbekannten Produktes auf dessen Qualität schließt; vgl. W. Kroeber-Riel/ P. Weinberg (1996), S. 299 f. Der Markenname dient dann als Schlüsselinformation, als „information chunk".

explizit berücksichtigt,[894] ist demnach dahingehend zu erweitern, daß bei ersten Kaufentscheidungen in neuen Produktkategorien zwar keine eigenen Produkterfahrungen bestehen, daß aber bereits Einstellungen zu einzelnen Marken in dieser neuen Kategorie vorliegen können, die auf den aus einer anderen Produktkategorie stammenden Erfahrungen des Konsumenten mit einer Marke basieren.
Ein weiterer Kritikpunkt bezieht sich darauf, daß Entscheidungsvereinfachungsprozesse den beschriebenen Phasenverlauf nicht zwangsläufig einhalten müssen.[895] So weisen empirische Studien darauf hin, daß der Zusammenhang zwischen Informationssuche und Erfahrung häufig einen umgekehrt U-förmigen Verlauf aufweist: Der Käufer lernt offenbar erst beim Gebrauch, worauf es ankommt, wodurch er angeregt werden kann, sich beim Wiederholungskauf intensiver mit den Produktalternativen auseinanderzusetzen.[896] Ferner muß auch die Konzeptbildung – insbesondere bei lediglich subjektiv neuen Bedarfen – nicht mit dem Erstkauf einhergehen. Bereits vor dem ersten eigenen Kauf können Vorkenntnisse und Einstellungen existieren, die z.B. durch den Austausch mit anderen oder die Unternehmenskommunikation entstanden sind und die die nachfolgenden Entscheidungen beeinflussen.[897] Ferner werden aufgrund der Konzentration auf kognitive Prozesse solche Ursprünge habituellen Verhaltens vernachlässigt, die nicht in erster Linie kognitiv determiniert sind, sondern stärker von sozialen oder emotionalen Einflüssen geprägt sind.[898]

Unbeschadet dieser Kritik, d.h. unabhängig davon, wie die ersten Kaufentscheidungen zustande kommen, ermöglichen die eigenen Gebrauchserfahrungen grundsätzlich Entscheidungsvereinfachungen bzw. Habitualisierungen und die Entstehung von Markentreue: Bewährte Kaufentscheidungen werden wiederholt, d.h. Produkte bzw. Marken, mit denen wiederholt positive Erfahrungen gemacht wurden, werden wiedergekauft.[899] Die eigenen Erfahrungen lassen sich in dem Konstrukt der **Vertrautheit** zusammenfassen:[900] Je häufiger ein Produkt

---

894 Implizit wird davon ausgegangen, daß in einer subjektiv neuen Produktkategorie auch keine bekannten Marken existieren und daher keine Markenschemata vorhanden sind. Dies gilt aber nur dann, wenn eine Identität zwischen Produkt und Marke dahingehend vorliegt, daß unter einem Markennamen jeweils nur ein Produkt angeboten wird (Einzelmarken). In der Praxis werden neue Produkte jedoch häufig unter das Dach einer bekannten Marke (Dachmarke oder Markenfamilie) gestellt.

895 Vgl. auch P. Weinberg (1980a), S. 88; V. A. Kannacher (1982), S. 255 und 257; G. Behrens (1988), S. 185.

896 Vgl. G. Behrens (1988), S. 185; zu einem umgekehrt U-förmigen Zusammenhang vgl. J. R. Bettman/ C. W. Park (1980); J. R. Bettman (1986), S. 260 f.; S. Moorthy et al. (1997).

897 Vgl. auch P. Weinberg (1981), S. 64 u. 66 der feststellt, daß sich Konsumenten auch bei extensiven Entscheidungen nicht im „status nascendi" befinden, sondern bereits Prädispositionen bestehen, deren Einfluß schwer festzustellen ist. Bekanntheit, spezifische Assoziationen und angenommene Qualität einer Marke bestehen auch bei Konsumenten, die sie noch nie benutzt haben; vgl. D. A. Aaker (1992), S. 60.

898 Vgl. V. A. Kannacher (1982), S. 76; M. Dieterich (1986), S. 174 f. u. 185; G. Behrens (1988), S. 185.

899 Vgl. J. A. Howard (1977), S. 57 ff.; F. G. Höpfner (1976), S. 108 ff.; J. F. Engel et al. (1973), S. 491 ff.; P. Weinberg (1980a), S. 87; W. Kroeber-Riel (1992), S. 390.

900 Vertrautheit bezieht sich auf das Ausmaß produktbezogener Erfahrungen, die der Konsument im Laufe der Zeit akkumuliert hat; vgl. S. J. Hoch/ J. Deighton (1989), S. 3; J. W. Alba et al. (1991), S. 10.

gekauft und verwendet wird, desto größer ist die Vertrautheit. Je größer die Vertrautheit, desto größer ist wiederum die Wahrscheinlichkeit und die Stärke der Vereinfachung der Entscheidung und damit der Markentreue.[901] Bei Gütern des täglichen Bedarfs kommt es deshalb zu schnelleren und stärkeren Vereinfachungen.[902]
Eine weitere Grundlage für vereinfachte Entscheidungen und Markentreue ist die **Zufriedenheit** mit einer Marke, die sich als die nach Nutzung bzw. Erfahrung wahrgenommene Eignung der Marke zur Bedürfnisbefriedigung ergibt.[903] Bewährte Entscheidungen werden wiederholt; der Vereinfachungsprozeß wird gemäß dem Verstärkungslernen durch positive Handlungskonsequenzen besonders gefördert.[904] „Konsumenten, die mit ihren bisherigen Kaufentscheidungen zufrieden sind, verlassen sich bei künftigen Entscheidungen auf ihre früheren Erfahrungen und können dadurch ihre Markenwahl kognitiv entlasten".[905] Wird hingegen ein bestimmtes Niveau der Zufriedenheit nicht erreicht, ist weder mit einer Wiederholung des Kaufs, noch mit einer Prozeßvereinfachung zu rechnen.[906]

Produkte, bei denen verstärkt mit Entscheidungsvereinfachungen und Markentreue zu rechnen ist, sind Produkte des alltäglichen Bedarfs, die ein geringes Risiko aufweisen.[907] Diese Produkte werden häufig gekauft, Vertrautheit entsteht relativ schnell. Das **Entlastungsstreben**[908] von Konsumenten führt angesichts des geringen Kaufrisikos dazu, daß relativ schnell

---

901 Vgl. P. Weinberg (1981), S. 100 f.; H. Strassburger (1991), S. 193 u. 200 f., zu Produkterfahrung und Nutzungsintensität als Determinanten der Entscheidungsvereinfachung; P. Weinberg (1977), S. 58 u. 75, zu Markensicherheit und Produktvertrauen als Determinanten von Entscheidungsvereinfachungen und Markentreue. Zu dem Zusammenhang zwischen Kaufhäufigkeit und Stärke der Vereinfachung vgl. H. Schulte-Frankenfeld (1985), S. 227. Zur hohen Anziehungskraft des Vertrauten vgl. H. L. Rheingold (1985), S. 10-12.

902 Vgl. auch P. Weinberg (1977), S. 115, und (1979), S. 564 zum häufigen Auftreten von Habitualisierungen und Markentreue bei Gütern des täglichen Bedarfs. Vgl. auch H. Schulte-Frankenfeld (1985), S. 227.

903 Die Zufriedenheit ist das Ergebnis einer subjektiven Bewertung einer gewählten Alternative (hier einer Marke) durch den Kunden, die sich aus dem psychischen Vergleich seiner aktuellen Erfahrungen mit der gewählten Alternative (Ist) und seinen Erwartungen (Soll) ergibt; vgl. R. Schütze (1992), S. 124-132, insbes. S. 129. Zu einem positiven Zusammenhang von Zufriedenheit und Entscheidungsvereinfachungen vgl. V. A. Kannacher (1982), S. 113; H. Schulte-Frankenfeld (1985), S. 28; M. Dieterich (1986), S. 50; H. Strassburger (1991), S. 150. Zu einem positiven Zusammenhang von Kundenzufriedenheit und Markentreue vgl. H. Kasper (1988); J. M. M. Bloemer/ H. D. P. Kasper (1995); R. Oliver (1980); R. Oliver/ J. Swan (1989); D. Finkelman et al. (1992); D. Finkelman/ A. Goland (1990); W. Müller/ H. Riesenbeck (1991); T. Oliva et al. (1992).

904 Vgl. P. Weinberg (1981), S. 136.

905 H. Schulte-Frankenfeld (1985), S. 28.

906 Vgl. P. A. LaBarbera/ D. Mazursky (1983), S. 393 f.

907 Vgl. V. A. Kannacher (1982), S. 141; H. Schulte-Frankenfeld (1985), S. 227; G. Wiswede (1985), S. 552; P. Weinberg (1977), S. 115; W. Kroeber-Riel/ V. Trommsdorff (1973).

908 Das Bedürfnis nach Vereinfachung der täglichen Lebensführung wird auch als Habitualisierungsneigung bezeichnet; dabei handelt es sich um eine zeitlich stabile Disposition, die bei verschiedenen Konsumenten auch unterschiedlich stark ausgeprägt sein kann und die den gewohnheitsmäßigen Wiederkauf des stets gleichen Produktes fördert; vgl. P. Weinberg (1977), S. 113; P. Weinberg (1981), S. 18 u. 57; V. A. Kannacher (1982), S. 128 f. Durch den wiederholten Kauf einer bewährten Marke erspart sich der Konsument die Mühen eines umfassenden Alternativenvergleichs und der Kauf nimmt weniger Zeit in Anspruch; vgl. auch K. Moser (1990), S. 92; G. Behrens (1988), S. 184.

habitualisiert gekauft wird.[909] Wobei zu berücksichtigen ist, daß insbesondere bei Bagatell-Gütern extensive kognitive Anstrengungen auch beim Erstkauf unwahrscheinlich sind, so daß das Gewohnheitskaufverhalten hier auch aus gelungenen Versuchs-Irrtums-Handlungen resultieren kann.[910] Den eigenen Gebrauchserfahrungen gehen dann keine extensiven Kaufentscheidungen voran.

Auch bei Produkten, bei deren Kauf ein höheres Risiko wahrgenommen wird und bei denen daher mit einem höheren Involvement zu rechnen ist, sind Entscheidungsvereinfachungen und markentreues Verhalten zu beobachten.[911] Hier wird das **Risikoreduktionsstreben** des Konsumenten als Ursache der Markentreue angesehen: Der wiederholte Kauf einer bewährten Marke wird als Risikoreduktionstechnik eingesetzt.[912] Bei sozial auffälligen und nicht problemlosen Produkten werden eher kognitive Treueentscheidungen, d.h. limitierte Kaufentscheidungen angenommen.[913] Grundsätzlich ist jedoch auch bei ursprünglich risikoreichen Produkten eine letztendlich habitualisierte Kaufentscheidung denkbar, wenn mit zunehmender Kauferfahrung das subjektiv wahrgenommene Kaufrisiko so weit sinkt, bis es in einem Zustand habituellen Kaufens weitgehend ohne Belang ist.[914]

Einer Habitualisierung und markentreuem Verhalten trotz Vertrautheit und Zufriedenheit wirkt allerdings das „variety-seeking“ als Folge des **Abwechslungsbedürfnisses von Konsumenten** entgegen.[915] Das „variety-seeking“ ist dabei als ein in bestimmter Form motivierter Markenwechsel zu verstehen, nämlich als ein Wechsel, der allein aus dem Bedürfnis nach Abwechslung resultiert.[916] Ein hohes Abwechslungsbedürfnis begünstigt demnach einen

---

909 Vgl. M. Dieterich (1986), S. 137 u. 141; H. Strassburger (1991), S. 252. Ziel ist die Reduktion des kognitiven Aufwandes; vgl. H. Assael (1995), S. 127.

910 Vgl. G. Wiswede (1995), S. 305.

911 Vgl. P. Weinberg (1977), S. 56 und 122; V. A. Kannacher (1982), S. 118-124; H. Assael (1995), S. 127. Das subjektiv wahrgenommene Kaufrisiko, sei es persönlichen, sozialen, funktionalen oder finanziellen Ursprungs, stellt eine Determinante des Involvement dar; vgl. J.-N. Kapferer/ G. Laurent (1985); V. Trommsdorff (1993), S. 53 u. 233; S. E. Beatty et al. (1988), S. 154. Zu den verschiedenen Arten von Risiken vgl. auch G. Schweiger et al. (1976); J. Jacoby/ L. Kaplan (1972).

912 Vgl. H. Nolte (1976), S. 244 f. u. 265; P. Weinberg (1977), S. 56; V. A. Kannacher (1982), S. 121; B. J. Verhage et al. (1990), S. 10; K. Moser (1990), S. 92; H. Strassburger (1991), S. 250 f.; H. Assael (1995), S. 127; W. Kroeber-Riel/ P. Weinberg (1996), S. 389. Zu weiterführenden Überlegungen vgl. auch **Abschnitt 5.2.2.3.**

913 Vgl. P. Weinberg (1977), S. 122.

914 Vgl. M. Dieterich (1986), S. 137 f., und die dort angegebenen Quellen, wobei die empirischen Befunde zum Kaufrisiko den Mangel statischer Konzeptionen aufweisen.

915 Vgl. G. Wiswede (1985), S. 552; S. J. Hoch/ J. Deighton (1989), S. 6; T. Tomczak/ S. Dittrich (1997), S. 15 f. Gerade bei limitierten und habitualisierten Kaufentscheidungen kommt das „variety-seeking“ zum Tragen, vgl. B. Helmig (1997), S. 55-58.

916 Vgl. A. Bänsch (1995), S. 344; B. Helmig (1997), S. 14 f. u. 17 f. Der Markenwechsel als solcher – unabhängig von der gewählten Marke – stellt einen Nutzen für den Konsumenten dar; d.h. er ist intrinsisch motiviert; vgl. D. K. Tscheulin (1994), S. 54; H. C. M. van Trijp et al. (1996), S. 282. Zum „Variety Seeking“-Verhalten von Konsumenten vgl. L. McAlister/ E. Pessemier (1982); A. Bänsch (1995); B. Helmig (1997).

häufigen Markenwechsel.[917] Während Vertrautheit und Zufriedenheit positive Effekte des bisherigen Gebrauchs einer Marke auf die aktuelle Wiederkaufwahrscheinlichkeit nahelegen, bringt ein hohes Abwechslungsbedürfnis negative Effekte des vergangenen Gebrauchs einer Marke mit sich.[918] Untersuchungen haben gezeigt, daß das Ausmaß des „variety-seeking" nicht nur zwischen verschiedenen Konsumentengruppen, sondern auch zwischen verschiedenen Produktkategorien variiert.[919] So können bspw. die folgenden produktbezogenen Merkmale einen häufigen Wechsel zwischen alternativen Leistungen fördern:[920] eine hohe verfügbare Alternativenanzahl und geringe wahrgenommene Unterschiedlichkeit der Alternativen, eine kurze Kauffrequenz, ein geringes wahrgenommenes Risiko und daher geringes Involvement, hohe soziale Auffälligkeit und Modeaffinität[921] sowie eine hohe Kontaktintensität zu menschlichen Sinnen.[922] Sowohl bei häufig gekauften, risikolosen Produkten mit geringem Involvement als auch bei sozial auffälligen, modeaffinen Produkten mit höherem Involvement können demnach hohe Abwechslungsbedürfnisse einer Markentreue trotz Zufriedenheit und Entlastungsstreben entgegenwirken.

5.2.2.2 Jugendphase als Phase erster umfassender eigener Kauf- und Gebrauchserfahrungen

Im Zentrum der bisherigen Erklärungen der Entstehung von Entscheidungsvereinfachungen und Markentreue standen die eigenen Kauf- und Gebrauchserfahrungen. In diesem Abschnitt wird nun betrachtet, inwiefern die Jugendphase als eine sensible Lebensphase für die Ausbildung von Entscheidungsvereinfachungen aufgrund vieler eigener Kauf- und Gebrauchserfahrungen anzusehen ist. Bilden die in der Jugendphase erworbenen Gebrauchserfahrungen die Grundlage für ein späteres markentreues Kaufverhalten von Erwachsenen, gewinnt die Ansprache und Gewinnung von Jugendlichen aus Unternehmenssicht an Bedeutung.

---

917 Vgl. A. Herrmann/ J. Gutsche (1994), S. 63 f.; A. Bänsch (1995), S. 343 f.

918 Vgl. P. B. Seetharaman/ P. Chintagunta (1998), S. 2.

919 Vgl. A. Bänsch (1995), S. 348-355; H. C. M. van Trijp et al. (1996), S. 282 f.; B. Helmig (1997), S. 79-81. Zu einer Übersicht über die Ergebnisse verschiedener empirischer Studien vgl. B. Helmig (1997), S. 32-47.

920 Vgl. dazu A. Bänsch (1995), S. 351-355, sowie die dort angegebenen Quellen; vgl. auch H. C. M. van Trijp et al. (1996), S. 283 f. u. 287 f.

921 Sozial auffällige Güter, die der Selbstdarstellung dienen (wie z.B. Bekleidung, Schmuck, Brillen) unterliegen, aufgrund der intensiveren Beschäftigung mit ihnen, stärkeren Abnutzungserscheinungen, die das Abwechslungsbedürfnis aktivieren. Bei diesen Produkten besteht häufig auch eine hohe Modeaffinität, so daß die beiden Kriterien de facto miteinander verschmelzen können; vgl. A. Bänsch (1995), S. 352 f. Gleichzeitig können aber auch hohe soziale Risiken bestehen, die einen Wechsel unterbinden, vgl. A. Bänsch (1995), S. 353 f.

922 Produkte, die in hohem Maße einzelne oder mehrere menschliche Sinne (Seh-, Hör-, Geschmacks-, Geruchs- und Tastsinn) auf sich ziehen, können bei intensiver Nutzung starken Abnutzungserscheinungen unterliegen, die das Abwechslungsbedürfnis aktivieren (z.B. Musik, Parfums, Nahrungsmittel, Restaurants); vgl. A. Bänsch (1995), S. 354; H. C. M. van Trijp et al. (1996), S. 284. B. Helmig (1997), S. 81, spricht von „Genuß-Konsumgütern", für die auch er ein erhöhtes Variationsbedürfnis feststellt.

Entscheidungsvereinfachungsprozesse und eine zunehmende Einengung der Markenwahl setzen nach den in **Abschnitt 5.2.2.1** beschriebenen idealtypischen Vorstellungen mit dem Erstkauf eines Produktes ein. Wie in **Kapitel 3** deutlich wurde, ist die Jugendphase als die Lebensphase anzusehen, in der ein Konsument eine **Vielzahl von Produkten erstmals selbständig kauft**, da er erst in dieser Phase über die erforderlichen finanziellen Mittel verfügt. Den idealtypischen Prozeß zunehmender Entscheidungsvereinfachung aufgrund eigener Kauf- und Gebrauchserfahrungen zufolge ist die Jugendphase daher die Phase im Lebenszyklus eines Kunden, in der bei einer Vielzahl von Produkten Habitualisierungsprozesse einsetzen und Entscheidungen zunehmend vereinfacht werden. Im Zuge der in der Jugendphase gesammelten Kauf- und Gebrauchserfahrungen werden Produkt- und Markenkonzepte gebildet und ausgeformt, und es kann eine zunehmende Einengung der Markenwahl erfolgen. Die Marken, mit denen erste Gebrauchserfahrungen in einer bisher unbekannten Produktkategorie gesammelt werden, können dann unter bestimmten Umständen die Entwicklung der Idealvorstellungen der Jugendlichen von der Produktkategorie nachhaltig beeinflussen.[923]

Dabei ist zwar als Einschränkung des beschriebenen idealtypischen Vereinfachungsprozesses zu berücksichtigen, daß die implizit unterstellte **Parallelität von Erstkauf und ersten Gebrauchserfahrungen bei Kindern und Jugendlichen bei vielen Produkten nicht gilt**.[924] Gerade bei Jugendlichen geht der Erstkauf eines Produktes nicht auch mit den ersten Gebrauchserfahrungen einher, sondern sie verfügen bereits vor den ersten eigenen Käufen über eigene Gebrauchserfahrungen mit den im elterlichen Haushalt mitverwendeten Produkten und Marken. Daher bestehen vielfach bereits zu Beginn der Jugendphase auch ohne bisherige eigene Käufe Vertrautheit und Zufriedenheit mit einzelnen Marken, und auch Markenkonzepte werden so bereits in der Kindheit gebildet.[925] Es ist also denkbar, daß Konzeptbildungs- und Habitualisierungsprozesse schon in der Kindheit einsetzen und bereits die ersten eigenen Käufe in der Jugendphase vereinfacht vollzogen werden, indem auf die eigenen Erfahrungen aus der Kindheit zurückgegriffen wird.

Ferner gelten auch für Jugendliche die auf S. 185 bereits genannten Einschränkungen, die ebenfalls bewirken können, daß schon vor dem Erstkauf Vorprägungen der Entscheidung

923 Vgl. G. S. Carpenter/ K. Nakamoto (1994a), (1994b), (1989), (1988). Insbesondere wenn der Beitrag einzelner Produkteigenschaften zur Gesamtbeurteilung eines Produktes sowie deren Idealkombination nicht eindeutig ist und wenn die ersten Erfahrungen über einen längeren Zeitraum auf eine bestimmte Marke beschränkt sind, kann diese Marke die Entwicklung der Idealvorstellungen von der Produktkategorie nachhaltig beeinflussen; vgl. G. S. Carpenter/ K. Nakamoto (1994a), S. 165 f.

924 Zu einer Unterscheidung von Kauf- und Gebrauchserfahrungen vgl. auch H. Hilger (1981), S. 157.

925 Zur Formierung von Produktpräferenzen bei Kindern auch unter dem Einfluß der Werbung vgl. z.B. B. Melzer-Lena (1996); W. K. Silverman et al. (1988); K. D. Bahn (1986); D. Greer et al. (1982); J. P. Galst (1980). So bestehen bspw. bereits bei Kindern hohe Markenbekanntheit und klare Markenpräferenzen im Lebensmittelbereich; vgl. Ehapa Verlag GmbH (1994b), S. 7, 16 u. 33.

bestehen und bereits die erste eigene Kaufentscheidung vereinfacht erfolgt.[926] Bestehen starke Vorprägungen des Kaufverhaltens von Jugendlichen aus der Kindheit, so ist nicht die Jugendphase, sondern die Kindheit als sensible Phase für die Ausbildung von Markenpräferenzen anzusehen.

Aufgrund verschiedener **Charakteristika von Jugendlichen**[927] ist jedoch anzunehmen, daß bei den ersten eigenen Käufen in der Jugendphase nicht nur auf bestehende eigene Erfahrungen zurückgegriffen wird und weiterhin die aus der Kindheit bekannten und vertrauten Produkte gekauft und verwendet werden, sondern daß **Jugendliche sich auch bisher unbekannten Produkten und Marken zuwenden,** um zunächst umfassendere Markenkenntnisse und eigene Erfahrungen zu erwerben.[928] Die **höhere eigene Kaufkraft** sowie die Erweiterung der zugestandenen **Rechte und Selbständigkeiten** eröffnen den Jugendlichen die Möglichkeiten, selbstbestimmte Wahlentscheidungen zu treffen und umfassende eigene Kauf- und Gebrauchserfahrungen zu sammeln.[929] Zwar verfügen bereits Kinder über Taschengeld und die Möglichkeit, eigene Ausgaben zu tätigen; die Ausgabenbereiche, die Beträge und auch die selbständige Verfügung darüber sind gegenüber der Jugendphase jedoch noch relativ eingeschränkt. In der Jugendphase kommt es zu einer **erheblichen Erweiterung des eigenen Handlungsspielraums** im Konsumbereich. Die sich neu eröffnenden Möglichkeiten und Handlungsspielräume wollen erkundet werden; **Neugier und Abwechslungsbedürfnisse**,[930] eine grundsätzlich relativ große **Offenheit und Probierfreudigkeit**[931] von Jugendlichen begünstigen, daß in der Jugendphase verschiedene subjektiv neue Produkte und Marken aus-

---

[926] Auch durch die Übernahme der Gebrauchserfahrungen anderer kann der Erstkauf in der Jugendphase vereinfacht werden (vgl. dazu die Ausführungen in **Abschnitt 5.2.3**). Auch erste Markenkenntnisse und Einstellungen (Konzeptbildung) bilden sich bereits vor dem eigenen Gebrauch aus; so verfügen bereits 10- bis 12jährige über konkrete Markenkenntnisse und Lieblingsmarken im Automobilbereich; vgl. Ehapa Verlag GmbH (1992), S. 32-40.

[927] Vgl. zu einigen der grundlegenden Charakteristika von Jugendlichen auch die Ausführungen in **Abschnitt 2.2.**

[928] Darauf deuten bspw. Befunde hin, nach denen ältere Jugendliche im Vergleich zu jüngeren Jugendlichen eine größere Anzahl Sportartikel- oder Bekleidungsmarken kennen; vgl. Institut für Jugendforschung (1994), S. 71-73; H. Künzer (1997), S. 11. Auch Lieblingsmarken im Nahrungsmittelbereich können bei den 8- bis 13jährigen ihre Position nur solange halten, wie nicht durch Ausprobieren ein noch größeres Erfolgserlebnis bei einer anderen Marke erzielt wird; vgl. Ehapa Verlag GmbH (1994b), S. 16.

[929] Vgl. auch C. E. A. Seaman et al. (1997), S. 260. Zur Kaufkraft von Jugendlichen vgl. **Abschnitt 3.2.2**; zur Selbständigkeit vgl. **Abschnitt 3.3.1**.

[930] I.a. wird bei jüngeren Personen ein höheres Abwechslungsbedürfnis als bei älteren Personen vermutet und bestätigt; vgl. zusammenfassend B. Helmig (1997), S. 69; allerdings werden dabei selten Jugendliche und Erwachsene gegenübergestellt; es handelt sich lediglich um eine generelle Tendenz, die sich auch nur auf Erwachsene verschiedenen Alters beziehen kann. Zur Annahme eines höheren Abwechslungsbedürfnisses in Kindheit und Jugend vgl. A. Bänsch (1995), S. 348. Vgl. auch B. Melzer-Lena (1997), S. 22 f., zum Kaufmotiv der Abwechslung bei Kindern und Jugendlichen.

[931] Vgl. D. Baacke et al. (1990), S. 19. Vgl. auch W. Schurian (1989), S. 84 f. u. 104 f. zur hohen geistigen und emotionalen Offenheit und dem Probierhandeln als grundsätzliche Merkmale von Jugendlichen sowie E. Oehmichen (1998), S. 63, für den Bereich des Medienkonsums.

probiert und nicht einfach die bisher verwendeten, aus dem Elternhaus vertrauten Marken (z.B. bei Getränken und Nahrungsmitteln) gekauft werden. Ferner fördern die in der Jugendphase typischerweise akzentuierten Bedürfnisse nach **Unabhängigkeit, Eigenständigkeit und Abgrenzung von den Eltern**, die in Zusammenhang mit der Identitätssuche von Jugendlichen zu sehen sind, eine Zuwendung zu andersartigen, nicht von den Eltern verwendeten Produkten sowie eine vergleichsweise hohe Aufgeschlossenheit gegenüber neuen Produkten und Marken.[932] Auch Bestrebungen zur **Abgrenzung von allem Kindlichen** können die Hinwendung zu anderen Produkten und Marken begünstigen; aus manchen Marken wachsen die Jugendlichen buchstäblich heraus.[933]

Im Zuge der kognitiven Entwicklung in Kindheit und Jugend **erweitert und verändert sich auch das Spektrum der Beurteilungskriterien** von Produkten, so daß sich die Beurteilung einzelner Marken auch aufgrund der Relevanz zusätzlicher oder anders gewichteter Kriterien verändern kann.[934] Differenzierte sozial-kommunikative Funktionen von Produkten werden offenbar erst in der Jugendphase voll erfaßt, und Marken sowie die mit verschiedenen Produkten und Marken kommunizierten Bedeutungen gewinnen in dieser Phase an Wichtigkeit.[935] Marken werden – in den für Jugendliche relevanten Produktbereichen wie z.B. Kleidung, Sport, Unterhaltungselektronik, bestimmte Getränke – zu einem Teil der Selbstinszenierung von Jugendlichen.[936] Sie werden kritisch darauf geprüft, ob sie zur eigenen Altersgruppe und Lebenswelt passen.[937] Auch die im Zuge der Identitätsfindung **sich wandelnden Selbstbilder** von Jugendlichen können daher zur Hinwendung zu neuen Marken führen.[938] In diesem Zusammenhang ist auch die zunehmende **Vielfalt und Differenzierung des speziell auf die**

---

932 Vgl. zu diesen Merkmalen von Jugendlichen auch **Abschnitt 3.3.4**; vgl. auch K. Janke/ S. Niehues (1995), S. 117.

933 Vgl. B. Melzer-Lena (1997), S. 17. Schon 10- bis 12jährige sind sehr bestrebt, sich von allem Kindlichen abzusetzen; vgl. B. Melzer-Lena (1997), S. 7.

934 Vgl. auch A. Ebeling (1994), S. 59 f.; K. D. Bahn (1986), S. 391 f.; E. Kuhlmann (1983), S. 406 f. Zu Theorien der kognitiven Entwicklung vgl. J. Piaget (1972); J. H. Flavell (1979); H. Ginsburg/ S. Opper (1982). Zu den Zusammenhängen von kognitiver Entwicklung und Markenwahrnehmung und der Annahme einer durch die kognitive Entwicklung bedingten differenzierteren Markenwahrnehmung mit zunehmendem Alter von Kindern bzw. Jugendlichen vgl. A. Ebeling (1994), S. 57-65. So entwickelt sich bspw. die Fähigkeit zur dezentrierten Wahrnehmung, die eine ganzheitliche Markenwahrnehmung ermöglicht, ab einem Alter von ca. 7 Jahren; vgl. A. Ebeling (1994), S. 59 f. u. 64. Aus diesem Grund wird z.B. das Alter von 8 bis 10 Jahren als eine für die Markenpositionierung wichtige Phase angesehen, vgl. B. Melzer-Lena (1996), S. 9. Kognitive Entwicklungstheorien liefern allerdings nur grobe Anhaltspunkte für die Entwicklung der Markenwahrnehmung; vgl. A. Ebeling (1994), S. 64.

935 Vgl. dazu R. Roth (1983), S. 69; A. Ebeling (1994), S. 59 f., 65 u. 72, 137-143. Zu einer hohen und im Zeitvergleich zunehmenden Bedeutung von Marken für Jugendliche vgl. auch B. Melzer-Lena (1997), S. 18. Vgl. auch **Abschnitt 3.3.5**.

936 Vgl. B. Melzer-Lena (1997), S. 9 u. 18; Institut für Jugendforschung (1993), S. 37-41.

937 Vgl. B. Melzer-Lena (1997), S. 24 f. Jugendliche prüfen kritischer als manche Erwachsene, ob eine Marke noch zu ihnen paßt oder ob sie Signale aussendet, mit denen sie sich nicht mehr identifizieren wollen; vgl. ebd., S. 17.

938 Vgl. dazu auch A. Ebeling (1994), S. 71 f.

Bedürfnisse von Jugendlichen zugeschnittenen Angebots zu sehen,[939] die entsprechende Kriterien der Markenwahl ermöglicht und nahelegt.
Ferner erhalten Jugendliche durch Gleichaltrige, die in dieser Lebensphase als Bezugsgruppe im Konsumbereich an Bedeutung gewinnen, neue Informationen und Impulse für ihr Kaufverhalten.[940] Starke **soziale Einflüsse** von Gleichaltrigen, die bis zum Gruppendruck reichen, können eine Veränderung der bisherigen Präferenzen bewirken.[941]

Dieser Hinwendung zu subjektiv neuen Produkten und Marken können **extensive Kaufentscheidungen** zugrunde liegen. Denkbar ist, daß allein die Tatsache, daß erstmals selbst gekauft werden darf, daß neue (soziale) Kriterien beim Kauf eine Rolle spielen und hohe Kaufrisiken auftauchen (z.B. Akzeptanz versus Ablehnung durch die Peer-Gruppe), zumindest in einigen Produktbereichen zu einem zunächst hohen Kaufinvolvement von Jugendlichen und externen Informationssuchaktivitäten führt. Auf eine stärkere kognitive Beteiligung von Jugendlichen an Kaufentscheidungsprozessen und eher externe Informationssuche deuten die intensive Auseinandersetzung mit einigen Produkten und Marken in den Peer-Gruppen sowie das vergleichsweise hohe Informationsinteresse von Jugendlichen in einigen Produktbereichen hin.[942] Neben extensiven Kaufentscheidungen werden – abweichend von dem idealtypisch unterstellten Habitualisierungsprozeß – jedoch auch **impulsive Kaufentscheidungen** sowie z.B. durch Orientierung an den Gleichaltrigen **vereinfachte Entscheidungen**, d.h. kognitiv entlastete Kaufentscheidungen, den Erstkauf von Jugendlichen kennzeichnen.

Unabhängig davon, wie die ersten eigenen Kaufentscheidungen in den verschiedenen Produktbereichen vollzogen werden, können dann **im Laufe der Jugendphase im Zuge zunehmender eigener Gebrauchserfahrungen Vereinfachungsprozesse einsetzen**. Mit den in der Jugendphase verwendeten Produkten und Marken können **Zufriedenheit und Vertrautheit** entstehen. Insbesondere bei Produkten, die schon in der Jugendphase häufig gekauft und verwendet werden, können Habitualisierungsprozesse einsetzen, und es können sich

---

939 Zur Inflation der Angebote vgl. auch K. Janke/ S. Niehus (1995), S. 124 f.

940 Vgl. B. D. Keillor et al. (1996), S. 49 u. 51-54, zur hohen Bedeutung der Gleichaltrigen als Informationsquelle für Markenpräferenzen von Jugendlichen bei verschiedenen Produkten. Vgl. auch **Abschnitt 5.2.3**. Zur schnellen Verbreitung von Produktinformationen in jugendlichen Peer-Gruppen; vgl. Institut für Jugendforschung (1993), S. 39.

941 Zu einem hohen und im Zeitvergleich zunehmenden, normativen Einfluß von Peer-Gruppen auf die Markenwahl von Jugendlichen vgl. B. Melzer-Lena (1997), S. 18 u. 24; P. Hammann et al. (1997), S. 178-180; A. Ebeling (1994), S. 98 f.; Institut für Jugendforschung (1993), S. 15 u. 41-45; B. Melzer (1983), S. 65; R. Roth (1983), S. 249-253.

942 Zu einem hohen Informationsinteresse von Jugendlichen bei Geräten der Unterhaltungselektronik vgl. IP Multimedia Deutschland GmbH (1995), S. 26. Ein hohes Informationsinteresse kann auch dadurch bedingt sein, daß sich die Jugendlichen über ihr Expertenwissen in einem bestimmten Bereich, z.B. Musik, Kleidung, HiFi-Anlagen in ihren Cliquen profilieren können; vgl. Institut für Jugendforschung (1993), S. 39; vgl. auch K. Janke/ S. Niehus (1995), S. 124.

Markenpräferenzen und Sets akzeptierter und abgelehnter Marken bereits in der Jugendphase herausbilden (z.B. bei Getränken, Schokoriegeln, Körperpflegeprodukten).

Auch wenn zu Beginn der Jugendphase zwar bereits eigene Gebrauchserfahrungen bei vielen schon in der Kindheit verwendeten Produkten vorliegen (Nahrungsmittel, Getränke, Kleidung), kann demnach auf der Grundlage der vorangegangenen Ausführungen vermutet werden, daß diese nur in begrenztem Ausmaß auch direkt zu festgefügten Vereinfachungen der ersten eigenen Entscheidungen führen, daß aber im Laufe der Jugendphase, mit zunehmenden eigenen Gebrauchserfahrungen, Habitualisierungsprozesse einsetzen und dauerhafte Markenpräferenzen ausgebildet werden. Die Jugendphase erscheint als die Lebensphase eines Konsumenten, in der er bisher unbekannten Produkten und Marken grundsätzlich noch relativ offen begegnet, sein Konsumverhalten und seine Markenpräferenzen mithin noch relativ wenig festgelegt sind, und in der er zudem selbst über die finanziellen Möglichkeiten verfügt, diese selbständig zu erwerben, so daß sich besondere Chancen für die Kundengewinnung ergeben.

Einige Merkmale, die eine hohe Offenheit gegenüber neuen Erfahrungen und Produkten bewirken, können jedoch bei sehr starker Ausprägung auch bei hoher Zufriedenheit mit den verwendeten Produkten und Marken **der Ausbildung von Entscheidungsvereinfachungen und von markentreuem Kaufverhalten in der Jugendphase entgegenwirken**. Hohe Abwechslungsbedürfnisse sowie teilweise zwanghafte Probier- und Innovationsfreudigkeit vieler Jugendlicher begünstigen einen häufigen Markenwechsel und wirken einer Bindung der Jugendlichen an eine Marke entgegen.[943] Auch zunehmende Entscheidungsspielräume und eine im Zuge eines steigenden Wettbewerbs um jugendliche Kunden erhöhte Anzahl angebotener Alternativen ermöglichen bzw. begünstigen geringe Markenbindungen und wechselhaftes Verhalten von Jugendlichen.[944] Gerade Jugendlichen wird sowohl im Konsumbereich als auch in anderen Bereichen ein geradezu sprunghaftes Verhalten zugeschrieben und eine **geringe oder gar sinkende Bindungsbereitschaft** und Markentreue attestiert.[945] Durch einzelne Markenbilder fühlen sich viele Jugendlichen zu stark festgelegt; dem versuchen sie durch die

---

943 Viele Jugendliche verspüren bspw. einen Zwang, immer auf der Höhe der Zeit zu sein; vgl. IFM (1994), S. 57.

944 So ist bspw. im Bankenbereich zu beobachten, daß Jugendliche über mehrere Girokonten bei verschiedenen Banken (sog. Mehrfachbankverbindungen) verfügen. Da die Jugendkonten kostenlos sind, werden bedenkenlos die Service- und Sonderleistungen verschiedener Banken gleichzeitig in Anspruch genommen. Zu einem positiven Zusammenhang von Wettbewerbsintensität und Markenwechsel vgl. auch B. Stauss (1997), S. 82.

945 Vgl. B. Melzer-Lena (1990), S. 19; IP Multimedia Deutschland GmbH (1995), S. 23; T. Görke (1996), S. 4; I. Bauer (1996), S. 13. Diese geringe Bindungsbereitschaft ist allerdings kein ganz neues Phänomen: Bereits 1972 wurde zu bedenken gegeben, daß Jugendliche keine längerfristigen Bindungen an eine Marke eingehen, sondern Marken wechseln wie die tägliche Kleidung, vgl. K. H. Benz (1972), S. 247. Eine empirische Analyse bei französischen Müttern und Töchtern ergab eine sehr viel geringere Geschäftstreue bei den Töchtern vgl. E. Tissier-Desbordes (1984), S. 28.

Auflösung einer strikten Markenbindung zu begegnen.[946] Dabei handelt es sich um eine generelle Tendenz, die auf einzelne Jugendliche in unterschiedlichem Maße zutrifft.[947] Eine geringe Bindungsbereitschaft von Jugendlichen ist auch in anderen Bereichen zu beobachten: So ist z.B. auch bezogen auf jugendkulturelle Gruppenstile für heutige Jugendliche weniger die starke Identifikation mit nur einem Gruppenstil charakteristisch, sondern eher die Haltung des Ausprobierens, Experimentierens und der begrenzten Nutzung verschiedener Stile.[948]

Allerdings ist bei einem **Markenwechsel** zwischen **zwei unterschiedlichen Mustern** – dem „endgültigen" Markenwechsel und dem Wechsel innerhalb eines Sets langfristig akzeptierter Marken – zu differenzieren.

Die erste Form des Wechsels besteht darin, daß zwar für einen bestimmten Zeitraum ein einziges Produkt oder eine einzige Marke von einem Jugendlichen eindeutig präferiert wird, diese aber danach auch ebenso eindeutig abgelehnt wird und auch nicht mehr zu ihr zurückgekehrt wird (**„endgültiger" Wechsel**). Dieses Phänomen ist z.B. bei den sog. Trendprodukten und -marken auf individueller Ebene zu beobachten. Eine Zeitlang gilt es geradezu als „Muß", bspw. eine G-Shock (Armbanduhr) zu tragen, ein Tamagotchi (elektronisches Haustier) zu besitzen oder ein bestimmtes Getränk (z.B. mexikanisches Corona-Bier) zu konsumieren es bestehen also zunächst sehr starke Präferenzen für einzelne Produkte und Marken. Kurze Zeit später aber, wenn diese zu stark oder in den „falschen Kreisen" verbreitet, d.h. „mainstream" geworden sind, werden sie möglicherweise in einer ähnlich starken Form abgelehnt und nie wieder gekauft.[949] Unter diesen Bedingungen wird keine langfristige Markentreue, sondern allenfalls eine **zeitlich begrenzte Markentreue** ausgebildet. Dabei handelt es sich meist um Produkte, die v.a. aufgrund ihrer Eignung zur Darstellung der eigenen Individualität und der Abgrenzung von anderen gekauft werden (wie z.B. bei Kleidung und Accessoires, Sport, teilweise auch bei Getränken und Nahrungsmitteln beobachtbar).[950] Die Eignung zur Befriedi-

---

946 Vgl. IFM (1994), S. 99. Zur ambivalenten Beziehung von Jugendlichen zu Marken vgl. auch Lintas Hamburg GmbH (1994); A. Rucktäschl (1996), S. 119 f.

947 Vgl. A. Rucktäschl (1996), S. 120 f.; vgl. auch Grey (1997) zu verschiedenen Typen von Jugendlichen, die sich auch durch unterschiedliche Verhältnisse zu Marken auszeichnen.

948 Vgl. Y. Fritzsche (1997), S. 374; I. Bauer (1996), S. 13. Die geringe Bindungsbereitschaft von Jugendlichen zeigt sich z.B. auch bei der Wahl unverbindlicher Möglichkeiten eines politischen Engagements: Statt der festen Bindung an einzelne Parteien werden projektbezogene Engagements vorgezogen, wie z.B. bei Umweltschutzgruppen, die sich auflösen, sobald sie ihr Anliegen durchgesetzt haben; vgl. O. Gersemann/ H. J. Ginsburg (1997), S. 46.

949 Zur Abnutzung von Symbolen der eigenen Individualität mit zunehmender Verbreitung vgl. auch G. Schulze (1996), S. 40 f. Vgl. z.B. M. Vogel (1995), S. 73 für die Snowboarder-Szene: „es gibt nichts Vernichtenderes, als daß das Produkt von der falschen Zielgruppe getragen wird, sagen wir mal, von Skifahrern! Darauf reagieren Snowboarder sofort mit Kaufverweigerung". Vgl. dazu auch S. Mauerer (1996), o.S.

950 Eine Studie von G. P. Moschis/ R. L. Moore (1981), S. 202, weist darauf hin, daß diese Verhaltensweise (Markenwechsel, Präferenzdynamik) nicht nur interindividuell, sondern intraindividuell mit der Produktart variiert. Es ist zu vermuten, daß Selbstdarstellungs- und Abgrenzungsbedürfnisse v.a. bei öffentlich konsumierten, stilbildenden Produkten von hoher Bedeutung sind. Zum schnellen Wechseln von

gung dieser Bedürfnisse läßt jedoch in dem Maße nach, wie das Produkt zur Massenware wird.[951] Auf aggregierter Ebene sind diese Effekte so einfach nicht zu beobachten, da sich die Durchsetzung von Trends über einen längeren Zeitraum erstreckt und sich gegenläufige Effekte auf individueller Ebene ausgleichen.[952] Zudem sind solche Effekte i.d.R. nur auf der Produktartebene zu beobachten, da Marken meist dadurch aktuell gehalten werden, daß (spätestens) nach dem Abflauen eines Trends Maßnahmen ergriffen werden, die wieder zu einer Lösung des Markenimages von diesem Trend beitragen.[953] Gelingt diese Lösung allerdings nicht, so können ursprüngliche „In"-Marken auch auf aggregierter Ebene eine Ablehnung erfahren, wie z.B. Fiorucci, Palomino oder Fruit of the Loom, die in den 80er Jahren bei einigen Jugendlichen als Trendmarken galten und die heute kaum noch Marktgeltung besitzen.[954]

Eine zweite Form des Wechsels besteht darin, daß der **Markenwechsel** sich lediglich **innerhalb eines Sets auch langfristig präferierter Marken** vollzieht: Es erfolgt zwar keine Bindung an eine einzelne ausdrücklich präferierte Marke, aber es existiert ein auch längerfristig akzeptiertes Set gleichermaßen präferierter Marken, zwischen denen gewechselt wird (**Multi-Markentreue**).[955] Eine solche Multi-Markentreue ist bspw. im Schokoriegel- und im Zigarettenmarkt zu beobachten; in beiden Produktbereichen werden von Jugendlichen häufig mehrere verschiedene Marken parallel verwendet.[956] Es bildet sich offenbar in der Jugendphase ein begrenztes Set präferierter Marken heraus, das aber mehrere Marken enthält, zwischen denen dann gewechselt wird.[957] In der Erwachsenenphase kann dann, sofern das Produkt grundsätz-

---

„In"-Marken bei Jugendlichen im Kleidungsbereich vgl. B. Holzhauer (1994), S. 23. Zum beschleunigten Wechsel von Trends in der Jugendkultur vgl. K. Janke/ B. Niehus (1995), S. 116 f. u.125.

951 Vgl. auch McCann Erikson GmbH (1988), S. 126. Aus diesem Grunde werden manche Marken wie z.B. Stüssy (Kleidung für die Skater- und Snowboarder-Szene) nur in limitierter Auflage und nur in bestimmten Geschäften vertrieben, um dem Träger von Stüssy-Kleidung eine gewisse Sonderstellung zu garantieren; vgl. M. van Doren (1995), S. 254 f. Szene-Geschäfte, wie z.B. John Mikel´s in Köln, nehmen Marken aus dem Sortiment, gerade weil sie zu stark verbreitet, d.h. zu sehr „mainstream" geworden sind; vgl. A. Rueß (1995), S. 56.

952 So steigt ein Teil der Käufer (Trendsetter) bereits aus, wenn ein anderer Teil (die frühe Mehrheit) gerade erst beginnt, das Produkt zu kaufen.

953 So werden bspw. neue Produkte eingeführt, neue Trends aufgegriffen und das Markenimage durch entsprechende Kommunikationsmaßnahmen wieder von dem einzelnen Trend gelöst.

954 Aus der Sicht der Markenführung ist daher darauf zu achten, daß eine Marke nicht zu stark mit einem einzelnen kurzlebigen Trend identifiziert wird.

955 Grundsätzlich denkbar ist, daß auch bei der zeitlich begrenzten Markentreue nicht nur eine Marke, sondern ein Set von Marken über einen begrenzten Zeitraum stark präferiert wird. Bei den beiden beschriebenen Konsummustern (starke, aber zeitlich begrenzte Präferenz für eine Marke vs. auf verschiedene Marken verteilte, aber langfristige Präferenzen) handelt es sich um Idealtypen, denen im wesentlichen zwei Merkmale (Anzahl der präferierten Marken und Zeitraum der Markenpräferenz) zugrundeliegen.

956 Vgl. IFM (1994), S. 99 f., zu Zigaretten; F. Schübel (1997) zu Schokoriegeln. Im Schokoriegelmarkt gilt ein Konsument, der 20% seiner Schokoriegelkäufe auf eine Marke konzentriert, als „heavy user" dieser Marke; vgl. F. Schübel (1997).

957 Die unterschiedliche Verwendung der Marken kann dabei auch durch die jeweilige Verwendungssituation bedingt sein (z.B. Millers Genuine Draft als Trendbier wird in der Disco und Licher Pilsener zu Hause vor dem Fernseher getrunken).

lich auch in der Erwachsenenphase noch verwendet wird, auf die aus der Jugendphase vertrauten Marken dieses Sets zurückgegriffen werden. Aus der Sicht der Markenführung ist es daher von Vorteil, bereits in der Jugendphase in das Set präferierter Marken eines Konsumenten zu gelangen und frühzeitig Vertrautheit und Zufriedenheit aufzubauen.
Dem Abwechslungsbedürfnis und der in manchen Bereichen geringen Bindungsbereitschaft von Jugendlichen kann dadurch Rechnung getragen werden, daß verschiedene parallel existierende Einzelmarken von einem Unternehmen angeboten werden.[958] Um den erhöhten Abwechslungsbedarf von Jugendlichen zu befriedigen und die Marke aktuell zu halten, müssen dann im Jugendmarkt sehr viel mehr Anstrengungen unternommen werden; sei es durch Innovationen, Variationen in der Werbung o.ä.[959]

Ein in diesem Zusammenhang interessantes Phänomen ist in einer möglichen **Typisierung von Jugendlichen in Eingrenzer und Auskoster** zu sehen. Diese ergeben sich als zwei mögliche Reaktionsmuster auf die zunehmende Vielfalt von Handlungsoptionen und den beschleunigten Wandel sowie die damit verbundene Angst vor einem Identitätsverlust.[960] Zunehmende Entscheidungsfreiheiten und Wahlmöglichkeiten können nicht nur positiv erlebt werden, sondern sie können angesichts des gleichzeitigen Fehlens von Orientierungsmöglichkeiten zu Verunsicherung und zu Entscheidungsproblemen führen.[961] Diese können einerseits dadurch gelöst werden, daß möglichst keine Festlegung erfolgt, sondern möglichst viele Optionen offengehalten und ausprobiert werden (Auskosten der Möglichkeiten).[962] Andererseits besteht eine alternative Haltung darin, daß nach festen Orientierungen gesucht wird und sich möglichst schnell für eine Alternative entschlossen und daran festgehalten wird (Eingrenzung der Möglichkeiten).[963] Unter Jugendlichen sind einer qualitativen Studie des IFM zufolge

958 So bietet bspw. Nestlé verschiedene Marken bei Schokoriegeln an (Lion, Kitkat, Butterfinger, Nuts).

959 Vgl. B. Melzer-Lena (1990), S. 19.

960 Vgl. dazu die Studie des IFM (1994), insbes. S. 64 ff. Zu einer angesichts schneller Veränderungen hohen wahrgenommenen Orientierungslosigkeit v.a. von jüngeren Jugendlichen vgl. auch Jugendwerk der deutschen Shell (1997), Frage 11, Nr. 65.

961 Vgl. IFM (1994), S. 39-42; GIM (1995), o.S.; A. Legnaro (1992), S. 24; W. Ferchhoff/ G. Neubauer (1996), S. 32 f. Vgl. dazu auch die Ausführungen in **Abschnitt 2.2.4**. In dem Maße wie traditionelle Bindungen an Bedeutung verlieren, eröffnen sich Wahl- und Gestaltungsmöglichkeiten für das Individuum. Damit erhöht sich jedoch auch der Zwang, selbst zu gestalten, zu wählen und v.a. Verantwortung für die eigenen Wahlen und die eigenen Handlungen zu übernehmen. Das Individuum kann nicht mehr bestehende Grenzen für seine Handlungen verantwortlich machen, sondern wird auf sich selbst zurückgeworfen.

962 Vgl. P. Heitkämper (1997), S. 12. Angesichts der subjektiven und instabilen Entscheidungsgrundlagen kommt es zu Bindungs- und Festlegungsängsten und zu abnehmender Bindungsbereitschaft; vgl. GIM (1995); F. Schüre (1997), S. 79.

963 Gerade in einer Situation hoher Unsicherheit kann sich das Orientierungsbedürfnis erhöhen; vgl. auch H. Lüdtke (1981), S. 158. Aus dem Gefühl der Überforderung durch Entscheidungs- und Verantwortungsdruck resultiert dann ein erhöhtes Anlehnungsbedürfnis an kollektive Schemata; so kann z.B. das schmerzlich vermißte Gefühl von Aufgehobenheit durch wiederbelebte Traditionen (auch Kultmarken) vermittelt werden, vgl. GIM (1995), o.S. Vgl. auch G. Schulze (1993), S. 62 f., zu Unsicherheit und Orientierungsbedürfnissen als Begleiterscheinungen zunehmender Wahlmöglichkeiten.

beide Reaktionsmuster zu beobachten: Es gibt sowohl den Typus des **Eingrenzers** als auch den des **Auskosters**.[964] Während die Eingrenzer den eher unauffälligen Teil der Jugend verkörpern, die die Zeitströmungen nicht mitmachen und die Vielfalt der Möglichkeiten eher rigide abwehren, indem sie sich einen eingegrenzten Rahmen setzen, prägen die Auskoster das heutige Bild von der Jugendkultur.[965] Die Auskoster probieren verschiedene Lebensmöglichkeiten aus, verschreiben sich für einen begrenzten Zeitraum einer bestimmten Mode oder einem Trend, legen diese aber auch ebenso schnell wieder ab, wie sie zugelegt wurden.[966] Es ist zu vermuten, daß sich diese Typen von Jugendlichen auch bzgl. ihrer Bindungsbereitschaft gegenüber Marken unterscheiden; der Auskoster stellt vermutlich den eher sprunghaften Typus dar, dessen mangelnde Bindungsbereitschaft und hohes Abwechslungsbedürfnis zu einem häufigen Markenwechsel führt. Bei den Eingrenzern kann hingegen ein höheres Maß an Stabilität und Treue auch bzgl. der Markenwahl vermutet werden, was die Gewinnung dieser Gruppe von Jugendlichen als besonders attraktiv erscheinen läßt.
Im Jugendmarkt besteht grundsätzlich die Gefahr, daß das Bild von „den Jugendlichen", in diesem Fall „den bindungsunwilligen Jugendlichen", nur von einem kleinen auffälligen, jugendkulturell aktiven Teil der Jugendlichen geprägt wird, daß dieses aber für die breite Masse der Jugendlichen gar nicht zutrifft.[967] Aus Unternehmenssicht ist daher darauf zu achten, daß das Bild von „den bindungsunwilligen Jugendlichen", das möglicherweise ebenfalls nur von einem kleinen auffälligen Teil der Jugendlichen geprägt wird, nicht unreflektiert übernommen wird, sondern es ist sorgfältig zu prüfen, ob sich nach der Bindungsbereitschaft nicht verschiedene, unterschiedlich attraktive Segmente des Jugendmarktes unterscheiden lassen.

Insgesamt gesehen erscheint die Jugendphase nach den vorangegangenen Überlegungen als eine Lebensphase, in der ein Konsument in verschiedenen Produktbereichen erstmals eine Vielzahl umfassender eigener Kauf- und Gebrauchserfahrungen erwirbt. Den in **Abschnitt 5.2.2.1** angestellten Überlegungen zufolge, nach denen die eigenen Kauf- und Gebrauchserfahrungen Ausgangspunkt und zentrale Grundlage von Entscheidungsvereinfachungen und von Markentreue sind, ist daher anzunehmen, daß in der Jugendphase in den betroffenen Produktbereichen Prozesse der Ausbildung und Verfestigung von Markenpräferenzen und Entscheidungsvereinfachungen einsetzen. Die Überlegungen haben allerdings auch gezeigt, daß

---

964 Vgl. IFM (1994), S. 64-69.
965 Vgl. IFM (1994), S. 65-66.
966 Vgl. IFM (1994), S. 67-69. Während der Eingrenzer bspw. bzgl. gegengeschlechtlicher Beziehungen entweder keinen Partner hat oder in einer sehr festen Beziehung mit unbedingter Treue lebt, zeigt der Auskoster eher unverbindliche Beziehungsformen oder er probt Verbindlichkeiten in einem abgegrenzten Sonderbereich, vgl. IFM (1994), S. 82.
967 Zu dem Problem der Beschränkung vieler Studien auf die „Szene-Kids", vgl. auch A. Schüür-Langkau (1998), S. 60. Vgl. auch W. Ferchhoff/ G. Neubauer (1997), S. 136, zu dem Problem der Prägung des Bildes von „der Jugend" von einem kleinen auffälligen Teil der Jugendlichen.

diese idealtypischen Vorstellungen zumindest teilweise dahingehend zu relativieren sind, daß weitere Determinanten zu berücksichtigen sind, die der Ausbildung einer langfristigen Treue zu einer einzigen Marke entgegenstehen können und daß diese bei verschiedenen Jugendlichen unterschiedlich stark ausgeprägt sein können.

5.2.2.3 Determinanten der Stabilität von in der Jugendphase ausgebildeten Entscheidungsvereinfachungen

Als Phase des umfassenden Erwerbs eigener Kauf- und Gebrauchserfahrungen bietet die Jugendphase in einer Vielzahl von Produktbereichen grundsätzlich die Voraussetzungen für das Einsetzen von Entscheidungsvereinfachungsprozessen und mithin für die Entstehung von Markentreue, auch wenn im Einzelfall Abwechslungsbedürfnisse und geringe Bindungsbereitschaft zu berücksichtigen sind. Im folgenden wird von einer Situation ausgegangen, in der bereits in der Jugendphase eigene Gebrauchserfahrungen gesammelt wurden, so daß eine hohe Vertrautheit des Konsumenten mit dem Produktbereich und einzelnen Marken besteht. Es wird angenommen, daß sich bereits Sets akzeptierter Marken und eventuell sogar Habitualisierungen ausgebildet haben und somit eine Einengung der Kaufentscheidung auf eine oder wenige Marken besteht. Die entscheidende Frage ist dann, welche Determinanten eine Stabilität und damit ein Andauern der entstandenen Entscheidungsvereinfachungen und Markentreue auch in der Erwachsenenphase begünstigen und daher ein späteres Abwerben des Kunden durch konkurrierende Marken erschweren.[968]

Betrachtet werden im folgenden v.a. produktspezifische Faktoren, da diese Hinweise auf Produktbereiche liefern, für die eine frühzeitige Markenbindung von besonderer Relevanz ist.[969] Ferner werden an dieser Stelle zunächst nur solche Determinanten thematisiert, die eine Persistenz begünstigen; Grenzen eines Andauerns von in der Jugendphase ausgebildeten Entscheidungsvereinfachungen werden in **Abschnitt 5.2.5** behandelt. Die drei zentralen Determinanten, die auf eine Stabilität der Markentreue hinwirken und die im folgenden betrachtet werden, sind die Zufriedenheit, das Commitment und das subjektiv wahrgenommene Kaufrisiko des Konsumenten.

[968] Diese Stabilitätsdeterminanten gelten grundsätzlich auch in anderen Lebensphasen, z.B. auch in der Jugendphase, in diesem Abschnitt steht jedoch das Andauern der Markentreue in der Erwachsenenphase im Vordergrund.

[969] Neben produktspezifischen Determinanten wirken auch generelle personenspezifische Faktoren (Persönlichkeitsmerkmale wie z.B. die Habitualisierungsneigung), die bei verschiedenen Personen unterschiedlich stark ausgeprägt sind, auf die Stabilität von Gewohnheiten; vgl. auch P. Weinberg (1981), S. 134-136; V. Trommsdorff (1993), S. 295.

Grundsätzlich ist eine wichtige Determinante für das Zurückgreifen auf die Erfahrungen und Entscheidungsvereinfachungen aus der Jugendphase, daß auch bei dem erwachsenen Konsumenten anhaltende **Zufriedenheit** mit der Marke besteht bzw. **keine Unzufriedenheit** auftritt.[970] Sobald Unzufriedenheit mit einer vertrauten Marke entsteht, besteht ein Anlaß, das bisherige Verhalten zu überdenken und zu einer anderen Marke zu wechseln.[971] Da sich auf dem Weg zum Erwachsensein die Bedürfnisse und Ansprüche von Konsumenten ändern können, ist eine dauerhafte Zufriedenheit nicht automatisch gegeben. So werden sich bspw. bei Schokoriegeln die Anforderungen vermutlich nicht so stark ändern, hingegen können sich bei Kleidung und Kosmetika starke Veränderungen vollziehen. Derartige Veränderungen und ihre Auswirkungen auf die Markentreue eines erwachsenen Kunden werden in **Abschnitt 5.2.5** thematisiert. Auch bei anhaltender Zufriedenheit ist ein Wiederkauf jedoch kein Automatismus. Einige empirische Befunde zeigen einen nur schwachen Zusammenhang zwischen der Zufriedenheit und dem Wiederkauf bzw. der Wiederkaufabsicht, weshalb die Zufriedenheit vielfach als eine nur notwendige, nicht aber hinreichende Bedingung für einen Wiederkauf angesehen wird.[972] Es hängt dann von weiteren Faktoren wie z.B. dem Ausmaß und der Qualität der Zufriedenheit, der Stärke von Abwechslungsbedürfnissen sowie von der Attraktivität der Alternativen und den Aktivitäten der Wettbewerber ab, ob anhaltende Zufriedenheit auch zu einer langfristigen Treue führt.[973]

Eine **zweite Determinante**, die eine hohe Stabilität eines markentreuen Verhaltens begünstigt, ist ein hohes markenbezogenes **Commitment** des Kunden.[974] Das markenbezogene Commitment wird definiert als die subjektiv empfundene Bindung eines Individuums an seine Markenwahl; es stellt eine psychische bzw. emotionale Bindung an eine bestimmte Marke in einer

---

970 Zum Begriff der Zufriedenheit sowie zu dem Zusammenhang zum Wiederkauf vgl. die Ausführungen auf S. 186.

971 Vgl. H. Kasper (1988), S. 388. Wird das bisherige Verhalten nicht mehr belohnt oder sogar bestraft, können selbst verfestigte Gewohnheiten aufgegeben werden; vgl. M. Dieterich (1986), S. 49 f.; G. Wiswede (1985), S. 552.

972 Zufriedenheit kann als eine notwendige, nicht jedoch als eine hinreichende Bedingung eines Wiederkaufs betrachtet werden; vgl. R. Schütze (1992), S. 324; B. Stauss/ P. Neuhaus (1996), S. 129; T. Henning (1996), S. 142 f. Zu einem nur schwachen Zusammenhang zwischen Kundenzufriedenheit und Wiederkaufabsicht vgl. auch die Studien von P. A. LaBarbera/ D. Mazursky (1983); K. Sandvik et al. (1997). Die Ergebnisse der Längsschnittstudie von P. A. LaBarbera/ D. Mazursky (1983), S. 402 f., deuten bspw. darauf hin, daß die Summe der vergangenen Erfahrungen mit einer Marke gegenüber der aktuellen Zufriedenheit mit dem letzten Kauf an Bedeutung für den Wiederkauf gewinnt, je länger die Sequenz der wiederholten Käufe ist, was eine prozeßbezogene Betrachtungsweise nahelegt.

973 Vgl. dazu B. Stauss (1997), S. 78-82.

974 Vgl. S. E. Beatty et al. (1988), S. 151; C. L. Martin/ P. W. Goodell (1991), S. 57; H. Assael (1995), S. 132-134; J. M. M. Bloemer/ H. D. P. Kasper (1995), S. 313 f. Bezugsobjekt des Commitment kann grundsätzlich nicht nur eine Marke sein, sondern auch eine Person oder eine Anbieterorganisation; vgl. H. Diller (1995), S. 20; T. Tomczak/ S. Dittrich (1997), S. 21.

Produktkategorie dar.[975] Das so konzeptionalisierte psychologische Commitment hat den Charakter einer Einstellung mit hoher Verhaltensrelevanz: Besteht ein hohes Commitment, so reflektiert der wiederholte Kauf einer Marke (Markentreue) eine stark positive, evtl. emotional geprägte Einstellung des Konsumenten zur Marke.[976] Der Konsument ist von „seiner Marke" überzeugt, er hält sie für die beste Alternative, will keine andere Marke kaufen und ist bereit, Mühen für ihre Beschaffung in Kauf zu nehmen und sie im Extremfall gegen Kritik zu verteidigen.[977] Je höher das Commitment, desto eher ist die Markenwahl auf eine bestimmte Marke fixiert.[978]

Von einigen – insbesondere von US-amerikanischen – Autoren wird nur die Form des Wiederkaufs einer bestimmten Marke, der auf einem Commitment bzw. stark positiven Einstellungen des Konsumenten zur Marke beruht, als **(„echte") Markentreue („(True) Brand Loyalty")** bezeichnet.[979] Diese wird unterschieden von der **„unechten" Markentreue („Spurious Brand Loyalty" bzw. „Inertia"),** die ein gleichgültiges, primär auf Bequemlichkeit basierendes Gewohnheitskaufverhalten widerspiegelt, das nicht durch ein entsprechendes Einstellungssystem abgestützt ist und daher eine geringere Stabilität aufweist.[980] Das **Gewohnheitskaufverhalten vom Typ 1** entspricht der „unechten" Markentreue bzw. der „Inertia" und stellt daher nach dieser Definition keine („echte") Markentreue dar; während das **Gewohnheitsverhalten vom Typ 2** eine „echte" Markentreue widerspiegelt.[981] Bei gleichgültigen, rein gewohnheitsmäßigen Wiederkäufen fehlt die Bindung an die Marke, was die „unechte" Markentreue gewissermaßen fragil macht; da der Konsument über keine starken Meinungen oder Emotionen bezüglich der Marke verfügt, wird die Marke leichter gewech-

---

975 Vgl. M. B. Traylor (1981), S. 51; J. L. Lastovicka/ D. M. Gardner (1978), S. 90; S. E. Beatty et al. (1988), S. 151; J. M. M. Bloemer/ H. D. P. Kasper (1995), S. 313 f.

976 Vgl. M. B. Traylor (1981), S. 52; C. L. Martin/ P. W. Goodell (1991), S. 54; H. Assael (1995), S. 134 f. Vgl. auch K. Moser (1997), S. 5, zu einer solchen Konzeption des Commitment. Über das Konzept des Commitment besteht Uneinigkeit in der Literatur; zu einer umfassenden Darstellung verschiedener Konzeptionen des Commitment vgl. K. Moser (1997); A. Söllner (1993), S. 92-104; C. L. Martin/ P. W. Goodell (1991); L. A. Crosby/ J. R. Taylor (1983), S. 414 f.

977 Vgl. P. Cushing/ M. Douglas-Tate (1985), S. 247; C. L. Martin/ P. W. Goodell (1991), S. 57; J. M. M. Bloemer/ H. D. P. Kasper (1995), S. 313 f.; H. Assael (1992), S. 89 f.; vgl. auch H. Diller (1995), S. 20 f. E. Anderson/ B. Weitz (1992), S. 19 u. 23.

978 Vgl. M. B. Traylor (1981), S. 52; C. L. Martin/ P. W. Goodell (1991), S. 57.

979 Vgl. zu einer solchen Konzeption der Markentreue z.B. H. Assael (1995), S. 131-134; J. M. M. Bloemer/ H. D. P. Kasper (1995), S. 313 f; J. F. Engel et al. (1993), S. 43 f.; J. W. Jacoby/ R. W. Chestnut (1978), S. 80 f.; J. Jacoby (1971), S. 26; G. S. Day (1969). Diese Autoren legen, anders als in der vorliegenden Arbeit, nicht ein behavioristisches Konzept der Markentreue zugrunde, sondern ein einstellungsgeprägtes Verhaltenskonzept, nach dem nur ein einstellungsbasiertes Wiederkaufverhalten („echte") Markentreue darstellt; in diesem Fall gehen Markentreue und Commitment miteinander einher.

980 Vgl. J. M. M. Bloemer/ H. D. P. Kasper (1995), S. 313; J. F. Engel et al. (1993), S. 43-45; H. Assael (1995), S. 132 u. 135; G. S. Day (1969), S. 30. Vgl. auch G. Wiswede (1992), S. 86; L. A. Crosby/ J. R. Taylor (1983), S. 414 f.; J.-N. Kapferer (1997), S. 167.

981 Zu einer Unterscheidung dieser zwei Typen von Gewohnheitskäufen und deren Zuordnung zu den beiden Formen der „Markentreue" vgl. H. Assael (1995), S. 125-139. Vgl. auch die Ausführungen auf S. 177.

selt.[982] Bei „echter“ Markentreue kauft der Konsument die Marke hingegen nicht gleichgültig und routinemäßig, sondern aufgrund von starken psychischen Bindungen an die Marke, die einem Wechsel, z.B. aufgrund von Abwechslungsbedürfnissen, entgegenstehen.[983]

Als zentrale Grundlage eines hohen Commitment und echter Markentreue wird ein hohes **Produktinvolvement** angesehen: Hohes Commitment und „echte“ Markentreue gehen i.d.R. mit einem hohen Produktinvolvement des Konsumenten (z.B. aufgrund einer hohen Selbstbildrelevanz des Produktes) einher.[984] Es wird vermutet, daß ein hohes Commitment entsteht, wenn ein hohes Produktinvolvement des Konsumenten besteht und er eine bestimmte Marke als besonders geeignet erlebt, seine Bedürfnisse zu befriedigen: Das höhere Involvement trägt zu einem stärkeren Engagement im Auswahlprozeß sowie bei positiven Gebrauchserfahrungen zu einer manifesteren Zufriedenheit und zum Aufbau eines höheren Commitment und damit letztlich eines (echten) markentreuen Verhaltens bei.[985] Als weitere wichtige Grundlagen eines hohen Commitment werden daher die durch den Konsumenten **wahrgenommene Differenzierung des Angebots** sowie **positive eigene Gebrauchserfahrungen** mit einer bestimmten Marke gesehen.[986] Nach Ergebnissen der Einstellungsforschung haben sich solche Einstellungen als relativ resistent gegenüber Beeinflussungsversuchen erwiesen, bei deren Genese das Individuum kognitiv beteiligt war bzw. die auf eigenen Gebrauchserfahrungen beruhen.[987] Je mehr die affektiven Bewertungen alternativer Marken auch kognitiv fundiert sind, desto resistenter sind sie gegen Beeinflussungsversuche.[988] Demnach müßten Einstel-

---

982 Vgl. D. Rost (1996), S. 106; J. M. M. Bloemer/ H. D. P. Kasper (1995), S. 313 f.; H. Assael (1995), S. 132 u. 135.

983 Vgl. J. M. M. Bloemer/ H. D. P. Kasper (1995), S. 313; H. Assael (1995), S. 135; S. E. Beatty et al. (1988), S. 151 f. Vgl. auch H. C. M. van Trijp et al. (1996), S. 284 u. 287. In diesem Fall steuern stark positive Einstellungen das Wiederkaufverhalten, während bei dem routinemäßigen Gewohnheitskauf mit sehr geringem kognitiven und emotionalen Involvement die Gewohnheiten einen direkten Einfluß auf das Verhalten haben, der nicht durch Einstellungen vermittelt wird; vgl. D. Stahlberg/ D. Frey (1996), S. 249; W. Kroeber-Riel/ P. Weinberg (1996), S. 174. Zu einer grundsätzlichen Diskussion der (Kauf-)Verhaltensrelevanz von Einstellungen vgl. W. Kroeber-Riel/ P. Weinberg (1996), S. 170-181; D. Stahlberg/ D. Frey (1996), S. 247-251.

984 Vgl. C. L. Martin/ P. W. Goodell (1991), S. 55; L. Zaichkowsky (1985), S. 347 f.; S. E. Beatty et al. (1988), S. 151 f.; J. M. M. Bloemer/ H. D. P. Kasper (1995), S. 322 f.; H. Assael (1995), S. 135. Zu einem stark positiven Einfluß persönlichkeitsbezogener Involvementantezedenzen auf die Markenbindung vgl. J.-N. Kapferer/ G. Laurent (1985), S. 290; O. Hupp (1998), S. 68.

985 Vgl. S. E. Beatty et al. (1988), S. 152 f.; J. M. M. Bloemer/ H. D. P. Kasper (1995), S. 313-316. Die Studie von Bloemer/ Kasper bestätigt einen positiven Zusammenhang zwischen Involvement, manifester Zufriedenheit, Commitment und Markentreue vgl. ebd. S. 318-323.

986 Zur Differenzierung des Angebots vgl. C. L. Martin/ P. W. Goodell (1991), S. 57. Zur Enstehung und Stabilisierung von Commitment durch eigene Erfahrungen vgl. R. A. Hinde (1979), S. 133 f.; A. Söllner (1993), S. 103.

987 Vgl. R. E. Petty/ J. T. Cacioppo (1986); W. J. McGuire (1985), S. 289 f.; W. Stroebe/ K. Jonas (1996), S. 273; R. E. Petty et al. (1997), S. 632; R. H. Fazio/ M. P. Zanna (1981), S. 184 f. Zu einer höheren Kaufverhaltensrelevanz von Einstellungen, die aufgrund eigener Gebrauchserfahrungen gebildet wurden gegenüber solchen, die auf indirekten Erfahrungen (z.B. Werbung) beruhen vgl. auch R. E. Smith/ W. R. Swinyard (1983).

988 Vgl. E. Kuhlmann (1983), S. 407.

lungen und markentreues Verhalten, die auf **ursprünglich extensive Kaufentscheidungen sowie eigene Gebrauchserfahrungen** zurückgehen, stabiler sein als solche, die entstanden sind, ohne daß jemals intensivere Informationssuch- und -verarbeitungsprozesse beteiligt waren und/ oder die lediglich auf beeinflussender Kommunikation beruhen.[989]

Die Zusammenhänge zwischen dem hohen Involvement und dem Entscheidungsverhalten von Konsumenten, insbesondere dem Ausmaß der kognitiven Vereinfachung der Kaufentscheidung, sind dabei allerdings noch unklar und widersprüchlich: Ein hohes Involvement führt i.a. zu einem stärkeren kognitiven Engagement im Kaufentscheidungsprozeß, mithin zu eher extensiven Kaufentscheidungen; andererseits führt es zu einer starken Markenbindung, bei der die Kaufentscheidung bereits im voraus auf eine bestimmte Marke festgelegt ist und bei der daher keine extensiven Vergleichsprozesse erforderlich sind.[990] Empirische Befunde deuten nun auf die Existenz eines Kaufentscheidungstyps hin, bei dem der Konsument zwar stark involviert ist und eine starke, möglicherweise eher emotional geprägte Bindung an eine bestimmte Marke empfindet, bei dem er jedoch diese Marke wiederholt kauft, ohne starke gedankliche Aktivitäten bei der Auswahl zu entwickeln **(Gewohnheitsverhalten vom Typ 2)**.[991] Das hohe Involvement führt hier also nicht zu einer starken kognitiven, sondern nur zu einer starken emotionalen Beteiligung am Entscheidungsprozeß. Allerdings schließt eine starke Bindung an eine Marke ein stärkeres kognitives Engagement an aktuellen Entscheidungen nicht aus.[992]

Stabilitätsfördernde Wirkungen eines hohen Commitment werden nun bspw. darin gesehen, daß der Kunde dazu tendiert, Informationen selektiv aufzunehmen und zu verarbeiten[993]

---

989 Vgl. dazu auch M. Dieterich (1986), S. 170. Zu einem positiven Zusammenhang der Informationssammlung vor dem Kauf und dem Ausmaß der Treue vgl. H. Kasper (1988), S. 394 f. Zur Annahme einer stärkeren kognitiven Beteiligung und extensiveren Entscheidungsprozessen bei der Entstehung von Commitment bzw. „echter" Markentreue vgl. J. M. M. Bloemer/ H. D. P. Kasper (1995), S. 314; S. E. Beatty et al. (1988), S. 152. In diesen Studien wird allerdings keine dynamische Perspektive zugrundegelegt; für eine Betrachtung der Entwicklung von Involvement und Commitment im Laufe zunehmender Kauferfahrungen wäre dies jedoch erforderlich.

990 Vgl. O. Hupp (1998), S. 31.

991 Vgl. P. Cushing/ M. Douglas-Tate (1985), S. 247; vgl. auch O. Hupp (1998), S. 68. Zu einem positiven Zusammenhang zwischen der Stärke bzw. Stabilität von Einstellungen und der Stärke der Entscheidungsvereinfachung vgl. auch V. A. Kannacher (1982), S. 124-126; H. Schulte-Frankenfeld (1985), S. 24 f.

992 Zu einem hohen kognitiven Involvement des Konsumenten bei gleichzeitiger gefühlsmäßiger Bindung des Konsumenten an einzelne Marken, vgl. F.-R. Esch/ P. Billen (1994), S. 421.

993 Vgl. L. A. Crosby/ J. R. Taylor (1983), S. 415; A. Söllner (1993), S. 97 f. Zum Phänomen einer durch bestehende, insbesondere durch gut zugängliche und als verläßlich wahrgenommene Einstellungen beeinflußten Wahrnehmung (Informationsaufnahme und -verarbeitung) eines Einstellungsobjektes vgl. auch R. H. Fazio (1986), S. 208-212; J. W. Alba et al. (1991), S. 34-36; D. Stahlberg/ D. Frey (1996), S. 231-238; W. Stroebe/ K. Jonas (1996), S. 271 f.; R. E. Petty et al. (1997), S. 616-622; A. Enders/ M. Engelmann (1997), S. 241 f. Darüber hinaus ist grundsätzlich denkbar, daß stark positive Einstellungen auch einen Einfluß auf die Erinnerung einstellungsrelevanter Informationen haben, so daß einstellungskonforme Informationen besser erinnert werden und einstellungsrelevante Informationen konstruiert werden, die gar nicht wirklich in

Dabei handelt es sich um Mechanismen, die nach den Dissonanz- und Konsistenztheorien der Aufrechterhaltung eines kognitiven Gleichgewichtes dienen. Kognitive Konsistenz wird hergestellt bzw. Dissonanz vermieden, indem verstärkt solche Informationen aufgenommen werden, die die bestehenden Einstellungen und das bisherige Verhalten bestätigen und indem Informationen und Erfahrungen, die ihnen widersprechen, vermieden oder aber uminterpretiert werden.[994] Daraus ergibt sich, selbst bei widersprechenden Informationen und Erfahrungen, eine vergleichsweise hohe Stabilität der Einstellungen und des einstellungsbasierten Verhaltens.[995] V.a. wenn objektive Maßstäbe bei der Produktbeurteilung fehlen, diese also weniger auf objektiv faßbaren, eindeutigen Faktoren (z.B. Sacheigenschaften) beruht, sondern in hohem Maße von subjektiven Maßstäben und Interpretationen (z.B. vom persönlichen Geschmack) abhängig ist, bestehen Interpretationsspielräume, die eine durch bestehende Einstellungen beeinflußte Produktwahrnehmung zugunsten bereits präferierter Marken fördern.[996] Kann in der Jugendphase ein hohes Commitment des Jugendlichen zu einer Marke aufgebaut werden, ist aufgrund dieser Wirkungen mit einer höheren Stabilität des markentreuen Verhaltens zu rechnen. Für Konkurrenzmarken bestehen in einer solchen Situation erschwerte Bedingungen, den erwachsenen Konsumenten zu einem Markenwechsel zu bewegen.[997]

Die dritte Determinante eines markentreuen Verhaltens steht ebenfalls in engem Zusammenhang mit dem Involvement der Konsumenten.[998] Das **subjektiv wahrgenommene Kaufrisiko** setzt sich aus zwei Komponenten zusammen: dem wahrgenommenen Ausmaß negativer

---

Gedächtnis gespeichert wurden; empirische Ergebnisse dazu sind jedoch inkonsistent; vgl. D. Stahlberg/ D. Frey (1996), S. 236 f.; vgl. auch J. W. Alba et al. (1991), S. 18-23. Entsprechende Effekte (im Durchschnitt zeitlich stabile Produkteinstellungen, höhere affektive Konsistenz der erinnerten Produkteigenschaften, zusätzliche Rekonstruktion nicht vorgegebener einstellungskonformer Produkteigenschaften) wurden bspw. in einer Untersuchung mit 9- bis 11jährigen Kindern beobachtet; vgl. W. K. Silverman et al. (1988), S. 377 f.

994 Vgl. W. Stroebe/ K. Jonas (1996), S. 272; D. Stahlberg/ D. Frey (1996), S. 231-234. Kognitive Konsistenztheorien gehen zurück auf F. Heider (1944), (1946); die Dissonanztheorie stammt von L. Festinger (1957). Zu einer Darstellung dieser Theorien in Zusammenhang mit dem Kaufverhalten vgl. G. Wiswede (1995), S. 83 f.; W. Kroeber-Riel/ P. Weinberg (1996), S. 183-188. Zu einer höheren Motivation zur Aufrechterhaltung kognitiver Konsistenz bei hohem Commitment vgl. S. E. Beatty et al. (1988), S. 153; L. A. Crosby/ J. R. Taylor (1983), S. 415.

995 Dies bedeutet allerdings nicht, daß eindeutig negative Informationen über ein Objekt bzw. Erfahrungen mit einem Objekt nicht zu einer Einstellungsänderung führen können; klare und eindeutige negative Erfahrungen können eine selektive Wahrnehmung (hier: Vermeidung der negativen, einstellungskonträren Informationen) verhindern; vgl. R. H. Fazio (1986), S. 233.

996 Vgl. S. J. Hoch/ J. Deighton (1989), S. 8 u. 13; G. S. Carpenter/ K. Nakamoto (1994a), S. 166; G. S. Carpenter/ K. Nakamoto (1988), S. 275 f. So kann möglicherweise das Phänomen erklärt werden, daß Personen, die in einem offenen Vergleich die Marke Coka Cola bevorzugen, im Blindtest keinen Unterschied feststellen können oder sogar eine andere Marke bevorzugen; vgl. zu diesem Test L. de Chernatory/ M. H. B. McDonald (1992), S. 9 f.

997 So weisen die Einstellungen von markentreuen Käufern mit einer starken Markenbindung in einer Studie von Cushing/ Douglas-Tate die höchste Resistenz gegenüber der Kommunikation für Konkurrenzprodukte auf; vgl. F. Cushing/ M. Douglas-Tate (1985), S. 255.

998 Vgl. dazu auch S. 187.

Konsequenzen einer Kaufhandlung[999] und der Unsicherheit über die Kauffolgen.[1000] Die Unsicherheit über die Kauffolgen und mithin das wahrgenommene Kaufrisiko nimmt mit zunehmender Erfahrung und Vertrautheit ab,[1001] also v.a. bei den Marken innerhalb einer Produktkategorie, mit denen Gebrauchserfahrungen vorliegen.[1002] Bei einem grundsätzlich hohen Ausmaß negativer Kauffolgen in einer Produktkategorie (grundsätzlich hohes Produktartrisiko) und hoher Vertrautheit mit nur einigen Marken innerhalb der Produktkategorie ist der (Wieder-)Kauf einer vertrauten Marke mit einem geringeren Risiko verbunden, während der Wechsel zu einer neuen, bisher unbekannten Marke, aufgrund der Unsicherheit über die Kauffolgen, mit einem höheren Risiko verbunden ist.[1003] In diesem Fall ist der wiederholte Kauf vertrauter und bewährter Marken eine geeignete Risikoreduktionstechnik.[1004] Die Stabilität von Entscheidungsvereinfachungen und damit Markentreue wird begünstigt.[1005] Wird hingegen ein geringes Ausmaß negativer Kauffolgen wahrgenommen, kann es zwar auch zu einer schnellen Habitualisierung aufgrund des Entlastungsstrebens kommen.[1006] Der Konsument kann aber, angesichts eines geringen Markenwechselrisikos, leichter zum Ausprobieren einer bisher unbekannten Marke bewegt werden.[1007] Es ist daher anzunehmen, daß die Stabilität der Markentreue bei einem hohen wahrgenommenen Wechselrisiko höher ist.

Ein hohes wahrgenommenes Risiko beim Erwachsenen kann allerdings auch zu anderen Risikoreduktionstechniken, z.B. zur aktiven Informationssuche und -verarbeitung und mithin zu extensiveren Entscheidungen motivieren.[1008] Dies würde eine Auflösung bestehender

---

999 Negative Konsequenzen können finanzieller, funktioneller, psychischer oder sozialer Art sein; vgl. W. Kroeber-Riel/ P. Weinberg (1996), S. 387; L. G. Schiffman/ L. L. Kanuk (1987), S. 85.

1000 Vgl. S. M. Cunningham (1967), S. 82 ff.; M. Dieterich (1986), S. 135 f.; L. G. Schiffman/ L. L. Kanuk (1987), S. 214; H. Assael (1995), S. 251 f. Zu ausführlichen Darstellungen des Kaufrisikos vgl. R. A. Bauer (1967), S. 23 ff., J. R. Bettman (1973), S. 184 ff., sowie weitere Beiträge aus dem Sammelband von D. F. Cox (1967).

1001 Vgl. K.-P. Kaas/ M. Dieterich (1979), S. 18; V. A. Kannacher (1982), S. 248 f.; M. Dieterich (1986), S. 138. Vgl. auch J. N. Sheth/ M. Venkatesan (1968), S. 307-310; M. Dieterich (1986), S. 140 f., zu der Annahme einer stufenweisen Abnahme des Kaufrisikos im Habitualisierungsprozeß.

1002 Zum Zusammenhang von Kauferfahrungen und wahrgenommenem Risiko vgl. H. Nolte (1976), S. 313; K. Grønhaug (1972), S. 254 f. u. 257.

1003 Dies gilt insbesondere dann, wenn es sich um sog. Erfahrungsgüter handelt, deren Qualität nicht vor dem Kauf abgeschätzt werden kann.

1004 Vgl. T. Roselius (1971), S. 59; P. Weinberg (1977), S. 56; B. J. Verhage et al. (1990), S. 11; H. Assael (1995), S. 127 u. 153; W. Kroeber-Riel/ P. Weinberg (1996), S. 389.

1005 Dabei wird Risikoaversion vorausgesetzt. Auch die Risikoaversion bzw. die Risikowahrnehmung kann allerdings bei verschiedenen Personen unterschiedlich ausgeprägt sein; vgl. H. Assael (1995), S. 254; G. L. Schiffman/ L. L. Kanuk (1987), S. 215 f. Letztere unterscheiden zwischen solchen Konsumenten, die hohe Risiken wahrnehmen und ihre Auswahl eher auf wenige sichere Alternativen einengen, und solchen, die geringe Risiken wahrnehmen und eher eine schlechte Wahl riskieren, bevor sie ihre Auswahl einengen.

1006 Vgl. M. Dieterich (1986), S. 141.

1007 Vgl. auch D. Rost (1996), S. 105 f.

1008 Vgl. M. Dieterich (1986), S. 139. Neben der bereits genannten Markentreue ist die Suche nach risikomindernden Informationen eine alternative Risikoreduktionstechnik; vgl. dazu H. G. Gemünden (1985), S. 78; J. Jacoby et al. (1974), S. 63-69. Weitere Risikoreduktionstechniken sind die Nachahmung anderer Konsumenten, die Anwendung heuristischer Prinzipien (wie z.B. die Orientierung am Preis) sowie die Senkung des

Entscheidungsvereinfachungen und je nach Ergebnis auch einer bisherigen Markentreue bedeuten. Mit einer weiteren Informationssuche ist z.B. dann zu rechnen, wenn sich die negativen Kauffolgen gegenüber der Jugendphase erhöhen oder qualitativ ändern (wenn z.B. bei Kosmetika andere Bedürfnisse und damit andere Produkteigenschaften oder bei Kleidung andere soziale Bezugsgruppen relevant werden). Unter diesen Umständen können die in der Jugendphase erworbenen Erfahrungen als wenig verläßlich und daher nicht ausreichend betrachtet werden.[1009] Gleiches gilt auch bei selten gekauften Produkten (z.B. HiFi-Geräte), bei denen der letzte Kauf längere Zeit zurückliegt.[1010] Auch wenn Vertrautheit und Zufriedenheit mit einer Marke in der Jugendphase aufgebaut wurden, wird dann bei einem Kauf in der Erwachsenenphase nicht nur auf die eigenen Erfahrungen zurückgegriffen (interne Informationssuche), sondern es werden auch extern Informationen eingeholt und extensivere Alternativenvergleiche angestellt. Trotz dieser Einschränkungen wird die aus der Jugendphase vertraute Marke – Zufriedenheit vorausgesetzt – mit hoher Wahrscheinlichkeit auch in der Erwachsenenphase zumindest in den Vergleich einbezogen werden. Der Wiederkauf ist dann jedoch stärker von anderen, aktuellen Faktoren abhängig.

Abb. 5-5 gibt einen zusammenfassenden Überblick über die diskutierten Determinanten. Mit der geringsten Stabilität der Entscheidungsvereinfachungen und der Markentreue ist demnach bei geringer Vertrautheit und Zufriedenheit, bei geringem wahrgenommenen Kaufrisiko und geringem Commitment zu rechnen. Der Konsument kann vergleichsweise leicht zu einem Kauf unbekannter Marken bewegt und von deren evtl. überlegener Eignung zur Bedürfnisbefriedigung überzeugt werden. Hingegen ist bei hoher Vertrautheit und Zufriedenheit, hohem wahrgenommenen Kaufrisiko und hohem Commitment mit einer hohen Stabilität der Markentreue zu rechnen.

Anspruchsniveaus; vgl. zusammenfassend M. Dieterich (1986), S. 136; L. G. Schiffman/ L. L. Kanuk (1987), S. 217-221; G. Wiswede (1995), S. 316; W. Kroeber-Riel/ P. Weinberg (1996), S. 389. Aufgrund ihrer statischen Konzeption sind die meisten Untersuchungen zum wahrgenommenen Kaufrisiko nicht geeignet, die Entwicklung des Kaufrisikos sowie der verwendeten Reduktionstechniken mit zunehmender Erfahrung zu erfassen; vgl. M. Dieterich (1986), S. 140.

1009 Es ist anzunehmen, daß der Konsument unter diesen Umständen höhere Ertragszuwächse von einer Informationssuche erwartet. Zu einer Übersicht über Determinanten der Informationssuche vgl. G. Wiswede (1995), S. 316 f.

1010 Vgl. auch K. Moser (1990), S. 85, zum zeitlichen Abstand des letzten Einkaufs als Determinante der internen Suche.

Abb. 5-5: Determinanten einer Stabilität des markentreuen Verhaltens in der Erwachsenenphase

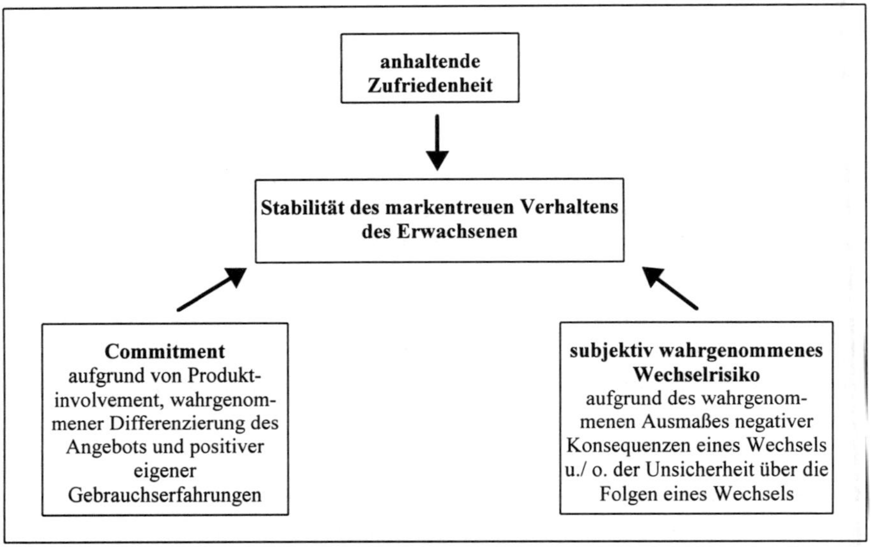

Insbesondere bei einer hohen Stabilität erscheint es aus Unternehmenssicht weniger sinnvoll, den Eintritt eines Kunden in die Erwachsenenphase abzuwarten und dann erst zu versuchen, bestehende Entscheidungsvereinfachungen des erwachsenen Konsumenten aufzubrechen, als vielmehr bereits während des Entstehungsprozesses in der Jugendphase durch phasensynchronen Einsatz von Sozialtechniken Art, Zahl und Gewichtung der Produktbeurteilungskriterien sowie die Zusammensetzung des Evoked Set zu beeinflussen.[1011] Die Schaffung von Vertrautheit und Zufriedenheit und der Aufbau von Präferenzen für die eigene Marke bereits in der Jugendphase als Phase zunehmender Entscheidungsvereinfachungen und Gewohnheitsbildung kann dann zu dauerhaften Wettbewerbsvorteilen führen.[1012] Vertrautheit mit einer Marke kann, v.a. bei geringem Involvement, durch eine stärkere, permanente Thematisierung des Angebots erreicht werden.[1013] Eine stärkere Ausrichtung des Angebots auf die Bedürfnisse und Idealmarkenvorstellungen von Jugendlichen kann eine Erhöhung der Zufriedenheit jugendlicher Kunden mit dem eigenen Angebot bewirken. Für den Aufbau eines hohen Commitment sowie zur Stabilisierung der Markentreue können Maßnahmen zur Erhöhung der

[1011] Vgl. K.-P. Kaas/ M. Dieterich (1979), S. 20 f.
[1012] Vgl. auch G. S. Carpenter/ K. Nakamoto (1988), S. 278.
[1013] Vgl. F.-R. Esch/ P. Billen (1994), S. 419.

persönlichen Relevanz der angebotenen Marke, indem bspw. die Marke zu wichtigen persönlichen Werten in Beziehung gesetzt wird, eingesetzt werden.[1014] Maßnahmen zur stärkeren Identifikation des Kunden mit der Marke und der Schaffung eines Wir-Gefühls zur Abgrenzung von anderen Käufergruppen können maßgeblich zur Stabilisierung der Markentreue bzw. zur Verhinderung eines Wechsels beitragen.[1015] Bei stärker kognitivem Involvement können Maßnahmen zur Verdeutlichung des Risikos eines Fehlkaufs im Falle eines Markenwechsels bzw. die Hervorhebung der Vertrauenswürdigkeit und Zuverlässigkeit der eigenen Marke geeignet sein.[1016]

5.2.3 Entscheidungsvereinfachungen aufgrund in der Jugendphase übernommener Gebrauchserfahrungen

Entscheidungsvereinfachungen des erwachsenen Konsumenten können neben eigenen auch auf übernommenen Gebrauchserfahrungen basieren. Gegenstand dieses Abschnitts ist die Entstehung von Entscheidungsvereinfachungen von erwachsenen Konsumenten, die auch ohne bisherige eigene Kauf- und Gebrauchserfahrungen ihren Ursprung in der Jugendphase nehmen.

5.2.3.1 Grundlagen der Entstehung von Entscheidungsvereinfachungen aufgrund übernommener Gebrauchserfahrungen

Auch wenn ein Produkt in der Erwachsenenphase erstmals erworben wird und keine eigenen Gebrauchserfahrungen vorliegen, kann bereits die Erstkaufentscheidung kognitiv entlastet erfolgen, indem mehr oder weniger bewußt auf übernommene Verhaltensmuster aus der Umwelt, d.h. auf fremde, lediglich beobachtete Gebrauchserfahrungen zurückgegriffen wird.[1017] Folgen dem vereinfachten Erstkauf positive eigene Erfahrungen, kann die vereinfachte Entscheidung in Folgekäufen beibehalten werden, ohne daß es zu einer größeren Beteiligung kognitiver Prozesse kommt.[1018]

1014 Vgl. dazu S. E. Beatty et al. (1988), S. 163; J. M. M. Bloemer/ H. D. P. Kasper (1995), S. 326.

1015 Vgl. F.-R. Esch/ P. Billen (1994), S. 419-421.

1016 Vgl. F.-R. Esch/ P. Billen (1994), S. 420. Bei einer Hervorhebung von Risiken in der Massenkommunikation besteht allerdings die Gefahr, daß eine negative Assoziation zwischen der eigenen Marke und den thematisierten Risiken hergestellt wird.

1017 Vgl. P. Weinberg (1979), S. 567; P. Weinberg (1980a), S. 87; V. A. Kannacher (1982), S. 81 f. u. 101. Vereinfachte Kaufentscheidungen müssen nicht das Ergebnis kognitiv aufwendiger Informationsbeschaffungs- und -verarbeitungsprozesse sein, die erst extensiv, dann schrittweise vereinfacht und schließlich habitualisiert gefällt werden; vgl. P. Weinberg (1980a), S. 87.

1018 Vgl. V. A. Kannacher (1982), S. 101. Es ist jedoch auch möglich, daß zunächst stärkere kognitive Aktivitäten resultieren; vgl. P. Weinberg (1980a), S. 87.

Den lerntheoretischen Hintergrund dieses Phänomens bildet das **Beobachtungs- oder Modellernen**, demzufolge menschliche Verhaltensweisen durch die Beobachtung und Imitation anderer Personen (sog. Modelle) erlernt werden.[1019] Dies ermöglicht dem Individuum nicht nur aufgrund eigener Erfahrung zu lernen, sondern von dem beobachteten Verhalten anderer Personen und dessen Konsequenzen, d.h. von fremden (Gebrauchs-)Erfahrungen zu profitieren.[1020]

Für die Modellierungsphänomene sind nach Bandura vier in Wechselwirkung stehende Prozesse erforderlich: Aufmerksamkeitsprozesse, Gedächtnisprozesse, motorische Reproduktionsprozesse und Verstärkungsprozesse (vgl. auch **Abb. 5-6**).[1021] Aufmerksamkeitsprozesse bewirken, daß das Verhalten eines bestimmten Modells beachtet wird; verschiedene Faktoren bestimmen darüber, welchen Modellen Aufmerksamkeit geschenkt wird.[1022] Gedächtnisprozesse sorgen dann für die Kodierung des beobachteten Verhaltens; sprachliche oder bildliche Repräsentationen der erworbenen Verhaltensmuster im Gedächtnis sind insbesondere dann von Bedeutung, wenn durch Beobachtung erworbene Verhaltensmuster über sehr lange Zeiträume behalten werden, ohne offen gezeigt zu werden (gedankliche Übernahme des Verhaltens).[1023] Motorische Reproduktionsprozesse sind dann für die Umsetzung der symbolischen Repräsentationen in offene Handlungen erforderlich (faktische Übernahme des Verhaltens).[1024] Verstärkungsprozesse (externe, stellvertretende oder Selbstverstärkung) regulieren nicht nur die offene Ausführung des Verhaltens, sie bestimmen auch, welche Modelle beachtet werden und welche Verhaltensweisen – auch über längere Zeiträume – behalten werden.[1025]

[1019] Vgl. P. Weinberg (1981), S. 97 u. 143. Diese Form des Lernens geht auf A. Bandura (1976) und (1979) zurück; von ihm stammt die bekannteste Theorie des Lernens durch Beobachtung. Als Modelle werden Personen bezeichnet, an deren Aktivitäten sich das Individuum orientieren kann; sie geben durch ihr Verhalten gewollt oder ungewollt Informationen an Idividuen weiter und fungieren quasi als Informationsquellen; vgl. V. A. Kannacher (1982), S. 82 f.

[1020] Vgl. V. A. Kannacher (1982), S. 84. Die zugrundeliegenden sozialen Lerntheorien berücksichtigen nicht nur psychologische, sondern auch soziale Einflußfaktoren auf das menschliche Verhalten; vgl. H. Strassburger (1991), S. 238.

[1021] Vgl. A. Bandura (1976), S. 24-32.

[1022] Vgl. A. Bandura (1976), S. 24; ders. (1979), S. 33 f.

[1023] Vgl. A. Bandura (1976), S. 24 f.; ders. (1979), S. 34-36. Dabei wird nicht von einer passiven Übernahme, sondern von einer aktiven Verarbeitung der modellierten Verhaltensmuster ausgegangen; vgl. A. Bandura (1976), S. 32. Mit der Betrachtung der symbolischen Repräsentation gelernten Verhaltens integriert die Theorie des Modellernens Ergebnisse der Gedächtnispsychologie und der Verstärkungstheorie und geht damit über die klassischen behavioristischen Lerntheorien hinaus; vgl. M. Schuster (1991), S. 141.

[1024] Vgl. A. Bandura (1976), S. 29 f.; ders. (1979), S. 36 f.

[1025] Vgl. A. Bandura (1976), S. 29 f.; ders. (1979), S. 37 f. Die Verstärkung bei der Verhaltensübernahme erfolgt nicht nur durch die selbsterfahrenen Konsequenzen einer Handlung – die erst bei der faktischen Übernahme wirken – sondern v.a. durch die beobachteten Konsequenzen, die eine andere Person (das Modell) erfährt. Letztere bestimmen v.a. die gedankliche Verhaltensübernahme; vgl. A. Bandura (1976), S. 29 f.

Abb. 5-6: Teilprozesse, die nach der sozial-kognitiven Lerntheorie das Beobachtungslernen steuern

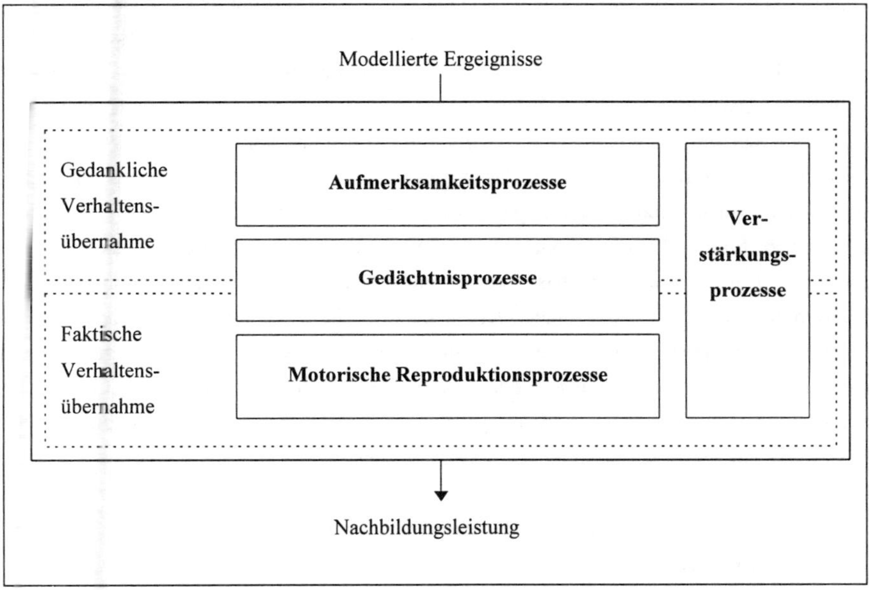

Quelle: in Anlehnung an A. Bandura (1976), S. 31.

Eine Besonderheit dieser Theorie des Modellernens besteht darin, daß sie zwischen einer Phase des Verhaltenserwerbs (gedankliche Übernahme) und einer Phase der Ausführung des Verhaltens (faktische Übernahme) differenziert (vgl. **Abb. 5-6**).[1026] Da die Repräsentation des Verhaltens gedanklich vorliegt, können zwischen diesen beiden Phasen lange Zeiträume liegen und eine Anwesenheit des Modells bei der Verhaltensausführung ist nicht erforderlich.[1027] Im Hinblick auf die Entstehung von Markentreue in der Jugendphase bedeutet dies, daß in der Jugendphase Verhaltensoptionen erworben und gespeichert werden können (Phase des Verhaltenserwerbs), die dann erst später, in der Erwachsenenphase, wenn die für die Umsetzung des Verhaltens geeigneten Situationen eintreten, ausgeführt werden (Phase der Verhaltensausführung).[1028] Wenn also in der Erwachsenenphase erstmals ein Bedarf nach einer Produktart

---

[1026] Vgl. A. Bandura (1979), S. 37.

[1027] Vgl. A. Bandura (1976), S. 24 f.; ders. (1979), S. 36. Die beobachteten Verhaltenssequenzen müssen nicht unmittelbar im Moment der Beobachtung auch offen ausgeführt werden, sondern sie können zunächst gedanklich übernommen und erst zu einem späteren Zeitpunkt offen ausgeführt werden.

[1028] Vgl. G. P. Moschis (1987), S. 21. Dabei wird nur solches Verhalten ausgeführt oder umgesetzt, das angenehme Konsequenzen hat, das also verstärkt wird; vgl. A. Bandura (1979), S. 38.

auftritt, kann unter Rückgriff auf die bereits in der Jugendphase bspw. von den Eltern übernommenen Gebrauchserfahrungen vereinfacht eine bestimmte Marke gekauft werden und nach weiteren positiven Verstärkungsprozessen ein Wiederkauf und damit Markentreue eintreten. Deren Ursprung liegt dann in der Jugendphase. Im Rahmen der Sozialisationstheorie wird in diesem Zusammenhang von antizipatorischer Sozialisation gesprochen.[1029] D.h der Jugendliche erwirbt durch die Beobachtung von Sozialisationsagenten Verhaltensmuster, die mit der Erwachsenenrolle verbunden sind und die erst dann ausgeführt werden, wenn die Erwachsenenphase erreicht wird.[1030] In der Jugendphase übernommene Gebrauchserfahrungen können zwar auch bereits in der Jugendphase selbst zu vereinfachten eigenen Erstkaufentscheidungen führen.[1031] Ferner können auch erwachsene Konsumenten ihre Entscheidungen durch erst in der Erwachsenenphase übernommene Gebrauchserfahrungen vereinfachen. Im Zentrum der folgenden Ausführungen steht jedoch die Frage, ob und inwiefern bereits in der Jugendphase fremde Gebrauchserfahrungen übernommen werden, die erst später zu einer kognitiven Entlastung von Kaufentscheidungen und zu markentreuem Verhalten von Erwachsenen beitragen; die folgenden Ausführungen konzentrieren sich also auf die antizipatorische Übernahme von Gebrauchserfahrungen in der Jugendphase.

5.2.3.2 Jugendphase als Phase der antizipatorischen Übernahme von Gebrauchserfahrungen

Im folgenden werden zunächst potentielle Sozialisationsagenten von Jugendlichen thematisiert, die als Modelle im Hinblick auf die Markenwahl in späteren Lebensphasen fungieren können. Während die Identifikation der Sozialisationsagenten relativ einfach erscheint, erweist sich die Bestimmung ihres (langfristigen) Einflusses als weitaus schwieriger.[1032] Im Anschluß daran werden Überlegungen angestellt, bei welchen Produkten und unter welchen Bedingungen ein antizipatorisches Lernen von Markenpräferenzen in der Jugendphase zu erwarten ist.

1029 Vgl. z.B. G. P. Moschis/ R. L. Moore (1984), S. 110; G. P. Moschis (1987), S. 26 f.; vgl. auch H. Lüdtke (1981), S. 159, sowie E. M. Hoerning (1981), S. 191 f. Auch sog. „Sleeper-Effekte" in der Sozialisationsforschung lassen sich so erklären. „Sleeper-Effekte" liegen vor, wenn Sozialisationsbedingungen erst zu einem späteren Zeitpunkt im beobachtbaren Verhalten manifest werden; vgl. H. Lüdtke (1981), S. 150.

1030 Vgl. G. P. Moschis (1987), S. 21. Damit können sich Individuen im Vorgriff auf die nächste Lebensphase bzw. den nächsten Status vorbereiten, vgl. E. M. Hoerning (1981), S. 192.

1031 Auch Entscheidungsvereinfachungen des Jugendlichen müssen nicht immer auf dem in **Abschnitt 5.2.2.1** dargestellten idealtypischen Verlauf beruhen, sondern bereits der Erstkauf von Jugendlichen kann kognitiv entlastet erfolgen, indem auf Gebrauchserfahrungen anderer, z.B. von Gleichaltrigen, zurückgegriffen wird.

1032 Vgl. auch E. Kuhlmann (1983), S. 411.

Als **Modelle** fungieren reale oder symbolische Personen, an deren Verhalten sich der einzelne orientieren kann.[1033] „Das nachgeahmte Verhalten kann sowohl direkt beobachtet worden sein, visuell über Massenmedien vermittelt, verbal beschrieben oder einfach in der Phantasie vorhanden sein".[1034] Empirische Befunde weisen darauf hin, daß eine Verhaltensübernahme insbesondere bei glaubwürdigen, kompetenten, attraktiven, ähnlichen Modellen und/ oder solchen, zu denen ein häufiger Kontakt besteht, die über Macht und sozialen Status und einen hohen Realitätsgrad verfügen, wahrscheinlich ist.[1035] Als bedeutsame **Modelle für das Konsumverhalten von Jugendlichen**, hier insbesondere für die Übernahme von Markenpräferenzen, werden in der Literatur v.a. die Sozialisationsagenten Peer-Gruppen[1036], Eltern und Massenmedien thematisiert.[1037] Das Verhalten von Eltern und Gleichaltrigen kann von den Jugendlichen beobachtet und übernommen werden und auch die Massenmedien können Verhaltensmuster liefern, die von den Jugendlichen übernommen werden.[1038] Inwiefern diese auch für die antizipatorische Sozialisation von Bedeutung sind, wird im folgenden betrachtet.

Für die Markenwahl von Jugendlichen innerhalb der Jugendphase spielen **Gleichaltrige** eine große und im Zeitvergleich zunehmende Rolle.[1039] In der Jugendphase erhöht sich die Bedeutung der Peer-Gruppen, die Freizeit wird vermehrt mit den Gleichaltrigen verbracht und die Häufigkeit der Interaktion mit ihnen steigt.[1040] Im Ergebnis wird der Einfluß der Eltern in dieser Phase durch die Gleichaltrigen zurückgedrängt.[1041] V.a. bei sozial auffälligen Produkten, die die persönliche Erscheinung betreffen und der expressiven Selbstdarstellung, der

---

1033 Vgl. V. A. Kannacher (1982), S. 82 f.

1034 P. F. Secord/ C.W. Backmann (1983), S. 587. Vgl. auch V. A. Kannacher (1982), S. 82 f., 95 f. u. 101; R. M. Gagné (1980), S. 234. Bandura beschränkt den Begriff des Modellernens nicht nur auf tatsächlich beobachtetes Verhalten, sondern bezieht auch Lernangebote ein, die in symbolischer (z.B. auch in schriftlicher Form) an das Individuum herangetragen werden; vgl. A. Bandura (1979), S. 48; M. Schuster (1991), S. 145.

1035 Vgl. zu diesen und weiteren Determinanten V. A. Kannacher (1982), S. 88-97 u. S. 102-107, und die dort angegebenen Quellen. Vgl. auch E. Kuhlmann (1983), S. 410 f.; M. Schuster (1991), S. 143; B. D. Keillor et al. (1996), S. 49.

1036 Zum Begriff der Peer-Gruppe vgl. **Abschnitt 2.3.4, S. 46.**

1037 Vgl. z.B. G. P. Moschis/ G. A. Churchill, Jr. (1978), S. 601 u. 605 f.; G. A. Churchill, Jr./ G. P. Moschis (1979), S. 27-29; G. P. Moschis/ R. L. Moore (1984), S. 111; G. P. Moschis (1987) sowie R. Roth (1983). Ein vierter Sozialisator des Konsumverhaltens von Jugendlichen ist die Schule, die Aufgaben der Konsumerziehung wahrnehmen kann. In Zusammenhang mit der Übernahme von Markenpräferenzen ist sie jedoch von untergeordneter Bedeutung.

1038 Vgl. V. A. Kannacher (1982), S. 105.

1039 Vgl. B. Melzer-Lena (1997), S. 18; P. Hammann et al. (1997), S. 178-180; B. D. Keillor et al. (1996), S. 51-54; A. Ebeling (1994), S. 98 f.; Institut für Jugendforschung (1993), S. 15 u. 41-45; G. P. Moschis (1987), S. 105.

1040 Vgl. M. Reitzle/ G. Riemenschneider (1997), S. 307; H. Remschmidt (1992), S. 130; H. Schröder (1995), S. 116-123. Das Streben nach Unabhängigkeit von den Eltern erhöht die Abhängigkeit von den Peers; vgl. G. P. Moschis/ R. L. Moore (1979), S. 103; B. D. Keillor et al. (1996), S. 49.

1041 Vgl. A. Ebeling (1994), S. 98; M. Charlton/ K. Neumann-Braun/ A. Castello/ M. Binder (1995), S. 268; B. D. Keillor et al. (1996), S. 49, für den Konsumbereich; für die allgemeine Sozialisation K. Hurrelmann (1993), S. 132; M. Reitzle/ G. Riemenschneider (1997), S. 306 f. Es kommt zu einer für die Jugendphase typischen Ablehnung erwachsener und einer Dominanz gleichaltriger Vorbilder; vgl. R. M. Gagné (1980), S. 234; H. Remschmidt (1992), S. 128 u. 130.

Demonstration von Zugehörigkeit zu jugendlichen Szenen oder der Abhebung von Erwachsenen dienen (Musik, Kleidung, Accessoires, Trendsport), kann ein großer Einfluß der Gleichaltrigen angenommen werden.[1042] Sofern Gleichaltrige aber als Modelle dienen, werden sie dies vermutlich nur für das aktuelle Konsumverhalten in der Jugendphase sein;[1043] für die antizipatorische Sozialisation ist dagegen eine geringe Bedeutung der Gleichaltrigen zu vermuten.

Auch wenn das elterliche Verhalten in jugendkulturellen, peer-dominierten Produktbereichen kaum Leitbildfunktion für die Markenwahl hat,[1044] haben die **Eltern** in anderen Bereichen nach wie vor Modellfunktion auch für das aktuelle Konsum- und Medienverhalten innerhalb der Jugendphase.[1045] Während die Gleichaltrigen v.a. die expressiven, subkulturellen Aspekte des Konsumverhaltens von Jugendlichen beeinflussen, üben die Eltern eher einen Einfluß auf die instrumentellen Aspekte des aktuellen Konsumverhaltens von Jugendlichen aus.[1046] Insbesondere für das spätere Konsumverhalten in der Erwachsenenphase, d.h. für die antizipatorische Sozialisation, bleiben die Eltern die vorrangigen Modelle.[1047] Von einer generellen Ablehnung und Wirkungslosigkeit elterlicher Vorbilder in der Jugendphase kann demnach nicht ausgegangen werden.[1048] Es ist vielmehr anzunehmen, daß später, in der eigenen Erwachsenenphase eine hohe Glaubwürdigkeit, Kompetenz und v.a. Ähnlichkeit der elterlichen

---

[1042] Vgl. R. Roth (1983), S. 252; G. P. Moschis (1987), S. 104 u. 110. Vgl. auch G. Wiswede (1985), S. 555, zur Vermutung einer hohen Bedeutung von Gleichaltrigen als Modelle für den Zigarettenkonsum von Jugendlichen.

[1043] Vgl. R. Roth (1983), S. 166, 252; G. P. Moschis (1987), S. 104 u. 110. Zu einigen empirischen Befunden vgl. R. Roth (1983), S. 266. Auf eine durchweg höchste Bedeutung von Gleichaltrigen als Informationsquellen für die Markenpräferenzen bei aktuell konsumierten, jugendtypischen Produkten bei amerikanischen Jugendlichen weist auch die Studie von B. D. Keillor et al. (1996), S. 51-53, hin.

[1044] Vgl. A. Ebeling (1994), S. 99. Zu einer relativ geringen Bedeutung der Eltern als Informationsquellen für die Markenpräferenzen von amerikanischen Jugendlichen bei modischer Kleidung und Sportschuhen sowie auch bei Süßigkeiten und Soda, vgl. B. D. Keillor et al. (1996), S. 51-54.

[1045] Vgl. G. P. Moschis (1987), S. 76 f. Nach einer Studie von H. Oswald/ H.-P. Kuhn spielen bspw. sowohl Eltern als auch Peers als Vorbilder für die Fernsehgewohnheiten eine Rolle, wobei der Einfluß der Eltern von deutlich höherer Bedeutung für die Häufigkeit der Fernsehnutzung von Jugendlichen ist als derjenige der Peers; vgl. H. Oswald/ H.-P. Kuhn (1994), S. 38-40; vgl. auch D. Baacke et al. (1990), S. 247. Allerdings bestehen hier Meß- und Zurechnungsprobleme: Wird das Ausmaß des Modellernens über die Ähnlichkeit des Verhaltens gemessen, so ist zu berücksichtigen, daß Verhaltensähnlichkeiten auch auf andere Lernformen zurückzuführen sein können, vgl. G. P. Moschis (1987), S. 20. Zur Bedeutung elterlicher Vorbilder für Eß- und Trinkgewohnheiten von Kindern und Jugendlichen vgl. auch I. Diedrichsen (1990), S. 21-24.

[1046] Vgl. G. P. Moschis/ G. A. Churchill, Jr. (1978), S. 601 u. 605; T. Kutsch/ G. Wiswede (1986), S. 216; G. P. Moschis (1987), S. 75 u. 104; B. D. Keillor et al. (1996), S. 49. Zu einer gleichzeitigen Orientierung von Jugendlichen an Eltern und Gleichaltrigen sowie deren Abhängigkeit vom jeweiligen Einflußbereich vgl. auch H. Oswald (1989), S. 373; H. Oswald (1992), S. 319.

[1047] Vgl. R. Roth (1983), S. 166-168; G. P. Moschis/ R. L. Moore (1984), S. 117 f.; IFM (1996), S. 33. Den Peers wird hingegen keine Bedeutung für die antizipatorische Sozialisation zugesprochen; vgl. G. P. Moschis/ R. L. Moore (1984), S. 111. Zum langfristigen Einfluß der Eltern auf den Zeitungskonsum ihrer Kinder vgl. auch E. Noelle-Neumann (1997), S. 40.

[1048] Trotz des Bedürfnisses nach Abgrenzung und Selbständigkeit weist ein Großteil der Jugendlichen nach wie vor eine positive und enge Beziehung zu ihren Eltern auf; die Eltern werden als Ratgeber und Vertraute, insbesondere für Belange, die die Zukunft betreffen, angesehen; vgl. J. Zinnecker/ A. Fischer (1992), S. 292 f.; K. Hurrelmann (1993), S. 132. Vgl. auch R. Nave-Herz (1994), S. 64, und die dort angebenen Quellen.

Modelle wahrgenommen wird und daß daher in dieser Phase eine entsprechend hohe Bereitschaft zur Nachahmung des elterlichen Kaufverhaltens besteht. Darauf weisen auch die Ergebnisse einer empirischen Studie hin, nach denen die Töchter, je näher sie dem Ende der Jugendphase und dem Übergang in die Erwachsenenphase rücken, die mütterlichen Werte wiederentdecken und sich nach einer Phase der Abgrenzung dem mütterlichen Konsumverhalten wieder annähern.[1049]

Neben der persönlichen Kommunikation liefern auch die **Massenmedien** Konsumleitbilder und tragen maßgeblich zu Entscheidungsvereinfachungen bei.[1050] Auch die in den Massenmedien dargebotenen Verhaltensmodelle können, nach den Überlegungen zu den zwei Phasen des Lernens durch Beobachtung, mit starker zeitlicher Verzögerung wirken.[1051] Empirische Befunde zur Bedeutung der Medien für die antizipatorische Konsumentensozialisation im allgemeinen und die spätere Markentreue im besonderen sind allerdings rar und widersprüchlich.[1052] Lerneffekte sind insbesondere dann zu erwarten, wenn die Jugendlichen die Medien wiederholt und kontinuierlich nutzen.[1053]
Grundsätzlich kommt den Medien ein hoher Stellenwert im Alltag von Jugendlichen zu. Alte und neue, v.a. elektronische Medien sind zum selbstverständlichen Bestandteil des jugendlichen Alltags geworden; sie vermitteln Handlungsmuster und Normen und helfen in zunehmendem Maße, sich auch mit den Teilen der Erwachsenenwelt auseinanderzusetzen, die noch außerhalb der eigenen Erfahrungswelt liegen.[1054] Der Medienkonsum zählt nach dem Zusammensein mit Freunden und dem Sport mit zu den beliebtesten Freizeitbeschäftigungen von Jugendlichen, und er nimmt gemessen an der Nutzungshäufigkeit einen hohen Stellenwert im

---

1049 Vgl. E. Tissier-Desbordes (1988), S. 18.

1050 Vgl. V. A. Kannacher (1982) S. 106. Medien, insbesondere das Fernsehen, gelten als wichtige Sozialisationsagenten, auch und gerade im Bereich der Konsumentensozialisation. Zu einer umfassenden Betrachtung der Sozialisationswirkungen von Massenmedien vgl. R. J. Faber/ T. C. O'Guinn (1988), S. 60-73. Zur grundsätzlichen Bedeutung des Fernsehens für die Konstruktion von sozialen Realitäten von Konsumenten vgl. T. C. O Guinn/ L. J. Shrum (1997).

1051 Vgl. dazu auch W. Kroeber-Riel/ P. Weinberg (1996), S. 619.

1052 Vgl. R. L. Moore (1990), S. 280. Vgl. auch T. Kutsch/ G. Wiswede (1986), S. 233, sowie G. Wiswede (1995), S. 293, zu den weitgehend spekulativen langfristigen Sozialisationswirkungen von Werbung. Bezogen auf die spätere Markentreue oder -präferenzen sind keine Befunde bekannt; zur Auswirkung auf Kauferwartungen sind die Ergebnisse widersprüchlich; vgl. G. P. Moschis/ R. L. Moore (1984), S. 112 u. 117. Die Befunde zur Auswirkung von Medien auf aktuelle Markenpräferenzen von Jugendlichen weisen auf einen positiven Zusammenhang hin, sind aber ebenfalls widersprüchlich, vgl. zusammenfassend R. L. Moore (1990), S. 281 f.

1053 Vgl. R. Roth (1983), S. 321.

1054 Vgl. B. van Eimeren/ W. Klingler (1995), S. 210; H. H. Krüger/ W. Thole (1992), S. 461; D. Baacke et al. (1990), S. 9; H. Bonfadelli et al. (1986); U. Saxer (1989), S. 651. Zu der zunehmenden Bedeutung von Medien für Jugendliche aufgrund der Vervielfachung des Medienangebots, der verbesserten Medienaustattung sowie der veränderten Lebensumstände von Jugendlichen, vgl. auch B. van Eimeren (1994), S. 56; B. van Eimeren/ B. Maier-Lesch (1997), S. 593 f.

jugendlichen Alltag ein.[1055] Obwohl Jugendliche auch neuen Medien wie z.B. Computern und Internet aufgeschlossen gegenüberstehen[1056] und die Mediennutzung von Jugendlichen vielfältig und flexibel ist,[1057] werden die traditionellen Medien Fernsehen und Hörfunk dabei auch von Jugendlichen am stärksten genutzt.[1058] Das Fernsehen gilt als das Leitmedium der Jugendlichen; es wird vor allen anderen Medien als unterhaltend, informativ, vielseitig, ratgebend und glaubwürdig bezeichnet.[1059] Ferner ist es das Medium, auf das Jugendliche am wenigsten verzichten möchten.[1060] Allerdings darf nicht übersehen werden, daß Jugendliche trotz der intensiven Mediennutzung (über 6 Std. pro Tag für Massen- und individuelle Medien zusammengenommen), insgesamt immer noch weniger Zeit für den Medienkonsum aufwenden als andere – sowohl jüngere als auch ältere – Altersgruppen: Jugendliche sehen insbesondere weniger fern, hören weniger Radio und lesen seltener Tageszeitung als der Durchschnitt der Bevölkerung.[1061] Auditive und visuelle Speichermedien sowie PC und ansatzweise auch Internet und Online-Dienste werden dagegen in stärkerem Maße genutzt als im Bevölkerungsdurchschnitt.[1062] Zudem äußern Jugendliche eine zunehmend kritische Distanz gegenüber den Medien, welche sich negativ auf die Lernbereitschaft auswirken kann; mit zunehmendem Alter wird das Fernsehen immer weniger als realistisches Abbild der Realität angesehen, die Identifikation mit Fernsehcharakteren nimmt ab und es werden weniger Möglichkeiten gesehen, Fernsehinhalte für das eigene Leben nutzbar zu machen.[1063] Auch der Werbung stehen

1055 Vgl. Axel Springer Verlag AG/ Verlagsgruppe Bauer (1997); S. Feierabend/ W. Klingler (1997), S. 605; B. van Eimeren/ B. Maier-Lesch (1997), S. 592 f.; Institut für Jugendforschung (1993), S. 30. Es ist allerdings zu berücksichtigen, daß die Nutzungsintensität allein noch keine Aussagen über den Einfluß der Medien bzw. der Werbung ermöglicht; dieser hängt von weiteren Faktoren, wie z.B. den Eigenschaften des Medienangebotes ab; vgl. dazu auch B. Melzer-Lena et al. (1997), S. 314; W. Klinger/ J. Groebel (1994), S. 226-229.

1056 Vgl. S. Feierabend/ W. Klingler (1997), S. 609; B. van Eimeren/ B. Maier-Lesch (1997), S. 592 f. u. 603

1057 Vgl. IP Multimedia Deutschland GmbH (1995), S. 57; B. van Eimeren/ W. Klingler (1995), S. 219; entsprechend gering ist auch beim Medienkonsum die Bindung an einzelne Medien oder Programme.

1058 Vgl. B. van Eimeren/ B. Maier-Lesch (1997), S. 597; B. van Eimeren/ W. Klingler (1995), S. 212 f. u. 217; Arbeitsgemeinschaft Media-Analyse e.V. (1997), o.S.

1059 Vgl. H. Bonfadelli et al. (1986), S. 194. Auch (Fernseh-)Werbung sehen nach der VA 97 zwischen 40% und 50% der 14- bis 24jährigen ganz gern an und halten sie für unterhaltsam, informativ, hilfreich und nützlich. Im Vergleich zur Gesamtbevölkerung erzielen die affektiven Statements (gern sehen, unterhaltsam finden) höhere Zustimmung bei den Jugendlichen; vgl. Axel Springer Verlag AG/ Verlagsgruppe Bauer (1997), o.S. Aufgeschlossenheit, Indifferenz und Ablehnung gegenüber Werbung in Fernsehen und Zeitschriften halten sich nach der AWA ´97 bei den 14- bis 24jährigen in etwa die Waage; lediglich die Gruppe derjenigen, die Fernsehwerbung ablehnt, ist mit 46% stärker besetzt. Im Vergleich zur Gesamtbevölkerung bezeichnen sich allerdings deutlich mehr Jugendliche als aufgeschlossen gegenüber der Werbung in beiden Medien; vgl. Institut für Demoskopie Allensbach (1997), o.S.

1060 Vgl. B. van Eimeren/ B. Maier-Lesch (1997), S. 597.

1061 Vgl. dazu B. van Eimeren/ B. Maier-Lesch (1997), S. 595. Zur geringeren Fernsehnutzung von Jugendlichen im Vergleich zu anderen Altersgruppen vgl. auch B. van Eimeren/ W. Klingler (1995), S. 212; C. Schmidt (1995), S. 220; Institut für Demoskopie Allensbach (1997); M. Gerhards/ W. Klingler (1998), S. 179. Zu einem gegenüber der Kindheit rückläufigen Fernsehkonsum in der Jugendphase vgl. auch H. Bonfadelli et al. (1986), S. 136; G. P. Moschis (1987), S. 112; F. Sang et al. (1992), S. 432 f.; H. Oswald/ H.-P. Kuhn (1994), S. 36-38.

1062 Vgl. B. van Eimeren/ B. Maier-Lesch (1997), S. 595; B. van Eimeren/ W. Klingler (1995), S. 212.

1063 Vgl. W. J. Potter (1992), S. 400 u. 403; vgl. auch E. Oehmichen (1998), S. 68.

Jugendliche oft skeptisch gegenüber.[1064] Die Skepsis gegenüber den Medien als Informationsquelle für Konsumbelange ist höher als gegenüber persönlichen Informationsquellen.[1065] In welchem Ausmaß Jugendliche in den Medien dargebotene Verhaltensmuster – insbesondere bezogen auf Vereinfachungen der Markenwahl – übernehmen und welche langfristigen Wirkungen sich daraus für die spätere Markenwahl als Erwachsene ergeben, ist noch weitgehend ungeklärt.[1066] Empirische Studien konzentrieren sich meist auf kurzfristige Werbewirkungen (z.B. Markenbekanntheit und Markenpräferenzen bei Jugendlichen); die jedoch keine Aussage über langfristige Sozialisationseffekte ermöglichen.[1067] Bei einer empirischen Überprüfung bestehen zudem Probleme, verschiedene, i.d.R. zusammenwirkenden Einflußquellen und Lernmechanismen in ihrer Wirkung isoliert zu betrachtet.[1068] Ausmaß und Richtung der Einflüsse der Medien werden bspw. durch andere Sozialisationsagenten (Eltern und Peers) moderiert und verändert.[1069] Hinzu kommt ein zeitliches Zurechnungsproblem: Erstrecken sich die Einflüsse über einen längeren Zeitraum, so ist die Frage nach dem Zeitpunkt der Entstehung (Kindheit oder Jugend) oft nicht eindeutig zu klären.[1070] Zu berücksichtigen ist ferner,

---

1064 Vgl. D. M. Boush et al. (1994), S. 166 u. 170. Zu einem ambivalenten Verhältnis von Jugendlichen und Medien bzw. Werbung; vgl. auch Lintas Hamburg GmbH (1994), S. 4-6; D. Baacke et al. (1993), S. 143. So sagen fast alle 11- bis 14jährigen von sich, sie stünden der Werbung kritisch gegenüber; allerdings steht dies in merkwürdigem Kontrast zur Bevorzugung von Markenprodukten; vgl. M. Charlton/ K. Neumann-Braun (1995), S. 265 f. Ferner bleibt offen, was an dieser kritischen Haltung aufgesetzt ist; vgl. D. Baacke et al. (1993), S. 143. So ist durchaus denkbar, daß das Antwortverhalten von Jugendlichen in derartigen Befragungen stark von sozialer Erwünschtheit geprägt ist. So zeigt eine qualitative Analyse des IFM (1996), S. 49, daß Werbung von Jugendlichen oft als integraler Bestandteil der Jugendkultur gesehen wird.

1065 Vgl. G. P. Moschis (1987), S. 185.

1066 Zu den Problemen der Messung der (langfristigen) Wirkungen der in den Massenmedien dargebotenen Verhaltensmodelle vgl. auch W. Kroeber-Riel/ P. Weinberg (1996), S. 619. Sie führen die häufig festgestellte geringe Wirkung der von den Massenmedien vermittelten Verhaltensmodelle auf die beschränkten Möglichkeiten der üblicherweise verwendeten Methode der Befragung zur Erfassung der in Form von inneren Bildern festgehaltenen Verhaltensmodelle zurück.

1067 Vgl. G. P. Moschis (1987), S. 129-133; D. Baacke et al. (1993), S. 101-103 u. 135-137; R. Roth (1983), S. 294 u. 322. Eine 1988 durchgeführte Studie des ZDF deutet darauf hin, daß Jugendliche im Durschnitt höhere Werbekampagnen-Sympathie, -erinnerung und Spot-Recognition aufweisen als höhere Altersgruppen; vgl. ZDF (1991), S. 57 f. Zur Problematik der Erfassung langfristiger Medienwirkungen vgl. auch E. Noelle-Neumann (1997), S. 21-23.

1068 Vgl. G. P. Moschis (1987), S. 62 f.; R. Roth (1983), S. 321 f.; vgl. auch W. Klingler/ J. Groebel (1994), S. 220 u. S. 224-226. Zum Problem der Trennung des Imitationslernens von anderen Arten des Lernens vgl. auch V. A. Kannacher (1982), S. 104; M. Dieterich (1986), S. 74.

1069 Vgl. E. Kuhlmann (1983), S. 412; B. D. Keillor et al. (1996), S. 49. Vgl. G. P. Moschis/ G. A. Churchill, Jr (1978), S. 605 f., zum Zusammenwirken der Einflüsse von Eltern und Fernsehen. Zu den Interaktionseffekten verschiedener Sozialisationsagenten im einzelnen, vgl. G. P. Moschis (1987), S. 88-93, 112-114 u. 146 f.

1070 Das Beobachtungslernen beginnt nicht erst in der Jugendphase, sondern bereits in der Kindheit. Durch das Imitationslernen erlernen bereits Kinder viele Verhaltensweisen der Eltern. Es besteht also ein Zurechnungsproblem dahingehend, ob ein markentreues Verhalten des Erwachsenen bereits in der Kindheit oder erst in der Jugendphase erlernt wurde und mithin der Ursprung der Entscheidungsvereinfachung in der Kindheit oder in der Jugendphase liegt. Hier können kognitive Entwicklungstheorien Anhaltspunkte liefern: Entwicklung ergibt sich aus dem Wechselspiel endogener und exogener Kräfte; vgl. R. Dollase (1985), S. 28. Die kognitive Entwicklung stellt eine endogene Kraft dar, die zum Einsetzen entsprechender Lernprozesse führt: Erst mit ca. 12 Jahren wird die Stufe der formalen Operationen erreicht, auf der Zukunftsorientierungen und hypothetisches Denken möglich werden. Es ist anzunehmen, daß in dieser Phase v.a. soziale Funktionen von Marken in ihrer Differenziertheit erfaßt werden können und daß aufgrund des Denkens in Möglichkeiten

daß unter dem Aspekt des Modellernens nicht nur die klassische Fernsehwerbung zu analysieren ist; auch das nicht unbedingt als werbliche Aktivität erkennbare Verhalten denkbarer Modellpersonen – wie bspw. die über die Massenmedien beobachtbar gemachte Verwendung einer bestimmten Skimarke durch einen berühmten Sportler – kann im Sinne des Modellernens Einstellungen oder Verhaltensweisen langfristig beeinflussen.[1071]

An die Darstellung der verschiedenen Sozialisationsagenten von Jugendlichen schließt sich die Frage an, bei welchen **Produkten**, die in der Jugendphase noch nicht verwendet werden, ein Beobachtungslernen in der Jugendphase und eine Anwendung der übernommenen Erfahrungen in der Erwachsenenphase von Bedeutung sein können und welche Faktoren dieses begünstigen.

Die **gedankliche Verhaltensübernahme in der Jugendphase** wird von Aufmerksamkeits-, Gedächtnis- und Verstärkungsprozessen bestimmt. Die Nachbildungsbereitschaft ist um so größer, je jünger der Beobachter und je ausgeprägter die psychische Aktivierung des Beobachters ist.[1072] Die Aufmerksamkeit des Jugendlichen bestimmt darüber, ob überhaupt und welches Verhalten beachtet und gedanklich repräsentiert wird.[1073] So kann ein markenbezogenes Modellernen nur stattfinden, wenn die Verwendung der Marke durch die Modellperson überhaupt wahrgenommen wird. Damit stellt sich zunächst die Frage, ob den Marken und Produkten, die von den Jugendlichen noch nicht selbst gekauft und verwendet werden, überhaupt Aufmerksamkeit seitens der Jugendlichen zuteil wird. Je weniger Aufmerksamkeit sie z.B. der Frage widmen, bei welcher Versicherung die Eltern versichert sind, desto geringer ist auch die Wahrscheinlichkeit, daß sie entsprechende Informationen wahrnehmen. Empirische Befunde weisen darauf hin, daß auch bei einigen Produkten, die Jugendliche bzw. Kinder noch nicht selbst verwenden bzw. kaufen, bereits Kaufwünsche ausgebildet werden und eine recht hohe Markenbekanntheit sowie Markenpräferenzen bestehen, was auf eine gewisse gedankliche Auseinandersetzung schließen läßt.[1074] Daneben ist zu berücksichtigen, daß leicht beobachtbare, auffällige und wiederholt dargebotene Verhaltensweisen Wahrnehmungs- und Speicherungsprozesse erleichtern.[1075] So gibt das elterliche Verhalten „v.a. dann ein wirksames

Zukunftsorientierungen ausgebildet werden. Vgl. auch A. Bandura (1976), S. 33 ff., zum Zusammenhang von kognitiver Entwicklung und Modellernen.

1071 Vgl. L. von Rosenstiel/ P. Neumann (1991), S. 122.

1072 Vgl. zu diesen und zu weiteren Determinanten V. A. Kannacher (1982), S. 96 f.

1073 Vgl. A. Bandura (1979), S. 33; ders. (1976), S. 30 f.

1074 Vgl. G. P. Moschis/ R. L. Moore (1981), S. 202; G. J. Gorn/ R. Florsheim (1985), S. 965 f.; B. Melzer-Lena (1996), S. 8 f. Zur Bekanntheit von Zigaretten- und Waschmittelmarken bei 6- bis 13jährigen vgl. auch H. Meyer-ter-Vehn (1992), S. 100-102. Ein typisches Beispiel ist der Automobilbereich: So verfügen Automarken bereits bei 8- bis 12jährigen über eine fast ebenso hohe Bekanntheit wie bei Erwachsenen und schon 10- bis 12jährige verfügen über Lieblingsmarken; vgl. Ehapa Verlag GmbH (1992), S. 30-32. Auch L. S. Leonhard (1997), S. 12, stellt fest: „Die Sehnsucht nach einem Porsche beginnt spätestens mit zwanzig. Die Fähigkeit, sich einen zu leisten, beginnt in den Vierzigern".

1075 Vgl. A. Bandura (1976), S. 30; ders. (1979), S. 34 f.

Modell ab, wenn es sich um gleichbleibende Verhaltensmuster handelt, die (...) leicht beobachtet werden können".[1076] Insbesondere bei solchen Produkten, bei denen sich die Eltern markentreu verhalten, ist demnach die Nachahmungswahrscheinlichkeit durch den Jugendlichen hoch. Marken, die im Elternhaus regelmäßig präsent waren, auch ohne daß sie von den Jugendlichen selbst direkt ge- oder verbraucht wurden, sind dem Individuum bekannt und vertraut und evtl. mit angenehmen Erinnerungen verbunden. Prägnanz und Sichtbarkeit der Marken unterstützen diese Effekte (Beobachtbarkeit). Als ein von den Eltern stark beeinflußter Bereich gilt v.a. der Bereich der Haushaltsführung, und zwar sowohl der langlebigen Güter (Haushaltsgeräte) als auch der Güter des täglichen Bedarfs (Nahrungsmittel, Waschmittel).[1077] Besteht eine hohe wahrgenommene Kompetenz und Glaubwürdigkeit der Eltern, so erhöht dies die Wahrscheinlichkeit der Modellierung.[1078] So wird bspw., nach Erkenntnissen aus der Praxis, Persil durch Familientradition auch von der jungen Generation als werthaltige Marke akzeptiert und junge Frauen greifen bei ihren ersten Käufen auf diese aus dem Elternhaus bzw. der Familie bekannte und vertraute Marke zurück.[1079] Ähnliche Effekte sind bei Kinderschokolade, Nivea und Danone zu beobachten.[1080] Auf diese Weise können Markenpräferenzen von der Eltern- an die Kindergeneration weitergegeben werden.

Die **Wahrscheinlichkeit der Verhaltensausübung in der Erwachsenenphase** wird ebenfalls von produktbezogenen Merkmalen beeinflußt. Zunächst sind Gedächtnisprozesse für die Verhaltensausübung erforderlich. Voraussetzung ist, daß die gedanklichen Repräsentationen des in der Jugendphase beobachteten und gedanklich übernommenen Verhaltens auch langfristig zugänglich und nicht in der Zwischenzeit von anderen Einflüssen überlagert worden sind. Verstärkungsprozesse bestimmen dann über die Ausübung des gedanklich erworbenen Verhaltens; nur solches Verhalten wird auch faktisch ausgeführt, bei dem positive oder zumindest keine negativen Konsequenzen erwartet werden, von dem sich das Individuum also einen bestimmten Nutzen verspricht.[1081] Als Imititationsmotive kommen die Erlangung positiver und die Vermeidung negativer Sanktionen, das Entlastungsstreben, die Nachahmungsneigung sowie die Risiko- und Dissonanzreduktion in Betracht.[1082] Besondere emotionale Vorteile können dabei die im Elternhaus verwendeten Produkte besitzen, wenn deren Verwendung mit angenehmen Erinnerungen an die Eltern und die eigene Kindheit bzw. Jugendzeit

1076 W. Kroeber-Riel/ P. Weinberg (1996), S. 620.
1077 Vgl. R. Roth (1983), S. 166 f.
1078 Vgl. zu diesen Determinanten V. A. Kannacher (1982), S. 91 f. u. 107.
1079 Vgl. F. Wolfertz (1997).
1080 Vgl. F. Wolfertz (1997). Bei diesen Produkten vermischt sich allerdings die Übernahme der Gebrauchserfahrungen der Eltern mit den eigenen Gebrauchserfahrungen in der Jugendphase, da diese auch selbst in der Jugendphase verwendet werden.
1081 Vgl. A. Bandura (1976), S. 29; ders. (1979), S. 37 f.
1082 Vgl. M. Dieterich (1986), S. 73.

verbunden ist. Imitationen können demnach gleichermaßen bei sozial auffälligen, riskanten oder bei unproblematischen Gütern des täglichen Bedarfs auftreten.[1083] Insbesondere bei problemlosen Gütern des täglichen Bedarfs können Entlastungsstreben und Imitationsneigung zu habituellem Kaufverhalten aufgrund übernommener Gebrauchserfahrungen führen, da aufgrund der beschränkten Informationsneigung – anders als bei risikoreichen Gütern – kaum intensive Informationsverarbeitungsprozesse einsetzen werden.[1084] Durch Vereinfachungseffekte kann dann zumindest ein Erstkauf bewirkt werden, der bei Zufriedenheit direkt in habitualisiertem Kaufverhalten mündet und zu einer dauerhaften Markentreue führen kann.
Bei Produkten, bei denen ein hohes Involvement des Erwachsenen besteht, ist hingegen mit einer höheren Informationsneigung und einer stärkeren Beteiligung kognitiver Prozesse bei ersten eigenen Kaufentscheidungen zu rechnen.[1085] Allerdings können auch in diese Kaufentscheidungen übernommene Gebrauchserfahrungen eingehen; auch wenn sie nicht unmittelbar gewohnheitsbildend sein werden.[1086]

Entscheidungsvereinfachungen und Markentreue des Erwachsenen können somit auch ohne eigene Gebrauchserfahrungen in Kindheit und Jugendphase entstehen. Nach den angestellten Überlegungen ist anzunehmen, daß Jugendliche einen Teil ihres späteren Erwachsenenverhaltens durch direkte Beobachtung von Erwachsenen, insbesondere der Eltern, oder aber über Darstellungen des Verhaltens von Erwachsenen in den Medien bereits in der Jugendphase lernen.[1087] Bereits in dieser Lebensphase werden Verhaltensweisen von Erwachsenen beobachtet und gespeichert; die gedanklichen Repräsentationen können in späteren Lebensphasen abgerufen werden und in spätere eigene Kaufentscheidungen eingehen. Über das Ausmaß und die Stabilität der auf diesem Weg bewirkten Vorprägungen eines markentreuen Verhaltens des erwachsenen Kunden bereits in der Jugendphase ist bislang allerdings wenig gesichertes bekannt.[1088] Geeignete Längsschnittstudien wurden diesbezüglich kaum angestellt.[1089]

[1083] Vgl. M. Dieterich (1986), S. 73.
[1084] Vgl. M. Dieterich (1986), S. 73.
[1085] Vgl. V. A. Kannacher (1982), S. 108.
[1086] Vgl. M. Dieterich (1986), S. 73.
[1087] Vgl. G. P. Moschis (1987), S. 26.
[1088] Vgl. auch A. Ebeling (1994), S. 86.
[1089] Zur Forderung nach Längsschnittstudien in diesem Kontext vgl. bereits G. P. Moschis/ R. L. Moore (1984), S. 119.

5.2.4 Bedeutung von in der Jugendphase entstehenden Umstellungskosten

Nicht nur die bisher beschriebenen positiven eigenen oder übernommenen Gebrauchserfahrungen, die bewirken, daß ein Kunde die Marke nicht wechseln will, können zu Markentreue führen, sondern auch mit dem Kauf eines Produktes bzw. dem Bezug einer Leistung verbundene Umstellungskosten,[1090] die den späteren Wechsel des Kunden behindern, auch wenn er wechseln will, können die Wiederkaufentscheidungen von Konsumenten beeinflussen und zu einem markentreuen Verhalten beitragen.

Umstellungskosten können technologisch oder rechtlich bedingt sein.[1091] **Technologisch bedingte Umstellungskosten** entstehen, wenn der Anbieter über proprietäre Technologien verfügt, die auf Kundenseite zu anbieterspezifischen Investitionen führen.[1092] Aufgrund anbieterspezifischer Technologien kommt es zu einem „lock-in"-Effekt infolge des Erstkaufs: Ersatz- und Zubehörkäufe (z.B. Druckerpatronen) sowie Serviceleistungen (Wartung, Reparatur) müssen dann bei demselben Anbieter bezogen werden.[1093] Ein Anbieter- bzw. Markenwechsel würde aus Kundensicht zu 'sunk costs' führen; bisherige Investitionen (Sachgüter, Kenntnisse) werden bei einem Wechsel aufgrund mangelnder Kompatibilität wertlos.[1094] So können bspw. Computersoftware und Softwarekenntnisse aufgrund der mangelnden Kompatibilität unterschiedlicher Betriebssysteme bei einem Wechsel auf ein anderes Betriebssystem nicht weitergenutzt werden. Nicht nur bei Telekommunikations- und Bürosystemen, sondern bspw. auch bei Einrichtungskombinationen mit Erweiterungsmöglichkeiten sind derartige Bindungen möglich.[1095]

Rechtlich bedingte Umstellungskosten ergeben sich z.B. aus der vertraglichen Vereinbarung von Zusatzleistungen und Wiederholungskäufen (automatisch verlängerte Verträge und Mitgliedschaften wie Abonnements, Verträge bei Fitnessclubs, Versicherungsverträge, Bankverträge) oder von Sanktionen bei Vertragsauflösung (z.B. Austrittsgebühren).[1096]
Anbieterspezifische Investitionen des Kunden ergeben sich auch, wenn Eintrittsgelder bei der Aufnahme einer Austauschbeziehung erhoben werden; auch diese werden bei einem Wechsel

[1090] Zum Begriff der Umstellungskosten vgl. S. 179.
[1091] Vgl. z.B. T. Tomczak/ S. Dittrich (1997), S. 18-20; A. Meyer/ D. Oevermann (1995), Sp. 1341.
[1092] Vgl. T. Tomczak/ S. Dittrich (1997), S. 19; S. A. Rieker (1995), S. 28; A. Meyer/ D. Oevermann (1995), Sp. 1342; W. Bliemel/ A. Eggert (1998), S. 41.
[1093] Vgl. T. Tomczak/ S. Dittrich (1997), S. 18 f.; W. Bliemel/ A. Eggert (1998), S. 38 u. 41; S. I. Peter (1996), S. 118 f.
[1094] Vgl S. I. Peter (1996), S. 118.
[1095] Vgl. S. I. Peter (1996), S. 118.
[1096] Vgl. S. A. Rieker (1995), S. 28; A. Meyer/ D. Oevermann (1995), Sp. 1342; T. Tomczak/ S. Dittrich (1997), S. 19 f.

wertlos.[1097] Aus Anbietersicht besteht ferner die Möglichkeit, Rabattsysteme zu vereinbaren, die die Kunden für wiederholte Käufe belohnen (Treue- bzw. Stammkundenrabatte; z.B. Frequent-Flyer-Programme).[1098]
Bei Banken sowie bei privaten und gesetzlichen Versicherungen bestehen bspw. vertragliche Wechselbarrieren. Banken- und Versicherungsverträge werden meist automatisch verlängert. Für eine Vertragsverlängerung muß der Kunde demnach keinerlei Anstrengungen unternehmen.[1099] Hingegen fallen bspw. bei der Auflösung eines Kontos oder Sparbuches meist Gebühren an; hinzu kommen Zeit und Mühen, die mit der Übertragung der Gelder, der Neuerteilung von Daueraufträgen sowie der Änderung der Angaben zur Bankverbindung bei entsprechenden Stellen verbunden sind.

Sofern mit dem Kauf einer Leistung Umstellungskosten verbunden sind, entstehen sie zum Zeitpunkt des Erstkaufs bzw. Erstbezugs. In dem Maße, wie in der Jugendphase Erstkäufe von Leistungen getätigt werden, bei denen Umstellungskosten bestehen und die grundsätzlich über die Jugendphase hinaus genutzt werden,[1100] kann eine längerfristige Bindung des erwachsenen Kunden an den in der Jugendphase gewählten Anbieter bzw. die gewählte Marke entstehen, die um so stabiler ist, je höher die wahrgenommenen Umstellungskosten und je geringer der wahrgenommene Nutzen eines Wechsels ist. Dem eventuellen Nutzen eines Wechsels zu einer anderen Marke oder einem anderen Anbieter stehen dann diese einmaligen Umstellungskosten gegenüber, die zu einer gewissen Gebundenheit des erwachsenen Kunden führen.[1101] Aus Anbietersicht bedeutet dies, daß ein bereits an ein Konkurrenzunternehmen gebundener Kunde schwerer abzuwerben ist, als ein neuer, noch ungebundener Kunden zu gewinnen ist.

Bei einigen Leistungen von **Banken** sowie von privaten und gesetzlichen **Versicherungen** findet ein Erstkauf i.d.R. in der Jugendphase statt, die Leistungen werden auch in der Erwachsenenphase genutzt und es bestehen vertragliche Wechselbarrieren. Die Ergebnisse der Kids-Verbraucheranalyse zeigen, daß die Jugendphase als Phase der Eröffnung des ersten Girokontos anzusehen ist, während allerdings der erste Bankkontakt über Sparbücher bereits in der Kindheit erfolgt, so daß hier schon erste Bindungen bestehen können.[1102] Aufgrund der

1097 Vgl. W. Bliemel/ A. Eggert (1998), S. 41; T. Tomczak/ S. Dittrich (1997), S. 18
1098 Vgl. T. Tomczak/ S. Dittrich (1997), S. 18; S. I. Peter (1996), S. 119.
1099 Es ist keine explizite Wiederkaufentscheidung notwendig, sondern der Wiederkauf erfolgt automatisch. Eine Wechselentscheidung muß allerdings explizit getroffen werden.
1100 Besteht bei einem erwachsenen Kunden grundsätzlich kein entsprechender Bedarf mehr, so kann es dennoch zu einem Austritt des Kunden aus der Beziehung kommen.
1101 Vgl. W. Bliemel/ A. Eggert (1998), S. 39-41.
1102 Nach der KVA 97 verfügen bereits 13,2% der 16- bis 17jährigen über ein eigenes Taschengeld-Konto und 35,4% über ein eigenes Girokonto; Sparbücher besitzen bereits 86% der 12- bis 13jährigen; in höheren Altersgruppen bestehen keine höheren Anteile; vgl. Bastei-Verlag G. H. Lübbe GmbH & Co. et al. (1997), o.S.

Probleme einer späteren Abwerbung erwachsener Kunden bemühen sich Banken und Sparkassen bereits seit Jahren intensiv um die Gewinnung jugendlicher Kunden.[1103] Auch bei Versicherungsunternehmen, z.B. bei der Debeka oder der Allianz, sind ungefähr seit 1996 verstärkte Aktivitäten im Jugendmarkt zu beobachten.[1104] Die Bearbeitung des Jugendmarktes an sich ist zwar wenig rentabel und daher mit einem gewissen Investitionsrisiko verbunden, aber das Abwerben bereits gebundener, erwachsener Kunden der Konkurrenz verursacht großen Aufwand, während jugendliche Kunden aufgrund fehlender Bindungen noch relativ einfach zum Zeitpunkt des Erstkontakts gewonnen werden können.[1105] Aus diesen Gründen werden Einstiegsverluste in Kauf genommen, denen langfristige Erträge gegenüberstehen.[1106]

Es läßt sich somit konstatieren, daß bei Leistungen, bei denen hohe Umstellungskosten bestehen, der Zeitpunkt des Erstkaufs entscheidend wird. Liegt dieser Zeitpunkt in der Jugendphase, ist die Gewinnung jugendlicher Nachwuchskunden von hoher Bedeutung für die langfristige Sicherung des Kundenbestands des Unternehmens, auch wenn mit den jugendlichen Kunden selbst noch keine Gewinne erzielt werden können.

Für eine langfristige Markentreue wird die Existenz von Umstellungskosten allein allerdings nicht als ausreichend erachtet: Fehlt die positive Einstellung des Kunden zur Marke bzw. zur Anbieterleistung und fühlt sich der Kunde in seiner Handlungsfreiheit eingeschränkt, so kann die Gebundenheit aufgrund von Umstellungskosten Reaktanz hervorrufen.[1107] Daher sind in jedem Fall weitere Maßnahmen zur Sicherung der Zufriedenheit der jugendlichen und später der erwachsenen Kunden mit den Unternehmensleistungen sowie Maßnahmen zum Aufbau von Commitment zu ergreifen.[1108]

Allerdings sind auch in einer Situation, in der Umstellungskosten bestehen, in der in der Jugendphase Vertrautheit, Zufriedenheit und Commitment zu einer Marke aufgebaut wurden und/ oder in der ein Wechselrisiko wahrgenommen wird, verschiedene Faktoren zu berücksichtigen, die ein langfristiges Andauern einer in der Jugendphase ausgebildeten Markentreue in der Erwachsenenphase verhindern können. Faktoren, die einen Anbieter- bzw. Marken-

---

Auch nach einer Studie der Verbraucherzentrale NRW (1997), S. 12, verfügen bereits 41% der 14- bis 17jährigen über mind. ein Giro-Konto.

1103 Vgl. auch D. Mollet (1985), S. 198; vgl. auch D. Bock (1990), S. 13.

1104 Vgl. z.B. H. van Rinsum (1997) zu den Jugendmarktaktivitäten des Versicherungsunternehmens Allianz.

1105 Vgl. P. Rützler (1994), S. 85. Zu den hohen Kosten eines späteren Abwerbens vgl. D. Bock (1990), S. 19; S. Bötsch (1985), S. 29.

1106 Vgl. P. Rützler (1994), S. 85; D. Mollet (1985), S. 198 u. 201; H. Böhm (1985), S. 18; D. Bock (1990), S. 19 u. 88 f.

1107 Vgl. W. Bliemel/ A. Eggert (1998), S. 42. Reaktanz bezeichnet eine Abwehrhaltung, eine Motivation, welche den Kunden veranlaßt, sich der wahrgenommenen Verhaltenseinengung zu widersetzen; zur Reaktanztheorie vgl. J. W. Brehm (1966).

1108 Vgl. W. Bliemel/ A. Eggert (1998), S. 42; vgl. auch D. Bock (1990), S. 24, für der Bereich der Bankdienstleistungen.

wechsel, insbesondere im Übergang von der Jugend- in die Erwachsenenphase, begünstigen und denen ein Anbieter daher besondere Aufmerksamkeit schenken sollte, sind Gegenstand des folgenden Abschnitts. Insbesondere für Unternehmen, für die der Aufbau einer Kundenbeziehung in der Jugendphase investiven Charakter hat, ist die Berücksichtigung derartiger Faktoren von hoher Bedeutung, da bei einem Abwandern des Kunden gegen Ende der Jugendphase die bisherigen Investitionen in die Kundenbeziehung weitgehend verloren sind.[1109]

5.2.5 Grenzen einer aus der Jugendphase resultierenden Markentreue

Verfestigte Gewohnheiten gelten zwar als schwer veränderbar,[1110] im Übergang von der Jugend- zur Erwachsenenphase und auch innerhalb der Erwachsenenphase vollziehen sich jedoch bei den Kunden selbst bzw. in ihrem Umfeld verschiedene, systematische und unsystematische Veränderungen, wie z.B. Veränderungen der produktbezogenen Bedürfnisse und Anforderungen der Kunden oder Veränderungen der Angebotssituation, die zu einer „Umbewertung" des bisherigen Verhaltens und einer Auflösung von Gewohnheiten und markentreuem Verhalten führen können (vgl. **Abb. 5-7**). Auch wenn es einem Anbieter gelungen ist, Markentreue bei einem jugendlichen Kunden aufzubauen, können die verschiedenen Veränderungen dazu führen, daß diese in der Erwachsenenphase aufgelöst wird.

Produkte, mit denen jugendliche Kunden zufrieden sind, erfüllen nicht unbedingt auch die Anforderungen erwachsener Kunden. **Verändern** sich im Lebenslauf, auf dem Weg von der Jugend- zur Erwachsenenphase, die **Bedürfnisse** und Motive, sei es aufgrund körperlicher, psychischer oder sozialer Veränderungen, so kann sich auch die Beurteilung bisher präferierter Produkte ändern. Bei diesen **physischen, psychischen und sozialen Veränderungen** handelt es sich um weitgehend **systematische, mit dem Alter bzw. dem Lebenszyklus zusammenhängende Veränderungen.**[1111] Diese personenbezogenen Veränderungen können zu einer Auflösung von in der Jugendphase bereits vollzogenen Gewohnheiten und Vereinfachungen (vgl. dazu **Abschnitt 5.2.2**) führen. Sie können allerdings auch gerade erst der Auslöser sein, daß in der Jugendphase erlernte, aber zunächst nur gedanklich übernommene Verhaltensmodelle (vgl. dazu **Abschnitt 5.2.3**) nun auch selbst ausgeführt werden: So wird z.B. gerade die Gründung eines eigenen Hausstands im Übergang zur Erwachsenenphase den eigenen Kauf von Haushaltsgeräten und Grundnahrungsmitteln erforderlich machen, bei dem dann auf die in der Jugendphase gedanklich übernommenen Gebrauchserfahrungen der eigenen Eltern zurückgegriffen werden kann. Entscheidungsvereinfachungen aufgrund übernommener Gebrauchserfahrungen entstehen vielfach gerade erst aufgrund dieser Veränderungen.

[1109] Vgl. auch D. Bock (1990), S. 88; vgl. o.V. (1981), S. 4.
[1110] Vgl. z.B. M. Dieterich (1986), S. 46.
[1111] Vgl. F. Wimmer/ K. Weßner (1990), S. 170.

Abb. 5-7: Determinanten einer Auflösung markentreuen Verhaltens

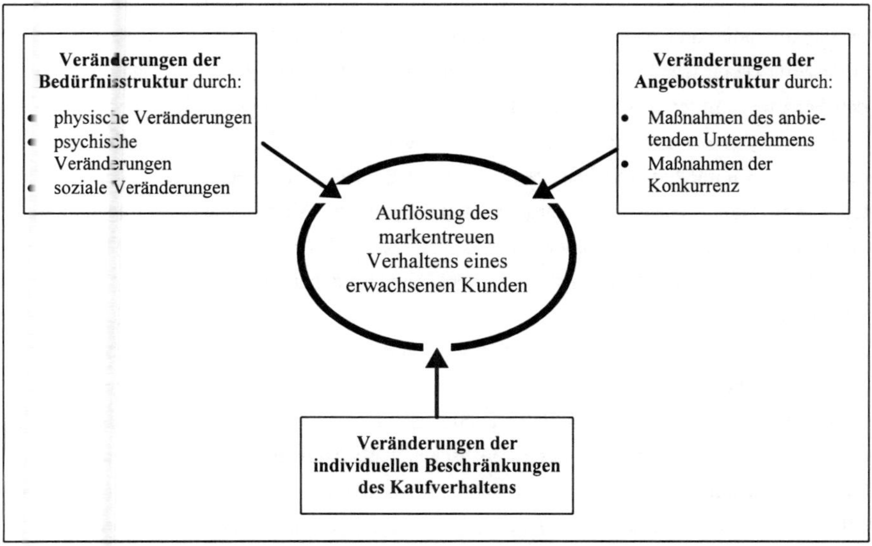

Physische Veränderungen können neue Bedürfnisse entstehen und bisherige Verhaltensweisen ungeeignet erscheinen lassen. Körperliche Veränderungen wirken v.a. auf den Konsum einer Produktart. So kann sich der Konsum einer Produktart infolge körperlicher Veränderungen negativ auswirken, d.h. das gewohnte Verhalten wird nicht mehr belohnt oder sogar bestraft. Mit der Aufgabe des Konsums einer Produktart wird auch der Kauf der gewohnten Marke eingestellt. So kann bspw. eine erhöhte Magenempfindlichkeit zu einer Aufgabe des Kaffeekonsums führen. Die Ausübung einer Sportart kann aufgrund körperlicher Beschwerden unmöglich werden. Ferner können körperliche Veränderungen einen Motivwandel bewirken (z.B. erhöhtes Gesundheitsbewußtsein),[1112] der zu einer Umbewertung bisher präferierter Marken führt.

Bestehende Entscheidungsvereinfachungen können auch aufgrund **psychischer Veränderungen** aufgelöst werden. Dabei ist zunächst ein im Zusammenhang mit markentreuem Verhalten besonders bedeutsames Bedürfnis hervorzuheben: das **Bedürfnis nach Abwechslung**, dessen Intensität sich im Lebenslauf verändern kann.[1113] Besteht in der Erwachsenenphase ein hohes

1112 Vgl. z.B. B. Kölzer (1995a), S. 152.
1113 Zum Bedürfnis nach Abwechslung vgl. auch S. 187. Vgl. auch F. Panne (1977), S. 244; M. Dieterich (1986), S. 46, zu Monotonie und Langeweile als Auslöser einer Veränderung gewohnten Verhaltens.

oder gar steigendes Abwechslungsbedürfnis, so wirkt dieses einer andauernden Markentreue entgegen. Generell werden zwar Kindheit und Jugend stärker mit Neugier verknüpft als bspw. das Seniorenalter und es wird unterstellt, daß das Abwechslungsbedürfnis tendenziell mit dem Alter zurückgeht; jedoch muß dies nicht für alle Produktbereiche gelten.[1114] Bänsch vermutet, daß Personen mittleren Alters besonders prädestiniert sind für ein „variety seeking“, wobei starke produktbezogene Unterschiede zu berücksichtigen sind.[1115] Während sich im Kleidungsbereich unter Jugendlichen die exponiertesten „Variety Seeker“ zeigen können, vermutet er in Bezug auf bestimmte Nahrungsmittel ein mit dem Alter (jenseits der Jugendlichkeit) zunehmendes Abwechslungsbedürfnis (z.B. bei Tee- und Weinliebhabern).[1116] Die Entwicklung des Abwechslungsbedürfnisses mit dem Alter ist daher für den jeweiligen Produktbereich gesondert zu ermitteln.

Auch das **Selbstbild**, das Vorstellungsbild von der eigenen Person und Rolle, wandelt sich im Laufe des Lebenszyklus, nicht zuletzt aufgrund von spezifischen Normen, Erwartungen und Lebenswelten.[1117] Marken, die in der Jugendphase als zum Selbstbild passend erlebt wurden, entsprechen dem Selbstbild in der Erwachsenenphase dann möglicherweise nicht mehr.[1118] Diese Effekte sind v.a. bei solchen Produkten und Marken anzunehmen, die als jugendtypisch gelten und die vornehmlich der Abgrenzung der Jugendlichen von der Erwachsenenwelt, der Demonstration des eigenen Selbstbildes bzw. von Gruppenzugehörigkeiten dienen (z.B. Techno-Szene).[1119] Diese sind dann an die jeweilige Jugendkultur gebunden. Tritt der Konsument in die Erwachsenenphase ein, können zum einen diese Bedürfnisse selbst an Intensität verlieren und andere Bedürfnisse in den Vordergrund treten. Zum anderen nehmen sie häufig andere Ausprägungen an (z.B. nicht mehr die Techno-Szene, sondern eine berufsbezogene Gruppe wird zur Bezugsgruppe, zu der Zugehörigkeit demonstriert werden soll). Damit geht dann auch eine Umbewertung von Marken einher, die primär mit jugendkulturellen Stilen, im obigen Beispiel mit der Techno-Szene, assoziiert werden.[1120] In dem Maße wie eine Markenbindung stark auf jugendspezifischen Selbstbildelementen beruht, läuft sie Gefahr, von dem erwachsenen Konsumenten als nicht mehr zur eigenen Person passend erlebt und aufgegeben

---

1114 Vgl. A. Bänsch (1995), S. 348 u. 358. Zu einem negativen Zusammenhang von „variety-seeking“ und dem Alter vgl. auch B. Helmig (1997), S. 69 f.

1115 Vgl. A. Bänsch (1995), S. 350 f.

1116 Vgl. A. Bänsch (1995), S. 351 u. 358.

1117 Vgl. U. Roderer (1986), S. 39.

1118 Vgl. A. Ebeling (1994), S. 72.

1119 Zu den Identifikations-, Demonstrations- und Abgrenzungsfunktionen von Marken; vgl. A. Ebeling (1994), S. 32-33.

1120 Ein in diesem Zusammenhang interessantes Phänomen ist, daß die Jugendphase von vielen Jugendlichen nicht mehr als Vorstufe des Erwachsenseins, sondern als eigenständiger Entwicklungsabschnitt gesehen wird, auf den mit der Erwachsenenphase ein vollkommen anderes Leben folgt. Jugend und Erwachsensein werden als zwei unterschiedliche Realitäten gesehen, die nichts miteinander zu tun haben. Die Jugendphase wird vielfach als Zeit des Spielens, Feierns und Austobens gesehen, auf den ein vernünftiges, engagiertes Arbeitsleben folgt; vgl. IFM (1994), S. 58 f.

zu werden.[1121] Gelingt einer Marke hingegen die Gratwanderung zwischen jugendlichen und erwachsenen Selbstbildern, so besteht die Voraussetzung für ein Andauern einer aufgebauten Bindung. Starke Marken mit Massencharakter wie z.B. Levis, Coca Cola und Nivea arbeiten ständig an einer solchen lebensphasenübergreifenden Relevanz. Kleinere Szenemarken können und wollen hingegen häufig keine Bindung über die Jugendphase hinaus erzielen.

Bedürfnisveränderungen und Markenwechsel gehen häufig mit einer grundlegenden Änderung in den persönlichen Lebensverhältnissen (**soziale Veränderungen**) einher.[1122] Auch in der Psychologie der Lebensspanne und der Sozialisationstheorie werden Einschnitte in den Lebensumständen (sog. „Life-Events“) als Auslöser von Verhaltensveränderungen angesehen.[1123] In diesem Zusammenhang wird von „teachable moments“ und „readiness to change“ gesprochen.[1124] Soziale Einschnitte (Geburt des ersten Kindes, Haushaltsgründung, Wohnortwechsel, Berufseintritt und -ausscheiden) können zu einem Aufbrechen von bisherigen Gewohnheiten und Anpassungen des Verhaltens an neue Situationen führen.[1125] Teilweise machen sie einen Wechsel geradezu erforderlich (z.B. neue Garderobe bei Berufseintritt oder neue Dienstleistungsanbieter bei einem Wohnortwechsel).[1126] Teilweise ergeben sich veränderte Produktanforderungen (z.B. erhöhtes Bedürfnis nach zeitsparenden Produkten, erhöhtes Gesundheitsbewußtsein in der Schwangerschaft). Darüber hinaus gelten soziale Einschnitte als Auslöser von subjektiv neuen Bedarfen und neu einsetzenden Habitualisierungsprozessen.[1127]
Das Ende der Jugendphase bzw. der Übergang zur Erwachsenenphase wird nun gerade von solchen einschneidenden Zäsuren markiert (vgl. **Abschnitt 2.2.4**). Es kommt zu beruflichen und familiären Veränderungen, möglicherweise auch zu räumlichen Veränderungen.[1128] Aus diesen Veränderungen ergeben sich Wechselwirkungen zu psychischen Veränderungen.[1129] So bewirkt z.B. der Berufseintritt zum Teil einschneidende Veränderungen im Hinblick auf die Zugehörigkeit zu Bezugsgruppen, auf das Selbstbild und auf Verhaltensweisen.[1130] Auch bei

---

1121 Es muß jedoch in der Erwachsenenphase nicht zwingend zu einer Ablehnung jugendspezifischer Marken kommen, denkbar ist auch eine Verstärkung positiver Einstellungen i.S.v. Nostalgie-Empfindungen, die dazu führen, daß z.B. in bestimmten Situationen eine Marke gerade aufgrund der Erinnerung an die eigene Jugendzeit auch in der Erwachsenenphase präferiert und verwendet wird.

1122 Vgl. dazu sowie zu empirischen Befunden A. R. Andreasen (1984), S. 784 f.

1123 Vgl. M. Frenzel/ H. Schiefele (1993), S. 134; E. M. Hoerning (1981), S. 191; L. H. Cohen (1988); H. Gräser et al. (1990), S. 105 f.

1124 Vgl. A. R. Andreasen (1984), S. 784.

1125 Vgl. R. Ferber/ F. Nicosia (1972), S. 163 f.

1126 Vgl. A. R. Andreasen (1984), S. 784 f.

1127 Vgl. K.-P. Kaas/ M. Dieterich (1979), S. 17.

1128 Vgl. auch W. R. Darden et al. (1981), S. 657, zur Auslösung von Resozialisationsprozessen bei Erwachsenen durch soziale und geographische Veränderungen.

1129 Diese werden auch als indirekte Effekte bezeichnet; vgl. A. R. Andreasen (1984), S. 784.

1130 Vgl. K. Hurrelmann (1993), S. 148; D. Uhr (1980), S. 535.

langfristigen und tiefgehenden Markenbeziehungen ist dann eine Veränderung möglich.[1131] Gerade für ortsgebundene Dienstleister wird der Übergang zwischen der Jugend- und der Erwachsenenphase zu einer kritischen Phase, wenn dieser mit einem Wohnortwechsel verbunden ist. So geht bspw. ein Umzug an einen anderen Ort i.a. mit der Auflösung des Kontos am bisherigen Wohnort einher.[1132] Wechselkosten fallen dann ohnehin an und der Kunde kann seine Entscheidung unabhängig von diesen neu treffen.[1133]

Nicht nur die Bedürfnisse des Konsumenten, sondern auch die **individuellen Beschränkungen** seines Wahlverhaltens (z.B. verfügbares Einkommen oder Freizeit) verändern sich im Laufe seines Lebens.[1134] Selbst bei konstanten Bedürfnissen und Markenpräferenzen kann dann ein Wiederkauf unterbleiben bzw. ein Markenwechsel erfolgen. Die wichtigste Veränderung ist wohl der in der Erwachsenenphase erfolgende Anstieg des Einkommens. Mußte sich der Jugendliche noch mit Marken begnügen, die er sich leisten konnte, kann der Erwachsene angesichts seines höheren Einkommens auf teurere Marken wechseln, die er möglicherweise schon immer begehrt hat und die er sich nun (endlich) auch leisten kann. Eine zweite wichtige Veränderung ist der Rückgang der verfügbaren Freizeit im Übergang zur Erwachsenenphase. So kann der Wiederkauf bisher verwendeter Produkte auch deshalb unterbleiben, weil der Erwachsene nicht mehr über die zu deren Verwendung erforderliche Freizeit verfügt.

Auch **Angebotsveränderungen**, die eher unsystematischer Natur und daher schwer vorhersehbar sind, wirken einer dauerhaften Markentreue entgegen. Maßnahmen von Konkurrenten zielen häufig darauf ab, Kunden abzuwerben und können zu einer Veränderung markentreuen Verhaltens führen.[1135] Ein Markenwechsel kann dadurch induziert werden, daß neue Produkte auf den Markt kommen, die besser zur Befriedigung bestehender Bedürfnisse geeignet erscheinen oder die neue Bedürfnisse wecken.[1136] Eigene und übernommene Erfahrungen – insbesondere weit zurückliegende oder auf eine Marke beschränkte – werden entwertet, wenn sich der Erfahrungsgegenstand und das Alternativenumfeld sehr stark verändern. Werden starke Veränderungen wahrgenommen, so steigt die Wahrscheinlichkeit, daß eigene Erfahrun-

---

[1131] Vgl. D. Uhr (1980), S. 535. Zu Interessens- und Verhaltensveränderungen aufgrund der Kollision mit der Altersrolle oder einer anderen sozialen Rolle vgl. auch E. Todt (1990), S. 252 f.

[1132] Vgl. D. Mollet (1985), S. 199; vgl. auch D. Bock (1990), S. 18. Nach F. Birckenbach (1997) ist der Umzug der häufigste Anlaß zum Bankenwechsel; vgl. auch Institut für Analyse und Beratung (1998), S. 10.

[1133] Eine Möglichkeit des Anbieters besteht darin, dem Kunden den Ortswechsel innerhalb der bestehenden Bankbeziehung zu erleichtern (kostenloser Kontotransfer an die Filiale im Zielort). Ein Abbau interner Wechselkosten und eine Erhöhung externer Wechselkosten tragen zur Kundenbindung bei.

[1134] Vgl. L. McAlister/ E. A. Pessemier (1982), S. 311 ff.

[1135] Vgl. H. Assael (1995), S. 129 f.

[1136] Vgl. H. Assael (1995), S. 126.

gen als unzuverlässig betrachtet werden.[1137] Ebenso können kommunikative Marketingmaßnahmen von Konkurrenten (Promotion, Werbung) zu einer Veränderung von Produktbeurteilungen und Markenimages führen und Anreize für einen Markenwechsel schaffen. Gelingt es einem Konkurrenten, die wahrgenommene Attraktivität des Konkurrenzangebotes zu erhöhen, so kann es zu einem Markenwechsel trotz Zufriedenheit kommen.[1138]
Zu einer Veränderung des gewohnten Verhaltens kommt es ferner, wenn dieses sich aufgrund geänderter Angebotsbedingungen (z.B. Einstellung des Angebotes der gewohnten Marke) nicht mehr wiederholen läßt.[1139] Auch Veränderungen der vertrauten Marke, z.B. in der Produktzusammensetzung oder der Markenpositionierung, können zu Enttäuschung und Unzufriedenheit führen.[1140]
Aufgrund des langen Zeitraumes, der zwischen Jugend- und Erwachsenenphase liegt, ist mit vielfältigen Angebotsveränderungen zu rechnen. Eine Stabilität von Präferenzen und Treue ist demnach um so wahrscheinlicher, je früher der betrachtete Zeitpunkt innerhalb der Erwachsenenphase liegt.

Insgesamt ergeben sich also vielfältige potentielle Auslöser für eine Auflösung von in der Jugendphase entstandenen Entscheidungsvereinfachungen und markentreuem Verhalten. Die Basis für eine Markentreue des erwachsenen Konsumenten kann zwar in der Jugendphase gelegt werden; ein Andauern der Markentreue ist jedoch keinesfalls gesichert. Da sich gerade im Übergang von der Jugend- zur Erwachsenenphase eine Vielzahl von Veränderungen und Einschnitten vollzieht und sich daher vielfältige Anlässe zur Auflösung der Markentreue bieten, ist diesem Übergang von anbietenden Unternehmen erhöhte Aufmerksamkeit zu schenken und es sind besondere Anstrengungen zu unternehmen, um eine in der Jugendphase aufgebaute Markentreue über diese kritischen Einschnitte hinüberzuretten und die sich grundsätzlich bietenden Potentiale einer langfristigen Kundenbindung zu nutzen.

5.3 Empirische Befunde zur Bedeutung der Jugendphase für die Entstehung von Markentreue des erwachsenen Kunden

Die Entstehung einer langfristigen Markentreue in der Jugendphase ist ein bisher nur unzureichend erforschtes Gebiet. Für den deutschsprachigen Raum liegen lediglich zwei umfassendere empirische Studien vor, die mit den Methoden der Befragung und Rückerinnerung arbeiten.

1137 Je mehr Veränderungen der angebotenen Alternativen wahrgenommen werden und je länger der letzte Kauf zurückliegt, desto weniger wird auf interne Informationen, d.h. eigene Erfahrungen zurückgegriffen; vgl. auch K. Moser (1990), S. 85

1138 Vgl. B. Stauss (1997), S. 81 f.

1139 Vgl. auch G. Katona (1960), S. 56; V. Portugall (1971), S. 109; M. Dieterich (1986), S. 46.

1140 Vgl. z.B. die Proteststürme der US-amerikanischen Kunden bei der Veränderung der Rezeptur von Coca-Cola; vgl. H. Assael (1992), S. 81.

Diese werden ergänzt von einigen Einzelbefunden. Die für eine dynamische Betrachtung von in der Jugendphase einsetzenden Vereinfachungsprozessen und Prozessen des Aufbaus von Markentreue geeignete Form der Längsschnittstudie, in der die Entwicklung des Markenwahlverhaltens einzelner Jugendlicher über einen längeren Zeitraum bis in die Erwachsenenphase hinein ermittelt wird, liegen – vermutlich nicht zuletzt aufgrund der damit verbundenen Kosten – nicht vor.[1141]

5.3.1 Studie des Instituts für Jugendforschung zur Ausbildung von Markentreue in der Jugendphase

Das Institut für Jugendforschung (IJF) in München stellte 1984 eine Untersuchung zur langfristigen Markentreue von Jugendlichen an.[1142] Ziel der Studie war die Beantwortung der Frage, wieviele 30jährige den Marken treu geblieben sind, die sie bereits als 16jährige (im Jahr 1970) verwendeten. Eine Übersicht über die Untersuchung bietet die folgende Tabelle.

Tab. 5-1: Untersuchungssteckbrief der Studie des IJF

Stichprobenumfang	n = 503
Jahr der Erhebung	1984
Auswahlverfahren	zweistufig geschichtetes Zufallsverfahren
Erhebungsmethode	• schriftliche Rückerinnerungsbefragung, gestützt durch Assoziationsmaterial; Rückerinnerung bezogen auf das Jahr 1970 • 1 Woche später: standardisiertes Interview zur Erfassung des aktuellen Markenwahlverhaltens
Einbezogene Produkte	14 Produkte, 145 Marken (siehe **Tab. 5-2** im Anhang)
Alter der Untersuchungsteilnehmer	30 Jahre (Geburtsjahrgänge 1953 und 1954)
Fragestellungen	• welche Marken wurden 1970 verwendet • welche Marken werden zum Zeitpunkt der Untersuchung verwendet • welche Marken waren 1970 Hauptmarken • welche Marken sind zum Untersuchungszeitpunkt Hauptmarken

Befragt wurden 503 Personen im Alter von 30 Jahren. Es wurde für das Jahr 1970 und das Jahr 1984 ermittelt, welche Marken überhaupt von den Befragten selbst oder im Haushalt verwendet wurden bzw. werden und welche Marke in dem betreffenden Produktbereich die Hauptmarke war bzw. ist. Dabei wurde die Methode der Rückerinnerung in Form einer

1141 Eine Ausnahme bildet eine ältere Studie von L. P. Guest (1964; 1944) für den US-amerikanischen Raum: Er stellte in einer Längsschnittstudie unter Dritt- bis Elftklässlern fest, daß ca. ein Viertel der Antwortenden 1964 noch dieselben Marken präferierten und verwendeten wie 1944.

1142 Zu den folgenden Darstellungen sowie zu einer ausführlicheren Darstellung der Untersuchung vgl. Institut für Jugendforschung (1984); B. Melzer (1984).

schriftlichen Befragung, gestützt durch Assoziationsmaterial, angewendet.[1143] Die Rückerinnerung bezog sich auf das Jahr 1970; die Untersuchungsteilnehmer waren zu diesem Zeitpunkt 16 Jahre alt. Analysiert wurden 14 verschiedene Angebotsbereiche (verschiedene Verbrauchsgüter, Jeans, Autos und Versandhandelsunternehmen) und insgesamt 145 Marken (vgl. **Tab. 5-2** im Anhang).[1144] Ausgewählt wurden Produkte, die für beide Geschlechter und sowohl für Erwachsene als auch für Jugendliche relevant sind.

Die Auswertung der Untersuchung gibt zunächst darüber Auskunft, **wieviel Prozent der Befragten, die angaben, daß eine Marke 1970, als sie 16 Jahre alt waren, von ihnen selbst oder im Haushalt verwendet wurde, diese Marke auch im Alter von 30 Jahren noch verwenden.**[1145] Diese werden als markentreue Verwender bezeichnet. Einen Überblick über die durchschnittliche Anzahl markentreuer Verwender in den verschiedenen Produktbereichen gibt die erste Datenreihe in **Abb. 5-8**. Dabei bedeutet „markentreu" lediglich, daß die Befragten die betreffende Marke sowohl 1970 als auch 1984 verwendeten bzw. kauften. Offen bleibt zunächst, ob in dem betreffenden Produktbereich auch andere Marken verwendet wurden bzw. werden; Mengenaspekte werden ebenfalls nicht berücksichtigt. Auch wenn eine Marke sowohl 1970 wie 1984 nur Teil eines Sets verschiedener Marken ist, zwischen denen gewechselt wird, sie also keine Alleinstellung innehat, wird dies als Markentreue (Multimarkentreue) gewertet. Die Anteile markentreuer Verwender schwanken zwischen 63% (bei Tafelschokolade) und 38% (bei alkoholfreien Getränken).[1146] Im Durchschnitt ergibt sich, daß 52% der Markenverwender von 1970 diese Marken auch 14 Jahre später noch verwenden. Da sich die Befragung allerdings lediglich auf zwei Zeitpunkte bezieht, läßt sich über den Verlauf der Markentreue in der Zwischenzeit keine Aussage treffen.

1143 Zu einer ausführlichen Beschreibung und Begründung des Vorgehens vgl. Institut für Jugendforschung (1984), S. 13-26; B. Melzer (1984), S. 373-375.

1144 In den Darstellungen finden sich jedoch nur 116 Marken wieder, da nur solche Marken in die Auswertung einbezogen wurden, die 1970 einen mind. 10%igen Verwenderanteil in der Untersuchungszielgruppe aufwiesen; eine Ausnahme bildet der Augenkosmetikbereich, da dort nur Frauen einbezogen wurden; vgl. Institut für Jugendforschung (1984), S. 35.

1145 Eine Ausnahme bilden Autos: Dort wurde gefragt, welche Marken die Befragten besonders gern mochten bzw. mögen.

1146 Bei der Berechnung der durchschnittlichen Markenbindung je Produktbereich werden gewogene arithmetische Mittel verwendet; die Fallzahlbasis (Verwenderanteile 1970) wurde als Gewichtungsfaktor verwendet; vgl. Institut für Jugendforschung (1984), S. 35.

Abb. 5-8: Anteile markentreuer Verwender

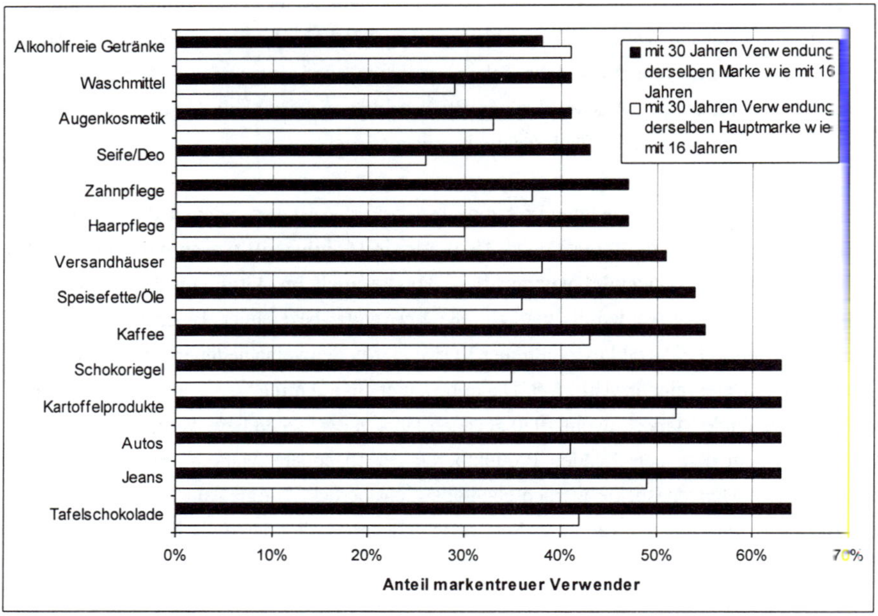

Quelle: in Anlehnung an Institut für Jugendforschung (1984), S.36-54.

Bei den einzelnen Marken innerhalb einer Produktkategorie bestehen dabei sehr starke Treueunterschiede (vgl. dazu **Abb. 5-9 und Abb. 5-10 im Anhang**). Während Levis und Wrangler beispielsweise von 69% der Verwender von 1970 auch 1984 noch verwendet wurde, betrug dieser Anteil bei Lee und Mustang nur 43% bzw. 42%. Bei Seife und Deodorants schwanken die Anteile bei verschiedenen Marken sogar zwischen 56% und 18%. Darin kommt zum Ausdruck, daß noch andere Faktoren als das Alter und die Produktart das Ausmaß der Markentreue beeinflussen. Offenbar ist es einigen Marken besser gelungen, dauerhafte Bindungen bei den Konsumenten aufzubauen. Häufig sind dies Marken, die bereits in der Jugendphase einen hohen Verwenderanteil im Vergleich zu anderen Marken aufwiesen. Es ist anzunehmen, daß, neben diesen unterschiedlichen Ausgangssituationen verschiedener Marken, auch die Marketingmaßnahmen in den Folgeperioden eine wesentliche Rolle für das Ausmaß der Markentreue spielen.

Ein zweiter Teil der Auswertung bezieht sich auf die Stärke der Markentreue, indem ermittelt wird, **wieviel Prozent derjenigen, die angaben, daß eine bestimmte Marke 1970, als sie 16 Jahre alt waren, ihre Haupt- bzw. ihre Lieblingsmarke war, diese Marke auch im Alter**

vor 30 Jahren noch als ihre Haupt- bzw. Lieblingsmarke bezeichnen.[1147] Darin kommt tendenziell eine stärkere Treue zu einer bestimmten Marke zum Ausdruck; auch wenn gleichzeitig andere Marken in dem jeweiligen Produktbereich verwendet werden, so nimmt die Hauptmarke eine herausragende Stellung ein. Die zweite Datenreihe in **Abb. 5-8** zeigt die Anteile der Verwender, die ihrer Haupt- bzw. Lieblingsmarke aus ihrer Jugend treu geblieben sind. Im Durchschnitt bezeichnen 38% derjenigen, die eine Marke 1970 als Hauptmarke ansahen, diese Marke auch 14 Jahre später noch als ihre Hauptmarke. Bei einem Vergleich der beiden Datenreihen in **Abb. 5-8** ist zu berücksichtigen, daß sich die Anteile der markentreuen Verwender auf jeweils andere Grundgesamtheiten beziehen (Anzahl der Verwender einer Marke vs. Anzahl der Verwender einer Marke, die diese als Hauptmarke bezeichnen). Deshalb kann der Anteil der hauptmarkentreuen Verwender in Einzelfällen[1148] über dem der markentreuen Verwender liegen.

Mit der Art der Fragestellung werden grundsätzlich verschiedene Möglichkeiten der Entstehung von Markentreue (Selbstkauf und -verwendung; Fremdkauf und Selbstverwendung und Übernahme der Gebrauchserfahrungen der Eltern) abgedeckt. Eine Zuordnung zu den einzelnen Entstehungsmöglichkeiten ist jedoch auf der Grundlage des vorliegenden Datenmaterials nicht möglich. Ferner läßt sich über die Lebensphase der Entstehung der Markentreue aufgrund dieser Untersuchung keine Aussage treffen; sie kann auch bereits vor dem Alter von 16 Jahren, also auch in der Kindheit entstanden sein. Da sich die Befragung auf zwei Zeitpunkte beschränkt, kann über die dem ersten Zeitpunkt vorangegangenen Entwicklungen sowie auf die zwischen den beiden Zeitpunkten abgelaufenen Prozesse keine Aussage getroffen werden. Ferner ist aufgrund dieser Untersuchung keine gesicherte Aussage darüber zu treffen, ob die Verwendung einer Marke in der Erwachsenenphase ursächlich auf die Verwendung dieser Marke in der Jugendphase zurückzuführen ist. Es ist bspw. denkbar, daß die jeweiligen Markenpräferenzen lediglich auf die jeweils aktuell wirkenden Marketingstimuli zurückzuführen sind. Die Ergebnisse für die von den 30jährigen verwendeten (Haupt-)Marken könnten für eine Kontrollgruppe, welche die jeweilige Marke in ihrer Jugend noch nicht verwendet bzw. nicht gekannt hat, genauso ausfallen. Erst ein Vergleich der vorliegenden Ergebnisse mit denen einer solchen Kontrollgruppe würde derartige Schlußfolgerungen ermöglichen.

[1147] Bei Autos wurde gefragt, welche Marke die Lieblingsmarke der Befragten war bzw. ist. Der Begriff der Hauptmarke stellt darauf ab, daß hauptsächlich eine bestimmte Marke verwendet wurde bzw. wird. In dem Begriff der Lieblingsmarke kommt lediglich eine starke Präferenz für eine bestimmte Marke zum Ausdruck, die jedoch nicht unbedingt auch gekauft und verwendet wurde bzw. wird.

[1148] So ergab sich z.B. für die Marke Sans Soucis im Augenkosmetikbereich: 8 der 28 Verwender von 1970 verwenden diese Marke auch 1984 und für 2 der 4 Hauptmarkenverwender von 1970 ist diese Marke auch 1984 noch ihre Hauptmarke. Dies bedeutet, daß es der Marke in höherem Maße gelungen ist, die „Hauptmarkenverwender" zu binden als die Verwender, die diese Marke nur neben anderen verwendeten. Aufgrund der geringen Fallzahlen sind diese Ergebnisse jedoch kaum verallgemeinerbar.

Zudem ist die Methode der Rückerinnerung als problematisch anzusehen, da – trotz begleitender Maßnahmen zur Förderung der Erinnerung und zur Vermeidung von Gedächtnisblockaden – bei einem Rückerinnerungszeitraum von 14 Jahren mit erheblichen Antwortverzerrungen gerechnet werden muß. Des weiteren sind bei der Interpretation der Ergebnisse die teilweise sehr geringen Fallzahlen bei einigen Marken zu berücksichtigen. Angesichts des Alters der Studie ist zudem fraglich, ob die Ergebnisse auf die gegenwärtige Situation in den 90er Jahren übertragbar sind, da sich die Verhaltensmuster heutiger Jugendlicher und Erwachsener z.B. aufgrund veränderter Umfeldbedingungen geändert haben können. So ist bspw. in vielen gesättigten Märkten eine zunehmende wahrgenommene Austauschbarkeit von Marken und eine tendenziell abnehmende Markentreue (i.S.v. Wiederkauf einer einzigen Marke) zu beobachten.[1149]

5.3.2 Studie des Instituts für Demoskopie Allensbach zum Alter der Ausbildung einer langfristigen Markenbindung

Die Studie des Instituts für Demoskopie Allensbach von 1996 untersucht, ob langfristige Markenbindungen bereits in jungen Jahren entstehen und stellt dabei auf das Alter der Entstehung einer Markenbindung sowie auf deren Dauer ab.[1150]

Tab. 5-3: Untersuchungssteckbrief der Studie des Instituts für Demoskopie Allensbach

Stichprobenumfang	n ≈ 700
Erhebungszeitraum	Juli 1996
Auswahlverfahren	Quotenverfahren
Erhebungsmethode	mündliche Befragung
Einbezogene Produkte	13 Produktbereiche
Alter der Untersuchungsteilnehmer	14 bis 39 Jahre
Fragestellungen	• wird in dem jeweiligen Produktbereich eine bestimmte Marke bevorzugt oder wird zwischen verschiedenen Marken gewechselt oder wird das Produkt gar nicht gekauft bzw. verwendet • wenn eine bestimmte Marke bevorzugt wird: - seit wann wird diese gekauft bzw. verwendet - wird diese Marke schon immer verwendet oder wurde früher eine andere Marke bevorzugt

1149 Vgl. H. Assael (1995), S. 135 f.; R. Köhler (1994a), S. 1071; BBDO (1993); J. F. Engel et al. (1993), S. 45. Neueste Befunde deuten darauf hin, daß diese Erosion gegenwärtig zum Stillstand kommt; vgl. W. Twardawa (1998), S. 36.

1150 Vgl. Institut für Demoskopie Allensbach (1996).

Befragt wurden rund 700 Jugendliche und Erwachsene im Alter von 14 bis 39 Jahren. In die Untersuchung wurden 13 verschiedene Produktbereiche einbezogen. Die untersuchten Produkte sind überwiegend Verbrauchsgüter; eine Ausnahme bilden lediglich Produkte aus dem Kleidungsbereich sowie Autos. Einige Produkte sind geschlechtsspezifisch.
In einem ersten Schritt wurden zunächst diejenigen Personen ermittelt, die in dem jeweiligen Produktbereich eine bestimmte Marke bevorzugen (sog. „Markenbevorzuger").[1151] In die weitere Analyse wurden nur diese Personen einbezogen. In einem zweiten Schritt wurde dann ermittelt, seit wann diese Personen die von ihnen zum Befragungszeitpunkt bevorzugte Marke verwenden bzw. kaufen und ob schon immer diese Marke bevorzugt wird oder ob vorher eine andere Marke bevorzugt wurde. Dies dient der Ermittlung des Alters der Entstehung der Markenpräferenzen sowie der Dauer der Markentreue. Anders als in der Studie des Instituts für Jugendforschung wird durch die Einschränkung auf die Personen, die eine bestimmte Marke bevorzugen, nur die Form der starken Markentreue erfaßt, bei der eine einzige Marke bevorzugt und verwendet wird; eine Multimarkentreue, bei der der Konsument zwei gleichermaßen präferierte Marken regelmäßig wiederkauft, wird nicht weiter berücksichtigt. Inwiefern die Jugendphase für die Entstehung einer Multimarkentreue von Bedeutung ist, kann aus dieser Untersuchung daher nicht erschlossen werden.

Abb. 5-11 zeigt, daß der Anteil der Befragten, die eine Präferenz für eine bestimmte Marke aufweisen („Markenbevorzuger"), zwischen den einzelnen Produktbereichen mit dem höchsten Wert bei Tagescreme (51%) und dem geringsten bei Tiefkühlkost (11%) schwankt.[1152]

[1151] Bei den verwendeten Fragestellungen ergeben sich drei Gruppen: Bevorzuger einer bestimmten Marke, Markenwechsler und Nicht-Verwender.
[1152] Dabei ist zu berücksichtigen, daß die Grundgesamtheit auch Nichtkäufer umfaßt.

Abb. 5-11: Anteil der Personen, die eine bestimmte Marke bevorzugen

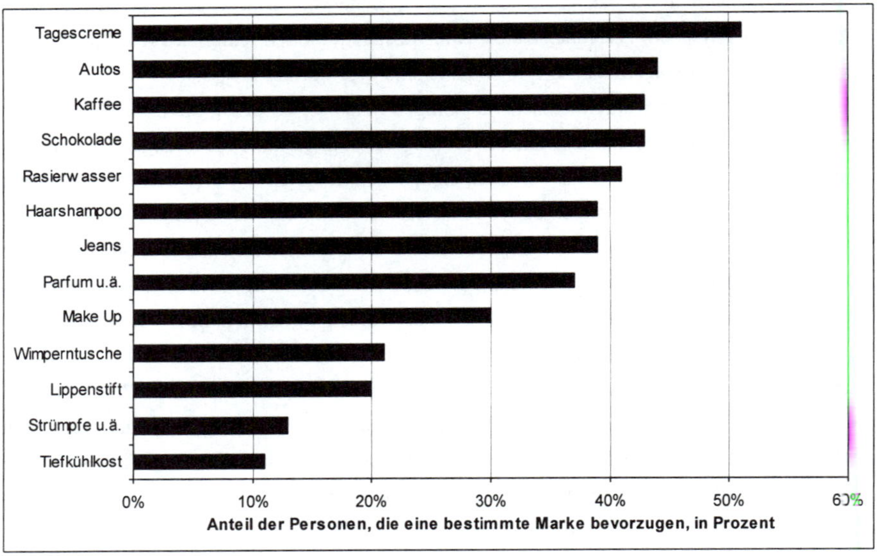

Quelle: in Anlehnung an Institut für Demoskopie Allensbach (1996).

Die Anteile der 14- bis 23jährigen an den Personen, die in der jeweiligen Produktkategorie eine bestimmte Marke bevorzugen, weist die **Abb. 5-12** aus.

Abb. 5-12: Anteil der 14- bis 23jährigen an den Personen, die eine bestimmte Marke bevorzugen

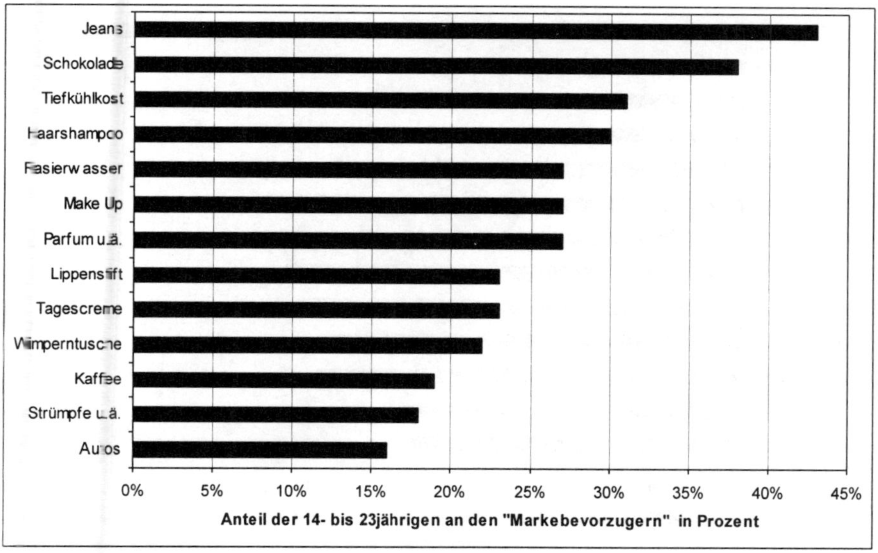

Quelle: in Anlehnung an Institut für Demoskopie Allensbach (1996).

Dabei zeigen sich starke Unterschiede in den verschiedenen Produktkategorien. Einen, gemessen an ihrem Anteil an der Gesamtzahl der Befragten (32,5%), überproportionalen Anteil an den Personen, die eine bestimmte Marke bevorzugen, weisen die Jugendlichen bei Jeans (43%) und Schokolade (38%) auf. Bei Shampoo (30%) und Tiefkühlkost (31%) entspricht ihr Anteil in etwa ihrem Anteil an der Gesamtzahl der Befragten und bei Rasierwasser, bei Make-up und Parfum liegt er mit 27% etwas niedriger. Bei Autos und Strümpfen/ Strumpfhosen ist er mit 16% und 18% sehr gering. Der geringe Anteil bei Autos ist allerdings auch darauf zurückzuführen, daß lediglich Personen ab 18 Jahren, die bereits einen eigenen Pkw fahren dürfen, einbezogen wurden.

In einem zweiten Schritt wurde die Dauer der Bevorzugung der präferierten Marke und das Alter der Entstehung der gegenwärtigen Präferenzen zum Befragungszeitpunkt ermittelt. In **Abb. 5-13** sind die Anteile der „Markenbevorzuger“ dargestellt, deren Präferenzen für die zum Befragungszeitpunkt bevorzugte Marke bis zum 24. Lebensjahr entstanden sind.

Abb. 5-13: Anteil der „Markenbevorzuger", die sich bis zum 24. Lebensjahr für die von ihnen zum Befragungszeitpunkt präferierte Marke entschieden haben

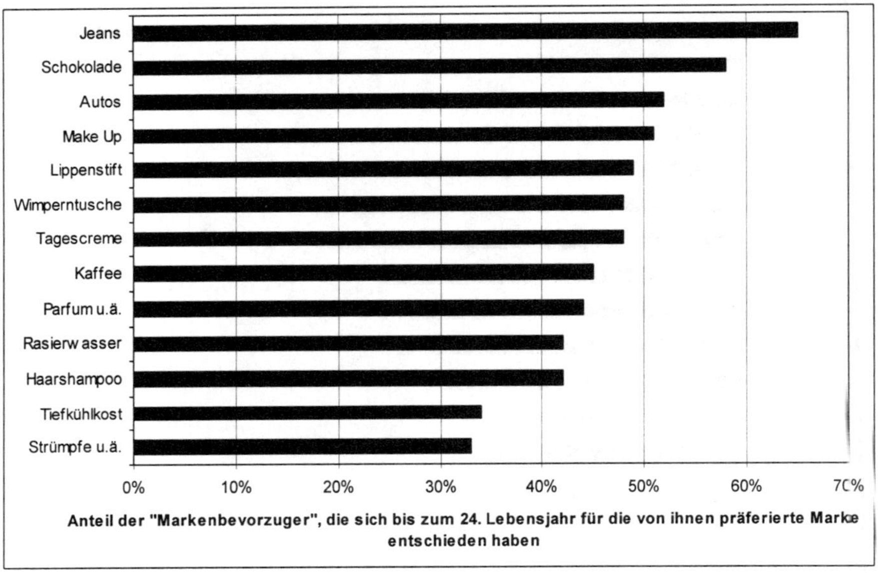

Quelle: in Anlehnung an Institut für Demoskopie Allensbach (1996).

Über 60% der „Markenbevorzuger" in der Produktkategorie Jeans haben sich bis zum 24. Lebensjahr für die zum Befragungzeitpunkt bevorzugte Marke entschieden. Auch bei Schokolade, Autos und Make-up liegen die Anteile über 50%. Bei dem Großteil der Produkte liegen die Anteile derjenigen, die sich in der Jugendphase für die zum Befragungszeitpunkt präferierte Marke entschieden haben, zwischen 40% und 50%. Aus diesen Ergebnissen wurde gefolgert, daß das Markenbewußtsein schwerpunktmäßig in der Jugendphase, im Alter zwischen 10 und 24 Jahren geprägt wird – wobei sich das Ausmaß in den verschiedenen Produktbereichen unterscheidet – und daß rund 50% der Markenbindungen (im Durchschnitt über alle Produktbereiche) bis zum 24. Lebensjahr aufgebaut werden.[1153] Zur Dauer der Markenbindung wird ein durchschnittlicher Wert (über alle untersuchten Produktbereiche) von 8 Jahren angegeben, wobei nicht näher spezifiziert wird, wie sich dieser Wert ergibt.[1154]

[1153] Vgl. Institut für Demoskopie Allensbach (1996), S. 55.
[1154] Vgl. Institut für Demoskopie Allensbach (1996), S. 54.

Bei der Interpretation der Ergebnisse ist allerdings zu berücksichtigen, daß in dem Anteil der Markenbevorzuger, die sich bis zum 24. Lebensjahr, d.h. in ihrer Jugendphase, für die gegenwärtig bevorzugte Marke entschieden haben, nicht nur Erwachsene, sondern auch die jugendlichen (14- bis 23jährigen) „Markenbevorzuger" selbst enthalten sind. Diese können naturgemäß kein höheres Alter für die Ausbildung ihrer Präferenzen angeben und sie können auch nicht prognostizieren, ob sie diese Präferenzen auch in späteren Lebensphasen beibehalten werden. Diese hier nicht herausrechenbaren Anteile weisen aber lediglich auf eine Präferenzbildung und Markentreue innerhalb der Jugendphase hin und lassen keine Aussage darüber zu, ob diese auch langfristig, bis in die Erwachsenenphase hinein, anhalten wird. Selbst wenn ein 15jähriger Befragter angegeben hat, daß er die gegenwärtig bevorzugten Marken erst seit dem Alter von 15 Jahren bevorzugt, erhöhen seine Angaben den Teil derjenigen, deren Markenpräferenzen bis zum 24. Lebensjahr entstanden sind. Dies läßt jedoch keine Aussage darüber zu, ob diese gegenwärtigen Präferenzen auch in der Erwachsenenphase von Dauer sein werden. Gilt die ermittelte durchschnittliche Dauer der Markenbindung von 8 Jahren auch für ihn, so erstreckt sich diese lediglich auf die Jugendphase (im Alter von 23 Jahren müßte ein Markenwechsel stattfinden). Für die in der vorliegenden Arbeit untersuchte Fragestellung nach der Bedeutung der Jugendphase für die Entstehung von langfristigen Markenpräferenzen von Erwachsenen sind daher auf der Grundlage dieser Untersuchung kaum Aussagen möglich.

Ferner ist einschränkend zu berücksichtigen, daß, wie auch in der Studie des Instituts für Jugendforschung, mit der Befragung und Rückerinnerung gearbeitet wurde. Wie in **Abschnitt 5.3.1** dargelegt, ist daher ebenfalls mit Erinnerungsproblemen und Antwortverzerrungen zu rechnen.

5.3.3 Überblick über ausgewählte Einzelergebnisse

Im **Bankenbereich** wird beobachtet, daß bestehende Bankverbindungen im Privatkundenbereich nur selten gelöst werden und daß eine sehr hohe Markentreue besteht.[1155] Vom Deutschen Sparkassen- und Giroverband wird geschätzt, daß ca. 90% der Kunden ihrer Sparkasse treu bleiben, wobei bei Jugendlichen eine etwas höhere Wechselquote besteht.[1156] Wie in **Abschnitt 5.2.4** dargestellt, bestehen im Bankensektor hohe Wechselkosten, die markentreues Verhalten begünstigen.

1155 Vgl. D. Bock (1990), S. 19.

1156 Vgl. F. Birckenbach (1997). Dieser Schätzung liegen Nettozahlen von Kontenbeständen in einer Altersgruppe zugrunde; d.h. der Saldo von Zu- und Abwanderungen. Damit wäre prinzipiell denkbar, daß die 90% durch hohe Abgänge von Erstkunden, denen aber fast gleichhohe Zugänge an Neukunden gegenüberstehen, zustandekommen. Es wird zwar vermutet, daß sich auf individueller Ebene ähnliche Zahlen ergeben; dieser Zusammenhang ist jedoch einer näheren Überprüfung zu unterziehen. Zur hohen Markentreue von Jugendlichen im Bankenbereich vgl. auch Institut für Analyse und Beratung (1998), S. 10.

Nach Aussagen aus der Praxis besteht im Bereich der **Schokoriegel** offenbar ebenfalls eine hohe, aus der Jugendphase resultierende (Multi-)Markentreue.[1157] Bei Nestlé wurde in internen Untersuchungen festgestellt, daß das Alter von 12 bis 16 Jahren entscheidend ist für die Ausbildung von dauerhaften Markenpräferenzen und die Aufnahme einer Marke in das Set präferierter Marken.[1158] In dieser Phase werden Schokoriegel von den Jugendlichen intensiv gekauft und genutzt. In späteren Lebensphasen verlieren Riegel an Bedeutung und die in der Jugendphase ausgebildeten Präferenzen werden offenbar weitergeführt. Wenn ein Riegel gekauft wird, dann i.d.R. einer derjenigen, die sich in der Jugendphase bewährt haben. So kann beispielsweise bei dem Schokoriegel Nuts beobachtet werden, daß dieser nach wie vor von Erwachsenen gekauft wird, obwohl er aktuell nicht mehr beworben wird und bei den heutigen Jugendlichen keine hohe Bedeutung hat; bei den Erwachsenen wirken jedoch die Präferenzen fort, die sich in ihrer Jugendphase ausgebildet haben.[1159] Gleiches konnte offenbar bei Mars in den 80er Jahren beobachtet werden: Der Riegel verlor aktuelle jugendliche Käufer; die Käufer des Riegels waren v.a. Erwachsene, die Präferenzen für diesen Riegel in ihrer Jugendphase bereits in den 60er und 70er Jahren erworben hatten.[1160]

Eine Studie von Holbrook und Schindler weist auf die Bedeutung der Jugendphase für die Ausbildung von dauerhaften Präferenzen im Bereich der **Popmusik** hin; ihre Ergebnisse zeigen, daß Popmusik-Präferenzen in der späten Jugend bzw. der frühen Erwachsenheit gebildet werden und dazu tendieren, ein Leben lang anzuhalten.[1161] Die Vorstellungen von dem idealen Musikprodukt und möglicherweise auch andere ästhetische Präferenzen werden offenbar in der späten Jugendphase geformt.[1162] Unabhängig von ihrem Alter gaben die Befragten höchste Präferenzen für Musiktitel an, die zu der Zeit populär waren, als sie im Durchschnitt ca. 23,5 Jahre alt waren.[1163] Näher zu prüfen ist allerdings, ob sich die Präferenzen auf eine bestimmte Marke bzw. einen bestimmten Interpreten beziehen oder lediglich auf den Musikstil, d.h. bestimmte (ästhetische) Eigenschaften des Produktes. Dabei handelt es sich zwar um kaufrelevante Prädispositionen; diese müssen jedoch nicht unbedingt zur Verwendung einer bestimmten Marke (im Fall der Musik: eines bestimmten Interpreten) führen.[1164] Bei Musik handelt es

---

[1157] Dies deckt sich insofern mit den Ergebnissen des IJF von 1984, als auch dort bei Schokoriegeln eine hohe Übereinstimmung der Markenpräferenzen im Alter von 30 und von 16 Jahren festgestellt wurde; vgl. **Abb. 5-8**.

[1158] Vgl. F. Schübel (1997), Marketing-Manager bei der Nestlé Deutschland GmbH. Diese Angaben basieren auf internen, nicht veröffentlichten Studien des Unternehmens.

[1159] Vgl. F. Schübel (1997), o.S.

[1160] Vgl. G. Weishaupt (1988), S. 16; W. Peiser (1991), S. 77.

[1161] Vgl. M. B. Holbrook/ R. M. Schindler (1989), S. 119.

[1162] Vgl. M. B. Holbrook/ R. M. Schindler (1994), S. 412.

[1163] Vgl. M. B. Holbrook/ R. M. Schindler (1989), S. 122.

[1164] Am stärksten ist der Zusammenhang, wenn eine Marke bezüglich der präferierten Eigenschaften eine Alleinstellung aufweist.

sich um ein Produkt, dessen Beurteilung maßgeblich von den individuellen ästhetischen Präferenzen abhängig ist. Ähnliche Effekte werden von den Autoren bei Kleidung, Möbeln und Kunst vermutet, bei denen ebenfalls ästhetische Eigenschaften von hoher Bedeutung sind; eine empirische Überprüfung steht bei diesen Produktarten allerdings noch aus.[1165]

5.4 Entwicklungstendenzen der Bedeutung der Jugendphase für die Entstehung dauerhafter Präferenzen

Eine wichtige Voraussetzung für das Einsetzen von Entscheidungsvereinfachungsprozessen und in der Folge Markentreue sind – wie in **Abschnitt 5.2.2** gezeigt wurde – eigene Kauf- und Gebrauchserfahrungen in der Jugendphase. Die Bedeutung der Jugendphase für zukünftiges Konsumverhalten ergibt sich insoweit, als in dieser Phase erste Kauf- und Gebrauchserfahrungen erworben werden. Auch für die Entstehung einer Markentreue aufgrund von Wechselkosten ist die Jugendphase als Phase des erstmaligen Bezugs von einigen Leistungen von Bedeutung. In der Vergangenheit hat sich gezeigt, daß sich der Zeitpunkt der selbständigen Käufe und Entscheidungen von Jugendlichen u.a. aufgrund der früheren Verfügung über hohe Geldbeträge immer weiter vorverlagert und auf immer mehr Konsumbereiche ausgedehnt hat (vgl. **Abschnitt 3.2.2 und 3.3.1**). Je früher Jugendliche selbständig eigene Entscheidungen treffen und am Konsumsektor partizipieren können, desto eher werden erste Kauf- und selbstgesteuerte Gebrauchserfahrungen in der Jugendphase erworben. Sollte diese Tendenz der Vorverlagerung sich weiter fortsetzen und auf weitere Produktbereiche ausdehnen, können auch Habitualisierungsprozesse in den jeweiligen Produktbereichen früher einsetzen. So ist z.B. im Telekommunikationsbereich ein früherer Einstieg jugendlicher Kunden zu beobachten: Bereits Jugendliche erwerben Handys und Pager (Funkrufempfänger) und es entstehen erste Kundenbeziehungen. Damit weitet sich die Bedeutung der Jugendphase als Phase des Erstkaufs möglicherweise ebenfalls auf weitere Produktbereiche aus. In Teilbereichen erstrecken sich diese Vorverlagerungen der ersten aktiven Teilnahme am Konsumsektor aber auch auf die Kindheit, so daß bereits in dieser Lebensphase erste Grundlagen zur Markenbindung entstehen können. Kommt es zu einer weiteren Vorverlagerung der ersten Käufe und Gebrauchserfahrungen in die Kindheitsphase, so kann diese Lebensphase der Jugendphase in einigen Bereichen ihre Bedeutung für Vorprägungen des späteren Kaufverhaltens streitig machen.

1165 Vgl. M. B. Holbrook/ R. M. Schindler (1989), S. 122. Allerdings ist zu berücksichtigen, daß es sich bei Pop-Musik um ein Produkt handelt, das in der Jugendphase von zentraler Bedeutung ist (hohes Involvement), dessen Bedeutung in späteren Lebensphasen jedoch i.d.R. abnimmt. Es ist daher zu prüfen, inwieweit es sich hier um einen Sonderfall handelt, der in anderen Produktbereichen in der Form nicht gegeben ist.

Hinzu kommt eine Tendenz der Wettbewerbsintensivierung auf dem Jugendmarkt. Immer mehr Anbieter bemühen sich aktiv um jugendliche Kunden und versuchen Markenbindungen herzustellen. In vielen Branchen werden zunehmend spezifische Angebote für den Jugendmarkt bereitgestellt, die eigens auf die Bedürfnisse der Jugendlichen zugeschnitten sind. Damit bewirken auch Wettbewerbskräfte eine Erhöhung der Bedeutung jugendlicher Kunden. Beginnt ein Anbieter sich bereits in der Jugendphase um Kundengewinnung und -bindung zu bemühen, so ziehen Konkurrenten nach; der Wettbewerb der Unternehmen um die Gewinnung der (erwachsenen) Kunden wird damit auf die vorangehende Lebensphase verlagert.

Ferner ist davon auszugehen, daß auch die Jugendlichen auf die zunehmende Angebotsvielfalt und den zunehmenden Wettbewerb reagieren, daß sie bspw. kritischer und anspruchsvoller werden.[1166] Intensive Bemühungen der anbietenden Unternehmen um jugendliche Kunden können zu einem hohen Anspruchsdenken von Jugendlichen beitragen, was bewirkt, daß diese zunehmend schwerer zu gewinnen sind. Aus Anbietersicht besteht eine Gefahr darin, daß jugendliche Kunden aufgrund des zunehmenden Wettbewerbs und der zunehmenden Angebotsvielfalt immer weniger markentreues Verhalten und höhere Wechselbereitschaft zeigen. Angesichts der vielfältigen Alternativen muß bei Unzufriedenheit mit dem bestehenden Anbieter keine Auseinandersetzung stattfinden, sondern es kann einfach auf Konkurrenzangebote ausgewichen werden.[1167] Dieses Verhalten wird z.B. im Bankenbereich beobachtet: Jugendliche Kunden halten angesichts der ihnen angebotenen Vergünstigungen oftmals Mehrfachbankverbindungen und bereits bei der leichtesten Verärgerung, z.B. weil ein gewünschter, aber gesetzlich noch nicht zulässiger Kredit nicht eingeräumt wird, gehen sie einfach zur Konkurrenz.[1168]

In Richtung einer Abnahme der Markentreue bei zunehmender Angebotsvielfalt würde auch eine zunehmende Bedeutung von Erlebnis- und Abwechslungsmotiven wirken. Auch hier existiert jedoch – wie in **Abschnitt 5.2.2.2, S. 196,** beschrieben – ein Gegengewicht: Mit der Angebotsvielfalt nehmen auch die Orientierungsprobleme und damit bei einigen Jugendlichen (Typus des „Eingrenzers") der Wunsch nach Stabilität, nach festen Ankern und vertrauten Bindungen zu (Sicherheitsmotiv). Die generelle Entwicklung dieser Motive (Erlebnis- und Abwechslung vs. Sicherheit), ihre Relevanz für den jeweiligen Produktbereich sowie Möglichkeiten ihrer Stärkung und Schwächung sind daher im Einzelfall näher zu untersuchen.

1166 Vgl. M. Körner (1987b), S. 98.
1167 Vgl. GIM (1995).
1168 Vgl. F. Birckenbach (1997).

5.5 Zusammenfassende Beurteilung der Bedeutung von Jugendlichen im Hinblick auf ihre zukünftigen Umsatzpotentiale

Wie die vorangegangenen Ausführungen gezeigt haben, können in der Jugendphase auf verschiedene Weisen Vorprägungen des Kaufverhaltens in der Erwachsenenphase entstehen. Jugendliche scheinen in ihrem Konsumverhalten und ihren Präferenzen noch relativ wenig festgelegt zu sein. Zwar bestehen bereits Vorprägungen aus der Kindheit, aufgrund ihres besonderen Charakters als selbstbestimmte Einstiegs- und Probierphase sowie als Vorbereitungsphase kommt der Jugendphase in einigen Produktbereichen jedoch eine hohe Bedeutung für die Ausbildung dauerhafter Verhaltensmuster zu.
Auf psychischer Ebene können langfristig wirksame Vorprägungen der Markenwahl von erwachsenen Kunden auf eigenen oder auf übernommenen Gebrauchserfahrungen in der Jugendphase beruhen. Die in der Jugendphase kumulierten Erfahrungen bilden den Hintergrund, vor dem aktuelle Markenwahlentscheidungen in der Erwachsenenphase getroffen und aktuelle Informationen wahrgenommen und interpretiert werden. In dieser Phase werden umfassende Produktkenntnisse und Erfahrungen erworben, Präferenzstrukturen und Einstellungen ausdifferenziert und Gewohnheiten ausgebildet, auf die in späteren Kaufentscheidungen zurückgegriffen werden kann und die diese in mehr oder weniger starkem Maße vorstrukturieren. Positive eigene oder übernommene Gebrauchserfahrungen können Gewohnheiten und Präferenzen entstehen lassen, die einem späteren Markenwechsel entgegenstehen. Wurden in der Jugendphase Gewohnheiten und Vorlieben zugunsten einer oder weniger bestimmter Marken ausgebildet, müssen konkurrierende Unternehmen, die sich erst in der Erwachsenenphase um die Gewinnung dieses Kunden bemühen, die bestehenden Prädispositionen erst überwinden, um einen Wechsel des Kunden zu der eigenen Marke zu induzieren. Unterstützt werden psychische Bindungsfaktoren in einigen Leistungsbereichen von Umstellungskosten, die mit dem Erstbezug einer Leistung in der Jugendphase entstehen und die einen späteren Marken- bzw. Anbieterwechsel erschweren. Die dargestellten empirischen Befunde deuten auf die Existenz einer in der Jugendphase entstandenen, langfristig wirksamen Markentreue hin; allerdings sind die Befunde insgesamt noch recht lückenhaft und mit verschiedenen Mängeln behaftet, so daß hier, insbesondere im Bereich einer dynamischen Betrachtung der Entstehung und Entwicklung von Markentreue über verschiedene Lebensphasen hinweg, weiterer Forschungsbedarf besteht. Insbesondere die relative Bedeutung der Jugendphase gegenüber der Kindheit bedarf noch einer eingehenderen Analyse.

Den theoretischen Überlegungen zufolge ist die Ausbildung von Markentreue ein Prozeß, der mit den ersten eigenen oder übernommenen Gebrauchserfahrungen einsetzt und an dessen Ende mehr oder weniger starke, im Laufe der vergangenen Erfahrungen verfestigte Vorprägungen der Markenwahl stehen, die durch gegenwärtige Marketingmaßnahmen konkurrierender Unternehmen häufig nur schwer überwunden werden können. Für Unternehmen, zu deren Gunsten derartige Vorprägungen bestehen, stellen sie daher einen Wettbewerbsvorteil dar. Aus unternehmerischer Perspektive ist es deswegen notwendig, nicht erst am Ende dieses Prozesses, wenn schon starke Gewohnheiten und Präferenzen bestehen, sondern bereits zu dessen Beginn, noch bevor sich eine stabile Treue ausgebildet hat, mit einer Präferenzschaffung für die eigene Marke bei den jugendlichen Kunden zu beginnen, um den Übergang zu einem markentreuen Kaufverhalten nicht zu verpassen und im Evoked Set des erwachsenen Kunden bereits verankert zu sein.[1169] Auch wenn die zukünftigen Umsatzpotentiale, die sich aus einer Präferenzschaffung bei Jugendlichen ergeben, unsicher sind und sich nur schwer quantifizieren lassen, dürfen diese nicht – zugunsten gegenwärtiger Gewinnmaximierungsziele – vernachlässigt werden.

Da die verschiedenen Determinanten eines markentreuen Verhaltens (Gewohnheiten, Vertrautheit, Zufriedenheit, Einstellungen bzw. Commitment, wahrgenommenes Wechselrisiko, Umstellungskosten) nicht nur infolge eigener Käufe und eigener Gebrauchserfahrungen entstehen, sondern z.T. auch infolge fremder Käufe für den Bedarf der Jugendlichen und infolge der Übernahme von Gebrauchserfahrungen anderer durch die Jugendlichen, sind die angestellten Überlegungen zur Bedeutung der Jugendphase für den Aufbau langfristiger Markentreue grundsätzlich für verschiedene Arten von Produkten von Relevanz. Sie beziehen sich grundsätzlich sowohl:

1. auf Produkte, die in der Jugendphase bereits selbst gekauft und verwendet werden (bereits eigene Gebrauchserfahrungen und Umstellungskosten), bei denen die Jugendlichen also auch selbst als aktuelle Käufer auftreten und bei denen die Jugendphase als Einstiegs- und Probierphase anzusehen ist, als auch
2. auf Produkte, die in der Jugendphase noch nicht selbst gekauft, sondern nur (mit-)verwendet werden (bereits eigene Gebrauchserfahrungen und Umstellungskosten) oder die noch nicht einmal mitverwendet werden, sondern deren Verwendung von den Jugendlichen zunächst lediglich beobachtet wird („nur“ übernommene Gebrauchserfahrungen).[1170]

Aus Marketingsicht ist ferner zu berücksichtigen, daß die in der Jugendphase mit einem Produkt gesammelten Erfahrungen auf andere, unter demselben Markennamen laufende Produkte generalisiert werden können. Andere, unter dem Markendach stehende Produkte profitieren

[1169] Vgl. zu derartigen Überlegungen auch E. Tissier-Desbordes (1984), S. 29 f.

[1170] Bei den von den Eltern gekauften und von den Jugendlichen (mit-)verwendeten Produkten können die Jugendlichen bereits zum gegenwärtigen Zeitpunkt, wie in **Kapitel 4** dargelegt, Einfluß auf die Kaufentscheidung nehmen.

dann von den in der Jugendphase erworbenen positiven Einstellungen zu der Marke, die aufgrund der Erfahrungen mit einem anderen Produkt erworben wurden. In Verbindung mit den in **Abschnitt 5.2.5** angestellten Überlegungen, daß markentreues Verhalten dadurch aufgebrochen werden kann, daß sich Bedürfnisse und Produktanforderungen eines Konsumenten im Übergang von der Jugend- zur Erwachsenenphase ändern, ergeben sich besondere Vorteile von Dachmarken. Sie ermöglichen die Nutzung des in der Jugendphase aufgebauten Markenvertrauens auch in der Erwachsenenphase bei gleichzeitiger Berücksichtigung der Bedürfnisunterschiede von jugendlichen und erwachsenen Kunden. Diese Überlegungen werden in **Abschnitt 6.2.2.2** vertieft.

Einen Überblick über die verschiedenen Entstehungsursachen von Vorprägungen der Markentreue des erwachsenen Kunden gibt die **Abb. 5-14**. Mögliche Rückkoppelungen innerhalb der Jugendphase – bspw. von den eigenen Gebrauchserfahrungen auf die eigenen Käufe des Jugendlichen – bleiben in der Abbildung unberücksichtigt.

Abb. 5-14: Entstehung und Zusammensetzung von Vorprägungen späterer Markentreue in der Jugendphase

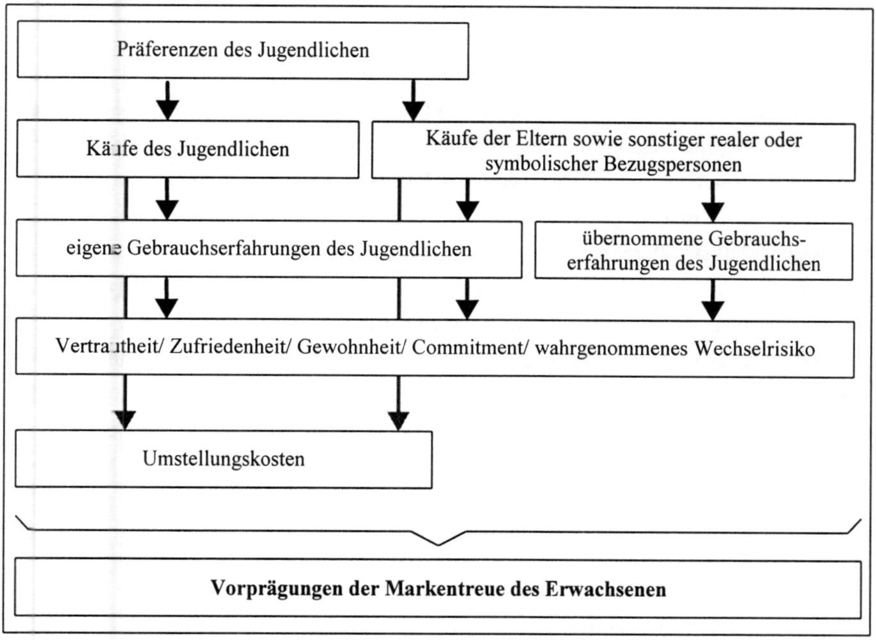

Aufgrund des Prozeßcharakters der Entstehung eines markentreuen Verhaltens sowie aufgrund der vielfältigen Entstehungsmöglichkeiten ergibt sich auch für solche Unternehmen, für die Jugendliche aufgrund eines geringen gegenwärtigen Umsatzpotentials keine interessante Zielgruppe darstellen, die Notwendigkeit, zu prüfen, ob nicht auch in ihrem Produktbereich langfristig wirksame Gewohnheiten und Vorlieben bereits in der Jugendphase ausgebildet werden oder Umstellungskosten beim Erstkauf entstehen, die das spätere Kaufverhalten maßgeblich beeinflussen. Ein Beispiel für einen Produktbereich, bei dem näher zu prüfen ist, ob sich Maßnahmen zur Präferenzschaffung bei Jugendlichen langfristig auszahlen, ist der Automobilbereich. Ein vermutlich relativ hohes Produktinvolvement von Jugendlichen sowie gute Markenkenntnisse, bestehende Einstellungen und klare Präferenzen bei Jugendlichen lassen vermuten, daß bereits in der Jugendphase wichtige Vorprägungen späterer Kaufentscheidungen entstehen.[1171] Unter diesen Umständen kommt der Präferenzschaffung in der Jugendphase als einer Phase des Aufbaus langfristiger Bindungen eine hohe Bedeutung zu und es sind geeignete Maßnahmen zu ergreifen, um Präferenzen für die angebotene Marke bereits bei Jugendlichen zu schaffen und um deren Andauern in der Erwachsenenphase sicherzustellen und so langfristig wirksame Wettbewerbsvorteile aufzubauen. Auch wenn das gegenwärtige Umsatzpotential jugendlicher Kunden noch nicht so hoch ist, daß sich die Bearbeitung dieses Segmentes allein aufgrund aktueller Umsätze lohnen würde, so kann diese als Investition in die Zukunft von entscheidender Bedeutung sein.[1172]

Die zugrundegelegte lebensphasenübergreifende, prozeßbezogene Betrachtung der Beziehung zwischen Kunden und Marken bzw. Anbietern birgt zwei wichtige, grundlegende Implikationen in sich. Für Unternehmen, die bereits starke Markenpräferenzen bei Jugendlichen aufbauen konnten, deutet sie auf bereits bestehende Potentiale einer langfristigen Markenbindung auch in der Erwachsenenphase hin. Aus Unternehmenssicht ist dann zu überlegen, ob und wie bestehende Markenpräferenzen von Jugendlichen auch in der Erwachsenenphase gesichert bzw. wie diese in der Erwachsenenphase ausgeschöpft werden können. Für Unternehmen, die sich aufgrund des geringen gegenwärtigen Umsatzpotentials jugendlicher Kunden bisher nicht um eine Präferenzschaffung bei Jugendlichen bemüht haben, legt sie eine Prüfung der Notwendigkeit der Bearbeitung des Jugendmarktes aufgrund langfristiger Umsatzziele und eine eventuell veränderte Prioritätensetzung in zeitlicher Hinsicht nahe. Die Verfolgung zukünftiger Gewinnziele kann bei starken Vorprägungen der späteren Markenwahl in der Jugendphase sogar eine Verletzung gegenwärtiger Gewinnziele erforderlich machen.

[1171] Vgl. Ehapa Verlag GmbH (1992), S. 30-32; L. S. Leonhard (1997), S. 12.

[1172] Vgl. auch Verband der Lokalpresse (1995), S. 13, zum Beispiel der Jugendbeilagen von Tageszeitungen: Jugendbeilagen sind – auch wenn sie sich kurzfristig nicht rechnen – als wichtige Investition in zukünftige Abonnenten zu betrachten.

Relativierend ist allerdings zu berücksichtigen, daß ein Andauern einer in der Jugendphase ausgebildeten Markentreue in der Erwachsenenphase nicht als Automatismus anzusehen ist. Insbesondere dem Übergang zwischen der Jugend- und der Erwachsenenphase ist eine erhöhte Aufmerksamkeit zu widmen, da die sich in dieser Zeit vollziehenden physischen, psychischen und sozialen Veränderungen zu einer Auflösung von Markenbindungen führen können. So unterliegen gerade solche Faktoren, die zu einem hohen Involvement führen (wie z.B. eine hohe Selbstbildrelevanz von Marken) und somit die Chance einer starken Markenbindung bieten, teilweise starken inhaltlichen Veränderungen im Übergang von der Jugend- zur Erwachsenenphase (veränderte Selbstbilder von Erwachsenen). Gerade solche Unternehmen, die in den Jugendmarkt investieren, ohne daß dieses Engagement bereits aktuell umsatz- bzw. gewinnbringend ist, müssen auf diese Einschnitte besondere Aufmerksamkeit legen. Für Unternehmen und Marken, die keine starke Position bei Jugendlichen aufbauen konnten oder wollten, bieten diese Übergänge interessante Möglichkeiten zur Kundengewinnung bzw. -abwerbung

6 Implikationen für die Bewertung und Bearbeitung des Jugendsegments

Die in den vorangegangenen Kapiteln vorgenommene Analyse der verschiedenen Umsatzpotentiale jugendlicher Kunden bildet gemeinsam mit weiteren Umfeld- und Unternehmensanalysen die Basis für zwei zentrale Aufgabenfelder der strategischen Marketingplanung: die Bewertung und Auswahl der zu bearbeitenden Zielgruppen sowie den Entwurf, die Bewertung und Auswahl grundlegender Marktbearbeitungsstrategien.[1173] Anhand der Ergebnisse der **Kapitel 3 bis 5** kann nun abschließend in **Abschnitt 6.1** eine zusammenfassende Einschätzung der Bedeutung dieser Kundengruppe aus der Sicht eines anbietenden Unternehmens vorgenommen werden. In **Abschnitt 6.2** werden grundlegende Handlungsoptionen einer Bearbeitung des Jugendmarktes und deren Eignung zur Ausschöpfung der verschiedenen Umsatzpotentiale diskutiert.

6.1 Bewertung und Auswahl der Jugendlichen als Kundengruppe

In **Abschnitt 6.1.2** wird eine auf den Analyseergebnissen der Hauptkapitel basierende, zusammenfassende Bewertung der Bedeutung jugendlicher Kunden(gruppen) aus der Sicht anbietender Unternehmen vorgenommen. Eine solche Kundengruppenbewertung bildet die Basis für die Auswahl der von einem Unternehmen zu bearbeitenden Marktsegmente. Neben diesen kundenbezogenen Entscheidungskriterien sind jedoch noch weitere, unternehmens- und wettbewerbsbezogene Entscheidungskriterien zu berücksichtigen, die ebenfalls bestimmen, ob die Bearbeitung des Jugendsegments für ein Unternehmen aussichtsreich ist. In **Abschnitt 6.1.1** werden daher zunächst einige grundlegende Überlegungen zu den Ausprägungen der unternehmens- und wettbewerbsbezogenen Faktoren angestellt. **Abschnitt 6.1.3** zeigt schließlich Möglichkeiten zur Integration verschiedener Entscheidungskriterien auf.

6.1.1 Bewertung der Attraktivität des Jugendsegments im Spannungsfeld von Unternehmenspotentialen und Wettbewerbskräften

Die Entscheidung eines Unternehmens, das Jugendsegment zu bedienen, basiert auf einer Bewertung der Attraktivität dieses Segments. Diese Bewertung und Auswahl der zu bearbeitenden Marktsegmente wird maßgeblich bestimmt von den mit der jeweiligen Kundengruppe insgesamt erzielbaren Umsätzen und deren Entwicklung sowie weiteren kundenbezogenen Merkmalen, daneben hängt die Auswahlentscheidung aber auch von den vorhandenen Unternehmenspotentialen sowie der Wettbewerbssituation in den Segmenten ab.[1174] Auch wenn die

---

1173 Vgl. dazu **Abb. 1-1 im Anhang**.

1174 Vgl. P. Kotler/ F. Bliemel (1995), S. 137 f. u. S. 448-451; H. Freter (1995), Sp. 1811; E. Bauer (1977), S. 40 ff.; R. Köhler (1994b), S. 122.

Kundenanalyse und die bedeutungsrelevanten Merkmale der jugendlichen Kunden in der vorliegenden Arbeit und bei der Bewertung der Attraktivität des Jugendsegments im Vordergrund stehen, ist diese Bewertung daher nicht losgelöst von den Unternehmenspotentialen sowie der Wettbewerbssituation zu sehen.

Abb. 6-1: Analysefelder der Unternehmens- und Umweltanalyse

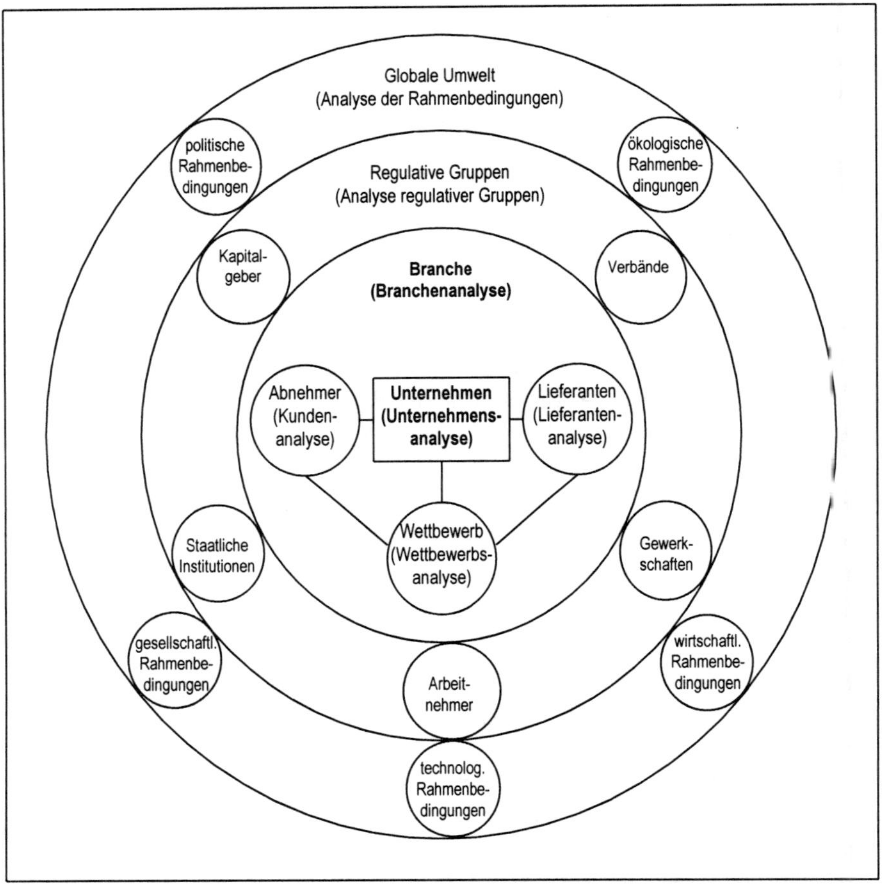

Quelle: E. Kreilkamp (1987), S. 74.

Eine umfassende Situationsanalyse, die die Grundlage der Auswahl der Zielmärkte bildet, setzt sich, wie in **Abb. 6-1** veranschaulicht, zusammen aus der Analyse der Unternehmenspotentiale (Stärken/ Schwächen des Unternehmens) und einer Branchenanalyse (Chancen/ Risiken), bei der die Kundenanalyse nur einen Teilbereich darstellt.[1175] Mit den Ausprägungen von Unternehmenspotentialen und Wettbewerbsfaktoren im Jugendsegment befassen sich die folgenden Ausführungen. Weitere Analysefelder sind die globale Umwelt sowie auf das Unternehmen einwirkende regulative Gruppen, auf die an dieser Stelle nicht weiter eingegangen wird. Für die Bearbeitung des Jugendmarktes wesentliche Rahmenbedingungen, die sich in rechtlichen und ethischen Grenzen niederschlagen, werden in **Kapitel 7** thematisiert.

Ein erster wichtiger Faktor für die unternehmerische Entscheidung, ob und wie das Jugendsegment bearbeitet werden soll, sind demnach die vorhandenen **Unternehmenspotentiale**. In der Umfeldanalyse werden die zentralen strategischen Faktoren ermittelt, von denen der Erfolg im Jugendsegment abhängt; in der **Unternehmensanalyse** wird die Stellung des Unternehmens in Bezug auf diese relevanten Markt- und Wettbewerbsbedingungen analysiert und die Stärken und Schwächen des jeweiligen Unternehmens herausgearbeitet.[1176] Dabei wird nicht nur die gegenwärtige Stellung eines Unternehmens in dem jeweiligen Segment erfaßt, sondern auch die zukünftigen Möglichkeiten zur Verbesserung der gegenwärtigen Position.[1177] Für den Erfolg einer spezifischen Bearbeitung des Jugendsegments ist neben den vorhandenen Produkten und deren Position in der Wahrnehmung jugendlicher Kunden sowie den generellen technologischen, finanziellen und personellen Unternehmenspotentialen v.a. das jugendspezifische Know how ein entscheidender Faktor.[1178] Die Praxis des Jugendmarketing zeigt immer wieder, daß gerade große Markenartikelhersteller Jugendliche als schwierige Kundengruppe ansehen und daß mangelnde Zielgruppenkenntnisse Probleme bereiten.[1179] Selbst jüngere Jugendliche sind oft sehr anspruchsvolle Kunden, die eine gleichberechtigte Behandlung verlangen und sich enttäuscht von einem Produkt abwenden, wenn dieses nicht voll ihren Erwartungen entspricht.[1180] Die Kommunikation mit jugendlichen Kunden verlangt detaillierte Kenntnisse der sich häufig schnell ändernden Vorlieben dieser Kundengruppe. Einer spezifischen Bearbeitung jugendlicher Zielgruppen können daher mangelnde interne Voraussetzungen eines Unternehmens (insbesondere im Vergleich zu den Wettbewerbern) entgegenstehen.[1181]

1175 Vgl. E. Kreilkamp (1987), S. 64; zu einem ausführlichen Überblick über verschiedene Teilbereiche der Umfeldanalyse vgl. ebd. S. 70-75.
1176 Vgl. E. Kreilkamp (1987), S. 232.
1177 Vgl. E. Kreilkamp (1987). S. 232.
1178 Zu ausführlichen Checklisten der grundlegenden, i.d.R. nach funktionsbereichs- oder ressourcenorientierten Kriterien unterteilten Bestandteile einer Analyse der Unternehmensressourcen bzw. -potentiale vgl. C. Pümpin (1980), S. 20-24; H. H. Hinterhuber (1980), S. 49-57; E. Kreilkamp (1987), S. 234-240.
1179 Vgl. I. Mienert (1997), S. 106 f.
1180 Vgl. z.B. Institut für Analyse und Beratung (1998), S. 9.
1181 Zu diesem Problemfeld des Jugendmarketing vgl. auch **Abschnitt 7.1**.

Die zweite wichtige Gruppe von Determinanten der Bewertung und Auswahl der zu bearbeitenden Segmente bilden die **Wettbewerbskräfte**, die Gegenstand der **Branchenanalyse** sind. Nach Porter erfahren die bei einer Branchenanalyse zu berücksichtigenden Analysefelder eine weitere Detaillierung; **Abb. 6-2** veranschaulicht die Zusammensetzung der relevanten Wettbewerbskräfte.[1182]

Abb. 6-2: Die Triebkräfte des Branchenwettbewerbs

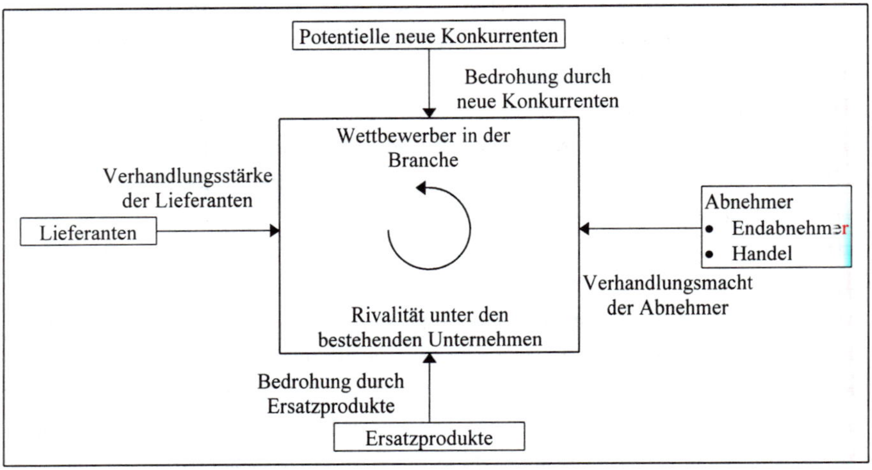

Quelle: in Anlehnung an M. E. Porter (1990), S. 26.

Bei der Bewertung eines Unternehmensengagements im Jugendmarkt ist zunächst die **Konkurrenzsituation** als ein entscheidendes Kriterium zu berücksichtigen. In vielen Branchen ist eine permanente Intensivierung des Wettbewerbs um jugendliche Kunden zu beobachten, die die Attraktivität einer Bearbeitung des Jugendmarktes mindert. Die zur Zeit zu beobachtende generelle Tendenz zu zunehmenden Segmentierungs- und Differenzierungsmaßnahmen vieler Unternehmen insbesondere in gesättigten Märkten zeigt sich auch in zunehmenden spezifischen Marketingaktivitäten im Jugendsegment. Anzahl und Differenzierung jugendspezifischer Produkte nehmen nicht nur bei klassischen Jugendprodukten, wie bspw. Computerspielen, Süßwaren, Softdrinks und Tonträgern zu, sondern auch bei Produkten, die von den jugendlichen und anderen Kundengruppen gleichermaßen verwendet werden, wie bspw. Kleidung und Körperpflegeprodukte. Für die Zukunft ist, angesichts der Überlegungen zu den

[1182] Vgl. dazu M. E. Porter (1990), S. 25-61.

hohen und vermutlich noch zunehmenden Umsatzpotentialen jugendlicher Kunden,[1183] mit einer weiteren Intensivierung des Wettbewerbs zu rechnen.

In eine Wettbewerbsanalyse sind auch **potentielle neue Konkurrenten** einzubeziehen.[1184] Weiterhin sind **Anbieter potentieller Substitutionsprodukte und -dienste** aus anderen Branchen, die aber gleiche Funktionen erfüllen, zu berücksichtigen.[1185] Angesichts einer hohen Attraktivität des Jugendmarktes z.B. aufgrund der hohen Kaufkraft von Jugendlichen ist ferner einzukalkulieren, daß auch bisher branchenfremde Unternehmen mit neuen Kapazitäten und erheblichen finanziellen Mitteln in den Jugendmarkt eintreten können.[1186] So trat z.B. Sony im Jahr 1995 mit der Playstation, einer Computerspielkonsole, als bisher branchenfremder Konkurrent in den Markt für Computerspiele ein und behauptete sich gegen die etablierten Anbieter Sega und Nintendo.[1187] Nestlé hat im Jahr 1998 in Deutschland ein neues Jugendprodukt, Nescafé Xpress, ein koffeinhaltiges Erfrischungsgetränk aus der Dose („Ready-to-drink-Kaffee") eingeführt, das als Konkurrenzprodukt zu klassischen Cola-Getränken angesehen werden kann; in Japan haben diese als Convenience-Produkte konzipierten Dosenkaffees den klassischen Cola-Getränken bereits den Rang als Erfrischungsgetränk abgelaufen.[1188] SMH, ein Uhrenhersteller, bot nach den Erfolgen mit der Swatch-Uhr im Jugendsegment auch Sonnenbrillen, Telefone und Anrufbeantworter unter der Marke Swatch an.

Ein weiterer Wettbewerbsfaktor sind die **Lieferanten**, die eine starke Verhandlungsmacht besitzen können, wenn bspw. die Lieferantengruppe stärker konzentriert ist als die Branche, an die sie verkauft und wenn ihre Verkäufe an die Branche nicht durch Ersatzprodukte streitig gemacht werden.[1189] Auch diese Faktoren bestimmen die Wettbewerbsintensität in einem Markt und sind daher in einer Wettbewerbsanalyse zu berücksichtigen. Diesbezüglich sind im Jugendmarkt jedoch keine generellen Besonderheiten zu vermuten.

Ein weiterer, aus der Sicht von Konsumgüterherstellern wichtiger Faktor ist der **Handel**, der für viele Hersteller der direkte Abnehmer der Produkte ist.[1190] Sofern die Produkte nicht direkt, sondern über Absatzmittler vertrieben werden sollen, ist zu prüfen, ob geeignete Absatzwege für jugendliche Zielgruppen existieren und ob diese langfristig gesichert werden können. So existieren in einigen Branchen zwar jugendspezifische Handelsbetriebe (z.B. die

1183 Vgl. dazu die **Abschnitte 3.6, 4.6 und 5.4**.
1184 Vgl. E. Kreilkamp (1987), S. 212-218.
1185 Vgl. M. E. Porter (1990), S. 49 f.
1186 Vgl. M. E. Porter (1990), S. 29.
1187 Vgl. R. S. Lakos (1998), S. 24.
1188 Vgl. Nestlé Schokoladen GmbH (1998), o.S.
1189 Vgl. zu diesen sowie zu weiteren Faktoren M. E. Porter (1990), S. 54 f.
1190 Zu der Differenzierung der Abnehmer in Endabnehmer und Handel vgl. auch E. Kreilkamp (1987), S. 131.

Trendboutiquen im Modebereich), allerdings können sich für einzelne Hersteller Probleme ergeben, in deren Sortiment aufgenommen zu werden.[1191] Angesichts einer Vielzahl von Konkurrenten auf Herstellerseite und einer hohen Konzentration auf Seiten des Handels kommt dem einzelnen Hersteller häufig eine relativ schwache Position zu. Im Konsumgüterbereich besteht aufgrund starker Konzentrationstendenzen eine hohe Verhandlungsmacht des Handels, die dazu führen kann, daß der Handel zu einem Engpaß auch für das Angebot eines jugendspezifischen Produktes wird.[1192] So erfuhren bspw. Inline-Skates eine zunächst äußerst geringe Akzeptanz durch den Sportfachhandel, so daß die Benetton Sportsystem GmbH, der Hersteller der Marke Rollerblade, zunächst mit Demo-Vans arbeitete: Inline-Skates wurden an zentralen Orten in wechselnden Städten von fahrbaren Stationen (sog. Demo-Vans) aus verliehen und konnten so vor dem Kauf getestet werden (Demo Van Test Tour Programm).[1193] Daneben kann auch nach Möglichkeiten gesucht werden, den Handel zu umgehen und einen eigenen Vertrieb aufzubauen.[1194] Möglichkeiten des Direktvertriebs bieten bspw. der Katalogvertrieb, der im Bereich der Jugendmode weit verbreitet ist, sowie, aufgrund der vergleichsweise hohen Aufgeschlossenheit von Jugendlichen gegenüber diesem Medium, der Vertrieb über das Internet.

Die im Zentrum der Arbeit stehende Analyse der jugendlichen Kunden (Kunden- bzw. Marktanalyse) und die Bewertung der ökonomischen Bedeutung jugendlicher Kundengruppen anhand der kaufverhaltensrelevanten Merkmale der jugendlichen Kunden selbst ist also um individuelle Analysen der Unternehmenspotentiale sowie des Wettbewerbsumfeldes zu ergänzen, um im Einzelfall eine adäquate Bewertung der Attraktivität und eine fundierte Entscheidung über eine spezifische Bearbeitung des Jugendmarktes durch das jeweilige Unternehmen zu ermöglichen. Selbst wenn jugendliche Zielgruppen angesichts der erzielbaren Umsätze eine attraktive Kundengruppe darstellen, kann die Attraktivität einer Bearbeitung dieses Marktes durch mangelnde unternehmensinterne Voraussetzungen oder durch eine hohe Wettbewerbsintensität gemindert werden.

1191 So wird bspw. bei John Mikel´s in Köln und Düsseldorf sorgfältig darauf geachtet, welche Produkte und Marken im Sortiment enthalten sind, da diese als Ausweis des Händlers gegenüber der Zielgruppe dienen; ein Produkt wird aus dem Sortiment genommen, sobald es zu sehr „mainstream" geworden ist; vgl. A. Ruß (1995), S. 56.

1192 Zu Konzentrationstendenzen im Einzelhandel und deren Auswirkungen auf das Konsumgütermarketing vgl. z.B. P. J. Patt (1989); M+M Eurodata (1997), S. II,15-II,21.

1193 Vgl. R. Wagner (1997), o.S.

1194 So versuchte z.B. der Jeanshersteller Levis mit eigenen „Original Levi´s Stores" einen eigenen Vertriebskanal zu schaffen.

6.1.2 Zusammenfassende Bewertung der Bedeutung jugendlicher Kunden

Im Folgenden werden zunächst die Analyseergebnisse aus dem Hauptteil der vorliegenden Arbeit für eine zusammenfassende generelle Bewertung der Bedeutung jugendlicher Kunden aus der Sicht anbietender Unternehmen herangezogen (**Abschnitt 6.1.2.1**). Im Anschluß daran wird in **Abschnitt 6.1.2.2** eine differenzierte Bewertung nach typischen Kombinationen von Umsatzpotentialen jugendlicher Kunden bei verschiedenen Produkten vorgenommen.

6.1.2.1 Generelle Bewertung

Die Ausführungen in **Kapitel 3** haben gezeigt, daß jugendliche Kunden allein aufgrund ihrer aktuellen Kaufkraft ein zwar kleines, aber attraktives Marktsegment bilden. Jugendliche verfügen über ausgeprägte Konsumbedürfnisse, erweisen sich als überaus markenbewußt und haben ihre eigenen Vorstellungen von Produkten und Marken, die zu ihnen passen. Durch ein jugendspezifisches Marketing, bspw. durch das Angebot jugendspezifischer Produkte, kann ein Unternehmen versuchen, diese Kaufkraft der Jugendlichen auf sich zu ziehen und die im Jugendsegment bestehenden direkten Umsatzpotentiale auszuschöpfen. Eine aus Unternehmenssicht besonders interessante Eigenschaft von Jugendlichen besteht in ihrer vergleichsweise hohen Aufgeschlossenheit gegenüber Innovationen und neuen Marken. Der Jugendmarkt stellt offenbar einen Markt dar, der in hohem Maße für die Einführung neuer Produkte geeignet ist. Anbieter von neuen Produkten sollten daher die Absatzchancen ihres Produktes im Jugendmarkt einer Prüfung unterziehen.
Auch das zukünftige Wachstum des Jugendmarktes ist in der mittleren Frist positiv zu beurteilen. Wie Bevölkerungsprognosen zeigen, wird die Anzahl der Jugendlichen ungefähr bis zum Jahr 2005 weiter ansteigen. Taschengelder und Nebenverdienste haben sich zudem in der Vergangenheit als relativ unabhängig von negativen gesamtwirtschaftlichen Entwicklungen erwiesen; die Kaufkraft von älteren Jugendlichen kann allerdings von Tendenzen einer zunehmenden Jugendarbeitslosigkeit betroffen sein. In der langen Frist ist die Entwicklung des Jugendmarktes allerdings insofern negativ zu beurteilen als ca. ab dem Jahr 2005 sowohl Anzahl als auch Anteil der Jugendlichen an der Gesamtbevölkerung abnehmen werden.[1195] Es bleibt abzuwarten, ob dieser zahlenmäßige Rückgang durch einen Kaufkraftanstieg (über-)kompensiert werden kann.

Bei einer Abschätzung der mit Produkten für den Bedarf von Jugendlichen erzielbaren Umsätze sind, wie die Analyse in **Kapitel 4** gezeigt hat, neben den Ausgaben der Jugendlichen selbst auch die Ausgaben der Eltern für den Bedarf der Jugendlichen zu berücksichtigen, über

1195 Vgl. **Abschnitt 3.2.1.**

die die Jugendlichen zwar nicht frei verfügen, die sie jedoch in hohem Maße beeinflussen. Über die Höhe oder den Anteil dieser Ausgaben für den Bedarf der Jugendlichen am Einkommen der Eltern liegen keine genauen Angaben vor. Die Analyse hat jedoch gezeigt, daß diese Käufe oft in hohem Maße von den Jugendlichen bestimmt werden, so daß eine reine Berücksichtigung der Kaufkraft der Jugendlichen bei einer Potentialschätzung für ein Jugendprodukt zu einer Unterschätzung führen würde.

Einflüsse von Jugendlichen auf die Ausgaben anderer Kundengruppen, die Gegenstand von **Kapitel 4** sind, spielen nicht nur bei jugendspezifischen Produkten, sondern auch bei in der Familie gemeinsam verwendeten Produkten eine bedeutende Rolle: Die Präferenzen von Jugendlichen gehen in vielen Bereichen auch in die Kaufentscheidungen für die gemeinsam verwendeten Produkte ein. Sie werden von ihren Eltern vielfach als gleichberechtigte Mitentscheider angesehen, deren Wünsche freiwillig berücksichtigt werden. Ferner werden sie dabei auch selbst initiativ und versuchen aktiv Einfluß auf Entscheidungen zu nehmen, die für sie von hohem Interesse sind. Aufgrund ihres hohen und voraussichtlich zunehmenden Einflusses auf viele Kaufentscheidungen für den gemeinsamen Bedarf in Familien, kommt Jugendlichen daher eine zunehmende Bedeutung auch für Hersteller von „Familienprodukten" zu, so daß diese in ihren Marketingkonzepten auch den Bedürfnissen von Jugendlichen Rechnung zu tragen haben.

Bei Produkten, die sowohl von Jugendlichen als auch von anderen Altersgruppen verwendet werden, kann Jugendlichen ferner eine gewisse Orientierungsfunktion für andere Altersgruppen (sowohl Kinder als auch Erwachsene) zukommen, die in der vorliegenden Arbeit nur am Beispiel der Eltern näher betrachtet wurde.[1196] Je mehr sich auch andere Kundengruppen an Einstellungen und Verhalten der Jugendlichen orientieren, desto stärker kann der Erfolg eines Produktes im Jugendsegment auch zu dessen Durchsetzung in anderen Marktsegmenten beitragen. Diese Einflüsse von Jugendlichen wurden zwar in der vorliegenden Arbeit nicht weiter vertieft; es deutet jedoch einiges darauf hin, daß sich nicht nur Eltern an jugendlichen Konsumstilen orientieren.[1197]

Für Anbieter von Innovationen und neuen Marken erweisen sich Jugendliche auch in dieser Hinsicht als eine interessante Zielgruppe. In den Bereichen, in denen sich starke Einflüsse von

[1196] Vgl. **Abschnitt 4.4.6**. Im Einzelfall sind nicht nur die in der Arbeit analysierten Einflüsse von Jugendlichen auf ihre Eltern zu berücksichtigen, sondern auch potentielle Ausstrahlungswirkungen des Jugendmarktes auf andere Märkte sowie ihre Einflüsse auf jüngere Geschwister. Zu einer umfassenden Darstellung der verschiedenen Einflußbeziehungen vgl. **Abschnitt 2.3.4**.

[1197] Jugendlichkeit gilt schon seit jeher als ein Ideal von Menschen jeder Altersgruppe und die Orientierung von Erwachsenen an jugendlichen Lebensstilen nimmt offenbar noch zu; vgl. dazu z.B. IFM (1996), S. 40; W. Ferchhoff/ G. Neubauer (1997), S. 95 f.; G. Liesenfeld (1987), S. 39 f; H. Ernst (1997), S. 32 f.; J. Mansel/ A. Klocke (1997), S. 7-9; U. Roderer (1986), S. 120. Aktuelle jugendkulturelle Trends werden von Herstellerseite schnell aufgegriffen, für den Massengeschmack aufbereitet und auf breiter Front vermarktet.

Jugendlichen auf die Käufe der Eltern oder anderer Kundengruppen mit einer hohen Aufgeschlossenheit gegenüber neuen Produkten paaren, ergibt sich eine hohe Bedeutung von Jugendlichen für die Durchsetzung von Innovationen und neuen Marken im Gesamtmarkt. Unter diesen Umständen werden Jugendliche zu „Lead-Usern",[1198] die aufgrund ihrer Innovationsfreude und Einflußwirkungen eine Schlüsselgruppe für den Erfolg von neuen Produkten und Marken auch in anderen Kundengruppen darstellen.[1199] Bei einer Bewertung der Bedeutung jugendlicher Kunden sollten daher auch deren Einflüsse auf andere Kundengruppen in Rechnung gestellt werden.

Ferner bestehen in einer langfristigen Perspektive bei einer Vielzahl von Produkten hohe zukünftige Umsatzpotentiale bei jugendlichen Kunden, so daß Jugendliche fast immer auch eine mehr oder weniger bedeutsame Rolle als zukünftige Kunden spielen. Neben der bereits genannten segmentbezogenen Prognoseperspektive, die sich auf die zukünftige Entwicklung des Umsatzpotentials im abstrakt abgegrenzten Jugendsegment bezieht, ergibt sich damit eine weitere, segmentübergreifende Prognoseperspektive, die auf die Entwicklung des Umsatzpotentials des einzelnen Kunden nach Verlassen der Jugendphase und damit auch nach Verlassen des Jugendsegments abstellt (vgl. **Abb. 6-3**). In diesem Kontext wird ein Wechsel der Betrachtungsweise erforderlich von einer abstrakten segmentbezogenen Perspektive zu einer kundenindividuellen, lebensphasenübergreifenden Betrachtung, die danach fragt, wie sich die Umsätze mit einem einzelnen jugendlichen Kunden in Zukunft, d.h. im Verlauf der Kundenbeziehung entwickeln werden.[1200]

1198 „Lead users are individuals or firms who have needs which are not now prevalent among users of a given product, but which can be predicted to become general and to constitute a commercially interesting market in the future"; E. von Hippel (1984), S. 8. Sie zeichnen sich dadurch aus, daß sie das Bedürfnis nach neuen Problemlösungen weitaus früher erkennen und artikulieren als andere und so auch zur Quelle von Produktideen werden können; vgl. E. von Hippel (1986), S. 796.

1199 Dies ist z.B. denkbar bei Nahrungsmittelinnovationen (z.B. American Pizza), bei neuen Verwendungsgewohnheiten (z.B. Verwendung von Uhren als Accessoires); im Trendsportbereich (z.B. Inline-Skates oder Snowboards), bei Getränken (z.B. Energy Drinks), bei Unterhaltungselektronik (z.B. Computer, CD-Player) sowie bei neuen Medien wie dem Internet.

1200 Zu der generell zunehmenden Bedeutung einer solchen kundenindividuellen Perspektive des Marketing vgl H. Meffert (1997), S. 43 f.

Abb. 6-3: Alternative Perspektiven einer Prognose der zukünftigen Umsätze mit jugendlichen Kunden

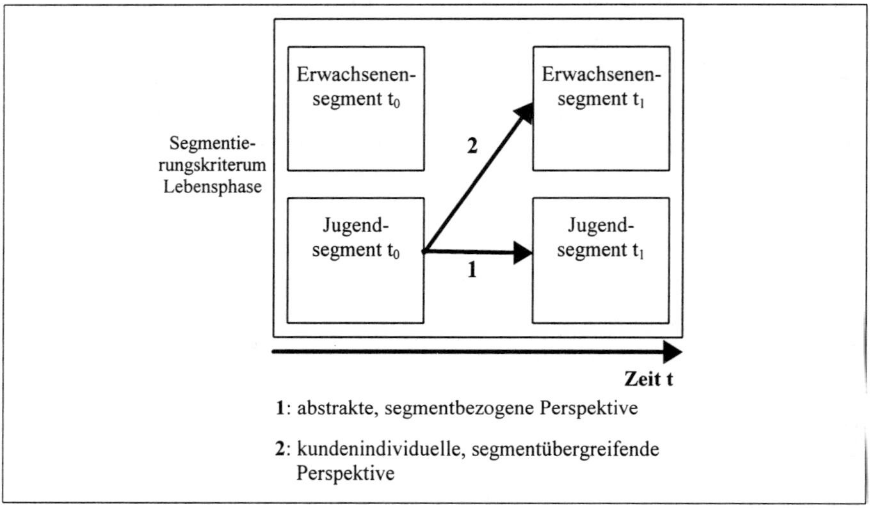

Wie die Analyse in **Kapitel 5** gezeigt hat, entstehen zukünftige Kaufwünsche, Markenkenntnisse und -präferenzen nicht erst in der Erwachsenenphase, sondern werden bereits in der Jugendphase angelegt. Sowohl die theoretischen Überlegungen als auch empirische Befunde deuten darauf hin, daß bereits in der Jugendphase Markenkenntnisse, Einstellungen und Konsumgewohnheiten erworben werden, auf die ein Konsument bei seinen Kaufentscheidungen in der Erwachsenenphase zurückgreift und daß viele Erwachsene den aus der Jugendphase bekannten und vertrauten Marken treu bleiben. Ferner ist zu vermuten, daß auch produktartbezogene Verwendungsgewohnheiten (wie z.B. Naß- vs. Trockenrasur; Menge des Kaffeekonsums) in dieser Lebensphase geprägt werden. Je stärker erwachsene Kunden bestehende Gewohnheiten fortführen, sich auf bestehende Erfahrungen und Einstellungen verlassen und aus der Jugendphase bekannte und vertraute Produkte (weiter-)kaufen, desto größer ist die Bedeutung der in der Jugendphase erworbenen Präferenzen auch für die zukünftigen Umsätze eines Unternehmens mit diesem Kunden und desto wichtiger ist auch die gezielte Ansprache und der frühzeitige Aufbau von positiven Einstellungen zu den von dem Unternehmen angebotenen Marken. Durch den Aufbau von Markenpräferenzen bei Jugendlichen können dann langfristig wirksame Erfolgspositionen geschaffen werden. Für Konkurrenten, die sich erst später um die Gewinnung dieser Kunden bemühen, stellen die bestehenden Präferenzen eine Barriere dar. Der Gewinnung der jugendlichen Kunden kommt damit eine strategische Bedeutung zu. Mit einer spezifischen Bearbeitung des Jugendsegments kann ein Unternehmen auf die in der

Jugendphase einsetzenden Einstellungsbildungs- und Habitualisierungsprozesse einwirken und damit zur Sicherung zukünftiger Umsätze beitragen. Dabei ist auch zu berücksichtigen, daß die aufgrund der Erfahrungen mit einem Unternehmensprodukt erworbenen Einstellungen auch auf andere unter demselben Markennamen angebotene Produkte übertragen und so für andere Produkte eines Unternehmens nutzbar gemacht werden können.

Jugendliche Kunden stellen somit aus mehreren Gründen eine wichtige Kundengruppe dar. In jedem Fall sind bei einer Bewertung der Bedeutung jugendlicher Kunden und der Entscheidung über eine spezifische Bearbeitung des Jugendsegments diese verschiedenen Umsatzpotentiale jugendlicher Kunden auf ihre Relevanz zu prüfen. Eine reine Berücksichtigung der mit den Jugendlichen direkt und unmittelbar erzielbaren Umsätze würde zu kurz greifen. Den Kosten der Bearbeitung des Jugendmarktes ist die Gesamtheit der verschiedenen Umsatzpotentiale sowie sonstiger positiver Zielwirkungen gegenüberzustellen, auch wenn diese sich nur schwer quantifizieren lassen.[1201] Selbst wenn sich die Bearbeitung des Jugendsegments aufgrund eines Umsatzpotentials allein nicht lohnt, kann sich diese aufgrund der Summe der verschiedenen Umsatzpotentiale letztendlich doch als lohnenswert erweisen. Unternehmen können dann mit einer Bearbeitung des Jugendsegments eine kombinierte Verfolgung der verschiedenen Zielsetzungen anstreben.[1202]

Aus der Sicht eines anbietenden Unternehmens schließt sich unmittelbar die Frage nach der effizienten Gestaltung von Marketingmaßnahmen für diese Kundengruppe an. Die bisherigen Überlegungen bezogen sich weitgehend auf die grundsätzlichen, unabhängig von den spezifischen Marketingmaßnahmen eines anbietenden Unternehmens bestehenden Umsatzpotentiale jugendlicher Kunden. Für die Bewertung eines Engagements im Jugendmarkt ist ferner von Bedeutung, inwieweit durch jugendspezifische Marketingmaßnahmen die jeweiligen Umsatzpotentiale erhöht bzw. auf die Produkte des Unternehmens gelenkt werden können. Es werden also in einem weiteren Schritt Wirkungsprognosen erforderlich.[1203] Eine spezifische Bearbeitung des Jugendsegments rentiert sich nur dann, wenn sich eine die Kosten der spezifischen

---

[1201] Zu den sonstigen positiven Zielwirkungen einer Bearbeitung des Jugendmarktes zählen z.B. die in **Abschnitt 2.3.2.1** genannten positiven Wirkungen der auf den Jugendmarkt gerichteten Marketinginstrumente auf andere Zielgruppen.

[1202] So bearbeiten bspw. Seven Up und Nike das Jugendsegment aus drei Zielsetzungen heraus (aktuelle Umsätze mit den Jugendlichen, aktuelle Umsätze mit den von ihnen beeinflußten Kundengruppen, zukünftige Umsätze), während Autohersteller und Investmentunternehmen dieses Segment v.a. mit dem Ziel der Nutzung von Einflüssen auf die Eltern und der Erzielung zukünftiger Umsätze bearbeiten, vgl. J. U. McNeal (1992), S. 101.

[1203] Zu der Unterscheidung der im Rahmen der strategischen Marketingplanung vorzunehmenden Prognosen in Entwicklungs- und Wirkungsprognosen vgl. R. Köhler (1993), S. 10; R. Nieschlag et al. (1997), S. 835-837. Zu einer ex ante durchzuführenden Wirkungsanalyse im Rahmen eines umfassenden Marketing-Assessment vgl. C. Köller (1992), S. 434; C. Köller (1995), Sp. 1521 ff.

Marktbearbeitung übersteigende Erhöhung der gegenwärtigen oder zukünftigen, direkten oder indirekten Umsätze erzielen läßt.[1204] Die Analyseergebnisse der drei Hauptkapitel der Arbeit liefern Hinweise auf einige qualitative Merkmale jugendlicher Kunden, die eine besondere **Wirksamkeit von Marketingmaßnahmen** in dieser Kundengruppe vermuten lassen.

Wie die Analyse in **Kapitel 3** gezeigt hat, bestehen grundsätzlich bereits bei Jugendlichen vielfältige Kaufbedürfnisse und der Wunsch nach Teilnahme am Konsum. Bedürfnisse nach jugendgerechten Produkten sowie nach Individualität und Abgrenzung von anderen Altersgruppen lassen eine spezifische Bearbeitung des Jugendsegments in vielen Produktbereichen notwendig und lohnenswert erscheinen. In der Jugendphase sind zudem Produkteinstellungen und Konsumgewohnheiten noch nicht eindeutig festgelegt, sondern erst in der Entstehung begriffen. Die Jugendphase hat den Charakter einer Probierphase, in der umfassende Produkterfahrungen und -kenntnisse erworben werden, das Markenwissen stark zunimmt und Präferenzen sich ausbilden. Es ist anzunehmen, daß der Prozeß der Ausbildung von Konsumgewohnheiten in einer Vielzahl von Produktbereichen in dieser Lebensphase einsetzt (vgl. **Kapitel 5**). In der Jugendphase, in der noch vieles ausprobiert wird und die eigenen Vorlieben erst entwickelt werden, müßte daher eine stärkere Beeinflußbarkeit des Verhaltens bestehen als in späteren Lebensphasen, in denen bereits Vorlieben und Gewohnheiten mit einem erheblichen Beharrungsvermögen vorliegen. Eine vergleichsweise hohe Offenheit und Beeinflußbarkeit zeigt sich auch in der hohen, teilweise fast zwanghaften Innovationsfreude von Jugendlichen (vgl. dazu **Abschnitt 3.3.4**). Ferner wird bei Recognition- und Recall-Tests beobachtet, daß Jugendliche Werbung im Durchschnitt besser erinnern als Erwachsene.[1205] Dies läßt auf eine grundsätzlich höhere Wirksamkeit von Marketingaktivitäten in dieser Kundengruppe im Vergleich zu älteren Kundengruppen schließen.[1206]
Diese Merkmale lassen eine spezifische Bearbeitung des Jugendsegments daher für eine Vielzahl anbietender Unternehmen grundsätzlich interessant erscheinen.

Hinzu kommen weitere, im Hauptteil der vorliegenden Arbeit nicht näher analysierte, positive Zielwirkungen jugendspezifischer Marketingmaßnahmen, die v.a. darin zu sehen sind, daß die jugendspezifischen Maßnahmen auch zu einer Verbesserung des Images einer Marke bzw. eines Unternehmens bei anderen Kundengruppen beitragen können. Jugendspezifische Kommunikationsmaßnahmen oder die Einführung jugendspezifischer Produkte unter dem Dach

---

1204 Vgl. auch H. Freter (1995), Sp. 1811, zu den Kosten der Segmentbearbeitung als Entscheidungskriterium bei der Segmentauswahl.

1205 Vgl. ZDF (1991), S. 57 f.; J. S. Dubow (1995), S. 57 f.

1206 Relativierend wirkt allerdings – gerade in Produktbereichen, die eine große Nähe zu Jugendkulturen aufweisen – eine gewisse Abneigung vieler Jugendlicher gegenüber einer zu starken Kommerzialisierung. Auf diese begrenzenden Faktoren wird in **Abschnitt 7.1** näher eingegangen.

einer bestehenden Marke können bspw. zu einer allgemeinen Stärkung und Verjüngung des Markenimages auch bei erwachsenen Kunden beitragen und so letztlich positiv auf die Unternehmensumsätze in anderen Zielgruppen wirken.[1207] Grundsätzlich sind aber gleichermaßen auch negative Ausstrahlungseffekte denkbar. Ob positive Ausstrahlungseffekte jugendspezifischer Marketingmaßnahmen überwiegen, hängt maßgeblich von dem jeweiligen Produkt sowie der Ausgestaltung der Marketingaktivitäten ab.[1208] Diese positiven bzw. negativen Nebeneffekte eines jugendspezifischen Marketing werden in **Abschnitt 6.2** bei der Beurteilung der Handlungsoptionen des Jugendmarketing ausführlicher besprochen.

6.1.2.2 Typische Kombinationen von Umsatzpotentialen

Die Analyse in den Hauptkapiteln hat gezeigt, daß bei einem Produkt verschiedene Umsatzpotentiale jugendlicher Kunden gleichzeitig von Bedeutung sein können. Bei einzelnen Produkten und Unternehmen sind dann verschiedene Kombinationen von Umsatzpotentialen und -zielen möglich. Welche Umsatzpotentiale von Bedeutung sind, hängt maßgeblich von der Produktart ab.[1209] Ein Anbieter von Schokoriegeln kann bspw. direkte Umsätze mit den Jugendlichen erzielen, er kann über die Schaffung von Markenpräferenzen bei jugendlichen Beeinflussern indirekt auch Umsätze mit ihren Eltern erzielen und er kann in späteren Lebensphasen des Kunden von den in der Jugendphase aufgebauten Präferenzen profitieren, da im Bereich der Schokoriegel häufig eine hohe Treue zu den aus der Jugendphase bekannten Schokoriegeln zu beobachten ist. Eine Bank kann hingegen kaum nennenswerte Umsätze mit jugendlichen Kunden erzielen und auch die Einflüsse der Jugendlichen auf die Eltern sind gering, allerdings stellen die Jugendlichen wichtige zukünftige Kunden mit einem hohen zukünftigen Umsatzpotential dar.

In Abhängigkeit von der Produktart lassen sich drei typische Kombinationen verschiedener Umsatzpotentiale jugendlicher Kunden unterscheiden,[1210] die bereits erste Aussagen hinsichtlich der Art und Weise der Bearbeitung der jugendlichen Kundengruppen ermöglichen (vgl. **Abb. 6-4**).

[1207] So trugen bspw. die auf jugendliche Zielgruppen zielenden Streetball-Events von Adidas auch zur Aktualisierung des Markenimages bei Erwachsenen bei; vgl. G. Schömbs (1995), S. 262.

[1208] Eine starke Ausrichtung der Marketingmaßnahmen auf jugendliche Kundengruppen kann – z.B. bei starken Bedürfnisunterschieden – auch einen Verlust erwachsener Kundengruppen bewirken.

[1209] Letztlich hängt dies auch von der Positionierung des einzelnen Produktes innerhalb eines Produktbereichs selbst ab (z.B. Tonträger: Techno-Musik oder Klassik; Reisen: Jugend- oder Familienreisen); die Produktart steckt jedoch i.a. den Rahmen des Möglichen ab.

[1210] Die Aufzählung einzelner Produktbereiche hat dabei beispielhaften Charakter und erhebt keinen Anspruch auf Vollständigkeit.

Abb. 6-4: Typische Kombinationen von Umsatzpotentialen jugendlicher Kunden bei verschiedenen Produkten

Bedeutung jugendlicher Kunden:	**Jugendliche sind Hauptkäufer oder wichtige Käufer und Verwender neben anderen Käufern**	**Jugendliche sind selbst gegenwärtig keine oder nur unbedeutende Käufer, aber bedeutende Mitverwender in der Familie**	**Jugendliche sind selbst gegenwärtig nur unbedeutende Käufer und keine bedeutenden Mitverwender, aber zukünftige Kunden**
Art und Ausmaß der Umsatzpotentiale jugendlicher Kunden:	v.a. direkte, aber auch indirekte und zukünftige Umsatzpotentiale	mehr oder weniger hohe indirekte und zukünftige Umsatzpotentiale	v.a. zukünftige Umsatzpotentiale
Produktarten (Beispiele):	• Softdrinks • Süßigkeiten • Körperpflege • Kleidung • Sportgeräte • Fahrräder • Mofa, Motorroller • Unterhaltungselektronik • Tonträger • Computerspiele • Computer • Diskotheken • Kino • Fast Food Restaurants	• Nahrungsmittel wie Pizza, Cerealien, Brotaufstrich • z.T. auch Putz- und Waschmittel (Aspekt der Umweltfreundlichkeit) • einige Haushaltsgeräte wie z.B. Mikrowellen • Familienreisen • Auto	• Finanzdienstleistungen • Versicherungsdienstleistungen • viele Haushaltsgeräte (z.B. Küchenmaschinen)
Grundlegende Optionen der Marktbearbeitung:	Angebot jugendspezifischer Produkte; evtl. auch parallele Bearbeitung anderer Kundengruppen	Mitberücksichtigung der Bedürfnisse von Jugendlichen, aber kein eigenes jugendspezifisches Produkt innerhalb der Produktkategorie; evtl. jugendspezifische Kommunikation	gezielte jugendspezifische Kommunikation oder eigenes Einstiegsprodukt

Bei fast allen Produktarten sind Kombinationen der verschiedenen Umsatzpotentiale vorzufinden.

1. Eine erste Gruppe bilden Produkte, die sowohl von Jugendlichen als auch von anderen Kundengruppen gleichermaßen gekauft und verwendet werden und bei denen in jedem Fall hohe direkte, aber i.d.R. auch hohe indirekte und zukünftige Umsatzpotentiale jugendlicher Kunden gegeben sind. Die Jugendlichen stellen hier wichtige Käufer neben anderen Käufern dar. Hohe direkte Umsatzpotentiale im Jugendsegment ermöglichen das Angebot

jugendspezifischer Produkte. Stellen die Jugendlichen Hauptkunden dar (wie z.B. bei Diskotheken), kann eine Konzentration des Angebots auf den Jugendmarkt vorgenommen werden. Mißt ein Unternehmen auch anderen Kundengruppen eine hohe Bedeutung zu, wird es, um die in anderen Kundengruppen bestehenden direkten Umsatzpotentiale auszuschöpfen, parallel auch andere Kundengruppen bearbeiten; in diesem Fall können mit einer Bearbeitung jugendlicher Kundengruppen Ziele der Ausschöpfung direkter, aber gleichzeitig auch indirekter und zukünftiger Umsatzpotentiale verbunden werden.

2. In einer zweiten Gruppe befinden sich Produkte, die von den Jugendlichen hauptsächlich im elterlichen Haushalt mitverwendet und nur in geringem Umfang von ihnen selbst gekauft werden, bei denen also kaum direkte Umsatzpotentiale im Jugendsegment bestehen. Allerdings verfügen die Jugendlichen bei diesen Produkten über einen starken Einfluß auf das Kaufverhalten der Eltern und die Produkte werden in späteren Lebensphasen auch von den Jugendlichen selbst gekauft. Da die direkten Umsatzpotentiale im Jugendsegment bei diesen Produkten sehr gering sind, lohnt sich zwar i.d.R. das Angebot eigener jugendspezifischer Varianten nicht, allerdings sind – angesichts des Kaufentscheidungseinflusses der Jugendlichen – ihre Bedürfnisse bei der Produktgestaltung zu berücksichtigen. Durch eine jugendspezifische Kommunikation, die geeignet ist, die Jugendlichen auf das Produkt aufmerksam zu machen und zur Präferenzbildung beizutragen, können ihre Einflüsse auf die Kaufentscheidungen der Eltern nutzbar gemacht werden.[1211] Bestehen starke Einflüsse der Jugendlichen, können durch eine jugendspezifische Kommunikation die Familienkaufentscheidungen möglicherweise wirksamer beeinflußt werden als durch direkte Kommunikation mit den Eltern (indirekte vs. direkte Erschließung des Erwachsenenmarktes). Selbst wenn die Jugendlichen nicht unmittelbar als aktuelle Käufer eines Produktes von Bedeutung sind, können sie daher aufgrund ihrer Einflüsse auf die Eltern sowie weiterer Eigenschaften, wie z.B. ihrer vergleichsweise hohen Aufgeschlossenheit gegenüber Neuem, von hoher Bedeutung für einen Anbieter sein.

3. In einer dritten Gruppe finden sich schließlich Produkte, bei denen weder hohe gegenwärtige Umsätze im Jugendsegment noch starke Einflüsse von Jugendlichen auf die Kaufentscheidungen in Familien zu erwarten sind. Bei diesen Produkten sind Jugendliche ausschließlich als Nachwuchskunden von Bedeutung. Bestehen hohe zukünftige Umsatzpotentiale und werden die späteren Kaufentscheidungen in der Erwachsenenphase in hohem Maße durch die Erfahrungen der Jugendphase vorstrukturiert, wie z.B. im Sparkassen- und Bankenbereich zu beobachten, kommt der Gewinnung jugendlicher Kunden – trotz geringer aktueller Umsatzpotentiale – strategische Bedeutung zu. Unter diesen Umständen ist der frühzeitige Aufbau einer Beziehung zu jugendlichen Kunden aus strategischer Sicht

[1211] Vgl. zu derartigen Überlegungen auch F. Böcker/ L. Thomas (1983), S. 250.

sinnvoll, ja sogar notwendig, auch wenn sich zunächst keine Gewinne mit jugendlichen Kunden erzielen lassen und deshalb kurzfristigen Gewinnzielen zuwider gehandelt werden muß.[1212] Die gegenwärtige Berücksichtigung von Jugendlichen in der Marketingplanung erhält damit einen investiven Charakter.[1213] Hohe, beim Aufbau der Kundenbeziehung anfallende, vom Charakter her investive Ausgaben müssen über die gesamte Zeitdauer der Beziehung amortisiert werden.[1214] Um eine insgesamt ausgeglichene Gewinnsituation des Unternehmens zu gewährleisten, müssen dabei allerdings die möglichen Verluste aus kurzfristig verlustbringenden und erst langfristig ertragreichen Kundenbeziehungen durch Gewinne aus anderen Kundenbeziehungen gedeckt sein.[1215]
In dieser Situation kann ein Unternehmen durch jugendspezifische Kommunikation oder durch das Angebot jugendspezifischer Einstiegsprodukte, evtl. auch aus anderen Produktbereichen, eine Heranführung von Jugendlichen an die von dem Unternehmen angebotenen Produkte und den frühzeitigen Aufbau von Markenpräferenzen anstreben.

Die angestellten Überlegungen zeigen also, daß eine Bearbeitung des Jugendsegments grundsätzlich auch dann sinnvoll bzw. notwendig sein kann, wenn nur geringe direkte Umsatzpotentiale bei den jugendlichen Kunden selbst bestehen; auch die reine Relevanz hoher indirekter und/ oder zukünftiger Umsatzpotentiale kann eine spezifische Bearbeitung des Jugendsegments aussichtsreich erscheinen lassen. Selbst Anbieter typischer Erwachsenenprodukte, für die Jugendliche aufgrund geringer direkter Umsatzpotentiale vermeintlich keine Bedeutung haben, sollten daher die Möglichkeiten und Wirkungen einer Bearbeitung des Jugendmarktes einer genauen Prüfung unterziehen.
Angesichts der Tatsache, daß Jugendliche bei den meisten Produkten eine von mehreren potentiellen Kundengruppen darstellen sowie angesichts hoher indirekter und zukünftiger Umsatzpotentiale, stellt sich aus Unternehmenssicht bei der Entscheidung über die zu bearbeitenden Marktsegmente (Marktauswahl) nicht nur die Frage, ob jugendliche Kundengruppen mit

---

1212 Vgl. zu diesen Überlegungen im Studentenmarketing der Banken D. Bock (1990), S. 13-22 u. 88; S. Bötsch (1985), S. 29. Bei einer reinen Berücksichtigung kurzfristiger Erfolge wird von einer Bedienung der Bedürfnisse jugendlicher Kunden abgesehen, wenn die Kosten die kurzfristigen Erlöse übersteigen. Aus strategischer Sicht sind bei einer Entscheidung über die Bearbeitung des Jugendmarktes jedoch nicht nur gegenwärtige Umsatzziele zu berücksichtigen, sondern auch die Auswirkungen dieser Entscheidung auf die zukünftigen Umsätze.

1213 Vgl. D. Bock (1990), S. 88.

1214 Dies gilt nicht nur bei jugendlichen Kunden, sondern für den Aufbau von Kundenbeziehungen generell; vgl. J. Cornelsen (1996), S. 13. Diese zeitliche Differenzierung von Anfangsauszahlungen, laufenden Bearbeitungskosten und Erlösen in einer langfristigen Kundenbeziehung liegt auch der Kundenlebenszyklusrechnung zugrunde; vgl. J. Cornelsen (1996), S. 13, sowie W. Plinke (1989), S. 320 f. In dem Konzept des Customer Lifetime Value (CLTV) werden deshalb die Prinzipien der Investitionsrechnung auf die Bewertung von Kundenbeziehungen übertragen; vgl. z.B. F. R. Dwyer (1989); T. Herp (1990), S. 77; R. C. Blattberg/ J. Deighton (1993), S. 99.

1215 Vgl. H. Weinhold-Stünzi (1987), S. 13 f.

spezifischen Konzepten zu bedienen sind, sondern auch ob parallel noch andere Kundengruppen bedient werden sollen und ob und ggf. wie die indirekten und zukünftigen Umsatzpotentiale dabei auszuschöpfen sind. Die alternativen Handlungsoptionen einer spezifischen Jugendmarktbearbeitung sowie deren Eignung zur Ausschöpfung der verschiedenen Umsatzpotentiale jugendlicher Kunden werden in **Abschnitt 6.2** ausführlicher dargestellt.

6.1.3 Grundlegende Möglichkeiten einer integrierten Kundenbewertung

Die vorangegangenen Ausführungen haben gezeigt, daß bei der Bewertung der ökonomischen Bedeutung jugendlicher Kunden eine Vielzahl von Kriterien zu berücksichtigen ist. Damit schließt sich unmittelbar die Frage nach den Möglichkeiten einer Integration der verschiedenen Bewertungskriterien an.

Eine erste Möglichkeit der integrativen Berücksichtigung der verschiedenen Umsatzpotentiale jugendlicher Kunden und v.a. der Berücksichtigung einer lebensphasenübergreifenden Perspektive bei der Bewertung eines Unternehmensengagements in jugendlichen Zielgruppen bieten sog. **Kundenwertmodelle.**[1216] Dabei wird versucht, die mit einem Kunden im Verlauf der gesamten Kundenbeziehung erzielbaren Umsätze abzuschätzen und diese den Kosten der Kundengewinnung und -bindung und evtl. auch den bei der Auflösung der Kundenbeziehung anfallenden Kosten gegenüberzustellen. Diese Werte gehen in ein Kapitalwertmodell ein: Die Summe bzw. Differenz der innerhalb einer Periode erzielbaren Umsätze und der periodenbezogenen Marktbearbeitungskosten wird auf den gegenwärtigen Zeitpunkt abgezinst; anschließend wird die Summe dieser abgezinsten Periodenbeträge über den gewählten Planungszeitraum hinweg gebildet.[1217] Dies ermöglicht es, die Kundenbeziehung als Investitionsobjekt zu sehen (kundenindividuelle Prognoseperspektive)[1218] und perioden- bzw. lebensphasenübergreifende Wirkungen der Investitionen in eine Kundenbeziehung adäquat zu berücksichtigen.[1219] Damit tragen Kundenwertmodelle in besonderem Maße der Bedeutung von Jugend-

---

1216 Vgl. dazu z.B. J. Cornelsen (1996), S. 23 f. Andere Autoren sprechen in diesem Zusammenhang auch von Lebenszeitwerten von Kunden oder von einem „Customer Lifetime Value"; vgl. z.B. R. F. Dwyer (1989); T. Herp (1990), S. 77; D. R. Jackson (1992), S. 44; B. Waltermann (1994), S. 389 f.

1217 Sind die verschiedenen Zielwirkungen quantifizierbar, so ist der theoretisch korrekte Wert der Gewinnung und Bindung eines Kunden bzw. einer Kundengruppe (kurz Kundenwert) als Kapitalwert zu konzipieren; vgl. W. Plinke (1989), S. 316 f.; M. Kirchgeorg (1995), S. 23; J. Cornelsen (1996), S. 14 u. 23 f. Zu einer Konzeption eines „Customer Lifetime Value" als Gegenwartswert der zukünftigen Gewinne mit einem Kunden vgl. R. F. Dwyer (1989), S. 9-15; D. R. Jackson (1992), S. 44; R. E. Kearney (1994), S. 33; A. Weber (1996), S. 22; H. M. Shumrak (1996), S. 102.

1218 Vgl. dazu die **Abb. 6-3** auf S. 256. Allerdings ist zu berücksichtigen, daß bei einer solchen kundenindividuellen Betrachtung die zweite Prognoseperspektive der Entwicklung der Umsatzchancen in dem abstrakt abgegrenzten Jugendsegment zu kurz kommt.

1219 Die Gesamtheit der Marketing-Anstrengungen zur Errichtung und Erhaltung von Geschäftsbeziehungen ist als Investition zu bezeichnen, wenn sämtliche Vorleistungen eines Anbieters nicht allein auf die Auftragserlangung einer einzelnen Transaktion gerichtet sind, sondern auch Folgetransaktionen in die Deckung der

lichen als zukünftige Kunden Rechnung. Auch die – in monetären Größen ausgedrückten – Einflüsse auf andere Kunden (indirekte Umsatzpotentiale) sowie die Wirkungen der Präferenzschaffung für ein Produkt auf andere, unter demselben Markennamen angebotene Produkte oder sonstige positive monetäre Wirkungen können in ein solches Kundenwertmodell eingehen.[1220] Der Wert eines Kunden bzw. einer Kundengruppe ($W_{k,0}$) ergibt sich dann aus der Summe seiner bzw. ihrer abgezinsten direkten und indirekten Umsatzpotentiale (DU und IU) sowie der sonstigen monetär bewerteten Zielwirkungen (SM), die sich aus einer Präferenzschaffung ergeben, abzüglich der ebenfalls abgezinsten Kosten (K), die diese Präferenzschaffung verursacht:[1221]

$$W_{k,0} = \sum_{t=1}^{n} \frac{DU_{k,t} + IU_{k,t} + SM_{k,t} - K_{k,t}}{(1+i)^t},$$

mit

$DU_{k,t}$: direkte Umsätze mit dem Kunden oder der Kundengruppe k zum Zeitpunkt t,[1222]

$IU_{k,t}$: indirekte Umsätze, die sich infolge der Gewinnung des Kunden oder der Kunden gruppe k zum Zeitpunkt t ergeben,

$SM_{k,t}$: sonstige (monetarisierte) Wirkungen, die sich infolge der Gewinnung des Kunden oder der Kundengruppe k zum Zeitpunkt t ergeben,

$K_{k,t}$: Kosten der Gewinnung bzw. Bindung des Kunden oder der Kundengruppe k, die zum Zeitpunkt t anfallen,

i: Zinssatz,

n: Planungshorizont.

In einem solchen Modell können grundsätzlich die Wirkungen verschiedener Marketingmaßnahmen, wie bspw. die Wirkungen von Sonderkonditionen für Jugendliche oder sonstiger Marketingaufwendungen, die investiert wurden, auf den Mittelrückfluß in verschiedenen

Markteintrittskosten einbezogen werden; vgl. W. Plinke (1989), S. 309. Vgl. zu dieser Sichtweise der Kundenbeziehung als Investition auch H. Diller/ M. Kusterer (1988), S. 211; R. C. Blattberg/ J. Deighton (1996), S. 98; J. Cornelsen (1996), S. 3-5 u. 14 sowie J. B. White/ M. P. Miles (1996), S. 44 f. Zu einer Untersuchung der Entwicklung der Unternehmensgewinne mit einem Kunden in langfristigen Kundenbeziehungen in verschiedenen Branchen vgl. F. F. Reichheld/ W. E. Sasser, Jr. (1990), S. 106 f.

1220 Vgl. dazu auch F. F. Reichheld/ W. E. Sasser, Jr. (1990), S. 197; S. A. Rieker (1995), S. 58 f.; W. Plinke (1995), Sp. 1332; J. Cornelsen (1996), S. 14-22.

1221 Zu einer Konzeption eines umfassenden Kundenwertes vgl. auch J. Cornelsen (1996), S. 23 f.

1222 Bei den direkten Umsätzen sind streng genommen solche abzuziehen, die auf den Einfluß anderer (z.B. der Eltern) zurückgehen.

Perioden und damit auf den Kundenwert durchgespielt werden.[1223] Der grundlegende Vorteil dieser Vorgehensweise besteht in der expliziten Berücksichtigung der unterschiedlichen Umsatzpotentiale jugendlicher Kunden. Darüber hinaus werden nicht nur kurzfristige Wirkungen eines Unternehmensengagements im Jugendsegment in die Bewertung einbezogen, sondern ebenso die langfristigen Auswirkungen auf die Kundenbeziehung berücksichtigt.
Die praktische Anwendung eines solchen Kundenwertmodells wird durch die Quantifizierungs-, Interdependenz-, Zurechnungs- und Prognoseprobleme, die mit einem derartigen Vorgehen verbunden sind, jedoch erheblich erschwert: Die Beschaffung der notwendigen Informationen und die Prognose der quantitativen Wirkungen verschiedener gegenwärtiger und zukünftiger Marketingmaßnahmen wirft erhebliche Probleme auf.[1224] Aufgrund dieser Probleme bleiben derartige „Berechnungen" meist hypothetischer Natur und es besteht die Gefahr, daß durch die Angabe exakter monetärer Werte eine Scheingenauigkeit vorgetäuscht wird.
Allerdings kann der Nutzen derartiger Abschätzungen wenn auch nicht im quantitativen Ergebnis, so doch in der Sensibilisierung für die möglichen langfristigen Auswirkungen verschiedener Maßnahmen liegen. Sie können eine systematische Analyse der verschiedenen kurz- und langfristigen Umsatz- und Erfolgswirkungen anregen und dazu beitragen, eine lebensphasenübergreifende Betrachtung der Kundenbeziehung in den Köpfen der meist stark auf periodenbezogene Erfolge ausgerichteten Marketingmanager zu verankern.[1225]

Auch wenn eine Bewertung vieler positiver Zielwirkungen eines Unternehmensengagements im Jugendmarkt in monetären Größen kaum möglich erscheint, so sind doch gerade die nicht-quantifizierbaren Wirkungen in hohem Maße entscheidungsrelevant und sollten daher in eine Bewertung der ökonomischen Bedeutung jugendlicher Kunden einbezogen werden. Eine Möglichkeit, auch die nicht in geldlichen Größen bezifferbaren Wirkungen zu berücksichtigen, bieten **Scoring-Modelle**.[1226] Hier werden die verschiedenen Bewertungskriterien nebeneinander gestellt und gesondert auf einer Punkteskala bewertet und gewichtet und anschließend zu einem Nutzwert, einem Kundenpunktwert, aufaddiert. Eine genaue Quantifizierung der verschiedenen Umsatzpotentiale ist dabei nicht erforderlich. Diese Methode bietet den Vorteil, daß neben den Umsatzpotentialen jugendlicher Kunden selbst auch andere kauf-

---

1223 Vgl. dazu auch J. Link (1995), S. 110.
1224 Vgl. auch J. Cornelsen (1996), S. 24; vgl. auch P. Rützler (1994), S. 221. Zu den hohen Informationserfordernissen einer solchen Kundenbewertung vgl. M. Kirchgeorg (1995), S. 23.
1225 Dazu ist es allerdings auch notwendig, die Leistung von Marketingmanagern nicht lediglich an kurzfristigen Gewinnen zu messen, sondern (qualitative) Zielgrößen zu etablieren, die besondere Relevanz für den langfristigen Unternehmenserfolg besitzen.
1226 Vgl. dazu J. Cornelsen (1996), S. 25; S. A. Rieker (1995), S. 68-71.

verhaltensrelevante Informationen wie bspw. die Aufgeschlossenheit gegenüber Innovationen in die Bewertung einbezogen werden können.[1227]

Im Rahmen von **Portfolioanalysen** kann neben der Bedeutung jugendlicher Kunden (Kundenattraktivität) auch die Stellung des Unternehmens im Wettbewerb (relative Wettbewerbssituation) einbezogen werden (vgl. **Abb. 6-5**). Ergebnisse der Kundenanalyse und der Unternehmens- und Konkurrenzanalyse können so integrativ berücksichtigt werden.[1228] Diese relative Wettbewerbsposition kann bspw. als Grad der Affinität des Kunden bzw. der Kundengruppe zu dem anbietenden Unternehmen bzw. zu dessen Produkt(en) definiert werden.[1229] Kundenattraktivitäts- und Wettbewerbsstärkewert bestimmen dann die Position des Kunden in der Matrix.[1230]

Abb. 6-5: Kunden-Portfolio

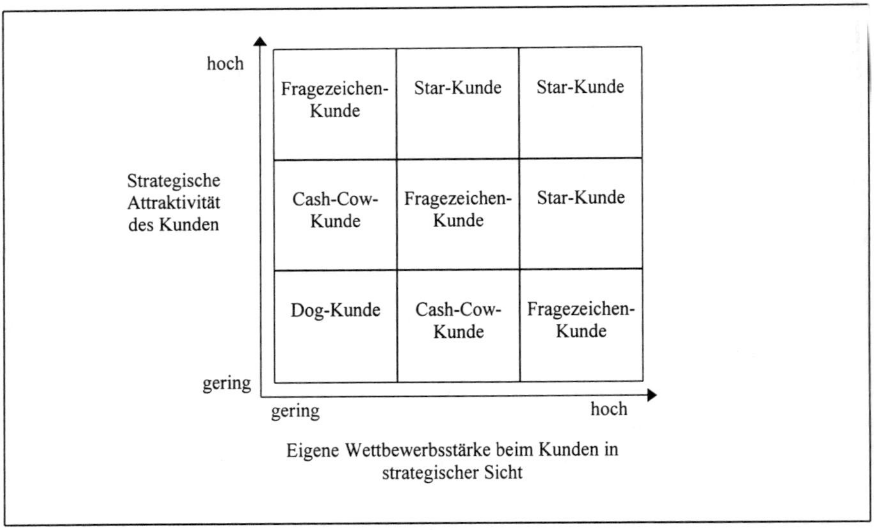

Quelle: in Anlehnung an R. Lessing (1982), S. 57.

1227 Allerdings weist auch diese Methode erhebliche Schwächen auf. Zu einer ausführlichen Darstellung und Kritik von Scoring-Modellen bzw. Nutzwertanalysen vgl. auch W. Becker/ J. Weber (1982), S. 345-359; S. A. Rieker (1995), S. 68-71; W. H. Engelhardt/ B. Günter (1981), S. 62-64; J. Pels/ L. Jaconelli (1990), S. 879; M. Steiner (1989), S. 117 f.; M. Bitz (1989), S. 495-498.

1228 Zur Bedeutung der relativen Position des Unternehmens im Wettbewerb als Determinante der Beurteilung der Attraktivität eines Marktes vgl. auch **Abschnitt 6.1.1**.

1229 Vgl. W. Plinke (1989), S. 318.

1230 Vgl. J. Cornelsen (1996), S. 25.

Unabhängig von den Vor- und Nachteilen einzelner Bewertungsmethoden fördert eine Formalisierung der Bewertung das Erkennen der verschiedenen positiven Zielwirkungen sowie deren Berücksichtigung für das Unternehmensengagement im Jugendsegment. Eine systematische und regelmäßige Überprüfung der sich im Jugendsegment bietenden Potentiale sowie der Position eines Unternehmens und seiner Produkte in diesem Segment gibt Hinweise auf bisher noch nicht genutzte Marktchancen und liefert Ansatzpunkte für die Bearbeitung des Jugendsegments.

6.2 Handlungsoptionen im Jugendmarketing: Darstellung und kritische Reflexion ausgewählter markenstrategischer Alternativen der Bearbeitung des Jugendmarktsegments

Kommt den Jugendlichen eine hohe und möglicherweise zunehmende Bedeutung zu, stellt sich aus Unternehmenssicht die Frage, welche Alternativen eines spezifischen Jugendmarketing sich bieten und unter welchen Bedingungen diese zur Erreichung der Unternehmensziele geeignet erscheinen. Als Jugendmarketing wird im folgenden die gezielte Bearbeitung jugendlicher Kundengruppen mit einem spezifischen Marketingmix bezeichnet.[1231] Einem Unternehmen, das im Rahmen einer Situationsanalyse festgestellt hat, daß in einem seiner Geschäftsfelder bisher ungenutzte Potentiale bei jugendlichen Kunden bestehen und daher entschieden hat, seine Aktivitäten im Jugendmarktsegment zu intensivieren, bieten sich verschiedene Alternativen einer Bearbeitung dieses Segments, die sich hinsichtlich der Intensität der Ausrichtung des Marketinginstrumentariums auf die spezifischen Bedürfnisse jugendlicher Kunden und der Möglichkeiten zur Ausschöpfung indirekter und zukünftiger Umsatzpotentiale unterscheiden.[1232] Diese werden im folgenden dargestellt und kritisch hinsichtlich ihrer Eignung zur Ausschöpfung der verschiedenen Umsatzpotentiale jugendlicher Kunden analysiert. Dabei wird von einem Unternehmen ausgegangen, das sein Marketing bisher auf den Gesamtmarkt ausgerichtet hat. In einem anschließenden Exkurs wird gezeigt, daß auch eine Ausweitung der Zielgruppen von Marken und Produkten, die zunächst im Jugendsegment eingeführt wurden, eine erfolgreiche Handlungsoption zur Ausschöpfung der indirekten und zukünftigen Umsatzpotentiale jugendlicher Kunden darstellen kann.

[1231] Dabei können einzelne oder alle Instrumente des Marketingmix spezifisch eingesetzt werden.

[1232] Der Entscheidung über die Grundsätze der Marktbearbeitung geht in dem Prozeß der strategischen Marketingplanung die Situationsanalyse und -prognose sowie die Suche, Bewertung und Auswahl möglicher Zielmärkte einschließlich Marktsegmentierung und Soll-Portfolio-Planung voran; vgl. R. Köhler (1993), S. 7-12 sowie **Abb. 1-1 im Anhang.**

6.2.1 Kennzeichnung der Basisoptionen

Bevor im folgenden Abschnitt ausgewählte markenstrategische Alternativen einer Bearbeitung des Jugendmarktsegments diskutiert werden, wird in diesem Abschnitt zunächst ein Überblick über grundlegende alternative Marktbearbeitungsstrategien gegeben.

Bei den **strategischen Handlungsalternativen der Marktbearbeitung** können nach dem Bezug zu den Marktteilnehmern drei verschiedene Strategiebereiche unterschieden werden: kundenorientierte, konkurrenzorientierte und absatzmittler- bzw. handelsorientierte Strategieansätze.[1233] Bezüglich jeder dieser drei Dimensionen sind längerfristig wirksame Konzepte der Marktbearbeitung zu entwickeln, die miteinander und im Hinblick auf die ausgewählten Zielmärkte zu einem Gesamtkonzept zu kombinieren sind und die dann die Leitlinien für die langfristige Marketingmix-Planung bilden.[1234]

Bei den **kundenorientierten Strategieansätzen** stehen zwei grundsätzliche marktparzellierungsstrategische Optionen zur Wahl, die sich auf den Grad der Differenzierung der Marketingprogramme beziehen: die undifferenzierte Marktbearbeitung bzw. Massenmarktstrategie (unspezifische Massenprodukte bzw. Marketingprogramme) und die differenzierte Marktbearbeitung bzw. Marktsegmentierungsstrategie (spezielle Produkte bzw. Marketingprogramme für spezielle Zielgruppen).[1235] Unter Hinzunahme der Alternativen der Marktabdeckung (Gesamtmarkt oder Teilmarkt bzw. Segment) unterscheiden Abell und Kotler drei alternative Basisstrategien, die in der Literatur weitgehende Verbreitung gefunden haben: das konzentrierte, das differenzierte sowie das undifferenzierte Marketing. Bei konzentriertem Marketing spezialisiert sich das anbietende Unternehmen auf ein Segment bzw. einen Teilmarkt und bedient nur dieses Segment mit einem eigens darauf zugeschnittenen Angebot und Marketingmix; bei differenziertem Marketing bedient das anbietende Unternehmen mehrere Segmente mit unterschiedlichen segmentspezifischen Angeboten und einem segmentspezifischen Marketingmix; bei undifferenziertem Marketing zielt das Unternehmen mit einem einheitlichen Angebot und einem einheitlichen Marketingmix auf den Gesamtmarkt bzw. mehrere Segmente gleichzeitig.[1236] Eng mit der Marktparzellierung verwandt ist ferner die Frage, ob zur Gewinnung von Käufern Strategien der Präferenzbildung durch Leistungsdifferenzierung oder durch Niedrigpreisstrategien erfolgversprechender sind.[1237]

1233 Vgl. H. Meffert (1998), S. 258-288; R. Köhler (1993), S. 11.

1234 Vgl. R. Köhler (1993), S. 11; H. Meffert (1998), S. 258-260.

1235 Vgl. R. Köhler (1993), S. 11; H. Meffert (1986), S. 103 f.; J. Becker (1998), S. 237 f.; J. Becker (1994), S. 466 f.

1236 Vgl. P. Kotler/ F. Bliemel (1995), S. 451-455; D. F. Abell (1980), S. 174 f. Vgl. auch G. Schweiger/ G. Schrattenecker (1995), S. 131 f.; R. Nieschlag et al. (1997), S. 82-87. Zu einer leicht abweichenden Unterscheidung von Marktparzellierungsalternativen vgl. J. Becker (1998), S. 236 f.; H. Freter (1995), S. 735.

1237 Vgl. R. Köhler (1993), S. 11. Zu einer umfassenden Darstellung vgl. J. Becker (1998), S. 179-236.

Neben die lange Zeit dominante Kundenorientierung ist im Zuge zunehmender Konzentrationsprozesse die Wettbewerbsorientierung getreten: Bei den **wettbewerbsorientierten Strategieansätzen** steht die grundsätzliche Haltung des Unternehmens gegenüber Wettbewerbern (Behauptung oder Kooperation) sowie die Art und Weise der Behauptung (Kostenführerschaft, Preisführerschaft oder Konzentration auf Marktnischen) im Vordergrund.[1238]
Neben ein an Kunden und Wettbewerbern orientiertes Marktverhalten tritt in solchen Märkten, in denen der Handel sich als bedeutender Marktfaktor etabliert hat, die Handelsorientierung.[1239] Im Bereich der **handelsorientierten Strategieansätze** ist festzulegen, welche Position das Unternehmen (Anpassung, Konflikt, Kooperation, Umgehung) gegenüber den Handelspartnern anstrebt.[1240]
Die folgenden Ausführungen konzentrieren sich auf die kundenorientierten Strategieansätze der Marktbearbeitung. Hier wird insbesondere die Entscheidung über die Differenzierung der Marketingprogramme (marktparzellierungsstrategische Optionen) einer näheren Betrachtung unterzogen, da die Implikationen, die sich aus der in der vorliegenden Arbeit vorgenommenen Kundenanalyse ergeben, v.a. diese Strategiedimension betreffen.

Marketingstrategische Entscheidungen sind eng mit **markenstrategischen Entscheidungen** verknüpft.[1241] Da der Marke als ganzheitlichem Marketingkonzept eine Schlüsselrolle im strategischen Marketingmanagement von Konsumgüterunternehmen zukommt und bei der Ableitung der Basisoptionen des Jugendmarketing auf markenstrategische Optionen zurückgegriffen wird,[1242] werden an dieser Stelle markenstrategische Grundsatzentscheidungen kurz gekennzeichnet. Als Markenstrategien werden „längerfristige, bedingte Verhaltenspläne der Markengestaltung zur Erreichung von Wettbewerbsvorteilen" bezeichnet.[1243] Becker unterteilt die markenstrategischen Grundsatzentscheidungen in Entscheidungen über die Zahl der unter einer Marke angebotenen Produkte (Kompetenzbreite einer Marke), die Grundpositionierung der Marke im Markt (Kompetenzhöhe einer Marke) und die geopolitische Reichweite der Marke (Kompetenztiefe einer Marke).[1244] Bezüglich der **Kompetenzbreite** einer Marke ist zwischen den beiden Extremen des Einzelmarken- und des Dachmarkenkonzepts zu wählen. Bei einer **Einzelmarkenstrategie** werden für die einzelnen Produkte eines Anbieters jeweils eigene Marken geschaffen. Werden in einer Produktkategorie mehrere Einzelmarken ange-

---

1238 Vgl. H. Meffert (1986), S. 103 u. 105-108; R. Köhler (1993), S. 11.
1239 Vgl. H. Meffert (1986), S. 103 f.
1240 Vgl. H. Meffert (1986), S. 108 f.
1241 Vgl. J. Becker (1994), S. 467-469; G. Haedrich/ T. Tomczak (1990), S. 99 ff.; G.-M. Müller (1994), S. 530.
1242 Zur zentralen Stellung der Marke im Absatzsystem von Unternehmen vgl. K. Alewell (1974), Sp. 1217-1227. Aus der Verbindung marktparzellierungsstrategischer Optionen mit markenstrategischen Optionen ergeben sich – wie noch zu zeigen sein wird – besondere Möglichkeiten zur Ausschöpfung der in der Arbeit thematisierten Umsatzpotentiale jugendlicher Kunden.
1243 H. Meffert (1994), S. 180.
1244 Vgl. dazu J. Becker (1994), S. 468 f.

boten, so liegt eine **Mehrmarkenstrategie** vor.[1245] Bei einer **Dachmarkenstrategie** werden dagegen sämtliche Produkte eines Unternehmens unter einer einheitlichen Marke zusammengefaßt; bei einer **Markenfamilienstrategie** wird für eine Produktgruppe eine einheitliche Marke eingesetzt.[1246] Die Grenzen zwischen einer Familien- und einer Dachmarke sind allerdings fließend; der Begriff der Dachmarke wird im folgenden vereinfachend als Oberbegriff für eine Marke verwendet, unter deren Dach mehrere Produkte zusammengefaßt sind.[1247] Bei der **Kompetenzhöhe**, der Grundpositionierung einer Marke, unterscheidet Becker als extreme Alternativen Premium- oder Discountmarkenkonzepte; die **Kompetenztiefe** bezieht sich auf die räumliche Ausdehnung, die sich von einer regionalen Marke bis hin zu einer Weltmarke erstrecken kann.[1248]

Die folgenden Überlegungen stellen nicht die gesamte Unternehmenstätigkeit (Gesamtunternehmensebene), sondern die Marke bzw. das Produkt als Bezugsobjekt der Planung in den Vordergrund (Produkt- bzw. Markenebene); weitgehend unberücksichtigt bleibt, ob ein Unternehmen auch andere Marken in anderen Geschäftsfeldern anbietet und welche Strategien dabei verfolgt werden.[1249] Ausgegangen wird von einem Unternehmen, das in einem bestimmten Geschäftsfeld (Produkt-Markt-Kombination) mit einer Marke bereits tätig ist und das nun eine Erweiterung bzw. Intensivierung dieser Tätigkeit im Jugendmarkt(segment) als Teil des Gesamtmarktes anstrebt.[1250]

Einem anbietenden Unternehmen stehen auch hinsichtlich der **Bearbeitung des Jugendsegments** die auf S. 268 skizzierten **marktparzellierungsstrategischen Alternativen** der undifferenzierten oder der differenzierten Marktbearbeitung zur Wahl.

Faßt man jugendliche Kundengruppen als ein Marktsegment eines größeren Gesamtmarktes auf und überträgt die beiden grundsätzlichen Strategiealternativen (differenzierte vs. undifferenzierte Marktbearbeitung) auf die Bearbeitung dieses Segments, so bieten sich einem

1245 Zu Einzel- und Mehrmarkenstrategien vgl. J. Becker (1994), S. 470-476; U. Wölfer (1994), S. 528; H. Meffert (1994), S. 182-184.

1246 Vgl. dazu J. Becker (1994), S. 470-476; H. Meffert (1994), S. 184-186. Von verschiedenen Kombinationsmöglichkeiten, vgl. dazu J. Becker (1994), S. 476 ff., wird im folgenden aus Gründen der Vereinfachung abstrahiert.

1247 Vgl. G.-M. Müller (1994), S. 501.

1248 Vgl. J. Becker (1994), S. 469.

1249 Zu einer Differenzierung der Planungsebenen in Unternehmens- und Markenebene, insbesondere in Zusammenhang mit den Parzellierungsstrategien vgl. G. Haedrich/ T. Tomczak (1990), S. 11; H. Meffert (1986), S. 37-39.

1250 Im folgenden wird davon ausgegangen, daß die Gruppe der jugendlichen Kunden in dem betrachteten Produktbereich einen Teilmarkt bzw. ein Marktsegment darstellt. Ein Teilmarkt bzw. Marktsegment ist ein nach bestimmten Kriterien abgegrenzter, in sich möglichst homogener Teil eines heterogenen Gesamtmarktes; vgl. z.B. H. Freter (1995), Sp. 1803.

Unternehmen, das eine **Bearbeitung des Jugendsegments** anstrebt, analog die folgenden Optionen, die sich hinsichtlich der Intensität der Ausrichtung des Marketinginstrumentariums auf die spezifischen Bedürfnisse jugendlicher Zielgruppen unterscheiden.[1251]

- Eine erste Handlungsoption besteht in einer unspezifischen (Mit-)Bearbeitung jugendlicher Zielgruppen im Rahmen eines auf den Gesamtmarkt ausgerichteten Marketingmix. Es erfolgt eine undifferenzierte Bearbeitung des Gesamtmarktes, die auch die jugendlichen Kundengruppen einschließt. Bei dieser Alternative der (Mit-)Bearbeitung des Jugendmarktsegments erfolgt keine gesonderte Ausrichtung der Marketingaktivitäten auf spezifische Bedürfnisse von Jugendlichen; das Unternehmen bietet ein **einheitliches Produkt für jugendliche und erwachsene Zielgruppen** an. Es wird kein spezifisches Jugendmarketing, d.h. keine spezifische Ausrichtung des Marketingmix auf jugendliche Zielgruppen vorgenommen. Diese Strategie wird im folgenden als **einheitliche Bearbeitung jugendlicher und erwachsener Zielgruppen** bezeichnet; sie entspricht dem undifferenzierten Marketing i.S.v. Kotler und Abell.[1252]
- Eine entgegengesetzte Handlungsoption besteht darin, für **jugendliche Zielgruppen ein eigenes Produkt unter einem eigenständigen Markennamen** anzubieten und sämtliche Marketinginstrumente spezifisch auf jugendliche Zielgruppen auszurichten. Diese Handlungsoption gewährleistet die stärkste Anpassung des Marketingmix an die Bedürfnisse von Jugendlichen; sie kann als **eigenständige Bearbeitung jugendlicher Zielgruppen** bezeichnet werden. Bedient ein Unternehmen nur jugendliche Zielgruppen, so handelt es sich dabei i.S.v. Kotler und Abell um eine konzentrierte Bearbeitung des Jugendsegments. Werden parallel auch andere Zielgruppen mit eigenen Marken und jeweils spezifischem Marketingmix bedient, so entspricht dies i.S.v. Kotler und Abell einer Strategie der differenzierten Bearbeitung des Gesamtmarktes.[1253]

Die Unterscheidung dieser beiden kundenorientierten Basisstrategien der Marktbearbeitung erweist sich als nicht erschöpfend. Die differenzierte Marktbearbeitung kann weiter danach unterschieden werden, ob sie sich nur auf einige oder auf alle Marketingmixbereiche

---

1251 Von einer internen Segmentierung des Jugendmarktes wird dabei abstrahiert.

1252 Von der Möglichkeit, nicht alle Segmente abzudecken, sondern nur einzelne Jugend- und Erwachsenensegmente herauszugreifen und diese mit einem gemeinsamen, einheitlichen Marketingmix zu bearbeiten, wird dabei abstrahiert, da diese Möglichkeit für die vorliegende Fragestellung nicht weiter von Bedeutung ist und die Betrachtung daher nur unnötig komplizieren würde.

1253 Davon zu unterscheiden ist die interne Differenzierung des Jugendmarktes: So kann ein Unternehmen sein Angebot für den Jugendmarkt auf den gesamten Jugendmarkt ausrichten (Massenmarketing für den Jugendmarkt; undifferenzierte Bearbeitung des Jugendmarktes) oder aber auf ein spezifisches Segment des Jugendmarktes (Szenenmarketing; konzentrierte Bearbeitung einzelner Jugendmarktsegmente). Von dieser letzten Unterscheidung wird zunächst vereinfachend abstrahiert; sie wird erst in **Abschnitt 6.2.2.3** aufgegriffen.

(Produkt-, Kommunikations-, Preis-, und Distributionspolitik) bezieht.[1254] Eine aus der Sicht der Markenführung wesentliche Detaillierung ergibt sich dabei durch die Kombination der segmentspezifischen Differenzierungsentscheidung mit der markenstrategischen Grundsatzentscheidung über die Anzahl und die Kompetenzbreite der angebotenen Marken:[1255] Selbst wenn nur eine Marke für alle Segmente angeboten wird und in der Produktpolitik keine segmentspezifischen Anpassungen vorgenommen werden, kann diese in den verschiedenen Segmenten mit spezifischen kommunikations-, distributions- und/ oder preispolitischen Maßnahmen vermarktet werden (differenzierte Marktbearbeitung vom Typ I).[1256] Weitergehende Differenzierungsmöglichkeiten bestehen darin, für verschiedene Segmente auch spezifische Produkte bzw. Submarken anzubieten, diese aber unter ein gemeinsames Markendach zu stellen (differenzierte Marktbearbeitung vom Typ II).[1257] Auf der höchsten Stufe der Differenzierung werden schließlich vollkommen eigenständig positionierte Marken für verschiedene Segmente angeboten (differenzierte Marktbearbeitung vom Typ III). Bei dem Typ II werden dann mehrere Segmente unter einem Markendach bearbeitet (Dachmarkenstrategie); bei dem Typ III werden mehrere Segmente mit mehreren (Einzel-)Marken bedient.[1258]

Die Berücksichtigung der Kompetenzbreite von Marken ist in diesem Zusammenhang von Bedeutung, da Markenfamilien- und Dachmarkenstrategien, wie noch zu zeigen sein wird, besondere Möglichkeiten zur Ausschöpfung der Umsatzpotentiale jugendlicher Kunden bieten. Es ergeben sich dann die folgenden Varianten einer differenzierten Bearbeitung verschiedener Marktsegmente.

1254 Vgl. H. Freter (1983), S. 115 f.; B. W. Schyberger (1973), S. 81; H. Meffert (1986), S. 104. Zu der Unterteilung des Marketing-Mix in diese vier Bereiche vgl. z.B. R. Nieschlag et al. (1997), S. 21 f.; H. Meffert (1998), S. 13 f.

1255 Vgl. dazu auch B. Waltermann (1994), S. 386-389. Die übrigen oben dargestellten Markenstrategiedimensionen (Grundpositionierung einer Marke, geographische Ausbreitung einer Marke) werden im folgenden nicht weiter verfolgt.

1256 Vgl. H. Freter (1983), S. 116 f.; B. W. Schyberger (1973), S. 81.

1257 Vgl. H Freter (1983), S. 116 f.; B. W. Schyberger (1973), S. 81 f. In einem engeren Sinne bezieht sich eine Produktdifferenzierung dabei auf Varianten eines bestehenden Produktes (z.B. Sonnenschutzcreme mit einem anderen Lichtschutzfaktor). Eine differenzierte Marktbearbeitung kann jedoch auch weitergehende Anpassungen der Produktpolitik an ein Segment beinhalten, die darin bestehen, daß für dieses Segment neue Produkte eingeführt werden; vgl. H. Meffert (1986), S. 255 f.

1258 Vgl. dazu auch B. Waltermann (1994), S. 386.

Abb. 6-6: Basisoptionen der differenzierten Bearbeitung verschiedener Marktsegmente

Marke	Marketingmix	Strategietyp
eine Marke für alle bearbeiteten Segmente	einheitliches Marketingmix für alle Segmente	undifferenzierte Marktbearbeitung
eine Marke für alle bearbeiteten Segmente	Produktpolitik: einheitlich; Kommunikations-, Preis- und Distributionspolitik: segmentspezifisch	differenzierte Marktbearbeitung vom Typ I
eine Dachmarke für alle bearbeiteten Segmente, spezifische Produkte bzw. Submarken für verschiedene Segmente	Produkt-, Kommunikations-, Preis- und Distributionspolitik: segmentspezifisch	differenzierte Marktbearbeitung vom Typ II
eigene, spezifische Marken für verschiedene Segmente	Produkt-, Kommunikations, Preis- und Distributionspolitik: segmentspezifisch	differenzierte Marktbearbeitung vom Typ III

Quelle: in Anlehnung an H. Freter (1983), S. 116.

Der dritte Typ der differenzierten Segmentbearbeitung, bei der in jedem Segment eine eigene Marke angeboten und mit einem spezifischen Marketingmix vermarktet wird, entspricht der bereits gekennzeichneten Option der spezifischen oder eigenständigen Bearbeitung jugendlicher Zielgruppen. Neben den beiden extremen grundlegenden Optionen einer Bearbeitung jugendlicher Zielgruppen (einheitlich vs. eigenständig) ergeben sich nun aber analog zu der in **Abb. 6-6** getroffenen Differenzierung zwei Vorstufen einer spezifischen Bearbeitung jugendlicher Zielgruppen, die insbesondere in Hinblick auf die Ausschöpfung indirekter und zukünftiger Umsatzpotentiale bedeutsam sind:

- Auf einer **ersten Stufe einer spezifischen Bearbeitung jugendlicher Zielgruppen** besteht die Möglichkeit, zwar das Leistungsangebot für jugendliche und erwachsene Zielgruppen einheitlich zu gestalten, aber einzelne Marketinginstrumente auf die zielgruppenspezifischen Bedürfnisse auszurichten. Dies entspricht einer differenzierten Marktbearbeitung, bei der zwar ein einheitliches Produkt für alle Segmente angeboten wird, aber einzelne Marketinginstrumente aus der Kommunikations-, der Distributions- und/ oder der Preispolitik segmentspezifisch eingesetzt werden (Typ I).[1259] Für die Gewinnung jugendlicher Zielgruppen scheinen spezifische Maßnahmen in der Kommunikationspolitik von besonderer Bedeutung zu sein.[1260] Das einheitliche Angebot wird so gegenüber jugendlichen Zielgruppen mit jugendspezifischen Kommunikationsmaßnahmen vermarktet, die sicherstellen sollen, daß die Unternehmensbotschaften auch die jugendlichen Zielgruppen erreichen

[1259] Vgl. H. Freter (1983), S. 117.
[1260] In der Praxis ist dies eine häufig zu beobachtende Handlungsoption; vgl. auch I. Mienert (1997), S. 106.

(jugendspezifische Kommunikation für eine schwerpunktmäßig auf den Gesamtmarkt ausgerichtete Marke).[1261] Diese Basisoption wird im folgenden als **kommunikative Bearbeitung jugendlicher Zielgruppen** bezeichnet.

- Auf der **zweiten Stufe der spezifischen Bearbeitung jugendlicher Zielgruppen** besteht die Möglichkeit, auch das Leistungsangebot an jugendliche Zielgruppen anzupassen und **jugendspezifische Produktvarianten bzw. Submarken** anzubieten. Diese werden allerdings **gemeinsam mit anderen Produktvarianten für andere Zielgruppen unter ein gemeinsames Markendach** gestellt. Damit existiert ein übergeordneter Markenname und eine übergeordnete Grundpositionierung der Dachmarke; Produkte sowie sonstige Marketinginstrumente sind jedoch segmentspezifisch differenziert. In einem engeren Sinne bezieht sich die Produktdifferenzierung dabei nur auf Produktvarianten eines bestehenden Produktes (z.B. Haarfärbemittel mit besonderen Farben). Eine differenzierte Marktbearbeitung kann jedoch auch weitergehende Anpassungen an das Jugendsegment beinhalten, die darin bestehen, daß für dieses Segment neue Produkte unter dem bestehenden Markennamen eingeführt werden.[1262] Da für die verschiedenen Produkte ein Markenname verwendet wird, beinhaltet diese Option gleichzeitig, daß eine Dachmarkenstrategie verfolgt wird.[1263] Diese Basisoption wird im folgenden auch als **partiell differenzierte Bearbeitung jugendlicher Zielgruppen** bezeichnet.

Die folgende Abbildung veranschaulicht die vier idealtypischen Basisoptionen einer Bearbeitung des Jugendmarktes.

[1261] Daneben bestehen aber grundsätzlich auch Möglichkeiten, in der Preis- und Distributionspolitik spezifische Programme für jugendliche Zielgruppen zu entwickeln.

[1262] Vgl. z.B. H. Meffert (1986), S. 255 f.

[1263] Es ist allerdings zu berücksichtigen, daß nicht jede Markenfamilien- oder Dachmarkenstrategie automatisch auch eine spezifische Bearbeitung verschiedener Marktsegmente beinhaltet, da die Produktvarianten auch allesamt auf den Gesamtmarkt zielen können.

Abb. 6-7: Basisoptionen der Bearbeitung des Jugendmarktes

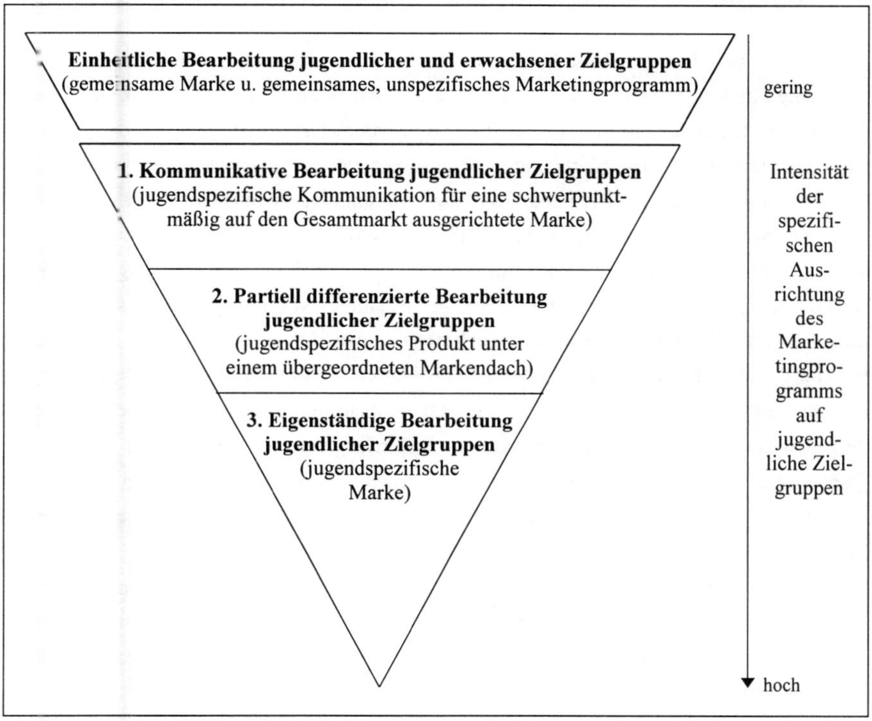

Während die erste Option keine spezifische Bearbeitung jugendlicher Zielgruppen vornimmt, wird bei den mit 1. bis 3. numerierten Basisoptionen eine mehr oder weniger spezifische Bearbeitung jugendlicher Zielgruppen vorgenommen. Nur letztere werden daher als alternative **Basisoptionen eines Jugendmarketing** – im Sinne einer mehr oder weniger spezifischen Bearbeitung des Jugendsegments – aufgefaßt. Im folgenden werden diese drei Basisoptionen eines Jugendmarketing dargestellt und kritisch gewürdigt.[1264]

[1264] Im folgenden werden nur die alternativen Optionen eines gezielten spezifischen Jugendmarketing näher betrachtet. Entscheidet sich ein Unternehmen, bei einer Strategie der undifferenzierten Bearbeitung des Gesamtmarktes zu bleiben, so bieten sich zwar auch verschiedene Möglichkeiten einer insgesamt stärkeren Ausrichtung des bestehenden Marketingprogramms auf die Bedürfnisse von Jugendlichen; dabei handelt es sich jedoch nicht um Optionen eines gezielten Jugendmarketing.

6.2.2 Darstellung und kritische Reflexion ausgewählter markenstrategischer Alternativen

Nach dem entscheidungsorientierten Ansatz der Markenpolitik sind „in einer gegebenen Entscheidungssituation (Unternehmens-, Markt- und Umweltsituation) (...) die markenpolitischen Alternativen (Markenstrategien, Optionen, Aktionsparameter) im Hinblick auf die angestrebten Ziele (Unternehmens-, Marketing- und Markenziele) zu bewerten und 'optimale' bzw. 'gute' Lösungen als zu realisierende Handlungsprogramme auszuwählen."[1265] Die skizzierten Basisoptionen eines jugendspezifischen Marketing werden im folgenden näher gekennzeichnet und kritisch v.a. daraufhin überprüft, unter welchen Bedingungen sie geeignet sind, die verschiedenen mit einer Bearbeitung des Jugendsegments verfolgten Ziele zu erreichen.[1266] Dabei wird die **Perspektive eines Unternehmens** eingenommen, **das in einem bestehenden Geschäftsfeld bisher keine spezifischen Maßnahmen für jugendliche Zielgruppen ergriffen hat** und das nun angesichts hoher Umsatzpotentiale jugendlicher Kunden eine Erweiterung bzw. Intensivierung seiner Tätigkeit im Jugendsegment anstrebt.[1267] Vor dem Hintergrund der aktuellen Entwicklungen sowie der Ergebnisse der vorangehenden Analyse erscheint v.a. diese Perspektive von praktischer Relevanz, da sich viele große Konsumgüteranbieter in einer entsprechenden Ausgangssituation befinden.
Von einer internen Segmentierung des Jugendmarktes wird im folgenden zunächst abstrahiert; erst bei der Diskussion der eigenständigen Bearbeitung jugendlicher Zielgruppen wird auf die Möglichkeiten einer internen Differenzierung des Jugendsegments und der Bearbeitung nur einzelner Untersegmente eingegangen.

6.2.2.1 Jugendspezifische Kommunikation für eine auf den Gesamtmarkt ausgerichtete Marke

6.2.2.1.1 Darstellung

Die erste Basisoption eines gezielten Jugendmarketing besteht in einer jugendspezifischen Kommunikation für eine auf den Gesamtmarkt ausgerichteten Marke. Zusätzlich können auch in den Bereichen der Preis- und Distributionspolitik Differenzierungen vorgenommen werden

---

1265 H. Meffert (1994), S. 174.

1266 Die Basisoptionen eines gezielten Jugendmarketing können einerseits dem Ziel der unmittelbaren Umsatzerhöhung im Jugendsegment dienen (Umsatzwachstum im Jugendmarkt); andererseits kann aufgrund der Verflechtungen von Jugend- und Erwachsenenmarkt auch eine Erhöhung der gegenwärtigen oder zukünftigen Umsätze mit erwachsenen Kunden angestrebt werden; vgl. dazu auch **Abschnitt 2.3.2**.

1267 Die grundlegenden Marktbearbeitungsoptionen bestehen grundsätzlich unabhängig von der Ausgangsposition für verschiedene Typen von Unternehmen: für völlig neu in einen Markt eintretende Unternehmen, aber auch für Unternehmen, die bereits in einem oder beiden Teilmärkten tätig sind und nun ihre bisherige Strategie überdenken.

(Sonderkonditionen für Jugendliche oder Vertrieb auch über jugendspezifische Absatzkanäle). Zentral ist, daß bei dieser Basisoption der Kernbereich der Produktpolitik einheitlich gestaltet und auf den Gesamtmarkt ausgerichtet bleibt; es werden keine jugendspezifischen Produkte angeboten. Im folgenden werden Ziele, Inhalte und Praxisbeispiele dieser Basisoption dargelegt; in **Abschnitt 6.2.2.1.2** folgt ihre kritische Würdigung und eine Charakterisierung hinsichtlich ihrer Eignungsbedingungen.

Mit einer kommunikativ differenzierten Ansprache des Jugendsegments kann ein Unternehmen grundsätzlich die grundlegenden markenstrategischen **Ziele** in Bezug auf das Jugendsegment verfolgen.[1268] Die gezielte, speziell auf das Jugendsegment ausgerichtete Markenkommunikation kann dem Aufbau bzw. der Erhöhung von **Markenbekanntheit** sowie dem Aufbau des individuellen **Markenimages bei Jugendlichen** dienen.[1269] Um sicherzustellen, daß die jugendlichen Zielgruppen von den Unternehmensbotschaften erreicht werden, werden eigene Wege und Kommunikationsformen für diese Zielgruppen gesucht.[1270] Durch eine stärkere Ausrichtung der Kommunikation auf die Bedürfnisse jugendlicher Zielgruppen kann eine **Differenzierung der Marke im Konkurrenzumfeld** angestrebt werden. Auch wenn jugendliche Zielgruppen spezifische Anforderungen an die Kommunikation stellen, kann sich eine Marke so stärker gegenüber Jugendlichen profilieren.[1271] Damit wird letztlich die Schaffung von **Präferenzen für die eigene Marke bei Jugendlichen** angestrebt, die sich in höherer **Markentreue**, in einem gewissen **preispolitischen Spielraum** und schließlich – in naher oder ferner Zukunft – auch in **ökonomischen Zielgrößen** (wie einem höheren **Absatz, Umsatz und Gewinn**) niederschlägt. Durch einen bei starken Präferenzen der jugendlichen Konsumenten entstehenden Nachfragesog kann dann auch **gegenüber dem Handel** eine **stärkere Position** erreicht werden.
Neben diesen langfristig angelegten, strategischen Zielen kann ein Unternehmen eine gezielte Jugendkommunikation auch aus **taktischen Gründen** vornehmen.[1272] Gerade kommunikative Maßnahmen werden in der Praxis aufgrund ihrer vergleichsweise hohen Flexibilität häufig für den Ausgleich kurzfristiger Defizite eingesetzt.[1273] So kann ein Unternehmen mit einer Jugendkampagne auch einen **kurzfristigen Ausgleich von Bekanntheits- oder Imagedefiziten der eigenen Marke bei Jugendlichen** anstreben. Ferner können auch Maßnahmen von Konkurrenten der Anlaß für eine gezielte Jugendkommunikation sein. In der Praxis ist häufig ein

---

1268 Vgl. H. Meffert (1994), S. 177 f.; M. Bruhn (1994), S. 23 f., zu den grundlegenden markenstrategischen Zielen.
1269 Zu diesen grundlegenden Zielen der Werbung vgl. auch H. Meffert (1998), S. 660 f.
1270 Vgl. o.V. (1994b), S. 183.
1271 Zu den spezifischen Anforderungen von Jugendlichen an Werbung vgl. B. Melzer-Lena (o.J.), S. 6-20.
1272 Zu einer Differenzierung taktischer und strategischer Werbeziele vgl. auch W. Kroeber-Riel (1993a), S. 41.
1273 Vgl. W. Kroeber-Riel (1993a), S. 41 f.; vgl. H. Meffert (1986), S. 115 zum vergleichsweise starken taktischen Anteil des Kommunikations-Mix.

stark reaktiver Charakter der Jugendkommunikation zu beobachten: Verstärkt ein Unternehmen seine Aktivitäten im Jugendmarkt (z.B. in Form einer Jugendkampagne oder besonderer Konditionen), ziehen konkurrierende Unternehmen nach, um der **Bedrohung des eigenen Marktanteils durch die Konkurrenz zu begegnen**.[1274]

In der Regel wird eine Gemengelage verschiedener Ziele bestehen. Es ist allerdings zu berücksichtigen, daß kurzfristige Ziele und taktische, reaktive Maßnahmen keine eigenständige strategische Ausrichtung der Marketingmaßnahmen, hier insbesondere der Kommunikation, ersetzen. Vielmehr gefährden kurzfristige Maßnahmen, die nicht in ein langfristiges Konzept eingebettet sind, die Kontinuität des Markenauftritts.[1275] Eine eigenständige Profilierung einer Marke gegenüber den Konsumenten kann durch kurzfristige, reaktive Maßnahmen allein nicht erreicht werden.

Eine jugendspezifische Kommunikation umfaßt die segmentspezifische Ausrichtung von Werbung, Verkaufsförderung und/ oder Verkauf sowie sonstiger Kommunikationsinstrumente.[1276] Im Bereich der Werbung hat eine segmentspezifische Zielung der Kommunikation z.B. die segmentspezifische Gestaltung der kommunikativen Botschaften und Werbemittel sowie die Auswahl geeigneter Werbeträger zu berücksichtigen.[1277] Auch in der Verkaufsförderung und im Verkauf können jugendspezifische Maßnahmen eingesetzt werden wie bspw. spezifische Jugendberater bei Banken und Versicherungen oder jugendspezifische Verkaufsförderungsaussagen und -mittel. Die folgenden Ausführungen konzentrieren sich beispielhaft auf die jugendspezifische Gestaltung der Werbung.

Die **Gestaltung von Werbebotschaft und -mitteln** kann grundsätzlich derart differenziert werden, daß in der Jugendkommunikation spezifische Produkteigenschaften herausgestellt, besondere Bedürfnis- und Interessenlagen von Jugendlichen aufgegriffen und Lebenswelten thematisiert werden, die besondere Relevanz für Jugendliche besitzen, um eine Marke bei Jugendlichen zu aktualisieren oder ihre Übereinstimmung mit den Idealvorstellungen von Jugendlichen zu verdeutlichen (inhaltliche Anpassung). Ferner können Anpassungen der formalen Gestaltung der Kommunikation (z.B. sprachlicher, bildlicher oder farblicher Art) vorgenommen werden, um den ästhetischen Vorlieben und Rezeptionsgewohnheiten von Jugend-

1274 Vgl. zu derartigen konkurrenzbezogenen Kommunikationszielen H. Meffert (1986), S. 451.
1275 Vgl. W. Kroeber-Riel (1993a), S. 49 f.
1276 Vgl. H. Freter (1983), S. 134. Zu den Teilbereichen der Kommunikationspolitik vgl. auch K. Alewell (1992), S. 55; H. Meffert (1998), S. 664 f.; M. Bruhn (1995), S. 37-39. Zur Problematik der Abgrenzung von Marketingkommunikation und PR vgl. P. Kotler/ W. Mindak (1978).
1277 Vgl. H. Freter (1983), S. 141.

lichen zu entsprechen.[1278] Dabei ist allerdings zu berücksichtigen, daß die Jugendkommunikation bei dieser Basisoption nicht losgelöst von der übergreifenden Markenpositionierung sowie dem Marketingmix für den Gesamtmarkt gesehen werden kann. Um eine abgestimmte Ganzheit des Marketingmix zu gewährleisten und einen konsistenten Gesamteindruck einer Marke zu erzeugen, sind die jugendspezifischen Maßnahmen auf die übergreifende Markenpositionierung abzustimmen und in den Gesamtauftritt einer Marke zu integrieren.[1279] Denn erst eine klare Markenpositionierung und deren konsequente Umsetzung durch kontinuierlichen und integrierten Einsatz der Marketinginstrumente, insbesondere der kommunikativen Instrumente, ermöglicht einen langfristig wirksamen Aufbau klarer, imagerelevanter Gedächtnisinhalte zu einer Marke.[1280] Auch die Jugendkommunikation sollte daher die Markenpositionierung konsequent umsetzen und in die Gesamtmarktkommunikation integriert werden.[1281] Die Integrationserfordernisse gehen dabei weit über die Minimalanforderung hinaus, daß die Inhalte der jugendspezifischen Kommunikation denen der auf den Gesamtmarkt gerichteten Kommunikation nicht widersprechen dürfen.[1282] Vielmehr geht darum, Jugend- und Gesamtmarktkommunikation sowohl inhaltlich als auch formal aufeinander abzustimmen, um einen konsistenten Gesamteindruck einer Marke zu erzeugen und die Erinnerung an die Kommunikation zu verstärken.[1283]

[1278] Vgl. dazu auch P. Rützler (1994), S. 181; Regionalpresse e.V. (1996), S. 49. Zu der eigenen Bildsprache der Techno-Kultur vgl. z.B. W. Schwarz (1995), S. H 4. Zu einer Analyse der Jugendsprache vgl. auch P. Schlobinski et al. (1993).

[1279] Zur Bedeutung eines integrierten, kontinuierlichen Marktauftritts und zur Festlegung der Grundprinzipien des Marktauftritts auf strategischer Ebene (Grundpositionierung) vgl. E. Richert (1992), S. 71-74; F.-R. Esch/ T. Levermann (1995), S. 8 f. u. 13; F.-R. Esch (1998a), S. 75. Zu einer besonderen Bedeutung des integrierten, konsistenten Einsatzes sämtlicher Marketinginstrumente bei einer erlebnisorientierten Positionierung vgl. W. Kroeber-Riel (1993a), S. 73. Die Markenpositionierung, die dazu dient, mit bestimmten Produkteigenschaften sowohl eine dominierende Stellung in der Wahrnehmung der Konsumenten als auch eine hinreichende Differenzierungsfähigkeit gegenüber Konkurrenzprodukten zu erreichen, bildet die strategische Grundlage für eine integrierte Gestaltung der Marketinginstrumente; vgl. H. Meffert (1994), S. 178 f.; W. Kroeber-Riel (1993a), S. 45-50; F.-R. Esch (1992a), S. 10 f. u. 14.

[1280] Vgl. F.-R. Esch/ T. Levermann (1995), S. 13; F.-R. Esch (1997), S. 8 f.; F.-R. Esch (1998a), S. 74-78; R. Köhler (1985), S. 214. Die Integration bezieht sich sowohl auf eine Abstimmung der verschiedenen zu einem Zeitpunkt eingesetzten Instrumente als auch auf eine Abstimmung der Instrumente im Zeitablauf; vgl. W. Kroeber-Riel (1993b), S. 300 f.

[1281] Zu Notwendigkeit und Wirkungen einer Integration der verschiedenen Maßnahmen der Unternehmens- bzw. Marketingkommunikation aus verhaltenswissenschaftlicher Perpektive vgl. F.-R. Esch (1998a); M. Bruhn (1995), 2[illegible]-31; F.-R. Esch (1992b), S. 32 f.

[1282] Zu diesen Anforderungen vgl. F.-R. Esch (1993), S. 26. Zudem können jugendliche und erwachsene Zielgruppen in ihrer kommunikativen Ansprache nur zum Teil isoliert werden; vgl. zu dieser generellen Problematik auch H. Freter (1983), S. 141; F.-R. Esch (1997), S. 8.

[1283] Zu den Zielen und Formen der integrierten Kommunikation vgl. F.-R. Esch (1993), S. 22-26. Integriert ist kein binäres Merkmal; es gibt vielmehr ein Kontinuum von geringer bis hoher Integration; vgl. ebd. Besteht ein Anpassungszwang an heterogene Zielgruppen, so muß trotz zielgruppenspezifischer Ansprache eine wahrnehmbare Klammer vorhanden sein; vgl. F.-R. Esch (1997), S. 8.

Ferner sind für die jugendliche Zielgruppe geeignete Kommunikationswege und -formen zu wählen. Eine segmentspezifische **Werbeträgerauswahl** kann innerhalb der klassischen Medien vorgenommen werden: Im Printbereich gibt es mittlerweile eine Vielzahl von Jugendzeitschriften und -beilagen;[1284] auch einzelne jugendliche Szenen können über spezifische Printmedien angesprochen werden (Fanzines und Musikzeitschriften im Bereich der Musikszenen, Snowboard- und Skatermagazine); im TV und Hörfunk sind eigene Jugendsender entstanden (z.B. MTV, VIVA, hr XXL, N-Joy Radio) bzw. Sendungen (z.B. Bravo TV).[1285] Aber nicht nur die klassische Werbung kann auf jugendliche Zielgruppen zugeschnitten werden. Zur gezielten Ansprache von Jugendlichen werden vor der klassischen Massenkommunikation v.a. unternehmenseigene Events wie z.B. Inline-Skate- oder Snowboardwettbewerbe, Streetballturniere und Tanzveranstaltungen (z.B. „Red Bull Flugtag", „Red Bull Inline Beton", „Red Bull Air and Style", „Adidas Streetball Challenge", „Camel Airave" und „The Camel Move"),[1286] das Eventsponsoring (Sponsoring von Sport-, Musik- oder Tanzveranstaltungen) oder das Sponsoring von Identifikationsfiguren von Jugendlichen (Sportler, Musiker) eingesetzt. Indem die Unternehmen mit ihren Botschaften dorthin gehen, wo sich die Jugendlichen in ihrer Freizeit aufhalten (auf Events, Partys, Konzerte, aber auch in Schulen, Ausbildungsstätten und Universitäten), können sie diese gezielt ansprechen.[1287] In diesem Zusammenhang der Suche nach jugendspezifischen Kommunikationswegen werden in jüngster Zeit die Schulen entdeckt, die den Vorteil exakter Zielung bieten.[1288] Sie bieten die Möglichkeit zur Veranstaltung von Projekten und Schülerinitiativen (Zeitung in der Schule,[1289] Coke´n Talk[1290]), zu Informationsveranstaltungen mit pädagogischem Nutzwert (Berufsplanung, Bewerbungstraining), zur Bereitstellung von Lehrmitteln (z.B. Computern oder Unterrichtsmaterialien zum Versicherungs- oder Bankwesen)[1291] und neuerdings auch zur Nutzung von Werbeflächen (Werbeplakate auf dem Schulgelände). Daneben bieten neue Medien bzw.

1284 Vgl. C.-D. Grabner (1997), S. 54. Zu der Vielzahl der Zeitschriften für Mädchen und junge Frauen vgl. z.B. T. Hoffmann (1998b), S. 5; o.V. (1995b), S. 68.

1285 Vgl. J. Drengberg (1996), S. 134 ff.; B. Udina (1997), S. 40; E. Oehmichen (1998), S. 61; H. Volpers/ D. Schnier (1996), S. 249; M. Keller/ W. Klingler (1996), S. 441; A. Vogel (1996), S. 21-23.

1286 Zu Zielen und Formen des Eventmarketing vgl. z.B. C. Zanger/ F. Sistenich (1996). Ein Beispiel für wirksames Eventmarketing gegenüber Jugendlichen ist der Adidas Streetball Challenge, bei dem der Hersteller in verschiedenen deutschen Städten Streetball-Turniere veranstaltete und damit eine starke Verknüpfung dieser Trendsportart und der Marke Adidas und eine deutliche Verbesserung des Markenimages bei Jugendlichen erreichte; vgl. S. Stremme (1994), S. 50; G. Schömbs (1995), S. 257-258; J. Runau (1998), S. 177-191. Bei Camel Airave und Camel Move handelt es sich um Events für die Techno-Szene. Beim Camel Airave wurden die Jugendlichen bspw. zu spektakulären Techno-Partys nach Kreta und Amsterdam geflogen; vgl. o.V. (1994a), S. 188. Zu den Events für den Energy-Drink Red Bull vgl. N. Kreihamer (1997), S. 75.

1287 Vgl. K. Degner (1996), o.S.

1288 Vgl. auch A.-C. Coppens (1997), S. 55.

1289 Zu einer Darstellung des Projektes, das von diversen Tageszeitungsverlagen in Zusammenarbeit mit pädagogischen Instituten an verschiedenen Schulen in Deutschland durchgeführt wurde und der Heranführung von Jugendlichen an die Tageszeitung dient, vgl. Argus Media GmbH (1997), 49-56.

1290 Vgl. K. Mundhenke (1994), o.S.; F. Sistenich/ C. Zanger (1998), S. 29.

1291 Vgl. P. Rützler (1994), S. 222-224.

Kommunikationsformen wie bspw. das Internet oder Edutainment Center gute Möglichkeiten zu einer gezielten Ansprache von Jugendlichen.[1292] Edutainment Center, die als „thematische, interaktive und mit Wissensvermittlung kombinierte Inszenierung von Marken mit hohem Erlebniswert"[1293] charakterisiert werden können, dienen v.a. dem Aufbau von Markensympathie und gefühlsmäßigen Bindungen.[1294] In Spiel- und Erlebnisräumen sollen Kindern und Jugendlichen spielerisch und interaktiv Informationen zu einem Ankerthema vermittelt werden, für die das Unternehmen Problemlösungen im Rahmen seiner Kernkompetenz bereithält (z.B. die technologische Kompetenz bei dem Panasonic Learning Lab und dem Sony Wonder Technology Lab in New York; bei der Wanderausstellung „Stern für Kids" verdeutlicht das zentrale Thema „Mobilität" die Kernkompetenz von Mercedes Benz).[1295] Der Vorteil dieser von den Unternehmen selbst gestalteten Maßnahmen und Kommunikationsformen gegenüber der Beteiligung an fremden Veranstaltungen ist, daß die Kommunikationsinhalte und Präsentationsformen unmittelbar steuerbar sind und daher auf die Vermittlung der Kernkompetenz des Unternehmens bzw. der Kernwerte der Marke ausgerichtet werden können und daß diese Kommunikationsformen gleichzeitig eine Ausrichtung auf die spezifischen Kommunikationsbedürfnisse von Jugendlichen ermöglichen.[1296]

Ergebnisse einer Umfrage bei 24 führenden Markenartikelherstellern und -händlern im Sommer 1996 zeigen, daß von der Mehrzahl der befragten Unternehmen die Option der lediglich kommunikativ differenzierten Bearbeitung jugendlicher Zielgruppen verfolgt wird: Sie zielen in erster Linie mit dem Instrument Kommunikation auf die 16- bis 29jährigen, nur 33% der befragten Unternehmen haben ein spezielles Produkt für diese Zielgruppe auf den Markt gebracht.[1297] Als besonders geeignet werden dabei PR-Maßnahmen angesehen, gefolgt von Events, Promotions sowie Anzeigen in Szenezeitschriften und Sponsoringmaßnahmen; erst danach folgt die Kommunikation über klassische Massenmedien wie Kino und Fernsehen.[1298]
Beispiele für Unternehmen, die zwar keine Anpassungen des Produktes an jugendliche Zielgruppen vornehmen, die aber neben der auf den Gesamtmarkt gerichteten Kommunikation eine spezifische kommunikative Bearbeitung jugendlicher Zielgruppen, evtl. begleitet von jugendspezifischen Differenzierungen im Bereich der Preispolitik vornehmen, finden sich z.B. bei Banken und Bausparkassen. Viele **Banken** bieten verbilligte Schüler- und Studentenkonten an und kommunizieren diesen Preisvorteil in jugendspezifischen Medien. Einige Banken

1292 Vgl. J. Schindler (1997), S. 9, zu einer zunehmenden Bedeutung des Internet.
1293 P. Schütz/ M. Schulz (1997), S. 91.
1294 Vgl. P. Schütz/ M. Schulz (1997), S. 91.
1295 Vgl. P. Schütz/ M. Schulz (1997), S. 90 u. 94. Bei den ersten beiden Beispielen wird allerdings das Problem der begrenzten Reichweite der Maßnahmen deutlich.
1296 Vgl. P. Schütz/ M. Schulz (1997), S. 92.
1297 Vgl. I. Mienert (1997), S. 106.
1298 Vgl. I. Mienert (1997), S. 107.

setzen im Verkauf eigene „Jugendberater“ (meist selbst jüngere Bankangestellte) ein, um Jugendliche besser ansprechen zu können.[1299] **Bausparkassen** (z.B. LBS und Schwäbisch Hall) sprechen Bedürfnisse von Jugendlichen nach Unabhängigkeit und einer eigenen Wohnung an und kommunizieren die Möglichkeiten zum Bausparen ab einem Alter von 16 Jahren. Neben der klassischen Printkommunikation werden eigene Jugendclubs, eigene Magazine, das Sponsoring von Jugendevents (Tanzpartys, Popkonzerte) sowie das Angebot diverser Berufsstarter-Materialien eingesetzt.[1300] Als vorrangige Ziele werden v.a. die Adreßgenerierung sowie die Akquisition jugendlicher Kunden bzw. die Akquisitionsvorbereitung genannt.[1301] Auch das Jugendmarketing von **Krankenkassen** beschränkt sich häufig auf kommunikative Maßnahmen, wie z.B. Anzeigen in jugendspezifischen Medien (z.B. in Studentenmagazinen), eigene Jugendmagazine sowie begleitende preispolitische Maßnahmen (Sonderkonditionen für Jugendliche). Gleiches gilt für die **Deutsche Bahn AG**, die mit der Jugendkampagne „Deiner“ das Image von Bussen und Bahnen bei Jugendlichen verbessern und dem sinkenden Marktanteil von Bussen und Bahnen an den Fortbewegungsmitteln von Jugendlichen begegnen möchte.[1302] Ein überwiegend kommunikatives Jugendmarketing ist ferner auch in der **Automobilindustrie** zu beobachten. Die kommunikativen Maßnahmen erstrecken sich von Anzeigen in jugendnahen Medien (z.B. für das Navigationssystem von Audi in Snowboardmagazinen) bis hin zu Händler-Events wie Snowboard- und Inline-Skate-Shows (Audi) und Edutainment-Centern (Mercedes).[1303] Beispiele für intensive und vielfältige Jugendkommunikation finden sich auch in der **Zigarettenbranche**. Neben einer auf den Gesamtmarkt gerichteten Kommunikation werden von vielen Herstellern spezifische Kommunikationsmaßnahmen speziell auf jugendliche Zielgruppen, zum Teil auch auf einzelne jugendliche Szenen ausgerichtet, wie z.B. die Vermittlung von Praktika und Ferienjobs („Marlboro-Summer-Jobbing“), die Ausrichtung von DJ-Wettbewerben („DJ-Academy“ von Philip Morris), die Ausrichtung von Musik- und Tanzveranstaltungen (House-Partys von Philip Morris, „Camel Air Rave“ und „The Camel Move“ speziell für die Technoszene) sowie Promotions in Szenekneipen und auf Technoveranstaltungen.[1304]

1299 Vgl. Institut für Analyse und Beratung (1998), S. 9.

1300 Vgl. W. Hartmann (1997), o.S., für das Beispiel der BHW Bausparkasse AG.

1301 Vgl. W. Hartmann (1997), o.S.

1302 Dabei werden Kinder und Jugendliche für ein Ausstellungs- und Buchprojekt porträtiert (Deiner-Foto-Tour), und in den Zügen werden Energy-Drinks verteilt (Deiner-Energie-Tour); vgl. T. Hoffmann (1998a), S. 80

1303 Vgl. H. Berger (1996), o.S. In jüngster Zeit sind allerdings auch in der Automobilindustrie weitergehende Maßnahmen, wie die Entwicklung eigener Produkte speziell für junge Zielgruppen, zu beobachten (wie z.B. der Smart von Mercedes, der Renault Twingo, der Mini von Rover); vgl. dazu auch **Abschnitt 6.2.2.2**.

1304 Vgl. zu einigen Beispielen auch J. Schindler (1996), S. 9; J. Fries (1996), S. 39-41. Die spezifische Ansprache jugendlicher Zielgruppen durch die Zigarettenindustrie unterliegt allerdings diversen rechtlichen und ethischen Grenzen; vgl. dazu auch die **Abschnitte 7.2.** und **7.3.**

6.2.2.1.2 Kritische Würdigung

Vorteile einer rein kommunikativen Bearbeitung des Jugendsegments liegen im Vergleich zu einer einheitlichen Bearbeitung jugendlicher und erwachsener Zielgruppen zunächst in den besseren Möglichkeiten zur Schaffung von Markenbekanntheit sowie zum Imageaufbau bei Jugendlichen. Bei einer spezifischen Ausrichtung auf die Kommunikationsbedürfnisse von Jugendlichen können besondere Anforderungen von Jugendlichen an die Kommunikation berücksichtigt und die jeweiligen Maßnahmen an jugendliche Lebenswelten angepaßt werden. Im Idealfall kann so eine Profilierung der eigenen Marke in der Wahrnehmung der jugendlichen Konsumenten erreicht werden, die dann zu stärkeren Markenpräferenzen beiträgt. Wird nur die Kommunikation differenziert, während das Gesamtkonzept auf den Gesamtmarkt zielt, entstehen dabei lediglich zusätzliche Kommunikationskosten; die gesamten Marketingkosten müssen durch Umsätze im Gesamtmarkt gedeckt werden.[1305]

Allerdings unterliegt diese Basisoption des Jugendmarketing aufgrund der beschriebenen Integrationserfordernisse starken **Beschränkungen** hinsichtlich der Freiheitsgrade der Anpassung der Jugendkommunikation an die spezifischen Bedürfnisse von Jugendlichen. Da die Jugendkommunikation nicht losgelöst von der Markenpositionierung sowie den auf den Gesamtmarkt ausgerichteten Marketingmaßnahmen gesehen werden kann, sind die jugendspezifischen Profilierungsmöglichkeiten einer Marke begrenzt. Gerade im Bereich der klassischen Massenkommunikation bestehen – im Vergleich zur persönlichen Kommunikation im Verkauf und auf Messen – oft nur geringe Freiheitsgrade für Anpassungen an zielgruppenspezifische Wünsche.[1306] Es besteht daher eine relativ starke Bedrohung durch konkurrierende eigenständig positionierte Jugendmarken, die um so größer ist, je stärker sich die kaufverhaltensrelevanten Bedürfnisse von Jugendlichen von denen erwachsener Zielgruppen unterscheiden.[1307]

Bei einer rein kommunikativen Bearbeitung des Jugendmarktes besteht eine große Gefahr darin, daß jugendspezifische Kommunikationsmaßnahmen nur unzureichend auf die Gesamtmarktkommunikation und die Markenpositionierung abgestimmt werden, so daß von den Jugendlichen Unstimmigkeiten und im schlimmsten Fall Widersprüche zwischen den jugendspezifischen Kommunikationsinhalten und dem bestehenden Markenbild und/ oder anderen Marketingmaßnahmen wahrgenommen werden. Dies führt leicht zu diffusen Eindrücken einer

---

1305 Werden auch in der Preis- und Distributionspolitik Differenzierungen vorgenommen, so sind die dabei entstehenden Kosten zu berücksichtigen.

1306 Vgl. H. Freter (1983), S. 141; F.-R. Esch (1998a), S. 79 f.

1307 Zu der generellen Problematik der starken Bedrohung eines Massenanbieters durch einen Nischenanbieter bei starker bzw. zunehmender Segmentierung von Märkten vgl. auch D. Arnold (1992), S. 166 f.

Marke und einer Verwässerung des Markenimages.[1308] Es besteht dann die Gefahr, daß die Jugendkommunikation von den Jugendlichen als aufgesetzt, anbiedernd und wenig glaubwürdig wahrgenommen und das Ziel der Präferenzschaffung verfehlt wird.[1309]
Vor diesem Hintergrund erscheinen auch die von Unternehmensseite oft beklagten Probleme der hohen Anforderungen von Jugendlichen an die Glaubwürdigkeit der Kommunikation in einem anderen Licht: Es ist anzunehmen, daß die Glaubwürdigkeitsprobleme von Unternehmen im Jugendmarkt nicht nur auf den besonders hohen Anforderungen von Jugendlichen und deren Liebe zum Detail beruhen, sondern daß diese eng mit einer Vernachlässigung der Integrationserfordernisse durch die anbietenden Unternehmen zusammenhängen und insofern zumindest teilweise „hausgemacht" sind.[1310]
Aus diesen Gründen ist bei der Basisoption einer jugendspezifischen Kommunikation darauf zu achten, daß es nicht bei vereinzelten schlecht integrierten Maßnahmen bleibt, sondern daß die jugendspezifische Kommunikation eine Verankerung auf strategischer Ebene erfährt. Inwieweit ein bestehender Markenkern jugendspezifische Anpassungen in der Kommunikation ermöglicht, ist im Einzelfall einer sorgfältigen Prüfung zu unterziehen.

Zu den **Eignungsbedingungen** einer kommunikativen Bearbeitung des Jugendsegments im Hinblick auf die Ausschöpfung der verschiedenen Umsatzpotentiale jugendlicher Kunden lassen sich folgende Überlegungen anstellen:
Hinsichtlich der Eignung dieser Basisoption zur Erhöhung der **direkten Umsätze im Jugendsegment** ist genau zu prüfen, ob allein durch eine spezifische Kommunikation eine Präferenzschaffung bei Jugendlichen erreicht werden kann. Diese Handlungsoption bietet sich nach den vorangegangenen Überlegungen v.a. dann an, **wenn sich die zentralen Kaufmotive und Produktanforderungen von Jugendlichen nur geringfügig von denen anderer Kunden unterscheiden** und die **Kernwerte einer Marke auch für Jugendliche relevant** sind. Des weiteren bietet sie Vorteile, **wenn die jugendlichen Zielgruppen durch eine auf den Gesamtmarkt zielende Kommunikation nur schlecht erreicht werden können** und daher eine spezifische Kommunikation für das Jugendsegment erforderlich wird.

[1308] Vgl. F. R. Esch (1992a), S. 14. Aus diesen Gründen wird auch eine fraktale Markenführung, wie sie von G. Gerken (1994) vorgeschlagen wurde, stark kritisiert. Da diese mit ständig wechselnden Kommunikationsthemen und Markengestalten arbeitet, ist eher ein Verfall, denn eine Stärkung der Marke zu befürchten; vgl. zu dieser Kritik H. Meffert/ C. Burmann (1996), S. 379.

[1309] Jugendliches Auftreten in der Kommunikation wird gerade angesichts einer ansonsten geringen Orientierung an jugendlichen Bedürfnissen und Interessen und eines eher konservativen, wenig jugendlichen Markenimages (wie z.B. bei vielen Banken) als aufgesetzt und unglaubwürdig empfunden; vgl. z.B. Institut für Analyse und Beratung (1998), S. 9. Zu der Umsetzungsproblematik einer starken Ablehnung einer gewollt jugendlichen, „trendigen" Kommunikation durch die Jugendlichen; vgl. I. Bauer (1996), S. 15 f.; o.V. (1996), S. 103; B. Melzer-Lena (o.J.), S. 11.

[1310] Zu der generellen Beobachtung einer mangelnden Integration und Kontinuität des Einsatzes der Marketinginstrumente, insbesondere der Kommunikation, in der Unternehmenspraxis vgl. F.-R. Esch/ T. Andresen (1996), S. 100; F.-R. Esch (1993), S. 21 f.

Eine gezielte Kommunikation mit Jugendlichen bietet sich ferner v.a. dann an, **wenn die Jugendlichen einen starken Einfluß auf die Kaufentscheidungen in Familien** nehmen, indem sie z.B. Kaufentscheidungen initiieren, Informationen beisteuern oder die Markenwahl (mit-)bestimmen (vgl. **Kapitel 4**). Bei gemeinsam verwendeten oder als Familienprodukte positionierten Produkten kann die Weckung von Kaufwünschen sowie eine Präferenzschaffung bei Jugendlichen durch kommunikative Maßnahmen einen wichtigen Beitrag zur **Erhöhung der Umsätze mit den Eltern** leisten.[1311] Kommunikative Maßnahmen für gemeinsam verwendete Produkte, deren Kauf von den Jugendlichen stark beeinflußt wird (wie z.B. einige Nahrungsmittel und Körperpflegeprodukte, Videorecorder, Computer, CD-Player, gemeinsame Reisen; vgl. **Abschnitt 4.5.2**), sollten daher auch auf die Jugendlichen gerichtet werden.[1312] Besondere Erfolgschancen einer gezielten kommunikativen Ansprache von Jugendlichen ergeben sich in stark beeinflußten Produktbereichen **bei Innovationen**, denen Jugendliche häufig aufgeschlossener gegenüberstehen als ihre Eltern.[1313] Es ist zu prüfen, ob die Eltern indirekt über die jugendlichen „Innovatoren" leichter erreicht werden können als durch direkt an sie gerichtete Kommunikationsmaßnahmen. Die Kommunikation mit den Eltern wird dann durch eine Umwegkommunikation über die jugendlichen Beeinflusser ergänzt oder ersetzt. Auf diese Weise können die Einflüsse von Jugendlichen auf ihre Eltern genutzt werden, um den Diffusionsprozeß des neuen Produktes zu beschleunigen.[1314]

Darüber hinaus bietet sich eine spezifische kommunikative Bearbeitung jugendlicher Zielgruppen für solche **Produkte** an, **die erst in der Erwachsenenphase in nennenswertem Umfang gekauft werden**, bei denen aber eine Vorprägung von Markenpräferenzen in der Jugendphase angestrebt wird. Wie die Analyse in **Abschnitt 5.2.3** gezeigt hat, entstehen Einstellungen zu Produkten und Marken nicht erst, wenn sie auch selbst gekauft und verwendet werden, sondern bereits in der Jugendphase können – nicht zuletzt aufgrund der medialen Auseinandersetzung von Kindern und Jugendlichen mit der Marken- und Warenwelt – langfristig wirksame Kaufwünsche und Markeneinstellungen auch für solche Produkte entstehen, die von den Jugendlichen noch nicht selbst erworben und verwendet werden (z.B. Autos, Krankenversicherungen, Haushaltsgeräte). Durch gezielte jugendspezifische Kommunikationsmaßnahmen kann ein Unternehmen diesen Prozeß des Einstellungserwerbs zugunsten der

1311 Es wird dann ein einheitliches Produkt für Erwachsene und Jugendliche angeboten; dabei sollten allerdings auch die Bedürfnisse der Jugendlichen in der Produktgestaltung mitberücksichtigt werden.

1312 Vgl. zu derartigen Überlegungen auch F. Böcker/ L. Thomas (1983), S 250.

1313 Ein solches Vorgehen ist z.B. denkbar bei neuen Produkte im Nahrungsmittelbereich wie der American Pizza. Vgl. **Abschnitt 3.3.4** zur hohen Aufgeschlossenheit von Jugendlichen gegenüber Innovationen.

1314 Möglichkeiten zur Beschleunigung der Diffusion neuer Produkte sind von besonderem Interesse, da diese oft enttäuschend langsam verläuft, vgl. D. Arnold (1992), S. 163 f.

von ihm angebotenen Marken beeinflussen und so zur frühzeitigen **Sicherung zukünftiger Umsätze mit den jugendlichen Kunden** beitragen.

Die Option einer kommunikativen Bearbeitung jugendlicher Zielgruppen bietet sich demnach v.a. dann an, wenn Jugendliche selbst noch nicht oder nur in geringem Umfang als Käufer oder Verwender eines Produktes in Erscheinung treten und die direkt im Jugendsegment erzielbaren Umsätze gering sind, wenn aber hohe Einflüsse der Jugendlichen auf die Kaufentscheidung der Eltern bestehen und/ oder die Jugendlichen wichtige zukünftige Kunden darstellen. Die Kosten der kommunikativen Bearbeitung müssen dann durch die gegenwärtigen und zukünftigen Mehrumsätze mit erwachsenen Kunden gedeckt werden.

6.2.2.2 Angebot eines jugendspezifischen Produktes unter einem bestehenden Markendach

6.2.2.2.1 Darstellung

Diese zweite Basisoption des Jugendmarketing, die bereits eine stärkere Ausrichtung des Marketinginstrumentariums auf jugendliche Zielgruppen impliziert, besteht darin, auch Anpassungen des Angebots an die spezifischen Bedürfnisse jugendlicher Kunden vorzunehmen und jugendliche Zielgruppen mit einem eigenen Produkt zu bedienen. Das jugendspezifische Produkt wird dabei allerdings unter das Dach einer bestehenden, auf den Gesamtmarkt ausgerichteten Marke gestellt. In diesem Fall können somit grundsätzlich alle Marketinginstrumente segmentspezifisch differenziert werden. Die Verwendung eines bestehenden Markennamens bringt jedoch gewisse Einschränkungen der Differenzierungsmöglichkeiten mit sich, auf die im folgenden näher eingegangen wird.
Bei dem jugendspezifischen Produkt kann es sich dabei um Varianten eines bestehenden Produktes handeln oder um neue Produkte aus einer anderen Produktkategorie. Im ersten Fall liegt eine Produktlinienerweiterung (Line Extension) vor, die durch die Nutzung eines bekannten Markennamens und einer aufgebauten Markenpersönlichkeit für Angebotserweiterungen innerhalb einer Produktkategorie gekennzeichnet ist.[1315] Der zweite Fall stellt eine Markenerweiterung (Brand Extension) dar, bei der ein neues Produkt durch die Macht eines etablierten Markennamens in für die Marke neue Produktkategorien eingeführt wird.[1316] Bei der Verwendung eines bestehenden Markennamens für ein neues Produkt bestehen verschiedene Ausgestaltungsmöglichkeiten: Der Name eines Erweiterungsprodukts kann genau dem Stamm-

[1315] Dabei handelt es sich i.d.R. um relativ geringfügige Produktvariationen wie z.B. in Geschmacksrichtungen, Verpackungsgrößen, Produktzusammensetzungen, vgl. A. Mayer/ R. U. Mayer (1987), S. 43 f.; E. M. Tauber (1988), S. 27; S. K. Reddy et al. (1994), S. 243.

[1316] Vgl. E. M. Tauber (1988), S. 27; A. Mayer/ R. U. Mayer (1987), S. 43 f.; D. A. Aaker (1990), S. 48.

produktnamen entsprechen, er kann mit einer produktspezifischen Zusatzbezeichnung versehen sein oder er kann aus einer eigenständigen Submarke und dem Stammproduktnamen als Dachmarke bestehen.[1317] Da die Grenzen zwischen den beiden Erweiterungsformen (Marken- und Produktlinienerweiterung) fließend und die Vor- und Nachteile im Grundsatz ähnlich sind, werden sie im folgenden gemeinsam behandelt.[1318]

Mit dem Angebot eines jugendspezifischen Produktes unter einem bestehenden Markendach können auf der Ebene der **psychologischen Ziele** ebenfalls die zu Beginn des vorangegangenen Abschnitts genannten grundlegenden markenstrategischen Ziele verfolgt werden (Aufbau von Markenbekanntheit, Markenpräferenzen, Markentreue etc.). Auf der Ebene der **ökonomischen Ziele** dient auch diese Basisoption letztlich der Erhöhung von Absatz-, Umsatz- und Gewinnzahlen.

Diese Ziele lassen sich wiederum nach dem Bezugsobjekt in **zwei Gruppen** einteilen.

1. Eine erste Gruppe bilden **Ziele, die sich auf das neue, jugendspezifische Produkt beziehen**: Mit der Einführung eines jugendspezifischen Produktes kann die Schaffung von Markenpräferenzen bei Jugendlichen und die **Erzielung direkter Umsätze mit diesem Produkt in den jugendlichen Zielgruppen selbst** angestrebt werden.
2. Eine zweite Gruppe bilden **Ziele, die sich auf die bestehende Marke und die bestehenden Produkte beziehen**. So kann ein Ziel der Einführung eines Jugendproduktes unter einem bestehenden Markennamen darin bestehen, das neue Produkt zu einer **Aktualisierung und Modernisierung der bestehenden Marke** zu nutzen und so zu einer Erhöhung der Umsätze der Stammarke beizutragen.[1319] Diese Ziele können sich auch auf den Marken-Goodwill bei anderen (erwachsenen) Kundengruppen beziehen.

Beispiele für Marken, die ihren Schwerpunkt im Gesamtmarkt haben, unter deren Dach aber auch jugendspezifische Produkte angeboten werden, finden sich im Verbrauchsgüterbereich, im Gebrauchsgüterbereich sowie im Dienstleistungsbereich.[1320]

[1317] Vgl. H. Hätty (1989), S. 27 ff.

[1318] Zu den fließenden Grenzen von Produktlinien- und Markenerweiterungen, vgl. auch A. Mayer/ R. U. Mayer (1987), S. 44. Dabei ist allerdings zu berücksichtigen, daß die Einführung einer nur geringfügig veränderten Produktvariante auch ein geringeres Maß an Anpassung an die jugendspezifischen Bedürfnisse aufweist als die Einführung einer in Teilbereichen eigenständig positionierten Submarke, so daß auch die Vor- und Nachteile in unterschiedlich starkem Ausmaß auf die verschiedenen Formen zutreffen.

[1319] Vgl. auch E. M. Tauber (1988), S. 28, zu einer Umsatzerhöhung der Stammarke infolge einer Markenerweiterung. Vgl. A. Mayer/ R. U. Mayer (1987), S. 30.

[1320] Beispiele sind Fa Bodysplash, Nivea Soft, BeBe Young Care im Bereich der Körperpflege; Nescafé Xpress bei Getränken; Brigitte Young Miss bei Zeitschriften; Sony Walk- und Discman im Bereich der Consumer Electronics; Sparkassen Start-Set, Dresdner Bank Grips und Euro 26, Allianz Future, Lufthansa Up´n Away im Bereich der Dienstleistungen.

Fa Bodysplash von Henkel ist eine Körperpflegeserie – bestehend aus Deospray, Duschgel und Bodywater – die in Kommunikation und Produktgestaltung speziell auf jugendliche Zielgruppen (12- bis 25jährige) ausgerichtet ist.[1321] Unter das Dach der Marke Fa wurde Bodysplash, eine Submarke für jugendliche Zielgruppen gestellt. Mit dieser Erweiterung wurde neben direkten Umsätzen im Jugendmarkt eine Verjüngung des Images der Dachmarke Fa angestrebt.[1322]

Mit **Nescafé Xpress**, einem Kaffeegetränk mit einer hohen Dosis Koffein, das gekühlt in Dosen angeboten und über spezielle Distributionswege wie Kinos, Tankstellen, Modeboutiquen sowie die Szene-Gastronomie vertrieben wird, will Nestlé dem anhaltenden Trend zum rückläufigen Kaffeekonsum der bis 29jährigen begegnen.[1323] Mit einer solchen Maßnahme können nicht nur gegenwärtige Umsätze mit jungen Zielgruppen generiert werden, sondern es können auch zukünftige Umsätze des Unternehmens gesichert werden, wenn es gelingt, langfristig wirksame Verwendungsgewohnheiten bei den Jugendlichen zu prägen und eine Heranführung an die Marke Nescafé zu erreichen.

Sony ist eine Dachmarke, die bereits seit längerer Zeit unterschiedliche Produkte aus dem Bereich der „Consumer Electronics“ für die Bedürfnisse in verschiedenen Lebensphasen bereithält. In der Produktpalette finden sich Produkte für Kleinkinder („My first Sony“, ein bunter, stoßunempfindlicher Kassettenrecorder mit großen Tasten und Reglern), für Jugendliche (z.B. Walk- und Discman) sowie diverse Produkte für den Gesamtmarkt (HiFi-Anlagen, CD-Player, Fernseher, Videorecorder). Mit den jugendspezifischen Produkten werden zum einen direkte Umsätze erzielt; zum anderen können die in der Jugendphase aufgrund der eigenen Erfahrungen mit den Jugendprodukten aufgebauten positiven Markeneinstellungen später auch auf andere Produkte generalisiert werden.

Die **Allianz** bietet für junge Zielgruppen zwischen 16 und 25 Jahren unter dem Namen **Future** ein maßgeschneidertes Versicherungspaket aus fünf verschiedenen Bausteinen an, das zielgruppenspezifisch vermarktet wird. Ziel ist es dabei, junge Nachwuchskunden zu gewinnen.[1324]

Auch die meisten Banken und Sparkassen stellen sich mit spezifischen Leistungsangeboten unter dem Dach der Unternehmensmarke auf die Bedarfe von Jugendlichen ein, um eine Profilierung der Bank bei jugendlichen Kunden und einen frühzeitigen Aufbau von Kundenbeziehungen zu bewirken.[1325] Die **Dresdner Bank** bietet z.B. mit **Grips** ein komplettes Leistungspaket für Jugendliche an, das aus einem kostenlosen Girokonto, einer festen Verzinsung

---

1321 Vgl. I. Hübsch (1997), o.S. Neben der klassischen TV-Werbung wurden Sport und Musikevents gesponsort, eine eigene Internet-Seite kreiert sowie diverse Verkaufsförderungsaktionen durchgeführt.
1322 Vgl. I. Hübsch (1997), o.S.
1323 Vgl. o.V. (1998d), S. 18.
1324 Vgl. H. van Rinsum (1997), S. 86 f.
1325 Vgl. M. König (1994), S. 47; T. Borgemann (1988), S. 54 f.

sowie einer Scheckkarte mit Zugang zu Geldautomaten besteht. **Sparkassen** bieten mit dem **S-Start-Set** eine jugendspezifische Kombination von Girokonto, Anlageangebote zur Vermögensbildung, Bausparvertrag und Unfallversicherung an.[1326] Ein weiteres Beispiel für ein spezifisches Angebot für Jugendliche bietet die **Taunussparkasse,** die ein spezielles Führerscheinsparen für Jugendliche anbietet. Dabei handelt es sich um ein Sparbuch, das bereits lange vor dem Erwerb des Führerscheins angelegt wird, und das bei der konsequenten Einzahlung eines bestimmten Betrages bis zum 18. Lebensjahr den Erwerb des Führerscheins deckt. Gelingt es dem Jugendlichen, einen bestimmten Betrag zusammenzusparen, erhält er von der Sparkasse die Möglichkeit, an einem kostenlosen Schleudertraining am Nürburgring teilzunehmen.[1327] Solche über die Standardleistungen eines Kreditinstituts hinausgehenden Zusatzleistungen, die aber sinnvoll mit den Kernleistungen in Verbindung stehen, können zu einer Profilierung des Anbieters beitragen, indem sie besondere Zusatznutzen mit Erlebnischarakter bieten. Es ist jedoch darauf zu achten, daß die einzelnen jugendspezifischen Angebote sinnvoll in ein ganzheitliches Gesamtkonzept eines langfristigen Jugendmarketing integriert sind, das auf der Positionierung der Bank bzw. Sparkasse als Dienstleistungsmarke aufbaut, um eine langfristig wirksame Markenprofilierung bei jugendlichen Zielgruppen und den Aufbau einer Markenbindung zu bewirken.[1328]

6.2.2.2.2 Kritische Würdigung

Gegenüber der in **Abschnitt 6.2.2.1** beschriebenen Option einer lediglich spezifischen kommunikativen Bearbeitung jugendlicher Zielgruppen besteht bei dem Angebot eines jugendspezifischen Produktes der **Vorteil**, daß den **Bedürfnissen und Idealvorstellungen von Jugendlichen besser entsprochen** werden kann und daher stärkere Markenpräferenzen aufgebaut werden können als mit einem einheitliches Angebot für jugendliche und erwachsene Kunden. Insbesondere die Schaffung eigener Submarken für Jugendliche ermöglicht eine zumindest in Teilen eigenständige Positionierung des jugendspezifischen Produktes.[1329] Auf diese Weise kann auch dem Bedürfnis von Jugendlichen nach „etwas eigenem“, nach Produkten, die speziell für sie gedacht sind, entsprochen werden.[1330] **Direkte Umsatzpotentiale** jugendlicher Kunden können daher tendenziell **besser ausgeschöpft** werden **als bei der vorangehend beschriebenen Basisoption.**[1331]

1326 Vgl. T. Borgemann (1988), S. 54 f.
1327 Vgl. U. Müller-Braun (1997), o.S.
1328 Zur Notwendigkeit einer integrierten Kommunikation bei Dienstleistungsmarken vgl. F.-R. Esch (1998b), S. 104 ff.
1329 Vgl. zu diesem Vorteil von Submarken auch G.-M. Müller (1994), S. 505 f.
1330 Vgl. P. Zollo (1995), S. 26. Der Wunsch von Jugendlichen nach eigens für sie gestalteten Angeboten findet sich in verschiedenen Bereichen; vgl. dazu I. Bauer (1996), S. 13 f.; o.V. (1993), S. 38.
1331 Zu den Grenzen dieser Eigenständigkeit vgl. die Ausführungen auf S. 292.

Der besondere Vorteil dieser Basisoption liegt in der Nutzung von **Imagetransfereffekten** sowohl für das neue Jugendprodukt als auch für die angestammten Produkte.[1332] Zunächst kann das neue, jugendspezifische Produkt bei der Einführung unter einem bestehenden Markennamen von positiven Ausstrahlungseffekten profitieren. Dadurch, daß das neue Produkt **am langfristig aufgebauten Goodwill der bestehenden Marke partizipiert**, kann eine **schnellere Akzeptanz** des Produktes bei Konsumenten und Handel erreicht und so **Einführungskosten gespart** und das **Floprisiko vermindert** werden.[1333] Der bestehende Goodwill kann zu einer schnelleren Akzeptanz des Jugendproduktes durch die Jugendlichen und auch durch die Eltern beitragen, die dann u.U. eher bereit sind, dem Kauf eines Produktes für den Jugendlichen zuzustimmen, wenn dieses unter dem Namen einer geschätzten und bekannten Marke steht. Dies ermöglicht die Bearbeitung des Jugendmarktes, auch wenn er nur einen kleinen Teilmarkt darstellt für den sich der kostspielige Aufbau einer eigenen Marke nicht lohnen würde.[1334]

Die Verwendung eines bestehenden Markennamens für ein jugendspezifisches Produkt kann außerdem den Vorteil besitzen, daß die **Stammarke von der Neueinführung profitiert** und sich positive Ausstrahlungseffekte auch in umgekehrter Richtung, von dem neuen Produkt auf die Stammarke ergeben.[1335] Im Idealfall wirkt sich die Einführung eines neuen Produktes für jugendliche Zielgruppen positiv auf das Image der Stammarke bei jugendlichen und erwachsenen Kundengruppen aus, indem positive Imagebestandteile des Jugendproduktes auch auf die Stammarke bzw. die bestehenden Produkte übertragen werden und so eine **Aktualisierung und Verjüngung des Images der Stammarke bei jugendlichen und erwachsenen Kundengruppen** bewirkt wird.[1336] Durch geeignete, positionierungsadäquate Erweiterungen kann eine bestehende Marke daher an Umfeldveränderungen angepaßt und laufend gestärkt werden.[1337]

Eine besondere Ausprägung dieses Rückwirkungseffektes liegt vor, wenn Erwachsene das **Engagement eines Unternehmens für Jugendliche in sozialer Hinsicht positiv bewerten**.

1332 „Unter einem Imagetransfer wird die Übertragung von Imagebestandteilen von einem Produkt auf ein anderes verstanden, wobei man sich des Markennamens bedient und hofft, dadurch positive Ausstrahlungseffekte wechselseitig nutzen zu können.“; G. Schweiger (1995), Sp. 924.

1333 Vgl. G. Schweiger (1995), Sp. 924; H. Meffert (1994), S. 186-188; U. Wölfer (1994), S. 529; J. Becker (1994), S. 475; E. M. Tauber (1988), S. 28; A. Mayer/ R. U. Mayer (1987), S. 28 f.

1334 Vgl. J. Becker (1994), S. 472 f.

1335 Vgl. G. Schweiger (1995), Sp. 924.

1336 Zur Aktualisierung bzw. Revitalisierung von Marken durch Markenausdehnungen vgl. G. Schweiger (1995), Sp. 924; J.-N. Kapferer (1992), S. 117 f.

1337 Werden die Kernwerte einer Marke auch von den Erweiterungsprodukten repräsentiert und daher trotz Innovation der Markenkern beibehalten, so trägt dies dazu bei, daß die Marke laufend gestärkt wird; vgl. T. Tomczak et al. (1997), S. 78-80. Die mit der Stammarke assoziierte Erlebniswelt kann so z.B. an Umfeldveränderungen angepaßt und aktualisiert werden; vgl. A. Mayer/ R. U. Mayer (1987), S. 30.

Dies gilt z.B. für Maßnahmen, die einen sozial-verantwortlichen Charakter in den Vordergrund stellen und die geeignet sind, Jugendliche aufzuklären und bei ihnen solche Einstellungen und Wertvorstellungen zu verankern, die auch die Eltern schätzen und ihnen zu vermitteln suchen. So ist bspw. die gemeinsame Initiative „Fit for Sun – Schütz Dich in der Sonne" von der AOK und Nivea zur Sensibilisierung von Kindern und Jugendlichen für die Notwendigkeit des Schutzes vor Sonneneinstrahlung geeignet, auch bei Erwachsenen positive Resonanz zu erfahren.[1338] Gleiches ist denkbar, wenn Versicherungen Risikodialogstrategien[1339] implementieren, um Jugendliche für verschiedene Risiken zu sensibilisieren oder wenn Banken versuchen, Jugendliche zu stärkerem Sparen zu motivieren.[1340] Im Idealfall – wenn eine Verbindung der Interessen von Unternehmen und jugendlichen und erwachsenen Kunden gelingt – kann ein Engagement im Jugendmarkt das Marken- bzw. Unternehmensimage auch bei Erwachsenen aufwerten und letztendlich auch zu einer **Erhöhung der Umsätze mit erwachsenen Kunden** beitragen.

Bei der Einführung jugendspezifischer Produkte unter dem Dach einer bestehenden Marke sind jedoch auch einige **Nachteile und Problemfelder** zu berücksichtigen.
Bei der Einführung eines eigenen Jugendproduktes, insbesondere bei einem Produkt, das als Substitut der bisher angebotenen Produkte anzusehen ist, besteht zunächst die **Gefahr von Kannibalisierungseffekten**: Infolge der Erweiterung kann es zu Umsatzrückgängen bei den bisherigen Produkten kommen, wenn lediglich Käufer der bisherigen Produkte auf das neue Produkt wechseln.[1341] Es ist demnach zu prüfen, inwieweit die Einführung eines jugendspezifischen Angebots für die Bindung bestehender jugendlicher Kunden erforderlich ist bzw. inwieweit zusätzliche jugendliche Käufer hinzugewonnen werden können.[1342]

Bei der Verwendung eines bestehenden Markennamens für das jugendspezifische Produkt kann ein bedeutender Nachteil ferner darin bestehen, daß der Ausrichtung des Produktes auf jugendspezifische Bedürfnisse Grenzen durch das gemeinsame Markendach und die Kernwerte der Dachmarke gesetzt sind. Um die Stammarke zu stärken bzw. Gefährdungen des Images der Stammarke zu vermeiden, sollten die Grundausrichtung und die Kernwerte der Marke

---

1338 Diese Kampagne erfuhr eine breite positive Resonanz in der Medienöffentlichkeit.

1339 Vgl. dazu P. Rützler (1994), S. 227-232.

1340 Problematisch ist allerdings, daß ein erzieherisches, belehrendes Verhalten von Jugendlichen leicht abgelehnt wird. Dies ist bei der Umsetzung entsprechender Maßnahmen zu berücksichtigen.

1341 Vgl. E. M. Tauber (1988), S. 27; A. Mayer/ R. U. Mayer (1987), S. 78 f.; U. Wölfer (1994), S. 533; S. K. Reddy et al. (1994), S. 243 f. Zu dieser Gefahr bei der Einführung von Fa Bodysplash vgl. I. Hübsch (1997), o.S.

1342 In Hinblick auf den intensiven Verdrängungswettbewerb ist bereits eine stärkere Bindung jugendlicher Kunden Grund genug für die beschriebene Strategie.

auch von den jugendspezifischen Produkten verkörpert werden.[1343] Bei der Profilierung der **jugendspezifischen Produkte** muß daher **Rücksicht auf die Basispositionierung der Dachmarke** genommen werden. Sie können – insbesondere wenn sie unter das bestehende Markendach gestellt und nicht mit einer eigenen Submarke versehen werden – **nicht so klar und fokussiert profiliert** werden wie dies bei der Einführung einer eigenen Marke möglich wäre.[1344] Daraus können sich Nachteile gegenüber konkurrierenden jugendspezifischen Marken ergeben, die spitzer positioniert sind.

Des weiteren ist zu berücksichtigen, daß auch **negative Imagebestandteile von der Stammmarke auf das neue Jugendprodukt transferiert** werden können. Ist die bestehende Marke in der Wahrnehmung der Jugendlichen mit negativen Assoziationen verbunden bzw. werden zwischen den bestehenden Assoziationen und dem Anspruch des Jugendproduktes Unstimmigkeiten wahrgenommen, kann die Verwendung des bestehenden Markennamens die Glaubwürdigkeit und die Akzeptanz des neuen Produktes bei Jugendlichen eher behindern als stärken.[1345] In diesem Zusammenhang ist auch die emotionale Affinität bzw. Ablehnung der neuen und bisherigen Verwendergruppen von Bedeutung:[1346] Bestehen bei Jugendlichen starke kaufverhaltensrelevante Abgrenzungsbedürfnisse von der Erwachsenenwelt, kann sich die Verwendung eines in der Erwachsenenwelt verankerten Markennamens akzeptanzmindernd auswirken.
Aus diesen Gründen kann es bspw. für einen Bierbrauer, der ein Trendbier im Jugendmarkt aufbauen will, um vorrangig direkte Umsätze im Jugendmarkt abzuschöpfen, sinnvoller sein, einen eigenen Markennamen für dieses Trendbier zu verwenden, um eine eigenständige Positionierung zu ermöglichen und den Transfer negativer Imagebestandteile der bestehenden Marke (z.B. alt, konservativ) auf das Jugendprodukt zu vermeiden. Insbesondere für die Ansprache einzelner jugendlicher Szenen, die eine spitzere Positionierung des Produktes erfordert, erscheint eine Dachmarkenstrategie problematisch; es hängt somit auch von der angestrebten Positionierung des Jugendproduktes ab, ob die Verwendung eines bestehenden Markennamens geeignet ist.

1343 Der Markenkern, der durch die Grundeigenschaften der Marke gekennzeichnet ist (z.B. Milde, Pflege bei Nivea), kann nicht verändert werden, ohne die Marke hochgradig zu gefährden, ist jedoch adjustierbar und modernisierbar; vgl. A. Mayer/ R. U. Mayer (1987), S. 63; T. Tomczak et al. (1997), S. 78.

1344 Vgl. J. Becker (1994), S. 472 f. u. 475; H. Hätty (1994), S. 577 f.

1345 Vgl. G. Schweiger (1995), Sp. 924 f. In diesem Fall ist aber die Möglichkeit einer schrittweisen „Verjüngung" der Stammarke zu prüfen. Auch wenn die Erweiterung um ein Jugendprodukt in der aktuellen Situation als unstimmig und unglaubwürdig wahrgenommen wird, kann die Möglichkeit bestehen, daß durch geeignete vorherige Erweiterungen die Markenkompetenz schrittweise verändert und somit die Erweiterung um das Jugendprodukt langfristig vorbereitet werden kann; vgl. zu dieser grundsätzlichen Möglichkeit z.B. E. M. Tauber (1988), S. 28 f.

1346 Vgl. zu dieser generellen Problematik A. Mayer/ R. U. Mayer (1987), S. 75.

Das bedeutendste Risiko der Einführung eines Jugendproduktes unter einem bestehenden Markennamens ist aber in potentiellen **negativen Rückwirkungen auf die Stammarke und andere unter dem Markendach angebotene Produkte** zu sehen.[1347] So besteht die Gefahr, daß bei einem **Fehlschlag des neuen Jugendproduktes** auch das Image der Dachmarke leidet.[1348] Besondere Risiken bei der Verwendung gleicher Markennamen für unterschiedliche Produkte bestehen in einer **Deprofilierung der Marke** bzw. einer **Verwässerung des Markenimages**, wenn die Erweiterung als inkonsistent mit dem Markenimage wahrgenommen wird oder auf eine andere Art und Weise nicht den Erwartungen der Konsumenten entspricht.[1349] **Bei sachlicher und/ oder emotionaler Unverträglichkeit der Produkte bzw. von Erweiterungsprodukt und Image der Stammarke** können auch unerwünschte Eigenschaften übertragen und die Marke daher durch die Erweiterung eher geschwächt als gestärkt werden.[1350] So besteht bspw. die Gefahr, daß erwachsene Kunden mit dem Jugendprodukt negative Assoziationen (wie z.B. kindisch, billig, minderwertige Qualität) verbinden und diese auch auf das Image der Stammarke sowie andere, unter dem gemeinsamen Markendach stehende Produkte ausstrahlen.[1351] Nicht zuletzt kann auch eine emotionale Ablehnung der Ziel- bzw. Verwendergruppen des Jugendproduktes (z.B. bestimmte Randgruppen wie Motorradfans, Technofans) durch erwachsene Kunden zu negativen Rückwirkungen auf das Markenimage führen.[1352] Besonders stark erscheint die Gefahr negativer Imagetransfers, wenn das Jugendprodukt direkt mit dem Namen der Stammarke versehen ist; hingegen kann die

---

1347 Vgl. G. Schweiger (1995), S. 924 f.; D. R. John et al. (1998), S. 31; S. K. Reddy et al. (1994), S. 243 f.

1348 Vgl. S. K. Reddy et al. (1994), S. 244; J. Becker (1994), S. 473.

1349 Vgl. D. R. John et al. (1998), S. 19; J. Becker (1994), S. 475; M. Bruhn (1992b), S. 646.

1350 Während H. Hätty (1994), S. 567-574, die Bedeutung des Images der Stammarke betont, stellen G. Schweiger (1995), Sp. 924 f.; A. Mayer/ R. U. Mayer (1987), S. 58; D. A. Aaker/ K. L. Keller (1992), S. 36-39, den Fit zwischen den Produktbereichen in den Vordergrund. Wird bspw. keine Kompetenz des Anbieters zur Herstellung des neuen Produktes wahrgenommen oder wird das neue Produkt als zu leicht herstellbar wahrgenommen, so kann das Image der Stammarke und möglicherweise auch die Akzeptanz der anderen Produkte unter der Erweiterung leiden; vgl. D. A. Aaker/ K. L. Keller (1990), S. 29 f.; D. A. Aaker/ K. L. Keller (1992), S. 37-39.

1351 Bietet bspw. Mercedes auch Go-Carts oder Mofas an, so besteht die Gefahr, daß diese sich negativ auf die Qualitäts- und Prestigewahrnehmung der Marke Mercedes auswirken. Gleiches gilt für das Stammprodukt Autos: der Smart, der vorrangig auf junge Kundengruppen zielt, wird nicht zuletzt deshalb unter einem eigenen Markennamen geführt. Negative Assoziationen von Erwachsenen mit Computerspielen sowie die Gefahr, sich nicht gegen die Konkurrenten Sega und Nintendo behaupten zu können, mögen ein Grund gewesen sein, daß Sony seine Spielkonsole unter einem eigenständigen Markennamen „Playstation" einführte. Auch in der aktuellen Kommunikation findet sich lediglich ein kleiner Verweis auf den Eigentümer Sony; ansonsten ist der Marktauftritt der Playstation eigenständig.

1352 Vgl. zu dieser generellen Problematik A. Mayer/ R. U. Mayer (1987), S. 75. So können mit dem Jugendprodukt und der Marke jugendliche Verwendergruppen assoziiert werden, die nicht zu dem Selbstbild des erwachsenen Kunden passen. Mit dem Problem, als Jugendanbieter bzw. -marke klassifiziert und deshalb abgelehnt zu werden, haben bspw. Motorradhersteller und -händler, Fast-Food-Ketten und „Schwedenmöbelhäuser" zu kämpfen; vgl. o.V. (1986), S. 33.

Schaffung einer jugendspezifischen Submarke geeignet sein, die Übertragung negativer Assoziationen auf die Stammarke zumindest teilweise abzufangen.[1353]

Da ungeeignete oder zu häufige Markenerweiterungen langfristig zu Markenerosionen führen können, verlangt die Einführung eines jugendspezifischen Produktes unter einem bestehenden Markennamen ein sehr vorsichtiges Vorgehen und eine sorgfältige Prüfung der Transfereignung der bestehenden Marke.[1354] Insbesondere wenn die Zielsetzung der Nutzung von Synergieeffekten bei der Einführung neuer Produkte im Vordergrund steht, besteht die Gefahr, daß weder nach der grundsätzlichen Transfereignung des Produktes gefragt, noch nach einer starken Transferklammer gesucht, sondern lediglich ein „Brand Milking" betrieben wird.[1355] Die Imageaffinität des jugendspezifischen Erweiterungsproduktes, der bestehenden Produkte und der Stammarke in der Wahrnehmung der erwachsenen und der jugendlichen Konsumenten ist vor einer Erweiterung genau zu prüfen, um Schwächungen der bestehenden Marke zu vermeiden. Besteht eine nur geringe Transfereignung vorhandener Marken für das neue Jugendprodukt, so erscheint aufgrund der hohen Gefahr negativer Imagetransfers die Einführung einer eigenen Marke für das Jugendprodukt geeigneter.

Es ergeben sich die folgenden Überlegungen zu den **Eignungsbedingungen** der Handlungsoption des Angebots eines jugendspezifischen Produktes unter einem bestehenden Markendach im Hinblick auf die Ausschöpfung der verschiedenen Umsatzpotentiale jugendlicher Kunden.
Eine hohe **Eignung** dieser Basisoption des Jugendmarketing **zur Erzielung direkter Umsätze** mit den jugendlichen Kunden besteht dann, **wenn** in einer Produktkategorie **hohe gegenwärtige Umsatzpotentiale** jugendlicher Kunden und **spezifische Produktanforderungen von Jugendlichen** bestehen und gleichzeitig eine **hohe Transfereignung einer bestehenden Marke** für ein Jugendprodukt vorliegt. Wichtige Voraussetzungen sind nach den vorangegangenen Überlegungen beispielsweise, daß keine grundsätzlichen Unverträglichkeiten zwischen dem Image der bestehenden Marke und dem Jugendprodukt wahrgenommen werden und

---

1353 Vgl. V. R. Lane (1998), S. 82; M. Bruhn (1992a), S. 645; A. Mayer/ R. U. Mayer (1987), S. 77; G.-M. Müller (1994), S. 505 f.

1354 Dabei sind sowohl kurz- als auch langfristige Wirkungen zu berücksichtigen: Selbst wenn einzelne Erweiterungen als geeignet eingestuft werden, kann bspw. eine zu schnelle Folge oder eine zu hohe Anzahl verschiedener Erweiterungen die Tragfähigkeit einer Marke langfristig überstrapazieren; vgl. H. Hätty (1994), S. 566 f. und 579 f. Die Determinanten des Erfolgs von Markenerweiterungen und der Transfereignung von Marken sind Gegenstand einer Vielzahl von Ansätzen, wobei die Forschung diesbezüglich noch in den Anfängen steckt; vgl. H. Hätty (1994), S. 565 f. Zu den Erfolgsdeterminanten vgl. z.B. D. A. Aaker/ K. L. Keller (1990); H. Meffert/ G. Heinemann (1990); A. Mayer/ R. U. Mayer (1987); G. Schweiger (1983) J. A. Mazanek/ G. Schweiger (1981); G. Schweiger (1983); D. M. Boush/ B. Loken (1991); H. Hätty (1994); D. C. Smith/ C. W. Park (1992); S. K. Reddy et al. (1994); D. R. John et al. (1998).

1355 Vgl. dazu H. Hätty (1994), S. 576 f.

keine emotionalen Ablehnungen zwischen jugendlichen und erwachsenen Zielgruppen bestehen, sondern das **Jugendprodukt** vielmehr **geeignet** ist, **die Kernwerte der Stammarke zu repräsentieren**. Die hohen direkten Umsatzpotentiale lassen eine Bearbeitung des Jugendsegments lohnenswert erscheinen; die spezifische Bedürfnisse machen eigene Produktvarianten erforderlich; die Übereinstimmung in den Kernwerten ermöglicht die Verwendung des bestehenden Markennamens zur Ausschöpfung der direkten Umsatzpotentiale.

In einer langfristigen Perspektive ergibt sich aufgrund der beschriebenen Imagetransfereffekte ferner eine hohe Eignung der beschriebenen Basisoption zur **Heranführung jugendlicher Kunden an die bestehende Marke und andere unter dem Markendach stehende Produkte.** Die Dachmarkenstrategie eröffnet die besondere Möglichkeit, einerseits verschiedene kundengruppenspezifische Produkte anzubieten und so den sich wandelnden Kundenbedürfnissen in verschiedenen Lebensphasen zu entsprechen, andererseits aber über den gemeinsamen Markennamen eine Verbindung zwischen diesen lebensphasenspezifischen Produkten herzustellen, der eine Übertragung der mit dem Jugendprodukt gemachten Erfahrungen und der darauf basierenden Einstellungen zur Marke auf die anderen Produkte ermöglicht.[1356] So kann bereits in der Jugendphase ein Goodwill einer Marke aufgebaut werden, der dann in späteren Lebensphasen auch für weitere unter dem Markendach stehende „Erwachsenenprodukte" nutzbar gemacht wird.[1357] Mit dem Angebot von jugend- (und erwachsenen-)spezifischen Produkten unter einem bestehenden Markendach kann daher in besonderem Maße zum **Aufbau einer langfristigen Kundenbindung** und der **Sicherung zukünftiger Unternehmensumsätze – auch mit anderen Produkten –** beigetragen werden.
Besondere Möglichkeiten zur Heranführung jugendlicher Kunden an eine Marke eröffnet diese Basisoption, **wenn das Stammprodukt erst in der Erwachsenenphase in nennenswertem Umfang gekauft wird (kaum gegenwärtige Umsatzpotentiale bei Jugendlichen für das Stammprodukt)**, gleichzeitig aber der Aufbau frühzeitiger Bindungen an die Marke in der Jugendphase angestrebt wird. In diesem Fall können **geeignete Einstiegsprodukte aus anderen Produktkategorien**, die einen eindeutigen Bezug zur Kernkompetenz der Marke aufweisen, unter dem bestehenden Markendach angeboten werden und dadurch die eigenen Gebrauchserfahrungen der Jugendlichen mit einer Marke vorverlegt werden.[1358] Dabei ist grundsätzlich denkbar, daß Einstiegsprodukte auch dann angeboten werden, wenn sie sich

---

[1356] Vgl. A. Mayer/ R. U. Mayer (1987), S. 29.
[1357] Vgl. A. Mayer/ R. U. Mayer (1987), S. 29-31.
[1358] Wie in **Abschnitt 5.2.2.3** dargelegt, haben sich die durch eigene Erfahrungen erworbenen Einstellungen als stabiler gegenüber späteren Beeinflussungsversuchen erwiesen als solche, die lediglich durch beeinflussende Kommunikation erworben wurden. Können durch die beschriebenen Maßnahmen starke Markenpräferenzen bei Jugendlichen aufgebaut werden, so ist daher zu vermuten, daß diese eine höhere Stabilität gegenüber späteren Beeinflussungsversuchen aufweisen als Markenpräferenzen, die lediglich auf kommunikativen Maßnahmen beruhen.

selbst noch nicht tragen, wenn sie aber in hohem Maße zum Aufbau einer Kundenbeziehung geeignet sind und ihr Angebot folglich als Investition in die zukünftige Kundenbeziehung gesehen werden kann.

Im Idealfall gelingt durch ein an die sich wandelnden Kundenbedürfnisse in verschiedenen Lebensphasen angepaßtes Angebot die Profilierung einer Marke als kompetenter Partner in verschiedenen Lebensphasen und der Aufbau einer langfristigen Markentreue über verschiedene Lebensphasen hinweg (z.B. bei Nivea im Bereich des Pflegebedürfnisses; bei Automobilherstellern im Bereich der Fortbewegungsbedürfnisse; bei Banken und Versicherungen im Bereich der finanziellen Versorgungs- und Absicherungsbedürfnisse). An einem Lebensphasenmodell orientiert sich bspw. das Marketing von Sparkassenorganisationen, bei dem es gilt, den Bedarf der Kunden an Finanzdienstleistungen in Abhängigkeit von der jeweiligen Lebenssituation zu befriedigen und die Bank als initiativen Partner in allen Lebensphasen zu profilieren.[1359] Um eine klare Profilierung der Dachmarke zu gewährleisten, sind sämtliche Marketingmaßnahmen aufeinander abzustimmen und konsequent auf die übergeordnete Markenpositionierung auszurichten. Um eine langfristige Kundenbindung zu erzielen, ist dabei ein besonderes Augenmerk auf die Entwicklung der Beziehung nach dem Erstkontakt und dabei insbesondere – wie in **Abschnitt 5.2.5** verdeutlicht – auf die Übergänge zwischen verschiedenen Lebensphasen zu legen.[1360] Dies gilt v.a. vor dem Hintergrund, daß eine Marke bei einer solchen Strategie aufgrund der vergleichsweise unscharfen Profilierung starken Bedrohungen durch Konkurrenzmarken ausgesetzt sein kann, die auf die Befriedigung der spezifischen Bedürfnisse einzelner Kundengruppen spezialisiert sind.

6.2.2.3 Angebot einer eigenständigen jugendspezifischen Marke

6.2.2.3.1 Darstellung

Die dritte Basisoption des Jugendmarketing besteht darin, spezifische Produkte für das Jugendsegment zu entwickeln und diese unter einem eigenen Markennamen anzubieten. Es wird eine neue Marke aufgebaut und ein eigenständiges Marketingkonzept entwickelt, bei dem die Positionierung der Marke sowie sämtliche Instrumente ausschließlich auf die Bedürfnisse

[1359] Vgl. M. König (1994), S. 47. Dabei werden verschiedene Stadien der Kundenbindung unterschieden: Die erste Kontaktphase beginnt bereits mit der Geburt und reicht bis zum zwölften Lebensjahr; in dieser Phase wird die Gewinnung der Kinder als Sparkunden und eine Profilierung der Sparkasse als adäquater Bankpartner angestrebt. Mit Beginn der Jugendphase beginnt die Bindungsphase, in der die Eröffnung eines Girokontos im Vordergrund steht. Die Intensivierungsphase erstreckt sich dann von der Girokontoeröffnung bis etwa zum 25. Lebensjahr; in dieser Phase wird der Kunde systematisch an weitere Finanzdienstleistungen für seine Bedarfe herangeführt; vgl. zu einer ausführlicheren Darstellung dieses Lebensphasenmodells M. König (1994), S. 47-55.

[1360] Zur Fokussierung auf die Entwicklung der Kundenbeziehung nach dem Erstkontakt vgl. B. Waltermann (1994), S. 392 f.

jugendlicher Kunden zugeschnitten sind. Es handelt sich dabei, gemessen an der Intensität der spezifischen Ausrichtung des Marketingprogramms auf die jugendlichen Zielgruppen, um die höchste Stufe des Jugendmarketing. Bei den jugendspezifischen Marken kann es sich um Varianten bestehender Produkte des Unternehmens handeln oder das Unternehmen dringt gleichzeitig in neue Produktkategorien vor.

Vorrangiges ökonomisches **Ziel** dieser Basisoption ist die **Erzielung bzw. Erhöhung direkter gegenwärtiger Umsätze (und Gewinne) mit den Jugendlichen selbst**. Durch die gezielte Ausrichtung des Marketinginstrumentariums auf die jugendlichen Kunden sollen stärkere Markenpräferenzen geschaffen und eine höhere Markentreue aufgebaut werden als es im Rahmen einer Gesamtmarktbearbeitung möglich ist.
Eine Heranführung der Jugendlichen an bestehende Produkte des Unternehmens kann mit dieser Basisoption nicht angestrebt werden, da von den Jugendlichen aufgrund des eigenständigen Markennamens keine Verbindung zu anderen Produkten des Unternehmens hergestellt wird. Ausstrahlungseffekte auf bestehende Marken können bei dieser Option nicht genutzt werden, sie werden vielmehr bewußt ausgeschlossen.

Beispiele für die Verwendung dieser Basisoption des Jugendmarketing finden sich in verschiedenen Branchen. Sie überwiegt bspw. im Zeitschriftenmarkt: Außer der 'Brigitte Young Miss', der Jugendvariante des Frauenmagazins 'Brigitte', sind fast alle Jugendzeitschriften als eigenständige Jugendmarken positioniert (Frontpage, Raveline, Motion, YoYo, Joy). Weitere Beispiele finden sich im Bereich der Kleidung (W&LT, Bee Dees)[1361], im Bereich der pflegenden Kosmetik (Impulse bei Deodorants), im Bereich der dekorativen Kosmetik (Manhattan als eigene Kosmetiklinie für junge Zielgruppen), im Bereich der Getränke (Bluna und Afri-Cola), bei Nahrungsmitteln (Pringles) im Bereich der Computerspielkonsolen (Playstation als eigenständige Marke von Sony), im Automobilbereich (Smart von Mercedes).
Während einige dieser Marken wie z.B. Bluna (Limonade), Pringles (Chips) und Impulse (Deodorants) auf die große Masse der Jugendlichen zielen, sind andere Marken wie Butterfinger (Schokoriegel), W&LT (Jeans, Bekleidung) und Afri-Cola[1362] (Softdrinks) auf einzelne Jugendszenen (z.B. die Technoszene) ausgerichtet. Die Limonade **Bluna** von der Mineralbrunnen AG ist nicht auf ein spezifisches Jugendsegment ausgerichtet, sondern auf alle 6- bis 29jährigen. Marken, die auf das gesamte Jugendsegment zielen, versuchen durch die Ansprache gewisser Grundbedürfnisse und gemeinsamer Anliegen, die bei allen Jugendlichen

---

1361 Bei W&LT handelt es sich um eine Szene-Marke des Jeans- und Bekleidungsherstellers Mustang; vgl. dazu H. Sefranek (1996), S. 70; R. Schröter (1997), S. 102. Bee Dees ist eine auf jugendliche Zielgruppen zugeschnittene Damenwäschemarke von Triumph.

1362 Zum Relaunch von Afri-Cola und deren Ausrichtung auf die Techno-Szene vgl. C. Mangold (1997), S. 86-88.

unabhängig von ihrer Zugehörigkeit zu spezifischen Gruppen bestehen, einen Großteil der Jugendlichen zu erreichen und damit das gesamte Potential des Jugendmarktes auszuschöpfen.[1363]

Butterfinger, ein Erdnuß-Krokant-Riegel von Nestlé, ist dagegen als Einzelmarke auf die Skater- und Snowboarderszene ausgerichtet, während das Unternehmen mit anderen Produkten (z.B. Nuts, Kitkat) überwiegend auf den Gesamtmarkt zielt. Die Zielgruppe sind Teilnehmer der Trendsportszenen (Skating, Snowboarding, Biking); die Kommunikation mit der Zielgruppe erfolgt v.a. über Events und zielgruppenspezifische Printmedien.[1364]

6.2.2.3.2 Kritische Würdigung

Der wichtigste **Vorteil** der Einführung einer eigenen Marke für jugendliche Zielgruppen liegt in einer **spitzeren Positionierung** und klareren Profilierung der jugendspezifischen Marke.[1365] Es kann eine vollkommen **eigenständige Markenpersönlichkeit** aufgebaut werden, die genau auf die Idealmarkenvorstellungen des angestrebten Jugendsegments zugeschnitten ist. Das Bedürfnisprofil von Jugendlichen und das Problemlösungsprofil der Marke können so optimal aufeinander abgestimmt werden.[1366] Diese Eigenständigkeit der Jugendmarke, ihre Unabhängigkeit von anderen auf den Gesamtmarkt ausgerichteten Marken des Unternehmens bietet Vorteile für die gezielte Ansprache einzelner jugendkultureller Teilsegmente, wie bspw. einzelne Jugendszenen (Szenemarke).[1367]

Die Markenressourcen können dabei vollständig auf das Jugendsegment bzw. einzelne Szenen konzentriert werden; es besteht keine Gefahr der Zersplitterung der Markenaktivitäten in verschiedenen jugendlichen und erwachsenen Zielgruppen. Insgesamt bietet diese Basisoption des Jugendmarketing gute Möglichkeiten, eine Marke zu schaffen, die von den Jugendlichen als authentisch und glaubwürdig akzeptiert wird und die geeignet ist, auch ihre Bedürfnisse nach etwas Eigenem, nach Individualität und Abgrenzung zu befriedigen.[1368] Können starke Präferenzen für eine Marke aufgebaut werden, so zeigt sich auch bei Jugendlichen häufig eine entsprechend hohe Zahlungsbereitschaft (z.B. im Kleidungsbereich).[1369] Diese Option bietet damit gute Möglichkeiten zur Ausschöpfung direkter Umsatzpotentiale jugendlicher Kunden.

[1363] Vgl. B. Melzer-Lena (1997), S. 6; G. Schömbs (1995), S. 263.

[1364] Die Schilderung beruht auf Aussagen eines Marketingmanagers der Nestlé Deutschland GmbH; vgl. F. Schübel (1997), o.S.

[1365] Vgl. G.-M. Müller (1994), S. 501.

[1366] Vgl. H. Meffert (1994), S. 182.

[1367] Will ein Anbieter mit dem Jugendprodukt nicht den gesamten Jugendmarkt ansprechen, sondern will er eine Szenemarke etablieren, ist die eigenständige Positionierung von besonderer Bedeutung.

[1368] Vgl. zu diesen in der Jugendphase aktualisierten Bedürfnissen **Abschnitt 3.3.2.**

[1369] Vgl. M. Damolin/ B. Kilian (1995), o.S.; B. Melzer-Lena (1995), S. 9 u. 14. Vgl. auch **Abschnitt 3.3.5** zur hohen Bedeutung von Marken und zur vergleichsweise geringen Bedeutung des Preises.

Gegenüber der vorangehend beschriebenen Basisoption besteht ferner der Vorteil, daß **negative Ausstrahlungswirkungen** (Badwill-Transfereffekte) des Jugendprodukts auf andere Produkte und Marken des Unternehmens weitgehend **ausgeschlossen** werden können.[1370] Bei einem Mißerfolg leidet v.a. die Jugendmarke; das Image anderer Marken des Herstellers bleibt voraussichtlich unangetastet.[1371]

Diesen wichtigen Vorteilen stehen aber auch einige **Nachteile und Gefahren** gegenüber, die v.a. damit zusammenhängen, daß keine Synergien zwischen der Jugendmarke und anderen Marken eines Unternehmens genutzt werden können.
Ein besonderer Nachteil einer Einzelmarkenstrategie liegt in ihrer Ökonomie: Da das Jugendprodukt nicht – wie bei der Verwendung eines bestehenden Markennamens – von dem Goodwill einer bekannten Marke profitieren kann und der Aufbau einer neuen Marke hohe Investitionen erfordert, entstehen **höhere Kosten der Produkteinführung und des Markenaufbaus.**[1372] Diese Marketinginvestitionen müssen **von der Jugendmarke langfristig allein getragen**, d.h. durch die Umsätze im Jugendsegment bzw. in einzelnen Teilsegmenten gedeckt werden. Um eine kontinuierliche Profitabilität zu erreichen, muß daher das Marktpotential im Jugendsegment eine entsprechende Tragfähigkeit aufweisen,[1373] wobei allerdings nicht nur die finanziellen Mittel der Jugendlichen selbst, sondern auch die von den Jugendlichen in hohem Maße beeinflußten finanziellen Mittel der Eltern zu berücksichtigen sind.[1374] Insbesondere in Produktbereichen, in denen Lebenszyklen sehr kurz sein können (wie z.B. im Lebensmittel- oder Modebereich) besteht die **Gefahr einer ungenügenden Amortisation dieser Einführungsaufwendungen.**[1375] Soll nur kurzfristigen und vorübergehenden Bedürfnisveränderungen durch Trendprodukte Rechnung getragen werden, lohnt sich der Aufbau einer eigenen Marke häufig nicht, da der Lebenszyklus dieser Produkte für eine Amortisation der entsprechenden Aufwendungen i.d.R. zu kurz ist.[1376]

Auch in umgekehrter Richtung – von der Jugendmarke auf andere Marken des Unternehmens – können keine Synergien genutzt werden. Das Jugendprodukt kann bei dieser Basis-

---

1370 Vgl. H. Meffert (1994), S. 183; J. Becker (1994), S. 471.
1371 Vgl. P. Kotler/ F. Bliemel (1995), S. 692 f.
1372 Vgl. E. M. Tauber (1988), S. 27 f.; H. Meffert (1994), S. 183.
1373 Vgl. G.-M. Müller (1994), S. 501; J. Becker (1994), S. 471.
1374 Vgl. dazu auch **Kapitel 4.** Gerade in den Bereichen Kleidung und Sport(geräte) ist mit vermehrten Käufen der Eltern für den Bedarf der Jugendlichen und starken Einflüsse der Jugendlichen auf diese Käufe zu rechnen, so daß auch indirekte Umsatzpotentiale zu berücksichtigen sind; vgl. zu ähnlichen Überlegungen auch J. U. McNeal (1992), S. 84.
1375 Vgl. J. Becker (1994), S. 471.
1376 In diesem Fall bieten sich die Alternativen der Nutzung einer bestehenden (Dach-)Marke oder aber eines längerfristigen Engagements im Jugendmarkt, das dann allerdings nicht nur ein Produkt, sondern eine komplette Produktlinie umfaßt, die unter das Dach der neu eingeführten Marke gestellt wird (Dachmarkenstrategie für das Jugendsegment).

option nicht zur Aktualisierung bestehender Marken beitragen. Positive Erfahrungen der Jugendlichen mit dem Jugendprodukt und ein darauf basierender Goodwill werden i.d.R. nicht auf andere Produkte des Herstellers generalisiert, da aus Konsumentensicht keine Verbindung zwischen der Jugendmarke und anderen Marken des Herstellers wahrgenommen wird.[1377] Da die Jugendmarke für sich steht, können mögliche **positive Ausstrahlungswirkungen** auf bestehende Marken **nicht genutzt** werden.

Bei einer Abschätzung des Marktpotentials sind ferner mögliche Kannibalisierungseffekte zu berücksichtigen: Handelt es sich bei dem neuen Jugendprodukt lediglich um eine Variante eines bestehenden Produktes des Unternehmens, so besteht auch bei dieser Basisoption die **Gefahr von Kannibalisierungseffekten,** so daß möglicherweise nur geringe Umsatz- und Ertragszuwächse erzielt werden können.[1378]

Ein weiterer Nachteil der Konzentration einer Marke auf jugendliche Zielgruppen besteht in einer **hohen Abhängigkeit der Marke vom Jugendmarkt** und dessen Entwicklung.[1379] Gerade für Marken, die auf eine spezifische Jugendszene ausgerichtet sind, stellt diese Abhängigkeit eine große Gefahr dar; das betriebswirtschaftliche Risiko wird in sog. „Szene-Nischen“ aufgrund der relativ geringen Marktgröße und der intensiven Konkurrenz als außerordentlich hoch eingeschätzt.[1380] Ferner besteht häufig eine extreme Schnellebigkeit jugendlicher Szenen und Trends, die eine erhöhte Flexibilität und ständige Anpassung einer Marke an neue Entwicklungen erforderlich macht und oftmals dazu führt, daß eine Szenemarke ihre Position nicht lange halten kann oder sogar, daß das bediente Segment sich auflöst.[1381] Für eine gezielte Bearbeitung des Jugendmarktes und insbesondere für den Aufbau einer Szenemarke ist daher ein umfangreiches Know how der jugendlichen Zielgruppen und der Veränderungen des Jugendsegments notwendig, über das große Markenartikler meist nicht verfügen, sondern das sie erst teuer erwerben müssen.[1382] Eigentümer starker Szenemarken aus dem

---

[1377] Ausnahmen können sich ergeben, wenn zwar der Markenname eigenständig, der Herstellername aber auf dem Produkt vermerkt ist, so daß bei hoher Aufmerksamkeit und intensiver Auseinandersetzung des Konsumenten eine Verbindung zwischen Marke und Hersteller gezogen werden kann. Positive Rückwirkungen sind ferner dann möglich, wenn die Zugehörigkeit zwischen der Jugendmarke und dem Hersteller bzw. anderen Marken erst in einer späteren Lebenszyklusphase aufgedeckt wird, wie z.B. bei der Sony Playstation.

[1378] Vgl. H. Meffert (1994), S. 184.

[1379] Zu dem generellen Problem der hohen Abhängigkeit von einem Segment bei einer konzentrierten Bearbeitung vgl. H. Freter (1995), Sp. 1810 f.

[1380] Angesichts des zunehmenden Wettbewerbs in Szene-Nischen bauen viele Hersteller z.B. im Kleidungsbereich ihre Marken zu Massenmarken aus; vgl. B. Klink (1995), S. 17; Grey Strategic Planning (1997), o.S

[1381] Vgl. B. Melzer-Lena/ I. Barlovic (1997a), S. 27; Grey Strategic Planning (1997), o.S. Vgl. D. Arnold (1992), S. 167; J. Becker (1998), S. 291, zur Problematik des Verschwindens von Segmenten bei veränderlichen Nachfragemustern.

[1382] Vgl. auch R. Nieschlag et al. (1997), S. 84; J. Becker (1998), S. 289 f., zu dem positiven Zusammenhang zwischen der Spezifität des Angebots und der Notwendigkeit präziser Zielgruppenkenntnisse. Vgl.

Trendsport- und Kleidungsbereich stammen häufig selbst aus den jeweiligen Szenen. Sie nehmen an den aktuellen Entwicklungen in den Szenen teil und verfügen daher über sehr gute Zielgruppenkenntnisse und einen hohen Grad an Glaubwürdigkeit in der Wahrnehmung der jugendlichen Konsumenten (vgl. z.B. die Sports- und Clubwearmarke Stüssy, die Streetwearmarke Irie Daily oder die Surf- und Snowboardmarke Quiksilver).[1383] Von großen Konsumgüterunternehmen können diese Wettbewerbsvorteile oft nicht ohne weiteres kompensiert werden.

Die beschriebene Basisoption erscheint grundsätzlich für solche Produkte **geeignet**, bei denen **sehr hohe direkte Umsatzpotentiale jugendlicher Kunden** und **sehr hohe Einflüsse der Jugendlichen auf die Ausgaben der Eltern für den Bedarf der Jugendlichen** (weitgehende Bestimmung durch den Jugendlichen) bestehen.[1384] Die Einführung einer eigenen Marke für das Jugendsegment bietet sich dabei v.a. dann an, wenn eine **einheitliche Positionierung für den Gesamtmarkt ökonomisch unhaltbar oder psychologisch nicht durchsetzbar** ist und die Produkte für jugendliche Zielgruppen daher anders positioniert werden sollen als andere Produkte des Unternehmens.[1385] Sie ist zu empfehlen, wenn Jugendliche **sehr spezifische Bedürfnisse und starke Abgrenzungsbedürfnisse von Erwachsenen** aufweisen, da dies das Auffinden gemeinsamer positionierungsrelevanter Eigenschaften und eine gemeinsame Bearbeitung der beiden Zielgruppen erschwert. So werden Produkte, die eng mit dem Bedürfnis nach Selbstdarstellung und Abgrenzung von anderen verknüpft sind (wie bzw. Kleidung, Accessoires, teilweise auch Getränke und Nahrungsmittel) schwerer generationenübergreifend zu vermarkten sein, weil sich nur schwer oder nur relativ unspezifische gemeinsame positionierungsrelevante Eigenschaften finden lassen.[1386] Unter diesen Umständen sind auch die Möglichkeiten zum Transfer bestehender, auf den Gesamtmarkt ausgerichteter Marken auf ein spezifisches Jugendprodukt begrenzt (vgl. **Abschnitt 6.2.2.2.2).**

B. Melzer-Lena (1997), S. 4, sowie B. Melzer-Lena/ I. Barlovic (1997a), S. 27, zu Erfordernis und Problemen genauer Zielgruppenkenntnisse zur erfolgreichen Ansprach einer Jugendszene.

1383 Vgl. U. Deese (1995), S. 54; R. Schröter (1997), S. 102; M. van Doren (1995), S. 253.

1384 Indirekte Umsatzpotentiale werden insoweit genutzt als die Eltern für die lediglich von den Jugendlichen verwendeten Produkte zahlen, diese Käufe aber maßgeblich von den Jugendlichen selbst bestimmt werden (z.B. Kleidung). Je stärker jedoch die Einflüsse der Eltern sind, desto mehr sind auch ihre Idealvorstellungen/ Interessen bei der Gestaltung der Marketinginstrumente zu berücksichtigen.

1385 Vgl. J. Becker (1994), S. 470.

1386 Eine Ausnahme bildet offenbar der Sportswearbereich; hier scheint es gute Möglichkeiten zu geben, jugendliche und erwachsene Zielgruppen gemeinsam anzusprechen (Nike, Adidas, Fila, Helly Hansen); möglicherweise besteht eine starke Nähe von Jugendlichkeit und Sportlichkeit.

6.2.2.4 Zusammenfassende Übersicht über die Eignungsbedingungen der alternativen Optionen

In den vorangegangenen Abschnitten wurden die alternativen Basisoptionen eines gezielten Jugendmarketing gekennzeichnet und kritisch auf ihre Eignung unter verschiedenen Bedingungen analysiert. Ausgegangen wurde dabei von einem Unternehmen, das bisher in einer Produktkategorie eine auf den Gesamtmarkt ausgerichtete Marke anbietet und jugendliche Kunden allenfalls im Rahmen der Gesamtmarktbearbeitung mitbedient, das jetzt aber aufgrund der hohen Bedeutung jugendlicher Kunden eine stärkere Bearbeitung des Jugendsegments anstrebt. Die dabei herausgearbeiteten grundlegenden Eignungsbedingungen der drei Basisoptionen eines gezielten Jugendmarketing sind in **Abb. 6-8** abschließend zusammengefaßt.

Abb. 6-8: Eignungsbedingungen der Basisoptionen eines gezielten Jugendmarketing

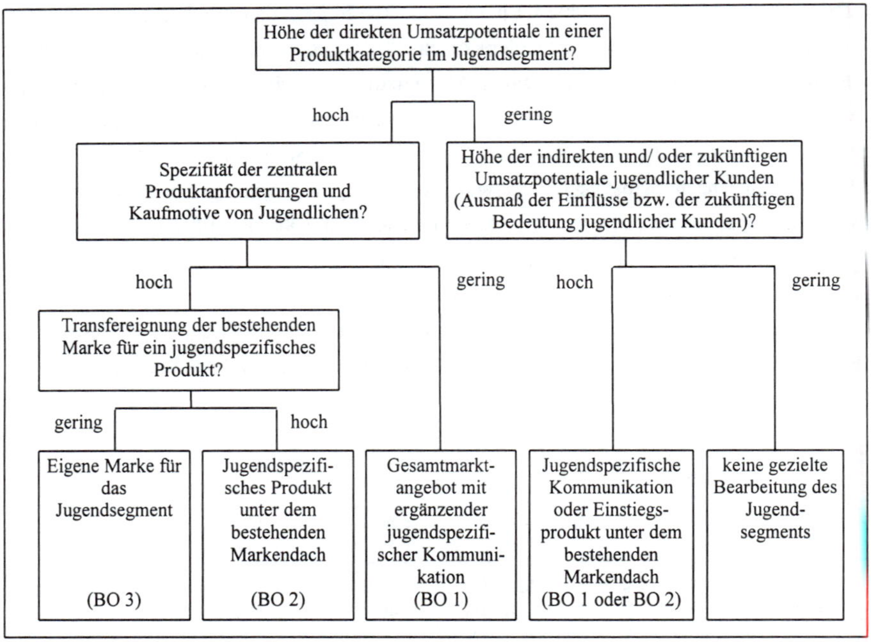

Eine grundsätzliche Determinante der Eignung der verschiedenen Basisoptionen ist zunächst die Art der Umsatzpotentiale, aufgrund derer jugendliche Kunden als bedeutsam erscheinen.

Auch wenn in einer bestimmten Produktkategorie bei den jugendlichen Kunden selbst keine nennenswerten gegenwärtigen Umsatzpotentiale bestehen (sei es weil sie nicht über ausreichende finanzielle Mittel verfügen oder sonstige Restriktionen bestehen oder aber weil noch keine entsprechenden Kaufbedürfnisse vorliegen), ist zu prüfen, ob sie starke Einflüsse auf die Einkommensverwendung der Eltern ausüben oder ob ihnen eine hohe Bedeutung als zukünftige Kunden zukommt (rechter Ast des Entscheidungsbaumes). In diesen Fällen bietet sich eine spezifische Ausrichtung kommunikativer Maßnahmen auf jugendliche Zielgruppen an, die zur indirekten Beeinflussung der Einkommensverwendung der Eltern oder zum frühzeitigen Aufbau einer positiven Grundhaltung zu einer Marke bereits in der Jugendphase beiträgt (**Basisoption 1**). Kommt den Jugendlichen eine sehr hohe Bedeutung als zukünftige Kunden zu (hohe Umsatzpotentiale in der Erwachsenenphase und hohe Markentreue), bietet die Einführung jugendspezifischer Einstiegsprodukte, evtl. auch aus verwandten Produktkategorien, besondere Möglichkeiten zur Heranführung von Jugendlichen an die Marke und zum frühzeitigen Aufbau von Kundenbeziehungen (**Basisoption 2**). Dabei ist allerdings dafür Sorge zu tragen, daß die Marken- bzw. Produktlinienerweiterung zur Stärkung der Stammarke beiträgt und die Tragfähigkeit einer Marke nicht überstrapaziert wird. Das Angebot einer eigenen Marke für jugendliche Kunden in der betreffenden Produktkategorie (**Basisoption 3**) scheidet bei geringen direkten Umsatzpotentialen jedoch aus. Es bleibt dann die Möglichkeit zu prüfen, ob eine Einführung einer jugendspezifischen Marke in anderen Produktkategorien lohnenswert erscheint, was bedeutet, den skizzierten Entscheidungsbaum für diese Produktkategorien erneut zu durchlaufen.

Bestehen allerdings bereits bei den Jugendlichen selbst Kaufbedürfnisse und eine hohe Kaufkraft und strebt ein Unternehmen die Ausschöpfung dieser direkten gegenwärtigen Umsatzpotentiale an, so sind grundsätzlich alle drei Basisoptionen denkbar (linker Ast des Entscheidungsbaumes). Es hängt dann maßgeblich von der Spezifität der zentralen Produktanforderungen und Kaufmotive von Jugendlichen ab, ob das Angebot einer eigenen Produktvariante für jugendliche Kunden erforderlich wird.
Weichen die Idealmarkenvorstellungen von Jugendlichen nur geringfügig von denen erwachsener Kundengruppen ab, so kann ein einheitliches Gesamtmarktangebot beibehalten werden; den spezifischen Kommunikationsbedürfnissen von Jugendlichen kann dann durch eine Differenzierung der Kommunikation entsprochen werden (**Basisoption 1**).
Je intensiver ein Produkt aber von den Jugendlichen selbständig gekauft und verwendet wird und je mehr sich Kaufmotive und Produktanforderungen von Jugendlichen in der jeweiligen Produktkategorie von denen anderer Kunden unterscheiden, desto unzweckmäßiger ist es, den Jugendmarkt lediglich mit spezifischen Kommunikationsmaßnahmen zu bearbeiten, und desto eher wird es notwendig und lohnend, auch ein auf die Bedürfnisse von jugendlichen Kunden

zugeschnittenes Produkt anzubieten. In diesem Fall ist zu prüfen, ob ein bestehender Markenname verwendet werden kann oder ob das Jugendprodukt unter einem eigenen Markennamen eingeführt werden soll, was wiederum maßgeblich von der Transfereignung der bestehenden Marke(n) abhängig ist. Besteht ein hohes Transferpotential der vorhandenen Marke und kann das Jugendprodukt zur Stärkung der Marke beitragen, bietet sich eine Einführung des Jugendproduktes unter dem Dach der bestehenden Marke an (**Basisoption 2**).[1387] In diesem Fall kann das Jugendprodukt zusätzlich auch zur Heranführung von Jugendlichen an die Stammarke sowie zum Aufbau einer frühzeitigen Markenbindung und damit zur Sicherung zukünftiger Umsätze beitragen.
Besteht aber eine geringe Transfereignung der vorhandenen Marke, weil bspw. von den Konsumenten Unverträglichkeiten zwischen der bestehenden Marke, bestehenden Produkten und dem Jugendprodukt wahrgenommen werden oder starke Abgrenzungsbedürfnisse der jugendlichen Kunden von anderen Kundengruppen (Erwachsenen und/ oder Kindern) bestehen, wird der Aufbau einer eigenen Marke für den Jugendmarkt erforderlich (**Basisoption 3**).

Bei den genannten Bedingungen handelt es sich allerdings lediglich um eine grobe und rein kundenbezogene Vorabprüfung der grundsätzlichen Eignung der verschiedenen Basisoptionen, sofern diese unabhängig von der konkreten Situation eines Unternehmens möglich ist. Im Einzelfall werden weitere wichtige Determinanten relevant, wie bspw. das Verhalten der Konkurrenten in Vergangenheit und Zukunft sowie die mutmaßliche Akzeptanz durch den Handel.

6.2.3 Exkurs: Gezielte Nutzung des Jugendmarktes für die Einführung von neuen Produkten und Marken im Erwachsenenmarkt

Bei den bisherigen Ausführungen wurde die Situation eines Unternehmens unterstellt, das seine Marketingaktivitäten bisher schwerpunktmäßig auf den Gesamtmarkt ausgerichtet hat und das zwecks Ausschöpfung der verschiedenen Umsatzpotentiale im Jugendsegment den Aufbau eines gezielten Jugendmarketing anstrebt. Möglichkeiten zur Ausschöpfung der in **Kapitel 4 und 5** analysierten indirekten und zukünftigen Umsatzpotentiale jugendlicher Kunden ergeben sich jedoch auch bei Marken, die in der Vergangenheit konsequent auf das Jugendsegment ausgerichtet waren und die nun sukzessive in angrenzende Zielgruppen bzw. in den Erwachsenenmarkt ausgedehnt werden.[1388] Auch auf diese Möglichkeiten wird im

[1387] Dies hat den Vorteil, daß auch eine Heranführung der Jugendlichen an die Dachmarke und die anderen unter dem Markendach angebotenen Produkte erreicht und so zur Sicherung zukünftiger Umsätze der Dachmarke beigetragen werden kann.
[1388] Diese Ausgangssituation entspricht der dritten Basisoption des Jugendmarketing (eigenständige Marke für das Jugendsegment).

folgenden kurz eingegangen, ohne daß allerdings eine ähnlich ausführliche Beurteilung vorgenommen wird wie bei den Basisoptionen des Jugendmarketing.

Wird ein weiteres Wachstum angestrebt, bieten sich bei einer etablierten Jugendmarke zwei grundsätzliche alternative Handlungsoptionen:
1. Die Marke wird auch weiterhin konsequent auf das Jugendsegment ausgerichtet und ein Wachstum durch Marktdurchdringung oder Produktentwicklung angestrebt.
2. Es wird ein Wachstum durch eine Zielgruppenerweiterung auf erwachsene Kunden mit vorhandenen oder neuen Produkten angestrebt.[1389]

Bei starken Einflüssen jugendlicher Kunden auf andere Kundengruppen sowie bei starken Bindungen der Jugendlichen an die Marke können die bei Jugendlichen geschaffenen Markenpräferenzen eine Grundlage für einen Markenerfolg in erwachsenen Kundengruppen bilden. Eine Ausdehnung der Marke auf angrenzende Zielgruppen (z.B. jüngere Erwachsene) stellt dann eine Möglichkeit dar, kurzfristig Wachstum zu erzielen und dabei die Einflüsse Jugendlicher auf angrenzende, parallel existierende Kundengruppen sowie in langfristiger Perspektive den in der Jugendphase aufgebauten Goodwill einer Marke bei einem Kunden auch in späteren Lebensphasen zu nutzen. Im letztgenannten Fall wird ein Mitwachsen der Marke mit den jugendlichen Kunden angestrebt, um die in der Jugendphase gewonnenen Kunden zu halten und die aufgebauten Markenbindungen und Verwendungsgewohnheiten eines Kunden für eine über die Jugendphase hinausgehende Verlängerung der Kundenbeziehung zu nutzen. Für derartige Zielgruppenerweiterungen[1390] sind entsprechende Anpassungen in der Markenpositionierung sowie im darauf basierenden Marketingmix wahrscheinlich unumgänglich. Gerade wenn die Umsätze im Jugendmarkt rückläufig sind, sei es weil die Anzahl der Jugendlichen rückläufig ist oder der Wettbewerb im Jugendmarkt intensiver wird, kann eine Zielgruppenerweiterung in Erwägung gezogen werden, um ein Umsatzwachstum und eine stärkere Unabhängigkeit vom Jugendmarkt zu erreichen.

Beispiele für sukzessive Zielgruppenerweiterungen finden sich in der Sport- und Streetwearbranche z.B. bei der Inline-Skatemarke Rollerblade, bei der Snowboardmarke Burton, bei der Streetwearmarke Homeboy sowie bei der Handelskette Hennes & Mauritz, die nach ihrer

1389 Vgl. H. Meffert (1994), S. 181 f.

1390 Wurden zuvor die Jugendlichen als Zielgruppe angesehen, so kommen nun auch junge Erwachsene hinzu; insofern handelt es sich um eine Zielgruppenerweiterung, auch wenn bei dem Ziel der langfristigen Kundenbindung streng genommen dieselben, nur mittlerweile erwachsenen Personen angesprochen werden.

Durchsetzung im Jugendsegment eine (vorsichtige) Erweiterung der Kundengruppen auch auf Erwachsene vornehmen.[1391]

Bei **Inline-Skates** handelt es sich um eine Innovation, die sich zunächst im Jugendmarkt etablierte, um dann auch bei anderen Käufergruppen breitere Akzeptanz zu erfahren (vgl. dazu auch **Tab. 6-1** im Anhang). Trendsetter waren v.a. 14- bis 18jährige männliche Jugendliche; nachdem sich dieser Trendsport dann in weiten Teilen der Jugend durchgesetzt hatte, breitete er sich auch bei Kindern und Erwachsenen aus.[1392] Für die Durchsetzung dieser Innovation im Erwachsenenmarkt spielten dabei auch die Einflüsse der Jugendlichen auf ihre Eltern sowie andere Erwachsene eine wichtige Rolle. Viele Eltern wurden von ihren Kindern animiert, ebenfalls mit dieser Sportart zu beginnen.[1393] Es wird vermutet, daß u.a. die Aufladung dieses Trendsports mit einem jugendlichen Image zu seiner starken Verbreitung unter jungen Erwachsenen beigetragen hat und somit jugendlichen Trendsettern eine starke Vorbildwirkung für solche Erwachsenen zukam, die sich am Leitbild der Jugendlichkeit orientieren.[1394] Mit dem Angebot von Produktvarianten, die auch auf die Bedürfnisse von Erwachsenen zugeschnitten sind (z.B. Fitness-Skates), sowie einer auch auf erwachsene Kundengruppen ausgerichteten Kommunikation und Distribution können diese Einflüsse auch für die Marke **Rollerblade** nutzbar gemacht werden.

Bei der Streetwearmarke **Homeboy** wird wiederum die Strategie des „Mitwachsens" mit den gewonnenen jugendlichen Kunden verfolgt. Die Streetwearmarke Homeboy konnte sich mit Baggys, T-Shirts und Sweatshirts für jüngere Jugendliche im Markt etablieren.[1395] Um die bei Jugendlichen aufgebauten Markensympathien weiter zu nutzen, auch wenn diese älter werden und in die Erwachsenenphase eintreten, wird unter der Dachmarke Homeboy eine eigene Submarke (Def Crew) mit edlerer Kleidung (u.a. Anzüge) für junge Erwachsene, für den „erwachsenen Homeboy", angeboten.[1396]

Die Beispiele deuten darauf hin, daß der Jugendmarkt gezielt für die Einführung von Innovationen und den Aufbau von Märkten (wie z.B. bei Inline-Skates oder Snowboards) sowie für die Einführung neuer Marken in bestehenden Märkten (wie z.B. die Marke Homeboy im

[1391] Vgl. R. Wagner (1997), o.S.; M. Meier (1996), o.S.; o.V. (1997f), S. 98 f.; o.V. (1998e), S. 98 f. Zu Beispielen für einen solchen Entwicklungsverlauf von Marken, die sich zunächst in einzelnen Jugendszenen, dann im gesamten Jugendsegment und später auch im Gesamtmarkt durchsetzen konnten vgl. auch Grey Strategic Planning (1997), o.S.

[1392] Vgl. R. Wagner (1997), o.S.

[1393] Ein wichtiges Motiv der Eltern ist dabei, daß sie im Inline-Skating die Möglichkeit einer gemeinsamen Freizeitaktivität mit ihren Kindern sehen; vgl. R. Wagner (1997), o.S.

[1394] Vgl. GIM (1997), S. 8.

[1395] Im Jahr 1997, 10 Jahre nach der Firmengründung und der Einführung der Marke, wurden mit der Marke Homeboy 85 Mio. DM Umsatz getätigt; vgl. o.V. (1997f), S. 98.

[1396] Vgl. o.V. (1997f), S. 98 f.

Bekleidungsmarkt) genutzt werden kann. Strategien der Zielgruppenerweiterung können dabei nicht nur von bestehenden Jugendmarken verfolgt werden; es ist auch denkbar, daß ein solches Vorgehen **als langfristig geplante Strategie**, gezielt von Anfang an **bei der Einführung eines neuen Produktes oder einer neuen Marke** verfolgt wird. Aufgrund der vergleichsweise hohen Aufgeschlossenheit von Jugendlichen gegenüber Innovationen und neuen Marken in einigen Produktbereichen (vgl. **Abschnitt 3.3.4**) kann es bei deren Einführung eine sinnvolle Strategie sein, die Marketingressourcen zunächst v.a. auf jugendliche Kundengruppen zu konzentrieren und deren hohe Innovationsfreude zu nutzen, um eine schnelle Akzeptanz des neuen Produktes zu erzielen und um dann auf der Basis starker Präferenzen jugendlicher Kunden und ihrer Einflüsse auf Erwachsene eine Durchsetzung auch in erwachsenen Kundengruppen anzustreben. Werden in der Jugendphase Markenpräferenzen und produktartbezogene Verwendungsgewohnheiten[1397] geprägt, die auch in späteren Lebensphasen beibehalten werden, kann auf diese Weise zum Aufbau zukünftiger Märkte beigetragen werden. Paart sich die Innovationsfreude von Jugendlichen zudem mit dem Phänomen der „Meta-Jugend", einer Orientierung älterer (und jüngerer) Käufergruppen an dem Verhalten von Jugendlichen bzw. dem Leitbild der Jugendlichkeit (vgl. dazu auch **Abschnitt 4.4.6**), werden die Jugendlichen zu einer wichtigen Zielgruppe.[1398] In einem solchen Fall sind die Möglichkeiten einer anfänglichen Konzentration der Marketingressourcen auf jugendliche Käufergruppen und einer anschliessenden Markenausdehnung auf andere Käufergruppen zu prüfen. Beispielsweise scheint eine Trendsettereigenschaft von Jugendlichen nicht nur bei Inline-Skates zu bestehen, sondern auch bei Snowboards,[1399] Energy Drinks,[1400] Swatch-Uhren[1401] sowie bei modischen Stilelementen.[1402]

Allerdings sind auch bei diesen Erweiterungsstrategien ähnliche **Nachteile und Problemfelder** zu berücksichtigen, wie sie bereits bei den Basisoptionen des Jugendmarketing themati-

---

1397 Dies können z.B. die Art und Menge des Konsums bestimmter Getränke oder Nahrungsmittel oder die Entscheidung über Trocken- oder Naßrasur sein.

1398 Vgl. GIM (1997), S. 8.

1399 Auch im Snowboardbereich stellten v.a. Jugendliche die ersten Käufer dar, denen ältere Käufer folgten; auch dabei wird vermutet, daß die starke Assoziation dieses Trendsports und der damit verbundenen Mode mit einem jugendlichen Image zu deren Durchsetzung auch in erwachsenen Käufergruppen beiträgt; vgl. M. Meier (1996), o.S.

1400 Auch der Energy-Drink Red Bull setzte sich zunächst, bereits vor seiner offiziellen Markteinführung in Deutschland, als Kultgetränk in der Techno-Szene durch; vgl. T. Grabner (1997), o.S.; R. Diekhof (1997), S. 24

1401 Die Marke Swatch, die eine sozialtechnische Innovation (die Verwendung von Uhren als Accessoires) darstellt, vgl. F.-R. Esch (1998), S. 369 f., setzte sich zunächst v.a. in jugendlichen Käufergruppen durch. Auf den breiten Erfolg der Marke Swatch im Jugendmarkt folgte deren Verbreitung auch im Erwachsenenmarkt; vgl. S. Vandermerwe (1990), S. 34.

1402 Dabei handelt es sich um Produkte, die einen engen Bezug zu jugendkulturellen Stil- und Differenzierungsmitteln aufweisen. Zur Bedeutung jugendkultureller Gruppen für Innovation und Durchsetzung neuer Moden und Stilelemente vgl. auch die Analyse von C. M. Sommer (1989), S. 131 ff., insbes. S. 187-190.

siert wurden. So ist zu berücksichtigen, daß die Zielgruppenerweiterung und die dafür erforderlichen Maßnahmen (Veränderungen in der Ausrichtung des Marketingmix, Aufnahme neuer Produkte bzw. Produktvarianten) zu einer Markenverwässerung führen und infolge der Ausdehnung einer Marke auf erwachsene Zielgruppen jugendliche Käufer verloren gehen können. So wurde bspw. beobachtet, daß die Marke Rollerblade infolge ihrer breiten Durchsetzung im Gesamtmarkt von jugendlichen Extremskatern, den ursprünglichen Trendsettern, abgelehnt wurde.[1403] Für diese Zielgruppe wurde daher eine neue eigenständige Marke (RB) geschaffen.[1404] Ähnliche Effekte sind infolge der Erweiterung auch bei der Marke Homeboy denkbar. Daher ist zwischen den Umsatzverlusten bei jugendlichen und den Umsatzgewinnen bei erwachsenen Kundengruppen abzuwägen.
Ferner ist auch zu bedenken, daß eine zu starke Assoziation einer Marke mit jugendlichen Verwendergruppen eher eine Ablehnung als eine Akzeptanz durch erwachsene Käufergruppen bewirken kann. Bei dem Energy-Drink Red Bull, der bereits vor seiner offiziellen Markteinführung in Deutschland, in der Technoszene zum Kultgetränk avancierte, könnte bspw. eine zu enge Assoziation mit der Technoszene und ihren negativ belegten Attributen zu einer Ablehnung durch erwachsene Zielgruppen führen.[1405] Unter diesen Umständen ist eine zu starke Assoziation einer Marke mit einzelnen jugendlichen Szenen zu vermeiden, wenn eine Ausweitung der Zielgruppe auf den Gesamtmarkt angestrebt wird.

Auch hier sind die Wirkungen einer Zielgruppenerweiterung im Vorfeld einer Analyse zu unterziehen, um eine Schädigung der etablierten Marke und ungewollte Umsatzverluste in den ursprünglichen jugendlichen Zielgruppen zu verhindern.

1403 Vgl. R. Wagner (1997), o.S.

1404 Vgl. R. Wagner (1997), o.S.

1405 So werden mit der Techno-Szene von manchen Erwachsenen stark negative Assoziationen (bspw. „überdrehte, extasy-schluckende Partymonster, die sich lediglich um ihren eigenen Körper drehen“) verbunden.

7 Abschließende Überlegungen zu Problemfeldern und Grenzen des Jugendmarketing

Nachdem in den vorangegangenen Kapiteln v.a. die positiven Zielwirkungen einer Bearbeitung des Jugendmarktes im Vordergrund standen und bisher lediglich die Nachteile einzelner Basisoptionen des Jugendmarketing diskutiert wurden, werden im folgenden einige zentrale generelle Problemfelder und Grenzen des Jugendmarketing auf ökonomischer, rechtlicher und ethischer Ebene diskutiert. Diese können die Bedeutung jugendlicher Kunden relativieren und sind daher bei der Entscheidung über die Bearbeitung des Jugendmarktes zu berücksichtigen.

7.1 Ökonomische Grenzen

Aufgrund der demographischen Entwicklung zumindest in Deutschland und Europa ist der Jugendmarkt zunächst nicht als Wachstumsmarkt anzusehen: Wie die Prognosen in **Abschnitt 3.2.1** zeigen, ist die Zahl der Jugendlichen in Deutschland wie in anderen europäischen Ländern rückläufig. Parallel zu dieser Entwicklung nehmen die Zahl der Wettbewerber, die Differenzierung des Angebots und die Intensität der Marktbearbeitung im Jugendmarkt in vielen Branchen zu.[1406] Beide Entwicklungen wirken auf eine starke **Intensivierung des Wettbewerbs** im Jugendmarkt hin.[1407] Dieser zunehmende Wettbewerb im Jugendmarkt wird auch dadurch gefördert, daß aufgrund des erheblich erweiterten, spezifischen Mediaangebotes[1408] für jugendliche Zielgruppen mittlerweile eine relativ zielgenaue und – bezogen auf die Mediakosten – preiswerte Ansprache jugendlicher Zielgruppen möglich geworden ist.[1409]

Angesichts der zunehmenden Differenzierung des Angebots sowie der zunehmenden Zersplitterung des Jugendmarktes in verschiedene Szenen wird eine undifferenzierte, auf Gemeinsamkeiten und übergreifende Einstellungen von Jugendlichen abstellende Bearbeitung des gesamten Jugendmarktes schwieriger.[1410] Angesichts der zunehmenden **Fragmentierung der Zielgruppe** besteht die Gefahr, daß ein Massenmarketing an der Zielgruppe vorbeigeht (es sei

---

1406 Besonders eindeutig ist dies im Bereich der Freizeitkleidung und des Trendsports (Kleidung, Schuhe, Sportgeräte); vgl. z.B. B. Klink (1995), S. 17. Aber auch im Bereich der Kreditinstitute, der Getränke, der Körperpflege und Kosmetik sind intensivierte Bemühungen im Jugendmarkt zu beobachten. Vgl. z.B. M. König (1994), S. 50, zu einer Wettbewerbsintensivierung im Bankenbereich; zum Bereich der Musiksender vgl. T. Arnu (1998), S. 19.

1407 Vgl. auch J. Schindler (1996), S. 9; F. Birckenbach (1997), o.S.; P. Rützler (1994), S. 86.

1408 Vgl. W. Krüger (1996); B. Udina (1997) zum Media-Angebot für jugendliche Zielgruppen.

1409 Vgl. W. Krüger (1996), S. 72.

1410 Vgl. G. Schneider (1996), S. 82; M. Meier (1996), o.S.; A. Schüür-Langkau (1998), S. 58; T. Arnu (1998), S. 19. So zeigte Coca Cola im Rahmen der „Always Coca Cola"-Kampagne über 80 verschiedene an unterschiedliche Zielgruppen, Medien und Sendeumfelder angepaßte Spots im Vergleich zu 3 oder 4 Spots in früheren Jahren; vgl. K. Degner (1996), o.S. Auch der Jeanshersteller Levis wird stark durch auf spezifische Segmente zugeschnittene Konkurrenzmarken wie z.B. Diesel und Tommi Hilfiger sowie diverse Handelsmarken z.B. von C&A und H&M bedroht; vgl. o.V. (1997h), S. 14; o.V. (1997i), S. 84.

denn, es gelingt einer Marke, das Lebensgefühl einer bestimmten Szene zu treffen und gleichzeitig auch anderen Jugendlichen zu gefallen).[1411] Differenzierte Marktbearbeitungsstrategien mit spezifischen Marketingkonzepten für verschiedene Jugendsegmente verursachen allerdings sehr hohe Marketingkosten so daß diese Option meist nur für große Unternehmen in Frage kommt;[1412] konzentriert sich ein Unternehmen auf einzelne Jugendsegmente, besteht das Problem einer hohen Abhängigkeit von dem jeweiligen Segment.[1413]

Ein bedeutendes Problem gerade großer Markenartikelhersteller, das sich insbesondere bei einer differenzierten Ansprache einzelner Szenen bemerkbar macht, ist das Problem der **doppelten Marktferne** und der **geringen Zielgruppenkenntnisse:** In den Organisationsstrukturen großer Unternehmen ist häufig eine institutionelle Marktferne angelegt, hinzu kommt eine persönliche Distanz der Entscheider von jugendlichen Zielgruppe und deren Lebensgefühl, Interessen und Problemen, sofern diese nicht durch persönliche Kontakte (z.B. eigene Kinder) ausgeglichen werden kann.[1414] Mangelndes Verständnis der Zielgruppe macht sich insbesondere in der Kommunikation bemerkbar: „Nur alles bunter zu gestalten und die 'Hallo-ich-bin-gut-drauf-Masche' zu fahren, genügt auch nicht."[1415] Werden Anzeigen nur ein wenig auffallender gestaltet und eine (vermeintliche) Jugendsprache („Cool!") verwendet, besteht die Gefahr, daß Jugendliche sich nicht ernst genommen fühlen.[1416] Auch im Jugendmarkt ist die Stimmigkeit von Produktgestaltung, Kommunikation und Markenimage von zentraler Bedeutung: Treten bspw. traditionelle, nicht eng mit der Jugendkultur verbundene Marken in der Jugendkommunikation auf einmal jung und „flippig" auf, wird dies von den Jugendlichen als unglaubwürdig und anbiedernd wahrgenommen.[1417] Hinzu kommt, daß sich – vermutlich nicht zuletzt infolge der intensiven Bemühungen von Eltern und Unternehmen, die Wünsche von Kindern und Jugendlichen zu erfüllen – bei Jugendlichen ein gewisses Anspruchsdenken entstanden ist,[1418] und daß Jugendliche offenbar eine hohe Sensibilität gegenüber einer als zu

---

1411 Vgl. B. Melzer-Lena/ I. Barlovic (1997a), S. 27.

1412 Vgl. H. Meffert (1998), S. 209.

1413 Aus diesem Grund versuchen Unternehmen, sich trotz aller Fragmentierung übergreifende Einstellungen der Jugendlichen (Hedonismus, Pragmatismus, Bequemlichkeit) zu Nutze zu machen; vgl. B. Melzer-Lena/ I. Barlovic (1997a), S. 27.

1414 Vgl. auch K. Ritchie (1995), S. 34, zu dem Problem des geringen Einfühlungsvermögens in die junge Generation von Marketingfachleuten, die einer älteren Generation angehören.

1415 A. Homeyer zit. nach B. Münzer (1997), S. 7.

1416 Vgl. C.-D. Grabner (1997), S. 54.

1417 Vgl. I. Bauer (1996), S. 14 u. 16, zu dieser Problematik bei Tageszeitungen; vgl. Institut für Analyse und Beratung (1998) zu dieser Problematik bei Banken. Zur Notwendigkeit einer integrierten Kommunikation, die gegenüber jugendlichen Kunden mindestens ebenso wichtig ist wie gegenüber erwachsenen Kunden vgl. auch die Ausführungen in **Abschnitt 6.2.2.1**. Da Jugendliche großen Wert darauf legen, (in der Erwachsenenwelt) ernst genommen und anerkannt zu werden, ist bei der Gestaltung der Marketingmaßnahmen besonders auf mögliche Widersprüche zu achten.

1418 Vgl. dazu M. Körner (1987b), S. 98.

stark empfundenen Kommerzialisierung entwickelt haben.[1419] So ist infolge der starken Vermarktung jugendlicher Stile und Trends ein gewisses Mißtrauen von Jugendlichen gegenüber Marketingmaßnahmen und eine besondere Empfindlichkeit gegenüber einer Verwendung falscher „Codes" entstanden, die leicht zu Reaktanz führen kann.[1420] Selbst auf kleine Unstimmigkeiten und Fehler im Detail reagieren Jugendliche sehr sensibel: Bedienen sich anbietende Unternehmen nur scheinbar aktueller Trends und werden die Details vernachlässigt, besteht die Gefahr, sich lächerlich zu machen.[1421] Gerade wenn gezielt einzelne Szenen angesprochen werden sollen (z.B. Raver, Skater, Snowboarder), dürfen deren Codes hinsichtlich Kleidung, Verhalten und Sprache nicht verletzt werden.[1422] Ob die Jugendlichen sich verstanden oder ausgenutzt fühlen, entscheidet häufig über Akzeptanz bzw. Ablehnung von Produkten. Die Glaubwürdigkeit von Unternehmen und Marken, deren Voraussetzung ein integrierter Einsatz sämtlicher Marketinginstrumente ist, ist daher ein zentrales Thema im Jugendmarketing.

Verstärkt wird das Problem der Marktferne durch die **Schnellebigkeit**, die sich insbesondere in einzelnen Jugendszenen bemerkbar macht: Wünsche von Jugendlichen verändern sich aufgrund ihrer Suche nach Abwechslung relativ schnell; kurzlebige Moden beschleunigen den Wechsel von Produkten und Kommunikationsinhalten und machen eine ständige Anpassung erforderlich.[1423] Auch die Szenecodes sind ständigen Veränderungen unterworfen.[1424] Diese teilweise rasanten Entwicklungen machen eine permanente Marktbeobachtung, ein ständiges Monitoring der Strömungen im Jugendsegment erforderlich.[1425] Es ergeben sich hohe Anforderungen an jugendspezifische Marketing-Informationssysteme sowie an die Flexibilität der Unternehmen, deren Erfüllung großen Markenartikelherstellern häufig Probleme bereitet.[1426] Gerade hinsichtlich der Informationsversorgung, der Flexibilität sowie der Glaubwürdigkeit

[1419] Vgl. z.B. M. Meier (1996), o.S.; M. Stolz (1995), S. 69; IFM (1996), S. 40.
[1420] Vgl. B. Melzer-Lena/ I. Barlovic (1997a), S. 27; vgl. auch G. Lohre (1997), S. 70; R. Schröter (1997), S. 102; R. Vollbrecht (1997), S. 63 f.
[1421] Vgl. A. Schüür-Langkau (1998), S. 58; I. Bauer (1996), S. 14.
[1422] Vgl. B. Melzer-Lena/ I. Barlovic (1997a), S. 27; B. Melzer-Lena (1997), S. 4; IFM (1996), S. 45; G. Schömbs (1995), S. 264. So hat z.B. die Techno-Szene eine eigene Bildsprache entwickelt, deren Nachahmung für Szene-Outsider nicht ganz einfach ist.
[1423] Vgl. W. Pauser (1997), S. 23; C.-D. Grabner (1997), S. 54; M. Meier (1996); R. Vollbrecht (1997), S. 64; D. Mewald (1998), S. 84.
[1424] Vgl. B. Melzer-Lena/ I. Barlovic (1997a), S. 27.
[1425] Vgl. P. Rützler (1994), S. 125. Zur Problematik der Erfassung der zersplitterten und sich permanent verändernden Jugendszenen vgl. auch W. Ferchhoff/ G. Neubauer (1997), S. 148.
[1426] So wurde z.B. auf den Snowboard-Trend im Jugendmarkt von großen Skifirmen erst sehr spät reagiert; vgl. R. Wolter (1995), S. 74.

verfügen Unternehmen, die aus der Szene heraus entstanden sind, über entscheidende Wettbewerbsvorteile.[1427]

Die angesprochenen Problemfelder spiegeln sich auch in einer 1996 durchgeführten Befragung von 24 führenden Markenartikelunternehmen über die Kommunikation mit der Zielgruppe der 16- bis 29jährigen wider; sie zeigte, daß 90 Prozent der befragten Unternehmen diese **Zielgruppe** als **besonders schwierig** einstuften.[1428] Als Gründe dafür wurden genannt:

- Probleme, die richtige Sprache zu finden (83%),
- hohe Ansprüche an die Glaubwürdigkeit (ohne Prozentangabe),
- Auffinden von Kommunikationsformen und -wegen, von denen sich möglichst viele Jugendliche angesprochen fühlen (72%).[1429]

Defizite in Zielgruppenkenntnissen können unter Umständen auch dadurch ausgeglichen werden, daß mit externen Beratern, Agenturen und Marktforschungsinstituten zusammengearbeitet wird, die auf jugendliche Zielgruppen spezialisiert sind,[1430] oder indem die relevanten Unternehmenspositionen gezielt mit jungen (szenekundigen) Mitarbeitern besetzt werden.[1431] Eine weitere Möglichkeit besteht darin, die Zielgruppen selbst stärker in die Entwicklung und Gestaltung von Produkten und Kommunikation einzubeziehen.[1432] Das einseitige Verhältnis zwischen Produzenten und Konsumenten kann zumindest zeitweise in ein produktives Austauschverhältnis, in eine Kooperation, bei der beide Seiten profitieren und voneinander lernen, überführt werden.[1433] Für die Zigarettenmarken Chesterfield und Lucky Strike werden auf Kreativpartys oder bei Promotions in Szenekneipen von jungen Leuten Vorschläge für Anzeigenmotive entwickelt.[1434] Microsoft ließ in einer Plakat-Spray-Aktion von Studenten 350

1427 Insbesondere im Kleidungs- und im Trendsportbereich finden sich sowohl auf Hersteller- als auch auf Handelsebene viele solcher Unternehmen, die „mit einer Szene groß geworden" sind (z.B. die Eigentümer der Marken Homeboy, Stüssy, Quiksilver); vgl. o.V. (1997f), S. 98; M. van Doren (1995), S. 253 f.

1428 Vgl. I. Mienert (1997), S. 106.

1429 Vgl. I. Mienert (1997), S. 106.

1430 Vgl. M. Drosten (1994a), S. 40; P. Rützler (1994), S. 125; H. Jahberg (1998), S. 9. Bis vor einigen Jahren gab es nur einige wenige auf Kinder- und Jugendmarketing spezialisierte Agenturen; mittlerweile bauen jedoch selbst Full-Service-Agenturen eigene Abteilungen auf, die sich nur mit Kindern und Jugendlichen beschäftigen; vgl. A. Schüür-Langkau (1998), S. 58. Vgl. z.B. die Spezialeinheiten„Kid Connection" von Saatchi & Saatchi, „Magic hat" von McCann Erikson, „Kids Cope" von Leo Burnett.

1431 Diesen Weg beschreitet z.B. Karstadt mit der aus dem Warenhaus ausgekoppelten Szene-Boutique „Unity P" in Gießen: Als Leiterin dieses Ladens wurde eine szenekundige, junge Mitarbeiterin eingesetzt; auch der Einsatz authentischer Mitarbeiter im Verkauf gilt als wichtiges Prinzip; vgl. W. Behrens (1997), o.S.

1432 Vgl. auch K. Degner (1996), o.S. Dies wird z.B. im Snowboardgeschäft verstärkt betrieben. So berichtet Freerider Tommy Marsh, der sich das Snowboarden über Sponsoring-Einnahmen finanziert, daß er auch Entwicklungsarbeit für Snowboardhersteller leistet, indem er bspw. Schuhe testet; vgl. T. Marsh (1997), S. 120.

1433 Vgl. E. Oehmichen (1998), S. 61; K. Degner (1996), o.S.; M. Meier (1996), o.S.

1434 Vgl. E. Diehl-Wobbe (1995), S. 27.

Werbeplakate für Studentenlizenzen anfertigen.[1435] Der Hessische Rundfunk arbeitet bei der Entwicklung eines Jugendradios mit Jugendlichen zusammen.[1436] Profifahrer testen Bindungen und Schuhe der Snowboardhersteller und tragen zur Verbesserung der Produkte bei.[1437] Kommunikationsmaßnahmen, die ermöglichen, daß ein Anbieter in den Dialog mit jugendlichen Zielgruppen tritt, verfügen insofern über große Vorteile, als sie gleichzeitig zur Informationsgewinnung genutzt werden können.[1438]

7.2 Rechtliche Grenzen

Unter dem Aspekt des Kinder- und Jugendschutzes hat der Gesetzgeber die an Kinder und Jugendliche gerichteten Marketingmaßnahmen – insbesondere die Werbung – besonderen Beschränkungen unterworfen. Die gesellschaftliche Kontrolle des Marketing schlägt sich in einer Vielzahl rechtlicher Bestimmungen und gesellschaftlicher Kontrollinstitutionen nieder.[1439] Die rechtlichen Regelungen des Jugendmarketing finden sich nicht in einem eigenen Gesetzbuch, sondern in verschiedenen Gesetzestexten zu den jeweiligen Sachgebieten. Die meisten Beschränkungen von Marketing und Werbung durch den Gesetzgeber, wie bspw. die zentralen Vorschriften des Wettbewerbsrechts, weitere Verbraucherschutzverordnungen[1440] und produkt- und medienspezifische Werbeverbote[1441] beziehen sich nicht auf bestimmte Verbrauchergruppen.[1442] Gegebenenfalls gelten bei der Anwendung dieser Vorschriften auf jugendliche Verbraucher jedoch veränderte Auslegungen oder verschärfte Beurteilungskriterien.[1443] Bei Regelungen, die die Werbe- und Verbraucherkompetenz von Jugendlichen implizit berücksichtigen, sind die Unternehmen dazu angehalten, den Defiziten in der Verbraucherkompetenz von Jugendlichen Rechnung zu tragen.[1444]

1435 Vgl. o.V. (1995a), S. 45.

1436 Vgl. E. Oehmichen (1998), S. 61.

1437 Vgl. M. Meier (1996), o.S.

1438 Vgl. K. Degner (1996), o.S., für die Schülerinitiativen von Coca Cola, in deren Rahmen Mitarbeiter von Coca Cola an die Schulen gehen und mit den Jugendlichen in den Dialog treten. Auf diese Weise konnten wertvolle Anregungen gesammelt werden, die bspw. zu der Initiation der Fanta Inline-Skate-Events geführt haben.

1439 Zu einer umfassenden Darstellung der rechtlichen Grundlagen des Marketing vgl. D. Ahlert/ H. Schröder (1996).

1440 Beispiele sind das Verbot irreführender Werbung und die Vorschriften zur Kenntlichmachung von Werbung.

1441 Beispiele sind das Verbot der Werbung für Prostitution oder für Zigarettenwerbung im Fernsehen.

1442 Vgl. D. Baacke et al. (1993), S. 92. Vgl. D. Ahlert/ H. Schröder (1989), S. 280.

1443 So erfahren bspw. die wettbewerbsrechtlichen Regelungen der §§ 1 und 3 UWG zur irreführenden Werbung, zum übertriebenen Anlocken, zu aleatorischen Reizen, zum Autoritätsmißbrauch sowie zum Ausnutzen von Unerfahrenheit dadurch eine Verschärfung, daß bei einer Prüfung von Werbemaßnahmen die Perspektive von Jugendlichen herangezogen wird; vgl. hierzu sowie zu einer ausführlichen Darstellung der Anwendung wettbewerbsrechtlicher Regelungen auf die Werbung gegenüber Minderjährigen S. Engels (1997a), S. 6-15; S. Engels (1997b), S. 280-282; vgl. auch A. Eisenhardt (1997), S. 288-293.

1444 So wird z B. bei der Prüfung auf Irreführung durch Werbung die Perspektive des Adressatenkreises angelegt; als wettbewerbsrechtlich bedeutsam kann dabei schon eine Irreführungsrate von etwa 10% angesehen werden; vgl. S. Engels (1997a), S. 10 f.

Speziell auf Jugendliche bezogene Regelungen finden sich im Gesetz über die Verbreitung jugendgefährdender Schriften (GjS) sowie im Gesetz zum Schutz der Jugend in der Öffentlichkeit (JÖSchG).[1445] Daneben gibt es weitere Einzelbestimmungen, die sich speziell auf die Gruppe jugendlicher Verbraucher beziehen, wie die Regelungen der §§ 104 ff. BGB zur Geschäftsfähigkeit von Jugendlichen, die Bestimmungen im Gesetz über die Werbung auf dem Gebiet des Heilwesens (HWG) oder die Bestimmungen im Rundfunkstaatsvertrag zur Rundfunkwerbung bei Jugendlichen (§6 Abs. 1 Satz 2 RfStV). Über einige zentrale, speziell auf Jugendliche bzw. Minderjährige bezogene marketingrelevante Regelungen wird im folgenden ein kurzer Überblick gegeben.[1446]

Eine erste grundlegende Beschränkung des Aufbaus einer Kundenbeziehung zu Jugendlichen findet sich im BGB: Minderjährige, d.h. Jugendliche unter 18 Jahren sind nur **beschränkt geschäftsfähig** (§ 106 BGB). Der Minderjährige bedarf für alle Willenserklärungen bzw. Verträge, durch die er nicht lediglich einen Vorteil erlangt, der Einwilligung seiner gesetzlichen Vertreter (§107 BGB). Ohne diese Einwilligung ist der Vertrag schwebend unwirksam (§108 BGB). Für bestimmte Geschäfte genügt nicht allein die Einwilligung der Eltern, sondern zusätzlich ist noch eine Genehmigung des Vormundschaftsgerichtes erforderlich (§1643 Abs. 1 und §1822 BGB).[1447] Ausnahmebestimmungen von der schwebenden Unwirksamkeit enthält der Taschengeldparagraph (§110 BGB): Bewirkt der Minderjährige eine vertragsmäßige Leistung mit Mitteln, die ihm zu diesem Zwecke oder zur freien Verfügung überlassen worden sind, so ist für die Wirksamkeit des Vertrages keine Einwilligung der gesetzlichen Vertreter erforderlich.

Für bestimmte Produktbereiche gibt es gesonderte **Bestimmungen für den Produktverkauf an bzw. die Produktnutzung durch Jugendliche**: So dürfen bspw. Zigaretten und Alkohol nicht an Jugendliche unter 16 Jahren abgegeben werden (§§ 4 und 9 JÖSchG) und die §§ 1,3, 5 und 8 verbieten bzw. beschränken den Aufenthalt von Jugendlichen in Gaststätten, Spielhallen und auf Tanzverstaltungen. Für den Besuch von Kinofilmen gibt es detaillierte Freigaberegelungen für verschiedene Altersstufen (§ 6 IV JÖSchG).

[1445] Diese sind die wichtigsten Rechtsgrundlagen des Jugendschutzes in der BRD und dienen der Gefahrenabwehr; vgl. H. Tilch (1992), S. 588.

[1446] Dabei wird kein Anspruch auf Vollständigkeit erhoben. Eine ausführliche Darstellung sämtlicher Regelungen würde über den Rahmen der vorliegenden Arbeit hinausgehen; an den entsprechenden Stellen wird auf weiterführende Literatur verwiesen.

[1447] So z.B. bei einer Kreditaufnahme (§ 1822 Ziff. 8) oder bei langfristigen Verträge (z.B. Bausparverträge), die zu wiederkehrenden Leistungen verpflichten und länger als ein Jahr nach dem Eintritt der Volljährigkeit andauern (§ 1822 Ziff. 5).

Die **Leistungsgestaltung** erfährt z.B. im Rundfunkbereich starke Reglementierungen durch die Richtlinien der Landesmedienanstalten zur Gewährleistung des Jugendschutzes, die auf der Grundlage der §§ 30 und 31 in Verbindung mit § 3 Abs. 5 des Rundfunkstaatsvertrages (RfStV) basieren. Die Rundfunkveranstalter sind für die Gewährleistung des Jugendschutzes bei der Gestaltung ihres Programms verantwortlich; die Bestimmungen des § 3 RfStV beziehen sich auf Zeitgrenzen für Filme und Programmankündigungen.

Die meisten Einschränkungen und Verbote bestehen allerdings im Bereich der **Werbung** gegenüber Kindern und Jugendlichen.[1448] Produktunspezifische Regelungen zur Werbung gegenüber Kindern und Jugendlichen finden sich im Rundfunkstaatsvertrag, in den entsprechenden Vorschriften der Landesmediengesetze sowie in den darauf basierenden gemeinsamen Grundsätzen und Richtlinien der Landesmedienanstalten (DLM-Werberichtlinien) und der öffentlichen Rundfunkanstalten (ARD- und ZDF-Richtlinien). Die diesbezügliche Grundsatznorm des Rundfunkstaatsvertrages besagt, daß Werbung, die sich auch an Kinder oder Jugendliche richtet oder bei der Kinder oder Jugendliche eingesetzt werden, nicht ihren Interessen schaden oder ihre Unerfahrenheit ausnutzen darf (§ 6 Abs. 1 Satz 2 RfStV). Werbung muß ferner als solche klar erkennbar sein; sie muß im Fernsehen durch optische, im Hörfunk durch akustische Mittel eindeutig von anderen Programmteilen getrennt sein und in der Werbung dürfen keine unterschwelligen Techniken eingesetzt werden (§ 6 Abs. 3 RfStV). Sendungen für Kinder dürfen nicht durch Werbung unterbrochen werden (§ 26 Abs. 1 RfStV).
Die Grundsatznorm des § 6 Abs. 1 Satz 1 RfStV erfährt in den Bestimmungen der DLM-Werberichtlinien der Landesmedienanstalten noch einige Konkretisierungen.[1449] So ist Werbung, die sich auch an Kinder oder Jugendliche richtet, z.B. dann unzulässig, wenn sie direkte oder indirekte Kaufaufforderungen an Kinder und Jugendliche enthält (Nr. 3 I Ziff. 1), wenn sie das besondere Vertrauensverhältnis zu Bezugspersonen ausnutzt (Nr. 3 I Ziff. 2), wenn sie Kinder oder Jugendliche ohne besonderen Grund in gefährlichen Situationen zeigt, wenn sie aleatorische Werbemittel (z.B. Gratisverlosungen, Preisausschreiben) in einer Art und Weise einsetzt, die geeignet ist, die Umworbenen irrezuführen, durch übermäßige Vorteile anzulokken, deren Spielleidenschaft auszunutzen oder anreißerisch zu belästigen (Nr. 3 I Ziff. 2).[1450]

[1448] Wie in **Abschnitt 2.2.5** dargelegt, wird vom Gesetzgeber als Jugendlicher angesehen, wer 14 Jahre, aber noch nicht 18 Jahre alt ist. Zu einer ausführlichen Diskussion der Regelungen der Fernsehwerbung für Kinder vgl. W. Hoffmann-Riem/ S. Engels (1995); zu den Regelungen der Werbung gegenüber Kindern vgl. A. Eisenhardt (1997); S. Engels (1997b).

[1449] Vgl. z.B. Hessische Landesanstalt für privaten Rundfunk (1996).

[1450] Zu einer ausführlichen Darstellung der Bestimmungen der Ziff. 3 der DLM-Werberichtlinien der Landesmedienanstalten vgl. **Abb. 7-1** im Anhang. Die Rechtsaufsicht über die Einhaltung der Vorschriften des Rundfunkstaatsvertrages, der Landesmediengesetze und der auf dieser Grundlage erlassenen Richtlinien obliegt den Landesmedienanstalten (§ 30 RfStV). Verstöße gegen die Bestimmungen des RfStV werden als Ordnungswidrigkeiten geahndet und mit Geldbußen bis zu 500 000 DM belegt (§ 32 RfStV); bei Verstößen gegen die ALM-Richtlinien sind Hinweise und Beanstandungen oder der Entzug der Veranstaltungserlaubnis

Ferner sind Dauerwerbesendungen und Fernseheinkaufssendungen für Kinder unzulässig (Nr. 6 IIII und Nr. 12 V DLM-Werberichtlinien).

Diese generellen Vorschriften werden ergänzt durch Bestimmungen über die Werbung für bestimmte Produkte. So untersagt das Gesetz über die Verbreitung jugendgefährdender Schriften die öffentliche Werbung für indizierte Schriften sowie Ton- und Bildträger (§ 5 Abs. 11 GjS). Das Gesetz über die Werbung auf dem Gebiet des Heilwesens (§ 11 Ziff. 12 HWG) verbietet an Kinder und Jugendliche gerichtete Werbung für Arzneimittel. Tabakwerbung, die ihrer Art nach besonders geeignet ist, Kinder und Jugendliche zum Rauchen zu animieren, ist laut § 22 Abs. 2 Ziff. 1 b LMBG untersagt.

Neben den gesetzlichen Bestimmungen gibt es die freiwillige Selbstkontrolle der Werbewirtschaft. Seit 1972 gibt es den deutschen Werberat[1451], der in erster Linie die Aufgabe hat, die Grauzone zwischen erlaubter und unerlaubter Werbung zu kontrollieren, einen lauteren Wettbewerb zu gewährleisten und Verhaltensregeln für die Werbewirtschaft zu schaffen und zu überwachen, um dadurch Eingriffe des Gesetzgebers entbehrlich zu machen.[1452] Das Beschwerdesystem des deutschen Werberates steht jedem offen.[1453] Er fordert werbetreibende Unternehmen in Deutschland durch die „Verhaltensmaßregeln für die Werbung mit und vor Kindern in Werbefunk und Werbefernsehen" zur Selbstdisziplin auf. Er setzt sich damit für die Einhaltung der 1973 von der Internationalen Handelskammer in Paris aufgestellten „Internationalen Verhaltensregeln für die Werbepraxis" ein, die in Artikel 13 fordern: „Die Werbung soll sich nicht die natürliche Leichtgläubigkeit der Kinder oder den Mangel an Erfahrung von Jugendlichen zunutze machen oder ihr Anhänglichkeitsgefühl ausnutzen. Werbung, die sich an Kinder und Jugendliche wendet, soll in Text und Bild nichts enthalten, was geeignet ist, ihnen geistigen, moralischen oder psychischen Schaden zuzufügen".[1454] Während die Bestimmungen des deutschen Werberats zur Werbung gegenüber Kindern bereits seit 1973 bestehen, gelten die „Bestimmungen für die Werbung im Fernsehen mit Jugendlichen und die Fernsehwerbung, die sich speziell an Jugendliche wendet" erst seit 1989.[1455] Nach diesen Bestimmungen soll die Werbung gegenüber Jugendlichen keine direkten Kaufaufforderungen an Jugendliche richten, die deren Unerfahrenheit und Leichtgläubigkeit ausnutzen

möglich. Im Zweifelsfall, wie z.B. bei der Unterbrechung der Zeichentrickserien „Familie Feuerstein" und „Ottifanten" durch Werbung, werden die Gerichte bemüht; vgl. ALM (1994), S. 9 u. 16.

1451 Der deutsche Werberat ist eine Instanz der Dachorganisation der deutschen Werbewirtschaft ZAW (Zentralverband der deutschen Werbewirtschaft).

1452 Vgl. D. Baacke et al. (1993), S. 94.

1453 Vgl. V. Nickel (1994), S. 36.

1454 V. Nickel (1994), S. 40.

1455 Vgl. V. Nickel (1994), S. 40 f.; T. Wolsing (1993), S. 150 f. Die Erweiterung der „Verhaltensregeln zur Werbung vor und mit Kindern" auf den Adressentenkreis der Jugendlichen erfolgte in der Konkretisierung der EG-Richtlinie über grenzüberschreitendes Fernsehen vom 3. Oktober 1989.

(Ziffer 1); sie soll Jugendliche nicht unmittelbar dazu auffordern, ihre Eltern oder Dritte zum Kauf der beworbenen Ware oder Dienstleistung zu bewegen (Ziffer 2); sie soll nicht das besondere Vertrauen ausnutzen, das Jugendliche zu Eltern, Lehrern und anderen Vertrauenspersonen haben und sie soll Jugendliche nicht ohne berechtigten Grund in gefährlichen Situationen zeigen (Ziffer 4).[1456]

Weiterhin gibt es in bestimmten Produktbereichen zusätzliche freiwillige vertragliche Verhaltenskodices der werbetreibenden Unternehmen: So sollen bspw. bei der Bewerbung alkoholischer Getränke u.a. keine trinkenden Leistungssportler dargestellt und keine Aufforderungen zum Trinken an Jugendliche ergehen.[1457] In dem Selbstbeschränkungsabkommen der deutschen Zigarettenindustrie ist u.a. jegliche Zigarettenwerbung in Jugendzeitschriften und an öffentlichen Verkehrsmitteln sowie jegliche Werbung, die sich an Jugendliche richtet oder Elemente enthält, die typisch für die Welt der Jugendlichen sind, untersagt.[1458] Als unzulässig gelten Darstellungen von rauchenden Jugendlichen, Heranwachsenden und Personen unter 30 Jahren, die entweder Idolcharakter besitzen oder durch Kleidung, Sprache, Musik etc. das Image der „Jugend von heute" verkörpern können.[1459]

Insgesamt sind demnach bei der Ausgestaltung des Jugendmarketing, insbesondere der Werbung, eine Vielzahl rechtlicher Einschränkungen zu berücksichtigen. Bei der strategischen Marketingplanung, in der Phase der Umfeldanalyse und -prognose, ist dabei auch zu berücksichtigen, daß sich angesichts einer zunehmenden Intensivierung des Jugendmarketing auch Verschärfungen dieser Bestimmungen ergeben können.[1460]

7.3 Ethische Grenzen

Werden bei einer Beurteilung unternehmerischer Handlungsmöglichkeiten nicht nur ökonomische Kriterien (Effizienz), sondern auch ethische Kriterien (moralische Verantwortbarkeit) herangezogen, so ergibt sich die Frage nach den ethischen Grenzen einer Bearbeitung des Jugendmarktes. Ein Großteil ethischer Grundsätze ist in Form von rechtlichen Normen ver-

---

1456 Vgl. V. Nickel (1994), S. 35.

1457 Vgl. S. Engels (1997b), S. 271 f.; V. Nickel (1994), S. 36.

1458 Vgl. V. Nickel (1994), S. 36. Es stellt sich allerdings die Frage, ob nicht mit der neuen Kommunikationsform des Eventsponsoring eine Regelungslücke entstanden ist. So werden Techno-Raves und Snowboard-Contests, deren Publikum überwiegend aus Jugendlichen und dabei zu großen Teilen auch aus Minderjährigen besteht, von der Zigarettenindustrie als Kommunikationsweg genutzt.

1459 Vgl. A. Eisenhardt (1997), S. 288.

1460 So wurde bspw. von einigen Politikern die Frage aufgeworfen, ob nicht zum Schutz der Jugendlichen vor übermäßigem Gruppendruck an den Schulen wieder Schuluniformen eingeführt werden sollten; vgl. z.B. R. Bueb/ M. Rößler (1997), S. 77. Zu den rechtlichen Rahmenbedingungen als Analysefeld der Umfeldanalyse vgl. auch **Abschnitt 6.1.1**.

ankert; es verbleibt jedoch ein Handlungsspielraum, der zwar als rechtlich zulässig, möglicherweise aber als ethisch fragwürdig anzusehen ist.[1461] Ergeben sich aus den Marketingmaßnahmen des anbietenden Unternehmens nachteilige Auswirkungen auf die psychische, soziale oder moralische Entwicklung von Jugendlichen[1462], so stehen den positiven Wirkungen auf die ökonomischen Unternehmensziele negative psychosoziale Wirkungen auf Konsumentenseite gegenüber. Aufgrund dieser möglichen negativen Wirkungen sollten Marketingmaßnahmen generell und insbesondere gegenüber Minderjährigen nicht unreflektiert angewendet werden. Minderjährige gelten aufgrund ihrer besonderen psychosozialen Situation als besonders gefährdet für negative Einflüsse. Selbstbeschränkungen der anbietenden Unternehmen sind dann gegenüber dieser Kundengruppe in stärkerem Maße gefordert als gegenüber erwachsenen Konsumenten.[1463] Eine umfassende Kontrolle der Wirkungen auf das Verhalten von Jugendlichen kann mögliche nachteilige Folgen aufzeigen; sowohl Unternehmen als auch Gesellschaft sind gefordert, die Verantwortbarkeit von Marketingwirkungen kritisch zu überprüfen.[1464] Für das einzelne Unternehmen stellt sich damit die Frage nach dem ob und der Art und Weise der Berücksichtigung negativer psychosozialer Wirkungen und der moralischen Verantwortbarkeit des eigenen Handelns. Dabei sind verschiedene Positionen denkbar: von einer Beschränkung auf das rechtlich Vorgeschriebene bis hin zu einer Verankerung ethischer Grundsätze in den Unternehmensleitlinien.[1465]

In eine Selbstkontrolle des unternehmerischen Marketing nach ethischen Grundsätzen sind nicht nur intendierte Wirkungen des Einsatzes der Marketinginstrumente, sondern auch vom Werbetreibenden nicht-intendierte, ungeplante Wirkungen einzubeziehen.[1466]

[1461] Vgl. E. Gerum (1989), S. 139; J. F. Engel et al. (1993), S. 818 f. Zu einem „Ethics Continuum" mit verschiedenen ethischen Positionen vgl. N. C. Smith/ J. A. Quelch (1993), S. 20-23.

[1462] Zu einer Erweiterung des Wirkungsbegriffs bezogen auf die Werbung als ein Marketinginstrument vgl. D. Baacke et al. (1993), S. 101 f.

[1463] Die Anerkennung der Tatsache, daß Jugendliche besonders schützenswert sind, kommt auch in den auf S. 316 f. dargestellten Selbstbeschränkungen der werbetreibenden Unternehmen zum Ausdruck.

[1464] Vgl. zur allgemeinen Formulierung dieser Forderungen W. Kroeber-Riel/ P. Weinberg (1996), S. 36 f. Zu einer Analyse des grundsätzlichen Verhältnisses von Marketing und Ethik vgl. B. Kay-Enders (1996).

[1465] Vgl. dazu auch die Ausführungen und Beispiele bei J. F. Engel et al. (1993), S. 813-842. Zu der Unterscheidung einer Pflicht- und einer Verantwortungsethik vgl. auch M. B. Holbrook (1994), S. 567.

[1466] Zu einer Unterscheidung intendierter und nicht-intendierter Wirkungen von Werbung vgl. W. Klingler/ J. Groebel (1994), S. 226 u. 230 f.; S. Engels (1997b), S. 39. Intendiert sind z.B. die Einflüsse auf Einstellungen und Kaufwünsche gegenüber dem einzelnen Produkt; es handelt sich um produktbezogene Wirkungen; als nicht intendiert werden hingegen allgemeinere, nicht-produktspezifische Wirkungen auf die Konsumentensozialisation, die Nachahmung unerwünschten Verhaltens bezeichnet; vgl. W. Klingler/ J. Groebel (1994), S. 226; C. K. Atkin (1980), S. 297 ff.; T. S. Robertson (1980). Die nicht-intendierten Wirkungen werden von manchen Autoren auch als Folgen bezeichnet; vgl. D. Baacke et al. (1990), S. 15. Die Zuordnung ist zwar im Einzelfall problematisch und die Abgrenzung nur idealtypisch vorzunehmen, es wird jedoch deutlich, daß bei einer Beurteilung des unternehmerischen Handels nach ethischen Aspekten verschiedene Wirkungen einzubeziehen sind.

Eine vom Marketing **intendierte Wirkung** ist die Verhaltensbeeinflussung des Konsumenten zugunsten des eigenen Angebots: Ziele kommunikativer Maßnahmen sind letztlich die Schaffung von Präferenzen des Konsumenten für das angebotene Produkt und der Kauf des Produktes. Das Marketinginstrumentarium ist als wichtiges Instrument im Wettbewerb der Anbieter anerkannt. Als strittig gilt weniger die Tatsache, daß eine Beeinflussung versucht wird, sondern vielmehr die Art und Weise, wie Einfluß genommen wird.[1467]
Zur Rechtfertigung von Beeinflussungsversuchen und zur Entlastung von der Verantwortung von negativen Folgen des Marketing für den einzelnen Konsumenten wird oftmals das Argument der Konsumentensouveränität herangezogen.[1468] Verhaltenswissenschaftliche Erkenntnisse belegen jedoch, daß von einer Konsumentensouveränität nur bedingt ausgegangen werden kann.[1469] Marketingmaßnahmen können so gestaltet sein, daß die Verhaltensbeeinflussung vom Konsumenten nicht gedanklich kontrolliert wird, sei es weil der Konsument ihre Wirkungen nicht durchschaut oder weil er sich ihrem Einfluß nicht oder nur schwer entziehen kann.[1470] Im Kontext des Jugendmarketing ist m.E. zu bedenken, daß gegenüber dieser Kundengruppe auch eine besondere Verantwortung von Unternehmen besteht, eigene Beeinflussungsmöglichkeiten bewußt auf ein vertretbares Maß zu beschränken und deren Unerfahrenheit und Leichtgläubigkeit nicht zugunsten ökonomischer Ziele auszunutzen. Insbesondere bei Minderjährigen ist zu prüfen, ob nicht besondere Beschränkungen der Konsumentensouveränität vorliegen, d.h. inwieweit Minderjährige in der Lage sind,

a) die Wirkungen von Marketingmaßnahmen zu durchschauen und kritisch zu reflektieren und
b) inwieweit sie in der Lage sind, sich deren Einfluß zu entziehen und sich selbst vor potentiellen negativen Konsequenzen des eigenen Handelns zu schützen.[1471]

Voraussetzung für ein Durchschauen der Wirkung von Marketingmaßnahmen ist, daß die Werbung als solche identifiziert und die Intention der Werbetreibenden erkannt wird. Die Fähigkeit, Werbeeinblendungen im Fernsehen vom redaktionellen Programmteil zu unterschei-

---

1467 Vgl. A. Picot (1974), Sp. 566. In diese Richtung geht auch die Argumentation von Pädagogen in einer Studie für das Bundesministerium für Frauen und Jugend, die vor einer generellen Verteufelung von Kinderwerbung und -konsum warnen – auch wenn langfristige Sozialisationswirkungen kommunikativer Maßnahmen nicht ausgeschlossen werden können – da diese als Bestandteil und Spiegel der Gesellschaftskultur anzusehen sind, und die für eine konzertierte Werbeerziehung und eine Kontrolle und Beschränkung der Art und Weise der Werbung plädieren; vgl. D. Baacke et al. (1993), S. 227-238.

1468 Wenn der Konsument souverän ist, entscheidet er selbst, ob er sich den Einflüssen des Marketing aussetzt und ihnen nachgibt und welche Angebote er akzeptiert. Damit trägt er dann selbst die Verantwortung für sein Verhalten; vgl. W. Kroeber-Riel/ P. Weinberg (1996), S. 652. Zu einer vertiefenden Analyse dieser Argumentation in Marketinglehrbüchern vgl. W. Kroeber-Riel (1972); W. Kroeber-Riel (1974) sowie W. F. Fischer-Winkelmann (1973).

1469 Vgl. W. Kroeber-Riel/ P. Weinberg (1996), S. 652.

1470 Vgl. W. Kroeber-Riel/ P. Weinberg (1996), S. 653.

1471 Zur Notwendigkeit des Schutzes von Kindern und Jugendlichen vor den Einflüssen von Industrie und Werbung vgl. auch D. Baacke et al. (1993), S. 133.

den, setzt bereits zwischen dem fünften und achten Lebensjahr, also schon in der Kindheit ein.[1472] Aber selbst wenn Werbung als solche identifiziert wird, bedeutet dies noch nicht, daß die Absichten und Beeinflussungstechniken der Werbetreibenden erkannt und die Glaubwürdigkeit der Inhalte und die transportierten Scheinwelten anhand eigener Erfahrungen relativiert werden können.[1473] Um diese Absichten zu erkennen, muß der Jugendliche in der Lage sein, den Standpunkt einer anderen Person einzunehmen und Situationen aus deren Perspektive zu betrachten. Diese Fähigkeiten werden während der Kindheit im Alter von 7 bis 12 Jahren entwickelt (konkret-operationale Phase). Mit ca. zwölf Jahren, zu Beginn der Jugendphase, setzt die letzte Stufe der kognitiven Entwicklung nach Piaget ein, in der sich das Denken von konkreten Operationen löst und die Fähigkeit zur Perspektivenübernahme weiterentwickelt wird.[1474] Ein klares vollständiges Verständnis grundlegender ökonomischer Phänomene scheint sich empirischen Studien zufolge im Alter von ca. 10 bis 14 Jahren zu entwickeln.[1475] Fast die Hälfte (47,5%) der 11- bis 14jährigen bezieht Fernsehwerbung auf sich selbst als Konsumenten und versteht Werbung als Kaufappell.[1476] Mit zunehmendem Alter werden Werbung und Kommerzialisierung oft kritisch und zwiespältig gesehen.[1477]

Mit Beginn der Jugendphase scheint also das Verständnis für die Intention von Werbetreibenden einzusetzen. Charlton und Neumann-Braun merken allerdings an, daß das Verständnis von Werbung und die Tatsache, daß sich die 11- bis 14jährigen selbst für weitgehend immun gegen die Einflüsse der Werbung halten und ihr eine geringe Glaubwürdigkeit attestieren, in merkwürdigem Kontrast zu der Bevorzugung von Markenprodukten stehen.[1478] Es wird häufig festgestellt, daß die Jugendlichen, die mit Medien, Marken und Werbung aufgewachsen sind,

---

1472 Während noch 23,4% der 4- bis 6jährigen keinen Unterschied zwischen Werbung und redaktionellem Programm erkennen, sind dies bei den 11- bis 14jährigen nur noch 1,2%. 67% der 11- bis 14jährigen erkennen Werbung unabhängig vom Format bzw. an der Bedeutung. Hinzu kommen 27%, die Werbung nur am Format und weitere 4,5%, die sie intuitiv erkennen; vgl. M. Charlton/ K. Neumann-Braun/ A. Castello/ M. Binder (1995), S. 57 f.

1473 Vgl. T. Wolsing (1993), S. 138 u. 162. Vgl. auch S. Engels (1997b), S. 42 f., zu einer Differenzierung der Werbekompetenz in formales Erkennen von Werbung und inhaltliches Verstehen von Werbung.

1474 Vgl. J. Piaget (1969); J. H. Flavell (1979), S. 167; D. Garz (1989), S. 122; E. Kirchler (1995), S. 64.

1475 Vgl. dazu zusammenfassend E. Kirchler (1995), S. 68. Die grundsätzlichen Befunde zu den Stufen kognitiver Entwicklung und zur Entwicklung ökonomischen Wissens auf diesen Stufen wurden für verschiedene Länder bestätigt. Ein Unterschied besteht darin, daß Kinder in Entwicklungsländern, in ärmeren Familien und Kinder, die häufiger die Gelegenheit haben, über ökonomische Phänomene zu sprechen, früher zu einem differenzierten Wissen gelangen. Dies deutet darauf hin, daß die kognitive Entwicklung auch immer von den Umfeldgegebenheiten abhängig ist.

1476 Vgl. M. Charlton/ K. Neumann-Braun/ A. Castello/ M. Binder (1995), S. 64. Es ist zu prüfen, ob nicht bei anderen Kommunikationsformen wie bspw. dem Event- oder Schulsponsoring oder bei Kundenclubs die Intentionen der Unternehmen weniger leicht realisiert werden; vgl. z.B. E. Cebulla (1997), S. 14-19.

1477 So wird z.B. die Menge von Fernsehwerbung in einer Studie mit 4- bis 14jährigen Kindern und Jugendlichen mit zunehmendem Alter kritischer gesehen und auch der unkritische Glaube an die Richtigkeit des Werbeinhalts sinkt stark ab; 73,2% der 11- bis 14jährigen meinen, daß weniger Werbung gezeigt werden sollte und 61,8% der 11- bis 14jährigen nehmen eine differenzierte Haltung zum Wahrheitsgehalt verschiedener Fernsehwerbungen ein; vgl. M. Charlton/ K. Neumann-Braun/ A. Castello/ M. Binder (1995), S. 45 u. 64 f.

1478 Vgl. M. Charlton/ K. Neumann-Braun (1995), S. 265.

auch im Umgang mit diesen geschult sind. So gelten Jugendliche oft als erfahrene Medienexperten und kritische Werberezipienten, denen Mechanismen und Funktionen von Marketing und Werbung bekannt sind.[1479] Allerdings beziehen sich die Argumente meist nur auf die Kenntnis von und die Ansprüche an einzelne Werbespots; welche Konsequenzen dies für die kritische Reflexion der Inhalte und die Einflußwirkungen der Marketingmaßnahmen hat, ist damit noch nicht berücksichtigt.[1480]

Damit schließt sich die zweite, oben erwähnte Frage an, ob Jugendliche, selbst wenn sie die Intentionen von Marketingmaßnahmen durchschauen, in der Lage sind, sich deren Einfluß zu entziehen. Die Tatsache, daß erst zu Beginn der Jugendphase die Selbstfindung, die Ausbildung von Wertsystemen einsetzen, daß eigene Persönlichkeit und Selbstwertgefühl noch relativ wenig gefestigt sind und daß in dieser Phase der Verunsicherung vermehrt nach Orientierungsmöglichkeiten und Selbstbestätigung gesucht wird, erhöht die Beeinflußbarkeit.[1481] Insbesondere die Statusunsicherheit von Jugendlichen und das Streben nach Anerkennung in der Gleichaltrigengruppe kann zu einem sozialen Druck führen, dem sich der einzelne Jugendliche nur schwer entziehen kann.[1482] Sozialkommunikative Funktionen von Marken können dann negative Wirkungen auf den einzelnen Jugendlichen entfalten. Jugendkulturelle Gruppierungen setzen oftmals eigene, teilweise recht rigide Normen. Lindner spricht hier von einem „subkulturellen Reinheitsgebot", das sich auf den Konsistenzdruck jugendkultureller Stile bezieht.[1483] Dieser kommt z.B. darin zum Ausdruck, daß manche Jugendliche sich kritisch über die mangelhafte Erfüllung der jeweiligen subkulturellen Normen durch andere Jugendliche äußern; ferner zeigt er sich in Gefühlen der Verunsicherung einiger Jugendlicher angesichts dieser hohen Anforderungen der Gleichaltrigen. Statt daß Subkulturen Ausdrucks- und Entfaltungsmöglichkeiten jenseits normativer Zwänge bieten, werden neue Zwänge in Form von normativ-stilistischer Hörigkeit aufgebaut.[1484] Um dazuzugehören, müssen diese Normen von den Jugendlichen erfüllt werden; Nichterfüllung wird sanktioniert. Sofern Marken derart stilprägend sind, daß auch sie Teil solcher Gruppennormen sind, kann „Markenstreß"[1485] entstehen. Die Ergebnisse einer 1996 durchgeführten Befragung an einem Wuppertaler Gymnasium weisen darauf hin, daß Marken über ein Wirkungspotential verfügen können, das zu Belastungen des einzelnen und der Gesellschaft führt, die über ein ethisch

---

1479 Vgl. z.B. Grey Strategic Planning (1997), S. 45-47 u. 77; Lintas Hamburg GmbH (1994), o.S.; W. Klingler/ J. Groebel (1994), S. 220. Vgl. auch V. Nickel (1994), S. 22-28, zur Medien-, Werbe- und Produktkompetenz von Kindern und Jugendlichen.

1480 Vgl. auch W- Klingler/ J. Groebel (1994), S. 220 f.; M. Charlton/ K. Neumann-Braun (1995), S. 266.

1481 Vgl. z.B. D. Baacke et al. (1990), S. 19.

1482 Vgl. M. Charlton/ K. Neumann-Braun/ R. Kurschildgen/ J. Fichtner/ C. Pette/ C. Roesler (1995), S. 258.

1483 Vgl. R. Lindner (1985), S. 215.

1484 Vgl. R. Lindner (1985), S. 216.

1485 Als Markenstreß werden die durch die kommunikative Verwendung von Marken ausgelösten Belastungen bezeichnet, vgl. P. Hammann et al. (1997), S. 180.

akzeptables Maß hinausgehen.[1486] So meinen 64% einer Gruppe 12- bis 20jähriger Gymnasiasten, daß in bestimmten Produktbereichen (v.a. Kleidung) ein besonders starker Druck ausgeübt wird, bestimmte Marken zu kaufen. Druck wird nach Aussage der Schüler v.a. von Mitschülern (58,7%) und Medien (46,2%) ausgeübt; mögliche Formen sind Ärgern/ Hänseln (52,9%), hinterhältiges Lästern (46,7%), ständiger Medienauftritt (40,4%), ständige Verwendung in der Clique (33,3), öffentliche Meinung (32,0%), Ausgrenzung aus der Clique (26,7%) sowie Gewalttätigkeiten (11,6%).

Mit den Überlegungen zum „Markenstreß" erfolgt bereits der Übergang zu den (möglicherweise) **nicht-intendierten Wirkungen von Marketingmaßnahmen**. Es ist zu berücksichtigen, welche – meist allgemeineren, nicht produktspezifischen – negativen Konsequenzen ein Aufwachsen in der Konsum- und Medienwelt für die grundlegenden Wertvorstellungen und Konsumeinstellungen von Jugendlichen und mithin für die Sozialisation junger Menschen haben kann.[1487] Hier wird auch von Folgen oder von Sozialisationswirkungen gesprochen.[1488] Als wichtige Sozialisationsagenten gelten u.a. die Medien, die auch die Werbebotschaften von Unternehmen transportieren. So wird z.B. in der Medienforschung davon ausgegangen, daß Jugendliche als noch in körperlicher und geistiger Entwicklung stehende Individuen von möglichen negativen Auswirkungen von Medien und Werbung stärker betroffen werden als Erwachsene.[1489] Solche langfristigen Wirkungen von Medien und Werbung sind schwer zu erfassen, da diese aus einer Wechselbeziehung vieler Faktoren entstehen.[1490] Der Werbeeinfluß wird bspw. moderiert durch den Erziehungsstil der Eltern, das Alter und die kognitiven Fähigkeiten des Kindes, sozialen Druck im näheren Umfeld sowie die Menge des Fernsehkonsums.[1491]

Als mögliche negative i.a. nicht intendierte Wirkungen von Marketingmaßnahmen kommen in Betracht:[1492]

- Einschränkung von sozialen Orientierungsmöglichkeiten,
- Flucht in den Konsum,
- schädliches Konsumverhalten,

[1486] Zur Konzeption der Studie sowie zu den im folgenden dargestellten Ergebnissen vgl. P. Hammann et al. (1997), S. 178-180.

[1487] Zu einer derartigen Erweiterung des Wirkungsbegriffes vgl. D. Baacke et al. (1993), S. 167.

[1488] Vgl. D. Baacke et al. (1990), S. 14; W. Kroeber-Riel/ P. Weinberg (1996), S. 629.

[1489] Vgl. D. Baacke et al. (1993), S. 105.

[1490] Vgl. W. Klingler/ J. Groebel (1994), S.220 u. 224 f.; vgl. auch G. P. Moschis/ R. L. Moore (1982), S. 280 f. u. 285. Die Grundannahme eines Medieneinflusses auf allgemeine Weltbilder gerade bei jüngeren Kindern wird allerdings in vielen Studien bestätigt; vgl. D. Baacke et al. (1990), S. 19; W. Klingler/ J. Groebel (1994), S. 221 u. 232.

[1491] Vgl. W. Klingler/ J. Groebel (1994), S. 227.

[1492] Vgl. W. Kroeber-Riel/ P. Weinberg (1996), S. 629; W. Klingler/ J. Groebel (1994), S. 227.

- Eltern-Kind-Konflikte sowie
- konfliktäres Konsumverhalten.

Indem in der Werbung alters-, geschlechts- oder schichtspezifische Rollenstereotype transportiert werden, trägt diese zur **Entwicklung und Verfestigung traditioneller Rollenbilder** und zur Aufrechterhaltung der sozialen Distanz zwischen sozialen Schichten bei.[1493] So sehen Groebel/ Gleich negative Wirkungen weniger in direkten Kaufverhaltenswirkungen einer einzelnen Werbemaßnahme, sondern vielmehr darin, daß eine rigide soziale Kategorisierung unterstützt wird, sowie darin, daß in der Werbung propagierte Deutungsmuster und Handlungsstrukturen auf die Jugendlichen übertragen werden.[1494] Allerdings fehlen für einen Einfluß der Werbung auf die Entwicklung von Geschlechtsrollenstereotypen eindeutige Belege; andere Faktoren wie z.B. die Vorbilder aus der Familie und dem Bekanntenkreis sowie Sendungen aus dem redaktionellen Fernsehprogramm scheinen einflußreicher zu sein.[1495]
Thematisiert wird ferner der Einfluß des Marketing – insbesondere der Fernsehwerbung – auf die Ausbildung verstärkt konsumbezogener Wertvorstellungen und die Prägung des Selbst- und Weltbildes von Minderjährigen durch materielle Orientierungen.[1496] Es wird die Gefahr gesehen, daß Jugendliche sich selbst und ihre Mitmenschen stärker nach materiellem Besitz als nach inneren Werten beurteilen und sich eine Überbewertung des Materiellen ergibt, die zu Lasten einer sozialen Normen- und Wertorientierung geht.[1497]

„Der sogenannte **Eskapismus-Vorwurf** an die Medien zielt darauf ab, daß den jungen Konsumenten eine unproblematische schöne Welt des Konsums vorgegaukelt wird, in die sie sich vor den Kümmernissen und dem Streß des Lebens zurückziehen können".[1498] So wird bspw. bei Kindern aufgrund eines Mangels an zuverlässigen Bezugspersonen eine Bindung und Orientierung an Fernsehpersonen beobachtet; echte Freunde werden durch Fernsehhelden ersetzt.[1499]

Durch die Darstellung von Verhaltensmodellen in den Medien können Jugendliche zum Konsum nachteiliger, z.B. **gesundheitsschädlicher Produkte** verführt werden (z.B. Zigaretten,

---

1493 Vgl. W. Kroeber-Riel/ P. Weinberg (1996), S. 629; W. Klingler/ J. Groebel (1994), S. 227; G. P. Moschis/ R. L. Moore (1982), S. 285.
1494 Vgl. J. Groebel/ U. Gleich (1991), S. 213; vgl. auch D. Baacke et al. (1993), S. 162; vgl. auch T. Wolsing (1993), S. 156, zur Gefahr einer einseitigen Verstärkung von Rollenklischees durch die Werbung bei Kindern.
1495 Vgl. W. Klingler/ J. Groebel (1994), S. 228.
1496 Vgl. W. Klingler/ J. Groebel (1994), S. 227; S. Engels (1997b), S. 51.
1497 Vgl. z.B. E. Cebulla (1997), S. 22 u. 27.
1498 W. Kroeber-Riel/ P. Weinberg (1996), S. 629.
1499 Vgl. W. Klingler/ J. Groebel (1994), S. 220.

Alkohol).[1500] Insbesondere Jugendliche können aufgrund geringer Erfahrungen und höherer Leichtgläubigkeit sowie der hohen Bedeutung sozialer Anerkennung unter Gleichaltrigen leichter zu „verführen“ sein. Dabei darf allerdings schädliches Verhalten von Jugendlichen nicht allein auf die Wirkung der Werbung zurückgeführt werden: zur Konsumentensozialisation tragen nicht nur die Medien bei, sondern ebenso die Personen im persönlichen Umfeld von Jugendlichen, die ihnen als Verhaltensmodelle dienen.[1501]

Ferner wird die Auslösung bzw. Verschärfung von **Eltern-Kind-Konflikten** thematisiert, die durch die bei den Jugendlichen erzeugten Konsumwünsche und den auf die Eltern ausgeübten Kaufdruck entstehen können.[1502]

Konfliktäres Konsumverhalten kann bspw. dadurch entstehen, daß Konsumstandards durch Marketingmaßnahmen hochgeschraubt und von den Jugendlichen unreflektiert übernommen werden, obwohl sie diese eigentlich gar nicht verwirklichen können.[1503] Insbesondere bei sozial benachteiligten Jugendlichen können Minderwertigkeitsgefühle und soziale Distanzwahrnehmungen verstärkt werden, wenn sie durch die permanente Vorspiegelung der schönen Werbewelt vorgehalten bekommen, was sie bzw. ihre Familien sich nicht leisten können.[1504] Je größer die Diskrepanz zur attraktiven Werbewelt, desto größer ist häufig das Bestreben an ihr teilzuhaben und soziale Anerkennung zu erlangen.[1505] Gerade die für die Jugendphase typische Statusunsicherheit sensibilisiert für soziale Wahrnehmungen; es besteht die Gefahr, daß die Verunsicherung von Jugendlichen verstärkt wird und psychische Belastungen entstehen. Empirische Studien weisen auf die Existenz solcher Konsumzwänge und -konflikte bei Jugendlichen hin.[1506] In diesem Zusammenhang ist auch die Problematik der Verschuldungs-

---

[1500] Vgl. auch W. Klingler/ J. Groebel (1994), S. 227, zur Problematik der Nachahmung unerwünschten Verhaltens.

[1501] Vgl. dazu auch die Ausführungen in **Abschnitt 5.2.3.**

[1502] Vgl. S. Engels (1997b), S. 51. Empirische Studien belegen Auseinandersetzungen zwischen Eltern und Kindern über das Warum oder Warum-nicht eines Produktkaufs; vgl. W. Klingler/ J. Groebel (1994), S. 227-230.

[1503] Vgl. W. Kroeber-Riel/ P. Weinberg (1996), S. 630; D. Baacke et al. (1993), S. 103.

[1504] Vgl. U. Eicke/ W. Eicke (1994), S. 224. Vgl. zu einer Differenzierung von Kindern und Jugendlichen nach ihrem sozialen Hintergrund und dem darauf basierenden Umgang mit Werbung D. Baacke et al. (1993), S. 236-238.

[1505] Vgl. T. Wolsing (1993), S. 148.

[1506] Vgl. E. Lange (1997); H. W. Opaschowski/ C. Duncker (1996); A. d´Astous et al. (1990). Nach einer Studie von Lange erweisen sich etwa 6% der Jugendlichen zwischen 15 und 20 Jahren als kaufsüchtig und weitere 12% als kompensatorisch kaufend, wobei kompensatorischer Konsum als Konsumverhalten definiert wird, das Defizite kompensieren soll, die aus dem Nichtlösen anderer Probleme entstanden sind und Kaufsucht dann vorliegt, wenn das kompensatorische Kaufverhalten die für ein Suchtverhalten typischen Merkmale aufweist; vgl. E. Lange (1997), S. 137 f. In ihrer 1993 durchgeführten Befragung von 18- bis 29jähriger fanden Opaschowski/ Duncker heraus, daß 56% öfters das Gefühl haben, in der Freizeit zuviel Geld auszugeben und daß 54% bei ihrer Freizeitgestaltung mehr von Angeboten abhängig sind, die Geld kosten, als ihnen lieb ist. Gegenüber einer Befragung von 1983 ergab sich eine Steigerung der Anteile um 9 bzw. 11 Prozentpunkte; vgl. H. W. Opaschowski und C. Duncker (1996), S. 25.

bereitschaft von Jugendlichen zu sehen. Hier besteht die Gefahr, daß den gegenwärtigen Bedürfnissen nach sozialer Anerkennung zu Lasten zukünftiger Bedürfnisbefriedigungsmöglichkeiten nachgegeben wird. Möglicherweise schätzen Jugendliche die (zukünftigen) Belastungen einer Verschuldung nicht realistisch ein.[1507] Diese Effekte können sicherlich nicht durch einen einzelnen Werbespot oder ein einzelnes Unternehmen bewirkt werden und auch die Gesamtheit der Maßnahmen von Unternehmensseite kann nicht allein für diese Wirkungen verantwortlich gemacht werden. Es handelt sich vielmehr um ein komplexes Zusammenspiel verschiedener Einflußfaktoren, zu denen auch gesellschaftliche Bedingungen, elterliche Vorbilder und persönliche Bedingungen des Einzelnen ihren Teil beitragen.[1508] Will ein Unternehmen ethischen Aspekten Rechnung tragen, muß es seine Stellung in diesem Geflecht bedenken und kontrollieren.

Aus Unternehmenssicht stellt sich damit die Frage, wie mit potentiellen aus Konsumentensicht negativen Wirkungen von Marketingmaßnahmen umzugehen ist. Gegenüber diesen potentiellen negativen Wirkungen von Marken und Marketingmaßnahmen gibt es drei prinzipielle Haltungen, mit denen Unternehmen diesen begegnen können: Vermeidung, Negation und Ausnutzung.[1509] Sowohl bei der Ignoranz oder gar Negation negativer Wirkungen als auch bei der Ausnutzung dieser negativen Wirkungen zu eigenen Zwecken bleiben ethische Aspekte unberücksichtigt. Eine mögliche Haltung, die ethischen Aspekten Rechnung trägt, besteht darin, potentielle negative Wirkungen anzuerkennen und weitgehend zu vermeiden. Neben den ökonomischen Zielen können ethische Ziele im Zielsystem der Unternehmung ihren Niederschlag finden, um eine Verankerung auf höchster Unternehmensebene zu erhalten. Der Zielkonflikt wird damit internalisiert. Bei einzelnen Marketingentscheidungen sind dann ökonomische und ethische Zielwirkungen zu berücksichtigen. Eine gezielte Erzeugung und Ausnutzung sozialen Drucks zugunsten der eigenen Marken verbietet sich dann aufgrund ethischer Grundsätze.[1510] Es besteht z.B. die Möglichkeit, das Thema „Markenstreß“ bzw. Eigenständigkeit der Entscheidungen und des Verhaltens in der Kommunikation aufzugreifen und

1507 US-Amerikanische Studien kommen bspw. zu dem Ergebnis, daß Jugendliche der Kreditaufnahme positiver gegenüberstehen als ältere Personen; vgl. J. F. Engel et al. (1993); S. M. Livingstone/ P. K. Lunt (1992). Für Deutschland ergibt eine 1996 durchgeführte Studie von Lange, daß nach eigenen Auskünften 17% der befragten 15- bis 20jährigen Schulden haben und bei 5% aller 15- bis 20jährigen die Schulden die Höhe der Einkünfte eines Monats überschreiten; vgl. E. Lange (1997), S. 59 f. Eine von der Verbraucherzentrale in Auftrag gegebene Befragung bei 14- bis 17jährigen Schüler(inne)n in Nordrhein-Westfalen ergab, daß 7,3% ihr Konto überzogen haben; vgl. Verbraucherzentrale NRW (1997), o.S. In diesem Zusammenhang wird von der Verbraucherzentrale auch kritisiert, daß entgegen den rechtlichen Vorschriften Jugendliche mit ec-Karten ausgestattet werden, mit denen sie ihr Konto überziehen können (11,6% der 14- bis 17jährigen).

1508 Letztlich werden damit langfristige Sozialisationswirkungen der Werbung angesprochen, die mit anderen Sozialisationsagenten zusammenwirkt; vgl. dazu auch D. Baacke et al. (1993), S. 167 f. sowie T. Wolsing (1993), S. 146.

1509 Vgl. zur Unterscheidung dieser drei „Strategien“ P. Hammann et al. (1997), S. 182.

1510 Vgl. auch T. P. Schiele (1997), S. 187.

den einzelnen zu einer bewußten Auseinandersetzung mit dem Phänomen des Gruppendrucks anzuhalten.[1511] Beispiele für eine Umsetzung sind die 1996 geschalteten Fernsehspots für Fanta mit den Slogans „Bleib Du Du“ und „Image ist nichts, allein Dein Geschmack entscheidet“, in denen Gruppenzwänge und die Scheinwelten der Werbung thematisiert und persifliert werden.[1512] Weiterhin ist eine Beteiligung an Aufklärungskampagnen denkbar.[1513] Hammann/ Palupski/ Bofinger weisen darauf hin, daß sich aus einem verantwortungsbewußten Verhalten im Idealfall wiederum positive Imagewirkungen und ökonomische Wirkungen ergeben können, da eine solche Haltung des Unternehmens von kritischen Konsumenten honoriert wird.[1514]

Es gibt allerdings verschiedene Gründe dafür, daß eine wirksame Beschränkung negativer Wirkungen von Marketingmaßnahmen nicht (nur) auf der Ebene des einzelnen Unternehmens vorgenommen werden kann. Ökonomische Erfordernisse wie die Sicherung des Fortbestandes des Unternehmens sowie das Bestehen im Wettbewerb sorgen für eine Priorität ökonomischer Ziele im Zielsystem von Unternehmen. Messen Wettbewerber ethischen Zielen keine Bedeutung zu, bleibt dem einzelnen Unternehmen im Extremfall nur die Wahl zwischen der Verletzung ethischer Ziele und der Inkaufnahme von potentiellen Wettbewerbsnachteilen. Dies könnte letztlich zu einem Marktausscheiden des nach ethischen Maßstäben handelnden Anbieters führen. Selbstbeschränkungen der anbietenden Unternehmen sind in einer solchen Situation nur in koordinierter Aktion möglich (wie z.B. die in **Abschnitt 7.2** dargestellten freiwilligen Selbstbeschränkungen der Werbewirtschaft) oder aber es werden Beschränkungen durch den Gesetzgeber notwendig. Nicht zuletzt ist auch das persönliche Umfeld der Jugendlichen gefordert, wenn es darum geht, Vorbilder für das Konsumverhalten zu liefern und einen souveränen Umgang der Jugendlichen mit Marketingmaßnahmen zu fördern.[1515]

Auch für die Verbraucherpolitik sind diese Überlegungen von Bedeutung. Wenn auch eine bis ins einzelne gehende staatliche Reglementierung der die Konsumentensouveränität beschränkenden Marketingmaßnahmen wenig aussichtsreich erscheint,[1516] so ist ein weiterer Ansatzpunkt die Verbraucheraufklärung und -information. In einer modernen Gesellschaft ist die Herausbildung von Souveränität und Eigenständigkeit hinsichtlich des Umgangs mit Medien und Konsum ein wichtiger Teil der menschlichen Entwicklung. Maßnahmen, die auf die

[1511] Vgl. P. Hammann et al. (1997), S. 182.
[1512] Dabei ist allerdings darauf zu achten, daß trotzdem ein eigenständiger Produktnutzen kommuniziert wird, der dem Konsumenten einen Anreiz für den Kauf des Produktes bietet.
[1513] Vgl. P. Hammann et al. (1997), S. 182.
[1514] Vgl. P. Hammann et al. (1997), S. 182.
[1515] Vgl. T. Wolsing (1993), S. 162 f.
[1516] Vgl. W. Kroeber-Riel/ P. Weinberg (1996), S. 654.

Entwicklung und Verbesserung der dafür erforderlichen kognitiven, emotionalen und handlungsbezogenen Kompetenzen zielen, können als fördernde Maßnahmen die schützenden rechtlichen Verbote und Beschränkungen sinnvoll ergänzen.[1517] Ein Ansatzpunkt kann darin bestehen, die Eltern in die Lage zu versetzen, ihren Kindern eine Konsumenten- und Medienerziehung zukommen zu lassen.[1518] Aber auch eine intensivierte Konsumenten- und Medienbildung in den Schulen wird als wirkungsvolle Möglichkeit gesehen, die Werbe- und Konsumkompetenz von Jugendlichen zu stärken.[1519]

Aus medienpädagogischer Sicht wird die Teilhabe von Kindern und Jugendlichen an Konsum, Medien und Werbung als selbstverständlicher und von den Jugendlichen selbst gewollter Bestandteil des Alltags angesehen, dessen Verteufelung wenig sinnvoll ist. Am geeignetsten erscheint die Kombination von systematischer Erziehung zur Eigenkompetenz und sinnvoller Regulierung der Werbung. Die rechtlichen Regelungen und die Selbstbeschränkungen der Anbieterseite sollten daher um Maßnahmen zur Förderung eines verantwortungsbewußten und kritischen Verbraucherverhaltens bei Jugendlichen ergänzt werden.[1520]

[1517] Vgl. W. Hoffmann-Riem et al. (1995), S. 418.

[1518] Empirische Studien haben gezeigt, daß eine kritische Diskussion von Werbung in Familien selten stattfindet und daß Eltern oft selbst nur über eine geringe Kompetenz zur Werbeerziehung verfügen; vgl. M. Charlton/ K. Neumann-Braun (1995), S. 267 f. Gerade vor dem Hintergrund, daß Eltern eine hohe Modellwirkung auf ihre Kinder entfalten, wäre eine elterliche Werbeerziehung als wirkungsvoll einzuschätzen.

[1519] Vgl. D. Baacke et al. (1993), S. 233 f.

[1520] Vgl. zu dieser Argumentation z.B. D. Baacke et al (1993), S. 133 f.; T. Wolsing (1993), S. 163; V. Nickel (1994), S. 38 f.; W. Kroeber-Riel/ P. Weinberg (1996), S. 654.

Abb. 1-1: Aufgaben der strategischen und operativen Marketingplanung

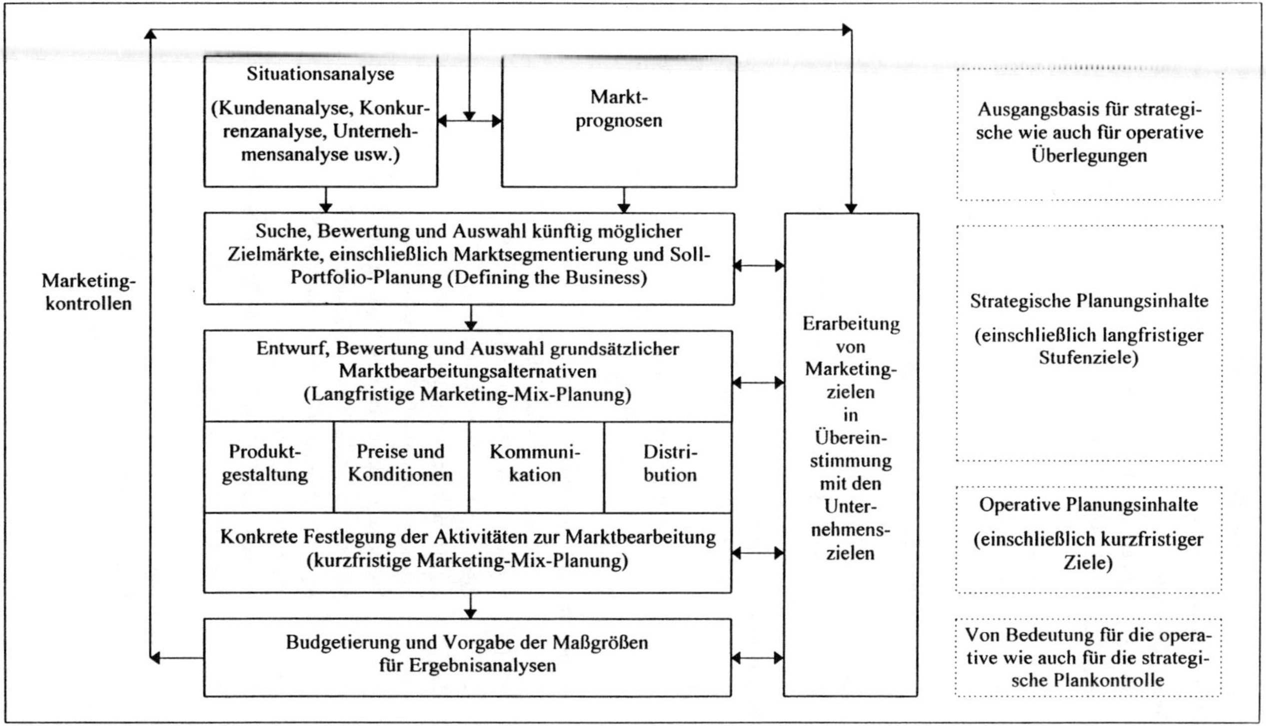

Quelle: in Anlehnung an R. Köhler (1993), S. 8.

Abb. 2-2: Altersgrenzen der Jugendphase in verschiedenen Disziplinen

Alter in Jahren von	bis	Gewählte Bezeichnung und Autor
in der Marketing-Literatur:		
12	18	Adoleszenz; M. H. Fosse-Gomez (1991), S. 106
11	19	Adoleszenz; E. R. Foxman et al. (1989b), S. 485
13	19	Teenager; J. Swanson (1990)
12	19	Jugend i.e.S.; C Lakaschus (1992), S. 492
12	29	Jugend i.w.S.; C. Lakaschus (1992), S. 492
14	24	Jugend(markt); H. Meffert/K.-G. Windhorst (1985), S. 242
13	24	Jugend; S. Vandermerwe (1990), S. 30
12/13	19	Jugendliche; B. van Eimeren/ B. Meier-Lesch (1997), S. 590
in der biologischen Literatur:		
12/14	18/21	Jugend; R. Knussmann (1996), S. 169, 184 u.195 f.
in der psychologischen Literatur:		
12/14	25	Adoleszenz; H. Remschmidt (1992), S. 2
10	17	Jugendalter; O. Ewert (1983), S. 13; M. Oerter/ E. Dreher (1995), S. 312
10	20	Adoleszenz; O. Ewert (1983), S. 13; M. Oerter/ E. Dreher (1995), S. 312
10	24	Jugend i.w.S.; O. Ewert (1983), S. 13; M. Oerter/ E. Dreher (1995), S. 312
in der soziologischen und pädagogischen Literatur:		
13	18	Jugendliche; D. Baacke (1993a)
10	20	Jugend i.e.S.; K. Hurrelmann (1993), S. 253
10	24	Jugend i.w.S.; K. Hurrelmann (1993), S. 253
13	25	Jugend; W. Ferchhoff (1991), S. 108
15	25	Jugend; B. Biervert (1987), S. 98-100
15/16	17/20	Jugend i.e.S.; H. Reimann/ H. Reimann (1987), S. 18 f.
15/16	24	Jugend i.w.S.; H. Reimann/ H. Reimann (1987), S. 18 f.
12	30	Jugend; K. Allerbeck/ W. Hoag (1985), S. 182 f.
13	18	Jugend i.e.S.; B. Schäfers (1994), S. 30
13	21	Jugend i.e.S. und Heranwachsende; B. Schäfers (1994), S. 30
13	25	Jugend i.w.S.; B. Schäfers (1994), S. 30
in der juristischen Literatur:		
14	17	Jugendliche i.e.S.; H. Tilch (1992), S. 586
14	ca. 23	Jugendliche i.w.S.; H. Tilch (1992), S. 586

Abb. 2-3: Rechtlich bedeutsame Altersstufen

Alter in Jahren	Rechte, Pflichten, Fähigkeiten, Mündigkeiten
6	Beginn der Schulpflicht (§ 58 HessSchulG) Filmmündigkeit I (§ 6 JÖSchG)
7	beschränkte Geschäfts- (§§ 106ff. BGB) und bedingte Deliktsfähigkeit (§§ 827, 828 BGB)
12	beschränkte Religionsmündigkeit (§§ 2,3 RelKErzG) Filmmündigkeit II (§ 6 JÖSchG)
14	bedingte Strafmündigkeit (§§ 1,3 JGG) volle Religionsmündigkeit (§§ 5 RelKErzG) Ausnahmen vom Beschäftigungsverbot für Jugendliche, z.B. Erlaubnis zum Austragen von Zeitungen und Zeitschriften bis zu zwei Stunden werktäglich (§§ 5 V, 6 JArbSchG) Besuch von Film- und sonstigen Veranstaltungen bis 22 Uhr (§ 6 JÖSchG) Mitbestimmungsrechte, z.B. bei der Zugehörigkeit zu einem Elternteil im Scheidungsfall (§ 1671 Abs. 3 BGB)
15	frühestes Ende der 9jährigen Schulpflicht (z.B. § 59 HessSchulG) und Beginn der Berufsschulpflicht (z.B. § 62 HessSchulG) Beschäftigungserlaubnis von Jugendlichen (§ 7 JArbSchG)
16	Ehefähigkeit, bedingte Ehemündigkeit (§ 1 EheG) beschränkte Testierfähigkeit (§ 2229 BGB) Eidesfähigkeit (§§ 393, 455 ZPO, § 60 StPO) Erwerb des Führerscheins Klasse 1b, 4 und 5 (§ 7 StVZO) Pflicht zum Besitz eines Personalausweises (§ 1 PersAuswG) Aufenthalt in Gaststätten ohne Erziehungsberechtigten (§ 3 JÖSchG); Rauchen in der Öffentlichkeit (§ 9 JÖSchG), Besuch von Film- und Tanzveranstaltungen bis 24 Uhr (§§ 5, 6 JÖSchG) Filmmündigkeit III (§ 6 JÖSchG)

Fortsetzung auf folgender Seite

Fortsetzung von Abb. 2-3: Rechtlich bedeutsame Altersstufen

Alter in Jahren	Rechte, Pflichten, Fähigkeiten, Mündigkeiten
18	Volljährigkeit (§ 2 BGB) volle Ehemündigkeit (§ 1 EheG) volle Geschäfts- (§ 106 ff. BGB) und Testierfähigkeit (§ 2229 BGB) unbeschränkte Deliktsfähigkeit (§§ 827, 828 BGB) Ende der Vormundschaft oder Pflegschaft wegen Minderjährigkeit (§ 1882 BGB) selbständige Wahl des Wohnsitzes (§ 8 BGB) Erwerb des Führerscheins Klasse 1 und 3 (§ 7 StVZO) aktives und passives Wahlrecht für den Bundestag (Art. 38 GG) Wahlrecht für Landtag und Gemeindevertretung ist Ländersache: aktives Wahlrecht für Landtag (z.B. § 2 HessLWG); aktives und passives Wahlrecht für Gemeindevertretung (z.B. § 32 HGO, § 23 HKO) volle Strafmündigkeit (mit Einschränkungen) (§ 105 I JGG) Beginn der Wehrpflicht (§ 1 WPflG) Ende der Berufsschulpflicht (Ländersache) (z.B. § 62 HessSchG) Filmmündigkeit IV (§ 6 JÖSchG)
21	Ende der Möglichkeit, Jugendstrafrecht anzuwenden (§ 10 StGB) Erwerb des Führerscheins Kl. 2 (§ 7 StVZO) in Hessen: passives Wahlrecht für den Landtag (§ 4 HessLWG)
24	Ende der Möglichkeit, den Jugendstrafvollzug anzuwenden (Sollvorschrift) (§ 92 JGG)
25	Adoption eines Kindes möglich (§ 1743 BGB) Möglichkeit der Berufung zum ehrenamtlichen Richter am Arbeits- oder Sozialgericht (§ 21 ArbGG; § 16 SGG) sowie zum Schöffen (§ 33 GVG) Möglichkeit der Zulassung zum Heilpraktiker (§ 2 der 1. DVO z. HeilprG)
27	regelmäßiges Ende des Anspruchs auf Kindergeld für Auszubildende und Studenten (§ 2 BKGG) Möglichkeit der Ernennung zum Beamten auf Lebenszeit (§ 6 BRRG, § 9 BBG) Entfall des Anspruchs auf Ausbildungsförderung (§ 10 BAföG)

* Ausnahmen bilden die Kommunalwahlen 1996 in Niedersachsen und 1998 in Schleswig-Holstein, bei denen erstmals in Deutschland auch 16- und 17jährige wahlberechtigt waren; vgl. o.V. (1998a), S. 1.

Tab. 3-1: Bisherige und prognostizierte[1] Entwicklung von Anzahl und Anteil der Jugendlichen an der Gesamtbevölkerung in der Bundesrepublik Deutschland von 1950 bis 2040[2]

Jahr	Gesamt-bevölkerung in Tsd.	12- bis 21jährige		12- bis 24jährige	
		Anzahl in Tsd.	Anteil an der Gesamt-bevölkerung in %	Anzahl in Tsd.	Anteil an der Gesamt-bevölkerung in %
1955	50318,1	8438,7	16,7	10451,7	20,8
1960	53756,0	7773,0	14,5	10482,0	19,5
1965	59296,6	7525,8	12,7	10157,0	17,1
1971	61502,5	8466,4	13,8	10926,4	17,8
1975	61644,6	9308,8	15,1	11828,8	19,2
1980	61657,9	10299,5	16,7	13073,8	21,2
1985	61020,5	9024,3	14,8	12195,2	20,0
1986	61140,5	8575,1	14,0	11828,6	19,3
1987	61238,1	8093,2	13,2	11339,1	18,5
1988	61715,1	7709,3	12,5	10980,1	17,8
1989	79112,8	9442,5	11,9	13508,4	17,0
1990	79753,3	9122,9	11,4	13127,0	16,5
1991	80274,6	8877,3	11,1	12769,1	15,9
1992	80974,6	8808,3	10,9	12561,1	15,5
1993	81338,1	8724,5	10,7	12283,2	15,1
1994	81538,6	8734,9	10,7	12027,9	14,8
1995	81817,0	8840,7	10,8	11882,3	14,5
1996	82012,2	8939,1	10,9	11762,3	14,3
1997[1]	81867,1	8860,9	10,8	11633,7	14,2
1998[1]	81990,4	8969,4	10,9	11600,7	14,1
1999[1]	82095,6	9091,5	11,0	11705,0	14,3
2000[1]	82181,6	9224,1	11,2	11854,3	14,4
2001[1]	82137,5	9358,9	11,4	12028,7	14,6
2002[1]	82073,5	9457,8	11,5	12158,6	14,8
2003[1]	81990,8	9521,7	11,6	12293,7	15,0
2004[1]	81891,2	9505,8	11,6	12340,3	15,1
2005[1]	81777,4	9454,2	11,6	12344,9	15,1
2010[1]	81035,5	8922,4	11,0	11862,7	14,6
2020[1]	78444,6	7098,7	9,0	9616,7	12,3
2030[1]	74347,3	6552,6	8,8	8632,2	11,6
2040[1]	68800,2	5976,7	8,7	8004,6	11,6

1 Zahlen ab dem Jahr 1997 nach der Modellrechnung zur Bevölkerungsentwicklung in der BRD; Basis 01.01.1994; Variante I A;

2 Stand bis 1996 jeweils Jahresende; ab 1997 jeweils Jahresbeginn; Zahlen beziehen sich bis 1989 auf das alte Bundesgebiet, ab 1989 beinhalten sie das alte und das neue Bundesgebiet

Quelle: in Anlehnung an Statistisches Bundesamt (1957, 1962, 1967, 1973, 1977, 1982-1998).

Tab. 3-2: Einkommen von Jugendlichen zwischen 12 und 24 Jahren (Stand Ende November 1995)

	12-14 Jahre		15-17 Jahre	18-20 Jahre	21-24 Jahre
Regelmäßiges Taschengeld:		**Regelmäßiges Taschengeld:**			
Anteil der Taschengeldempfänger	82,1%	Anteil der Taschengeldempfänger	73%	34%	18%
durchschnittlicher mtl. Betrag pro Empfänger	41,3 DM	durchschnittlicher mtl. Betrag pro Empfänger	86,- DM	179,- DM	378,- DM
jährlicher Gesamtbetrag (Hochrechnung)	1,08 Mrd. DM	jährlicher Gesamtbetrag (Hochrechnung)	2,0 Mrd. DM	1,8 Mrd. DM	3,1 Mrd. DM
Zusätzliche Geldzuwendungen:		**Regelmäßiges Gehalt:**			
Anteil der Empfänger	48,0%	Anteil der Empfänger	30%	65%	75%
durchschnittlicher mtl. Betrag pro Empfänger	73,7 DM	durchschnittlicher mtl. Betrag pro Empfänger	628,- DM	983,- DM	1810,- DM
jährlicher Gesamtbetrag (Hochrechnung)	1,1 Mrd DM	jährlicher Gesamtbetrag (Hochrechnung)	6 Mrd. DM	19 Mrd. DM	62 Mrd. DM
Geldzuwendungen zu Weihnachten:		**Gehalt aus Jobs und Nebentätigkeiten:**			
Anteil der Empfänger	63,3%	Anteil der Empfänger	33%	34%	27%
durchschnittlicher jährl. Betrag pro Empfänger	161,7 DM	durchschnittlicher mtl. Betrag pro Empfänger	180,- DM	350,- DM	520,- DM
jährlicher Gesamtbetrag (Hochrechnung)	272,3 Mio. DM	jährlicher Gesamtbetrag (Hochrechnung)	1,9 Mrd. DM	3,6 Mrd. DM	6,4 Mrd. DM
Geldzuwendungen zum Geburtstag:					
Anteil der Empfänger	75,5%				
durchschnittlicher jährl. Betrag pro Empfänger	159,5 DM				
jährlicher Gesamtbetrag (Hochrechnung)	320,4 Mio. DM				
Summe der jährlichen Einkommen:	**2,8 Mrd. DM**	**Summe der jährlichen Einkommen:**	**9,9 Mrd. DM**	**24,4 Mrd. DM**	**71,5 Mrd. DM**
		Frei verfügbares Geld:			
		Anteil der Empfänger	79%	83%	81%
		durchschnittlicher mtl. Betrag pro Empfänger	152,- DM	341,- DM	558,- DM
		jährlicher Gesamtbetrag (Hochrechnung)	**4 Mrd. DM**	**9 Mrd. DM**	**21 Mrd. DM**
Ersparnisse:		**Ersparnisse:**			
Anteil der Besitzer	72,5%	Anteil der Besitzer	67%	66%	56%
durchschnittlicher jährl. Betrag pro Empfänger	1335,8 DM	durchschnittlicher jährl. Betrag pro Empfänger	2921,- DM	4359,- DM	6668,- DM
Summe der Ersparnisse (Hochrechnung)	**2,6 Mrd. DM**	**Summe der Ersparnisse (Hochrechnung)**	**5,1 Mrd. DM**	**7,2 Mrd. DM**	**14,2 Mrd. DM**

Quelle: in Anlehnung an Institut für Jugendforschung (1995a), o.S.

Tab. 3-3: Einkommen von Jugendlichen zwischen 12 und 21 Jahren (Stand März/ April 1986)

	Gesamt	12-13 Jahre	14-15 Jahre	16-17 Jahre	18-19 Jahre	20-21 Jahre
Regelmäßiges Taschengeld:						
Anteil der Taschengeldempfänger	63%	86%	87%	78%	50%	27%
durchschnittlicher mtl. Betrag pro Empfänger	44,- DM	19,- DM	35,- DM	50,- DM	69,- DM	90,- DM
jährlicher Gesamtbetrag (Hochrechnung)	3,024 Mrd. DM	-	-	-	-	-
Zusätzliche Einnahmen von Taschengeldempfängern:						
Anteil der Empfänger	67%	62%	71%	60%	75%	63%
durchschnittlicher mtl. Betrag pro Empfänger	52,- DM	39,- DM	36,- DM	40,- DM	87,- DM	108,- DM
jährlicher Gesamtbetrag (Hochrechnung)	4,580 Mrd. DM	-	-	-	-	-
Regelmäßiges Gehalt:						
Anteil der Empfänger	30%	-	-	-	-	-
durchschnittlicher jährl. Betrag pro Empfänger	580,- DM	-	100,- DM	480,- DM	570,- DM	780,- DM
jährlicher Gesamtbetrag (Hochrechnung)	13,455 Mrd. DM	-	-	-	-	-
Zusätzliche Einnahmen von Empfängern eines eigenen Gehalts:						
Anteil der Empfänger	47%	-	-	-	-	-
durchschnittlicher jährl. Betrag pro Empfänger	60,- DM	-	51,- DM	31,- DM	63,- DM	68,- DM
jährlicher Gesamtbetrag (Hochrechnung)	2,234 Mrd. DM	-	-	-	-	-
Geldzuwendungen zu Weihnachten und zum Geburtstag:						
Anteil der Empfänger	75%	-	-	-	-	-
durchschnittlicher jährl. Betrag pro Empfänger	175,- DM	90,- DM	135,- DM	180,- DM	240,- DM	210,- DM
jährlicher Gesamtbetrag (Hochrechnung)	1,154 Mrd. DM	-	-	-	-	-
Summe der jährlichen Gesamteinkommen	**24,447 Mrd. DM**	-	-	-	-	-
Ersparnisse:						
Anteil der Besitzer	80%	-	-	-	-	-
durchschnittlicher jährl. Betrag pro Empfänger	910,- DM	500,- DM	690,- DM	950,- DM	960,- DM	1450,- DM
Summe der Ersparnisse (Hochrechnung)	**6,249 Mrd. DM**	-	-	-	-	-

Quelle: in Anlehnung an Institut für Jugendforschung (1986), S. 58 und 60.

Abb. 3-8: Identifikation der 13- bis 29jährigen mit Gruppenstilen im Jahr 1997

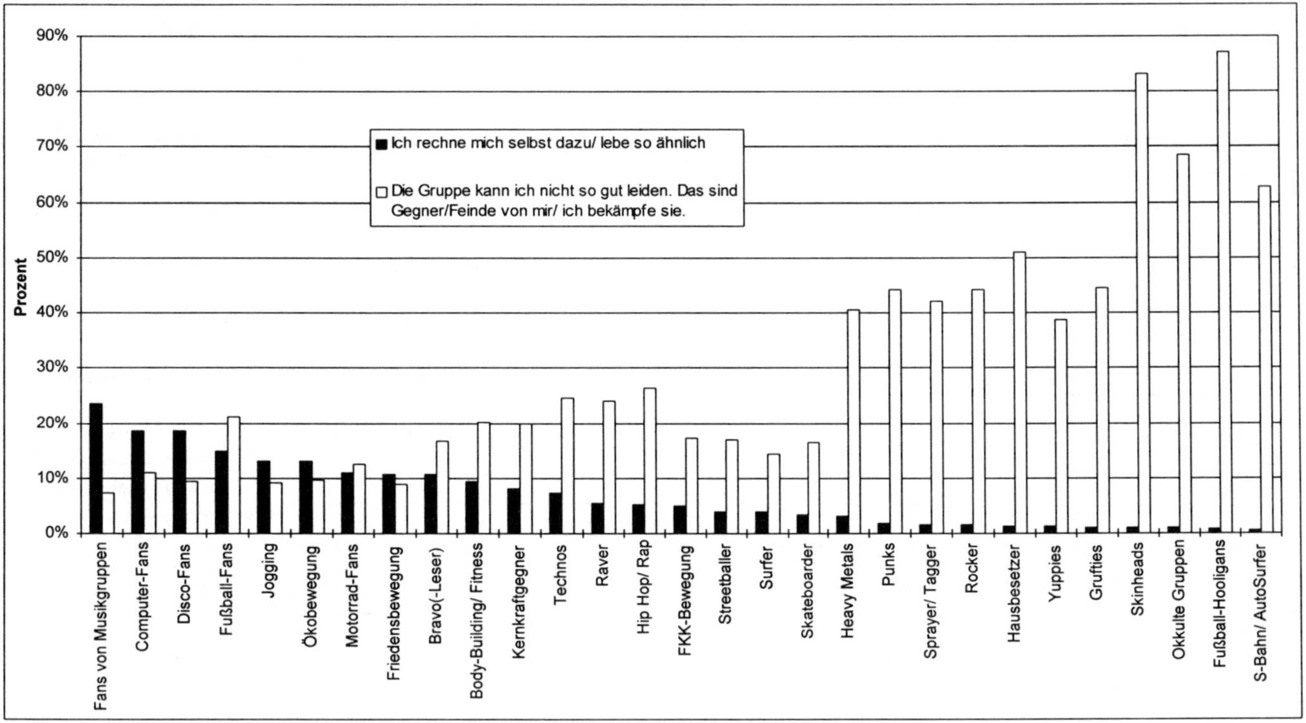

Quelle: in Anlehnung an C. Strzoda/ J. Zinnecker/ C. Pfeffer (1997), S. 64.

Tab. 4-1: Familien insgesamt, ohne Kinder sowie mit Kindern in ausgewählten Altersgruppen im April 1996 nach monatlichem Familiennettoeinkommen* (Angaben in Tsd.)

Familien	Insgesamt	Mit einem monatlichen Familiennettoeinkommen von ... bis unter ... DM										
		unter 1000	1000 - 1800	1800 - 2500	2500 - 3000	3000 - 3500	3500 - 4000	4000 - 5000	5000 - 6000	6000 - 7500	7500 und mehr	Sonstige Familien **
Familien insgesamt darunter:	22 363	339	1281	2732	2504	2749	2421	3817	2251	1692	1528	1051
Ehepaare ohne im Haushalt lebende ledige Kinder	9182	74	502	1512	1335	1287	978	1377	735	504	464	415
Familien mit Kindern darunter:	13181	265	779	1220	1169	1463	1443	2439	1515	1189	1064	635
Familien mit Kind(ern) im Alter von 10 bis 26 Jahren	7951	94	358	644	635	794	817	1526	1039	859	790	395
Familien mit Kind(ern) im Alter von unter 10 Jahren* **	4047	164	380	490	445	554	499	672	315	201	162	166

* Ergebnis des Mikrozensus - Bevölkerung am Familienwohnsitz. Familien, in denen nur Kinder im Alter von über 27 Jahren leben, sind nicht gesondert aufgeführt.
** Familien, in denen mind. eine Person in ihrer Haupttätigkeit selbständig in der Landwirtschaft ist, sowie ohne Angabe.
*** Familien, in denen nur Kinder im Alter von unter 10 Jahren leben.

Quelle: Statistisches Bundesamt (1998a), o.S.

Abb. 4-9: Einfluß von 8- bis 17jährigen auf Nahrungsmittelkäufe in Familien

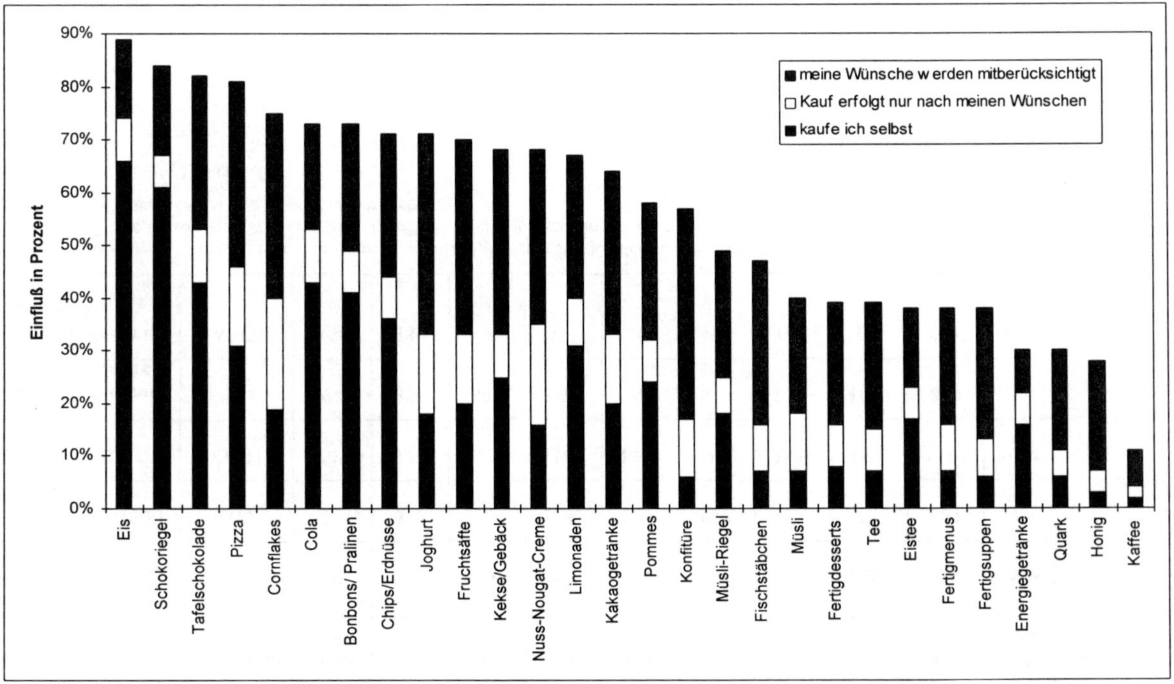

Quelle: in Anlehnung an Institut für Jugendforschung (1996a), S. 31 f.

Tab. 4-2: Einfluß von 13- bis 30jährigen auf Kaufentscheidungen bei Gebrauchsgütern für den Bedarf der Eltern und den gemeinsamen Bedarf

	Anzahl der Familien, in denen ein Einfluß vorlag	**Anzahl der Familien, die das Produkt gekauft haben**	**Anteil der Familien, in denen ein Einfluß vorlag**	**Einfluß auch in der Entschei-dungsphase**	**Einfluß nur in anderen Phasen des Entschei-dungs-prozesses**
Boot	6	8	75%	5	1
Satellitenschüssel	3	4	75%	3	0
Videorecorder	17	25	68%	14	3
Fernseher	16	33	48%	14	2
Möbel	13	29	45%	12	1
Videokamera	2	5	40%	2	0
Stereoanlage	6	16	38%	5	1
Mikrowelle	10	28	36%	8	2
Computer	1	3	33%	1	0
CD-Player	3	9	33%	1	2
Auto	8	28	29%	8	0
Fahrrad	2	11	18%	2	0
Fotoapparat	4	25	16%	4	0

Quelle: in Anlehnung an K. M. Ekström (1995), S. 183.

Tab. 4-3: Einfluß von 13- bis 30jährigen auf Kaufentscheidungen bei Verbrauchsgütern und Dienstleistungen für den Bedarf der Eltern und den gemeinsamen Bedarf

	Anzahl der Familien, in denen ein Einfluß stattfand	**Anteil der Familien, in denen ein Einfluß stattfand**	**regelmäßiger Einfluß**	**gelegentlicher Einfluß**
Convenience goods:				
Nudeln	26	72%	11	15
Shampoo	22	61%	11	11
Pizza	22	61%	11	11
Gewürze	21	58%	12	9
Waschmittel/ Weichspüler	11	31%	7	4
Shopping goods:				
Kleidung für die Eltern	34	94%	24	10
Kosmetika	24	67%	13	11
Bücher	18	50%	-	-
Zeitschriften	8	22%	-	-
Zeitungen	2	6%	-	-
Dienstleistungen:				
McDonalds	26	72%	14	12
Reisen	24	67%	9	15
Kino	22	61%	9	13
Sportliche Aktivitäten	15	42%	9	6
Restaurants	11	31%	9	2
Friseur	9	25%	4	5
Theater	5	14%	2	3
Kabelfernsehen	4	11%	3	1
Spar-/ Investitions-formen	3	8%	0	3
Konzerte	2	6%	1	1
Banken	0	0%	0	0
Versicherungen	0	0%	0	0
Zahnärzte	0	0%	0	0

Quelle: in Anlehnung an K. M. Ekström (1995), S. 218, 232, 246, 253.

Tab. 5-2: Produktbereiche und Zahl der Marken in der Markenbindungsstudie des IJF von 1984

Produktbereich	**Zahl der Marken**
Alkoholfreie Getränke	12
Augenkosmetik (nur Frauen)	13
Autos	12
Haarpflege	13
Jeans	5
Kaffee	8
Kartoffelfertigprodukte	3
Schokoriegel	8
Seife und Deodorants	14
Speisefette und -öle	12
Tafelschokolade	8
Versandhäuser	6
Waschmittel und Weichspüler	19
Zahnpflege	12

Quelle: in Anlehnung an Institut für Jugendforschung (1984), S. 21.

Abb. 5-9: Anteile markentreuer Verwender bei Schokoriegeln in der Markenbindungsstudie des IJF von 1984

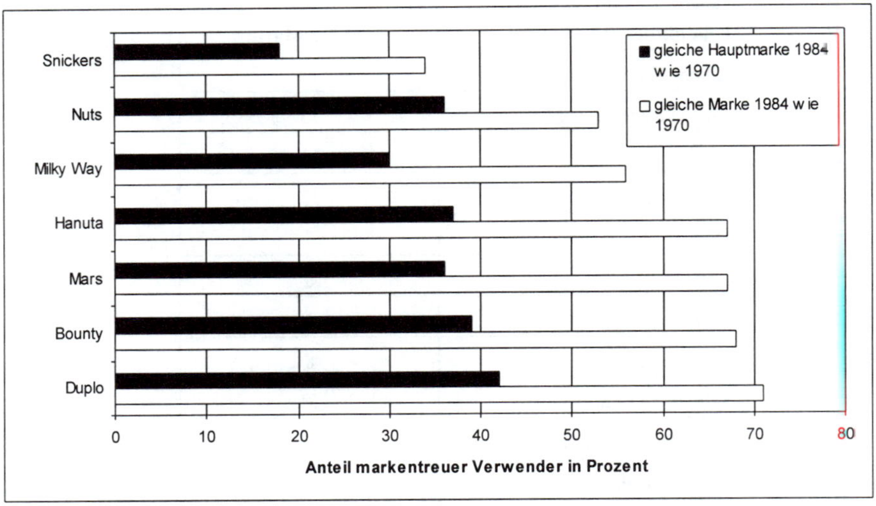

Quelle: in Anlehnung an Institut für Jugendforschung (1984), S. 36.

Abb. 5-10: Anteile markentreuer Verwender bei Jeans in der Markenbindungsstudie des IJF von 1984

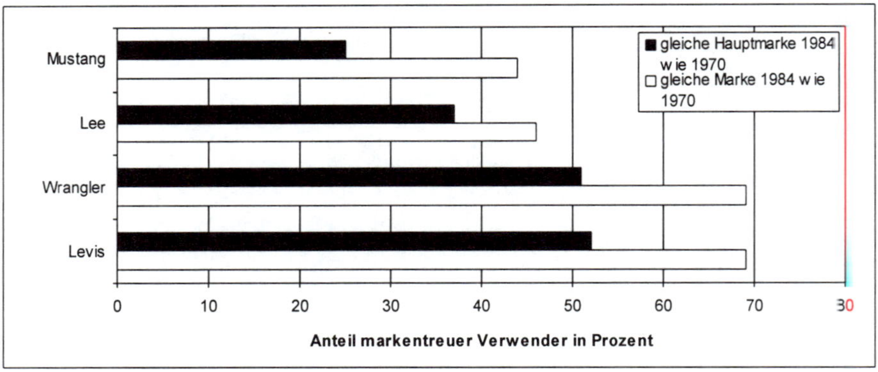

Quelle: in Anlehnung an Institut für Jugendforschung (1984), S. 43.

Tab. 6-1: Besitz und Besitzdauer von Inline-Skates nach Altersgruppen

	unter 20 Jahre	20 - 29 Jahre	30 - 39 Jahre	über 40 Jahre	Gesamt
Anteil der Nichtbesitzer von Inline-Skates in der jeweiligen Altersgruppe	64,6	90,5	94,4	99,1	89,4
Anteil der Besitzer von Inline-Skates in der jeweiligen Altersgruppe	34,4	9,5	5,6	0,9	10,6
Besitz seit:					
1996	43,3	61,8	65,1	68,3	47,9
1995	36,6	24,3	21,0	22,7	33,4
1994	15,1	9,6	12,3	5,0	14,2
vor 1994	5,0	4,3	1,6	4,0	4,5
Anteile der jeweiligen Altersgruppe an der Gesamtheit der Besitzer von Inline-Skates	76,6	10,9	9,1	3,4	

Quelle: in Anlehnung an GfK - Gesellschaft für Konsumforschung (1996), o.S.

Abb. 7-1: Grundlegende Bestimmungen zur Werbung gegenüber Kindern und Jugendlichen nach Nr. 3 der gemeinsamen Werberichtlinien der Landesmedienanstalten

(1) Werbung, die sich auch an Kinder und Jugendliche richtet, ist insbesondere unzulässig, wenn

1. sie Kinder oder Jugendliche unmittelbar oder mittelbar auffordert, ihre Eltern oder Dritte zum Kauf der beworbenen Waren oder Dienstleistungen zu veranlassen;
2. sie das besondere Vertrauen ausnutzt, das Kinder oder Jugendliche Eltern, Lehrern und anderen Vertrauenspersonen gegenüber haben;
3. sie Kinder oder Jugendliche ohne berechtigten Grund in gefährlichen Situationen zeigt;
4. sie strafbare Handlungen oder sonstiges Fehlverhalten, durch das Personen gefährdet sind oder ihnen geschadet werden kann, als nachahmenswert oder billigenswert darstellt;
5. sie aleatorische Werbemittel (z.B. Gratisverlosungen, Preisausschreiben und -rätsel u.ä.) in einer Art und Weise einsetzt, die geeignet ist, die Umworbenen irrezuführen, durch übermäßige Vorteile anzulocken, deren Spielleidenschaft auszunutzen oder anreißerisch zu belästigen;
6. sie Kinder oder Jugendliche als Sexualobjekte darstellt.

(2) Werbung, die sich auch an Jugendliche richtet, ist insbesondere unzulässig, wenn sie direkte Kaufaufforderungen an Jugendliche richtet, die deren Unerfahrenheit und Leichtgläubigkeit ausnutzen.

(3) Werbung, die sich auch an Kinder richtet, ist insbesondere unzulässig, wenn

1. sie direkte Kaufaufforderungen enthält; ihnen sind solche Kaufaufforderungen gleichzustellen, die lediglich eine Umschreibung direkter Kaufaufforderungen enthalten.
2. sie einen Vortrag über besondere Vorteile oder Eigenarten des Produktes enthält, die nicht den natürlichen Lebensäußerungen der Kinder entsprechen.
3. für Produkte, die selbst Gegenstand von Kindersendungen sind, vor oder nach einer Sendung in einem Werbeblock Werbung geschaltet wird (vgl. § 6 Abs. 3 RfStV).

(4) Für Werbung, bei der Kinder oder Jugendliche eingesetzt werden, gelten die oben genannten Bestimmungen entsprechend.

Quelle: Hessische Landesanstalt für privaten Rundfunk (1996), S. 27 f. und 41 f.

Literaturverzeichnis

Aaker, D. A. (1990): Brand Extensions: The Good, the Bad, and the Ugly; in: Sloan Management Review, Vol. 31, Summer 1990, S. 47-56

Aaker, D. A. (1992): Management des Markenwerts; aus d. Engl. v. F. Mader, Frankfurt a. M. usw., 1992

Aaker, D. A. (1996): Building Strong Brands, New York, 1996

Aaker, D. A./ Keller, K. L. (1990): Consumer Evaluations of Brand Extensions; in: JoM, Vol. 54, January 1990, S. 27-41

Aaker, D. A./ Keller, K. L. (1992): The Effects of Sequential Introduction of Brand Extensions; in: JoMR, Vol. 29, February 1992, S. 35-50

Aaker, D. A./ Kumar, V./ Day, G. S. (1995): Marketing Research, 5. Aufl., New York usw., 1995

Abell, D. F. (1980): Defining the Business. The Starting Point of Strategic Planning, Englewood Cliffs, N.J., 1980

Abels, H. (1993): Jugend vor der Moderne. Soziologische und psychologische Theorien des 20. Jahrhunderts, Opladen, 1993

Ahlert, D./ Schröder, H. (1996): Rechtliche Grundlagen des Marketing, 2., völlig überarb. Aufl., Stuttgart usw., 1996

Alba, J. W./ Hutchinson, J. W./ Lynch, J. G. Jr. (1991): Memory and Decision Making; in: Robertson, T. S./ Kassarjian, H. H. (Hrsg.): Handbook of Consumer Behavior, Englewood Cliffs, New Jersey, 1991, S. 1-49

Albach, H. (1991): Die Bedeutung neuerer Entwicklungen in der Wettbewerbstheorie für die strategische Unternehmensführung; in: Ordelheide, D./ Rudolph, B./ Büsselmann, E. (Hrsg.): Betriebswirtschaftslehre und Ökonomische Theorie, Stuttgart, 1991, S. 255-272

Alewell, K. (1974): Markenartikel; in: Tietz, B. (Hrsg.): Handwörterbuch der Absatzwirtschaft, Stuttgart, 1974, Sp. 1217-1227

Alewell, K. (1992): Marketing – Einführung in die Absatzwirtschaft, 6. Aufl., Giessen, 1992

Alheit, P. (1992): Auf der Suche nach Identität – die Pluralisierung der Lebensstile als Ausdruck einer Individualisierung Jugendlicher; in: Institut für Landes- und Stadtentwicklungsforschung des Landes Nordrhein-Westfalen (ILS) (Hrsg.): Jugend-Zeit: Stadtentwicklungspolitische Aspekte veränderter Lebenslagen von Jugendlichen, Duisburg, 1992 (ILS-Schriften; Bd. 61), S. 6-12

Allerbeck, K. R./ Hoag, W. J. (1985): Jugend ohne Zukunft? – Einstellungen, Umwelt, Lebensperspektiven, München, 1985

Allport, G. W. (1985): The Historical Background of Social Psychology; in: Lindzey, G./ Aaronson, E. (Hrsg.): The Handbook of Social Psychology, Vol. I, 3. Aufl., New York, 1985, S. 1-46

ALM (1994): Jahresbericht 1994, hrsg. v. der Gemeinsamen Stelle Werbung der Arbeitsgemeinschaft der Landesmedienanstalten in der Bundesrepublik Deutschland ALM, 1994

Amann, A./ Herrmann, W./ Hohenbalken, W./ Spanner, W. (1989): Konsumverhalten Jugendlicher, Wien, 1989 (Verbraucherrecht, Verbraucherpolitik; Bd. 4)

Anderson, E./ Weitz, B. (1992): The Use of Pledges to Build and Sustain Commitment in Distribution Channels; in: JoMR, Vol. 29, February 1992, S. 18-34

Andreasen, A. R. (1984): Life Status Changes and Changes in Consumer Preferences and Satisfaction; in: JoCR, Vol. 11, December 1984, S. 784-794

Arbeitsgemeinschaft Media-Analyse e.V. (1997) (Hrsg.): Media-Analyse '97, Pressemedien I; Roter Berichtsband, Nationale Darstellungen, Zeitschriften – Supplements – Tageszeitungen – Lesezirkel und Kino, Media-Micro-Census GmbH, Frankfurt a. M., 1997

Argus Media GmbH (1997): Kinder- und Jugendseiten in der deutschen Tagespresse – Bestandsaufnahme 1997, Fellbach, 1997

Arnold, D. (1992): Modernes Markenmanagement: Geheimnisse erfolgreicher Marken: Internationale Fallstudien, Wien, 1992 (aus dem Engl.übers. von H. Fischer)

Arnu, T. (1998): Viva MTV!; in: Süddeutsche Zeitung, 24. Juli 1998, Nr. 168, S. 19

Assael, H. (1992): Consumer Behavior and Marketing Action, 4. Aufl., Boston/ Massachusetts, 1992

Assael, H. (1995): Consumer Behavior and Marketing Action, 5. Aufl., Cincinatti, Ohio, 1995

Atkin, C. K. (1978): Observation of Parent-Child Interaction in Supermarket Decision-Making; in: JoM, Vol. 42, October 1978, S. 41-45

Atkin, C. K. (1980): Effects of Television Advertising on Children; in: Palmer, E. L./ Dorr, A. (Hrsg.): Children and the Faces of Television. Teaching, Violence, Selling; New York, 1980, S. 287-306

Attias-Donfut, C. (1978): Freizeit, Lebenslauf und Generationenbildung; in: Rosenmayr, L. (Hrsg.): Die menschlichen Lebensalter, München, 1978, S. 354-375

Ausubel, D. P. (1976): Das Jugendalter – Fakten, Probleme, Theorie, 5. unveränd. Aufl., München, 1976 (aus dem Amerikan. übers. v. G. Theusner-Stampa)

Avermaet, E. van (1996): Sozialer Einfluß in Kleingruppen; in: Stroebe, W./ Hewstone, M./ Stephenson, G. M. (Hrsg.): Sozialpsychologie – Eine Einführung, 3., erw. u. überarb. Aufl., Berlin usw., 1996, S. 503-544

Axel Springer Verlag AG/ Verlagsgruppe Bauer (1997) (Hrsg.): VA 97 – Verbraucheranalyse 97; durchgef. v. IFAK Institut GmbH & Co, MARPLAN Forschungsgesellschaft mbH, Hamburg, 1997

Baacke, D. (1993): Die 13-18jährigen. Einführung in die Probleme des Jugendalters, 6., unveränd. Aufl, Weinheim/ Basel, 1993

Baacke, D./ Ferchhoff, W. (1993): Jugend und Kultur; in: Krüger, H.-H. (Hrsg.): Handbuch der Jugendforschung, 2., erw. u. aktualis. Aufl., Opladen, 1993, S. 403-445

Baacke, D./ Sander, U./ Vollbrecht, R. (1990): Medienwelten Jugendlicher, Bd. 1: Lebenswelten sind Medienwelten, Opladen, 1990

Baacke, D./ Sander, U./ Vollbrecht, R. (1993): Kinder und Werbung, Stuttgart usw., 1993 (Schriftenreihe des Bundesministers für Frauen und Jugend; Bd. 12)

Baacke, D./ Vollbrecht, R. (1996): Zwischen Selbststabilisierung und Selbstrevision – Heranwachsende im Informationszeitalter; in: Mansel, J./ Klocke, A. (Hrsg): Die Jugend von heute: Selbstanspruch, Stigma und Wirklichkeit, Opladen, 1996, S. 53-68

Baethge, M. (1985): Individualisierung als Hoffnung und als Verhängnis; in: Lindner, R./ Wiebe, H.-H. (Hrsg.): Verborgen im Licht – Neues zur Jugendfrage, Frankfurt a. M., 1985, S. 98-124.

Baethge, M. (1989): Jugend – Postadoleszenz in der nachindustriellen Gesellschaft; in: Nave-Herz, R./ Markefka, M. (Hrsg.): Handbuch der Familien- und Jugendforschung, Bd. 2: Jugendforschung, Neuwied/ Frankfurt a. M. 1989, S. 155-166

Bahn, K. D. (1986): How and When Do Brand Perceptions and Preferences First Form? A Cognitive Developmental Investigation; in: JoCR, Vol. 13, December 1986, S. 382-393

Baltes, P. B. (1990): Entwicklungspsychologie der Lebensspanne – Theoretische Leitsätze; in: Psychologische Rundschau, 41. Jg., 1990, S. 1-24

Bandura, A. (1976): Die Analyse von Modellierungsprozessen; in: Bandura, A. (Hrsg.): Lernen am Modell: Ansätze zu einer sozial-kognitiven Lerntheorie; Stuttgart, 1976 (Einheitssachtitel: Psychological Modeling), S. 9-67

Bandura, A. (1979): Sozial-kognitive Lerntheorie, Stuttgart, 1979 (aus dem Amerikan. übers. von H. Kober; Einheitssachtitel: Social learning theory)

Bandura, A. (Hrsg.): Lernen am Modell: Ansätze zu einer sozial-kognitiven Lerntheorie; Stuttgart, 1976 (Einheitssachtitel: Psychological Modeling)

Bänsch, A. (1993): Käuferverhalten, 5., vollst. überarb. u. erw. Aufl., München, Wien, 1993

Bänsch, A. (1995): Variety Seeking – Marketingfolgerungen aus Überlegungen und Untersuchungen zum Abwechslungsbedürfnis von Konsumenten; in: JdAV, 41. Jg., 1995, H. 4, S. 342-365

Barak, B./ Schiffman, L. G. (1981): Cognitive Age: A Nonchronological Age Variable; in: Monroe, K. B. (Hrsg.): Advances in Consumer Research, Vol. 8, Ann Arbor: Association for Consumer Research, 1981, S. 602-606

Barlovic, I. (1996): Gespräch mit Herrn Ingo Barlovic, Projektleiter am Institut für Jugendforschung, Arabellastr. 31, 81925 München, Telefon: 089/ 92 23 255, geführt am 21. Oktober 1996

Bastei-Verlag G. H. Lübbe GmbH & Co./ Axel Springer Verlag AG/ Verlagsgruppe Bauer (1997) (Hrsg.): KVA 97 – Kids Verbraucher Analyse 97 – Junge Zielgruppen 6 bis 17 Jahre; durchgef. v. IFAK Institut GmbH & Co und MARPLAN Forschungsgesellschaft mbH, Codeplan und Sonderauswertungen, Hamburg/ Bergisch-Gladbach, 1997

Bastei-Verlag G. H. Lübbe GmbH & Co./ Axel Springer Verlag AG/ Verlagsgruppe Bauer (1994) (Hrsg.): KVA 94 – Kids Verbraucher Analyse 94 – Junge Zielgruppen 6 bis 17 Jahre; durchgef. v. IFAK Institut GmbH & Co und MARPLAN Forschungsgesellschaft mbH, Codeplan und Bericht, Hamburg/ Bergisch-Gladbach, 1997

Bates, M. J./ Gentry, W. (1994): Keeping the Family Together: How We Survived the Divorce; in: Allen, C. T./ John, D. R. (Hrsg.): Advances in Consumer Research, Vol. 21, 1994, S. 30-34

Bauer, E. (1977): Marktsegmentierung, Stuttgart, 1977

Bauer, I. (1996): Jugend und Tageszeitung; in: Media Perspektiven, 1996, H. 1, S. 8-17

Bauer, R. A. (1967): Consumer Behavior as Risk Taking; in: Cox, D. F. (Hrsg.): Risk Taking and Information Handling in Consumer Behavior, Boston, 1967, S. 23-33

Bauereiß, R./ Bayer, H./ Bien, W. (1997): Familien-Atlas II – Lebenslagen und Regionen in Deutschland, Karten und Zahlen; hrsg. v. Deutschen Jugendinstitut; Opladen, 1997

BBDO (1993): Brand Parity II. Die Austauschbarkeit der Marken nimmt weiter zu; Düsseldorf, 1993

BBE Unternehmensberatung GmbH (1994): Der Jugendmarkt – Ergebnisse der aktuellen Jugendforschung sowie einer Explorationsstudie „Zielgruppe Jugendliche – Ansatzpunkte für ein erfolgreiches Marketing", Köln, 1994

Beatty, S. E./ Kahle, L. R./ Homer, P. (1988): The Involvement- Committment Model: Theory and Implications; in: JoBR, Vol. 16, 1988, No. 2,S: 149-167

Beatty, S. E./ Talpade, S. (1994): Adolescent Influence in Family Decision Making: A Replication with Extension; in: JoCR, Vol. 21, 1994, No. 2, S. 332-341

Beck, U. (1986): Risikogesellschaft – Auf dem Weg in eine andere Moderne, Frankfurt a. M., 1986

Becker, G. S. (1987): Family; in: J. Eatwell/ M. Milgate/ P. Newman (Hrsg.): The New Palgrave: A Dictionary of Economics, London usw., 1987, Bd. 2, S. 281-186

Becker, J. (1992): Markenartikel und Verbraucher; in: Dichtl, E./ Eggers, W. (Hrsg.): Marke und Markenartikel als Instrumente des Wettbewerbs, München, 1992, S. 97-127

Becker, J. (1994): Typen von Markenstrategien; in: Bruhn, M. (Hrsg.): Handbuch Markenartikel, Teilbd. 1, Stuttgart, 1994, S. 463-498

Becker, J. (1998): Marketing-Konzeption – Grundlagen des strategischen und operativen Marketing-Managements, 6., vollst. überarb. u. erw. Aufl., München, 1998

Becker, W./ Weber, J. (1982): Scoring-Modelle; in: Management Enzyklopädie, Bd. 1, 2. Aufl., Landsberg am Lech, 1982, S. 345-359

Behnken, I./ Zinnecker, J. (1992): Lebenslaufereignisse, Statuspassagen und biographische Muster in Kindheit und Jugend; in: Jugendwerk der Deutschen Shell (Hrsg.): Jugend '92: Lebenslagen, Orientierungen und Entwicklungsperspektiven im vereinigten Deutschland, Opladen, 1992, Band 2: Im Spiegel der Wissenschaften, S. 127-143

Behrens, G. (1988): Konsumentenverhalten – Entwicklung, Abhängigkeiten, Möglichkeiten, Heidelberg, 1988 (Konsum und Verhalten; Bd. 18)

Behrens, W. (1997): Die neuen Wege des Handels: Unity P – der Trend Testshop der Karstadt AG; Vortrag auf der Fachkonferenz „Kinder- und Jugendmarketing" des Insititute for International Research am 8. Dezember 1997 in Köln

Belch, G. E./ Belch, M. A./ Ceresino, G. (1985): Parental and Teenage Child Influences in Family Decision Making; in: Journal of Business Research, 13. Jg., 1985, April, S. 163-176

Bengtson, V. L./ Troll, L. (1978): Youth and Their Parents: Feedback and Intergenerational Influence in Socialization; in: Lerner, R. M./ Spanier, G. B. (Hrsg.): Child Influence on

Marital and Family Interaction: A Life-Span Perspective, New York usw., 1978, S. 215-240

Benz, K. H. (1972): Wie wichtig ist die Jugend wirklich?; in: Marketing-Journal, 5. Jg., 1972, H. 3, S. 247-249

Berey, L. A./ Pollay, R. W. (1968): The Influending Role of the Child in Family Decision Making; in: JoMR, Vol. 5, February 1968, S. 70-72

Berger, H. (1996): Gespräch mit Herrn Berger, Bereichsleiter Marktforschung (MM 1) der Audi AG, Auto-Union-Str. 30, 85057 Ingolstadt, Telefon: 0841/ 89 61 60, geführt am 10. Dezember 1996

Berkman, H. W./ Gilson, C. C. (1986): Consumer Behavior; Boston, 1986

Berndt, R. (1996): Marketing; Bd. 1: Käuferverhalten, Marktforschung und Marketing-Prognosen, 3., vollst. überarb. u. erw. Aufl., Berlin usw., 1996

Bertram, H. (1990): Jugend und Individualismus: Abschied vom Interesse an öffentlichen Angelegenheiten und Rückzug in das Private?; in: Neue Sammlung, 30. Jg., 1990, H. 2, S. 208-222

Bettman, J. R. (1973): Perceived Risk and its Components: A Model and Empirical Test; in: JoMR, Vol. 10, May 1973, S. 184-190

Bettman, J. R. (1986): Consumer Psychology; in: Annual Review of Psychology, Vol. 37, 1986, S. 257-289

Bettman, J. R./ Park, C. W. (1980): Effects of Prior Knowledge and Phase of the Decision Process on Consumer Decision Processes: A Protocol Analysis; in: JoCR, Vol. 7, 1980, No. 3, S. 234-248

Bierhoff, H. W. (1987): Austauschtheorien; in: Frey, D./ Greif, S. (Hrsg.): Sozialpsychologie – Ein Handbuch in Schlüsselbegriffen, 2., erw. Aufl., München, Weinheim, 1987, S. 136-141

Biervert, B. (1987): Einstellung und Verhalten Jugendlicher im Bereich des Konsums; in: Reimann, H./ Reimann, H. (Hrsg.): Die Jugend. Eine Einführung in die interdisziplinäre Juventologie, 2., völlig neu bearb. Aufl., Opladen, 1987, (WV-Studium; Bd. 133), S. 92-111

Birckenbach, F. (1997): Gespräch mit Frau Felicitas Birckenbach, Referentin Marktforschung/ Werbung beim Deutschen Sparkassen- und Giroverband e.V. (DSGV), Simrockstr. 4, 53113 Bonn, Telefon: 0228/ 204-277, geführt am 26. August 1997

Bitz, M. (1989): Investition; in: Bitz, M. et al. (Hrsg.): Vahlens Kompendium der Betriebswirtschaftslehre, Bd. 1, 2., überarb. u. erw. Aufl., München, 1989, S. 441-500

Blattberg, R. C./ Deighton, J. (1993): Die neue Dimension: Immer enger, mein Kunde, mit Dir; in: Harvard Business Manager, 5. Jg., 1993, H. 1, S. 96-107

Blattberg, R. C./ Deighton, J. (1996): Manage Marketing by the Customer Equity Test; in: Harvard Business Review, Vol. 74, July/ August 1996, S. 137-144

Blau, P. M. (1964): Exchange and Power in Social Life, New York, 1964

Bliemel, F. W./ Eggert, A. (1998): Kundenbindung – die neue Sollstrategie?; in: Marketing ZFP, 29. Jg., 1998, H. 1, S. 37-46

Bloemer, J. M. M./ Kasper, H. D. P. (1995): The Complex Relationship Between Consumer Satisfaction and Brand Loyalty; in: Journal of Economic Psychology, Vol. 16, 1995, S. 311-329

Blood, R. O./ Wolfe, D. M. (1960): Husbands and Wifes: The Dynamics of Married Living, Glencoe, 1960

Blossfeld, H.-P./ Nuthmann, R. (1988): Strukturelle Veränderungen der Jugendphase als Kohortenprozeß, Arbeitspapier Nr. 271, Berlin, 1988

Bock, D. (1990): Studenten als Zielgruppe des Bankmarketing, Berlin, 1990 (Grundlagen und Praxis des Bank- und Medienweens; Bd. 22)

Böcker, F./ Thomas, L. (1983): Der Einfluß von Kindern auf die Produktpräferenzen ihrer Mütter; in: Marketing ZFP, 5. Jg., November 1983, H. 4, S. 245-152

Böhm, H. (1985): Jugendmarketing in Österreich; in: Bank und Markt, 14. Jg., 1985, H. 12, S. 15-23

Böhnisch, L./ Lenz, K. (1997) (Hrsg.): Familien – Eine interdisziplinäre Einführung, Weinheim/ München, 1997

Bonfadelli, H. et al. (1986): Jugend und Medien. Eine Studie der ARD/ ZDF-Medienkommission und der Bertelsmann Stiftung, Frankfurt a. M., 1986 (Schriftenreihe Mediaperspektiven; Bd. 6)

Borgemann, T. (1988): S-Start-Set-Konzeption für Jugendliche – Zielgruppenmarketing im Verbund; in: Bankkaufmann, H. 11, 1988, S. 54-58

Borngräber, U.-W. (1989): Alter in Gerontologie und Philosophie, Inaugural-Dissertation zur Erlangung des Grades eines Doktors der Philosophie, Freie Universität Berlin, Fachbereich Philosophie und Sozialwissenschaften I, Berlin, Juli 1989

Bötsch, S. (1985): Taschengeldkonto und Studentenservice – Zwei Marktsegmente im Jugendmarkt; in: Deutscher Sparkassen- und Giroverband e.V., Bonn (Hrsg.): Sparkassen im Jugendmarkt; Stuttgart, 1985 (Sparkassen im Markt; Bd. 9), S. 26-30

Boush, D. M./ Friestad, M/ Rose, G. M. (1994): Adolescent Skepticism toward TV Advertising and Knowledge of Advertiser Tactics; in: JoCR, Vol. 21, June 1994, No. 1, S. 165-175

Boush, D. M./ Loken, B. (1991): A Process-Tracing Study of Brand Extension Evaluation; in: JoMR, Vol. 28, February 1991, S. 16-28

Brehm, J. W. (1966): A Theory of Psychological Reactance, New York usw., 1966

Brehm, S. S./ Kassin, S. M. (1996): Social Psychology, 3. Aufl., Boston usw., 1996

Brettschneider, W.-D./ Brandl-Bredenbeck, H. P. (1997): Sportkultur und jugendliches Selbstkonzept – Eine interkulturell vergleichende Studie über Deutschland und die USA, Weinheim/ München, 1997

Brightman, J. (1994): What Smells Like Teen Spirit?; in: American Demographics, Vol. 16, November 1994, S. 22-23

Bruhn, M. (1992a): Markenpolitik; in: Diller, H. (Hrsg.): Vahlens großes Marketinglexikon, München, 1992, S. 643-645

Bruhn, M. (1992b): Markentransfer; in: Diller, H. (Hrsg.): Vahlens großes Marketinglexikon, München, 1992, S. 646

Bruhn, M. (1994): Begriffsabgrenzungen und Erscheinungsformen von Marken; in: Bruhn, M. (Hrsg.): Handbuch Markenartikel, Teilbd. 1, Stuttgart, 1994, S. 3-42

Bruhn, M. (1995): Integrierte Unternehmenskommunikation – Ansatzpunkte für eine strategische und operative Umsetzung integrierter Kommunikationsarbeit, 2., überarb. u. erw. Aufl., Stuttgart, 1995

Brüne, G. (1989): Meinungsführerschaft im Konsumgütermarketing: theoretischer Erklärungsansatz und empirische Überprüfung, Heidelberg, 1989 (Konsum und Verhalten; Bd. 23)

Buba, H./ Früchtel, F./ Pickel, G. (1995): Haushalts- und Familienformen junger Erwachsener und ihre Bedeutung im Ablösungsprozeß von der Herkunftsfamilie – Ein Vergleich in den neuen und alten Bundesländern; in: Nauck, B. (Hrsg.): Familie und Lebensverlauf im gesellschaftlichen Umbruch, Stuttgart, 1995 (Der Mensch als soziales und personales Wesen; Bd. 12)

Buba, H. (1997): Entwicklungsverläufe in der Postadoleszenz und Ablösung vom Elternhaus; in: Silbereisen, R. K./ Vaskovic, L. A./ Zinnecker, J. (Hrsg.): Jungsein in Deutschland. Jugendliche und junge Erwachsene 1991 und 1996, Opladen, 1997, S. 349-365

Bueb, B./ Rößler, M. (1997): Die Streitfrage: Sind sie dafür oder dagegen, daß Kinder Schuluniformen tragen müssen?; in: Wirtschaftswoche, 51. Jg., 1997, Nr. 51, S. 77

Bundesverband der phonographischen Wirtschaft (1997) (Hrsg.): Phonographische Wirtschaft, Jahrbuch '97, Starnberg, 1997

Burns, D. J. (1993): Adoption Decision Making Process: A Pilot Study of Effects of Psychological Needs; in: Journal of Business and Psychology, Vol. 8, 1993, No. 2, S. 199-213

Burns, D. J./ Krampf, R. F. (1991): A Semiotic Perspective on Innovative Behavior; in: R. L. King (Hrsg.): Developments in Marketing Science; Vol. 14, Richmond VA: Academy of Marketing Science, 1991, S. 32-35

Büschken, J. (1994): Multipersonale Kaufentscheidungen: empirische Analyse zur Operationalisierung von Einflußbeziehungen im Buying Center, Wiesbaden, 1994 (Neue betriebswirtschaftliche Forschung; 126) (zugl.: Münster (Westfalen), Univ., Diss., 1993)

Bush, D. M/ Simmons, R. G. (1981): Socialization Processes over the Life Course; in: Rosenberg, M./ Turner, R. H. (Hrsg.): Social Psychology – Sociological Perspectives, New York, 1981

Carlson, L./ Grossbart, S. (1988): Parental Style and Consumer Socialization of Children, 1988; in: JoCR, Vol. 15, June 1988, S. 77-94

Carpenter, G. S./ Nakamoto, K. (1988): Market Pioneering, Learning and Preference; in: Houston M. J. (Hrsg.): Advances in Consumer Research, Vol. 15, Provo/ UT: Association for Consumer Research, 1988, S. 275-279

Carpenter, G. S./ Nakamoto, K. (1989): Consumer Preference Formation and Pioneering Advantage; in: JoMR, Vol. 26, August 1989, S. 285-298

Carpenter, G. S./ Nakamoto, K. (1994a): Brand Dominance: Competitve Advantage Through Consumer Learning; in: Gordon, H./ Levy, S. (Hrsg.): The Marketing Manager´s Handbook, New York, 1994, S. 162-173

Carpenter, G. S./ Nakamoto, K. (1994b): Reflections on „Consumer Preference Formation and Pioneering Advantage"; in: JoMR, Vol. 31, November 1994, S. 570-573

Cebulla, E. (1997): Kinder im Visier der Werbung; in: Verbraucher-Rundschau, hrsg. v. Arbeitsgemeinschaft der Verbraucherverbände e.V., Bonn, 1997, H. 9, S. 1-34

Celsi, R. L./ Olson, J. C. (1988):The Role of Involvement in Attention and Comprehension Processes; in: JoCR, Vol. 15, September 1988, S. 210-224

Charlton, M./ Neumann-Braun, K. (1995): Die wichtigsten Ergebnisse; in: Charlton, M./ Neumann-Braun, K./ Aufenanger, S./ Hoffmann-Riem, W. et al. (Hrsg.): Fernsehwerbung und Kinder – Das Werbeangebot in der Bundesrepublik Deutschland und seine Verarbeitung durch Kinder; Bd. 2: Rezeptionsanalyse und rechtliche Rahmenbedingungen, Opladen, 1995 (Schriftenreihe Medienforschung der Landesanstalt für Rundfunk Nordrhein-Westfalen; Bd. 18), S. 263-276

Charlton, M./ Neumann-Braun, K./ Aufenanger, S./ Hoffmann-Riem, W. et al. (Hrsg.): Fernsehwerbung und Kinder – Das Werbeangebot in der Bundesrepublik Deutschland und seine Verarbeitung durch Kinder; Bd. 2: Rezeptionsanalyse und rechtliche Rahmenbedingungen, Opladen, 1995 (Schriftenreihe Medienforschung der Landesanstalt für Rundfunk Nordrhein-Westfalen; Bd. 18)

Charlton, M./ Neumann-Braun, K./ Castello, A./ Binder, M. (1995): Werbekonsum und Werbekompetenz von 4-14jährigen Kindern; in: Charlton, M./ Neumann-Braun, K./ Aufenanger, S./ Hoffmann-Riem, W. et al. (Hrsg.): Fernsehwerbung und Kinder – Das Werbeangebot in der Bundesrepublik Deutschland und seine Verarbeitung durch Kinder; Bd. 2: Rezeptionsanalyse und rechtliche Rahmenbedingungen, Opladen, 1995 (Schriftenreihe Medienforschung der Landesanstalt für Rundfunk Nordrhein-Westfalen; Bd. 18), S. 31-74

Charlton, M./ Neumann-Braun, K./ Kurschildgen, R./ Fichtner, J./ Pette, C./ Roesler, C. (1995): Werbeerfahrungen von Kindern im Kontext der Familie; in: Charlton, M./ Neumann-Braun, K./ Aufenanger, S./ Hoffmann-Riem, W. et al. (Hrsg.): Fernsehwerbung und Kinder – Das Werbeangebot in der Bundesrepublik Deutschland und seine Verarbeitung durch Kinder; Bd. 2: Rezeptionsanalyse und rechtliche Rahmenbedingungen, Opladen, 1995 (Schriftenreihe Medienforschung der Landesanstalt für Rundfunk Nordrhein-Westfalen; Bd. 18), S. 75-262

Chernatory, L. de/ McDonald, M. H. B. (1992): Creating Powerful Brands: The Strategic Route to Success in Consumer, Industrial and Service Markets, Oxford usw., 1992

Childers, T. L./ Rao, A. R. (1992): The Influence of Familial and Peer-based Reference Groups on Consumer Decisions; in: JoCR, Vol. 19, 1992, No. 2, S. 198-211

Churchill, G. A. Jr./ Moschis, G. P. (1979): Television and Interpersonal Influences on Adolescent Consumer Learning; in: JoCR, Vol. 6, June 1979, No. 1, S. 23-35

Cohen, L. H. (1988): Life Events and Psychological Functioning: Theoretical and Methodological Issues; Newbury Park, CA, 1988

Coppens, A.-C. (1997): Wir haben keine Krise im Jugendprint-Markt; Round-Table mit Grabner, C.-D./ A. Hngstenberg/ F. Völler/ G. M. Bregulla/ D. Gorny/ S. Vogel/ A.-C. Coppens; in: Horizont, Nr. 51/52, 18.12.1997, S. 54-55

Corfman, K. P. (1987): Group Decision-Making and Relative Influence when Preferences Differ; in Sheth, J. N./ Hirshman, E. C. (Hrsg.): Research in Consumer Behvior, A Research Annual, Vol. 2, Greenwich, 1987, S. 223-257

Corfman, K. P./ Lehmann, D. R. (1987): Models of Cooperative Group Decision-Making and Relative Influence: An Experimental Investigation of Family Purchase Decisions; in: JoCR, 14. Jg., June 1987, S. 1-13

Cornelsen, J. (1996): Kundenwert – Begriff und Bestimmungsfaktoren; Arbeitspapier Nr. 43 des Lehrstuhls für Marketing an der Universität Erlangen-Nürnberg, 1996

Costley, C. L. (1988): Meta Analysis of Involvement Research; in: Houston, M. J. (Hrsg.): Advances in Consumer Research, Vol. 15, Provo/ UT: Association for Consumer Research, 1988, S. 554-562

Cox, D. F. (Hrsg.): Risk Taking and Information Handling in Consumer Behavior, Boston, 1967

Crosby, L. A./ Taylor, J. R. (1983): Psychological Commitment and its Effects on Post-Decision Evaluation and Preference Stability Among Voters; in: JoCR, Vol. 9, 1983, S. 413-431

Crott, H. W. (1987): Macht; in: Frey, D./ Greif, S. (Hrsg.): Sozialpsychologie – Ein Handbuch in Schlüsselbegriffen, 2., erw. Aufl., München, Weinheim, 1987, S. 231-238

Cunningham, S. M. (1967): The Major Dimensions of Perceived Risk; in: Cox, D. F. (Hrsg.): Risk Taking and Information Handling in Consumer Behavior; Boston, 1967, S. 82-108

Cushing, P./ Douglas-Tate, M. (1985): The Effect of People/Product Relationships on Advertising Processing; in: Alwitt, L. F./ Mitchell, A. A. (Hrsg.): Psychological Processes and Advertising Effects – Theory, Research, and Applications, Hillsdale, New Jersey, London, 1985, S. 241-260

d'Astous, A./ Maltais, J./ Roberge, C. (1990): Compulsive Buying Tendencies of Adolescent Consumers; in: Goldberg, M. E./ Gorn, G./ Pollay, R. W. (Hrsg.): Advances in Consumer Research, Vol. 17, Provo/ UT: Association for Consumer Research, 1990, S. 306-312

Dahl, R. A. (1957): The Concept of Power; in: Behavioral Science, 1957, No. 2, S. 201-215.

Dahlhoff, H.-D. (1980): Kaufentscheidungsprozesse von Familien, Frankfurt a. M. usw., 1980

Dahrendorf, R. (1967): Homo Sociologicus. Ein Versuch zu Geschichte, Bedeutung und Kritik der Kategorie der sozialen Rolle, 6. Aufl., Köln, Opladen, 1967

Damolin, M/ Kilian, B. (1995): Menschen und Märkte: Techno-Business; Südwest 3, 31. März 1993, 20.15 Uhr-21.00

Darden, W. R./ Darden, D. K./ Howell, R./ Miller, S. J. (1981): Consumer Socialization Factors in a Retail Patronage Model of Consumer Behavior; in: Monroe, K. B. (Hrsg.)

Advances in Consumer Research, Vol. 8, Ann Arbor: Association for Consumer Research, 1981, S. 655-661

Darley, W. K./ Lim, J.-S. (1986): Family Decision Making in Leisure-Time Activities: An Exploratory Investigation of the Impact of Locus of Control, Child Age Influence Factor and Parental Type on Perceived Child Influence; in: Lutz, R. J. (Hrsg.): Advances in Consumer Research, Vol. 13, Provo/ UT: Association for Consumer Research, 1986, S. 370-374

Davis, H. L. (1976): Decision Making within the Household; in: JoCR, 1976, No. 4, S. 241-260

Day, G. S. (1969): A Two-Dimensional Concept of Brand Loyalty; in: JoAR, Vol. 9, 1969, S. 29-35

Deese, U. (1995): Spaß mit der Marke; Interview, durchgeführt von Anette Rueß; in: Wirtschaftswoche, 49. Jg., 1995, H. 51, S. 54

Degner, K. (1996): Dialogkommunikation: Public Relations auf dem Weg ins interaktive Zeitalter; Vortrag auf dem 1. Europäischen Jugendmarketing Congress anläßlich der Jugendmesse YOU ′96 am 7. Juni 1996 in Essen

Diedrichsen, I. (1990): Ernährungspsychologie, Berlin usw., 1990

Diehl-Wobbe, E. (1995): Kinospot lädt zur Kreativparty; in: Horizont, 1995, Nr. 13, S. 27

Diekhof, R. (1997): Der Bulle wird erwachsen; in: Werben und Verkaufen, 1997, H. 13, S. 24

Dieterich, M. (1986): Konsument und Gewohnheit – Eine theoretische und empirische Untersuchung zum habituellen Kaufverhalten, Heidelberg usw., 1986 (Konsum und Verhalten; Bd. 9)

Diller, H./ Kusterer, M. (1988): Beziehungsmanagement – Theoretische Grundlagen und explorative Befunde; in: Marketing ZFP, 10. Jg., 1988, H. 3, S. 211-220

Diller, H. (1992): Kunde; in: Diller, H. (Hrsg.): Vahlens großes Marketing-Lexikon, München, 1992, S. 583

Diller, H. (1995): Kundenbindung als Zielvorgabe im Beziehungs-Marketing; Arbeitspapier Nr. 40; Lehrstuhl für Marketing, Betriebswirtschaftliches Institut, Universität Erlangen-Nürnberg, 1995

Disch, K. A. (1985): Diffusion – oder die „Annahme" von Innovationen; in: Marketing Journal, 18. Jg., 1985, H. 1, S. 40-42

Dollase, R. (1985): Entwicklung und Erziehung. Angewandte Entwicklungspsychologie für Pädagogen, Stuttgart, 1985 (Grundlagentexte Schulpädagogik)

Dollase, R. (1988): Entwicklungspsychologie; in: Ansanger, R./ Wenninger, G. (Hrsg.): Handwörterbuch der Psychologie, 4., völlig neubearb. u. erw. Aufl., München usw., 1988, S. 137-142

Doren, M. van (1995): The common sense of cool – Stüssy: Referenzmodell der Sports- und Clubwear; in: Deese, U./ Hillenbach, P. E./ Michatsch, C./ Kaiser, D. (Hrsg.): Jugendmarketing. Das wahre Leben in den Szenen der Neunziger, Düsseldorf/ München, 1995, S. 253-256

Douthitt, R. A./ Fedyk, J. M. (1988): The Influence of Children on Family Life Cycle Spending Behavior: Theory and Applications; in: The Journal of Consumer Affairs, Vol. 22, 1988, No. 2, S. 220-248

Drengberg, J. (1996): N-Joy Radio: Ein öffentlich-rechtliches Erfolgsradio; in: Media Perspektiven, 1996, H. 3, S. 134-143

Drosten, M. (1994a): Die Jugend gewinnen. Einstieg ins Szenen-Marketing?; in: Absatzwirtschaft, 37. Jg., 1994, H. 12, S. 34-40

Dubow, J. S. (1995): Advertising Recognition and Recall by Age – including Teens; in: JoAR, Vol. 35, 1995, No. 5, S. 55-60

Dwyer, R. F. (1989): Customer Lifetime Valuation to Support Marketing Decision Making; in: Journal of Direct Marketing, Vol. 3, 1989, No. 4, S. 8-15

Eagly, A. H./ Chaiken, S. (1993): The Psychology of Attitudes, Fort Worth, 1993

Ebeling, A. (1994): Das Markenbewußtsein von Kindern und Jugendlichen, Münster, Hamburg, 1994 (Spuren der Wirklichkeit; Bd. 6)

Eckhardt, J./ Horn, I. (1988): Ältere Menschen und Medien: Eine Studie der ARD/ ZDF-Medienkommission; Frankfurt a. M./ Berlin, 1988 (Schriftenreihe Media-Perspektiven; Bd. 8)

Ehapa Verlag GmbH (1992) (Hrsg.): Frühe Markenpositionierung, Stuttgart, 1992

Ehapa Verlag GmbH (1994a) (Hrsg.): Junge Zielgruppen, Leinfelden, 1994

Ehapa Verlag GmbH (1994b) (Hrsg.): Kids: Die Entdecker im Food-Markt, Stuttgart, 1994

Eicke, U. (1992): Kinder: "Wandelnde Markenspeicher"; in: Psychologie Heute, Juni 1992, S. 63-69

Eicke, U./ Eicke, W. (1994): Medienkinder: Vom richtigen Umgang mit der Vielfalt, München, 1994

Eimeren, B. van (1994): Die jungen Medienprofis; in: Arbeitsgemeinschaft der öffentlich-rechtlichen Rundfunkanstalten der Bundesrepublik Deutschland (ARD) (Hrsg.): ARD-Jahrbuch 94, 26. Jg., Hamburg, 1994, S. 56-62

Eimeren, B. van/ Klingler, W. (1995): Elektronische Medien im Tagesablauf von Jugendlichen; in: Media Perspektiven, 1995, H. 5, S. 210-219

Eimeren, B. van/ Meier-Lesch, B. (1997): Mediennutzung und Freizeitgestaltung von Jugendlichen; in: Media-Perspektiven, 1997, H. 11, S. 590-603

Eisenhardt, A. (1997): Werbung gegenüber Kindern; in: Wettbewerb in Recht und Praxis, 43. Jg., 1997, H. 4, S. 283-293

Ekström, K. M. (1995): Children´s Influence in Family Decision Making. A Study of Yielding, Consumer Learning and Consumer Socialization, Göteborg, 1995

Emerson, R. M. (1962): Power-Dependence Relations; in: American Sociological Review, 27. Jg., 1962, H. 1, S. 31-41

Emerson, R. M. (1990): Social Exchange Theory; in: Rosenberg, M./ Turner, R. H. (Hrsg.): Social Psychology. Sociological Perspectives; New Brunswick, NJ, 1990, S. 30-65

Enders, A./ Engelmann, M. (1997): Selektive und implizite Prozesse der Produktwahrnehmung – Konsequenzen für das Marketing-Management; in: JdAV, 43. Jg., 1997, H 3, S. 236-253

Engel, J. F./ Blackwell, R. D./ Miniard, P. W. (1993): Consumer Behavior, 7. Aufl., Fort Worth, 1993

Engel, J. F./ Kollat, D. T./ Blackwell, R. D. (1973): Consumer Behavior, 2. Aufl., New York usw., 1973

Engelhardt, W. H./ Günter, B. (1981): Investitionsgüter-Marketing – Anlagen, Einzelaggregate, Teile, Roh- und Einsatzstoffe, Energieträger, Stuttgart usw., 1981

Engels, S. (1997a): Wettbewerbsrechtliche Grenzen der Fernsehwerbung für Kinder; in: Wettbewerb in Recht und Praxis, 43. Jg., 1997, H. 1, S. 6-15

Engels, S. (1997b): Das Recht der Fernsehwerbung für Kinder: Rechtliche Regulierung der Fernsehwerbung unter Aspekten des Kinder- und Jugendschutzes, Baden-Baden usw., 1997 (Zugl.: Hamburg, Univ., Diss. 1997)

Engstler, H. (1997): Die Familie im Spiegel der amtlichen Statistik: Lebensformen, Familienstrukturen, wirtschaftliche Situation der Familien und familiendemographische Entwicklung in Deutschland, akt. u. erw. Auflage 1998; erstellt im Auftrag des Bundesministeriums für Familie, Senioren, Frauen und Jugend in Zusammenarbeit mit dem Statistischen Bundesamt, Bonn, 1997

Ernst, H. (1997): Kinder-Country – Auf dem Weg in die infantile Gesellschaft; in: Psychologie heute, August 1997, S. 30-37

Esch, F.-R. (1992a): Positionierungsstrategien – konstituierender Erfolgsfaktor für Handelsunternehmen; in: Thexis, 9. Jg., 1992, H. 4, S. 9-15

Esch, F.-R. (1992b): Integrierte Kommunikation – Ein verhaltenswissenschaftlicher Ansatz; in: Thexis, 9. Jg., 1992, H. 6, S. 32-40

Esch, F.-R. (1993): Verhaltenswissenschaftliche Aspekte der Integrierten Marketing-Kommunikation; in: Werbeforschung & Praxis, 1993, H. 1, S. 20-28

Esch, F.-R. (1997): Integrierte Kommunikation; in: Werbeforschung & Praxis, 1997, H. 6, S. 7-9

Esch, F.-R. (1998a): Wirkungen integrierter Kommunikation – Teil 1: Theoretische Grundlagen; in: Marketing ZFP, 20. Jg., 1998, H. 2, S. 73-89

Esch, F.-R. (1998b): Aufbau und Stärkung von Dienstleistungsmarken durch integrierte Kommunikation; in: Tomczak, T./ Schögel, M./ Ludwig, E. (Hrsg.): Markenmanagement für Dienstleistungen, St. Gallen, 1998, S. 104-133

Esch, F.-R. (1998c): Sozialtechnische Forschung und Entwicklung in Unternehmen; in: Kroeber-Riel, W./ Behrens, G./ Dombrowski, I. (Hrsg.): Kommunikative Beeinflussung in der Gesellschaft – kontrollierte und unbewußte Anwendung von Sozialtechniken, München, 1998, S. 363-398

Esch, F.-R., Levermann, T. (1995): Positionierung als Grundlage des strategischen Kundenmanagements; in: Thexis, 12. Jg., 1995, H. 3, S. 8-16

Esch, F.-R./ Andresen, T. (1996): Barrieren behindern Markenbeziehungen; in: Absatzwirtschaft, 39. Jg., 1996, H. 10, S. 94-100

Esch, F.-R./ Billen, P. (1994): Ansätze zum Zufriedenheitsmanagement: Das Zufriedenheitsportfolio; in: Tomczak, T./ Belz, C. (Hrsg.): Kundennähe realisieren. Ideen – Konzepte – Methoden – Erfahrungen; St. Gallen, 1994, S. 407-424

Eurostat – Statistisches Amt der europäischen Gemeinschaften (1995) (Hrsg.): Bevölkerungsstatistik 1995, Luxemburg, 1995 (Themenkreis 3: Bevölkerung und soziale Bedingungen, Reihe A: Jahrbücher und jährliche Statistiken, 1995)

Eurostat – Statistisches Amt der europäischen Gemeinschaften (1997) (Hrsg.): Bevölkerungsstatistik 1997, Luxemburg, 1997 (Themenkreis 3: Bevölkerung und soziale Bedingungen, Serie A: Jahrbücher und jährliche Statistiken)

Ewert, O. (1983): Entwicklungspsychologie des Jugendalters, Stuttgart usw., 1983 (Kohlhammer-Standards Psychologie: Basisbucher u.Studientexte: Teilgebiet: Entwicklungspsychologie)

Faber, R. J./ O´Guinn, T. C. (1988): Expanding the View of Consumer Socialization: A Nonutilitarian Mass-Mediated Perspective; in: Research in Consumer Behavior, Vol. 3, 1988, S. 49-77

Falser, A. (1997): Einnahmen von Jugendlichen und deren indirekter Kaufkraft; Gespräch mit Herrn Alexander Falser, Projektleiter am Insititut für Jugendforschung, Arabellastr. 31, 81925 München, Telefon: 089/ 92 23 255, geführt am 2. September 1997

Fazio, R. H./ Zanna, M. P. (1981): Direct Experience and Attitude-Behavior Consistency; in: Advances in Experimental Social Psychology, Vol. 14, 1981, S. 161-202

Fazio, R. H. (1986): How do Attitudes Guide Behavior?; in: Sorrentino, R. M./ Higgins, E. T. (Hrsg.): Handbook of Motivation and Cognition – Foundations of Social Behavior; New York, London, 1986, S. 204-243

Fegebank, B. (1997): Familie und Haushalt – eine übergangene Differenz; in: Böhnisch, L./ Lenz, K. (Hrsg.): Familien – Eine interdisziplinäre Einführung, Weinheim/ München, 1997, S. 167-180

Feger, B. (1987): peer group; in: Dorsch, F.(Hrsg.): Psychologisches Wörterbuch, 11., erg. Aufl., Bern usw., 1987, S. 476

Feierabend, S./ Klingler, W. (1997): Jugendliche und Multimedia: Stellenwert im Alltag von zwölf- bis 17jährigen; in: Media Perspektiven, 1997, H. 11, S. 604-611

Feilitzen, C. von (1991): Children´s and Adolescents´ Media Use: Some Methodological Reflections; in: Anderson, J. A. (Hrsg.): Communication Yearbook, Vol. 14, Newbury Park, CA, 1991, S. 91-101

Fend, H. (1988): Sozialgeschichte des Aufwachsens: Bedingungen des Aufwachsens und Jugendgestalten in der Moderne, Frankfurt a. M., 1988

Fend, H. (1990): Vom Kind zum Jugendlichen – Der Übergang und seine Risiken, Bern usw., 1990 (Entwicklungspsychologie der Adoleszenz in der Moderne; Bd. 1)

Fend, H. (1994): Die Entdeckung des Selbst und die Verarbeitung der Pubertät, Bern usw., 1994 (Entwicklungspsychologie der Adoleszenz in der Moderne; Bd. 3)

Ferber, R./ Nicosia, F. (1972): Newly Married Couples and Their Asset Accumulation Decisions; in: Strumpel, B./ Morgan, J. M./ Zahn, E. (Hrsg.): Human Behavior in Economic Affairs. Essays in Honor of George Katona, Amsterdam, 1972, S. 161-187

Ferchhoff, W. (1991): Jugend und Jugendforschung – Jugendkulturen unter der Lupe der Wissenschaft; in: Deutsche Jugend, 39. Jg., 1991, H. 3, S. 103-112

Ferchhoff, W./ Neubauer, G. (1996): Jugendkulturelle Stile und Moden zwischen Selbstinszenierung, Stilzwang und (Konsum-)Vereinnahmung; in: Mansel, J./ Klocke, A. (Hrsg): Die Jugend von heute: Selbstanspruch, Stigma und Wirklichkeit, Opladen, 1996, S. 32-52

Ferchhoff, W./ Neubauer, G. (1997): Patchwork-Jugend. Eine Einführung in postmoderne Sichtweisen, Opladen, 1997

Festinger, L. (1957): A Theory of Cognitive Dissonance, Evanston, 1957

Finkelman, D./ Cetlin, R./ Wenner, D. (1992): Making Customer Satisfaction Pay Off; Telephony, March 1992

Finkelman, D./ Goland, A. (1990): The Case of the Complaining Customer; in: Harvard Business Review, Vol. 68, May/ June 1990, S. 9-25

Fischer, A. (1992): Zum Tabellenteil; in: Jugendwerk der Deutschen Shell (1992) (Hrsg.): Jugend ´92: Lebenslagen, Orientierungen und Entwicklungsperspektiven im vereinigten Deutschland, Opladen, 1992, Band 4: Methodenberichte – Tabellen – Fragebogen, S. 119-220

Fischer-Winkelmann, W. F. (1973): Marginalien zur Konsumentensouveränität als einem Axiom der Marketing-Theorie; in: ZfbF, 25. Jg., 1973, S. 161-175

Flavell, J. H. (1979): Kognitive Entwicklung, Stuttgart, 1979

Foa, U. G. (1993): Interpersonal and Economic Resources; in: Foa, U. G./ Converse, J., Jr./ Törnblom, K. Y./ Foa, E. B. (Hrsg.): Resource Theory: Explorations and Applications, San Diego usw., 1993, S. 13-30

Foa, U. G./ Törnblom, K. Y./ Foa, E. B./ Converse, J., Jr. (1993): Resource Theory in Social Psychology; in: Foa, U. G./ Converse, J., Jr./ Törnblom, K. Y./ Foa, E. B. (Hrsg.): Resource Theory: Explorations and Applications, San Diego usw., 1993, S. 1-12

Fosse-Gomez, M.-H. (1991): L´adolescent dans la prise de décisions économiques de la famille; in: Recherche et Applications en Marketing, Vol. 6, 1991, No. 4, S. 100-118

Foxman E. R./ Tansuhaj, P. S. (1988): Adolescents´ and Mothers´ Perceptions of Relative Influence in Family Purchase Decisions: Patterns of Agreement and Disagreement; in: Houston, M. J. (Hrsg.): Advances in Consumer Research, Vol. 15, Provo/ UT: Association for Consumer Research, 1988, S. 449-453

Foxman, E. R./ Tansuhaj, P. S./ Ekström, K. M. (1989a): Adolescents´ Influence in Family Purchase Decisions: A Socialization Perspective; in: Journal of Business Research, Vol. 18, 1989, No. 2, S. 159-172

Foxman, E. R./ Tansuhaj, P. S./ Ekström, K. M. (1989b): Family Members´ Perceptions of Adolescents´ Influence in Family Decision Making; in: JoCR, Vol. 15, March 1989, S. 482-491

French, J. R. P., Jr./ Raven, B. (1959): The Bases of Social Power; in: Cartwright, D. (Hrsg.): Studies in Social Power, Ann Arbor, 1959, S. 150-167

Freter, H. (1983): Marktsegmentierung, Stuttgart usw., 1983

Freter, H. (1992): Marktsegmentierung; in: Diller, H. (Hrsg.): Vahlens großes Marketinglexikon, München, 1992, S. 733-737

Freter, H. (1995): Marktsegmentierung; in: Tietz, B. et al. (Hrsg.): Handwörterbuch des Marketing, 2., vollständig überarb. Aufl., Stuttgart, 1995 (Enzyklopädie der Betriebswirtschaftslehre; Bd. 4), Sp. 1802-1812

Fries, J. (1996): Techno und Konsum – Chancen der bedeutendsten Jugendbewegung der neunziger Jahre für das Marketing, Arbeitspapier Nr. 20 der Forschungsgruppe Konsum und Verhalten, Frankfurt a. M., Oktober, 1996

Fritzsche, Y. (1997): Jugendkulturen und Freizeitpräferenzen – Rückzug vom Politischen?; in: Jugendwerk der Deutschen Shell (1997) (Hrsg.): Jugend '97: Zukunftsperspektiven, Gesellschaftliches Engagement, Politische Orientierungen, Gesamtkonzeption und Koordination: A. Fischer und R. Münchmeier, Opladen, 1997, S. 343-377

Fuchs, W. (1986): Altersnormen bei Jugendlichen und Erwachsenen; in: contacte, 1986, S. 15-28

Gagné, R. M. (1980): Die Bedingungen des menschlichen Lernens, aus dem Amerikan. übers. v. Barbara Meyer u. Helmut Sowronek, 5., neu bearb. Aufl. nach der 3. amerikan. Aufl., Hannover usw., 1980

Galst, J. P. (1980): Television Food Commercials and pro-nutritional public service announcements as Determinants of Young Children's Snack Choices; in: Child Development, Vol. 51, 1980, S. 935-938

Garrison, K. C./ Garrison, K. C. Jr. (1975): Psychology of Adolescence, 7. Aufl., Engelwood Cliffs/ N.J., 1975

Garz, D. (1989): Sozialpsychologische Entwicklungstheorien, Opladen, 1989

Gemünden, H. G. (1985): Perceived Risk and Information SearcH. A Systematic Meta-Analysis of the Empirical Evidence; in: International Journal of Research in Marketing; Vol. 2, 1985, H. 2, S. 70-100

Gerhards, M./ Klingler, W. (1997): Fernseh- und Videonutzung Jugendlicher; in: Media Perspektiven, 1997, H. 4, S. 179-189

Gerken, G. (1994): Die fraktale Marke, Düsseldorf, 1994

Gerling, M. (1996): Zielgruppe U 30; in: Dynamik im Handel, 1996, H. 10, S. 92-94

Gersemann, O./ Ginsburg, H. J. (1997): Ernst wie nie – Jugend '97: Ernüchtert, engagiert, flexibel – und überhaupt nicht unpolitisch; in: Wirtschaftswoche, 47. Jg., 1997, Nr. 21, S. 39-46

Gerste, M./ Schueler, H. (1996): Auf ihrem Parteitag am Monatsende will die SPD diskutieren: Sollen Sechzehnjährige wählen dürfen? Ein Pro und Contra; in: Die Zeit, 1996, Nr. 45, 1. November, S. 4

Gerum, E. (1989): Unternehmensethik und Unternehmensverfassung; in: Steinmann, H./ Löhr, A. (Hrsg.): Unternehmensethik, Stuttgart, 1989, S. 131-142

GESOMED/ PSB (1995): Jugend und Musik – Ergebnisse einer Befragung von 803 Experten, von der Gesellschaft für sozialwissenschaftliche Forschung in der Medizin (GESOMED), Freiburg, in Zusammenarbeit mit der Prävention und Suchtberatung (PSB) im Jugendamt der Stadt Nürnberg; Freiburg, Nürnberg, 1995

GfK – Gesellschaft für Konsumforschung (1996): Verbraucherstudie Inline-Skates, Oktober 1996, Nürnberg, 1996

Gierl, H./ Marcks, M. (1993): Der Einsatz von Modellen zur Markentreue-Messung in: Marketing ZFP, 15. Jg., 1993, H. 2, S. 103-108

Gierl, H. (1995): Diffusion; in: Tietz, B. et al. (Hrsg.): Handwörterbuch des Marketing, 2., vollständig überarb. Aufl., Stuttgart, 1995 (Enzyklopädie der Betriebswirtschaftslehre; Bd. 4), Sp. 469-477

Gillis, J. R. (1980): Geschichte der Jugend, aus dem Amerikan. v. U. Herrmann und L. Roth, München, 1980

GIM – Gesellschaft für Innovative Marktforschung (1995): Generation U – eine explikative Jugendkulturstudie, Heidelberg, 1995

GIM – Gesellschaft für innovative Marktforschung (1997): Viewing the Viewers; Studie der Gesellschaft für innovative Marktforschung GIM, Heidelberg, 1997

Ginsburg, H./ Opper, S. (1982): Piagets Theorie der geistigen Entwicklung, 3. Aufl., Stuttgart, 1982

Görke, T. (1996): Trendsportarten systematisch dargestellt: Neue Möglichkeiten für den Anbieter; Vortrag auf dem 1. Europäischen Jugendmarketing Congress anläßlich der Jugendmesse YOU ´96 am 7. Juni 1996 in Essen

Gorn, G. J./ Florsheim, R. (1985): The Effects of Commercials for Adult Products on Children; in: JoCR, Vol. 11, March 1985, S. 962-967

Grabner, C.-D. (1997): Wir haben keine Krise im Jugendprint-Markt; Round-Table mit Grabner, C.-D./ A. Hengstenberg/ F. Völler/ G. M. Bregulla/ D. Gorny/ S. Vogel/ A.-C. Coppens; in: Horizont, Nr. 51/52, 18.12.1997, S. 54-55

Grabner, T. (1997): Produkteinführung in einem unberechenbaren Markt oder „Wie Red Bull dem Getränkemarkt Flügel verleiht"; Vortrag auf der Fachkonferenz „Kinder- und Jugendmarketing" des Insititute for International Research am 8. Dezember 1997 in Köln

Graeff, T. R. (1997): Consumption Situations and the Effect of Brand Image on Consumers Brand Evaluations; in: Psychology and Marketing, Vol. 14, 1997, No. 1, S. 49-70

Gräser, H./ Esser, H./ Saile, H. (1990): Einschätzung von Lebensereignissen und Auswirkungen; in: Filip, S. H. (Hrsg.): Kritische Lebensereignisse, 2., erw. Aufl., München, 1990

Greer, D./ Potts, R./ Wright, J. C./ Huston, A. C. (1982): The Effects of Television Commercial Form and Placement on Children´s Social Behavior and Attention; in: Child Development, Vol. 53, 1982, S. 611-619

Grey Strategic Planning (1997): Teens 2000 – eine Fun-Generation steuert ins nächste Millenium, durchgeführt und herausgegeben von Grey Werbeagentur GmbH & Co KG, Düsseldorf, 1997

Groebel, J./ Gleich, U. (1991): ARD-Forschungsdienst. Werbewirkungsforschung; in: Media Perspektiven, 1991, H. 3. S. 213-217

Grønhaug, Kjell (1972): Risk Indicators, Perceived Risk, and Consumers´ Choice of Information Sources; in: Swedish Journal of Economics, 74. Jg., 1972, S. 246-262

Grossbart, S./ Carlson, L./ Walsh, A. (1991): Consumer Socialization and Frequency of Shopping with Children; in: Journal of the Academy of Marketing Science, Vol. 19, 1991, S. 155-164

Grosskinsky, E. (1996): Jugend '96 – Das Herz schlägt grün; in: Focus, 1996, Nr. 31, S. 35-39

Grunert, K. G. (1990): Kognitive Strukturen in der Konsumforschung – Entwicklung und Erprobung eines Verfahrens zur offenen Erhebung assoziativer Netzwerke, Heidelberg, 1990 (Zugl.: Hohenheim, Univ., Habil.-Schr., 1988)

Guest, L. (1944): A Study of Brand Loyalty; in: Journal of Applied Psychology, Vol. 28, 1944, S. 16-27

Guest, L. (1955): Brand Loyalty – Twelve Years Later; in: Journal of Applied Psychology, Vol. 39, 1955, S. 405-408

Guest, L. (1964): Brand Loyalty Revisited; in: Journal of Applied Psychology, Vol. 48, 1964, S. 91-98

Haedrich, G./ Tomczak, T. (1990): Strategische Markenführung: Planung und Realisierung von Marketingstrategien für eingeführte Produkte, Bern usw., 1990

Hahn, D. (1996): PuK, Controllingkonzepte: Planung und Kontrolle, Planungs- und Kontrollsysteme, Planungs- und Kontrollrechnung, 5., überarb. u. erw. Aufl., Wiesbaden, 1996

Hahn, D. (1997): Stand und Entwicklungstendenzen der strategischen Planung; in: D. Hahn/ B. Taylor (Hrsg.): Strategische Unternehmensplanung – Strategische Unternehmensführung: Stand und Entwicklungstendenzen, 7., völlig neu bearb. u. erw. Aufl., Heidelberg, 1997, S. 1-27

Hall, J./ Shaw, M./ Johnson, M./ Oppenheim, P. (1995): Influence of Children on Family Consumer Decision Making; in: F. Hansen (Hrsg.): European Advances in Consumer Research, Vol. 2, Provo/ UT: Association for Consumer Research, 1995, S. 45-53

Hamann, B. (1988): Familie heute: ihre Funktion und Aufgabe als gesellschaftliche und pädagogische Institution, Frankfurt a. M., 1988

Hammann, P./ Palupski, R./ Bofinger, K. (1997): Markenstreß – Ergebnisse einer explorativen Erhebung unter Jugendlichen; in: Marketing ZFP, 1997, H. 3, S. 177-188

Hansen, O. (1996a): Junge Marken-Experten; in: Media Spectrum Special, November 1996, S. 19-21

Hansen, O. (1996b): Kids, Computer & Co.; in: Media Spectrum Special, November 1996, S. 28-29

Hartfiel, G./ Hillmann, K.-H. (1982): Wörterbuch der Soziologie, 3., überarb. u. erg. Aufl., Stuttgart, 1982

Hartmann, W. (1997): Bausteine des Jugendmarketings eines großen Finanzdienstleisters am Beispiel der BHW – Bausparkasse AG; Vortrag auf der Fachkonferenz „Kinder- und Jugendmarketing“ des Insititute for International Research am 8. Dezember 1997 in Köln

Haseloff, O. W. (1986a): Jugendmärkte und Jugendwerbung, Vortrag, veröffentlicht im Orell Fussli Verlag, Bern, 1986

Haseloff, O. W. (1986b): Über die Bedeutung von Meinungsführern und Modellpersonen; in: Belz, C. (Hrsg.): Realisierung des Marketing, Savosa, 1986, Sp. 1245-1268

Hätty, H. (1989): Der Markentransfer; Heidelberg, 1989

Hätty, H. (1994): Markentransferstrategien; in: Bruhn, M.(Hrsg.): Handbuch Markenartikel, Teilbd. 1, Stuttgart, 1994, S. 561-582

Hauser, G. (1986): How Teenagers Spend the Family Dollar; in: American Demographics, Vol. 8, December 1986, S. 38-41

Hebdige, D. (1985): Versteckspiel im Rampenlicht; in: Lindner, R./ Wiebe, H. H. (Hrsg.): Neues zur Jugendfrage, Frankfurt a. M., 1985, S. 186-205

Hebdige, D. (1997): Ein kleiner Planet der Gleichzeitigkeit; in: SPoKK (Hrsg.): Kursbuch Jugendkultur. Stile, Szenen und Identitäten vor der Jahrtausendwende, Mannheim, 1997, S. 14-21

Heer, D. M. (1963): The Measurement and Bases of Family Power: An Overview; in: Marriage and Family Living, 1963, No. 2, S. 133-139

Heider, F. (1944): Social Perception and Phenomenal Causality; in: Psychological Review, Vol. 51, 1944, S. 358-374

Heider, F. (1946): Attitudes and Cognitive Organization; in: Journal of Psychology, Vol. 21, 1946, S. 107-112

Heinig, J. (1962): Teenager als Verbraucher, Nürnberg, 1962

Heitkämper, P. (1997): Vom bequemen Vorzug der angenehmen Nestwärme; in: Parlament, 4. Juli 1997, S. 12

Heitmeyer, W./ Olk, T. (1990a) (Hrsg.): Individualisierung von Jugend – gesellschaftliche Prozesse, subjektive Verarbeitungsformen, jugendpolitische Konsequenzen, hrsg. im Auftrag der Arbeitsgruppe Bielefelder Jugendforschung, Weinheim und München, 1990

Heitmeyer, W./ Olk, T. (1990b): Das Individualisierungs-Theorem – Bedeutung für die Vergesellschaftung von Jugendlichen; in: Heitmeyer, W./ Olk, T. (Hrsg.): Individualisierung von Jugend – Gesellschaftliche Prozesse, subjektive Verarbeitungsformen, jugendpolitische Konsequenzen, hrsg. im Auftrag der Arbeitsgruppe Bielefelder Jugendforschung, Weinheim und München, 1990, S. 11-34

Helmig, B. (1997): Variety-seeking-behavior im Konsumgüterbereich – Beeinflussungsmöglichkeiten durch Marketinginstrumente; Wiesbaden, 1997 (Zugl.: Freiburg (Breisgau), Univ., Diss., 1997)

Henning, T. (1996): Beziehungsqualität: Kundenzufriedenheit und mehr im Zentrum des Beziehungsmarketing; in: Marktforschung und Management, 1996, H. 4, S. 142-148

Hentz, S. (1996): Verloren in der Flut der Scheiben; in: Die Zeit, 1996, Nr. 34, S. 51

Herp, T. (1990): Anders statt besser!; in: Absatzwirtschaft, 33. Jg., 1990, Sonderheft 10, S. 76-80

Herrmann, A./ Gutsche, J. (1994): Ein Modell zur Erfassung der individuellen Markenwechselneigung; in: ZfbF, 46. Jg., 1994, H. 1, S. 63-80

Hessische Landesanstalt für privaten Rundfunk (1996) (Hrsg.): Gemeinsame Grundsätze und Richtlinien der Landesmedienanstalten; Kassel, 1996

Hilger, H. (1981): Informationsbedarf und Informationsbeschaffung jugendlicher Konsumenten beim Kauf langlebiger Güter – Ein Vergleich berufstätiger Jugendlicher mit gleichaltrigen Schülern und Studenten; in: Raffee, H./ Silberer, G. (Hrsg.): Informationsverhalten des Konsumenten, Wiesbaden, 1981, S. 143-167

Hill, W./ Rieser, I. (1993): Marketing-Management, 2., durchges. Aufl., Bern usw., 1993

Hillmann, K.-H. (1994): Wörterbuch der Soziologie, 4., überarb. u. erg. Aufl., Stuttgart, 1994

Hinde, R. A. (1979): Towards Understanding Relationships; London, 1979

Hinterhuber, H. H. (1980): Strategische Unternehmensführung, 2., durchges. u. erw. Aufl., Berlin/ New York, 1980

Hippel, E. von (1984): Novel Product Concepts from Lead Users: Segmenting Users by Experience, Report 84-109 des Marketing Science Institute, Cambridge, 1984

Hippel, E. von (1986):Lead Users: A Source of Novel Product Concepts; in: Managment Science, Vol. 32, No. 7, July 1986, S. 791-805

Hoch, S. J./ Deigthon, J. (1989): Managing What Consumers Learn From Experience; in: JoM, Vol. 53, April 1989, S. 1-20

Hoerning, E. M. (1981): Sozialer Wandel und antizipatorische Sozialisation; in: Nave-Herz, R. (Hrsg.): Erwachsenensozialisation – Ausgewählte Theorien und empirische Analysen, Weinheim, Basel, 1981, S. 189-194

Hoffmann, T. (1998a): Die Bahn kommt den Kids entgegen; in: Horizont, 28. Mai 1998, Nr. 22, S. 80

Hoffmann, T. (1998b): Teenie-Titel leben vom Star-Kult; in: Horizont, 2. Juni 1998, Nr. 23, S. 5

Hoffmann-Riem, W./ Engels, S./ Schulz, W. (1995): Handlungsoptionen; in: Charlton, M./ Neumann-Braun, K./ Aufenanger, S./ Hoffmann-Riem, W. et al. (Hrsg.): Fernsehwerbung und Kinder – Das Werbeangebot in der Bundesrepublik Deutschland und seine Verarbeitung durch Kinder; Bd. 2: Rezeptionsanalyse und rechtliche Rahmenbedingungen, Opladen, 1995 (Schriftenreihe Medienforschung der Landesanstalt für Rundfunk Nordrhein-Westfalen; Bd. 18), S. 417-446

Hoffmann-Riem, W./ Engels, S. (1995): Einfach-gesetzliche Regelungen der Fernsehwerbung mit und für Kinder; in: Charlton, M./ Neumann-Braun, K./ Aufenanger, S./ Hoffmann-Riem, W. et al. (Hrsg.): Fernsehwerbung und Kinder – Das Werbeangebot in der Bundesrepublik Deutschland und seine Verarbeitung durch Kinder; Bd. 2: Rezeptionsanalyse und rechtliche Rahmenbedingungen, Opladen, 1995 (Schriftenreihe Medienforschung der Landesanstalt für Rundfunk Nordrhein-Westfalen; Bd. 18), S. 355-416

Höhn, C./ Wendt, H. (1991): Neuer Babyboom? – Zur aktuellen Geburtenentwicklung in der Bundesrepublik Deutschland; in: Zeitschrift für Bevölkerungswissenschaft, 17. Jg., 1991, H. 1, S. 95-101

Holbrook, M. B. (1994): Ethics in Consumer Research: An Overview and Prospectus; in: Allen, C. T./ John, D. R. (Hrsg.): Advances in Consumer Research, Vol. 21, Provo, UT: Association for Consumer Research, 1994, S. 566-571

Holbrook, M. B./ Schindler, R. M. (1989): Some Exploratory Findings on the Development of Musical Tastes; in: JoCR, Vol. 16, Juni 1989, S. 119-124

Holbrook, M. B./ Schindler, R. M. (1994): Age, Sex and Attitude Toward the Past as Predictors of Consumers´Aesthetic Tastes for Cultural Products; in: JoMR, Vol. 31, August 1994, S. 412-422

Holzhauer, B. (1994): Trends im Bekleidungsmarkt; in: Spiegel-Verlag Rudolf Augstein GmbH & Co. KG (Hrsg.): Outfit 3 – Kleidung, Accessoires, Duftwässer, Hamburg, 1994, S. 10-31

Homans, G. C. (1961): Social Behavior: Its Elementary Forms, New York, 1961 (Deutsche Ausgabe: Elementarformen sozialen Verhaltens, Köln, 1968)

Höpfner, F. G. (1976): Verbraucherverhalten, Stuttgart usw., 1976

Hornstein, W. (1970): Aspekte und Dimensionen erziehungswissenschaftlicher Theorien zum Jugendalter; in: Neidhardt, F. et al. (Hrsg.): Jugend im Spektrum der Wissenschaften. Beiträge zur Theorie des Jugendalters, München, 1970, S. 151-202

Hornstein, W. (1988): Jugend in der zweiten Hälfte der achtziger Jahre – Perspektiven und Aufgaben der Jugendforschung. Ein Beitrag zur Diskussion um die Neubestimmung der Kategorie Jugend; in: Wiebe, H. H. (Hrsg.): Jugend in Europa. Ihre Situation in den zentraleuropäischen Gesellschaften und der Stand der Forschung, Opladen, 1988, S. 17-40

Horowitz, T. (1982): Excitement vs. Economy: Fashion and Youth Culture in Britain; in: Adolescence, 17. Jg., 1982, H. 67, S. 627-636

Hörschgen, H./ Kirsch, J./ Käßer-Pawelka, G./ Grenz, J. (1993): Marketing-Strategien. Konzepte zur Strategienbildung im Marketing, 2., überarb. u. erw. Aufl., 1993

Horx, M. (1989): Jugendstil anno ´89; in: ZEIT-Magazin, 13. Oktober 1989, S. 31-43

Howard, J. A. (1977): Consumer Behavior: Application of Theory, New York usw., 1977

Howard, J. A./ Sheth, J. N. (1969): The Theory of Consumer Behavior, New York, 1969

Hubel, W. (1986): Der Einfluß der Familienmitglieder auf gemeinsame Kaufentscheidungen, Berlin, 1986, (Schriften zum Marketing; Bd. 18)

Hübsch, I. (1997): Teenager als Zielgruppe für eine „Line extension" einer etablierten Marke: das FA Body Splash Beispiel; Vortrag auf der Fachkonferenz „Kinder- und Jugendmarketing" des Insititute for International Research am 8. Dezember 1997 in Köln

Hullen, G. (1995): Der Auszug aus dem Elternhaus im Vergleich von West- und Ostdeutschland. Ergebnisse des Family and Fertility Surveys (FFS) 1992; in: Zeitschrift für Bevölkerungswissenschaft, 20. Jg., 1995, H. 2, S. 141-158

Hupp, O. (1998): Das Involvement als Erklärungsvariable für das Entscheidungs- und Informationsverhalten von Konsumenten; Arbeitspapier der Forschungsgruppe Konsum und Verhalten Nr. 22, Saarbrücken, 1998

Hurrelmann, K. (1993): Einführung in die Sozialisationstheorie – Über den Zusammenhang von Sozialstruktur und Persönlichkeit, 4., überarb. u. erg. Aufl., Weinheim; Basel, 1993

Hurrelmann, K./ Rosewitz, B./ Wolf, H. (1995): Lebensphase Jugend – Eine Einführung in die sozialwissenschaftliche Jugendforschung, 4. Aufl., Weinheim/ München, 1995

Iconkids & Youth (1996): Interne Studie zur Struktur der monatlichen Ausgaben von 16- bis 25jährigen, Stand: Ende 1996, durchgef. v. Iconkids & Youth international research, Rükkertstr. 4, 80336 München, Tel.: 089/54 46 29-0

IFM – Institut für qualitative Markt- und Wirkungsanalysen (1994): Psychologische Analyse der aktuellen Jugendkultur, durchgeführt v. Institut für qualitative Markt- und Wirkungsanalysen IFM, Kaiser-Wilhelm-Ring 30-32, Köln, 1994

IFM – Institut für qualitative Markt- und Wirkungsanalysen (1996): Jugendkultur und Mediennutzung – Eine Studie des Instituts für qualitative Markt- und Wirkungsanalysen IFM, Köln, hrsg. v. Regionalpresse e.V., Marketingorganisation der regionalen Abonnementszeitungen in Deutschland, Frankfurt a. M., 1996

Inglehart, R. (1989): Kultureller Umbruch: Wertewandel in der westlichen Welt, Frankfurt a. M. usw., 1989

Institut für Analyse und Beratung (1998): YoungFin – Zentrale Erkenntnisse einer qualitativ-psychologischen Studie zum Thema „Jugend, Banken und Finanzen", durchgeführt von A&B Analyse und Beratung Gesellschaft für Marktforschung mbH, Heidelberg, 1998

Institut für Demoskopie Allensbach (1996): Markenbindung – Markenbildung. Eine Studie des IFD, Allensbach im Auftrag der Verlagsgruppe Jürg Marquard; Allensbach, 1996

Institut für Demoskopie Allensbach (1997) (Hrsg.): AWA '97– Allensbacher Marktanalyse/ Werbeträgeranalyse 1997; durchgef. u. hrsg. v. Institut für Demoskopie Allensbach, Allensbach am Bodensee, 1997

Institut für Jugendforschung (1984): Die Konstanz jugendlicher Markenbindung; Eine Studie des Instituts für Jugendforschung, Markt- und Meinungsforschung GmbH in München; hrsg. v. Heinrich Bauer Verlag Anzeigen + Marketing KG, München, 1984

Institut für Jugendforschung (1986): Jugend, die kaufbeeinflussende Kraft in der Familie – Repräsentativbefragung von 500 Jugendlichen und ihren Müttern; durchgef. v. IJF, München; hrsg. v. Heinrich Bauer Verlag Anzeigen + Marketing KG, Hamburg, 1986

Institut für Jugendforschung (1992a): Die Bedeutung der Akzeleration für das Jugendmarketing; hrsg. v. Heinrich Bauer Verlag Anzeigen + Marketing KG Objektleitung BRAVO, München, 1992

Institut für Jugendforschung (1992b): Die 7-15jährigen – Beliebte Freizeitbeschäftigungen und Selbstbestimmung in den alten und den neuen Bundesländern, München, 1992

Institut für Jugendforschung (1993): Die Macht der Clique. Die „Peer Group" im Fokus des Jugendmarketing; hrsg. vom Heinrich Bauer Verlag Anzeigen + Marketing KG Hamburg, München, 1993

Institut für Jugendforschung (1994): Sport und Jugend; Repräsentativuntersuchung bei 12- bis 21jährigen, durchgef. v. IJF, München; hrsg. v. IP Multimedia Deutschland GmbH, Kronberg, 1994

Institut für Jugendforschung (1995a): Die finanzielle Lage der 15-24jährigen in der Bundesrepublik (Stand Ende: 1995); unveröffentlichte Studie des Instituts für Jugendforschung IJF, Arabellastr. 31, 81925 München, 1995

Institut für Jugendforschung (1995b): Neue Entwicklungen bei der jungen Generation – Psychologische Trendstudie bei Opinionleadern und Trendsettern 1987, 1992 und 1995; Juni 1995 bis November 1995; unveröffentlichte Studie des Instituts für Jugendforschung IJF, Arabellastr. 31, 81925 München; 1995

Institut für Jugendforschung (1996a): Kaufentscheidungen in der Familie – Der Dialog zwischen den Generationen; eine Repräsentativuntersuchung bei Jugendlichen und ihren Müttern; durchgef. v. IJF; München; hrsg. v. Heinrich Bauer Verlag Anzeigen + Marketing KG, Hamburg, 1996

Institut für Jugendforschung (1996b): Umfassender Bericht zur Studie „Kaufentscheidungen in der Familie – Der Dialog zwischen den Generationen"; eine Repräsentativuntersuchung bei Jugendlichen und ihren Müttern; durchgef. v. IJF; München, 1996

Institut für Jugendforschung (1997a): Cosmetics and Care Report; Repräsentativuntersuchung bei 14- bis 19jährigen; durchgef. v. IJF, München; hrsg. von der IP Print Vermittlung für Zeitschriftenwerbung GmbH, Kronberg, 1997

Institut für Jugendforschung (1997b): Kinderbus II/ 97, unveröffentlichte Eigenforschung zu Selbstkauf und Kaufbeeinflussung, Insitut für Jugendforschung Markt- und Meinungsforschung GmbH, Arabellastr. 33, 81901 München

IP Multimedia Deutschland GmbH (1995): BRAVO Jugend-Marktreport – Die Jugend als Verbraucher, Kronberg, 1995

Isler, L./ Popper, E. T./ Ward, S. (1987): Children´s Purchase Requests and Parental Responses – Results from a Diary Study; in: JoAR, Vol. 27, October/ November 1987, S. 28-39

Iso-Ahola, S. E./ Mannell, R. C. (1985): Social and Psychological Constraints on Leisure; in: Wade, M. G. (Hrsg.): Constraints on Leisure, Springfield/ Ill, 1985, S. 111-151

Jackson, D. R. (1992): In Quest of the Grail: Breaking the Barriers to Customer Valuation; in: Direct Marketing, Vol. 54, 1992, No. 11, S. 44-47

Jacoby, J. (1971): A Model of Mult-Brand Loyalty; in: JoAR, Vol. 11, 1971, No. 3, S. 25-31

Jacoby, J. W./ Chestnut, R. W. (1978): Brand Loyalty Measurement and Management, New York, 1978

Jacoby, J./ Kaplan, L. (1972): The Components of Perceived Risk; in: Venkatesan, M. (Hrsg.): Proceedings of the 3rd Annual Conference of the Association for Consumer Research, Chicago, 1972, S. 382-393

Jacoby, J./ Kyner, D. B. (1973): Brand Loyalty vs. Repeat Purchasing Behavior; in: JoMR; Vol. 10, February 1973, S. 1-9

Jacoby, J./ Speller, D. E./ Kohn, C. A. (1974): Brand Choice Behavior as a Function of Information Load; in: JoMR, Vol. 11, S. 63-69

Jahberg, H. (1998): Auf der Suche nach dem Gesicht der Jugend: Wie Firmen versuchen, die Jugendkultur für ihr Image auszuschlachten; in: Der Tagesspiegel, 12. Juli 1998, S. 9

Janke, K./ Niehues, S. (1995): Echt abgedreht: Die Jugend der 90er Jahre, München, 1995

Jeck-Schlottman, G. (1987a): Visuelle Informationsverarbeitung bei wenig involvierten Konsumenten. Eine empirische Untersuchung zur Anzeigenbetrachtung mittels Blickaufzeichnung. Eine Dissertation an der Universität des Saarlandes, Saarbrücken, 1987

Jeck-Schlottman, G. (1987b): Anzeigenbetrachtung bei geringem Involvement; in: Marketing ZFP, 10. Jg., H. 1, S. 33-44

Jenkins, R. L. (1979): The Influence of Children in family Decision Making: Parents´ Perceptions; in: Wilkie, W. L. (Hrsg.): Advances in Consumer Research, Vol. 6, Ann Arbor: Association for Consumer Research, 1979, S. 413-418

John, D. R./ Loken, B./ Joiner, C. (1998): The Negative Impact of Extensions: Can Flagship Products be Diluted?; in: JoM, Vol. 62, January 1998, S. 19-32

Jugendwerk der Deutschen Shell (1997) (Hrsg.): Tabellendateien zur 12. Shell Jugendstudie „Jugend '97"; Gesamtkonzeption und Koordination: A. Fischer und R. Münchmeier, hrsg. v. Jugendwerk der Deutschen Shell, Überseering 35, 22297 Hamburg, 1997

Kaas, K.-P. (1973): Diffusion und Marketing – Das Konsumentenverhalten bei der Einführung neuer Produkte, Stuttgart, 1973

Kaas, K.-P. (1982): Consumer Habit Forming, Information Acquisition, and Buying Behavior; in: Journal of Business Research, 10. Jg., 1982, H. 1, S. 3-15

Kaas, K.-P./ Dieterich, M. (1979): Die Entstehung von Kaufgewohnheiten bei Konsumgütern; in: Marketing ZFP, 1. Jg., 1979, H. 1, S. 13-22

Kang, S.-H. (1989): Family Purchase Decision Making: A Conceptual Development; in: Kyongje-yon´gu, 1989, H. 10, S. 255-283

Kannacher, V. A. (1982): Habitualisiertes Kaufverhalten von Konsumenten, München, 1982 (Hochschulschriften zur Betriebswirtschaftslehre; Bd. 11)

Kapferer, J.-N. (1992): Die Marke – Kapital des Unernehmens, aus dem Franz. übers. v. B. Rominger-Hanauer, Landsberg/ Lech, 1992

Kapferer, J.-N. (1997): Strategic Brand Managment – Creating and Sustaining Brand Equity Long Term, 2. Aufl., 1997

Kapferer, J.-N./ Laurent, G. (1985): Consumers´ Involvement Profile: New Empirical Results; in: Hirshman, E. C./ Holbrook, M. B. (Hrsg.): Advances in Consumer Research, Vol. 12, Provo/ UT: Association for Consumer Research, 1985, S. 290-295

Kasper, H. (1988): On Problem Perception, Dissatisfaction and Brand Loyalty; in: Journal of Economic Psychology, Vol. 9, 1988, S. 387-397

Kate, N. T. (1995): Squeaky Clean Teens; in: American Demographics, Vol. 17, January 1995, S 15

Katona, G. (1960): Das Verhalten der Verbraucher und Unternehmer, Tübingen, 1960

Katz, E./ Lazarsfeld, P.F. (1964): Personal Influence, New York/ London, 1964

Kay-Enders, B. (1996): Marketing und Ethik: Grundlagen – Determinanten – Handlungsempfehlungen, Wiesbaden, 1996 (Zugl.: Kaiserslautern, Univ., Diss., 1996)

Kearney, R. E. (1994): The Art of Building Solid Member Relations; in: Credit Union Executives Society: Credit Union Management, Vol. 17, 1994, No. 12, S. 32-33

Keillor, B. D./ Parker, R. S./ Schaefer, A. (1996): Influences on Adolescent Brand Preferences in the United States and Mexico; in: JoAR, Vol. 36, 1996, May/June, S. 47-56

Keller, M./ Klingler, W. (1996): Jugendwellen gewinnen Hörerschaft; in: Media Perspektiven, 1996, H. 8, S. 441-450

Kelman, H. C. (1961): Processes of Opinion Change; in: Public Opinion Quarterly, Vol. 25, 1961, S. 51-60

Kenkel, W. F. (1961): Family Interaction in Decision Making on Spending; in: Foote, N. N. (Hrsg.): Household Decision Making, Consumer Behavior, Vol. 4, New York, 1961, S. 140-164

Kiefer, M.-L. (1996): Schwindende Chancen für anspruchsvolle Medien?; in: Media Perspektiven, 1996, H. II, S. 589-597

Kim, C./ Lee, H./ Hall, K. (1991): A Study on Adolescents′ Power, Influence Strategy, and Influence on Family Purchase Decisions; in: Childers, T. (Hrsg.): Marketing Theory and Applications, Vol. 2, Chicago: American Marketing Association, 1991, S. 37-45

Kim, C./ Lee, H./ Sharma, A. (1990): Adolescents′ Power and Perceived Influence in Family Purchase Decisions; in: Dunlap, B. J. (Hrsg.): Developments in Marketing Science, Proceedings of the Thirteenth Annual Conference of the Academy of Marketing Science, New Orleans/ Louisiana, Vol. 13, 1990, S. 25-29

Kircher, S. (1998): Markennamen für Kids; in: Marketing Journal, 31. Jg., 1998, H. 3, S. 178-180

Kirchgeorg, M. (1995): Zielgruppenmarketing; in: Thexis, 12. Jg., 1995, H. 3, S. 20-26

Kirchler, E. (1989): Kaufentscheidungen im privaten Haushalt – Eine sozialpsychologische Analyse des Familienalltages, Göttingen usw., 1989

Kirchler, E. M. (1995): Wirtschaftspsychologie – Grundlagen und Anwendungsfelder der ökonomischen Psychologie, Göttingen usw., 1995

Kirchler, E. M./ Kirchler, E. (1990): Einflußmuster in familiären Kaufentscheidungen; in: Planung und Analyse, 17. Jg., 1990, H. 2, S. 49-54

Kirner, E./ Schwarze, J. (1996): Zur Einkommenssituation und Einkommensverwendung von Familien mit jüngeren Kindern; in: Vierteljahrshefte zur Wirtschaftsforschung, 65. Jg., 1996, H. 2, S. 190-207

Klewes, J. (1983): Retroaktive Sozialisation: Einflüsse Jugendlicher auf ihre Eltern, Weinheim/ Basel, 1983

Klingler, W./ Groebel, J. (1994): Kinder und Medien 1990: eine Studie der ARD/ ZDF-Medienkommission; unter Mitarbeit von I. Horn und K. Schönenberg, Baden-Baden, 1994 (Schriftenreihe Media Perspektiven; Bd. 13)

Klink, B. (1995): Fashion Sport turnt die Pflicht; in: Horizont, 1995, Nr. 30, S. 17

Klunzinger, E. (1993): Einführung in das bürgerliche Recht: Grundkurs für Studierende der Rechts- und Wirtschaftswissenschaften, 5., verb. Aufl., München, 1993 (Vahlens Handbücher der Wirtschafts- und Sozialwissenschaften)

Knussmann, R. (1996): Vergleichende Biologie des Menschen: Lehrbuch der Anthropologie und Humangenetik, 2., neu bearb. u. erw. Aufl., Stuttgart usw., 1996

Köhler, R. (1985): Strategisches Marketing: Auf die Entwicklugn eines umfassenden Informations-, Planungs- und Kontrollsystems kommt es an; in: Marketing ZFP, 1983, H. 3, S. 213-216

Köhler, R. (1993): Beiträge zum Marketing-Management: Planung, Organisation, Controlling, 3., erw. Aufl., Stuttgart, 1993

Köhler, R. (1994a): Tendenzen des Markenartikels aus der Perspektive der Wissenschaft; in: Bruhn, M. (Hrsg.): Handbuch Markenartikel, Band 3, Stuttgart, 1994, S. 1061-1090

Köhler, R. (1994b): Target Marketing; in: DBW, 54. Jg., 1994, H. 1, S. 121-123

Kohli, M. (1982): Lebenslauftheoretische Ansätze in der Sozialisationsforschung; in: Hurrelmann, K./ Ulich, D. (Hrsg.): Handbuch derSozialisationsforschung, 2. Aufl., Weinheim, 1982, S. 299-317

Köhler, C. (1992): Marketing-Assessment: Aufgaben, Probleme und Methoden der Marketing-Folgenabschätzung; Diss., Univ. Köln, 1992

Köhler, C. (1995): Marketing-Assessment; in: Tietz, B. et al. (Hrsg.): Handwörterbuch des Marketing, 2., vollständig überarb. Aufl., Stuttgart, 1995 (Enzyklopädie der Betriebswirtschaftslehre; Bd. 4), Sp. 1520-1533

Kölzer, B. (1995a): Senioren als Zielgruppe: Kundenorientierung im Handel, Wiesbaden, 1995 (zugl.: Köln, Univ., Diss., 1994)

Kölzer, B. (1995b): Senioren als Zielgruppe im Handelsmarketing; in: Mitteilungen des Instituts für Handelsforschung an der Universität zu Köln, 47. Jg., 1995, Nr. 2, S. 25-36

König, M. (1994): Jugendmarkt: Dranbleiben!; in: Bank Magazin, 1994, H. 5, S. 47-54

Körner, M. (1987a): Daten zum Geldbesitz und zum Geldverhalten in der jungen Generation; in: Sparkasse, 104. Jg., 1987, H. 10, S. 430-432

Körner, M. (1987b): Einstellungsänderungen in der Jugendgeneration und ihre Konsequenzen für das Marketing; in: Sparkasse, 104. Jg., 1987, H. 10, S. 94-98

Kotler, P./ Bliemel, F. (1995): Marketing-Management; Analyse, Planung, Umsetzung, Steuerung, 8., vollst. neu bearb. u. erw. Aufl., Stuttgart, 1995

Kotler, P./ Mindak, W. (1978): Marketing and Public Relations. Should They Be Partners or Rivals?; in: JoM, 1978, No. 10, S. 13-20

Kreihamer, N. (1997): Red Bull verleiht auch seinen Events Flügel; Interview von H. Heckel; in: Horizont, 1997, Nr. 38, S. 75

Kreilkamp, E. (1987): Strategisches Management und Marketing: Markt- und Wettbewerbsanalyse, strategische Frühaufklärung, Portfolio-Management; Berlin/ New York, 1987

Kreuzer, A. (1993): Jugendkriminalität; in: Kaiser, G./ Kerner, H.-J./ Sack, F./ Schellhoss, H. (Hrsg.): Kleines kriminologisches Wörterbuch, 3., völlig neubearb. u. erw. Aufl., Heidelberg, 1993, S. 182-191

Krieger, R. (1990): Entwicklung von Werthaltungen; in: Hetzer, H./ Todt, E./ Seiffge-Krenke, E./ Arbinger, R. (Hrsg.): Angewandte Entwicklungspsychologie des Kindes- und Jugendalters, 2., überarb. u. erg. Aufl., Heidelberg usw., 1990, S. 265-306

Kroeber-Riel, W. (1972): Theoretische Konstruktionen und empirische Basis in mikroökonomischen Darstellungen des Konsumentenverhaltens; in: Dlugos, G./ Eberlein, G./ Steinmann, H. (Hrsg.) (1972): Wissenschaftstheorie und Betriebswirtschaftslehre, Düsseldorf, 1972, S. 209-219

Kroeber-Riel, W. (1974): Ideologische Komponenten der entscheidungsorientierten Absatztheorie; in: Weinberg, P. et al. (Hrsg.): Marketingentscheidungen, Köln, 1974, (Neue Wissenschaftliche Bibliothek; Bd. 66), S. 29-49

Kroeber-Riel, W. (1992): Konsumentenverhalten, 5., überarb. und erg. Aufl., München, 1992

Kroeber-Riel, W. (1993a): Strategie und Technik der Werbung – Verhaltenswissenschaftliche Ansätze, 4. Aufl, Stuttgart usw., 1993

Kroeber-Riel, W. (1993b): Bildkommunikation, München, 1993

Kroeber-Riel, W./ Möcks, R. (1980): Konsumentensozialisation; in: Hoyos, C. G. (Hrsg.): Grundbegriffe der Wirtschaftspsychologie: Gesamtwirtschaft, Markt, Organisation, Arbeit, München, 1980, S. 576-581

Kroeber-Riel, W./ Trommsdorff, V. (1973): Markentreue beim Kauf von Konsumgütern – Ergebnisse einer empirischen Untersuchung; in: Kroeber-Riel, W. (Hrsg.): Konsumentenverhalten und Marketing, Arbeitspapiere des Instituts für Konsum- und Verhaltensforschung an der Universität des Saarlandes, Opladen, 1973

Kroeber-Riel, W./ Weinberg, P. (1996): Konsumentenverhalten, 6., völlig überarb. Aufl., München, 1996

Krüger, H.-H./ Thole, W. (1992): Jugend, Freizeit und Medien; in: Krüger, H.-H. (Hrsg.): Handbuch der Jugendforschung, 2. erw. u. aktualis.Aufl., Opladen, 1992, S. 447-472

Krüger, H.-H. (1992): Zwischen Verallgemeinerung und Zerfaserung – zum Wandel der Lebensphase Jugend in der Bundesrepublik; in: Institut für Landes- und Stadtentwicklungsforschung des Landes Nordrhein-Westfalen (ILS) (Hrsg.): Jugend-Zeit: Stadtentwicklungspolitische Aspekte veränderter Lebenslagen von Jugendlichen, Duisburg, 1992 (ILS-Schriften; Bd. 61), S. 13-20

Krüger, W. (1974): Macht in der Unternehmung – Elemente und Strukturen, Stuttgart, 1974

Krüger, W. (1996): Junge Leute wollen gezielt beworben sein; in: Horizont, 1996, Nr. 23, S. 72

Kuhlmann, E. (1983): Consumer Socialization of Children and Adolescents. A Review of Current Approaches; in: Journal of Consumer Policy, 1983, No. 6, S. 397-418

Kumpf, M. (1983): Bezugsgruppen und Meinungsführer; in: Irle, M. (Hrsg.): Marktpsychologie, 1. Halbband, Göttingen, 1983, S. 282-335

Kürzer, H. (1997): Gezielte Ansprache lohnt sicH. Jugendliche können Marken als Sprungbrett für breiten Erfolg dienen; in: Horizont, 29.5.1997, S. 11

Kutsch, T./ Wiswede, G. (1986): Wirtschaftssoziologie: Grundlegung, Hauptgebiete, Zusammenschau, Stuttgart, 1986

LaBarbera, P. A./ Mazursky, D. (1983): A Longitudinal Assessment of Consumer Satisfaction/ Dissatisfaction: The Dynamic Aspect of the Cognitive Process; in: JoMR, Vol. 20, November 1983, S. 393-404

Lakaschus, C. (1992): Jugendmarkt; in: Diller, H. (Hrsg.): Vahlens großes Marketinglexikon, München, 1992, S. 492-495

Lakos, R. S. (1998): Sony Playstation hat die Kids im Visier; Interview, durchgef. von M. Telgheder/ B. Udina; in: Horizont, 21. Mai 1998, Nr. 21, S. 24

Lamparter, D. H. (1997): Zu starker Tobak; in: Die Zeit, 1997, Nr. 50, S. 25

Lane, V. R. (1998): Brand Leverage Power: The Critical Role of Brand Balance; in: Business Horizons, January/ February 1998, S. 75-84

Lange, E. (1991): Jugendkonsum – Empirische Untersuchungen über Konsummuster, Freizeitverhalten und soziale Milieus bei Jugendlichen in der Bundesrepublik Deutschland, Opladen, 1991

Lange, E. (1994): Sozialer Einfluß; in: W. Fuchs-Heinritz/ R. Lautmann/ O. Rammstedt/ H. Wienold (Hrsg.): Lexikon zur Soziologie, 3., völlig neubearb. u. erw. Aufl., Opladen, 1994

Lange, E. (1997): Jugendkonsum im Wandel – Konsummuster, Freizeitverhalten, soziale Milieus und Kaufsucht 1990 und 1996, Opladen, 1997

Lastovicka, J. L./ Gardner, D. M. (1978): Low Involvement Versus High Involvement Cognitive Structures; in: Hunt, K. (Hrsg.): Advances in Consumer Research, Vol. 5, Ann Arbor: Association for Consumer Research, 1978, S. 87-92

Laurent, G./ Kapferer, J.-N. (1985): Measuring Consumer Involvement Profiles; in: JoMR, Vol. 22, February 1985, S. 41-53

Legnaro, A. (1992): Im Grunde sind alle jung, nur manche sind jünger; in: Frankfurter Rundschau, 22. August 1992, S. 24

Leonhard, L. S. (1997): Warum kann die Werbung auch die Älteren erreichen, Herr Leonhard?; Interview von M. Freytag; in: Frankfurter Allgemeine Magazin, 1.8.1997, S. 11-12

Lessing, R. (1982): Das Kunden-Portfolio – Eine Methode zur effizienten Marktdurchdringung; in: VDI-Berichte, Nr. 461, 1982, S. 57

Liebau, E. (1990): Pluralisierung und Individualisierung – Von den Ambivalenzen verwirklichter Aufklärung; in: Ermert, K./ Huber, L./ Liebau, E. (Hrsg.): Humboldt, High-Tech und High-Culture: Was heißt Hochschulkultur heute?, Loccum, 1990 (Loccumer Protokolle; Bd. 14), S. 100-117

Liesenfeld, G. (1987): Wir sind jung, die Welt ist offen... Vom In-Sein der Jugendlichkeit; in: Beitl, K. (Hrsg.): Gegenwartsvolkskunde und Jugendkultur: Referate des 2. Internationalen Symposions des Instituts für Gegenwartsvolkskunde der Österreichischen Akademie der Wissenschaften vom 4. bis 8. Juni in Mattersburg, Wien, 1987 (Mitteilungen des Instituts für Gegenwartsvolkskunde; Nr. 18) (Österreichische Akademie der Wissenschaften Philosophisch-Historische Klasse Sitzungsberichte; Bd. 493), S. 39-56

Lindner, R. (1985): A props Stil: Einige Anmerkungen zu einem Trend und seinen Folgen; in: Lindner, R./ Wiebe, H. H. (Hrsg.): Neues zur Jugendfrage, Frankfurt a. M., 1985, S. 206-218

Link, J. (1995): Welche Kunden rechnen sich?; in: Absatzwirtschaft; 38. Jg., 1995, H. 10, S. 108-110

Lintas Hamburg GmbH (1994) (Hrsg.): Youth Observes Youth' Obsessions (YOYO). Eine Studie der Werbeagentur Lintas Hamburg GmbH, Hamburg, 1994

Lipman, A. (1987): Leisure; in: Maddox, G. L. (Hrsg.): The Encyclopedia of Aging, New York, 1987, S. 382-385

Livingstone, S. M./ Lunt, K. P. (1992): Predicting Personal Debt and Debt Repayment: Psychological, Social and Economic Determinants; in: Journal of Economic Psychology, Vol. 13, 1992, S. 111-134

Loch, W. (1970): Die stationäre Emanzipation; in: Neidhardt, F. et al. (Hrsg.): Jugend im Spektrum der Wissenschaften. Beiträge zur Theorie des Jugendalters, München, 1970, S. 229-251

Lohre, G. (1997): Generation X auf der Suche nach Thrill; in: Horizont, 1997, Nr. 22, S. 70

Loudon, D. L./ Della Bitta, A. J. (1993): Consumer Behavior. Concepts and Applications, New York usw., 1993

Lüdtke, H. (1981): Vom Jugendlichen zum Jungerwachsenen – Empirische Befunde zur Sozialisationsdynamik und ihre theoretische Deutung; in: Nave-Herz, R. (Hrsg.): Erwachsenensozialisation – Ausgewählte Theorien und empirische Analysen, Weinheim, Basel, 1981, S. 149-163

M+M Eurodata (1997) (Hrsg.): Euro-Trade – Strukturen, Umsätze und Vertriebslinien des Lebensmittelhandels Food/ Nonfood in Europa, Frankfurt a. M., 1997

Mangleburg, T. F. (1990): Children´s Influence in Purchase Decisions: A Review and Critique; in: Goldberg, M. E./ Gorn, G./ Pollay, R. W. (Hrsg.): Advances in Consumer Research, Vol. 17, Provo/ UT, 1990, S. 813-825

Mangold, C. (1997): Limo-Markt im Retro-Rausch; in: Werben und Verkaufen, 1997, H. 16, S. 86-90

Mansel, J./ Klocke, A. (1996): Zwischen Stigma, Wirklichkeit, Selbstanspruch und Ideal; in: Mansel, J./ Klocke, A. (Hrsg): Die Jugend von heute: Selbstanspruch, Stigma und Wirklichkeit, Opladen, 1996, S. 7-16

Marsh, T. (1997): Interview; in: Snowboarder Monster Backside Magazin, 1997, H. 11, S. 116-124

Martin, C. L./ Goodell, P. W. (1991): Historical, Descriptive and Strategic Perspectives on the Construct of Product Commitment; in: European JoM, Vol. 25, 1991, No. 1, S. 53-60

Mascarenhas, O. A. J./ Higby, M. A. (1993): Peer, Parent, and Media Influences in Teen Apparel Shopping; in: Journal of the Academy of Marketing Science, Vol. 21, 1993, No. 1, S. 53-58

Maslow, A. H. (1954): Motivation and Personality; New York, 1954

Matthes, D. (1967): Die Markentreue – Eine Analyse ihres Wesens und dessen Bestimmungsfaktoren; Inauguraldissertation zur Erlangung des akademischen Grades eines Doktors der Wirtschafts- und Sozialwissenschaften an der wirtschafts- und sozialwissenschaftlichen Fakultät der Friedrich-Alexander-Universität Erlangen – Nürnberg, Nürnberg, 1967

Mauerer, S. (1996): Gespräch mit Herrn Steffen Mauerer, Geschäftsführer der Agentur Häberlein & Mauerer, Franz-Joseph-Str. 1, 80801 München, Telefon: 089/ 38 10 80, geführt am 22. Oktober.1996

Mayer, A./ Mayer, R. U (1987): Imagetransfer, Hamburg, 1987

Mayer, H./ Boor, W. (1988): Familie und Konsumentenverhalten; in: JdAV, 34 Jg., 1988, H. 2, S. 120-153

Mazanek, J. A./ Schweiger, G. (1981): Improved Marketing Efficiency Through Multiproduct Brand Names? An Empirical Investigation of Image Transfer; in: European Research, Vol. 9, January 1983, S. 32-44

McAlister, L./ Pessemier, E. A. (1982): Variety Seeking Behavior: An Interdisciplinary Review; in: JoCR, Vol.9, December 1982, S. 311-322

McCann Erikson GmbH (1988) (Hrsg.): Die Jugend – Orientierungen und Verhaltensweisen: Entwicklungen über zwei Jahrzehnte, Frankfurt a. M., 1988 (Reihe MacCann Jugendstudie; 86)

McGuire, W. J. (1985): Attitude and Attitude Change; in: Lindzey, G./ Aronson, E. (Hrsg.): The Handbook of Social Psychology, 3. Aufl., Bd. 2, New York, 1985, S. 233-346

McNeal, J. U. (1991): Planning Priorities for Marketing to Children; in: The Journal of Business Strategy, May/ June 1991, S. 12-15

McNeal, J. U. (1992): Kids as Customers. A Handbook of Marketing to Children, New York usw., 1992

McQuarrie, E. F./ Munson, J. M. (1992): A Revised Product Involvement Inventory: Improved Usability and Validity; in: Sherry, J. F., Jr./ Sternthal, B. (Hrsg.): Advances in Consumer Research, Vol. 19, 1992, S. 108-115

Mead, M. (1971): Der Konflikt der Generationen – Jugend ohne Vorbild, Olten, 1971 (amerikan. Originalausgabe: Culture and Committment. A Study of the Generation Gap, New York, 1970)

Meffert, H./ Burmann, C. (1996): Identitätsorientierte Markenführung; in: Markenartikel, 1996, H. 8, S. 373-380

Meffert, H./ Dahlhoff, H.-D. (1980a): Entscheidungen im privaten Haushalt; in: Hoyos, C. G. et al. (Hrsg.): Grundbegriffe der Wirtschaftspsychologie: Gesamtwirtschaft, Markt, Organisation, München, 1980, S. 216-227

Meffert, H./ Dahlhoff, H.-D. (1980b): Kollektive Kaufentscheidungen und Kaufwahrscheinlichkeiten, Gruner + Jahr AG & Co., Hamburg, 1980

Meffert, H./ Heinemann, G. (1990): Operationalisierung des Imagetransfers; in: Marketing ZFP, 12. Jg., 1990, H. 1, S. 5-10

Meffert, H./ Windhorst, K.-G. (1985): Wertewandel und Konsumverhalten Jugendlicher; in: Knoll, J. H./ Schoeps, J. H. (Hrsg.): Die zwiespältige Generation. Jugend zwischen Anpassung und Protest, Stuttgart/ Bonn, 1985, (Studien zur Geistesgeschichte; Bd. 7), S. 239-259

Meffert, H. (1986): Marketing – Grundlagen der Absatzpolitik, 7., überarb. u. erw. Aufl., Wiesbaden, 1986

Meffert, H. (1994): Entscheidungsorientierter Ansatz der Markenpolitik; in: Bruhn, M. (Hrsg.): Handbuch Markenartikel, Teilbd. 1, Stuttgart, 1994, S. 173-197

Meffert, H. (1997): Neuere Entwicklungen in Kommunikation und Vertrieb; in: Meffert, H./ Necker, T./ Sihler, H. (Hrsg.): Märkte im Dialog, Leipzig, 1997, S. 32-55

Meffert, H. (1998): Marketing – Grundlagen marktorientierter Unternehmensführung, 8., vollst. neubearb. u. erw. Aufl., Wiesbaden, 1998

Mehrotra, S./ Torges, S. (1977): Determinants of Children´s Influence on Mothers´ Buying Behavior; in: Perrault, W. D. (Hrsg.): Advances in Consumer Research, Vol. 4, 1977, S. 56-60

Meier, M. (1996): Markenbindung bei jungen Zielgruppen durch integriertes Erlebnismarketing; Vortrag auf dem 1. Europäischen Jugendmarketing Congress anläßlich der Jugendmesse YOU ´96 am 7. Juni 1996 in Essen

Meixner, J. (1992): Junges Gemüse, Akzeleration und Jugendmarketing; in: Media Spektrum, 1992, H. 9, S. 60-64

Melzer, B. (1983): Die Zielgruppe schrumpft – Der Absatz auch?; in: Absatzwirtschaft, 26. Jg., 1983, H. 3, S. 64-65

Melzer, B. (1984): Die Konstanz jugendlicher Markenbindung – Eine Bravo-Studie; in: Planung und Analyse, 11. Jg., 1984, H. 9, S. 372-378

Melzer-Lena, B. (1990): In der Kindheit formen sich die Markenbilder; in: Werben und Verkaufen, 1990, H. 41, S. 19-20

Melzer-Lena, B. (1995): Das Konsumverhalten der Jugendlichen – Wie sie die Familie beeinflussen und was sie vom Handel erwarten; Vortrag der Leiterin des Instituts für Jugendforschung in München, anläßlich des 8. Österreichischen UMDASCH Shop-Concept Forum am 20. April 1995 in Wien, München, 1995

Melzer-Lena, B. (1996): Frühe Markenpositionierung; in: Markenartikel, 58. Jg., 1996, H. 1, S. 6-9

Melzer-Lena, B. (1997): Erfolgreiche Markenführung bei Kindern und Jugendlichen, Vortrag auf der Fachkonferenz „Kinder- und Jugendmarketing" des Insititute for International Research am 8. Dezember 1997 in Köln

Melzer-Lena, B. (o.J.): Wie erleben Kinder und Jugendliche Werbung?, München, Institut für Jugendforschung, ohne Jahresangabe

Melzer-Lena, B./ Barlovic, I. (1997a): Zielgruppe Jugend – die unbekannte Generation; in: Bank und Markt, 1997, H. 2, S. 24-27

Melzer-Lena, B./ Barlovic, I. (1997b): Kinder und TV-Werbung; in: Marketing Journal, 30. Jg., 1997, H. 2, S. 103-104

Melzer-Lena, B./ Hansen, O./ Dammler, A. (1997): Kids und Werbung – Was von der Werbeflut bei acht- bis 15jährigen übrigbleibt; in: Marketing Journal, 30. Jg., 1997, S. 314-317

Meredith, G./ Schewe, C. (1994): The Power of Cohorts; in: American Demographics, Vol. 16, June 1994, S. 22-32

Merkens, H. (1996): Jugend in einer pädagogischen Perspektive – Ergebnisse empirischer Studien, Baltmannsweiler, 1996 (Jugendforschung aktuell; Bd. 2)

Mewald, O. (1998): Contra: Ist die Jugend zu fassen?; in: Horizont, 28. Mai 1998, Nr. 22, S. 84

Meyer, A./ Oevermann, D. (1995): Kundenbindung; in: Tietz, B. et al. (Hrsg.): Handwörterbuch des Marketing, 2., vollständig überarb. Aufl., Stuttgart, 1995 (Enzyklopädie der Betriebswirtschaftslehre; Bd. 4), Sp. 1340-1351

Meyer, P. W./ Mattmüller, R. (1993): Bedeutung und Problematik von Strategien im Marketing; in: Meyer, P. W./ Mattmüller, R. (Hrsg.): Strategische Marketing-Optionen, Stuttgart, 1993, S. 13-29

Meyer-ter-Vehn, H. (1992): Zum Konsumverhalten von Schulkindern und der Rolle des Werbefernsehens; in: Becker, K. E. (Hrsg.): Konsum; Frankfurt a. M., 1992, S. 99-108

Minnert, I. (1997): Generation X – Wie Unternehmen diese schwierige Zielgruppe sehen und bedienen; in: Marketing Journal, 30. Jg., 1997, H. 2, S. 106-107

Mietzel, G. (1992): Wege in die Entwicklungspsychologie – Erwachsenenalter und Lebensende, München, 1992

Mietzel, G. (1993): Psychologie in Unterricht und Erziehung. Einführung in die Pädagogische Psychologie für Pädagogen und Psychologen, 3., völlig neu gestaltete Aufl., Göttingen usw., 1993

Mikula, G. (1985): Psychologische Theorien des sozialen Austausches; in: Crott, H. (Hrsg.): Gruppen- und Lerntheorien, Bern usw., 1985 (Theorien der Sozialpsychologie; Bd. 2), S. 273-305

Mitterauer, M. (1986): Sozialgeschichte der Jugend, Frankfurt a. M., 1986

Møller Jensen, J. (1995): Childrens Purchase Request and Parental Responses: Results from an Exploratory Study in Denmark; in: Hansen, F. (Hrsg.): European Advances in Consumer Research, Vol. 2, Provo/ UT: Association for Consumer Research, 1995, S. 54-60

Mollet, D. (1985): Der Jugendmarkt der Schweizer Banken, St. Gallen, Univ., Diss., 1985

Molm, L. D. (1988): The Structure and Use of Power: A Comparison of Reward and Punishment Power; in: Social Psychology Quarterly, Vol. 51, 1988, S. 108-122

Moore, R. L. (1990): Effects of Television on Familiy Consumer Behavior; in: Bryant, Jennings (Hrsg.): Television and the American Family. Communication, New York, 1990, S. 275-290

Moore-Shay, E. S./ Lutz, R. J. (1988): Intergenerational Influences in the Formation of Consumer Attitudes and Beliefs About the Marketplace: Mothers and Daughters; in: Houston, M. J. (Hrsg.): Advances in Consumer Research, Vol. 15, Provo/ UT: Association for Consumer Research, 1988, S. 461-467

Moorthy, S./ Ratchford, B. T./ Talukdar, D. (1997): Consumer Information Search Revisted: Theory and Empirical Analysis; in: JoCR, Vol. 23, 1997, No. 4, S. 263-277

Mörike, K. D./ Betz, E./ Mergenthaler, W. (1989): Biologie des Menschen – Ein Lehrbuch der Anatomie, Physiologie und Entwicklungsgeschichte des Menschen, 12., völlig neu bearb. Aufl., Heidelberg/ Wiesbaden, 1989

Moritz, H.-P. (1989): Die (zivil-)rechtliche Stellung der Minderjährigen und Heranwachsenden innerhalb und außerhalb der Familie, Berlin, 1989 (Schriften zum Bürgerlichen Recht; Bd. 115) (zugl.: Bielefeld, Univ., Habil.-Schr., 1987)

Moschis, G. P. (1987): Consumer Socialization: A Life-Cycle Perspective, Lexington/ Massachusetts/ Toronto, 1987

Moschis, G. P. (1994): Consumer Behavior in Later Life; in: Journal of the Academy of Marketing Science, 1994, No. 22, S. 195-204

Moschis, G. P./ Churchill, G. A. Jr. (1978): Consumer Socialization: A Theoretical and Empirical Analysis; in: JoMR, Vol. 15, November 1978, S. 599-609

Moschis, G. P./ Mitchell, L. G. (1986): Television Advertising and Interpersonal Influences on Teenagers´ Participation in Family Consumer Decisions; in: Lutz, R. J. (Hrsg.): Advances in Consumer Research, Vol. 13, 1986, S. 181-186

Moschis, G. P./ Moore, R. L. (1979): Decision Making Among the Young: A Socialization Perspective; in: JoCR, Vol. 6, September 1979, S. 101-112

Moschis, G. P./ Moore, R. L. (1981): A Study of the Acquisition of Desires for Products and Brands; in: Bernhardt, K. L. et al. (Hrsg.): 1981 American Marketing Association (AMA) Educators´ Conference Proceedings, Chicago, 1981, S. 201-204

Moschis, G. P./ Moore, R. L. (1982): A Longitudinal Study of Television Advertising Effects; in: JoCR, Vol. 9, December 1982, S. 279-286

Moschis, G. P./ Moore, R. L. (1984): Anticipatory Consumer Socialization; in: Journal of the Academy of Marketing Science, Vol. 12, 1984, H. 4, S. 109-123

Moschis, G. P./ Prahasto, A. E./ Mitchell, L. G. (1986): Family Communication Influences on the Development of Consumer Behavior: Some Additional Findings; in: Lutz, R. J. (Hrsg.): Advances in Consumer Research, Vol. 13, Provo/ UT: Association for Consumer Research, 1986, S. 365-369

Moscovici, S. (1979): Sozialer Wandel durch Minoritäten, übers. v. A. Hechler, München usw., 1979

Moser, K. (1990): Werbepsychologie, München, Weinheim, 1990

Moser, K. (1997): Commitment in Organisationen; Arbeitspapier des Lehrstuhls für Arbeits- und Organisationspsychologie an der Universität Gießen, vorbereitet für Mandl, H. (Hrsg.): Bericht über den 40. Kongreß der Deutschen Gesellschaft für Psychologie, Göttingen/ Gießen, 1997

Müller, G.-M. (1994): Dachmarkenstrategien; in: Bruhn, M. (Hrsg.): Handbuch Markenartikel, Teilbd. 1, Stuttgart, 1994, S. 499-512

Müller, S. (1995): Marketing auf – verhaltenswissenschaftlichen – Abwegen?; in: Bauer, H./ Diller, H. (Hrsg.): Wege des Marketing: Festschrift zum 60. Geburtstag von Erwin Dichtl, Berlin, 1995 (Schriften zum Marketing; Bd. 36)

Müller, W./ Riesenbeck, H. (1991): Wie aus zufriedenen Kunden auch anhängliche Kunden werden; in: Harvard Manager, 1991, H. 3, S. 67-79

Müller-Braun, U. (1997): Gespräch mit Herrn Ulrich Müller-Braun, Direktor Kommunikation der Taunus-Sparkasse, Telefon: 0 61 72/ 27 03 15, geführt am 5. Dezember 1997

Mummendey, H. D./ Bolten, H.-G. (1985): Die Impression-Management-Theorie; in: Frey, D./ Irle, M. (Hrsg.): Theorien der Sozialpsychologie, Bd. 3: Motivations- und Informationsverarbeitungstheorien, Bern usw., 1985, S. 57-77

Münchmeier, R. (1992): Jugend; in: Gerd Reinhold (Hrsg.): Soziologie-Lexikon, 2., überarb. Aufl., Wien, 1992, S. 286-289

Münchmeier, R. (1997a): Die Lebenslage junger Menschen; in: Jugendwerk der Deutschen Shell (1997) (Hrsg.): Jugend ´97: Zukunftsperspektiven, Gesellschaftliches Engagement, Politische Orientierungen, Gesamtkonzeption und Koordination: A. Fischer und R. Münchmeier, Opladen, 1997, S. 277-302

Münchmeier, R. (1997b): Von der Unterordnung zum Gegenüber – Zum Wandel im Generationenverständnis; in: Böhnisch, L./ Lenz, K. (Hrsg.): Familien – Eine interdisziplinäre Einführung, Weinheim/ München, 1997, S. 113-127

Mundhenke, K. (1994): Coke ´n talk – die andere Schülerinitiative; Vortrag auf der Fachkonferenz „Kids, Jugendliche und Senioren – Zielgruppengerechtes Marketing ohne Streuverluste" des Management Forum Starnberg am 21. Februar 1994 in Wiesbaden

Munzer, B. (1997): Viel mehr Klasse als Masse; in: Werben und Verkaufen, 1997, H. 10, S. 6-8

Narayana, C. L./ Markin, R. J. (1975): Consumer Behavior and Product Performance: An Alternative Conzeptualization; in: JoM, Vol. 39, 1975, S. 1-6

Nauck, B. (1989): Individualistische Erklärungsansätze in der Familienforschung: die rational-choice-Basis von Familienökonomie, Ressourcen- und Austauschtheorien; in: R. Nave-Herz/ M. Markefka (Hrsg.): Handbuch der Familien- und Jugendforschung, Bd. 1: Familienforschung, Neuwied, Frankfurt a. M., 1989, S. 45-62

Nave-Herz, R. (1988): Kontinuität und Wandel in der Bedeutung, in der Struktur und Stabilitäten von Ehe und Familie in der Bundesrepublik Deutschland; in: Nave-Herz, R. (Hrsg): Wandel und Kontinuität der Familie in der Bundesrepublik Deutschland, Stuttgart, 1988, S. 61-94

Nave-Herz, R. (1989): Zeitgeschichtlicher Bedeutungswandel von Ehe und Familie in der Bundesrepublik Deutschland; in: Nave-Herz, R./ Markefka, M. (Hrsg.): Handbuch der Familien- und Jugendforschung, Bd. 1: Familienforschung, Neuwied/ Frankfurt a. M., 1989, S. 211-222

Nave-Herz, R. (1994): Familie heute – Wandel der Familienstrukturen und Folgen für die Erziehung, Darmstadt, 1994

Neckermann, G. (1997): Kinobesuch: Demographisch bedingte Rückgänge und neue Zuschauergruppen; in: Media Perspektiven, 1997, Nr. 3, S. 124-127

Neidhart, T. (1996): Nachwuchs führt beim PC-Kauf die Regie; in: Horizont, 1996, Nr. 23, S. 74

Nelson, J. E. (1979): Children as Information Sources in the Family Decision to Eat Out; in: Wilkie, W. L. (Hrsg.): Advances in Consumer Research, Vol. 6, Ann Arbor: Association for Consumer Research, 1979, S. 419-423

Nerdinger, F. W./ Rosenstiel, L. von (1991): Psychologie der Mode; in: Hermanns, A./ Schmitt, W./ Wißmeier, U. K. (Hrsg.): Handbuch Modemarketing. Grundlagen, Strategien, Instrumente. Ansätze für Praxis und Wissenschaft, Frankfurt a. M., 1991, S. 67-84

Nestlé Schokoladen GmbH (1998): Presseinformationen zu Nescafé Xpress; Frankfurt a. M., 1998

Nickel, V. (1994): Kinder, Kinder – Über das Unbehagen an der Werbung, Bonn, 1994

Nicosia, F. M. (1966): Consumer Decision Processes, Englewood, 1966

Niemeyer, F./ Voit, H. (1995): Lebensformen der Bevölkerung 1993; in: Wirtschaft und Statistik, 1995, H. 6, S. 437- 445

Nieschlag, R./ Dichtl, E./ Hörschgen, H. (1997): Marketing, 18., durchges. Aufl., Berlin, 1997

Niesyto, H. (1993): Mediennutzung Jugendlicher – Forschungsergebnisse und Perspektiven; in: Gegenwartskunde, 42. Jg., 1993, H. 1, S. 41-52

Noack, P. (1990): Jugendentwicklung im Kontext: zum aktiven Umgang mit sozialen Entwicklungsaufgaben in der Freizeit, München, 1990 (Fortschritte der psychologischen Forschung; Bd. 6)

Noelle-Neumann, E. (1997): Wegweiser: Wie Jugendliche zur Zeitung finden; Bonn, 1997

Nolte, H. (1976): Die Markentreue im Konsumgüterbereich, Bochum, 1976

Nötzel, R. (1979): Kunde; in: Falk, B./ Wolf, J. (Hrsg.): Handlexikon für Handel und Absatz, München, 1979, S. 392

Nürnberger, A. (1989): Jugend im Umbruch, hrsg. v. dpa Deutsche Presse Agentur, Nr. 3315/ 05.12.1989, Hamburg, 1989

o.V. (1981): Die „strukturierte" Kundschaft; in: Bank und Markt, 10. Jg., 1981, Heft 3, S. 4

o.V. (1987): If Both Parents are Breadwinners, Teenagers often are Breadbuyers; in: Marketing News, 1987, S. 5

o.V. (1993): Jugend wünscht sich ihre Zeitung. Studie des BDVZ zum Konsum von Tageszeitungen, 1993; in: Horizont, 1994, Nr. 49/50, 10. Dezember 1993, S. 38

o.V. (1994a): Techno-Taumel; in: Werben und Verkaufen, 1994, H. 40, S. 187-189

o.V. (1994b): Markenartikler machen mobil; in: Werben und Verkaufen, 1994, H. 40, S. 182-189

o.V. (1995a): Youngster sprayen für Microsoft; in: Horizont, 15. Dezember, 1995, Nr. 50, S. 45

o.V. (1995b): Die alten Damen betrachten die Neuen gelassen; in: Horizont, 17. März 1995, Nr. 11, S. 68

o.V. (1996): Werbung bei „Jungen Erwachsenen“ international; in: Marketing Journal, 29. Jg., 1996, H. 2, S. 102-103

o.V. (1997a): Future Youth; in: Marketing Journal, 26. Jg., 1993, H. 4, S. 324-325

o.V. (1997b): Freizeitausgaben – Der Fun-Sport boomt; in: Institut der deutschen Wirtschaft e.V. (Hrsg.): Informationsdienst des Instituts der deutschen Wirtschaft (iwd), 23. Jg., 1997, H. 32 vom 7. August, S. 8

o.V. (1997c): Tonträger-Markt: Deutsche Hits lassen Kassen klingeln; in: Institut der deutschen Wirtschaft e.V. (Hrsg): Informationsdienst des Instituts der deutschen Wirtschaft (iwd), 23. Jg., 1997, Nr. 21 (22.Mai), S. 8

o.V. (1997d): Die Kinder werden als Zielgruppe immer wertvoller; in: FAZ, 28. Januar 1997, Nr. 23, S. 16

o.V. (1997e): Bier – so scharf wie ein Rettich – Mit neuen Geschmacksrichtungen stoppen Brauereien den Abwärtstrend; in: Hamburger Abendblatt, 18.10.1997, S. 7

o.V. (1997f): Vom Szene-Label zur Marke; in: Textilwirtschaft, 15. Juli 1997, S. 98-99

o.V. (1997g): McDonald´s – Wolken über der Nummer 1; in: Absatzwirtschaft, 40. Jg., 1997, Sondernummer Oktober 1997, S. 58-66

o.V. (1997h): Levi Strauss – Stellenabbau in den USA; in: Handelsblatt, 4. November 1997, S. 14.

o.V. (1997i): The Quiet American; in: The Economist, 8. November 1997, S. 84

o.V. (1998a): Die SPD vertraut auf den „Funken“ von Hannover; in: FAZ, Nr. 68, 21. März 1998, S. 1

o.V. (1998b): Senkung des Wahlalters in Hessen beschlossen; in: FAZ, 29. Mai 1998, Nr. 123, S. 1

o.V. (1998c): Ausgeprägtes Markenbewußtsein; in: Lebensmittelzeitung, 3. Juli 1998, S. 24

o.V. (1998d): Mit kaltem Kaffee will Nestlé die Jugend gewinnen; in: FAZ, Nr. 129, 6. Juni 1998, S. 18

o.V. (1998e): Outfit: Hennes & Mauritz erkennt den Trend; in: Best Age Report Brancheninformationsdienst 6/98, hrsg. v. Heinrich Bauer Verlag GmbH, Hamburg, 1998, S. 98 f.

O'Guinn, T. C./ Shrum, L. J. (1997): The Role of Television in the Construction of Consumer Reality; in: JoCR, Vol. 23, 1997, No. 4, S. 278-294

Oehmichen, E. (1998): Medienforschung als Programmberatung; in: Media Perspektiven, 1997, H. 2, S. 61-69

Oerter, R. (1978): Entwicklung und Sozialisation – Kindheit, Jugend, Alter; Donauwörth, 1978

Oerter, R./ Dreher, E. (1995): Jugendalter; in: Oerter, R./ Montada, L. (Hrsg.): Entwicklungspsychologie – Ein Lehrbuch, 3., vollst. überarb. u. erw. Aufl., Weinheim, 1995, S. 310-397

Oerter, R./ Montada, L. (1987): Entwicklungspsychologie, 2. Aufl., München, Weinheim, 1987

Olbrich, E. (1983): Übergänge im Jugendalter; in: Silbereisen, R. K./ Montada, L. (Hrsg.): Entwicklungspsychologie – Ein Handbuch in Schlüsselbegriffen, München usw., 1983, S. 89-96

Olbrich, E. (1984): Jugendalter – Zeit der Krise oder der produktiven Anpassung?; in: Olbrich, E./ Todt, E. (Hrsg.): Probleme des Jugendalters – Neuere Sichtweisen, Berlin usw., 1984, S. 1-48

Oliva, T./ Oliver, R./ MacMillan, I. (1992): A Catastophe Model for Developing Service Satisfaction Strategies; in: JoM, Vol. 56, July 1992, S. 83-95

Oliver, R. (1980): A Cognitive Model of the Antecedents and Consequences of Satisfaction Decisions; JoMR, Vol. 17, September 1980, S. 460-469

Oliver, R./ Swan, J. (1989): Equity and Disconfirmation Perceptions as Influences in Merchant and Product Satisfaction; in: JoCR, Vol. 16, December 1989, S. 372-383

Olk, T. (1989): Jugend an den Grenzen der Moderne – Ein gescheitertes Projekt?; in: Breyvogel, W. (Hrsg.): Pädagogische Jugendforschung – Erkenntnisse und Perspektiven, Opladen, 1989, S. 31-48

Opaschowski, H. W. (1971): Der Jugendkult in der Bundesrepublik, Düsseldorf, 1971

Opaschowski, H. W./ Duncker, C. (1996): Jugend und Freizeit – Eine Bestandsaufnahme Mitte der 90er Jahre auf Basis aktueller Analysen vom BAT Freizeit-Forschungsinstitut, Hamburg, 1996

Osgood, C. E. (1963): Psycholinguistics; in: Koch, S. (Hrsg.): Psychology: A Study of a Science; Vol. 6, New York, 1963

Oswald, H./ Kuhn, H.-P. (1994): Fernsehhäufigkeit von Jugendlichen – Analyse des Einflusses von Eltern und Freunden; in: Media Perspektiven, 1994, H. 1, S. 35-41

Oswald, H. (1989): Intergenerative Beziehungen (Konflikte) in der Familie; in: Nave-Herz, R./ Markefka, M. (Hrsg.): Handbuch der Familien- und Jugendforschung, Bd. 2: Jugendforschung, Neuwied/ Frankfurt a. M., 1989, S. 367-381

Oswald, H. (1992): Beziehungen zu Gleichaltrigen; in: Jugendwerk der Deutschen Shell (Hrsg.): Jugend ´92: Lebenslagen, Orientierungen und Entwicklungsperspektiven im vereinigten Deutschland, Opladen, 1992, Band 2: Im Spiegel der Wissenschaften, S. 319-332

Palan, K. M./ Wilkes, R. E. (1997): Adolescent-Parent Interaction in Family Decision Making; in: JoCR, Vol. 24, 1997, No. 2, S. 159-169

Panne, F. (1977): Das Risiko im Kaufentscheidungsprozeß des Konsumenten; Frankfurt a. M., 1977

Papanestefaou, C. (1997): Der Auszug aus dem Elternhaus: Aufbruch und Ablösung im Erleben von Eltern und Kindern, Weinheim/ München, 1997

Park, J./ Tansuhaj, P./ Spangenberg, E. R./ McCullough, J. (1995): An Emotion-Based Perspective of Family Purchase Decisions; in: Kardes, F. R./ Sujan, M. (Hrsg.): Advances in Consumer Research, Vol. 22, 1995, S. 723-728

Park, W. C./ Young, S. M. (1983): Types and Levels of Involvement and Brand Attitude Formation; in: Bagozzi, R. P./ Tybout, A. M. (Hrsg.): Advances in Consumer Research, Vol. 10, Ann Arbor: Association for Consumer Research, 1983, S. 320-324

Patt, P. J. (1989): EG '90 – Chancen deutscher Unternehmen im europäischen Einzelhandel; in: Bruhn, M./ Wehrle, F. (Hrsg.): Europa 1992. Chancen und Risiken für das Marketing, Münster, 1989, S. 261-280

Pauser, W. (1997): Das Alter als Code – das Kampfspiel um dessen Beherrschung; in: Hörzu et al. (Hrsg.): Abschied vom Jugendkult? Zielgruppen vor dem Quantensprung, Dokumentation des ersten deutschen Fackkongresses im Internet, 15. bis 17. Oktober 1997, S. 17-27

Peiser, W. (1991): Kohortenanalyse in der Konsumentenforschung, Wiesbaden, 1991

Peiser, W. (1996): Die Fernsehgeneration – Eine Empirische Untersuchung ihrer Mediennutzung und Medienbewertung, Opladen, 1996 (Studien zur Kommunikationswissenschaft; Bd. 17)

Pels, J./ Jaconelli, L. (1990): Identification and Management of Key Clients; in: Fiocca, R./ Snehota, I. (Hrsg.): Research Developments in International Industrial Marketing and Purchasing, Proceedings of the 6th I.M.P. Conference, Vol. II, 1990, S. 860-889

Peter, S. I. (1996): Kundenbindung als Marketingziel – Identifikation und Analyse zentraler Determinanten; Wiesbaden, 1996 (Neue betriebswirtschaftliche Forschung; Bd. 223) (zugl. Mannheim, Univ., Diss., 1996)

Peters, J. F. (1985): Adolescents as Socialization Agents to Parents; in: Adolescence, Vol. 20, 1985, No. 8, S. 921-933

Peters, J. F. (1989): Youth Clothes-Shopping Behavior: An Analysis by Gender; in: Adolescence, Vol. 24, Fall 1989, No. 95, S. 575-580

Petty, R. E./ Cacioppo, J. T. (1983): Central and Peripheral Routes to Persuasion: Application of Advertising Content and Context; in: Monroe, K. B. (Hrsg.): Advances in Consumer Research, Vol. 8, Ann Arbor: Association for Consumer Research, 1981, S. 20-24

Petty, R. E./ Wegener, D. T./ Fabrigar, L. R. (1997): Attitudes and Attitude Change; in: Spence, J. T./ Darley, J. M./ Foss, D. J. (Hrsg.): Annual Review of Psychology, Vol. 48, 1997, S. 609-647

Pflaumer, P. (1988): Methoden der Bevölkerungsvorausschätzung unter besonderer Berücksichtigung der Unsicherheit, Berlin, 1988

Piaget, J. (1969): Das Erwachen der Intelligenz beim Kinde, Stuttgart, 1969

Piaget, J. (1972): Psychologie der Intelligenz, 5. Aufl., Olten, 1972

Piaget, J./ Inhelder, B. (1973): Die Entwicklung der elementaren Strukturen, Düsseldorf, 1973

Picot, A. (1974): Ethik und Absatzwirtschaft aus marktwirtschaftlicher Sicht; in: Tietz, B. (Hrsg.): Handwörterbuch der Absatzwirtschaft, Stuttgart, 1974, Sp. 562-574

Plinke, W. (1989): Die Geschäftsbeziehung als Investition; in: Specht, Günter et al. (Hrsg.): Marketing-Schnittstellen: Herausforderungen für das Management, Stuttgart, 1989, S. 305-325

Plinke, W. (1995): Kundenanalyse; in: Tietz, B. et al. (Hrsg.): Handwörterbuch des Marketing, 2., vollst. überarb. Aufl., Stuttgart, 1995 (Enzyklopädie der Betriebswirtschaftslehre; Bd. 4), Sp. 1328-1340

Polhemus, T. (1994): Street Style. From Sidewalk to Catwalk; London, 1994

Porter, M. E. (1990): Wettbewerbsstrategie: Methoden zur Analyse von Branchen und Konkurrenten; aus dem Amerikan. übers. v. V. Brandt u. T. C. Schwoerer, 6. Aufl, Frankfurt a. M./ New York, 1990

Portugall, V. (1971): Die Rolle der Absatzwerbung bei der Festigung und Veränderung von Konsumgewohnheiten; Diss., Univ., München, 1971

Potter, W. J. (1992): How Do Adolescents´ Perceptions of Television Reality Change over Time?; in: Journalism Quarterly, Vol. 69, 1992, No. 2, S. 392-405

Preissing, C./ Preuss-Lausitz, U./ Zeiher, H. (1990): Veränderte Kindheitsbedingungen: Neue Freiheiten, neue Zumutungen, neue Chancen; in: Preuss-Lausitz, U./ Rülcker, T./ Zeiher, H. (Hrsg.): Selbständigkeit für Kinder – die große Freiheit?:Kindheit zwischen pädagogischen Zugeständnissen und gesellschaftlichen Zumutungen, Weinheim, Basel, 1990, S. 10-19

Prenzel, M./ Schiefele, H. (1993): Konzept der Veränderung und Erziehung; in: Weidenmann, B./ Krapp, A. et al. (Hrsg.): Pädagogische Psychologie, 2., neubearb. Aufl, Weinheim/ Basel, 1993, S. 105-141

Promedia (1997) (Hrsg.): Schüler machen Zeitung, Dokumentation des Projektes Schüler machen Zeitung in Zusammenarbeit mit dem Hamburger Abendblatt und der Vereins- und Westbank, Alsdorf, 1997

Pümpin, C. (1980): Strategische Führung in der Unternehmenspraxis. Entwicklung, Einführung und Anpassung der Unternehmensstrategie; Bern, 1980

Raven, B. H./ Kruglansky, A. W. (1970): Conflict and Power; in: P. Swingle (Hrsg.): The Structure of Conflict, New York, London, 1970, S. 69-110

Reddy, S. K./ Holak, S. L./ Bhat, S. (1994): To Extend or not to Extend: Success Determinants of Line Extensions; in: JoMR, Vol. 31, May 1994, S. 243-262

Reichheld, F. F./ Sasser, W. E. Jr. (1990): Zero Defections: Quality comes to Services; in: Harvard Business Review, Vol. 68, 1990, September/ October, S. 105-111

Reichwein, R. (1984): Sozialisation im Jugendalter. Eine kritische Einführung in soziologisch relevante Theorien, Kurseinheit 1: Einführung in empirische und theoretische Probleme des Jugendalters, Fernuniversität – Gesamthochschule – Hagen, 1984

Reimann, H./ Reimann, H. (1987): Einleitung: Jugendforschung in der Bundesrepublik; in: Reimann, H./ Reimann, H. (Hrsg.): Die Jugend. Eine Einführung in die interdisziplinäre Juventologie, 2., völlig neu bearb. Aufl., Opladen, 1987 (WV-Studium; Bd. 133), S. 9-26

Reitzle, M./ Riemenschneider, G. (1997): Gleichaltrige und Erwachsene als Bezugspersonen; in: Silbereisen, R. K./ Vaskovic, L. A./ Zinnecker, J. (Hrsg.): Jungsein in Deutschland – Jugendliche und junge Erwachsene 1991 und 1996, Opladen, 1997, S. 301-313

Remschmidt, H. (1992): Adoleszenz – Entwicklung und Entwicklungskrisen im Jugendalter, Stuttgart usw., 1992

Rentz, J. O./ Reynolds, F. D. (1991): Forecasting the Effects of an Aging Population on Product Consumption: An Age-Period-Cohort Framework; in: JoMR, Vol. 28, August 1991, S. 355-360

Reuband, K.-H. (1997): Aushandeln statt Gehorsam. Erziehungsziele statt Erziehungspraktiken in den alten und neuen Bundesländern im Wandel; in: Böhnisch, L./ Lenz, K. (Hrsg.): Familien – Eine interdisziplinäre Einführung, Weinheim/ München, 1997, S. 129-154

Rheingold, H. S. (1985): Development as the Acquisition of Familiarity; in: Rosenzweig, M. R./ Porter, L. W. (Hrsg.): Annual Review of Psychology, Vol. 36, Palo Alto, 1985, S. 1-17

Richard, B. (1995): Love, Peace and unity. Techno – Jugendkultur oder Marketing Konzept?; in: Deutsche Jugend, 43. Jg., 1995, H. 7-8, S. 316-324

Richert, E. (1992): Das strategische Marketingpotential der Unternehmung: Möglichkeiten und Grenzen der Darstellung und Bewertung im Rahmen des strategischen Marketing; Frankfurt a. M. usw., 1992 (Zugl.: Giessen; Univ., Diss., 1990)

Ricker, S. A. (1995): Bedeutende Kunden: Analyse und Gestaltung von langfristigen Anbieter-Nachfrager-Beziehungen auf industriellen Märkten; Wiesbaden, 1995 (zugl. Berlin, Freie Univ., Diss., 1994)

Riesman, D./ Roseborough, H. (1955): Careers and Consumer Behavior; in: Clark, L. (Hrsg.): Consumer Behavior, Vol. 2: The Life Cycle and Consumer Behavior, New York, 1955, S. 1-18

Riley, M. W./ Foner, A./ Hess, B./ Toby, M. L. (1969): Socialization for the Middle and Later Years; in: Goslin, D. (Hrsg.): Handbook of Socialization Theory and Research, Chicago, 1969, S. 951-982

Rinsum, H. van (1997): Rundumschutz mit Rockmusik; in: Werben und Verkaufen, 1997, H. 1-2, S. 86-90

Rintala, M. (1979): Generations: Key to Politics?; in: Rintala, M. (Hrsg.): The Consititution of Silence: Essays on Generational Themes, Westport, CT, 1979, S. 3-30

Ritchie, K. (1995): Marketing to Generation X; in: American Demographics, Vol. 17, April 1995, S. 34-35

Roberts, M. L./ Wortzel, L. H./ Berkeley, R. L. (1981): Mothers´Attitudes and Perceptions of Children´s Influence and Their Effect on Family Consumption; in: Olson, J. C. (Hrsg.): Advances in Consumer Research, Vol. 8, Ann Arbor: Association for Consumer Research, 1981, S. 730-735

Robertson, T. S. (1980): Television Advertising and Parent-Child Relations; in: Adler, R. P. et al. (Hrsg.): The Effects of Television Advertising on Children. Review and Recommendations, Lexington/ Massachusetts, 1980, S. 195-212

Roderer, U. (1986): Mode als Symbol. Ein interaktionistischer Ansatz zur Bedeutung der Mode für Altersgruppen, Regensburg, 1986

Roselius, T. (1971): Consumer Rankings of Risk Reduction Methods; in: JoM, Vol. 35, 1971, S. 56-61

Rosenmayr, L. (1975): Jugendsoziologie; in: Bernsdorf, W. (Hrsg.): Wörterbuch der Soziologie, Bd. 2, S. 412-424

Rosenstiel, L. von/ Neumann, P. (1991): Einführung in die Markt- und Werbepsychologie, 2., unveränd. Aufl., Darmstadt, 1991

Rossiter, J. R. (1979): Children's Consumer Research: A Call for Rigor; in: Wilkie, W. L. (Hrsg.): Advances in Consumer Research, Vol. 6, Ann Arbor: Association for Consumer Research, 1979, S. 424-426

Rost, D. (1996): Verhaltenspsychologische Probleme der „Markentreue"; in: Markenartikel, 58. Jg., 1996, H. 3, S. 104-106

Roth, H. (1971): Pädagogische Anthropologie, Bd. I: Bildsamkeit und Bestimmung, 3. Aufl., Hannover, 1971

Roth, R. (1983): Die Sozialisation des Konsumenten: Einflüsse von Familie, Schule, Gleichaltrigen und Massenmedien auf das Konsumverhalten von Kindern und Jugendlichen, Thun, Frankfurt a. M., 1983 (Reihe Wirtschaftswissenschaften; Bd. 286)

Rucktäschl, A. (1996): Käuferpotentiale oder Trendsetter? Konsum, Knete und Markt im Leben Jugendlicher; in: Erdmann, J. E., Rückriem, G./ Wolf, E. (Hrsg.): Jugend heute – Wege in die Autonomie, Bad Heilbrunn, 1996, S. 115-126

Rueß, A. (1995): Kids mit Kohle; in: Wirtschaftswoche, 49. Jg., 1995, H. 51, S. 50-56

Rüger, T. (1997): Die verkauften Kids – Jugendliche in den Fängen der Marketingstrategen; in: Bayerischer Rundfunk: ARD Report am 15.12.1997, 21.00 Uhr – 21.45 Uhr

Ruhfus, R. E. (1976): Kaufentscheidungen von Familien – Ansätze zur Analyse des kollektiven Entscheidungsverhaltens im privaten Haushalt, Wiesbaden, 1976, (Unternehmensführung und Marketing; Bd. 7)

Runau, J. (1998): Adidas: Events als Ausgangspunkt einer Markenverjüngung; in: Nickel, O. (Hrsg.): Eventmarketing – Grundlagen und Erfolgsbeispiele, München, 1998, S. 177-191

Rust, L. W. (1993a): Observations: Parents and Children Shopping Together: A New Approach to the Qualitative Analysis of Observational Data; in: JoAR; Vol. 33, 1993, No 4, S. 65-70

Rust, L. W. (1993b): Observations: How to reach children in stores – Marketing tactics grounded in observational research; in: JoAR, Vol. 33, 1993, No. 5, S. 67-72

Rützler, P. (1994): Jugendmarketing für Versicherungen, Diss., Univ., St. Gallen, 1994

Sackmann, R./ Weymann, A. (1994): Die Technisierung des Alltags: Generationen und technische Innovationen, Frankfurt a. M. usw., 1994

Sader, M./ Weber, H. (1996): Psychologie der Persönlichkeit, Weinheim/ München, 1996

Sandvik, K./ Gronhaug, K./ Lindberg, F. (1997): Routes to Customer Retention: The Importance of Customer Satisfaction, Performance Quality, Brand Reputation, and Customer Knowledge; in: LeClair, D.T./ Hartline, M. (Hrsg.): Marketing Theory and Applications Vol. 8, Chicago, 1997, S. 211-217

Sang, F./ Schmitz, B./ Tasche, K. (1992): Individuation and Television Coviewing in the Family: Developmental Trends in the Viewing Behavior of Adolescents; in: Journal of Broadcasting & Electronic Media, 36. Jg., 1992, Fall, S. 427-441

Saxer, U. (1989): Jugend im Einfluß der Massenmedien – Nutzung und Wirkung, Nave-Herz, R./ Markefka, M. (Hrsg.): Handbuch der Familien- und Jugendforschung, Bd. 2: Jugendforschung, Neuwied/Frankfurt a. M., 1989, S. 647-664

Schäfers, B. (1994): Soziologie des Jugendalters – Eine Einführung, 5., aktualis. und überarb. Aufl., Opladen, 1994

Scharmann, D.-L. (1965): Konsumverhalten von Jugendlichen, München, 1965 (Überblick zur wissenschaftlichen Jugendkunde; Bd. 12

Schelsky, H. (1957): Die skeptische Generation, Düsseldorf, Köln 1957

Schiele, T. P. (1997): Die Marke – Bezugsobjekt normenbestimmten Verhaltens oder Druckmittel von Markenartikelherstellern?; in: Marketing ZFP, 1997, H. 3, S. 185-188

Schiffman, L. G./ Kanuk, L. L. (1987): Consumer Behavior, 3. Aufl., Englewood Cliffs, 1987

Schindler, J. (1996): Manöver im medialen Bermuda-Dreieck. Mit immer subtileren Methoden versuchen Unternehmen, junge Konsumenten zu ködern; in: Frankfurter Rundschau, 1996, Nr. 262 (9. November), S. 9

Schlenker, B. R. (1980): Impression Management. The Self-Concept, Social Identity, and Interpersonal Relations, Belmont, California, 1980

Schlobinski, P./ Kohl, G./ Ludewigt, I. (1993): Jugendsprache – Fiktion und Wirklichkeit, Opladen, 1993

Schlötzer-Scotland, C. (1996): Junge Vorliebe fürs Grüne; in: Süddeutsche Zeitung, 1996, Nr. 215 17. September, S. 5

Schmidt, C. (1995): Fernsehverhalten und politische Interessen Jugendlicher und junger Erwachsener; in: Media Perspektiven, 1995, H. 5, S. 220-227

Schmidt, R. B. (1977): Wirtschaftslehre der Unternehmung, Bd. 1: Grundlagen und Zielsetzung, 2. Aufl., Stuttgart, 1977

Schmidt, R. H. (1983): Grundzüge der Investitions- und Finanzierungstheorie, Wiesbaden, 1983

Schneewind, K. A./ Pekrun, R. (1994): Theorien der Erziehungs- und Sozialisationspsychologie; in: Schneewind, K. A. (Hrsg.): Psychologie der Erziehung und Sozialisation, Enzyklopädie der Psychologie, Themenbereich D Praxisgebiete, Serie I Pädagogische Psychologie, Bd. 1 Psychologie der Erziehung und Sozialisation, Göttingen, 1994, S. 3-40

Schneider, D. (1983): Marketing als Wirtschaftswissenschaft oder Geburt einer Marketingwissenschaft aus dem Geiste des Unternehmerversagens; in: ZfbF, 35. Jg., 1983, S. 197-223

Schneider, G. (1996): Marketer tanzen zwischen Techno und Trip-Hop; in: Horizont., 1996, Nr. 23, S. 82

Schömbs, G. (1995): adidas Streetball Challenge – Auf der Straße wird die alte Marke wieder jung; in: Deese, U. et al. (Hrsg.): Jugendmarketing – Das wahre Leben in den Szenen der Neunziger, Düsseldorf, München, 1995, S. 257-265

Schorsch, S. (1992): Die Entwicklung von Konzepten über das Lebensalter bei Kindern und Jugendlichen, Münster usw., 1992 (zugl.: Münster, Univ., Diss., 1991)

Schröder, H. (1995): Jugend und Modernisierung – Strukturwandel der Jugendphase und Statuspassagen auf dem Weg zum Erwachsensein, Weinheim/ München, 1995

Schröter, R. (1997): Ziemlich ungleiche Schwestern; in: Werben und Verkaufen, 1997, H. 44, S. 102-103

Schrott, P. (1994): Gameboy-Generation dominiert im Kino; in: Horizont, 16. September 1994, Nr. 37, S. 105

Schübel, F. (1997): Gespräch mit Herrn Frank Schübel, Marketing Manager bei der Nestlé Schokoladen GmbH, Lyoner Str. 23, 60523 Frankfurt a. M., Telefon: 069/ 66 71 31 71, geführt am 28. Juli 1997

Schulte-Frankenfeld, H. (1985): Vereinfachte Kaufentscheidungen von Konsumenten – Erklärung psychischer Prozesse kognitiv limitierten Entscheidungsverhaltens von Konsumenten; Frankfurt a. M. usw., 1985 (Schriften zur empirischen Entscheidungsforschung; Bd. 2)

Schulze, G. (1989): Spontangruppen der Jugend; in: Nave-Herz, R./ Markefka, M. (Hrsg.): Handbuch der Familien- und Jugendforschung, Bd. 2: Jugendforschung; Neuwied, 1989, S. 553-570

Schulze, G. (1993): Die Erlebnisgesellschaft: Kultursoziologie der Gegenwart, Frankfurt a. M. usw., 1993

Schulze, G. (1996): Individualisierung – Erlebnisse vom laufenden Band; in: Absatzwirtschaft, 39. Jg., 1996, H. 6, S. 38-41

Schüre, F. (1997): Generation @. Die 18- bis 35jährigen und die Tugend der Orientierungslosigkeit; in: Die Zeit, 5. September 1997, Nr. 37, S. 79.

Schurian, W. (1989): Psychologie des Jugendalters: Eine Einführung, Opladen, 1989; (WV-Studium; Bd. 154)

Schuster, H.-W. (1994a): Prestigegeleitetes Konsumentenverhalten, Teil 1: Typologie des Distinktionskonsums; in: JdAV, 40. Jg., 1994, Nr. 2, S. 108-121

Schuster, H.-W. (1994b): Prestigegeleitetes Konsumentenverhalten, Teil 2: Produktpolitische Konsequenzen des Distinktionskonsums; in: JdAV, 40. Jg., 1994, Nr. 3, S. 218-231

Schuster, M. (1991): Modellernen; in: Angermeier, W. F./ Bednorz, P./ Schuster, M. (Hrsg.): Lernpsychologie, 2., erw. Aufl., München, 1991, S. 140-150

Schütz, P./ Schulz, M. (1997): Edutainment Center – Marken im Wunderland; in: Absatzwirtschaft, 40. Jg., 1997, Sondernummer Oktober 1997, S. 90-94

Schütz, V. (1997): Jugend holt Infos aus dem Netz; in: Horizont, 19. Juni 1997, Nr. 25, S. 4.

Schütze, R. (1992): Kundenzufriedenheit: After-Sales-Marketing auf industriellen Märkten Wiesbaden, 1992 (zugl.: Berlin, Freie Univ., Diss., 1991)

Schütze, Y. (1988): Zur Veränderung im Eltern-Kind-Verhältnis seit der Nachkriegszeit; in: Nave-Herz, R. (Hrsg): Wandel und Kontinuität der Familie in der Bundesrepublik Deutschland, Stuttgart, 1988, S. 95-114

Schütze, Y. (1992): Jugend und Familie; in: Krüger, H.-H. (Hrsg.): Handbuch der Jugendforschung, 2. Aufl., Opladen, 1992, S. 335-349

Schüür-Langkau, A. (1998): Der heiße Draht zur Jugend; in: Media & Marketing, 1998, H. 3, S. 58-62

Schwarz, W. (1995): Bildsprache der Techno-Kultur; in: Horizont, 1995, Nr. 29, S. H 4

Schweiger, G. (1983): Verwendung von gleichen Markennamen für unterschiedliche Produktgruppen (Imagetransfer); in: Planung und Analyse, 10. Jg., 1983, H. 6, S. 260-263

Schweiger, G. (1995): Image und Imagetransfer; in: Tietz, B. et al. (Hrsg.): Handwörterbuch des Marketing, 2., vollständig überarb. Aufl., Stuttgart, 1995 (Enzyklopädie der Betriebswirtschaftslehre; Bd. 4), Sp. 915-928

Schweiger, G./ Mazanec, J./ Wiegele, O. (1976): Das Modell des erlebten Risikos („perceived risk"): Struktur und Operationalisierungskonzepte; in: Der Markt, 60. Jg., 1976, S. 93-103

Schweiger, G./ Schrattenecker, G. (1995): Werbung: Eine Einführung; 4., völlig neu bearb. u. erw. Aufl., Stuttgart, Jena, 1995

Seaman, C. E. A./ Bower, J./ Fleming, M. (1997): Nutrition Knowledge and Lunchtime Eating Habits of Secondary School Children in Lothian; in: Journal of Consumer Studies and Home Economics, Vol. 21, 1997, No. 3, S. 259-269

Seaman, C. E. A./ Young, D. (1996): The Contribution of Home Economics Teaching to Nutirition Knowledge and Food Choice among Adolescents; in: Journal of Consumer Studies and Home Economics, Vol. 20, 1996, No. 3, S. 215-228

Secord, P. F./ Backmann, C. W. (1983): Sozialpsychologie, 4. Aufl., Frankfurt a. M., 1983

Seetharaman, P. B./ Chintagunta, P. (1998): A Model of Inertia and Variety-Seeking with Marketing Variables; in: International Journal of Research in Marketing, Vol. 15, 1998, S. 1-17

Sefranek, H. (1996): Mustang galoppiert auf der jungen Welle; in: Horizont, 1996, Nr. 23, S. 70

Sellers, P. (1989): The ABC's of Marketing to Kids; in: Fortune, Vol. 119, 8. Mai 1989, No. 10, S. 90-93

Sheth, J. N./ Venkatesan, M. (1968): Risk Reduction Processes in Repetitive Consumer Behavior; in: JoMR, Vol. 5, 1968, S. 307-310

Shamrak, H. M. (1996): Matching Distribution Systems to Markets Spells Success; in: Best's Review (Property/ Casualty) (BIP), Vol. 97, 1996, No. 3, S. 65-66 und 102-103

Silbereisen, R. K./ Vaskovic, L. A./ Zinnecker, J. (1997) (Hrsg.): Jungsein in Deutschland – Jugendliche und junge Erwachsene 1991 und 1996, Opladen, 1997

Silverman, W. K./ Jaccard, J./ Burke, A. E. (1988): Children's Attitudes toward Products and Recall of Product Information over Time; in: Journal of Experimental Child Psychology, Vol. 45, 1988, S. 365-381

Simmel, G. (1923): Philosophische Kultur, Potsdam, 1923

Sirgy, M. J. (1982): Self-Concept in Consumer Behavior: A Critical Review; in: JoCR, Vol. 9, December 1982, S. 287-300

Sistenich, F./ Zanger, C. (1998): Wenn Sie Jugendliche für Ihre Marke aktivieren wollen; in: Marketing Journal, 1998, H. 1, S. 28-31

Skinner, B. F. (1973): Wissenschaft und menschliches Verhalten, München, 1973

Smith, D. C./ Park, W. C. (1992): The Effects of Brand Extension on Market Share and Advertising Efficiency; in: JoMR, Vol. 29, August 1992, S. 296-313

Smith, N. C./ Quelch, J. A. (1993): Marketing Ethics, Boston, MA, 1993

Smith, R. E./ Swinyard, W. R. (1983): Attitude-Behavior Consistency: The Impact of Product Trial Versus Advertising; Vol. 20, August 1983, S. 257-267

Söllner, A. (1993): Commitment in Geschäftsbeziehungen – das Beispiel Lean Production, Wiesbaden, 1993 (Zugl.: Berlin, Freie Univ., Diss., 1992)

Sommer, B. (1994): Entwicklung der Bevölkerung bis 2040 – Ergebnis der achten koordinierten Bevölkerungsvorausberechnung; in: Wirtschaft und Statistik, 1994, Nr. 7, S. 497-503

Sommer, C. M. (1989): Soziopsychologie der Kleidermode, Regensburg, 1989 (zugl.: Heidelberg, Univ., Diss., 1989)

Sommer, C. M./ Wind, T. (1991): Die Mode – wie das Ich sich darstellt, Weinheim/ Basel, 1991

Specht, G. (1983): Informationsverhalten jugendlicher Konsumenten – Bericht über eine empirische Langzeitstudie; in: JdAV, 29. Jg., 1983, H. 1, S. 36-66

Stahlberg, D./ Frey, D. (1996): Einstellungen: Struktur, Messung und Funktion; in: Stroebe, W./ Hewstone, M./ Stephenson, G. M. (Hrsg.): Sozialpsychologie – Eine Einführung, 3., erw. u. überarb. Aufl., Berlin usw., 1996, S. 219-252

Statistisches Bundesamt (1957): Statistisches Jahrbuch 1957 für die Bundesrepublik Deutschland; Wiesbaden, 1957

Statistisches Bundesamt (1962): Statistisches Jahrbuch 1962 für die Bundesrepublik Deutschland; Wiesbaden, 1962

Statistisches Bundesamt (1967): Statistisches Jahrbuch 1967 für die Bundesrepublik Deutschland; Wiesbaden, 1967

Statistisches Bundesamt (1973): Statistisches Jahrbuch 1973 für die Bundesrepublik Deutschland; Wiesbaden, 1973

Statistisches Bundesamt (1977): Statistisches Jahrbuch 1977 für die Bundesrepublik Deutschland; Wiesbaden, 1977

Statistisches Bundesamt (1982): Statistisches Jahrbuch 1982 für die Bundesrepublik Deutschland; Wiesbaden, 1982

Statistisches Bundesamt (1983): Statistisches Jahrbuch 1983 für die Bundesrepublik Deutschland; Wiesbaden, 1983

Statistisches Bundesamt (1984): Statistisches Jahrbuch 1984 für die Bundesrepublik Deutschland; Wiesbaden, 1984

Statistisches Bundesamt (1985): Statistisches Jahrbuch 1985 für die Bundesrepublik Deutschland; Wiesbaden, 1985

Statistisches Bundesamt (1986): Statistisches Jahrbuch 1986 für die Bundesrepublik Deutschland; Wiesbaden, 1986

Statistisches Bundesamt (1987): Statistisches Jahrbuch 1987 für die Bundesrepublik Deutschland; Wiesbaden, 1987

Statistisches Bundesamt (1988): Statistisches Jahrbuch 1988 für die Bundesrepublik Deutschland; Wiesbaden, 1988

Statistisches Bundesamt (1990): Statistisches Jahrbuch 1990 für die Bundesrepublik Deutschland; Wiesbaden, 1990

Statistisches Bundesamt (1991): Statistisches Jahrbuch 1991 für die Bundesrepublik Deutschland; Wiesbaden, 1991

Statistisches Bundesamt (1992): Statistisches Jahrbuch 1992 für die Bundesrepublik Deutschland; Wiesbaden, 1992

Statistisches Bundesamt (1993): Statistisches Jahrbuch 1993 für die Bundesrepublik Deutschland; Wiesbaden, 1993

Statistisches Bundesamt (1994a): Statistisches Jahrbuch 1994 für die Bundesrepublik Deutschland; Wiesbaden, 1994

Statistisches Bundesamt (1994b): Achte koordinierte Bevölkerungsvorausberechnung für die Bundesrepublik Deutschland bis 2040; Wiesbaden, 1994

Statistisches Bundesamt (1995a): Statistisches Jahrbuch 1995 für die Bundesrepublik Deutschland; Wiesbaden, 1995

Statistisches Bundesamt (1995b): Modellrechnung zur Bevölkerungsentwicklung in der Bundesrepublik Deutschland bis 2040, im Auftrag des Bundesministerium des Inneren, Wiesbaden, 1995

Statistisches Bundesamt (1996): Statistisches Jahrbuch 1996 für die Bundesrepublik Deutschland; Wiesbaden, 1996

Statistisches Bundesamt (1997a): Statistisches Jahrbuch 1997 für die Bundesrepublik Deutschland; Wiesbaden, 1997

Statistisches Bundesamt (1997b): Fachserie 1: Bevölkerung und Erwerbstätigkeit 1995; Reihe 1: Gebiet und Bevölkerung, Stuttgart, 1997

Statistisches Bundesamt (1997c): Fachserie 1: Bevölkerung und Erwerbstätigkeit 1995; Reihe 3: Haushalte und Familien, Stuttgart, 1997

Statistisches Bundesamt (1997d): Fachserie 15: Wirtschaftsrechnung 1996; Reihe 1: Einnahmen und Ausgaben ausgewählter privater Haushalte, Stuttgart, 1997

Statistisches Bundesamt (1997e): Bevölkerung, Erwerbstätige und Auszubildende nach Einzelaltersjahren im April 1995, Sonderauswertung aus dem Mikrozensus, Statistisches Bundesamt, Wiesbaden, 1997

Statistisches Bundesamt (1998a): Familien insgesamt sowie mit Kindern in ausgewählten Altersgruppen im April 1996 nach monatlichem Familiennettoeinkommen, Sonderauswertung aus dem Mikrozensus, Wiesbaden, 1998

Statistisches Bundesamt (1998b): Fachserie 15: Wirtschaftsrechnung 1996; Reihe 1: Einnahmen und Ausgaben ausgewählter privater Haushalte, Stuttgart, 1998

Statistisches Bundesamt (1998c): Fachserie 1: Bevölkerung und Erwerbstätigkeit, Reihe 3: Haushalte und Familien 1996 (Ergebnisse des Mikrozensus), Stuttgart, 1998

Statistisches Bundesamt (1998d): Statistisches Jahrbuch 1998 für die Bundesrepublik Deutschland; Wiesbaden, 1998

Stauss, B. (1997): Führt Kundenzufriedenheit zu Kundenbindung?; in: Belz, C. (Hrsg.): Marketingtransfer: Kompetenz für Marketing-Innovationen, Schrift 5, St. Gallen, 1997

Stauss, B./ Neuhaus, P. (1996): Das Unzufriedenheitspotential zufriedener Kunden; in: Marktforschung und Management, 1996, H. 4, S. 129-133

Stecher, L. (1997): Biographische Selbstwahrnehmung und Lebensübergänge; in: Silbereisen, R. K./ Vaskovic, L. A./ Zinnecker, J. (Hrsg.): Jungsein in Deutschland – Jugendliche und junge Erwachsene 1991 und 1996, Opladen, 1997, S. 145-164

Stecher, L./ Zinnecker, J./ Georg, W. (1993): Kulturelle Orientierung von Eltern an ihren jugendlichen Kindern. Variationen in gegenwärtigen deutschen Familien und deren Bedingungen, hrsg. v. der Projektgruppe Bildungsmoratorium Universität Gesamthochschule Siegen Fachbereich 2, Adolf-Reichwein-Str. 2, 57068 Siegen, Arbeitspapier Nr. 2/1993, Siegen, 1993

Steffenhagen, H. (1994): Marketing – Eine Einführung; 3., überarb. Aufl., Stuttgart usw., 1994

Steiner, M. (1989): Konstituierende Entscheidungen; in: Bitz, M. et al. (Hrsg.): Vahlens Kompendium der Betriebswirtschaftslehre, Bd. 1, 2., überarb. u. erw. Aufl., München, 1989, S. 115-162

Steinhaus, W. (1997): Gespräch mit Herrn Wolfgang Steinhaus, Geschäftsführer bei der J. Walter Thompson GmbH, Schwedlerstr. 6, 60314 Frankfurt a. M., Telefon: 069/ 40 57 66 29, geführt am 28. Juli 1997

Stiksrud, A. (1994): Jugend im Generationen-Kontext. Sozial- und entwicklungspsychologische Perspektiven, Opladen, 1994

Stimmer, F. (1992): Lebensalter; in: Gerd Reinhold (Hrsg.): Soziologie-Lexikon, 2., überarb. Aufl., München/ Wien, 1992

Stipp, H. (1993): New Ways to Reach Children; in: American Demographics, Vol. 15, August 1993, S. 24-28

Stolz, M. (1995): Die Jugend, die keine Generation sein will; in: Werben und Verkaufen, 1995, H. 23, S. 68-70

Strassburger, H. (1991): Wiederkaufentscheidungsprozeß bei Verbrauchsgütern: ein verhaltenswissenschaftliches Erklärungsmodell, Frankfurt a. M. usw., 1991 (zugl.: Aachen, Techn. Hochsch., Diss., 1991)

Streichert, O. (1995): Maßnahmen zur Herstellung und Verbesserung der Kundenbindung – dargestellt am Beispiel des EDV-Marktes, München, 1995

Stremme, S. (1994): Trendsport aktualisiert das Markenimage; in: Horizont, 1994, Nr. 22, S. 50

Stroebe, W./ Jonas, K. (1996): Grundsätze des Einstellungserwerbs und Strategien der Einstellungsänderung; in: Stroebe, W./ Hewstone, M./ Stephenson, G. M. (Hrsg.): Sozialpsychologie – Eine Einführung, 3., erw. u. überarb. Aufl., Berlin usw., 1996, S. 253-289

Strzoda, C./ Zinnecker, J./ Pfeffer, C. (1997): Szenen, Gruppen, Stile. Kulturelle Orientierungen im Jugendraum; in: Silbereisen, R. K./ Vaskovic, L. A./ Zinnecker, J. (Hrsg.): Jungsein in Deutschland: Jugendliche und junge Erwachsene 1991 und 1996, Opladen, 1997, S. 57-84

Stubenvoll, R. (1993): Junge Leute leben immer mehr über ihre Verhältnisse; in: Freizeit aktuell, 15. Jg., Ausgabe 112, 8. November, hrsg. v. BAT Freizeitforschungsinstitut, Hamburg, 1993, S. 1-4

Swanson, J. (1990): Teenagers as Consumers; in: Human Ecology Forum, Winter 1990, Bd. 18, S. 24-27

Swinyard, W. R./ Sim, C. P. (1987): Perception of Children´s Influence on Family Decision Processes; in: Journal of Consumer Marketing, Vol. 4, 1987, No. 1, S. 25-38

Szybillo, G. J./ Sosanie, A. (1977): Family Decision Making: Husband, Wife and Children; in: Perrault, W. D. (Hrsg.): Advances in Consumer Research, Vol. 4, Provo/ UT: Association for Consumer Research, 1977, S. 46-49

Tajfel, H. (1978): Differentiation Between Social Groups: Studies in the Social Psychology of Intergroup Relations, London, 1978

Tauber, E. M. (1988): Brand Leverage: Strategy for Growth in a Cost-Control World; in: JoAR, Vol. 28, August/ September 1988, S. 26-30

TdWI Intermedia GmbH (1998) (Hrsg.): Typologie der Wünsche 1997/98; durchgef. v. Basisresearch, GFM Getas, IFAK, INRA, MARPLAN, MMA; hrsg. v. TdWI Intermedia GmbH; BAC Burda Advertising Center GmbH, Burda Medienforschung, Offenburg 1998 (im Internet unter: http://www.tdwi.com/)

Tenbruck, F. H. (1962): Jugend und Gesellschaft, Freiburg, 1962

Thibaut, J. W. / Kelley, H. H. (1967): The Social Psychology of Groups, 5. Aufl., New York, 1967

Thomas, L. (1983): Der Einfluß von Kindern auf die Produktpräferenzen ihrer Mütter, Berlin, 1983 (Schriften zum Marketing; Bd. 16)

Tilch, H. (1992) (Hrsg.): Deutsches Rechts-Lexikon, 2. Aufl., München, 1992 (erste Aufl. u. d. T.: Münchener Rechts-Lexikon)

Tismer, K. G. (1995): Entwicklungsaufgaben und Entwicklungsthemen als Einheiten einer psychologischen Analyse der Persönlichkeit; in: Kruse, A./ Schmitz-Scherzer, R. (Hrsg.): Psychologie der Lebensalter, Darmstadt, 1995, S. 69-80

Tissier-Desbordes, E. (1984): Comportement des mères et des filles dans le choix d´un magasin; in: Coopération – Distribution – Consommation, No. 2, Mars/ Avril 1984, S. 26-30

Todt, E. (1990): Entwicklung des Interesses; in: Hetzer, H. et al. (Hrsg.): Angewandte Entwicklungspsychologie des Kindes- und Jugendalters; 2., überarb. u. erg. Aufl., Heidelberg/ Wiesbaden, 1990, S. 213-264

Tokarski, W./ Schmidt-Scherzer, R. (1985): Freizeit, Stuttgart, 1985

Tomczak, T./ Dittrich, S. (1997): Strategien zur Steigerung von Kundenbindung; in: Haedrich, Günther (Hrsg.): Der loyale Kunde – Ist Kundenbindung bezahlbar?, 4. CPC Trendforum, Mainz, 1997, S. 12-26

Tomczak, T./ Esch, F.-R./ Roosdorp, A. (1997): Positionierung – Von der Entwicklung über die Umsetzung bis zum Controlling; in: Belz, C. (Hrsg.): Suchfelder für innovatives Marketing, Kompetenzen für Marketing, Innovationen, Schrift 1, Thexis Verlag, St. Gallen, 1997, S. 60-83

Trautner, H. M. (1992): Lehrbuch der Entwicklungspsychologie, Bd. 1: Grundlagen und Methoden, 2., überarb. u. erg. Aufl., Göttingen usw., 1992

Traylor, M. B. (1981): Product Involvement and Brand Commitment; in: JoAR, Vol. 21, 1981, No. 6, S. 51-56

Trijp, H. C. M. van/ Hoyer, W. D./ Inman, J. J. (1996): Why Switch? Product Category Level Explanations for True Variety Seeking Behavior; in: JoMR, Vol. 28, August 1996, S. 281-292

Trommsdorff, V. (1993): Konsumentenverhalten, 2., überarb. Aufl., Stuttgart usw., 1993

Tscheulin, D. K. (1994): „Variety-seeking-behavior" bei nicht-habitualisierten Konsumentenentscheidungen. Eine empirische Studie; in: ZfbF, 46. Jg., 1994, H. 1, S. 54-62

Turner, J. C. (1991): Social Influence, Buckingham, 1991

Twardawa, W. (1998): „Share of Customer", der langfristige Erfolgsfaktor; in: Markenartikel, 60. Jg., 1998, H. 3., S. 30-36

Udina, B. (1997): Die Jugend will keine Me-too-Konzepte; in: Horizont, 1997, Nr. 22, S. 40

Uhr, D. (1980): Psychologische Betrachtungen zum Markenartikel; in: Markenartikel, 42. Jg., 1980, H. 11, S. 534-546

Ulrich, H. (1978): Unternehmenspolitik, Bern/ Stuttgart, 1978

Vandermerwe, S. (1990): Youth Consumers: Growing Pains; in: Business Horizons, Vol. 33, 1990, Nr. 3, May/June 1990, S. 30-36

Vaskovic, L. A./ Buba, H./ Früchtel, F. (1992): Postadoleszenz und intergenerative Beziehungen in der Familie; in: Jugendwerk der Deutschen Shell (Hrsg.): Jugend ´92: Lebenslagen, Orientierungen und Entwicklungsperspektiven im vereinigten Deutschland, Opladen, 1992, Band 2: Im Spiegel der Wissenschaften, S. 395-408

Vaskovic, L. A./ Schneider, N. F. (1989): Ökonomische Ressourcen und Konsumverhalten; in: Nave-Herz, R./ Markefka, M. (Hrsg.): Handbuch der Familien- und Jugendforschung. Bd. 2: Jugendforschung, Neuwied/ Frankfurt a. M., 1989, S. 403-418

Verband der Lokalpresse (1995) (Hrsg.): Tageszeitung und Jugendbeilage. Darstellung der Projekte „Bumerang" und „Mango", geleitet von Prof. Dr. G. Rager, gefördert durch den Verband der Lokalpresse, Bonn, 1995

Verbraucherzentrale NRW (1997): Jugendliche im Visier der Kreditwirtschaft, Düsseldorf, 1997

Verhage, B./ Yavas, U./ Green, R. T./ Borak, E. (1990): The Perceived Risk-Brand Loyalty Relationship; in: Journal of Global Marketing; Vol. 3, 1990, No. 3, S. 7-22

Verlagsgruppe J. Marquard (1994) (Hrsg.): Marktprofil „Jugend und Haarpflege", München, 1994

Vershofen, W. (1940): Handbuch der Verbrauchsforschung, Berlin, 1940

Vogel, A. (1996): Die Leserschaft der populären Jugendpresse; in: Media Perspektiven, 1996, H. 1, S. 18-29

Vogel, M. (1995): Snowboarding – Ein Abenteuer an der Schwelle zum Massentrend; in: Deese, U./ Hillenbach, P. E./ Michatsch, C./ Kaiser, D. (Hrsg.): Jugendmarketing. Das wahre Leben in den Szenen der Neunziger, Düsseldorf/ München, 1995, S. 71-80

Vogelgesang, W. (1994): Jugend- und Medienkulturen – Ein Beitrag zur Ethnographie mediienvermittelter Jugendwelten; in: Kölner Zeitschriften für Soziologie und Sozialpsychologie, 1994, H. 3, S. 464-491

Volkmer, I. (1988): Von Sue Ellen, Madonna und Boris: Mode und Medien – zur Internationalität ästhetischer Muster; in: Baacke, D./ Volkmer, I./ Dollase, R./ Dresing, U. (Hrsg.): Jugend und Mode: Kleidung als Selbstinszenierung, Opladen, 1988, S. 67-92

Vollbrecht, R. (1997): „Früher oder später kriegen wir euch doch..." – Über Trendforschung, Sponsoring, Eventmarketing und die Konstruktion von Erlebniswelten; in: Meister, D. M./ Sander, U. (Hrsg.): Kinderalltag und Werbung: zwischen Manipulation und Faszination, Neuwied usw., 1997, S. 62-75

Vollbrecht, R. (1997): Von Subkulturen zu Lebensstilen. Jugendkulturen im Wandel; in: SPoKK (Hrsg.): Kursbuch Jugendkultur – Stile, Szenen und Identitäten vor der Jahrtausendwende, Mannheim, 1997, S. 22-31

Volpers, H./ Schnier, D. (1996): Das WDR-Hörfunkprogramm Eins Live; in: Media Perspektiven, 1996, H. 5, S. 249-258

Wackman, D. B./ Salmon, T. S./ Salmon, C. C. (1987): Developing an Advertising Agency-Client Relationship; in: JoAR, 1986/87, No. 6, S. 21-28

Wagner, R. (1997): Chancen und Risiken der Eventkommunikation mit der jungen Zielgruppe; Vortrag auf der Fachkonferenz „Kinder- und Jugendmarketing" des Insititute for International Research am 8. Dezember 1997 in Köln

Walter, M. (1993): Jugendrecht, Jugendhilfe, Jugendschutz; in: Kaiser, G./ Kerner, H.-J./ Sack, F./ Schellhoss, H. (Hrsg.): Kleines kriminologisches Wörterbuch, 3., völlig neubearb. u. erw. Aufl., Heidelberg, 1993, S. 191-199

Waltermann, B. (1994): Marktsegmentierung und Markenpolitik; in: Bruhn, M. (Hrsg.): Handbuch Markenartikel, Band 1, Stuttgart, 1994, S. 376-394

Ward, S./ Wackman, D. B. (1972): Children´s Purchase Influence Attempts and Parental Yielding; in: JoMR, Vol. 9, August 1972, S. 316-319

Ward, S. (1974): Consumer Socialization; in: JoCR; Vol. 1, September 1974, S. 1-14

Weber, A. (1996): Using Lifetime Value to Prospect; in: Target Marketing, Vol. 19, 1996, No. 4, S. 20-23

Weber, E. (1987): Generationenkonflikte und Jugendprobleme aus (erwachsenen-)pädagogischer Sicht, München, 1987; (Schriften der Philosphischen Fakultäten der Universität Augsburg; Nr. 30; Philosophisch-erziehungswissenschaftliche Reihe)

Weber, M. (1956): Wirtschaft und Gesellschaft, Köln/ Berlin, 1956

Weiler, S. (1997): Computernutzung und Fernsehkonsum von Kindern; in: Media Perspektiven, 1997, H. I, S. 43-53

Weinberg, P. (1977): Die Produkttreue der Konsumenten, Wiesbaden, 1977

Weinberg, P. (1979): Habitualisierte Kaufentscheidungen von Konsumenten; in: DBW, 39. Jg., 1979, H. 4, S. 563-571

Weinberg, P. (1980a): Vereinfachte Kaufentscheidungen bei Konsumgütern; in: Marketing ZFP, 2. Jg., 1980, H. 2, S. 87-94

Weinberg, P. (1980b): Markentreue und Markenwechsel; in: Hoyos, C. G. et al. (Hrsg.): Grundbegriffe der Wirtschaftspsychologie: Gesamtwirtschaft – Markt – Organisation – Arbeit, München, 1980, S. 162-168

Weinberg, P. (1981): Das Entscheidungsverhalten der Konsumenten; Paderborn usw., 1981

Weinberg, P. (1991): Konsumentenforschung. Erklärungsansätze und aktuelle Trends; in: Marketing ZFP, 13. Jg., 1991, S. 186-190

Weinberg, P. (1992): Habitualisierte Kaufentscheidungen von Konsumenten; in: Becker, K. E. (Hrsg.): Konsum, Frankfurt a. M. usw., 1992, S. 133-152

Weinhold-Stünzi, H. (1987): Grundsätze des Kundenstammarketing; in: Thexis, 4. Jg., 1987, H. 2, S. 1-4

Weishaupt, G. (1988): Die deutsche Tochter des Mars-Konzerns in Viersen lüftet ihren Schleier: Neuer Marktauftritt aus einem Guß; in: Handelsblatt, 1988, No. 240 (14. Dezember), S. 16

Wells, W. D. (1965): Communicating with Children; in: JoAR, Vol. 5, 1965, No. 9, S. 316-319

Wenz-Gahler, I. (1998): Shop-Konzepte: Bloß nicht spießig; in: Handelsjournal, 1998, H. 5, S. 48-50

Wenzel, S. (1997): Urban und Utilitär – Straßensport und Jugendkulturen; in: SPoKK (Hrsg.): Kursbuch Jugendkultur – Stile, Szenen und Identitäten vor der Jahrtausendwende, Mannheim, 1997, S. 182-191

Wetzel, F. G. (1980): Kognitive Psychologie: Eine Einführung in die kognitiven Strukturen von Jean Piaget; Weinheim/ Basel, 1980

White, J. B./ Miles, M. P. (1996): The Financial Implications of Advertising as an Investment; in: JoAR, Vol. 36, July/ August 1996, S. 43-52

Wicklund, R. A./ Gollwitzer, P. M. (1985): Symbolische Selbstergänzung; in: Frey, D./ Irle, M. (Hrsg.): Theorien der Sozialpsychologie, Bd. 3: Motivations- und Informationsverarbeitungstheorien, Bern usw., 1985, S. 31-56

Wiesner, F./ Silbereisen, K. (1997): Lebenslaufereignisse und biographische Muster in Kindheit und Jugend; in: Silbereisen, R. K./ Vaskovic, L. A./ Zinnecker, J. (Hrsg.): Jungsein in Deutschland – Jugendliche und junge Erwachsene 1991 und 1996, Opladen, 1997, S. 185-198

Wilkes, R. E. (1995): Household Life-Cycle Stages, Transistions, and Product Experiences; in: JoCR, Vol. 22, June 1995, S. 27-42

Willis, P. (1981): Profane Culture. Rocker, Hippies: Subversive Stile der Jugendkultur, Frankfurt a. M., 1981

Willis, P. (1991): Jugend-Stile. Zur Ästhetik der gemeinsamen Kultur, Hamburg, 1991

Wimmer, F./ Weßner, K. (1990): Strategische Prognose von Markt- und Absatzentwicklungen mit Kohortendesigns; in: Marketing ZFP, 12. Jg., 1990, H. 3, S. 169-180

Wiswede, G. (1985): Eine Lerntheorie des Konsumverhaltens; in: DBW, 45. Jg., 1985, H. 5, S. 544-557

Wiswede, G. (1991): Soziologie der Mode; in: Hermanns, A./ Schmitt, W./ Wißmeier, U. K. (Hrsg.): Handbuch Modemarketing. Grundlagen, Strategien, Instrumente. Ansätze für Praxis und Wissenschaft, Frankfurt a. M., 1991, S. 85-107

Wiswede, G. (1992): Die Psychologie des Markenartikels; in: Dichtl, E./ Eggers, W. (Hrsg.): Marke und Markenartikel als Instrumente des Wettbewerbs, München, 1992, S. 71-95

Wiswede, G. (1995): Einführung in die Wirtschaftspsychologie, 2., neubearb. u. erw. Aufl., München, Basel, 1995

Witte, E. H. (1985): Theorien zur sozialen Macht; in: Crott, H. (Hrsg.): Gruppen- und Lerntheorien, Bern usw., 1985 (Theorien der Sozialpsychologie; Bd. 2), S. 123-158

Wöhe, G. (1996): Einführung in die allgemeine Betriebswirtschaftslehre, 19., überarb. u. erw. Aufl., München, 1996

Wolfe, D. M. (1959): Power and Authority in the Family; in: D. Cartwright (Hrsg.): Studies in Social Power, Ann Arbor, 1959, S. 99-117

Wölfer, U. (1994): Produktlinienerweiterung; in: Bruhn, M. (Hrsg.): Handbuch Markenartikel, Teilbd. 1, Stuttgart, 1994, S. 527-541

Wolfertz, R. (1997): Gespräch mit Herrn Reinhard Wolfertz, Produktgruppenleiter Universalwaschmittel bei der Henkel KGaA, Henkelstr. 67, 40191 Düsseldorf, Telefon: 0211/ 79 77 560, geführt am 13. Februar 1997

Wolsing, T. (1993): Früher oder später kriegen wir euch alle; in: Preuß, Volker (1993) (Hrsg.): Marketing und Konsumerziehung, Goliath gegen David?, Frankfurt a. M., 1993, S. 135-164

Wolter, R. (1995): Adidas-Überfallkommando aus DJs und Tänzern ersetzt die übliche Messeparty; in: Horizont, 1995, Nr. 19, S. 74

Wurzbacher, G. (1987): Gesellungsformen der Jugend in der Bundesrepublik – Hypothesen über Strukturen und Sozialisationswirkungen; in: Reimann, H./ Reimann, H. (Hrsg.): Die Jugend. Eine Einführung in die interdisziplinäre Juventologie, 2., völlig neu bearb. Aufl., Opladen, 1987 (WV-Studium; Bd. 133), S. 28-52

Youngcom (1997) (Hrsg.): Youngcom!-Jugendstudie '97, hrsg. v. Youngcom! Jugendmarketing, Schwere-Reiter-Str. 35, 80797 München, 1997

Zaichkowsky, J. L. (1985): Measuring the Involvement Construct; in: JoCR, Vol. 12, 1985, S. 341-352

Zaichkowsky, J. L. (1987): The Emotional Aspect of Product Involvement; in: Wallendorf, M./ Anderson, P. (Hrsg.): Advances in Consumer Research, Vol. 14, Provo/ UT: Association for Consumer Research, 1987, S. 32-35

Zanger, C./ Sistenich, F. (1996): Eventmarketing – Bestandsaufnahme, Standortbestimmung und ausgewählte theoretische Ansätze zur Erklärung eines innovativen Kommunikationsinstruments; in: Marketing ZFP, 18. Jg., 1996, H. 4, S. 233-242

Zängle, M. (1980): Die Kristallisationsthese: Ungesicherte Annahme oder sicherstes Ergebnis der politischen Sozialisationsforschung; in: Akademie für Politische Bildung (Hrsg.): Individuum und Gesellschaft in der politischen Sozialisation, Tutzing, 1980, S. 49-70

ZDF (1991): Auf dem Weg zur Optimierung der Werbewirkung. Neue Aspekte der Fernsehwerbung, Mainz, 1991

Zinnecker, J. (1987): Jugendkultur 1940 – 1985, Opladen, 1987

Zinnecker, J./ Fischer, A. (1992): Die wichtigsten Ergebnisse; in: Jugendwerk der Deutschen Shell (Hrsg.): Jugend ´92: Lebenslagen, Orientierungen und Entwicklungsperspektiven im vereinigten Deutschland, Opladen, 1992, Band 1: Gesamtdarstellung und biographische Porträts, S. 213-306

Zinnecker, J./ Stecher, L. (1997): Zwischen Lernarbeit und Erwerbsarbeit. Wandel und soziale Differenzierung im Bildungsmoratorium; in: Silbereisen, R. K./ Vaskovic, L. A./ Zinnecker, J. (Hrsg.): Jungsein in Deutschland – Jugendliche und junge Erwachsene 1991 und 1996, Opladen, 1997, S. 165-184

Zollo, P. (1995): Talking to Teens; in: American Demographics, Vol. 17, November 1995, S. 22-28

DUV DeutscherUniversitätsVerlag
GABLER · VIEWEG · WESTDEUTSCHER VERLAG

Aus unserem Programm

Martina Botschen
Marketingorientierung und Unternehmenserfolg
Integration austausch- und beziehungstheoretischer Ansätze
1999. XVI, 152 Seiten, 17 Abb., 28 Tab., Broschur DM 84,-/ ÖS 613,-/ SFr 76,-
DUV Wirtschaftswissenschaft
ISBN 3-8244-0432-X
Die Autorin erläutert den Zusammenhang zwischen Marketingorientierung und Unternehmenserfolg und entwickelt ein psychometrisches Messinstrument, das Einstellungen und Intentionen ermittelt.

Franz-Rudolf Esch
Wirkung integrierter Kommunikation
Ein verhaltenswissenschaftlicher Ansatz für die Werbung
2., aktualisierte Auflage 1999. XXIV, 454 Seiten, 118 Abb.,
Broschur DM 148,-/ ÖS 1.080,-/ SFr 131,-
GABLER EDITION WISSENSCHAFT
ISBN 3-8244-7007-1
Die integrierte Kommunikation gilt als strategischer Schlüsselfaktor, um dem Rückgang der Werbeeffizienz entgegenzuwirken. Durch eine formale und inhaltliche Abstimmung der Kommunikation für Marken und Unternehmen sollen die bei den Konsumenten erzeugten Eindrücke verstärkt werden.

Till Nöthel
Szenen-Marketing und Produkt-Positionierung
Ein Ansatz zur Zielgruppenfragmentierung
1999. XVII, 205 Seiten, 25 Abb., 5 Tab., Broschur DM 89,-/ ÖS 650,-/ SFr 81,-
DUV Wirtschaftswissenschaft
ISBN 3-8244-0417-6
Der Autor verweist auf "Szenen" als eine neue Dimension der Zielgruppenbeschreibung. Die Szenenpositionierung greift aktuelle Trends auf und erlaubt es Unternehmen, frühzeitig auf Marktveränderungen zu reagieren.

Marianne Reeb
Lebensstilanalysen in der strategischen Marktforschung
1998. XIV, 192 Seiten, 30 Abb., Broschur DM 89,-/ ÖS 650,-/ SFr 81,-
GABLER EDITION WISSENSCHAFT
ISBN 3-8244-6576-0
Für die strategische Produktplanung werden Informationen über zukünftige Kundenbedürfnisse benötigt. Mit Hilfe einer computergestützten Sensitivitätsanalyse erarbeitet Marianne Reeb ein Konzept zum Einsatz von Lebensstilanalysen in der strategischen Marktforschung.

DUV Deutscher Universitäts Verlag
GABLER · VIEWEG · WESTDEUTSCHER VERLAG

Wolfgang Röckelein
Marktkommunikation im Internet
1999. XXVI, 231 Seiten, 94 Abb., 23 Tab., Broschur DM 98,-/ ÖS 715,-/ SFr 89,-
GABLER EDITION WISSENSCHAFT
ISBN 3-8244-6908-1
Dieses Buch bietet einen verständlichen und systematischen Überblick über die Einsatzmöglichkeiten des Internet für Werbung und Vertrieb. Es spannt einen Bogen von der technischen Einführung bis zu konkreten praktischen Empfehlungen.

Doris Rosenkranz
Konsummuster privater Lebensformen
Analysen zum Verhältnis von familiendemographischem Wandel und privater Nachfrage
1998. XIV, 241 Seiten, 22 Abb., 21 Tab., Broschur DM 56,-/ ÖS 409,-/ SFr 51,-
DUV Sozialwissenschaft
ISBN 3-8244-4306-6
Die Autorin entwickelt ein theoretisches Konzept zum Verhältnis von Konsum und privaten Lebensformen. Anhand empirischer Analysen kann sie belegen, daß private Lebensformen spezifische Konsummuster ausbilden.

Anja Stöhr
Air-Design als Erfolgsfaktor im Handel
Modellgestützte Erfolgsbeurteilung und strategische Empfehlungen
1998. XII, 262 Seiten, 30 Abb., 65 Tab., Broschur DM 98,-/ ÖS 715,-/ SFr 89,-
GABLER EDITION WISSENSCHAFT
ISBN 3-8244-6608-2
Wie kann die Anziehungskraft von Handels- und Dienstleistungsstandorten durch Duftstoffe erhöht werden? Air Design ist eine Strategie, die Einkaufsumwelten im Gefühls- und Erfahrungsbereich der Kunden zu verankern.

Bo Zou
Multimedia in der Marktforschung
1999. XVI, 223 Seiten, 40 Abb., Broschur DM 89,-/ ÖS 650,-/ SFr 81,-
GABLER EDITION WISSENSCHAFT
ISBN 3-8244-6881-6
Bo Zou analysiert die Einsatzpotentiale von Multimedia und zeigt, welche Einflußfaktoren bei der Verwendung dieser Technologie in der Marktforschung berücksichtigt werden müssen.

Die Bücher erhalten Sie in Ihrer Buchhandlung!
Unser Verlagsverzeichnis können Sie anfordern bei:

Deutscher Universitäts-Verlag
Abraham-Lincoln-Straße 46
65189 Wiesbaden